CPA 수석이 알려주는 컴팩트 회계학

최신
개정

김용재의
중급회계

김 용 재 편저

합격에 필요한 것만 담았다!
CPA 수석이 개발한 획기적인 풀이법 전수!

https://**hmstory.kr**

머리말 PREFACE

1. 강사소개

안녕하세요 수험생 여러분, 김용재라고 합니다. 공인회계사 시험 수석 합격 후, 삼일회계법인 및 우리회계법인에서 회계사로 근무하다가 공무원 회계학 강사로 먼저 데뷔한 뒤, 회계사/세무사 강사로 여러분들을 뵙게 되었습니다.

교재의 설명 가운데 'CPA 김수석', 혹은 '김수석'이라는 표현이 등장할텐데, 제 닉네임이라고 생각해주시면 되겠습니다. CPA 수석 합격을 해서 이렇게 이름 붙였습니다.

2. 수석합격의 비결

"수석 합격의 비결이 무엇인가요?" 제가 강의를 하면서 수험생분들에게 가장 많이 듣는 질문입니다. 제가 1년 반이라는 짧은 시간 안에 수석으로 합격할 수 있던 비결은 두 가지입니다.

(1) 빈출 주제 위주의 공부

첫 번째, 시험에 자주 나오는 빈출 주제만 공부하는 것입니다. 정말로 합격하고 싶다면 지엽적인 주제는 넘기고, 시험에 자주 나오는 빈출 주제만 공부해야 합니다. 제가 수석 합격을 했다고 하면 많은 분은 다음과 같은 오해를 합니다.

"김수석은 수석했으니까 모든 내용을 다 알았겠지?"

아니요. 저는 오히려 다른 수험생들보다 가져간 범위가 좁습니다. 이 시험은 늘 나오는 빈출 주제에서 출제된 문제를 실수 없이 맞혀서 붙는 시험입니다. 다음 그림은 학습 범위에 따른 성적 변화입니다. 학습 범위를 넓힐수록 성적이 상승하지만, 어느 지점을 넘어서면 오히려 학습 범위를 넓혔음에도 불구하고 성적이 하락합니다. 수험생활 초반에는 노베이스이기 때문에 공부를 하면 당연히 성적이 상승합니다. 하지만 수험생활이 지속됨에 따라 공부한 범위가 늘어나는데, 회계사/세무사 시험은 범위가 워낙 넓기 때문에 내가 기억할 수 있는 한계를 넘어서서 계속해서 새로운 내용을 공부하게 된다면 기존에 내가 공부한 내용을 까먹게 됩니다. 초반에는 중요한 주제 위주로 배우고, 후반에 배우는 것은 대부분 지엽적인 주제이기 때문에 지엽적인 주제를 배우는 대가로 중요한 주제를 까먹는 결과를 초래합니다. 결론적으로 나는 계속 공부를 하고 있는데, 성적은 계속해서 낮아지는 현상이 발생합니다.

학습범위에 따른 성적 변화

시중 교재들은 각 과목의 모든 내용을 다루고 있습니다. 회계학은 기준서의 모든 문장을, 세법은 세법의 모든 규정을 다룹니다. 그동안 여러분은 최고점을 받을 수 있는 범위를 넘어서서 비효율적인 수준에서 공부를 하고 있었던 것입니다. 현재 시중 교재의 분량이 너무 많아서 오히려 합격에 해가 되고 있다는 것을 제가 직접 공부를 하면서 몸소 느꼈기 때문에 저는 빈출 주제 위주로 가르칠 것입니다.

공부를 하다 보면 제 교재에서는 다루지 않지만, 다른 책에서는 다루는 주제들을 발견하실 겁니다. 절대로 불안해하지 마세요. 제 교재에서 다루지 않는 주제들은 시험에 자주 나오지 않기 때문에 뺀 것입니다. 다른 교재에 있는 모든 주제를 공부하게 되면 오히려 빈출 주제를 몰라서 틀릴 위험이 큽니다. 불안해하지 마시고, 제가 알려드리는 것만 잘 소화하시면 합격의 달콤함을 분명 맛보시게 될 겁니다.

(2) 유형별 풀이법 학습

빈출 주제 위주의 공부를 통해 빈출 주제가 무엇인지 파악했다면, 이제 각 유형별 풀이법을 마스터해야 합니다. 실전에서는 한 문제당 90초 이내에 풀어야하기 때문에 시간이 굉장히 부족합니다. 이 제한된 시간 안에 문제를 빠르고 정확하게 풀기 위해서는 유형별로 어떻게 문제를 풀 것인지 미리 계획이 서 있어야 합니다.

예를 들어, '차입원가 자본화'라는 유형에서 문제가 출제된다면 어떤 표를 그리고, 표의 각 칸에 어느 숫자를 대입해서, 어떻게 답을 구할 것인지를 미리 계획해놓아야 합니다. 그래서 실전에서는 문제를 보자마자 풀이법이 떠오르고, 아무 생각을 하지 않아도 기계적으로 문제가 저절로 풀리게끔 준비해야 합니다.

저는 수험생 때 각 유형별로 풀이법을 직접 개발해서 문제를 풀었고, 이 풀이법을 여러분께 전수할 것입니다. 교재를 보시면 아시겠지만, 기존 풀이법을 그대로 사용하는 주제가 몇 없을 정도로 제가 만든 풀이법과 암기법이 대부분입니다. 제 풀이법의 위력은 회계사 시험 수석 합격으로 이미 증명되었습니다. 여러분들도 제 풀이법으로 푸신다면 단기간 안에 회계학 고득점, 충분히 달성할 수 있습니다.

3. 중급회계 기본강의

(1) 선수과목: 회계원리

본 교재는 회계학을 처음 배우는 분께서 보시기에는 적합하지 않은 교재입니다. 최소한 회계원리 내용을 숙지해야 패턴 회계학의 내용을 쉽게 이해할 수 있을 것입니다. 기본적으로 숙지해야 하는 회계원리 내용은 다음과 같습니다.

회계원리 주요 내용: 재무제표 작성 과정, 발생주의 회계처리, 감가상각, 유효이자율 상각

전공생이더라도 위 내용을 잘 모른다면 회계원리 강의부터 수강하길 바랍니다. 제 강의를 수강하셔도 좋고, 다른 교수님의 회계원리 강의를 수강하셔도 괜찮습니다. 회계원리 강의 시간이 길지 않기 때문에 웬만하면 제 회계원리 강의를 수강해주시는 것을 추천합니다.

(2) 기본서의 목표: 완주

공부하시다 보면 처음 보는 내용이기 때문에 이해가 안 가는 부분이 있을 것입니다. 이해가 안 가는 부분이

머리말 PREFACE

있으면 길게 고민하지 말고 그냥 넘어가세요. 정작 중요하지 않은 내용일 가능성이 높고, 2회독 때에는 당연히 이해가 되는 부분일 수도 있습니다. 1회독 때부터 모든 내용을 완벽하게 다 소화하고 넘어가려는 수험생들이 있는데, 욕심입니다. 회계사/세무사 시험은 난이도도 어렵고, 양도 많습니다. 수석으로 합격한 저도 1회독 때 모든 내용을 듣자마자 이해한 것은 아닙니다.

이런 방식으로 공부하면 가장 빨리 지치는 것은 본인입니다. 수험생활 초반의 넘치는 의욕으로 인해 모든 내용을 완벽하게 마스터하면서 넘어가겠다는 우를 범하지 않길 바랍니다. 1회독 때 가장 중요한 것은 완주입니다. 어떻게 해서든 1회독을 마치기만 하면 기본 강의의 목표는 달성한 것입니다.

(3) 풀이법 습득에 집중

기본서는 '숙달'하는 과정이 아니라, 풀이법을 '습득'하는 과정입니다. 기본서에 있는 모든 내용은 여러분이 처음 보는 내용입니다. 무엇인가를 배울 때에는 바로 따라하는 것이 아니라, 우선 어떻게 하는 것인지를 봐야 합니다. 기본서는 제가 만든 풀이법을 구경하는 과정이라고 생각하시면 됩니다. 직접 여러 번 풀어보는 연습은 이후에 진행될 객관식 과정에서 하시면 됩니다.

기본서에는 문제를 많이 수록하지 않았습니다. 초반 단계에서는 다양한 문제를 푸는 것보다, 적은 수의 문제를 반복하면서 풀이법을 익히는 것이 훨씬 중요합니다. 본서에 있는 문제를 풀어서 정답을 맞히는 것은 전혀 중요하지 않습니다. 본서에 있는 문제는 풀이법을 익히기 위한 수단에 불과합니다. 각 문제만의 특수한 상황에 매몰되지 말고, 제가 알려드리는 풀이법을 숙지하는데 집중해주세요. 객관식 교재에 엄청나게 많은 문제를 수록할 것입니다. 풀이법을 완벽하게 알고 있다면 객관식 교재는 금방 풀 수 있습니다.

4. 여러분은 '회계학'을 배우는 것이 아닙니다.

여러분이 지금 어느 신분인지 잘 생각해보세요. 여러분은 회계'학'을 배우는 것이 아니라, '시험 문제 풀이 방법'을 배우는 수험생입니다. 수단과 방법을 가리지 말고 어떻게든 한 문제라도 더 맞히면 됩니다. 따라서 저는 오로지 '시험 문제 풀이'에 초점을 맞추고 여러분을 가르칠 것입니다.

자동차 엔지니어와 택시기사 중에 누가 더 운전을 잘할까요? 자동차 엔지니어는 자동차의 작동 원리를 잘 알겠지만, 운전은 매일 운전을 하는 택시기사가 잘 할 겁니다. 택시기사는 자동차의 작동 원리에 대해서 자동차 엔지니어만큼 잘 알진 못할 겁니다. 하지만 작동 원리를 몰라도 매일 운전하니까 운전 고수가 되었죠. 저는 여러분이 자동차 엔지니어보다, 택시기사 같은 사람이 되었으면 좋겠습니다. 왜 그렇게 푸는지는 몰라도, 문제는 정확히 푸는 사람. 그게 제가 원하는 목표입니다. 회계기준과 풀이법의 원리를 다 알면 물론 좋겠지만, 모든 내용의 원리를 하나, 하나 다 배우려면 너무 많은 시간이 걸립니다. 그리고 원리를 설명하면 들을 때는 이해가 가니까 흥미롭게 듣겠지만, 정작 문제를 풀 때에는 원리를 신경쓰지 않고 그냥 공식을 이용합니다.

교재를 보다 보면, 결론만 있고 설명이 없어서 이해가 가지 않는 부분도 있을 것입니다. 설명이 없는 것은 문제 풀이에 도움이 되지 않기 때문에 달아놓지 않은 것입니다. '왜' 그렇게 푸는지는 중요하지 않습니다. 여러분은 '어떻게' 푸는 것인지에만 집중하세요. 저는 여러분의 '운전 연수 기사'와 같은 사람이 되겠습니다. 왜 자동차가 그렇게 작동하는지는 묻지 마세요. 제가 자동차를 만든 게 아니기 때문에 저도 모릅니다.

5. 계산기 사용법-CPA 김수석 유튜브 채널 참조

회계사, 세무사 시험은 계산기를 들고 갈 수 있는 시험입니다. 따라서 계산기를 잘 쓰지 못하면 제한된 시간 안에 많은 문제를 풀어내기 어렵습니다. 제가 회계사 교재를 쓰기 전에 유튜브를 했었는데, 유튜브 채널에 계산기 사용법과 관련된 영상들이 있으니 다음 영상은 꼭 보시길 바랍니다.

(1) 유효이자율 상각표를 30초 안에 그린다고?
(2) 아직도 카시오 계산기 K를 쓸 줄 모른다고?
(3) 펜, 현가계수 없이 계산기만 써서 현재가치를 구한다고?

유튜브 채널명은 '김용재 회계학'이니 구독하고, 이외에도 다양한 강의 및 꿀팁 영상이 있으니 참고하시면 됩니다. 유튜브에서는 대부분의 수험생이 사용하는 카시오 JS-40B 계산기의 사용법을 설명합니다. 카시오 계산기가 다른 계산기에 비싸긴 한데(3, 4만원 정도) 소음이 적습니다. 김수석도 가격 때문에 싼 계산기를 사용하다가 도서관에서 쪽지 몇 번 받고 나서 계산기를 바꾼 경험이 있습니다. 본 교재에 카시오 계산기를 기준으로 어떻게 계산기를 누르면 답이 나오는지 설명한 부분도 있기 때문에 저에게 회계학을 배우는 수험생은 꼭 카시오 계산기를 사용하시길 바랍니다.

6. 회계처리는 중요하지 않습니다.

저는 교재나 강의에서 회계처리에 비중을 두지 않습니다. 이에 많은 분들이 저에게 회계를 배우시면서 '회계처리 몰라도 되나요?'라고 물어보십니다.

결론부터 말씀드리면, 회계처리는 중요하지 않습니다. 회계처리는 거래를 표현하는 수단일 뿐, 모든 문제의 회계처리를 꼭 해야 할 필요는 없습니다. 회계처리가 시험에 많이 나오지도 않습니다. 1차 시험 기준으로 회계사 50문제, 세무사 40문제 중 회계처리를 묻는 문제는 1문제가 나올까 말까입니다.

회계처리로 문제를 풀거나, 회계처리를 꼭 알아야 하는 주제는 제가 회계처리를 설명합니다. 그렇지 않은 주제는 교재와 강의를 통해 설명하는 문제 풀이법에 집중해주시면 됩니다.

7. 네이버카페 안내

공부를 하시다가 혹시라도 이해가 되지 않는 분들께서는 네이버카페로 들어오셔서 질문해주시면 되겠습니다. 네이버에 '김용재 네이버카페'를 검색하시면 들어올 수 있습니다. '회계사, 세무사, 공기업 수험생 질문' 메뉴의 '중급회계' 혹은 '고급회계' 탭에 질문글 올려주시면 됩니다. 교재를 찍어서 사진을 올리면서 질문해주시면 제가 밖에서도 답변해드릴 수 있기 때문에 더 빠르게 답변 가능합니다.

합격으로 가는 지름길, 김용재 회계학 지금부터 시작합니다!

수험생 여러분의 합격을 진심으로 기원하며

CPA 김수석, 김용재 회계사 올림

목차 contents

CHAPTER 07 복합금융상품

CHAPTER 10 종업원급여

CHAPTER 08 리스

CHAPTER 11 자본

CHAPTER 09 충당부채의 의의

목차 contents

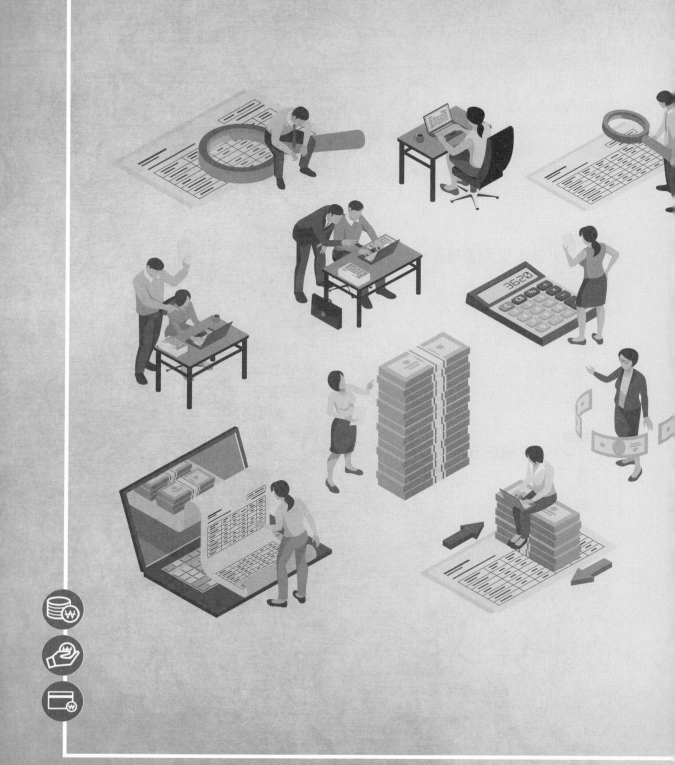

C·H·A·P·T·E·R

01

재고자산

CHAPTER

01 재고자산

재고자산은 정상적인 영업과정에서 판매를 위하여 보유중인 자산(상품, 제품), 통상적인 영업과정에서
판매를 위하여 생산중인 자산(재공품), 생산이나 용역제공에 사용될 원재료나 소모품을 말한다.

1 재고자산 일반

1. 재고자산의 매입 및 매출

$$매출원가 = 기초 재고 + (순)매입액 - 기말 재고$$
$$매출총이익 = (순)매출액 - 매출원가$$

매출원가와 매출총이익은 위와 같이 계산한다. 다만, 매출원가와 매출총이익 계산 시 총매입액과
총매출액을 사용하는 것이 아니라, 순매입액과 순매출액을 사용해야 한다. '순'금액들이 '진짜' 매
입액과 매출액이기 때문이다.

$$(순)매입액 = 총매입액 - 매입에누리 - 매입환출 - 매입할인 + 취득부대비용$$
$$(순)매출액 = 총매출액 - 매출에누리 - 매출환입 - 매출할인$$

(1) 차감항목: 매입액 및 매출액에서 차감

에누리, 환출/환입, 할인은 매입액과 매출액을 감소시킨다.

(2) 부대비용: 매입액에 가산, 매출과 무관

매입과 관련된 부대비용은 매입액에 가산하지만, 매출과 관련된 부대비용은 별도 비용 처리하고,
매출액과 무관하다.

예제

01 (주)한국의 수정전시산표의 각 계정잔액이 다음과 같을 때, 매출총이익은? 2020. 국가직 9급 수정

매출관련 자료		매입관련 자료	
총매출	₩11,000	총매입	₩8,500
매출에누리	₩1,000	매입에누리	₩800
매출운임	₩300	매입운임	₩200
재고관련 자료			
기초재고	₩600		
기말재고	₩500		

① ₩1,800

② ₩1,900

③ ₩2,000

④ ₩2,100

⑤ ₩2,200

해설

(순)매출액: 11,000 − 1,000 = 10,000 (매출운임은 비용으로 매출액에 영향X)

(순)매입액: 8,500 − 800 + 200 = 7,900

매출원가: 600 + 7,900 − 500 = 8,000

매출총이익: 10,000 − 8,000 = **2,000**

답 ③

2. 상기업 회계처리

(1) 계속기록법

계속기록법은 매출이 발생할 때마다 매출원가 회계처리를 하는 방법이다. 상품을 판매할 때 매출 (수익)을 인식하며, 재고자산 원가를 매출원가(비용)로 인식한다.

(2) 실지재고조사법(=실사법)

실지재고조사법은 판매할 때 재고자산 회계처리를 생략하고 매출 회계처리만을 한 뒤, 기말에 실사를 수행하여 기말에 남은 재고 이외의 금액을 전부 매출원가로 계상하는 방식이다. 실지재고조사법 기말수정분개는 재고자산 T계정을 거꾸로 한다고 생각하면 쉽게 기억할 수 있다.

(차) 매출원가	X X X	(대) 재고	기초 재고액
(차) 재고	기말 실사액	(대) 매입	매입액

3. 원가흐름의 가정

	계속기록법	실지재고조사법
FIFO	FIFO	
평균법	이동평균법	총평균법

(1) 선입선출법(FIFO, First In First Out)

> 매출원가 = 기초 재고부터 매입액을 순차적으로 가산
> 기말 재고자산 = 가장 마지막 매입부터 역순으로 가산

선입선출법은 먼저 구입한 순서대로 먼저 판매되었다고 가정하는 방법이다. 선입선출법은 재고 자산의 판매 순서가 정해져 있으므로, 계속기록법과 실지재고조사법의 차이가 없다.

(2) 총평균법 (실지재고조사법 & 평균법)

> 매출원가 = 판매가능상품금액 × 판매 수량/판매가능상품 수량
> 기말 재고자산 = 판매가능상품 금액 × 기말 수량/판매가능상품 수량

총평균법은 실지재고조사법을 적용하는 평균법을 의미한다. 실지재고조사법 적용 시에는 기말 실사 후에 매출원가를 계산하므로 기초 재고와 총 매입 재고 전체(판매가능상품)를 평균한다.

02 다음은 (주)한국의 20X1년 6월 중 재고자산의 매입 및 매출과 관련된 자료이다. 선입선출법과 가중평균법을 적용한 매출원가는? (단, 재고수량 결정은 실지재고조사법에 따른다) 2021. 지방직 9급

구분	수량	×	단가	=	금액
기초재고(6월 1일)	12		₩100		₩1,200
당기매입:					
6월 10일	20		₩110		₩2,200
6월 15일	20		₩130		₩2,600
6월 26일	8		₩150		₩1,200
판매가능액	60				₩7,200
당기매출:					
6월 12일	24				
6월 25일	20				
기말재고(6월 30일)	16				

	선입선출법	가중평균법
①	₩4,960	₩5,014
②	₩4,960	₩5,280
③	₩5,560	₩5,014
④	₩5,560	₩5,280

해설

1. 총 판매수량: 24 + 20 = 44개

2. 각 방법에 따른 매출원가
(1) 선입선출법
  : 1,200(12개) + 2,200(20개) + 12개 × @130 = **4,960**
(2) 총평균법
  실지재고조사법을 따르는 가중평균법은 '총평균법'이다.
  : 7,200 × 44개 ÷ 60개 = **5,280**
참고 각 방법에 따른 기말 재고
(1) FIFO: 8개 × 130 + 8개 × 150 = 2,240
(2) 총평균법: 16개 × 120 = 1,920

답 ②

03 (주)한국은 상품의 매입원가에 20%를 가산하여 판매하고 있으며 실지재고조사법으로 재고자산을 회계처리하고 있다. 20X3년도 상품매매와 관련된 자료는 다음과 같다.

일 자	적 요	수량(단위)	단 가
1월 1일	기초재고	1,000	₩200
2월 5일	매 입	1,000	200
6월 10일	매 입	1,000	300
9월 15일	매 출	2,500	—
11월 20일	매 입	1,000	400

(주)한국이 재고자산의 원가흐름가정으로 가중평균법을 적용하고 있다면 20X3년도 포괄손익계산서에 인식할 매출액은 얼마인가?

2014. CTA

① ₩687,500   ② ₩825,000   ③ ₩870,000

④ ₩900,000   ⑤ ₩920,000

▶ **해설**

실지재고조사법으로 회계처리하고 가중평균법을 적용하고 있으므로 총평균법을 적용하는 것이다.
판매가능상품 금액: 1,000 × @200 + 1,000 × @200 + 1,000 × @300 + 1,000 × @400 = 1,100,000
판매가능상품 수량: 1,000 + 1,000 + 1,000 + 1,000 = 4,000개
매출원가: 1,100,000 × 2,500개 ÷ 4,000개 = 687,500
매출액: 687,500 × (1 + 20%) = 825,000
'상품의 매입원가'는 판매하는 상품의 원가로, 매출원가와 같은 말이다. 매출원가에 20%를 더하여 판매하고 있으므로 매출원가에 1.2를 곱해야 한다.

별해 매출원가 = 2,500개 × @275 = 687,500
기초 재고와 매입 수량이 전부 1,000단위씩이므로, 단가만 가중평균해도 된다.
평균 단가 = (200 + 200 + 300 + 400) ÷ 4 = 275

답 ②

(3) 이동평균법 (계속기록법 & 평균법)

이동평균법은 계속기록법을 적용하는 평균법을 의미한다. 계속기록법은 매출이 발생할 때마다 매출원가를 계산하므로 이동평균법은 매출 시점까지 존재한 재고를 기준으로 평균을 낸다. 이동평균법 풀이법은 사례를 통해 설명한다.

사례

다음은 (주)한국의 20X1년 1월 1일부터 12월 31일까지 재고자산 자료이다. (주)한국이 평균법을 적용할 때, 20X1년 매출원가와 20X1년 말 현재 재고자산은? (단, (주)한국은 계속기록법을 적용한다.)

일자	적요	수량	단가	금액
1월 1일	기초	150개	@100	₩15,000
1월 15일	매입	50개	@140	₩7,000
1월 20일	매출	(100개)		
1월 25일	매입	100개	@150	₩15,000
1월 28일	매출	(100개)		

STEP 1 잔액, 잔량 표 그리기

일 자	수량	단가	금액	잔액	잔량(먼제!)
1월 1일	150개	₩100	15,000		
1월 15일	50개	₩140	7,000		
1월 20일	(100개)				
1월 25일	100개	₩150	15,000		
1월 28일	(100개)				

회사는 평균법을 적용하면서, 계속기록법을 적용하므로 이동평균법을 이용한다는 뜻이다. 이동평균법은 매출이 발생할 때마다 평균 내서 매출원가를 구해야 하므로 김수석이 직접 해당 표를 고안했다. 문제에서 수량과 단가는 문제에서 제시할 것이고, 금액은 대부분 주는 편이다. 여기서 집중해야 할 부분은 음영 처리된 '잔액'과 '잔량' 항목이다. 잔액과 잔량은 각각 사거나 팔고 남은 금액과 수량을 의미한다.

STEP 2 잔량 구하기

일 자	수량	단가	금액	잔액	잔량(먼저!)
1월 1일	150개	₩100	15,000		
1월 15일	50개	₩140	7,000		①200
1월 20일	(100개)				②100
1월 25일	100개	₩150	15,000		③200
1월 28일	(100개)				④100

우선 잔량부터 보자. 기초에 150개에서 시작하여 50개를 추가로 매입하여 ①200개가 되고, 20일에 100개를 판매하여 ②100개가 남는다. 이후에도 100개를 매입하고 100개를 판매하여 ③200개가 되었다가 기말 재고가 ④100개가 된다.

STEP 3 잔액 구하기

일 자	수량	단가	금액	잔액	잔량(먼저!)
1월 1일	150개	₩100	15,000		
1월 15일	50개	₩140	7,000	㉠22,000	①200
1월 20일	(100개)		ⓐ(11,000)	㉡11,000	②100
1월 25일	100개	₩150	15,000	㉢26,000	③200
1월 28일	(100개)		ⓑ(13,000)	㉣13,000	④100

잔량을 먼저 구해놓았다면, 잔액을 구해서 매출원가를 계산할 차례이다. 기초 15,000에서 시작하여 7,000을 추가로 매입하여 ㉠22,000이 된다. 이때 잔량이 200개인데 1월 20일 절반인 100개를 판매하므로 22,000의 절반인 ⓐ(11,000)이 매출원가가 되는 것이다. (11,000)을 차감하면 잔액은 ㉡11,000이 되고, 15,000을 추가로 매입하면 ㉢26,000이 된다. 여기서 다시 절반인 100개를 판매하면 26,000의 절반인 ⓑ(13,000)이 매출원가가 되며, 기말 재고자산은 ㉢에서 ⓑ를 차감한 ㉣13,000이 된다.

STEP 4 매출원가 구하기

매출이 두 번 이상 발생하면 총 매출원가는 각 매출의 매출원가를 더한 값이다. 예제에서 매출원가는 24,000(= ⓐ11,000 + ⓑ13,000)이 된다.

🔲 매출원가 24,000, 기말 재고자산 13,000

(4) 후입선출법(LIFO, Last In First Out)

후입선출법은 늦게 구입한 순서대로 먼저 판매되었다고 가정하는 방법이다. 후입선출법은 한국채택국제회계기준에서 허용하지 않는다. 허용하지 않는 이유는 수험목적 상 생략한다. '후입선출법은 회계기준에서 허용하지 않는 방법이다.'라는 것만 알면 되며, 인정하지 않는 방법이므로 계산문제로 출제되지 않는다.

2 기말 재고자산에 포함될 항목

일반적으로 회사는 12.31을 전후하여 창고 실사를 수행하며 기말 재고자산을 파악한다. 하지만 창고에 보관 중인 재고자산 중에 회사의 재고가 아닌 것이 포함되어 있을 수 있고, 창고에 없지만 회사의 재고인 것이 있을 수 있다. 따라서 창고에 보관하고 있는 실사재고를 가감해야 올바른 기말 재고자산을 계산할 수 있다. 기출문제에서는 올바른 기말 재고자산 또는 매출원가를 묻는다. 매출원가를 구하기 위해서는 올바른 기말 재고자산을 먼저 구한 뒤 판매가능상품(기초 재고 + 매입액)에서 차감하면 된다.

1. 미착품

미착품이란 기말 현재 운송중인 상품을 말한다. 미착품은 인도조건에 따라 미착품의 소유권이 결정된다.
(1) 선적지 인도조건: 선적하는 순간 소유권이 이전되므로 구매자의 재고자산
(2) 도착지 인도조건: 재고가 도착해야 소유권이 이전되므로 판매자의 재고자산

 미착품 처리 방법

	구매자	판매자
선적지 인도	O	X
도착지 인도	X	O

미착품은 인도조건만 봐서는 회사의 재고자산인지 아닌지 파악할 수 없다. 회사가 구매자인지, 판매자인지 확인한 뒤, 인도조건을 따져보아야 한다. 가령, 도착지 인도 조건을 판매한 조건은 판매자의 창고에 없지만, 아직 소유권이 이전되지 않았으므로 판매자의 재고로 본다.

> **※주의 FOB**
>
> 문제를 풀다 보면 FOB라는 용어를 발견할 수 있을 것이다. FOB는 'Free On Board'의 약자로, 무역 용어에 해당한다. 회계학 문제를 풀 때 FOB라는 용어는 신경 쓸 필요 없다. 'FOB 선적지 인도조건'은 선적지 인도조건으로, 'FOB 도착지 인도조건'은 도착지 인도조건으로 생각하면 된다.

2. 적송품

위탁자(CPA김수석)가 상품(교재) 판매를 수탁자(서점)에게 위탁한 경우, 수탁자가 보유하고 있는 상품을 적송품이라고 부른다. 위탁자는 수탁자가 판매할 때 수익을 인식하며, 그 전까지 수탁자가 보유하고 있는 상품은 위탁자의 재고자산에 가산해야 한다. 반대로 수탁자(서점)의 입장에서는 재고가 수탁자의 창고에 있더라도, 이는 위탁자의 재고이므로 실사 수량에서 차감해야 한다.

3. 시송품

시송품이란 먼저 상품을 사용해보고 나중에 구매를 결정하도록 고객에게 보낸 상품을 말한다. 시송품은 고객이 구매 의사를 밝혔을 때 수익을 인식하며, 그 전까지 고객이 보유하고 있는 상품은 판매자의 재고자산에 포함된다.

(1) 예상구매비율 추정 여부에 따른 매출과 매출원가 인식

고객의 예상구매비율	매출액	매출원가
합리적 추정 가능	총 매출액 × 예상구매비율	시송품 원가 × 예상구매비율
합리적 추정 불가	0	0 (전부 기말 재고자산)

원칙적으로 시송품은 고객이 구매 의사를 밝히기 전까지는 수익을 인식하지 않는다. 다만, 고객의 구매비율을 합리적으로 추정할 수 있다면 예외적으로 해당 비율만큼 매출과 매출원가를 인식한 후, 실제 금액이 확정되면 그 차이만을 조정한다. 구매비율을 합리적으로 추정할 수 없는 경우 원칙대로 매출과 매출원가를 인식하지 않고, 전부 판매자의 재고자산에 포함시킨다.

4. 저당상품

저당상품이란 회사가 자금을 차입하면서 대여자에게 담보로 제공한 재고를 의미한다. '담보제공재고'라고도 한다. 저당상품은 차입금 상환 전까지 대여자가 보관하지만 소유권이 이전된 것이 아니므로 차입자의 재고자산에 포함된다. 차입자가 차입금을 상환하지 못하여 대여자가 저당권을 행사했을 때 차입자의 재고자산에서 제거한다.

5. 할부판매 vs 선수금 판매: 소유권 이전은 대금 회수 여부와 무관 ★중요!

	X1년	X2년
할부판매	**상품 이전**	판매대금 수령
선수금 판매	판매대금 수령	**상품 이전**

회계는 발생주의를 기반으로 하므로 대금 회수 여부와 상관없이 상품의 소유권은 상품이 이전될 때 같이 넘어간다.

(1) 할부판매

할부판매상품은 인도가 되는 시점에 구매자에게 소유권이 이전된다. 스마트폰 할부 구입을 생각해보자. 할부 대금을 모두 지급하지 않았다 하더라도 스마트폰의 소유권은 구매자에게 있다. 할부판매는 대금 지급만 여러 차례로 나누어 이루어질 뿐 일반 판매와 동일하다.

(2) 선수금 판매

선수금 판매는 할부판매와 반대로, 대금을 먼저 지급하고 자산을 그 이후에 이전받는 거래를 의미한다. 선수금 판매도 할부판매와 마찬가지로, 인도가 되는 시점에 구매자에게 소유권이 이전된다. 회계는 발생주의를 기반으로 한다는 것을 기억하면 헷갈리지 않을 것이다.

(3) 할부판매 및 선수금 판매의 매출액

할부판매	선수금 판매
매출액 = PV(현금 수령액)	매출액 = 현금수령액 $\times (1 + R)^n$

할부판매와 선수금 판매 모두 소유권은 자산이 인도되는 시점이다. 따라서 자산 인도 시점에 매출액도 인식해야 한다. 하지만 매출 인식 시점과 현금 유입 시점에 차이가 존재하므로, 매출액을 계산할 때 화폐의 시간가치를 반영하여야 한다. 각 상황별로 매출액은 위와 같이 계산한다. 매출액과 현금 수령액 사이의 차이는 이자수익(할부판매) 또는 이자비용(선수금 판매)으로 인식한다.

	할부판매: X1초 자산 이전, X2초 ₩10,000 수령, 이자율 10%	선수금 판매: X1초 ₩10,000 수령, X2초 자산 이전, 이자율 10%
X1초	(차) 매출채권 9,091 (대) 매출 9,091	(차) 현금 10,000 (대) 선수금 10,000
X1말	(차) 매출채권 909 (대) 이자수익 909	(차) 이자비용 1,000 (대) 선수금 1,000
X2초	(차) 현금 10,000 (대) 매출채권 10,000	(차) 선수금 11,000 (대) 매출 11,000

할부판매의 경우 매출은 자산 이전 시기인 X1초에 인식하지만, 현금을 나중에 받기 때문에 현재
가치인 9,091(= 10,000/1.1)을 X1초에 매출액으로 인식한 뒤, 이자수익을 인식하여 매출채권
을 키운 다음에 현금을 수령할 때 매출채권과 상계한다.

반면, 선수금 판매의 경우 현금 수령액을 선수금으로 계상한 뒤, 이자비용을 인식하여 선수금을
키운 다음에 자산을 이전할 때 매출액으로 인식해야 한다.

예제

01 (주)대한은 20X1년 1월 1일에 원가가 ₩4,500,000인 상품을 판매하면서 그 대금은 매년
말 ₩2,000,000씩 3회에 걸쳐 현금을 수취하기로 하였다. 동 거래로 20X1년도와 20X2
년도의 포괄손익계산서상 당기순이익은 각각 얼마나 증가되는가? (단, 유효이자율은 10%
이며, 현가계수는 아래 표를 이용한다. 계산금액은 소수점 첫째자리에서 반올림하며, 이
경우 단수차이로 인해 약간의 오차가 있으면 가장 근사치를 선택한다.) 2011. CTA

현 가 계 수 표

기간 \ 할인율	기간 말 단일금액 ₩1의 현재가치 10%	정상연금 ₩1의 현재가치 10%
1년	0.90909	0.90909
2년	0.82645	1.73554
3년	0.75131	2.48685

	20X1년	20X2년
①	₩497,370	₩347,107
②	₩497,370	₩500,000
③	₩971,070	₩347,107
④	₩971,070	₩500,000
⑤	₩1,500,000	₩0

해설

(1) X1년 당기순이익: 4,973,700(매출액) − 4,500,000(매출원가) + 497,370(이자수익) = **971,070**

　매출채권(= 매출액): 2,000,000 × 2.48685 = 4,973,700

　이자수익: 4,973,700 × 10% = 497,370

(2) X2년 당기순이익: **347,107**

　이자수익: (4,973,700 × 1.1 − 2,000,000) × 10% = 347,107

|회계처리|

X1초	매출채권	4,973,700	매출	4,973,700
	매출원가	4,500,000	상품	4,500,000
X1말	현금	2,000,000	이자수익	497,370
			매출채권	1,502,630
X2말	현금	2,000,000	이자수익	347,107
			매출채권	1,652,893

답 ③

6. 재구매조건부판매 ★중요!

판매 후에 재구매하기로 하는 조건이 있다면 경우에 따라 정상적인 판매 혹은 차입으로 본다.

거래 구분 (재고의 소유자)	(1) 재구매 가격	(2) 풋옵션의 상태
판매거래 (구매자)	공정가치 (위험 이전 O)	재판매가격〈최초판매가격
차입거래 (판매자)	약정금액 (위험 이전 X)	재판매가격〉최초판매가격

(1) 재구매 가격에 따른 구분

재구매조건부판매는 가격 변동 위험을 누가 갖느냐에 따라 소유자가 바뀐다. 가격 변동 위험이란, 가격변동에 따른 이익과 손실을 의미한다.

자산을 나중에 '공정가치'에 재구매하기로 한 경우 자산의 가격 변동 위험을 구매자가 갖는다. 재구매가격이 정해져 있지 않기 때문에, 구매자는 공정가치 변동에 따라 이익이나 손실을 보기 때문이다. 따라서 이 경우 판매 거래로 보며, 자산의 소유권은 구매자에게 이전되었다고 본다.

반면 나중에 '약정금액'에 재구매하기로 한 경우 구매자는 공정가치와 무관하게 정해진 가격을 받기 때문에 자산의 가격 변동 위험을 판매자가 갖는다. 따라서 이 경우 차입 거래로 보며, 자산의 소유권은 그대로 판매자에게 있다.

(2) 풋옵션의 상태에 따른 구분

풋옵션은 나중에 자산을 '팔 수 있는' 권리이다. 구매자가 풋옵션을 갖는다면 나중에 자산을 되팔 수 있다.

만약 되팔 수 있는 가격이 자산의 최초 매입가격보다 싸다면 풋옵션을 행사했을 때 손해를 보기 때문에 구매자는 풋옵션을 행사하지 않을 것이다. 이처럼 옵션을 행사하지 않는 상태를 '깊은 외가격 상태'라고 부르며, 고객은 자산을 되팔지 않고 그대로 보유하게 된다. 따라서 풋옵션이 깊은 외가격 상태라면 판매로 본다.

만약 되팔 수 있는 가격이 자산의 최초 매입가격보다 비싸다면 풋옵션을 행사했을 때 이득을 보기 때문에 구매자는 풋옵션을 행사할 것이다. 이처럼 옵션을 행사하는 상태를 '깊은 내가격 상태'라고 부르며, 자산은 회사로 돌아온다. 따라서 풋옵션이 깊은 내가격 상태라면 자산을 담보로 차입한 것으로 보고 회사의 자산에 포함시킨다.

> ※주의 기말 재고자산에는 원가를 가산해야 함!
> 재구매조건부판매는 문제에서 재고의 원가와 재매입가격을 동시에 제시할 텐데, 회사의 재고에 포함된다면 재고의 원가를 기말 실지 재고에 가산해야 한다. 기말 재고자산은 장부상에 표시되는 금액으로, 원가로 표시하기 때문이다.

7. 인도결제판매

인도결제판매란 자산의 인도 이후에 결제가 이루어지는 판매를 의미한다. 자산의 인도 이후에 결제가 이루어진다는 점에서 할부판매와 유사하다. 하지만 할부판매는 자산의 인도 시점에 자산의 소유권이 이전되는 반면, 인도결제판매는 결제까지 완료되어야 자산의 소유권이 이전된다. '인도결제판매'라는 거래 자체가 결제가 완료되어야 소유권이 넘어가는 형태의 거래이기 때문이다.

8. 미인도청구약정

미인도청구약정이란 구매자가 대금을 지급하였지만 구매자의 청구에 따라 재화의 인도가 지연되는 거래를 의미한다. 쉽게 말해서, 구매자가 돈을 다 냈지만 물건을 가져가지 않고 기업이 갖고 있는 계약이다. 미인도청구약정의 경우 판매자가 재화를 보관하고 있지만, 구매자가 통제하고 있으므로 구매자의 자산으로 본다. 자산의 소유권이 이전되었으므로, 판매자도 수익을 인식한다.

예를 들어 편의점에서 살 물건을 먼저 결제하고 나서 추가로 살 물건이 생각나서 물건을 가져가지 않고 카운터에 그대로 두었다고 하자. 물건은 여전히 판매자에게 있지만, 구매자는 대금을 전부 지급하였고 얼마든지 자산을 가지고 갈 수 있으므로 구매자의 자산에 해당한다.

김수석의 핵심 콕! 재고자산에 포함될 항목 요약

미착품	선적지 인도조건 시 구매자, 도착지 인도조건 시 판매자의 재고	
적송품 (위탁판매)	수탁자가 판매할 때 수익 인식	창고 밖에 있지만 재고에 포함
시송품	고객이 구매 의사를 밝혔을 때 수익 인식	
저당상품	대여자가 보관해도 차입자의 재고	
할부판매&선수금 판매	자산 인도 시점에 소유권 이전	
재구매조건부 판매	공정가치 재구매 or 재판매가격<최초판매가격 판매	
인도결제판매	자산 인도 후 결제까지 완료되어야 소유권 이전	
미인도청구약정	판매자가 보관하지만 구매자의 재고	

> ※주의 기말 재고자산에 포함된다고 무조건 더하지 말고, 재고자산에 포함되지 않는다고 무조건 빼지 말 것!
>
> 위 표에 따라 기말 재고자산에 포함된다고 무조건 더하지 말고, 재고자산에 포함되지 않는다고 무조건 빼지 말자. 회사가 현재 해당 재고를 자산에 포함했는지를 보고 판단해야 한다. 기말 재고자산에 포함되는데 회사가 이미 포함 시켰다면 조정할 필요 없이 그냥 두면 된다. 기말 재고자산에 포함되지 않는데, 회사가 포함 시키지 않은 경우에도 마찬가지이다. 따라서 회사가 해당 재고를 어떻게 처리하였는지 반드시 비교해보고 계산해야 한다.

예제

02 (주)세무의 20X1년 재고자산 관련 현황이 다음과 같을 때, 20X1년 말 재무상태표의 재고자산은?

2017. CTA

- 20X1년 말 재고실사를 한 결과 (주)세무의 창고에 보관 중인 재고자산의 원가는 ₩100,000이다.
- 20X1년도 중 고객에게 원가 ₩80,000 상당의 시송품을 인도하였으나, 기말 현재까지 매입의사를 표시하지 않았다.
- 20X1년도 중 운영자금 차입목적으로 은행에 원가 ₩80,000의 재고자산을 담보로 인도하였으며, 해당 재고자산은 재고실사 목록에 포함되지 않았다.
- (주)한국과 위탁판매계약을 체결하고 20X1년도 중 원가 ₩100,000 상당의 재고자산을 (주)한국으로 운송하였으며, 이 중 기말 현재 미판매되어 (주)한국이 보유하고 있는 재고자산의 원가는 ₩40,000이다.
- (주)대한으로부터 원가 ₩65,000의 재고자산을 도착지인도조건으로 매입하였으나 20X1년 말 현재 운송중이다.

① ₩220,000 ② ₩260,000 ③ ₩300,000
④ ₩320,000 ⑤ ₩365,000

⊙ 해설

	회사	정답	조정
실사 금액			100,000
(1) 시송품	재고 X	재고 O	80,000
(2) 저당상품	재고 X	재고 O	80,000
(3) 적송품	재고 X	재고 O	40,000
(4) 도착지인도조건 매입	재고 X	재고 X	—
실제 금액			300,000

답 ③

03 (주)대한이 실지재고조사법으로 재고자산을 실사한 결과 20X1년말 현재 창고에 보관하고 있는 재고자산의 실사금액은 ₩5,000,000으로 집계되었다. 추가자료는 다음과 같다.

> (1) 20X1년 10월 1일 (주)대한은 (주)서울에 원가 ₩500,000의 상품을 인도하고, 판매대금은 10월말부터 매월 말일에 ₩200,000씩 4개월에 걸쳐 할부로 수령하기로 하였다.
>
> (2) (주)대한은 20X1년 11월 1일에 (주)충청과 위탁판매계약을 맺고 원가 ₩2,000,000의 상품을 적송하였다. (주)충청은 20X1년말까지 이 중 60%만을 판매완료하였다.
>
> (3) 20X1년말 (주)대한은 (주)경기에 원가 ₩1,200,000의 상품을 ₩1,600,000에 판매 즉시 인도하면서, (주)경기가 (주)대한에게 동 상품을 ₩1,800,000에 재매입하도록 요구할 수 있는 풋옵션을 부여하는 약정을 체결하였다.
>
> (4) 20X1년 12월 1일에 (주)대한은 제품재고가 없어 생산중인 제품에 대한 주문을 (주)강원으로부터 받아 이를 수락하고 동 제품에 대한 판매대금 ₩1,500,000을 전부 수령하였다. 20X1년말 현재 동 제품은 생산이 완료되었으며 (주)대한은 이를 20X2년 1월 5일에 (주)강원에 인도하였다. 동 제품의 제조원가는 ₩1,000,000이고 실사금액에 포함되어 있다.

추가자료의 내용을 반영하면 (주)대한의 20X1년말 재무상태표에 보고될 재고자산은 얼마인가?

2015. CPA

① ₩4,800,000 ② ₩5,200,000 ③ ₩6,000,000
④ ₩6,200,000 ⑤ ₩7,000,000

해설

	회사	정답	조정
실사 금액			5,000,000
(1) 할부판매	재고 X	재고 X	—
(2) 적송품	재고 X	재고 O	800,000
(3) 재구매 조건부 판매	재고 X	재고 O	1,200,000
(4) 선수금 판매	재고 O	재고 O	—
실제 금액			7,000,000

(1) 할부판매: 판매대금 수령여부와 관계없이 매출이 발생한 것이므로 재고자산에 포함 X

(2) 적송품: 2,000,000 × (1 − 60%) = 800,000

(3) 재구매 조건부 판매: 재매입가격(1,800,000)이 최초 판매가격(1,600,000)보다 높기 때문에(깊은 내가격) 풋옵션이 행사될 가능성이 높다. 따라서 재고는 다시 돌아올 것이므로 원가인 1,200,000을 재고자산에 포함한다.

(4) 선수금 판매: 수익 인식 기준은 '재고자산의 통제가 이전될 때'이다. 제품이 X2년에 이전되므로 X1년말까지는 재고자산에 포함되어야 한다. 실사금액에 포함되어 있으므로 조정할 필요는 없다.

답 ⑤

04 재고자산을 실사한 결과, (주)한국은 20X1년 12월 31일 현재 원가 ₩600,000의 상품을 창고에 보관하고 있다. 다음의 추가 자료를 반영한 후 (주)한국의 20X1년 올바른 기말상품재고액은 얼마인가? (단, 재고자산감모손실 및 평가손실은 없다고 가정한다.) 2016. CPA

〈추가자료〉
(1) (주)한국은 판매자로부터 원가 ₩10,000의 상품을 매입한 후 대금을 완불하였으나 보관창고가 부족하여 20X1년 12월 31일 현재 동 상품을 판매자가 보관하고 있다
(2) (주)한국은 위탁판매거래를 위해 20X1년 11월 중 수탁자에게 원가 ₩20,000의 상품을 적송했는데 20X1년 12월 31일 현재까지 상품이 판매되지 않았다. 적송 시 운임은 발생하지 않았다.
(3) (주)한국은 20X1년 12월 25일 판매자로부터 선적지인도조건(F.O.B. shipping point)으로 원가 ₩80,000의 상품을 매입하여 20X1년 12월 31일 현재 운송 중에 있으며, 도착예정일은 20X2년 1월 9일이다. 매입 시 운임은 발생하지 않았다.
(4) (주)한국은 20X1년 12월 25일에 원가 ₩40,000의 상품을 1개월 후에 재구매하겠다는 조건으로 고객에게 판매하여 인도하였다.
(5) (주)한국은 20X1년 12월 28일 중개업자를 통해 인도결제판매조건으로 원가 ₩30,000의 상품을 판매하여 인도가 완료되었다. 중개업자는 판매대금을 회수하고 대행수수료 ₩5,000을 차감한 후 (주)한국에 지급한다. (주)한국 및 중개업자는 20X1년 12월 31일 현재 판매대금 전액을 현금으로 수취하지 못하고 있다.

① ₩700,000   ② ₩740,000   ③ ₩750,000
④ ₩770,000   ⑤ ₩780,000

해설

	회사	정답	조정
실사 금액			600,000
(1) 미인도청구약정	재고 X	재고 O	10,000
(2) 적송품	재고 X	재고 O	20,000
(3) 선적지인도조건 매입	재고 X	재고 O	80,000
(4) 재구매조건부 판매	재고 X	재고 O	40,000
(5) 인도결제판매	재고 X	재고 O	30,000
실제 금액			780,000

(4) 재구매조건부 판매: 아무런 추가 조건 없이 '재구매하겠다는 조건으로' 판매하였으므로, 반드시 재구매가 이루어진다. 따라서 판매자의 재고자산에 포함시킨다.
(5) 인도결제판매: 인도 후 결제까지 완료되어야 소유권이 이전되는데, 결제가 되지 않았으므로 판매자의 재고자산에 포함시킨다.

답 ⑤

3 저가법

재고자산은 취득원가와 순실현가능가치 중 낮은 금액으로 측정한다. 재고자산을 '낮은 금액'으로 측정하기 때문에 저가법이라고 부른다.

1. 저가법 풀이법 ★중요!

BQ × BP　= XXX　　　정상감모
　↓　　(감모손실)〈 비정상감모
AQ × BP　= XXX
　↓　　(평가충당금) (평가손실 = 기말 충당금−기초 충당금)
AQ × 저가　= XXX

STEP 1 수량, 단가 채우기

저가법 계산을 위해서는 우선 문제에서 제시한 수치들을 도표화 해야 한다. 다음은 위 표의 좌측에 표시된 항목들의 의미이다.

> BQ(Book Quantity): 장부상 수량
> BP(Book Price): 장부상 단가. 취득원가를 의미한다.
> AQ(Actual Quantity): 실제 수량
> 저가: min[BP, NRV]

(1) NRV(순실현가능가치) = 예상 판매가격 − 추가 완성원가 − 판매비용

NRV(Net Realizable Value, 순실현가능가치)는 '이 자산을 통해 남길 수 있는 금액'이라고 생각하면 기억하기 쉽다. 내가 이 자산을 통해 벌 수 있는 수익에서 그 돈을 벌기 위해 써야 하는 비용을 차감하면 된다. 따라서 예상 판매가격에서 추가로 발생할 원가를 차감하면 된다.

> ※주의 **저가는 NRV가 아니다!**
> 많은 수험생들이 문제에 제시된 NRV를 보자마자 저가 금액을 채운다. 저가는 NRV가 아니라 BP와 비교했을 때 작은 것이라는 점을 주의하자.

STEP 2 감모손실

감모란, 장부 수량과 비교했을 때 실제 수량이 감소한 것을 말한다. 감모가 발생한 경우 감모손실을 인식하며, 이를 정상 감모와 비정상 감모로 구분한다.

STEP 3 평가충당금

(1) NRV > BP: 평가손실 X
'AQ × BP'와 'AQ × 저가'의 차이를 평가충당금으로 계상한다. NRV가 BP보다 큰 경우 저가는 BP가 되며, 평가충당금이 0이 된다는 것을 주의하자.

(2) 평가손실 = 기말 평가충당금 − 기초 평가충당금
위 표에서 'AQ × BP'와 'AQ × 저가'의 차이를 평가충당금이라고 표시해놓았다. 재고자산평가충당금은 재고자산의 차감적 평가계정으로, 취득원가와 저가 재고의 차이 금액을 의미한다.

평가손실은 손익계산서상 항목으로 변동분을 의미하고, 평가충당금은 재무상태표 상 항목으로 잔액을 의미한다. 따라서 충당금 기초 금액을 확인한 후, 기말 잔액과의 차이분을 손실로 계상한다. 만약 기초 충당금이 없는 경우에는 기말 충당금이 곧 당기 평가손실이 된다.

STEP 4 기타비용

재고와 관련하여 발생하는 비용은 크게 세 가지이다. 일반적인 매출원가, 감모손실, 평가손실. IFRS에서는 이 세 가지를 '비용'으로 인식한다고 규정할 뿐, 구체적인 비용의 계정과목을 규정하지 않고 있다. 따라서 문제의 가정에 따라 감모손실과 평가손실을 매출원가에 포함시킬 수도 있고, 기타비용으로 처리할 수도 있다. 문제마다 가정이 다르므로 가정을 잘 따져보고, 기타비용 금액을 뽑아보자.

(1) 기말 재고: 마지막 줄 금액 (= AQ × 저가)

취득원가에서 감모손실과 평가손실까지 반영한 금액이 기말 재고의 실제 금액이다. 표에서 가장 마지막 줄에 있는 저가 재고 금액으로 답하면 된다.

(2) 매출원가 ★중요!

총비용	= 매출원가 + 기타비용	= 기초 재고(순액) + 매입액 − 기말 재고(순액)
매출원가	= 총비용 − 기타비용	= 기초 재고(순액) + 매입액 − 기말 재고(순액) − 기타비용

일반적으로 매출원가는 '기초 재고 + 매입액 − 기말 재고'의 방식으로 구한다. 하지만 저가법 적용시에는 재고와 관련된 비용에 매출원가뿐만 아니라 기타비용도 있기 때문에 '기초 재고 + 매입액 − 기말 재고'는 매출원가와 기타비용의 합인 총비용이 된다. 매출원가를 구하고 싶다면 총비용에서 기타비용을 차감하면 된다. 매출원가는 다음과 같이 재고자산 원장(T계정)을 그려서 구하면 된다.

재고자산

기초(순액)	①X X X	매출원가	⑤X X X
		기타비용	④X X X
매입	②X X X	기말(순액)	④X X X
계	②X X X	계	③X X X

(총비용 = ⑤X X X + ④X X X)

① 기초 재고 금액을 적는다. 단, 기초 충당금이 있는 경우 충당금을 차감한 순액을 적는다.

② 기초 재고액에 매입액을 가산하여 판매가능상품(기초 + 매입) 금액을 구한다.

③ 대차는 일치하므로 대변에도 판매가능상품 금액을 적는다.

④ Step 4에서 구한 기타비용과 기말 재고 순액(마지막 줄 금액)을 적는다.

⑤ 대변에 빈 금액을 매출원가로 채워주면 끝이다. 총비용을 물었다면 기타비용 자리를 비우고 매출원가 금액으로 답하면 된다.

01 (주)대한의 20X1년도 재고자산(상품A)과 관련된 자료가 다음과 같을 때, 20X1년도에 매출원가, 감모손실, 평가손실로 인식할 비용의 합계액은?

2013. CTA

> (1) 기초재고   ₩700,000(재고자산평가충당금 ₩0)
> (2) 매입액   ₩6,000,000
> (3) 매출액   ₩8,000,000
> (4) 기말재고: 장부수량 3,000개, 개당 취득원가   ₩200
>   실사수량 2,500개, 개당 순실현가능가치 ₩240
> 재고자산 감모 분 중 50%는 정상적인 것으로 판단되었다.

① ₩6,000,000   ② ₩6,050,000   ③ ₩6,100,000
④ ₩6,150,000   ⑤ ₩6,200,000

해설

BQ × BP	3,000개 × @200 = 600,000
감모손실	(100,000)
AQ × BP	2,500개 × @200 = 500,000
평가충당금	—
AQ × 저가	2,500개 × @200 = 500,000

저가 = min[BP, NRV] = min[200, 240] = 200

재고자산			
기초(순액)	700,000	총비용	6,200,000
매입	6,000,000	기말(순액)	500,000
계	6,700,000	계	6,700,000

문제에서 매출원가가 아닌 '비용의 합계액'을 물었으므로 매출원가와 기타비용을 구분할 필요가 없다. 문제에서 매출원가와 기타비용의 구분 기준을 주지도 않았다.

답 ⑤

02 (주)한국의 20X1년 말 재고자산의 취득원가는 ₩200,000, 순실현가능가치는 ₩160,000이다. 20X2년 중 재고자산을 ₩1,600,000에 매입하였다. 20X2년 말 장부상 재고자산 수량은 200단위지만 재고실사 결과 재고자산 수량은 190단위(단위당 취득원가 ₩2,200, 단위당 순실현가능가치 ₩1,900)였다. 회사는 재고자산으로 인한 당기비용 중 재고자산감모손실을 제외한 금액을 매출원가로 인식할 때, 20X2년 매출원가는?
(단, 20X1년 말 재고자산은 20X2년에 모두 판매되었다.)   2015. CTA

① ₩1,377,000   ② ₩1,394,000   ③ ₩1,399,000
④ ₩1,417,000   ⑤ ₩1,421,000

⊙▶ 해설

BQ × BP	200개 × @2,200 = 440,000
감모손실	(22,000)
AQ × BP	190개 × @2,200 = 418,000
평가충당금	(57,000)
AQ × 저가	190개 × @1,900 = 361,000

재고자산(X2년)

기초(순액)	160,000	매출원가	1,377,000
		기타비용	22,000
매입	1,600,000	기말(순액)	361,000
계	1,760,000	계	1,760,000

X1말 재고자산은 X2초 재고자산이 된다. X1말 재고자산의 순실현가능가치(NRV)가 취득원가(BP)보다 작으므로, X2초 재고자산의 순액은 160,000이 된다.

참고 매출원가에 대한 이해
매출원가 = 일반적인 매출원가 + 평가손실 = 1,360,000 + 17,000 = 1,377,000
 ― 일반적인 매출원가: 200,000 + 1,600,000 − 440,000 = 1,360,000
 ― 평가손실: 57,000 − 40,000(기초 평가충당금) = 17,000
감모손실을 제외한 금액을 매출원가로 인식하므로, 매출원가는 장부상 기말 재고자산을 기준으로 계산한 일반적인 매출원가에 평가손실을 가산한 금액이 된다. 하지만 매출원가를 계산할 때 매출원가에 포함되는 항목들을 하나씩 가산하기보다는, 총비용을 구한 뒤 기타비용을 차감하는 것을 추천한다.

답 ①

03 (주)세무의 20X1년 초 상품재고액은 ₩100,000(재고자산평가충당금 ₩0)이다. (주)세무의 20X1년과 20X2년의 상품매입액은 각각 ₩500,000과 ₩600,000이며, 기말상품재고와 관련된 자료는 다음과 같다. (주)세무는 재고자산평가손실(환입)과 정상적인 재고자산감모손실은 매출원가에 반영하고, 비정상적인 재고자산감모손실은 기타비용에 반영하고 있다. (주)세무의 20X2년도 매출원가는? 2022. CTA

항목	장부수량	실제수량	정상감모수량	단위당 취득원가	단위당 순실현가능가치
20X1년 말	450개	400개	20개	₩300	₩250
20X2년 말	650개	625개	10개	₩350	₩330

① ₩481,000 ② ₩488,500 ③ ₩496,000

④ ₩501,000 ⑤ ₩523,500

▶ 해설

재고자산(X2년)

기초(순액)	100,000	매출원가	488,500
		기타비용	5,250
매입	600,000	기말(순액)	206,250
계	700,000	계	700,000

(1) X1년 말(= X2년 초) 재고자산

BQ × BP	
감모손실	
AQ × BP	
평가충당금	
AQ × 저가	400개 × @250 = 100,000

X2년도 매출원가를 물었으므로, X2년 초 재고자산의 순액이 필요하다. 따라서 X1년 말 재고자산의 마지막 줄만 채운다. 우리는 재고자산 T계정에 기타비용을 채울 것인데, 문제에서 평가손실(= 기말 평가충당금 − 기초 평가충당금)은 기타비용으로 분류하지 않으므로 구할 필요가 없다. 따라서 기초 평가충당금 또한 필요하지 않다.

(2) X2년 말 재고자산

BQ × BP	650개 × @350 = 227,500	비정상적: (25개 − 10개) × @350 = 5,250
감모손실	(8,750)	
AQ × BP	625개 × @350 = 218,750	
평가충당금	(12,500)	
AQ × 저가	625개 × @330 = 206,250	

답 ②

2. 평가충당금의 환입

평가충당금 설정	재고자산평가손실 (비용)	XXX	재고자산평가충당금 (자산 감소)	XXX
평가충당금 환입	재고자산평가충당금	XXX	재고자산평가손실환입 (비용 감소)	XXX

재고자산의 순실현가능가치가 상승한다면 기존에 인식한 평가충당금을 환입한다. 재고자산 평가손실의 환입은 비용의 감소로 인식한다.

이때, 재고자산평가손실환입은 기존에 인식한 평가충당금을 한도로 한다. 평가충당금이 음수가 될 수는 없기 때문이다.

예제

04 (주)한국이 보유하고 있는 재고자산의 품목(A)와 품목(B)는 서로 다른종목이며, 재고자산을 저가법으로 평가할 때 종목기준을 적용하고 있다. 20X1년의 기초재고자산은 ₩200,000이며 20X1년 중에 매입한 재고자산의 품목(A)와 품목(B)의 합계는 총 ₩6,000,000이다. (단, 기초의 재고자산평가충당금은 없다. 아래에서는 (주)한국이 20X1년 12월 31일 현재 실지재고조사를 통해 보유중인 재고자산의 수량 및 단위당 가치에 대한 현황을 나타내고 있다.)

항목	장부수량	실제수량	단위당 취득원가	단위당 순실현가능가치
품목(A)	500개	400개	₩400	₩450
품목(B)	500개	450개	₩100	₩80

(주)한국이 재고자산과 관련하여 20X1년도에 당기비용으로 인식할 금액은 얼마인가? 만약 20X2년 12월 31일 현재 재고자산 품목(B)의 단위당 순실현가능가치가 ₩120으로 회복될 경우, 재고자산평가손실환입액으로 인식할 금액은 얼마인가? (단, (주)한국은 판매가격의 하락으로 인해 감액된 재고자산 품목(B)의 수량을 20X2년 12월 31일까지 계속 보유하고 있으며, 20X2년도 중 품목(B)의 추가취득은 없다고 가정한다.) 2016. CPA

	20X1년도 당기비용	20X2년도 품목(B)의 재고자산평가손실환입액
①	₩5,900,000	₩18,000
②	₩5,950,000	₩18,000
③	₩5,959,000	₩9,000
④	₩5,995,000	₩9,000
⑤	₩6,004,000	₩9,000

해설

문제에서 당기비용을 물었기 때문에 매출원가와 기타비용을 나눌 필요가 없다. 따라서 기말 재고 순액만 계산한 뒤, T계정에 대입하면 된다.

1. X1년도 총 비용

	A	B
BQ × BP		
감모손실		
AQ × BP		450개 × @100 = 45,000
평가충당금		(9,000)
AQ × 저가	400개 × @400 = 160,000	450개 × @80 = 36,000

기말 재고(순액): 160,000 + 36,000 = 196,000
X1년도 총비용: 200,000 + 6,000,000 − 196,000 = 6,004,000

재고자산(A + B)			
기초(순액)	200,000	총비용	6,004,000
매입	6,000,000	기말(순액)	196,000
계	6,200,000	계	6,200,000

2. X2년도 재고자산평가손실 환입액: 9,000

X2년도에 순실현가능가치가 BP(100)을 넘기 때문에 X2년도 기말 평가충당금은 0이 되며, X1년도에 계상한 평가충당금을 전부 환입하면 된다.

답 ⑤

3. 확정판매계약 시 NRV

기말 재고에 대해 확정판매계약을 체결한 경우, 해당 재고는 판매될 가격이 정해진 것이므로, NRV는 다음과 같이 달라진다. 여기서도 NRV가 저가가 되는 것이 아니라, 각 경우의 NRV와 BP 중 작은 것이 저가가 된다.

(1) 기말 재고 수량 > 계약 수량

① 계약 수량 이내의 재고: NRV=계약 가격−판매비용

확정판매계약 또는 용역계약을 이행하기 위하여 보유하는 재고자산의 순실현가능가치는 계약가격에 기초한다.

② 계약 수량 초과분: NRV=예상 판매가격−추가 완성원가−판매비용 (원래 NRV 공식)

만일 보유하고 있는 재고자산의 수량이 확정판매계약의 이행에 필요한 수량을 초과하는 경우에는 그 초과 수량의 순실현가능가치는 일반 판매가격에 기초한다.

(2) 기말 재고 수량 < 계약 수량

① 기말 재고 수량: NRV=계약 가격−판매비용

② 부족한 계약 수량: 손실충당부채 설정=부족분×(취득원가−계약 가격) 심화

계약 수량이 보유하는 재고 수량을 초과하고, 취득원가가 계약 가격을 초과하는 경우에는 판매를 할 때마다 손실이 발생한다. 상품을 사 와서 파는데 사 오는 가격이 파는 가격보다 비싸므로 팔 때마다 손해가 발생하는 것이다. 이미 계약을 체결하였고, 계약을 이행해야 하므로 위 식에 따라 계산된 금액만큼 충당부채를 설정한다. 충당부채는 일종의 부채라고 생각하고 넘어가자. 자세한 내용은 '9장 충당부채'의 '손실부담계약'에서 배울 것이다.

01 20X1년 초에 설립한 (주)세무는 유사성이 없는 두 종류의 상품 A와 상품 B를 판매하고 있다. (주)세무는 20X1년 중 상품 A 200단위(단위당 취득원가 ₩1,000)와 상품 B 200단위(단위당 취득원가 ₩2,000)를 매입하였으며, 20X1년 말 상품재고와 관련된 자료는 다음과 같다.

	장부수량	실제수량	단위당 취득원가	단위당 예상 판매가격
상품 A	50	30	₩1,000	₩1,300
상품 B	100	70	2,000	2,200

상품 A의 재고 중 20단위는 (주)대한에 단위당 ₩900에 판매하기로 한 확정판매계약을 이행하기 위해 보유 중이다. 확정판매계약에 의한 판매시에는 판매비용이 발생하지 않으나, 일반판매의 경우에는 상품 A와 상품 B 모두 단위당 ₩300의 판매비용이 발생할 것으로 예상된다. (주)세무가 20X1년도에 인식할 매출원가는? (단, 정상감모손실과 재고자산평가손실은 매출원가에 가산하며, 상품 A와 상품 B 모두 감모의 70%는 정상감모이다.) 　2021. CTA

① ₩410,000　　　　　　　　② ₩413,000
③ ₩415,000　　　　　　　　④ ₩423,000
⑤ ₩439,000

재고자산			
기초(순액)	—	매출원가	415,000
		기타비용	24,000
매입	600,000	기말(순액)	161,000
계	600,000	계	600,000

기초에 설립하였으므로 기초 재고는 없다.

기말 재고(순액): 28,000 + 133,000 = 161,000

매입액: 200단위 × @1,000 + 200단위 × @2,000 = 600,000

기타비용(비정상감모손실): (20,000 + 60,000) × 30% = 24,000

ㅡ 정상감모손실과 재고자산평가손실은 매출원가에 가산하므로, 비정상감모손실만 기타비용으로 처리한다.

	A	B
BQ × BP	50개 × @1,000 = 50,000	100개 × @2,000 = 200,000
감모손실	(20,000)	(60,000)
AQ × BP	30개 × @1,000 = 30,000	70개 × @2,000 = 140,000
평가충당금	(2,000)	(7,000)
AQ × 저가	20개 × @900 + 10개 × @1,000 = 28,000	70개 × @1,900 = 133,000

항목별 저가 = min[BP, NRV]

(1) A(확정판매분) = min[1,000, 900] = 900

(2) A(확정판매 초과분) = min[1,000, 1,300 − 300] = 1,000

(3) B = min[2,000, 2,200 − 300] = 1,900

ㅡ 일반 판매 시 A와 B 모두 300의 판매비용이 발생하므로 NRV 계산 시 예상 판매가격에서 판매비용을 차감해야 한다.

 ③

02 20X1년 초에 설립한 (주)한국은 확정판매계약(취소불능계약)에 따른 판매와 시장을 통한 판매를 동시에 실시하고 있다. 다음은 (주)한국의 20X1년 말 보유 중인 재고내역이다.

종 목	실사수량	단위당 취득원가	단위당 정상판매가격
상품A	100개	₩150	₩160
상품B	200개	200	230
상품C	300개	250	260

(주)한국의 경우 확정판매계약에 따른 판매의 경우에는 판매비용이 발생하지 않으나, 시장을 통해 판매하는 경우에는 상품의 종목과 관계없이 단위당 ₩20의 판매비용이 발생한다. 재고자산 중 상품B의 50%와 상품C의 50%는 확정판매계약을 이행하기 위하여 보유하고 있는 재고자산이다. 상품B의 단위당 확정판매계약가격은 ₩190이며, 상품C의 단위당 확정판매계약가격은 ₩230이다. 재고자산평가와 관련한 20X1년도 당기손익은? (단, 재고자산의 감모는 발생하지 않았다.)

2015. CTA 수정

① ₩5,000 손실　　　　② ₩5,500 이익　　　　③ ₩6,500 손실
④ ₩7,500 이익　　　　⑤ ₩8,000 손실

▶ **해설**

1. 재고자산평가손실: 6,500(기말 평가충당금) − 0(기초 평가충당금) = 6,500
   − 기초에 설립하였으므로 기초 평가충당금은 없다.

2. 기말 평가충당금: 1,000 + 1,000 + 4,500 = 6,500

	A	B	C
AQ × BP	100개 × @150 = 15,000	200개 × @200 = 40,000	300개 × @250 = 75,000
평가충당금	(1,000)	(1,000)	(4,500)
AQ × 저가	100개 × @140 = 14,000	100개 × @190 + 100개 × @200 = 39,000	150개 × @230 + 150개 × @240 = 70,500

평가와 관련된 손익을 물었으므로, BQ × BP는 생략한다.

3. 항목별 저가 = min[BP, NRV]

(1) A = min[150, 160 − 20] = 140

(2) B(확정판매분) = min[200, 190] = 900
(3) B(확정판매 초과분) = min[200, 230 − 20] = 200

(3) C(확정판매분) = min[250, 230] = 230
(4) C(확정판매 초과분) = min[250, 260 − 20] = 240

답 ③

4. 조별기준 저가법

저가법은 항목별로 적용한다. 다만, 서로 유사하거나 관련 있는 항목들을 통합하여 저가법을 적용하는 것도 가능하다. 이를 조별기준 저가법이라고 한다. 여기서 '조'는 월드컵 예선에서 A조, B조 등으로 나눌 때 쓰는 조(group)를 의미한다.

예를 들어, 과자 회사에 치즈맛 팝콘과 카라멜맛 팝콘이 있을 때 각자 저가법을 적용하면 항목별 기준 저가법이고, 팝콘 전체를 통합하여 저가법을 적용하면 조별기준 저가법이다. 조별기준 저가 법은 다음과 같이 적용한다.

	A	
	A1	A2
BQ × BP	$\sum$BQ × BP	
AQ × BP	$\sum$AQ × BP	
AQ × 저가	min[$\sum$AQ × BP, $\sum$AQ × NRV]	

 BQ×BP 및 AQ×BP

원래 계산하는 방식과 같은 방식으로 항목별 금액을 계산한 뒤 더하면 된다.

 AQ×저가=min[$\sum$AQ×BP, $\sum$AQ×NRV]

첫 번째 줄과 두 번째 줄은 항목별기준 금액을 더한 금액이지만, 세 번째 줄은 항목별기준과 계산 방법이 다르다. 항목별기준에서는 BP와 NRV 중 작은 금액이 저가였다. 하지만 조별기준에서는 두 번째 줄 금액($\sum$AQ × BP)과 $\sum$AQ × NRV 중 작은 금액이 세 번째 줄에 온다. 각 항목별로 NRV에 AQ를 곱한 뒤, 두 번째 줄 금액과 비교하여 작은 금액이 세 번째 줄 금액이다. 이때 NRV 가 BP보다 크더라도 NRV를 사용한다는 것을 주의하자.

예제

01 유통업을 영위하는 (주)대한의 20X1년도 기초 재고자산은 ₩855,000이며, 기초 재고자산평가충당금은 ₩0이다. 20X1년도 순매입액은 ₩7,500,000이다. (주)대한의 20X1년도 기말 재고자산 관련 자료는 다음과 같다.

조	항목	장부 수량	실제 수량	단위당 원가	단위당 순실현가능가치
A	A1	120개	110개	₩800	₩700
	A2	200개	200개	₩1,000	₩950
B	B1	300개	280개	₩900	₩800
	B2	350개	300개	₩1,050	₩1,150

(주)대한은 재고자산감모손실과 재고자산평가손실을 매출원가에 포함한다. (주)대한이 항목별기준 저가법과 조별기준 저가법을 각각 적용할 경우, (주)대한의 20X1년도 포괄손익계산서에 표시되는 매출원가는 얼마인가?

2019. CPA

	항목별기준	조별기준
①	₩7,549,000	₩7,521,000
②	₩7,549,000	₩7,500,000
③	₩7,519,000	₩7,500,000
④	₩7,519,000	₩7,498,000
⑤	₩7,500,000	₩7,498,000

⊙ 해설

1. 항목별기준

재고자산			
기초(순액)	855,000	매출원가	7,549,000
		기타비용	—
매입	7,500,000	기말(순액)	806,000
계	8,355,000	계	8,355,000

감모손실과 평가손실을 매출원가에 포함하므로 기타비용은 없다.

기말 재고(순액): 77,000 + 190,000 + 224,000 + 315,000 = 806,000

	A1	A2	B1	B2
BQ × BP	120개 × @800 = 96,000	200개 × @1,000 = 200,000	300개 × @900 = 270,000	350개 × @1,050 = 367,500
감모손실				
AQ × BP	110개 × @800 = 88,000	200개 × @1,000 = 200,000	280개 × @900 = 252,000	300개 × @1,050 = 315,000
평가충당금				
AQ × 저가	110개 × @700 = 77,000	200개 × @950 = 190,000	280개 × @800 = 224,000	300개 × @1,050 = 315,000

2. 조별기준

재고자산			
기초(순액)	855,000	매출원가	7,521,000
		기타비용	—
매입	7,500,000	기말(순액)	834,000
계	8,355,000	계	8,355,000

기말 재고(순액): 267,000 + 567,000 = 834,000

	A	B
BQ × BP	120개 × @800 + 200개 × @1,000 = 296,000	300개 × @900 + 350개 × @1,050 = 637,500
감모손실		
AQ × BP	110개 × @800 + 200개 × @1,000 = 288,000	280개 × @900 + 300개 × @1,050 = 567,000
평가충당금		
AQ × 저가	min[288,000, 110개 × @700 + 200개 × @950] = 267,000	min[567,000, 280개 × @800 + 300개 × @1,150] = 567,000

답 ①

02 상품매매업을 하는 (주)세무의 20X1년 기말 재고자산 관련 자료는 다음과 같다.

조 구분	종목 구분	장부 수량	실제 수량	단위당 원가	단위당 순실현가능가치
I	상품A	150개	140개	₩1,000	₩900
	상품B	180개	180개	500	450
II	상품C	200개	190개	750	650
	상품D	430개	400개	1,200	1,300

종목별기준 저가법을 적용할 경우 20X1년도 포괄손익계산서에 표시되는 매출원가가 ₩8,000,000일 때, 조별기준 저가법을 적용할 경우 20X1년도 포괄손익계산서에 표시되는 매출원가는? (단, 재고자산감모손실과 재고자산평가손실은 매출원가에 포함한다.) 2019. CTA 수정

① ₩7,985,000 ② ₩7,981,000

③ ₩8,000,000 ④ ₩8,040,000

⑤ ₩8,043,000

⊙ 해설

1. 항목별기준(= 종목별기준)

재고자산			
기초(순액)		매출원가	8,000,000
매입		기말(순액)	810,500
계	8,810,500	계	8,810,500

매출원가와 기말 재고의 합이 8,810,500이므로, 판매가능상품(기초 + 매입)도 8,810,500이다.

기말 재고(순액): 126,000 + 81,000 + 123,500 + 480,000 = 810,500

	A	B	C	D
BQ × BP	150개 × @1,000 = 150,000	180개 × @500 = 90,000	200개 × @750 = 150,000	430개 × @1,200 = 516,000
감모손실	(10,000)	−	(7,500)	(36,000)
AQ × BP	140개 × @1,000 = 140,000	180개 × @500 = 90,000	190개 × @750 = 142,500	400개 × @1,200 = 480,000
평가충당금	(14,000)	(9,000)	(19,000)	−
AQ × 저가	140개 × @900 = 126,000	180개 × @450 = 81,000	190개 × @650 = 123,500	400개 × @1,200 = 480,000

2. 조별기준

재고자산			
기초(순액)		매출원가	7,981,000
매입		기말(순액)	829,500
계	8,810,500	계	8,810,500

조별기준으로 저가법을 적용하더라도 판매가능상품은 8,810,500인데, 기말 재고가 829,500이므로, 매출원가는 7,981,000이 된다. 감모손실과 평가손실은 매출원가에 포함하므로 기타비용은 없다.

기말 재고(순액): 207,000 + 622,500 = 829,500

	I (A, B)	II (C, D)
BQ × BP	150개 × @1,000 + 180개 × @500 = 240,000	200개 × @750 + 430개 × @1,200 = 666,000
감모손실	(10,000)	(43,500)
AQ × BP	140개 × @1,000 + 180개 × @500 = 230,000	190개 × @750 + 400개 × @1,200 = 622,500
평가충당금	(23,000)	−
AQ × 저가	min[230,000, 140개 × @900 + 180개 × @450] = 207,000	min[622,500, 190개 × @650 + 400개 × @1,300] = 622,500

🔒 ②

5. 원재료의 저가법 적용

> (1) 완성될 제품이 원가 이상으로 판매될 것으로 예상하는 경우에는 그 생산에 투입하기 위해 보유하는 원재료 및 기타 소모품을 감액하지 아니한다.
> (2) 그러나 원재료 가격이 하락하여 제품의 원가가 순실현가능가치를 초과할 것으로 예상된다면 해당 원재료를 순실현가능가치로 감액한다. 이 경우 원재료의 현행대체원가는 순실현가능가치에 대한 최선의 이용가능한 측정치가 될 수 있다.

(1) 원재료의 평가손실 면제 ★중요

저가법 문제에서 원재료가 출제되었다면 100% 건드리는 사항이다. 원재료는 그 자체로 판매되는 것이 아니라 제품 생산에 투입되기 때문에 원재료의 평가손실을 인식하면 제품원가가 낮아져 매출원가가 낮아진다. 원재료의 평가손실을 인식하더라도 매출원가 감소로 인해 손익효과가 상쇄되므로 원재료를 감액하는 것은 무의미하다. 따라서 해당 원재료가 투입되는 제품이 원가 이상으로 판매되는 경우에는 원재료의 평가손실을 인식하지 않는다.

(2) 원재료의 NRV=현행대체원가

원재료도 다른 재고자산(재공품, 제품, 상품)과 마찬가지로 'BP>NRV'인 경우 NRV로 감액한다. 다만, 원재료는 현행대체원가가 NRV 역할을 한다. 현행대체원가는 쉽게 말해서 현재 자산의 구입 가격을 뜻한다. 원재료는 판매를 목적으로 하는 것이 아니라 구입해서 제품 생산에 투입하는 것을 목적으로 하기 때문에 구입 가격을 사용한다. 수험 목적상 현행대체원가의 의미는 중요하지 않으며, 원재료는 순실현가능가치 자리에 현행대체원가가 온다는 것만 기억하면 된다.

 원재료 저가법 풀이 순서

> ① 원재료가 투입되는 제품이 원가 이상으로 판매되는지 확인 − YES → 원재료 평가손실 X
>   ↓ NO
> ② 현행대체원가와 비교하여 저가법 적용
>
> 원재료의 현행대체원가를 보고 바로 저가법을 적용하려고 하지 말고, 제품의 감액 여부를 먼저 판단해야 한다.

예제

01 다음은 제조업을 영위하는 (주)대한의 20X1년도 기말재고자산과 관련된 자료이다.

재고자산	장부재고	실지재고	단위당 원가	단위당 순실현가능가치
원재료	500kg	400kg	₩50/kg	₩45/kg
제품	200개	150개	₩300/개	₩350/개

(주)대한은 재고자산감모손실과 재고자산평가손실(환입)을 매출원가에서 조정하고 있다. 재고자산평가충당금(제품)의 기초잔액이 ₩3,000 존재할 때, (주)대한의 20X1년도 매출원가에서 조정될 재고자산감모손실과 재고자산평가손실(환입)의 순효과는 얼마인가? (단, (주)대한은 단일 제품만을 생산·판매하고 있으며, 기초재공품과 기말재공품은 없다.) 2018. CPA

① 매출원가 차감 ₩3,000   ② 매출원가 가산 ₩5,000
③ 매출원가 가산 ₩15,000   ④ 매출원가 가산 ₩17,000
⑤ 매출원가 가산 ₩20,000

해설

	제품 (1순위)	원재료 (2순위)
BQ × BP	200개 × @300 = 60,000	500kg × @50 = 25,000
감모손실	15,000	5,000
AQ × BP	150개 × @300 = 45,000	400kg × @50 = 20,000
평가충당금	—	—
AQ × 저가	150개 × @300 = 45,000	400kg × @50 = 20,000

(1) 저가
   제품: 'NRV = 350〉300(BP)'이므로 BP인 300이 그대로 저가가 된다.
   원재료: 제품이 저가법을 적용하지 않으므로 원재료도 평가손실을 인식하지 않는다.
   단일 제품만을 생산·판매하고 있으므로, 이 원재료가 제품에 투입된다.

(2) 감모손실: 5,000 + 15,000 = 20,000

(3) 평가손실: 0 − 3,000(기초 충당금) = (−)3,000 (환입)
   위 표에서 계산되는 금액은 기말 평가충당금이므로, 평가손실 계산 시에는 기초 평가충당금을 항상 주의하자.

(4) 평가손실과 감모손실 합계: 20,000 − 3,000 = 17,000
   감모손실, 평가손실(환입)을 매출원가에서 조정하고 있으므로 매출원가에 17,000이 가산된다.

답 ④

02 (주)한국은 하나의 원재료를 가공하여 제품을 생산하고 있다. (주)한국은 재고자산에 대하여 실지재고조사법과 가중평균법을 적용하고 있다. 다만, (주)한국은 감모손실을 파악하기 위하여 입·출고수량을 별도로 확인하고 있다. (주)한국의 원재료와 제품재고 등에 대한 정보는 다음과 같다.

---

(1) 원재료
- 20X1년초 장부금액은 ₩25,000(수량 500단위, 단가 ₩50)이며, 20X1년도 매입액은 ₩27,000(수량 500단위, 단가 ₩54)이다.
- 입·출고 기록에 의한 20X1년말 원재료 재고수량은 500단위이나 재고조사 결과 460단위가 있는 것으로 확인되었다.
- 20X1년말 원재료 단위당 현행대체원가는 ₩50이다.

(2) 제품
- 20X1년초 장부금액은 ₩100,000(수량 500단위, 단가 ₩200)이며, 20X1년도 당기제품제조원가는 ₩200,000(수량 500단위, 단가 ₩400)이다.
- 입·출고 기록에 의한 20X1년말 제품 재고수량은 200단위이나 재고조사 결과 150단위가 있는 것으로 확인되었다.
- 20X1년말 제품의 단위당 판매가격은 ₩350이며, 단위당 판매비용은 ₩30이다.

(3) 기타
- 20X0년말까지 재고자산평가손실은 발생하지 않았다.

동 재고자산과 관련하여 (주)한국의 20X1년도 재고자산평가손실과 재고자산감모손실 합계액은 얼마인가?

2013. CPA

① ₩15,600　　　② ₩16,000　　　③ ₩16,420
④ ₩17,080　　　⑤ ₩18,000

해설

	제품 (1순위)	원재료 (2순위)
BQ × BP	200개 × @300 = 60,000	500개 × @52 = 26,000
감모손실	15,000	2,080
AQ × BP	150개 × @300 = 45,000	460개 × @52 = 23,920
평가충당금	—	—
AQ × 저가	150개 × @300 = 45,000	460개 × @52 = 23,920

(1) BP

제품: (100,000 + 200,000)/(500 + 500) = 300

원재료: (25,000 + 27,000)/(500 + 500) = 52

— 회사는 재고자산에 대하여 실지재고조사법과 가중평균법을 적용하고 있다. 총평균법을 적용한다는 뜻이다. 기초 재고와 당기 원재료 매입액 및 당기제품제조원가를 한꺼번에 평균하여 단가를 구한다.

(2) 저가

제품: 'NRV = 350 − 30 = 320〉300(BP)'이므로 BP인 300이 그대로 저가가 된다.

원재료: 제품이 저가법을 적용하지 않으므로 원재료도 평가손실을 인식하지 않는다. 하나의 원재료를 가공하여 제품을 생산하고 있으므로, 이 원재료가 제품에 투입된다.

(2) 감모손실: 15,000 + 2,080 = 17,080

(3) 평가손실: 0

기말 평가충당금이 0이며, X0년 말까지 평가손실이 발생하지 않았으므로 기초 평가충당금도 0이다.

(4) 감모손실 + 평가손실 = 17,080

답 ④

4 소매재고법 (심화)

소매재고법이란, 재고자산 및 매출원가를 계산하는 간편법으로, 판매 금액 기준 기말재고자산에 원가율을 곱해 기말재고자산 원가를 구한 뒤, 매출원가를 구하는 방식이다. 소매재고법은 이익률이 유사하고 품종변화가 심한 다품종 상품을 취급하는 유통업에서 실무적으로 다른 원가측정법을 사용할 수 없는 경우에 흔히 사용한다. 소매재고법은 1차 시험에는 거의 출제되지 않으며, 2차 시험에 가끔씩 출제되는 주제로 상대적으로 중요도가 낮은 주제이다.

STEP 0 표 그리기: 〈순순비, 정종, 순비는 (−), 정종은 (+)〉

	원가	매가		원가	매가
기초	XXX	XXX	매출	⑤	XXX
매입	XXX	XXX	정상		XXX
순인상		XXX	종업원할인		XXX
순인하		(XXX)			
비정상		(XXX)	기말	④	③XXX
계	①XXX	①XXX	계	②XXX	②XXX

표의 각 항목들의 정의는 수험목적 상 중요하지 않으며, 정확한 금액을 표의 올바른 위치에 넣기만 하면 된다.

1. 차변
매입, 매출과 관련하여 에누리, 할인 등 차감항목이 제시되었다면 차감 후 '순' 수치들을 표에 기록해야 한다. 순인상, 순인하도 마찬가지로 각각 인상액과 인하액에 취소액을 차감한 금액들이다.

2. 대변
정상과 비정상은 각각 정상파손과 비정상파손을 의미한다.

3. 순순비, 정종, 순비는 (−), 정종은 (+)
위 표를 쉽게 외우기 위해서 "순비, 정종, 순비는 마이너스, 정종은 플러스"를 열 번만 소리내어 읽어보자. 표의 왼쪽에 순인상, 순인하, 비정상감모가 오고, 오른쪽에 정상과 종업원할인이 온다. 그리고 순인하와 비정상은 음수로 적고, 정상과 종업원할인은 양수로 적는다.

STEP 1 차변 합계 구하기

문제에서 각 금액들을 원가와 매가로 나누어 제시할 것이다. 모든 금액의 원가와 매가가 제시되는 것은 아니다. 문제에서 매가만 제시하였다면 매가만 대입하면 되고, 원가와 매가 모두 제시하였다면 둘 다 대입하면 된다. 표를 그린 뒤 각 칸에 알맞게 숫자를 기입한 뒤, 차변 합계를 구하자.

STEP 2 차변 합계를 대변 합계에 적기

위 표는 재고자산 T계정을 표시한 것으로, 대차가 일치해야 한다. Step 1에서 구한 차변 합계를 대변 합계에도 똑같이 적는다. ①원가 합계 금액을 대변에 똑같이 적고, ②매가 합계 금액을 대변에 똑같이 적는다.

STEP 3 기말 재고 매가 구하기

②매가 대변 합계에서 기말 재고 매가를 제외한 나머지 금액을 전부 차감하여, ③기말 매가 금액을 구한다.

STEP 3-1 원가율 구하기

> 평균법 원가율: ①원가 총계/②매가 총계
> ─ 저가법 적용 시: ①원가 총계/(②매가 총계 + 순인하)
> FIFO(선입선출법) 원가율: (①원가 총계 ─ 기초 원가)/(②매가 총계 ─ 기초 매가)
> ─ 저가법 적용 시: (①원가 총계 ─ 기초 원가)/(②매가 총계 ─ 기초 매가 + 순인하)

원가율은 매가 대비 원가의 비율이다. 원칙적으로 원가율은 '원가 총계/매가 총계'의 방식으로 구한다. 선입선출법이나 저가법을 적용하는 경우에는 원가율 계산 공식이 다음과 같이 달라진다.

1. FIFO(선입선출법)
FIFO는 먼저 들어온 것부터 순서대로 팔렸다고 가정하므로 기초 재고는 기말에 남아 있지 않다. 따라서 원가율 계산 시 분자와 분모 모두에서 기초 재고 금액을 차감해주어야 한다.

2. 저가법

저가법 적용 시에는 원가율 계산 시 분모에 순인하를 가산한다. 이 경우 분모가 커져서 원가율은 낮아지고, 기말 재고자산 원가 금액이 작아진다. 기말 재고가 작아지는 방법이라서 '저가법'이라고 부른다. 전혀 논리적인 근거 없이 관행적으로 순인하를 가산하는 것이므로 '왜 순인하를 가산하는지' 궁금해하지 말자.

 STEP 4 기말 재고 원가 구하기

> ④기말 재고자산 원가 = ③기말 재고자산 매가 × 원가율

원가율은 매가 대비 원가의 비율이기 때문에 원가를 구하기 위해서는 매가에 원가율을 곱해주면 된다.

 STEP 5 매출원가 구하기

> ⑤매출원가 = ①원가 합계 − ④기말 재고자산 원가

대변에 원가 합계 금액 중 기말 재고자산 원가를 제외한 금액은 매출원가가 된다. 매출원가는 반드시 위 방식대로 구해야 한다. '매출액 × 원가율'의 방식으로 구하지 않도록 주의하자.

(1) 정상파손원가: 매출원가에 포함 심화

IFRS에서는 감모손실, 평가손실을 비용으로 인식한다고 규정할 뿐, 구체적인 비용의 계정과목을 규정하지 않는다. 하지만 관행적으로 정상감모손실은 매출원가로, 비정상감모손실은 기타비용으로 처리한다. 소매재고법도 이러한 관행에 따라 정상파손원가가 제시되면 매출원가에 포함해야 한다.

예제

01 (주)관세의 20X1년 재고자산 관련 자료는 다음과 같다. 원가기준 평균원가소매재고법에 따른 기말재고자산원가는? (단, 원가율 계산시 소수점 둘째자리에서 반올림한다.) 2022. 관세사

구분	원가	판매가
기초재고액	₩44,500	₩70,000
당기순매입액	105,000	140,000
순인상액		7,000
순인하액		3,500
당기순매출액		112,000
정상적 파손		1,500
비정상적 파손	400	500

① ₩64,750 ② ₩69,650 ③ ₩70,000
④ ₩70,700 ⑤ ₩71,050

해설

	원가	매가		원가	매가
기초	44,500	70,000	매출		112,000
매입	105,000	140,000	정상		1,500
순인상		7,000	종업원할인		
순인하		(3,500)			
비정상	(400)	(500)	기말	④69,650	③99,500
계	①149,100	②213,000	계	①149,100	②213,000

원가율(평균법): 149,100/213,000 = 70%
기말 재고자산 원가: 99,500 × 70% = 69,650

답 ②

02 (주)세무는 저가기준으로 선입선출 소매재고법을 적용하고 있다. 재고자산과 관련된 자료가 다음과 같을 때, 매출원가는? (단, 원가율은 소수점 이하 셋째자리에서 반올림한다.) 2020. CTA

구분	원가	판매가
기초재고	₩12,000	₩14,000
매입	649,700	999,500
매입운임	300	—
매출	—	1,000,000
매출환입	—	500
순인상	—	500
순인하	—	300
정상파손	100	200

① ₩652,670   ② ₩652,770   ③ ₩652,800

④ ₩652,870   ⑤ ₩652,900

● 해설

	원가	매가		원가	매가
기초	12,000	14,000	매출	⑤652,800	999,500
매입	650,000	999,500	정상	100	200
순인상		500	종업원할인		
순인하		(300)			
비정상			기말	④9,100	③14,000
계	①662,000	②1,013,700	계	①662,000	②1,013,700

원가율(FIFO, 저가법): (662,000 − 12,000)/(1,013,700 − 14,000 + 300) = 65%
기말 재고자산 원가: 14,000 × 65% = 9,100
매출원가: 652,800 + 100 = **652,900**
ㅡ 매출원가 계산 시 정상파손의 원가까지 포함해야 한다.

🔲 ⑤

03 유통업을 영위하고 있는 (주)세무는 저가기준으로 가중평균 소매재고법을 적용하고 있다. (주)세무의 재고자산과 관련된 자료가 다음과 같을 때, 매출총이익은? (단, 정상파손은 매출원가로 처리하고, 비정상파손은 기타비용으로 처리한다.) *2023. CTA*

구분	원가	판매가
기초재고	₩80,000	₩100,000
총매입액	806,000	1,000,000
매입할인	50,000	—
총매출액	—	1,050,000
매출환입	—	24,000
순인상액	—	95,000
순인하액	—	50,000
정상파손	—	50,000
비정상파손	10,000	15,000

① ₩221,000   ② ₩227,800   ③ ₩237,800
④ ₩245,000   ⑤ ₩261,800

해설

	원가	매가		원가	매가
기초	80,000	100,000	매출	⑤788,200	1,026,000
매입	756,000	1,000,000	정상		50,000
순인상		95,000	종업원할인		
순인하		(50,000)			
비정상	(10,000)	(15,000)	기말	④37,800	③54,000
계	①826,000	②1,130,000	계	①826,000	②1,130,000

원가율(평균법, 저가법): 826,000/(1,130,000 + 50,000) = 70%
기말 재고자산 원가: 54,000 × 70% = 37,800
매출원가: 826,000 − 37,800 = 788,200
매출총이익: 1,026,000 − 788,200 = 237,800

 답 ③

5 재고자산 말문제

1. 재고자산의 측정

(1) 재고자산의 취득원가

재고자산의 취득원가는 매입원가, 전환원가 및 재고자산을 현재의 장소에 현재의 상태로 이르게 하는 데 발생한 기타 원가 모두를 포함한다.

재고자산의 매입원가는 매입가격에 수입관세와 제세금(과세당국으로부터 추후 환급받을 수 있는 금액은 제외), 매입운임, 하역료 그리고 완제품, 원재료 및 용역의 취득과정에 직접 관련된 기타 원가를 가산한 금액이다. 매입할인, 리베이트 및 기타 유사한 항목은 매입원가를 결정할 때 차감한다.

(2) 전환원가: '실제조업도 ≒ 정상조업도'라면 실제조업도 사용 가능

고정제조간접원가는 생산설비의 정상조업도에 기초하여 전환원가에 배부하는데, 실제조업도가 정상조업도와 유사한 경우에는 실제조업도를 사용할 수 있다.

실제조업도는 실제로 생산한 생산량이고, 정상조업도는 정상적으로 생산했을 경우의 생산량으로, 생산하기 전에 사전에 설정한 생산량이다. 고정제조간접원가는 고정원가로, 제품 한 단위를 생산할 때마다 비용이 증가하는 것이 아니라, 제품 생산량과 무관하게 원가가 고정적이다. 따라서 제품에 원가를 배부하기 위해서는 고정제조간접원가 총액을 생산량으로 나눈 단위당 고정제조간접원가를 계산해야 한다. 그런데 실제조업도는 생산이 끝나야 파악이 가능하므로 사전에 설정한 정상조업도를 이용하여 고정제조간접원가를 배부한 뒤, 실제와의 차이를 조정한다. 하지만 실제조업도가 정상조업도와 유사한 경우에는 정상조업도로 배부하는 것이나 다름없으므로 실제조업도를 기준으로 고정제조간접원가를 배부해도 된다.

(3) 기타 원가: 특정 고객을 위한 원가 포함 가능

기타 원가는 재고자산을 현재의 장소에 현재의 상태로 이르게 하는 데 발생한 범위내에서만 취득원가에 포함된다. 예를 들어 특정한 고객을 위한 비제조 간접원가 또는 제품 디자인원가를 재고자산의 원가에 포함하는 것이 적절할 수도 있다.

재고자산의 취득원가에 포함할 수 없으며 발생기간의 비용으로 인식하여야 하는 원가는 다음과 같다.

> ① 재료원가, 노무원가 및 기타 제조원가 중 비정상적으로 낭비된 부분
> ② 후속 생산단계에 투입하기 전에 보관이 필요한 경우 이외의 보관원가
> ③ 재고자산을 현재의 장소에 현재의 상태로 이르게 하는데 기여하지 않은 관리간접원가
> ④ 판매원가

2. 단위원가 결정

(1) 개별법

개별법은 식별되는 재고자산별로 특정한 원가를 부과하는 방법이다. 통상적으로 상호 교환될 수 없는 재고자산항목의 원가와 특정 프로젝트별로 생산되고 분리되는 재화 또는 용역의 원가는 개별법을 사용하여 결정한다. 그러나 통상적으로 상호교환 가능한 대량의 재고자산 항목에 개별법을 적용하는 것은 적절하지 아니하다.

(2) 개별법 이외의 방법

개별법이 적용되지 않는 재고자산의 단위원가는 선입선출법이나 가중평균법을 사용하여 결정한다. 성격과 용도 면에서 유사한 재고자산에는 동일한 단위원가 결정방법을 적용하여야 하며, 성격이나 용도 면에서 차이가 있는 재고자산에는 서로 다른 단위원가 결정방법을 적용할 수 있다.
예를 들어, 동일한 재고자산이 동일한 기업내에서 영업부문에 따라 서로 다른 용도로 사용되는 경우도 있다. 그러나 재고자산의 지역별 위치나 과세방식이 다르다는 이유만으로 동일한 재고자산에 다른 단위원가 결정방법을 적용하는 것이 정당화될 수는 없다.

3. 저가법

(1) 재고자산평가손실 및 감모손실

재고자산을 순실현가능가치로 감액한 평가손실이나 모든 감모손실은 감액이나 감모가 발생한 기간에 비용으로 인식한다.

(2) 재고자산평가충당금 환입

재고자산의 감액을 초래했던 상황이 해소되거나 경제상황의 변동으로 순실현가능가치가 상승한 명백한 증거가 있는 경우에는 최초의 장부금액을 초과하지 않는 범위 내에서 평가손실을 환입한다. 순실현가능가치의 상승으로 인한 재고자산 평가손실의 환입은 환입이 발생한 기간의 비용으로 인식된 재고자산 금액의 차감액으로 인식한다.

(3) 총계 적용은 불가능

재고자산을 순실현가능가치로 감액하는 저가법은 항목별로 적용한다. 경우에 따라서는 서로 비슷하거나 관련된 항목들을 통합하여 적용하는 것이 적절할 수 있다. 그러나 재고자산의 분류나 특정 영업부문에 속하는 모든 재고자산에 기초하여 저가법을 적용하는 것은 적절하지 않다.

4. 다른 자산에 배부된 재고자산의 원가

자가건설한 유형자산의 구성요소로 사용되는 재고자산처럼 재고자산의 원가를 다른 자산계정에 배분하는 경우도 있다. 이처럼 다른 자산에 배분된 재고자산 원가는 해당 자산의 내용연수 동안 비용으로 인식한다.

5. 매입 단가 변동 시 원가흐름의 가정 비교

매입 단가가 변동하는 경우 원가흐름의 가정에 따라서 매출원가 및 기말 재고원가가 달라진다. 인플레이션이 발생하여 재고 단가가 상승하는 경우 각 방법별 기말 재고자산 원가를 비교하는 문제가 출제된 적이 있었다. 이 주제는 출제 빈도가 높진 않지만, 각 가정의 정의만 알면 쉽게 이해할 수 있는 부분이다. 다음 표에서 다른 색으로 표시된 부분이 기말 재고원가에 해당하고, 흰색으로 표시된 부분이 매출원가에 해당한다.

	FIFO	이동평균	총평균	LIFO
기초	매출원가	매출원가	매출원가	매출원가
기말				

(1) FIFO: 먼저 산 것은 먼저 팔렸다고 가정하므로 마지막 매입분이 기말 재고로 남음.
(2) 이동평균법: 매출이 발생할 때마다 평균을 내므로 고르게 팔리긴 하지만, 기초 재고가 상대적으로 많이 팔렸다고 가정하므로, 기말 재고는 비교적 마지막 매입분이 많이 남음.
(3) 총평균법: 기초 재고부터 마지막 매입분까지 전체를 평균 내므로 판매가능상품 전체의 평균으로 기말 재고가 계상됨.
(4) LIFO: : 마지막에 산 것이 먼저 팔렸다고 가정하므로 기초 재고가 그대로 기말 재고로 남음.

|파이총라| (최근) FIFO — 이동평균 — 총평균 — LIFO (과거)

매입 단가 상승 시	기말재고	FIFO 〉 이동평균 〉 총평균 〉 LIFO
	매출원가	FIFO 〈 이동평균 〈 총평균 〈 LIFO
매입 단가 하락 시	기말재고	FIFO 〈 이동평균 〈 총평균 〈 LIFO
	매출원가	FIFO 〉 이동평균 〉 총평균 〉 LIFO

FIFO는 가장 마지막 매입분의 단가로, LIFO는 가장 이른 매입분의 단가로 기말 재고원가가 계상된다. 따라서 FIFO와 LIFO가 양 끝단에 위치하고, 평균법이 가운데에 위치한다. 평균법 가운데에서도 이동평균법이 비교적 최근의 매입 단가로 계상된다.
각 방법별 순서를 '파이총라'라고 외우자. 순서를 외우고 부등호 방향만 〉〉〉인지, 〈〈〈인지만 따지면 문제를 풀 수 있다.

예 제

01 기업회계기준서 제1002호 '재고자산'에 관한 다음의 설명 중 옳지 않은 것은? 2021. CPA

① 재고자산의 지역별 위치나 과세방식이 다르다는 이유만으로 동일한 재고자산에 다른 단위원가 결정방법을 적용하는 것은 정당화된다.

② 통상적으로 상호 교환될 수 없는 재고자산항목의 원가와 특정 프로젝트별로 생산되고 분리되는 재화 또는 용역의 원가는 개별법을 사용하여 결정한다.

③ 재고자산의 전환원가는 원재료를 완제품으로 전환하는 데 드는 고정 및 변동 제조간접원가의 체계적인 배부액도 포함한다.

④ 보유하고 있는 재고자산의 수량이 확정판매계약의 이행에 필요한 수량을 초과하는 경우에는 그 초과 수량의 순실현가능가치는 일반 판매가격에 기초한다.

⑤ 원재료 가격이 하락하여 제품의 원가가 순실현가능가치를 초과할 것으로 예상된다면 해당 원재료를 순실현가능가치로 감액한다.

해설

재고자산의 지역별 위치나 과세방식이 다르다는 이유만으로 동일한 재고자산에 다른 단위원가 결정방법을 적용하는 것이 정당화될 수는 없다.

답 ①

02 재고자산에 관한 설명으로 옳지 않은 것은? 2021. CTA

① 재고자산의 취득원가는 매입원가, 전환원가 및 재고자산을 현재의 장소에 현재의 상태로 이르게 하는 데 발생한 기타 원가 모두를 포함한다.

② 완성될 제품이 원가 이상으로 판매될 것으로 예상하는 경우에는 그 생산에 투입하기 위해 보유하는 원재료 및 기타 소모품을 감액하지 아니한다.

③ 후속 생산단계에 투입하기 전에 보관이 필요한 경우 이외의 보관원가는 재고자산의 취득원가에 포함한다.

④ 통상적으로 상호교환 가능한 대량의 재고자산 항목에 개별법을 적용하는 것은 적절하지 아니하다.

⑤ 성격과 용도 면에서 유사한 재고자산에는 동일한 단위원가 결정방법을 적용하여야 하며, 성격이나 용도 면에서 차이가 있는 재고자산에는 서로 다른 단위원가 결정방법을 적용할 수 있다.

해설

후속 생산단계에 투입하기 전에 보관이 필요한 경우 이외의 보관원가는 재고자산의 취득원가에 포함할 수 없으며 발생기간의 비용으로 인식하여야 하는 원가에 해당한다.

답 ③

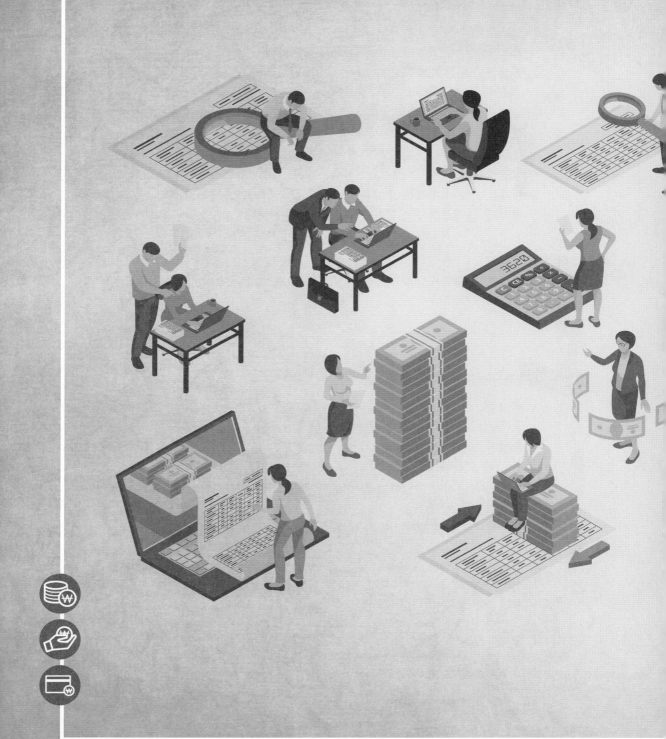

C·H·A·P·T·E·R

02

유형자산

CHAPTER 02 유형자산

유형자산이란, 재화나 용역의 생산이나 제공, 타인에 대한 임대 또는 관리활동에 사용할 목적으로 보유하는 물리적 형태가 있는 자산으로서 한 회계기간을 초과하여 사용할 것이 예상되는 자산을 의미한다.

1 유형자산의 취득원가

인식하는 유형자산은 원가로 측정한다. 원가란, 자산을 취득하기 위하여 지급한 현금을 의미한다. 본서에서는 원가를 취득원가와 같은 의미로 사용한다.

경영진이 의도하는 방식으로 자산을 가동하는 데 필요한 장소와 상태에 이르게 하는 데 직접 관련되는 원가는 원가에 포함한다. 반면, 유형자산이 경영진이 의도하는 방식으로 가동될 수 있는 장소와 상태에 이른 후에는 원가를 더 이상 인식하지 않는다. 다음 표는 각각의 사례를 요약한 것이다.

유형자산의 원가에 포함 O	유형자산의 원가에 포함 X
① 관세 및 환급불가능한 취득 관련 세금 ② 최초의 운송 및 취급 관련 원가 ③ 설치원가 및 조립원가 ④ 전문가에게 지급하는 수수료 ⑤ 매입 또는 건설과 직접 관련된 종업원급여 ⑥ 안전 또는 환경상의 이유로 취득하는 유형자산	① 광고선전비, 교육훈련비, 관리 및 기타 일반간접원가 ② 재배치, 재편성 원가 ③ 경영진이 의도하는 방식으로 가동될 수 있으나 아직 실제로 사용되지는 않고 있는 경우 또는 완전조업도 수준에 미치지 못하는 경우에 발생하는 원가, 초기 가동손실 ④ 부수적인 영업의 수익과 관련 비용 (예 주차장에서 발생한 손익)
설치장소 준비 원가	새로운 시설을 개설하는 데 소요되는 원가
정상적으로 작동되는지 시험하는 과정에서 발생하는 원가	자산이 정상적으로 작동되는지를 시험할 때 생산되는 시제품의 매각액과 원가

1. 유형자산의 원가에 포함 여부: 취득 과정에서 발생 vs 취득 이후에 발생

관세와 같은 취득 관련 세금, 운송원가(예 택배비), 설치원가 및 조립원가(예 에어컨 설치비), 전문가 수수료(예 부동산 중개 수수료), 종업원급여 등은 유형자산을 취득하는 과정에서 발생하는 지출이므로 유형자산의 원가에 포함한다.

반면, 광고선전비, 교육훈련비 등은 유형자산의 원가에 포함하지 않는다. 예를 들어, 최신 기계장치를 취득하였다고 하자. 이때 기업이 기계장치를 취득하였다고 광고하는 비용이나 최신 기계장치의 사용법을 종업원에게 교육하면서 발생하는 비용은 취득 이후에 발생하며, 취득 과정과 무관하므로 원가에 포함하지 않는다.

2. 재배치, 재편성 원가, 초기 가동손실, 완전조업도에 미치지 못하는 원가: 당기비용

재편성, 재배치 원가는 이름에서부터 '다시' 한다는 의미를 내포하고 있다. 취득이 완료된 후에 '다시' 편성하고, 배치하는 것이기 때문에 당기비용 처리한다. 초기 가동손실이나 완전조업도에 미치지 못하는 원가도 마찬가지이다. 초기 가동손실이 발생하기 위해서는 먼저 취득이 완료되어야 한다. 취득이 완료되어야 가동할 수 있기 때문이다. 초기에 가동손실이 발생하든, 완전조업도 수준에 미치지 못하든 유형자산의 취득 과정과는 무관하다. 취득이 끝났고, 취득 이후에 발생하는 원가이므로 유형자산의 원가에 포함하지 않는다.

3. 건설 시작 전에 건설용지를 주차장으로 사용하여 발생한 손익: 당기손익

부수적인 영업은 유형자산을 경영진이 의도하는 방식으로 가동하는 데 필요한 장소와 상태에 이르게 하기 위해 필요한 활동이 아니므로 그러한 수익과 관련 비용은 당기손익으로 인식한다. 예를 들어 건설이 시작되기 전에 건설용지를 주차장 용도로 사용하는 경우 관련 손익은 유형자산의 원가에 반영하지 않고 각각 수익과 비용으로 구분하여 표시한다.

4. 안전 또는 환경상의 이유로 취득하는 유형자산

안전 또는 환경상의 이유로 취득하는 유형자산은 그 자체로는 직접적인 미래경제적효익을 얻을 수 없지만, 유형자산을 취득하지 않았을 경우보다 관련 자산으로부터 미래경제적효익을 더 많이 얻을 수 있게 해주기 때문에 자산으로 인식할 수 있다. 예를 들면, 화학제품 제조업체가 환경규제 요건을 충족하기 위하여 새로운 화학처리공정설비를 설치하는 경우 관련증설원가를 자산으로 인식한다.

5. 설치장소 준비 원가 vs 새로운 시설을 개설하는 데 소요되는 원가

김수석도 수험생 때 과연 저 두 가지 항목의 뜻이 어떻게 다른지 의아했다. '설치장소를 준비하는 원가가 곧 새로운 시설을 개설하는 데 소요되는 원가 아닌가?' 맞다. 수험생은 두 개념이 서로 다른지 구분할 필요가 없다. 저 개념들은 기준서의 원문이고, 실무에서 판단할 몫이기에, 시험도 원문 그대로 출제된다. 따라서 수험생은 뜻을 궁금해할 필요 없이, 어떤 항목이 자산인지 구분할 줄만 알면 된다. 표의 왼편에 있는 '설치장소 준비 원가'가 '준비 원가' 4글자로 끝나기 때문에 취득원가(4글자)라고 외우자. 오른편에 있는 '새로운 시설을 ~원가'는 마지막이 '원가' 2글자로 끝나기 때문에 '비용'(2글자)으로 외우자. 이때, 설치장소 준비 원가도 마지막이 '원가' 2글자로 끝나는데, 앞에 뭐가 붙어 있는지 꼭 확인하자. 준비원가면 취득원가, 그냥 원가면 비용이다.

6. 시운전원가: 취득원가 가산, 시제품의 원가 및 매각액: 당기손익 (개정)

유형자산이 정상적으로 작동되는지 여부를 시험하는 과정에서 발생하는 원가는 유형자산의 원가에 가산한다. 시운전을 해보고 작동이 제대로 되지 않는 경우 해당 유형자산을 매입하지 않을 수도 있기 때문에 시운전은 취득 과정의 일부로 본다.

경영진이 의도한 방식으로 유형자산을 가동할 수 있는 장소와 상태에 이르게 하는 동안에 재화(**예** 자산이 정상적으로 작동되는지를 시험할 때 생산되는 시제품)가 생산될 수 있다. 그러한 재화를 판매하여 얻은 매각금액과 그 재화의 원가는 적용 가능한 기준서에 따라 당기손익으로 인식한다. 기존에는 시제품의 순매각액을 유형자산의 취득원가에서 차감하였으나, 실무에서 적용하기 어려웠기 때문에 기준서 개정을 통해 일반적인 재고자산과 같이 처리한다.

7. 토지에 대한 지출

내용연수	보수 담당	계정과목
영구적	지자체	토지
유한	회사	구축물

(1) 내용연수 영구적 or 지자체가 보수 담당: 토지로 회계처리

내용연수가 영구적인 경우에는 상각하면 안 되기 때문에 토지로 처리한다. 이와 마찬가지로, 지자체가 보수를 담당하는 경우에는 회사가 관리할 필요가 없으므로 내용연수가 영구적이라고 보고 토지로 처리한다.

(2) 내용연수 유한 or 회사가 보수 담당: 구축물로 회계처리

내용연수가 유한한 경우와, 회사가 보수를 담당하는 경우에는 영구적이지 않으므로 구축물로 처리한 후, 감가상각한다.

(3) 토지의 취득원가에 가산하는 지출

다음 항목들은 기준서에 등장하는 지출은 아니지만, 기출문제에 등장한 적이 있기 때문에 알아두자. 각 비용의 의미를 기억할 필요는 없으며, 토지와 관련된 비용으로 토지의 취득원가에 가산한다는 점만 기억하면 된다.
① 구획정리비용: 토지의 구획을 명확히 하기 위해서 발생하는 비용
② 토지정지비용: 토지의 높이를 원하는 높이로 맞추는데 드는 비용

8. 국공채의 의무매입

차량이나 건물 등을 구입할 때 국공채 등을 현재가치한 금액보다 비싼 금액으로 강제 매입해야 하는 경우가 있다. 이 경우 국공채의 취득원가와 현재가치의 차이는 유형자산을 취득하는데 드는 부대비용으로 보아 유형자산의 취득원가에 가산한다.

예를 들어, 차량운반구를 ₩500,000에 취득하면서 현재가치 ₩90,000의 국채를 ₩100,000에 취득하였다면, 차량운반구의 취득원가는 ₩510,000이 된다. 차량운반구는 ₩510,000에서 감가상각을 시작하고, 국채는 현재가치인 ₩90,000에서 유효이자율 상각을 시작해야 한다. 취득 시점의 회계처리는 다음과 같다.

차량운반구	510,000	현금	500,000
금융자산	90,000	현금	100,000

예제

01 상품매매기업인 (주)감평은 20X1년 초 건물(취득원가 ₩10,000,000, 내용연수 10년, 잔존가치 ₩0, 정액법 상각)을 취득하면서 다음과 같은 조건의 공채를 액면금액으로 부수 취득하였다.

- 액면금액: ₩2,000,000
- 액면이자율: 연 4%(매년 말 이자지급)
- 발행일: 20X1년 1월 1일, 만기 3년
- 유효이자율: 연 8%

(주)감평이 동 채권을 상각후원가 측정(AC) 금융자산으로 분류할 경우, 건물과 상각후원가 측정(AC) 금융자산 관련 거래가 20X1년 당기순이익에 미치는 영향은? (단, 건물에 대해 원가모형을 적용하고, 계산금액은 소수점 첫째자리에서 반올림하며, 단수차이로 인한 오차가 있으면 가장 근사치를 선택한다.)   2020. 감평사

기간	단일금액 ₩1의 현재가치		정상연금 ₩1의 현재가치	
	4%	8%	4%	8%
3	0.8890	0.7938	2.7751	2.5771

① ₩143,501 증가   ② ₩856,499 감소   ③ ₩877,122 감소
④ ₩920,000 감소   ⑤ ₩940,623 감소

해설

X1년 당기순이익: 143,501 − 1,020,623 = (−)877,122
(1) 이자수익: 1,793,768 × 8% = 143,501
   – x1초 AC 금융자산의 현재가치: 2,000,000 × 0.7938 + 80,000 × 2.5771 = 1,793,768

(2) 감가상각비: (10,206,232 − 0)/10 = 1,020,623
   – 건물의 취득가: 10,000,000 + (2,000,000 − 1,793,768) = 10,206,232

|회계처리|

X1초	건물	10,206,232	현금	12,000,000
	AC 금융자산	1,793,768		
X1말	현금	80,000	이자수익	143,501
	AC 금융자산	63,501		
	감가상각비	1,020,623	감가상각누계액	1,020,623

답 ③

9. 장기할부구입

유형자산의 대금 지급이 일반적인 신용기간을 초과하여 이연되는 경우 유형자산의 원가는 인식 시점의 현금가격상당액(= 현재가치)이다. 대금 지급 방법에 따라 유형자산의 원가가 달라진다면 분식회계의 여지가 존재하기 때문에 대금 지급 방법과 무관하게 원가가 같게끔 하기 위함이다. 현금가격상당액과 실제 총지급액과의 차액은 이자비용으로 인식한다.

> **사례**
>
> (주)김수석은 20X1년 1월 1일 토지를 외상으로 구입하였다. 총 매입대금은 ₩3,000,000이며, 3년간 매년 말 ₩1,000,000씩 지급하는 조건이다. 단, 시장이자율은 10%이며, 3기간 10% 연금현가계수는 2.486850이다.

3년간 회계처리는 다음과 같다.

X1초	토지	2,486,850	장기미지급금	2,486,850	
X1말	이자비용	248,685	장기미지급금	248,685	⌐ 1,735,535
	장기미지급금	1,000,000	현금	1,000,000	
X2말	이자비용	173,554	장기미지급금	173,554	⌐ 909,089
	장기미지급금	1,000,000	현금	1,000,000	
X3말	이자비용	90,909	장기미지급금	90,909	⌐ −3(단수차이)
	장기미지급금	1,000,000	현금	1,000,000	

10. 일괄취득

(1) 모두 사용: 공정가치 비율로 안분

여러 자산을 한꺼번에 일괄취득할 수 있다. 일괄취득하여 해당 자산을 모두 사용 시 일괄구입대가를 개별 자산의 공정가치 비율로 안분하면 된다.

예제

02 (주)한국은 20X1년 초 토지, 건물 및 기계장치를 일괄취득하고 현금 ₩1,500,000을 지급하였다. 취득일 현재 자산의 장부금액과 공정가치가 다음과 같을 때, 각 자산의 취득원가는? (단, 취득 자산은 철거 혹은 용도변경 없이 계속 사용한다) 2019. 국가직 9급

구분	장부금액	공정가치
토지	₩1,095,000	₩1,350,000
건물	₩630,000	₩420,000
기계장치	₩380,000	₩230,000

	토지	건물	기계장치
①	₩1,350,000	₩420,000	₩230,000
②	₩1,095,000	₩630,000	₩380,000
③	₩1,095,000	₩315,000	₩162,500
④	₩1,012,500	₩315,000	₩172,500

● 해설

일괄취득 후 취득 자산을 철거 없이 계속 사용한다면 일괄구입대가(1,500,000)를 공정가치 비율로 안분한다.

토지: 1,500,000 × 1,350,000/2,000,000 = 1,012,500
건물: 1,500,000 × 420,000/2,000,000 = 315,000
기계장치: 1,500,000 × 230,000/2,000,000 = 172,500

자료상 '장부금액'은 기존에 자산을 보유하던 회사의 장부상 금액을 의미한다. 취득원가는 공정가치 비율로 안분하므로 장부금액은 문제 풀이와 전혀 관련이 없다.

참고로, 이 문제의 경우 토지, 건물, 기계장치의 취득원가를 모두 구하는 것이 아니라, 4개의 선택지가 다 다른 기계장치만 구해도 정답을 골라낼 수 있다.

답 ④

(2) 새로운 건물을 신축하기 위하여 토지+건물 구입: 전부 토지의 취득원가

> 토지의 취득원가 = 일괄구입가격 + 철거비용 − 폐자재 처분 수입

새로운 건물을 신축하기 위하여 건물이 있는 토지를 취득하였다면 기존 건물이 없는 빈 토지를 취득하기 위해서 건물까지 같이 구입한 것이므로 건물에는 취득원가를 배부하지 않고, 일괄구입가격을 전부 토지의 취득원가로 처리한다.

새로운 건물을 신축하고자 한다면 '경영진의 의도한 상태'는 건물이 없는 빈 토지이다. 따라서 기존 건물을 철거하는 과정도 취득 과정의 일부이며, 철거 과정에서 발생한 순철거비용(= 철거비용 − 폐자재 처분 수입)도 토지의 취득원가에 가산한다.

예제

03 (주)대한은 철강제조공장을 신축하기 위하여 토지를 취득하였는데 이 토지에는 철거예정인 창고가 있었다. 다음 자료를 고려하여 토지의 취득원가를 계산하면 얼마인가? 2014. CTA

- 토지 취득가격 ₩700,000
- 토지 취득세 및 등기비용 50,000
- 토지 중개수수료 10,000
- 공장신축전 토지를 임시주차장으로 운영함에 따른 수입 40,000
- 창고 철거비용 30,000
- 창고 철거 시 발생한 폐자재 처분 수입 20,000
- 영구적으로 사용가능한 하수도 공사비 15,000
- 토지의 구획정리비용 10,000

① ₩775,000   ② ₩780,000   ③ ₩795,000

④ ₩815,000   ⑤ ₩835,000

해설

토지 취득가격	700,000
토지 취득세 및 등기비용	50,000
토지 중개수수료	10,000
창고 철거비용	30,000
창고 철거 시 발생한 폐자재 처분 수입	(20,000)
영구적으로 사용가능한 하수도 공사비	15,000
토지의 구획정리비용	10,000
토지의 취득원가	795,000

취득세 및 등기비용, 중개수수료는 유형자산의 원가를 구성한다.

🗒 ③

(3) 토지+건물 구입 후 구건물을 사용하다가 철거

> FV 비율로 취득원가 안분 → 건물 감가상각 → 철거 시 처분손실 인식
>
> 건물 처분손실 = 건물의 철거 시점 장부금액 + 철거비용 − 폐자재 처분 수입

건물을 사용하다가 철거하는 경우, 철거 전까지는 앞에서 다뤘던 '(1) 모두 사용'에 해당한다. 따라서 토지와 건물의 공정가치 비율대로 취득원가를 안분한 뒤, 건물을 감가상각한다. 건물을 철거하는 것은 ₩0을 받고 건물을 처분하는 것이나 마찬가지이므로 처분손실을 인식한다. 건물의 철거 시점 장부금액을 처분손실로 처리하며, 순철거비용(= 철거비용 − 폐자재 처분 수입)도 처분손실에 가산한다.

예제

04 (주)한국은 20X1년 1월 1일에 토지와 토지 위의 건물을 일괄하여 ₩1,000,000에 취득하고 토지와 건물을 계속 사용하였다. 취득시점 토지의 공정가치는 ₩750,000이며 건물의 공정가치는 ₩500,000이다. 건물의 내용연수는 5년, 잔존가치는 ₩100,000이며, 정액법을 적용하여 건물을 감가상각한다(월할상각, 원가모형 적용). 20X3년 1월 1일 (주)한국은 더 이상 건물을 사용할 수 없어 해당 건물을 철거하였다. 건물의 철거와 관련하여 철거비용이 발생하지 않았을 경우, 20X3년 1월 1일에 인식하는 손실은? 2022. 관세직 9급

① ₩120,000   ② ₩280,000

③ ₩360,000   ④ ₩400,000

▶ 해설

건물의 취득원가: $1,000,000 \times 500,000/(500,000 + 750,000) = 400,000$
− 토지와 건물을 일괄취득한 후, 계속 사용하였으므로 취득 시점의 공정가치 비율대로 안분한다.

X3.1.1 처분손실 = X3.1.1 건물의 장부금액 = $400,000 − (400,000 − 100,000) \times 2/5 = 280,000$
− 사용하던 건물을 철거하는 경우 처분손실은 '건물의 철거 시점 장부금액 + 순철거비용'이나 철거비용이 발생하지 않았으므로 건물의 처분 시점 장부금액이 처분손실이 된다.

답 ②

11. 현물출자

	현물출자로 취득한 자산의 취득원가
1순위	자산의 공정가치
2순위	주식의 공정가치

현물출자는 주식을 발행하는 대가로 현물(물건)을 받는 것이다. 현금을 지급하고 현물을 취득하면 지급한 금액이 명확하기 때문에 취득한 자산의 취득원가를 따로 결정할 필요가 없다. 하지만 현물출자 시에는 현금을 지급한 것이 아니기 때문에 자산의 취득원가가 애매하다. 현물출자로 취득한 유형자산의 취득원가는 자산의 공정가치로 하되, 유형자산의 공정가치를 신뢰성 있게 측정할 수 없다면 발행하는 주식의 공정가치로 한다.

1순위	(차) 자산	자산 FV	(대) 자본금 주식발행초과금	액면금액 자산 FV − 액면금액
2순위	(차) 자산	주식 FV	(대) 자본금 주식발행초과금	액면금액 주식 FV − 액면금액

회계처리를 보다시피 자산의 취득원가가 곧 주식의 발행금액이 되므로 위 순서를 현물출자로 발행한 주식의 발행금액 결정 방식으로 보아도 무방하다.

12. 무상취득

무상취득이란, 대가의 지급 없이 공짜로 물건을 받는 것을 말한다. 무상으로 취득한 유형자산의 취득원가는 자산의 공정가치로 한다. 이때 자산의 공정가치만큼 자산수증이익으로 처리한다.

(차) 자산	자산 FV	(대) 자산수증이익(PL)	자산 FV

2 교환

교환은 자산을 처분하고 현금이 아닌 다른 자산을 수령하는 거래를 의미한다. 쉽게 말해서 물물교환이라고 생각하면 된다. 본서에서 언급하는 '구 자산'은 기존에 내가 보유하던 자산을, '신 자산'은 교환을 통해 새로 취득하는 자산을 말한다.

교환에서는 유형자산처분손익과 교환으로 취득한 신 자산의 취득원가를 구할 수 있어야 한다. 상업적 실질이 있는 경우와 상업적 실질이 결여된 경우(공정가치를 신뢰성 있게 측정할 수 없는 경우 포함)에 따라 유형자산처분손익과 신 자산의 취득원가를 계산하는 방식이 달라진다.

1. 상업적 실질이 있는 경우

상황	현금 지급 시	현금 수령 시
	나 → 1. 구자산 FV / 2. 현금 지급액 → 너 / 3. 신 자산 취득원가	나 ← 1. 구자산 FV / 2. 현금 수취액 ← 너 / 3. 신 자산 취득원가
처분손익	구 자산 공정가치(FV) − 구 자산 장부금액(BV)	
신 자산의 취득원가	구 자산 FV + 현금 지급액	구 자산 FV − 현금 수취액

(1) 유형자산처분손익=구 자산 공정가치(FV)−구 자산 장부금액(BV)

교환은 본질적으로 자산의 처분에 해당한다. 지급받는 대가가 현금이 아닐 뿐, 보유하던 자산을 처분하고, 그에 대한 대가를 받는 것은 일반적인 유형자산 처분과 동일하다. 따라서 교환 시 유형자산처분손익을 인식하는데, 상업적 실질이 있는 경우 기존에 보유하던 자산의 공정가치에서 장부금액을 차감한 금액이 처분손익이 된다.

(2) 신 자산의 취득원가

현금 지급 시와 현금 수령 시, 신 자산의 취득원가는 위와 같이 그림을 그려서 계산한다. 교환 시 준 것과 받은 것은 일치해야 한다. 따라서 신 자산의 취득원가는 구 자산의 FV에서 현금 수취액은 더하고, 현금 지급액은 차감한다. 현금을 받았으면 내 자산이 더 비싸다는 것을, 현금을 줬다면 내 자산이 더 싸다는 것을 의미하기 때문이다.

2. 상업적 실질이 결여되었거나, 공정가치를 신뢰성 있게 측정할 수 없는 경우

	현금 지급 시	현금 수령 시
상황		
처분손익	0	
신 자산의 취득원가	구 자산 BV + 현금 지급액	구 자산 BV − 현금 수취액

(1) 유형자산처분손익=0

상업적 실질이 결여된 거래의 사례로는 오락실에서 1,000원짜리 지폐를 500원짜리 동전 2개로 바꾸는 것이 있다. 거래이긴 하지만, 1,000원짜리 지폐 한 장과 500원짜리 동전 2개는 사실상 같은 것이기 때문이다. 이처럼 상업적 실질이 결여된 거래에 대해서는 처분손익을 인식하지 않는다. 공정가치를 신뢰성 있게 측정할 수 없는 경우에도 마찬가지로 처분손익을 인식하지 않는다.

(2) 신 자산의 취득원가

상업적 실질이 결여되었거나, 공정가치를 신뢰성 있게 측정할 수 없는 경우에는 구 자산을 공정가치로 평가하지 않는다. 따라서 구 자산의 장부금액에 현금 수수액을 반영해서 신 자산의 취득원가를 계산한다.

01 다음의 각 독립적인 상황(상황 1, 상황 2)에서 (주)대한의 유형자산(기계장치) 취득원가는 각각 얼마인가?

2022. CPA

상황 1	• (주)대한은 기계장치(장부금액 ₩800,000, 공정가치 ₩1,000,000)를 (주)민국의 기계장치와 교환하면서 현금 ₩1,800,000을 추가로 지급하였다. • (주)대한과 (주)민국 간의 기계장치 교환은 상업적 실질이 있는 거래이다.
상황 2	• (주)대한은 기계장치를 (주)민국의 기계장치와 교환하였다. • (주)대한과 (주)민국의 기계장치에 대한 취득원가 및 감가상각누계액은 각각 다음과 같다. 표 • (주)대한과 (주)민국 간의 기계장치 교환은 상업적 실질이 결여된 거래이다.

구분	(주)대한	(주)민국
취득원가	₩2,000,000	₩2,400,000
감가상각누계액	1,200,000	1,500,000

	상황 1	상황 2
①	₩2,700,000	₩800,000
②	₩2,700,000	₩900,000
③	₩2,800,000	₩800,000
④	₩2,800,000	₩900,000
⑤	₩3,100,000	₩2,000,000

〈상황 1 - 상업적 실질이 있는 경우〉

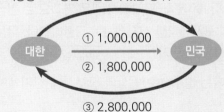

① 상업적 실질이 있으므로, 대한이 제공하는 자산의 FV인 1,000,000을 먼저 쓴다.

② 대한이 기계장치에 추가로 현금 1,800,000을 지급하였으므로 화살표를 민국 쪽으로 그린다.

③ 대한이 총 2,800,000을 주었으므로 민국으로부터 받는 신자산의 취득원가도 2,800,000이다.

〈상황 2 - 상업적 실질이 결여된 경우〉

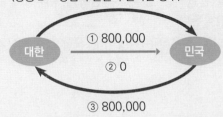

① 상업적 실질이 없으므로, 대한이 제공하는 자산의 BV인 800,000(= 2,000,000 - 1,200,000)을 먼저 쓴다.

② 현금 수수액은 없다.

③ 대한이 총 800,000을 주었으므로 민국으로부터 받는 신자산의 취득원가도 800,000이다.

참고 대한의 유형자산처분손익

상황 1: 구 자산 FV - BV = 1,000,000 - 800,000 = 200,000 이익

상황 2: 0 (상업적 실질 결여)

🔲 ③

02 (주)인상은 20X1년에 사용하고 있던 지게차를 새로운 모델의 지게차로 교환하였다. 구지게차의 취득원가는 ₩40,000,000, 감가상각누계액은 ₩25,000,000이고, 감정평가사가 평가한 공정가치는 ₩17,000,000이다. 지게차 판매회사는 추가적으로 현금 ₩30,000,000을 지급받는 조건으로 (주)인상의 구지게차를 신지게차로 교환하였다. 다음 중 이 교환거래를 인식하는 방법으로 맞는 것은 어느 것인가? 2011. CPA 수정

① 이 교환거래에 상업적 실질이 있다고 판단되는 경우, (주)인상의 장부상에 신지게차의 취득원가는 ₩50,000,000으로 인식된다.

② 이 교환거래에 상업적 실질이 있다고 판단되는 경우, (주)인상은 ₩3,000,000의 유형자산처분이익을 계상한다.

③ 이 교환거래에 상업적 실질이 결여되었다고 판단되는 경우, (주)인상은 ₩2,000,000의 유형자산처분이익을 계상한다.

④ 이 교환거래에 상업적 실질이 결여되었다고 판단되는 경우, (주)인상의 장부상에 신지게차의 취득원가는 ₩45,000,000으로 인식된다.

⑤ 이 교환거래에 상업적 실질이 있다고 판단되는 경우, (주)인상이 인식할 유형자산처분이익(손실)은 없다.

해설

'지게차 판매회사가 현금을 지급받는' 조건이므로 인상이 지게차 판매회사에 현금을 지급한다.

	상업적 실질이 있는 경우	상업적 실질이 결여된 경우
상황	인상 → 지게차 회사 ① 17,000,000 ② 30,000,000 ③ 47,000,000	인상 → 지게차 회사 ① 15,000,000 ② 30,000,000 ③ 45,000,000
처분손익	②,⑤ 17,000,000 − 15,000,000 = 2,000,000	③ 0
신 자산의 취득원가	① 47,000,000	④ 45,000,000

답 ④

3. 신 자산의 FV가 구 자산의 FV보다 더 명백한 경우: 문제에 제시된 구 자산의 FV 무시

	신 자산의 FV가 구 자산의 FV보다 더 명백
상황	나 → 너 3. 구 자산 FV 2. 현금 수수액 1. 신 자산 FV
처분손익	(다시 구한) 구 자산 FV − 구 자산 BV
신 자산의 취득원가	신 자산 FV

지금까지는 교환 문제를 풀 때 구 자산의 FV만 사용했고, 신 자산의 FV는 무시했다.

(유형자산처분손익 = 구 자산 FV − 구 자산 BV, 신 자산의 취득원가 = 구 자산 FV±현금 지급액)

따라서 구 자산의 공정가치가 신 자산보다 더 명백하거나, '동일하게' 명백하거나, 혹은 신뢰성에 대한 언급이 없는 경우에는 원래 풀이법을 그대로 적용하면 된다.

문제 풀이법이 달라지는 것은 신 자산의 공정가치가 더 명백한 경우이다. 이때는 문제에 제시된 구 자산의 공정가치를 무시하고, 구 자산의 공정가치를 직접 구한다. 신 자산의 공정가치를 먼저 채운 뒤, 준 것과 받은 것이 일치하게끔 현금 수수액을 반영하여 구 자산의 공정가치를 구하면 된다. 이렇게 직접 구한 구 자산의 공정가치를 이용해서 유형자산처분손익을 구하면 되며, 신 자산의 취득원가는 신 자산의 공정가치가 된다.

예제

03 (주)대한은 20X1년 1월 1일에 장부금액이 ₩700,000인 기계장치를 (주)민국의 기계장치 (장부금액: ₩800,000, 공정가치: ₩900,000)와 교환하면서 현금 ₩50,000을 추가로 지급하였으며, 유형자산처분손실로 ₩100,000을 인식하였다. (주)대한은 교환으로 취득한 기계장치와 관련하여 설치장소 준비원가 ₩50,000과 설치원가 ₩50,000을 20X1년 1월 1일에 지출하고 즉시 사용하였다. 한편, (주)대한은 취득한 기계장치의 잔존가치와 내용연수를 각각 ₩50,000과 5년으로 추정하였으며, 정액법으로 감가상각한다. (주)대한이 동 기계장치와 관련하여 20X1년 감가상각비로 인식할 금액은 얼마인가? (단, 동 자산의 교환은 상업적 실질이 있으며, (주)대한의 기계장치 공정가치는 신뢰성 있게 측정가능하고 (주)민국의 기계장치 공정가치보다 명백하다고 가정한다.)

2021. CPA

① ₩130,000 　　　② ₩140,000 　　　③ ₩160,000
④ ₩212,500 　　　⑤ ₩250,000

해설

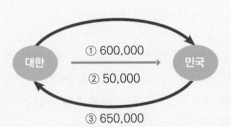

문제에서 대한의 공정가치가 민국의 공정가치보다 명백하다고 가정했으므로, 대한의 공정가치에 현금 지급액을 가산하여 민국으로부터 취득한 신자산의 취득원가를 구해야 한다. 그런데 문제에서 대한의 공정가치를 제시해주지 않았다. 대신, 대한이 인식한 처분손실을 제시하였으므로 처분손실에서 역산하여 대한의 FV를 구한 뒤, 민국으로부터 취득한 자산의 취득원가를 계산해야 한다.

처분손익 = FV − 700,000(대한의 BV) = (−)100,000 손실
→ 대한의 FV = 600,000
대한이 취득한 자산의 취득원가 = 600,000 + 50,000 = 650,000

총 취득원가: 650,000 + 50,000 + 50,000 = 750,000
 − 설치장소 준비원가와 설치원가는 취득원가 가산항목이다.

X1년 감가비: (750,000 − 50,000)/5 = 140,000

답 ②

1. 차입원가 자본화의 의의

(1) 차입원가 자본화

차입원가 자본화란 자산의 취득과 관련하여 발생한 차입원가(= 이자비용)을 취득부대비용으로 보아 자산의 취득원가에 가산하는 것을 의미한다. 비용을 자산으로 처리하면 자본이 늘어나므로 '자본화'한다고 한다.

예를 들어 건물을 취득하기 위한 차입금에서 발생한 이자비용이 ₩10,000이라면 회계처리는 다음과 같다.

| (차) 이자비용 | 10,000 | (대) 현금 | 10,000 |
| (차) 건설중인자산 | 10,000 | (대) 이자비용 | 10,000 |

차입원가 자본화를 하는 자산은 제작 또는 건설에 상당한 기간이 걸리는 자산이므로, '건설중인자산'이라는 계정을 사용한다. 이후에 제작 또는 건설이 완성되면 건물, 기계장치 등의 본 계정으로 대체한다.

(2) 적격자산

적격자산은 의도된 용도로 사용하거나 판매가능한 상태에 이르게 하는 데 상당한 기간을 필요로 하는 자산을 말한다. 쉽게 말해서 '차입원가 자본화를 하는 자산' 정도로 생각하면 된다.

단, 금융자산과 생물자산 및 단기간 내에 생산되는 재고자산은 적격자산에 해당하지 않는다. 금융자산과 생물자산은 (순)공정가치로 평가하기 때문에 힘들게 차입원가 자본화를 하더라도 기말에 평가를 하면 자본화를 한 의미가 없어진다. 재고자산은 일반적으로 1년 이내에 판매하기 때문에 이자비용을 자본화하더라도 팔리게 되면 다시 매출원가로 비용화되기 때문에 자본화한 실익이 없다.

2. 공사를 시작한 해의 차입원가 자본화

 연평균 지출액

(1) 연도와 12.31(or 완공일) 쓰기

X1	12.31 or 완공일

어느 연도의 차입원가를 자본화하는지 좌측 상단에 기재하고, 그 우측에 마감일을 쓴다. 당해연도에 공사가 마감되면 공사 완공일을, 마감되지 않으면 12.31을 쓴다.

(2) 지출일과 지출액 쓰기

1.1	지출액
3.1	지출액

공사 지출일을 좌측에 쓰고, 그 옆에 일자별 지출액을 기재한다.

(3) 정부보조금, 유상증자 심화

7.1	(보조금)

문제에서 정부보조금이나 유상증자가 제시되면 수령일을 좌측에 쓰고, 그 옆에 금액을 음수로 적는다. 정부보조금이나 유상증자로 현금을 수령하면 그만큼 회사가 '차입금을 통해 조달하여' 공사에 지출한 금액은 감소하기 때문이다.

(4) 연평균 지출액 구하기

X1		12.31 or 완공일
1.1	지출액 × 월수/12	= XXX
3.1	지출액 × 월수/12	= XXX
7.1	(보조금) × 월수/12	= (XXX)
		연평균 지출액

일자별 지출액을 1번에서 쓴 12.31(or 완공일)까지 월할로 평균한다. 1.1에 지출했다면 12/12를, 3.1에 지출했다면 10/12를 곱해서 더한다. 돈을 빨리 썼다면 그만큼 이자비용도 커지기 때문에 지출액을 연평균으로 환산한다. 이것이 연평균 지출액이다. 월수 계산 시 실수를 많이 하니 월수 계산에 주의하자.

특정	차입금 × 월수/12	= XXX	(이자율)	→ 특정차입금 이자비용
일시	(일시투자) × 월수/12	= (XXX)	(이자율)	→ (일시투자 차감액)

(1) 차입금 × 월수/12 = 연평균 차입금

특정차입금 금액을 연평균 지출액과 동일한 방식으로 월할 계산한다. 단, 이 기간에 올해 차입한 기간 중 건설 기간이 겹치는 기간만 포함되어야 한다.

① 특정차입금 중 건설 기간과 겹치지 않는 기간 심화

특정차입금은 적격자산을 위해 차입한 것이므로 특정차입금 중 건설 기간과 겹치지 않는 부분은 일반차입금으로 본다. 이 부분은 Step 3에서 일반차입금과 같이 처리해야 한다.

(2) 특정차입금 이자비용: 연평균 차입금(이자율) → 특정 차입금 이자비용

연평균차입금을 구했다면 옆에 괄호 열고 이자율을 쓴 뒤, 둘을 곱해서 특정 차입금에서 발생한 이자비용을 구한다.

참고 차입금 자본화액 계산식에 대한 이해

① 1,000,000 × 9/12 × 12% = 90,000
② 1,000,000 × 9/12 = 750,000, 750,000 × 12% = 90,000
③ 1,000,000 × 9/12 = 750,000(12%) → 90,000

① 만약 연 이자율 12%인 특정차입금 ₩1,000,000을 4.1~12.31까지 차입한 경우 이자비용의 계산식이다.
② 월할 평균을 먼저 하여 연평균 차입금을 먼저 구한 뒤, 이자율을 마지막에 구해도 된다.
③ ②번 식을 한 줄로 표현한 것이다.
2차 주관식 답안에서 '1,000,000 × 9/12 = 750,000 × 12% = 90,000'이라고 쓰면 등식이 성립하지 않기 때문에 이자율을 괄호 안에 넣고 화살표로 뺀 뒤 이자비용을 적은 것이다. 일반차입금도 같은 방식으로 계산한다.

---

(3) 일시투자: (일시투자액) × 월수/12 = (XXX)(이자율) → (일시투자 차감액)

특정차입금을 차입하여 일시 투자한 경우 투자액에서 발생한 이자수익을 특정 차입금 이자비용에서 차감한다. 일시투자 차감액은 특정 차입금 자본화액과 같은 방식으로 계산하면 된다. 단, 일시투자액과 일시투자 차감액을 괄호 열고 음수로 적는다는 점만 달라진다.

※ 주의 일반차입금의 일시투자는 무시! 심화

일시투자를 반영하는 것은 '특정'차입금만이다. 일반차입금을 일시투자하더라도 차입원가 자본화 과정에서 달라지는 것은 없다. 문제에서 일반차입금의 일시투자가 제시되면 무시하자.

(4) 특정 차입금 자본화액 = 특정차입금 이자비용 − 일시투자 차감액

일시투자에서 발생한 수익은 특정차입금 이자비용에서 차감하므로, 문제에서 '특정 차입금 자본화액'만 따로 묻는다면 일시투자 수익을 차감한 금액으로 답해야 한다.

STEP 3 일반차입금 가중평균차입이자율 및 한도 계산

$$
\begin{array}{llll}
R & = 이자비용\ 계/연평균\ 차입금 \\
A & 차입금 \times 월수/12 & = XXX & (이자율) & \rightarrow 이자비용 \\
B & 차입금 \times 월수/12 & = XXX & (이자율) & \rightarrow 이자비용 \\
계 & & \underline{연평균\ 차입금} & & \underline{이자비용\ 계}
\end{array}
$$

(1) 차입금 × 월수/12 = 연평균 일반차입금(이자율) → 이자비용

일반차입금도 특정차입금과 마찬가지로 연평균 차입금을 구한 뒤, 이자율을 곱해서 이자비용을 계산한다. 단, 특정차입금과 달리 일반차입금은 그해의 차입 기간 전체에 대해서 자본화를 한다. 따라서 일반차입금 자본화액을 계산할 땐 건설기간을 고려할 필요가 없다.

또한, Step 2에서 특정차입금 자본화 시 특정차입금 중 건설 기간과 겹치지 않았던 부분은 일반차입금으로 보아 다른 일반차입금과 같이 처리해야 한다.

(2) R(일반차입금 가중평균차입이자율) = 이자비용 계/연평균 일반 차입금 계

(1)에서 구한 이자비용 계를 연평균 일반차입금 계로 나누면 일반차입금의 가중평균차입이자율이 계산된다. 본서에서는 이 이자율을 R이라고 표시할 것이다.

김수석의 핵심 콕! 특정차입금 vs 일반차입금

	특정차입금	일반차입금
자본화 기간	차입기간 ∩ 건설기간	차입기간
일시투자액	특정차입금 자본화액에서 차감	무시

특정차입금과 일반차입금은 자본화 기간과 일시투자액 처리 방법에서 차이가 있다. 특정차입금은 차입 기간과 건설 기간이 겹치는 기간만 자본화하지만, 일반차입금은 건설 기간을 고려하지 않고 차입기간에 발생한 이자비용 전부를 자본화한다. 특정차입금은 일시투자액을 자본화액에서 차감하지만, 일반차입금의 일시투자액은 문제에 제시되었을 때 그냥 무시하면 된다.

일반차입금 자본화: (연평균 지출액−XXX)×R (한도: 이자비용 계)

```
특정      차입금 × 월수/12      = XXX       (이자율)   → 특정차입금 이자비용
일시    (일시투자) × 월수/12    = (XXX)     (이자율)   → (일시투자 차감액)
일반     (연평균 지출액          − XXX)      (R)       → 일반차입금 자본화액    (한도: 이자비용 계)
                                                         차입원가 자본화액
```

(1) XXX = 연평균 특정 차입금 − 연평균 일시 투자액

Step 2에서 연평균 특정 차입금과 연평균 일시 투자액을 계산했었다. '특정' 줄에 있는 XXX에서 '일시' 줄에 있는 XXX를 빼서 그 아래에 적으면 된다. 이렇게 계산된 금액을 Step 1에서 구한 연평균 지출액에서 차감한 뒤, Step 3에서 구한 R을 곱하면 일반차입금 자본화액이 계산된다.

(2) 일반차입금 자본화액 한도: 이자비용 계 ★중요!

일반차입금 자본화액에는 한도가 존재한다. Step 3에서 구한 이자비용 합계가 일반차입금 자본화액의 한도이다. 한도를 초과하지 않으면 일반차입금 자본화액을 특정차입금 자본화액과 더하면 되고, 한도를 초과한다면 한도를 특정차입금 자본화액과 더해야 한다. 일반차입금 자본화액의 한도는 자주 출제되는 사항이므로 반드시 주의하자.

```
X1                   12.31 or 완공일
1.1    지출액 × 월수/12    = XXX
3.1    지출액 × 월수/12    = XXX
7.1   (보조금) × 월수/12    = (XXX)
                          연평균 지출액


특정      차입금 × 월수/12      = XXX       (이자율)   → 특정차입금 이자비용
일시    (일시투자) × 월수/12    = (XXX)     (이자율)   → (일시투자 차감액)
일반     (연평균 지출액          − XXX)      (R)       → 일반차입금 자본화액    (한도: 이자비용 계)
                                                         차입원가 자본화액


R    = 이자비용 계/연평균 차입금
A    차입금 × 월수/12     = XXX       (이자율)   → 이자비용
B    차입금 × 월수/12     = XXX       (이자율)   → 이자비용
계                     연평균 차입금              이자비용 계
```

차입원가 자본화 풀이법을 요약한 것이다. 문제를 보자마자 풀이법이 떠오를 때까지 많이 연습하자. 2차 답안지에도 이대로 쓰면 된다.

예제

01 (주)갑은 20X1년초에 기계장치 제작을 개시하였으며, 동 기계장치는 차입원가를 자본화하는 적격자산이다. 기계장치는 20X2년말에 완성될 예정이다. (주)갑은 기계장치 제작을 위해 20X1년초에 ₩60,000과 20X1년 7월 1일에 ₩40,000을 각각 지출하였다.
(주)갑의 차입금 내역은 다음과 같다.

차입금	차입일	차입금액	상환일	이자율	이자지급조건
A	20X1.1.1	₩40,000	20X1.12.31	8%	단리/매년말지급
B	20X1.1.1	₩10,000	20X1.12.31	12%	단리/매년말지급
C	20X1.7.1	₩30,000	20X2. 6.30	10%	단리/매년말지급

이들 차입금 중에서 차입금 A는 기계장치 제작을 위한 특정차입금이다. 차입금 B와 C는 일반목적 차입금이다. 한편 (주)갑은 20X1년 1월 1일에 ₩10,000의 정부보조금을 수령하여 이를 기계장치 제작에 사용하였다.
제작중인 동 기계장치에 대하여 20X1년에 자본화할 차입원가는 얼마인가? (단, 정부보조금은 원가차감법으로 회계처리한다.)　　　　　　　　　　　　　　　　　2012. CPA

① ₩5,600　　　　　　　② ₩5,700　　　　　　　③ ₩5,900
④ ₩6,440　　　　　　　⑤ ₩7,400

해설

```
X1                        12.31
1.1    60,000 × 12/12    = 60,000
1.1    (10,000) × 12/12  = (10,000)
7.1    40,000 × 6/12     = 20,000
                           70,000
                          ━━━━━━━

특정   40,000 × 12/12    = 40,000      (8%)   → 3,200
일반   (70,000           − 40,000)     (10.8%) → 3,240    (한도: 2,700)
                                                 5,900
                                                ━━━━━

R      = 2,700/25,000 = 10.8%
B      10,000 × 12/12    = 10,000      (12%)  → 1,200
C      30,000 × 6/12     = 15,000      (10%)  → 1,500
계                         25,000               2,700
                          ━━━━━━                ━━━━━
```

연평균 지출액

1. 연도와 12.31(or 완공일) 쓰기

X1년의 차입원가를 자본화하므로 좌측 상단에 X1을 기재하고, X2년에 완성되므로 오른쪽에 12.31을 쓴다.

2. 지출일과 지출액 쓰기

1.1	60,000
1.1	(10,000)
7.1	40,000

지출일 옆에 지출액을 쓴다. 정부보조금은 음수로 적는다.

3. 연평균 지출액 구하기

X1		12.31
1.1	60,000 × 12/12	= 60,000
1.1	(10,000) × 12/12	= (10,000)
7.1	40,000 × 6/12	= 20,000
		70,000

12.31까지 월할로 평균한다.

 특정차입금 자본화: 차입금×월수/12=연평균 차입금(이자율) → 특정 차입금 이자비용

특정	40,000 × 12/12	= 40,000	(8%)	→ 3,200

1. 차입금×월수/12=연평균 차입금

특정차입금 A는 1.1부터 12.31까지 차입하였다. 전부 건설 기간과 겹치므로 12개월을 전부 자본화한다.

2. 특정차입금 이자비용: 연평균 차입금(이자율) → 특정 차입금 이자비용

이자율이 8%이므로 자본화액은 3,200이다.

STEP 3 일반차입금 가중평균차입이자율 및 한도 계산

R	= 2,700/25,000 = 10.8%				
B	10,000 × 12/12	= 10,000	(12%)	→	1,200
C	30,000 × 6/12	= 15,000	(10%)	→	1,500
계		25,000			2,700

1. 차입금×월수/12=연평균 일반차입금(이자율) → 이자비용

일반차입금 자본화액을 계산할 땐 건설기간을 고려할 필요가 없다. 당기 중 차입 기간 전체를 자본화한다. C는 7.1부터 차입하였으므로 당기 중에는 6개월만 자본화한다.

2. R(일반차입금 가중평균차입이자율)=이자비용 계/연평균 일반 차입금 계

2,700을 25,000으로 나누면 R을 계산할 수 있다.

STEP 4 일반차입금 자본화: (연평균 지출액−XXX)×R (한도: 이자비용 계)

특정	40,000 × 12/12	= 40,000	(8%)	→ 3,200	
일반	(70,000	− 40,000)	(10.8%)	→ 3,240	(한도: 2,700)
				5,900	

1. XXX=연평균 특정 차입금−연평균 일시 투자액

일시투자가 없으므로, 연평균 특정 차입금 40,000을 그 아래에 바로 적는다. Step 1에서 구한 연평균 지출액 70,000에서 40,000을 차감한 뒤, R 10.8%을 곱하면 일반차입금 자본화액이 계산된다.

2. 일반차입금 자본화액 한도: 이자비용 계

Step 3에서 구한 이자비용 합계 2,700이 일반차입금 자본화액의 한도이다. 일반차입금 자본화액 한도에 걸렸기 때문에 자본화액은 3,200 + 2,700 = 5,900이다.

답 ③

예제

02 (주)대한은 20X1년 7월 1일에 공장건물을 신축하기 시작하여 20X2년 10월 31일에 해당 공사를 완료하였다. (주)대한의 동 공장건물은 차입원가를 자본화하는 적격자산이다.

- 공장건물 신축 관련 공사비 지출 내역은 다음과 같다.

구분	20X1.7.1.	20X1.10.1.	20X2.4.1.
공사비 지출액	₩1,500,000	₩3,000,000	₩1,000,000

- (주)대한은 20X1년 7월 1일에 ₩200,000의 정부보조금을 수령하여 즉시 동 공장건물을 건설하는 데 모두 사용하였다.
- 특정차입금 ₩2,500,000 중 ₩300,000은 20X1년 7월 1일부터 9월 30일까지 연 4% 수익률을 제공하는 투자처에 일시적으로 투자하였다.
- (주)대한의 차입금 내역은 다음과 같으며, 모든 차입금은 매년 말 이자지급 조건이다.

차입금	차입일	차입금액	상환일	연 이자율
특정	20X1.7.1.	₩2,500,000	20X2.8.31.	5%
일반	20X1.1.1.	2,000,000	20X3.12.31.	4%
일반	20X1.7.1.	4,000,000	20X2.12.31.	8%

(주)대한이 동 공사와 관련하여 20X1년에 자본화할 차입원가는 얼마인가? (단, 연평균지출액, 이자수익 및 이자비용은 월할로 계산한다.)

2022. CPA

① ₩73,000 ② ₩83,000 ③ ₩92,500
④ ₩148,500 ⑤ ₩152,500

⊙▶ **해설**

X1   12.31
7.1   1,500,000 × 6/12   = 750,000
7.1   (200,000) × 6/12   = (100,000)
10.1   3,000,000 × 3/12   = 750,000
                             ──────────
                             1,400,000
                             ══════════

특정   2,500,000 × 6/12   = 1,250,000   (5%) → 62,500
일시   (300,000) × 3/12   = (75,000)   (4%) → (3,000)
일반   (1,400,000   − 1,175,000)   (6%) → 13,500   (한도: 240,000)
                                                  ──────────
                                                  73,000
                                                  ══════════

R   = 240,000/4,000,000 = 6%
일반   2,000,000 × 12/12   = 2,000,000   (4%) → 80,000
일반   4,000,000 × 6/12   = 2,000,000   (8%) → 160,000
계   ──────────   ──────────
                             4,000,000   240,000
                             ══════════   ══════════

답 ①

3. 공사 두 번째 해의 차입원가 자본화

당기에 공사를 시작한 것이 아니라, 전기부터 차입원가 자본화를 시작했다면 풀이법이 조금 달라진다. 기존 풀이법과의 차이점을 중심으로 설명하겠다.

```
X2                            완공일
1.1    전기지출액 × 월수/12      = XXX
1.1      지출액 × 월수/12        = XXX
3.1      지출액 × 월수/12        = XXX
7.1    ─(보조금) × 월수/12─     = (XXX)
              ①              연평균 지출액


특정    차입금 × 월수/12      = XXX    (이자율)   → 특정차입금 이자비용
일시   (일시투자) × 월수/12   = (XXX)  (이자율)   → (일시투자 차감액)
일반    (연평균 지출액        ─ XXX)     (R)     → 일반차입금 자본화액   (한도: 이자비용 계)
                                                ──────────────────
                                                   차입원가 자본화액


R                          = 이자비용 계/연평균 차입금
A      차입금 × 월수/12       = XXX    (이자율)   → 이자비용
B      차입금 × 월수/12       = XXX    (이자율)   → 이자비용
계                          연평균 차입금        이자비용 계
```

(1) 전기 지출액

공사를 당기에 시작한 것이 아니라서 전기에 발생한 지출액이 있다면, 왼쪽에 1.1을 쓴 뒤, 그 옆에 전기의 총 지출액을 적는다. 전기 지출액은 전기부터 계속해서 돈을 빌린 상태이므로 1.1부터 이자가 붙는다. 따라서 1.1부터 완공일까지 연평균 지출액을 구한다. 이때, 전기의 '연평균' 지출액을 적는 것이 아니라, '총' 지출액을 적어야 한다. 지출이 발생한 해에는 지출일에 따라 발생하는 이자비용이 달라지지만, 지출한 다음 해에는 모두 1.1부터 완공일까지 이자비용이 발생하기 때문이다. 만약 X1년에 공사를 시작하여 X2년의 차입원가 자본화액을 묻는다면 X1년의 총 지출액이 필요하므로 X1년도 지출액 아래에 밑줄을 긋고 ① 위치에 총 지출액을 적자.

(2) 전기 차입원가 자본화액 포함 여부 심화

전기 지출액을 적을 땐, 문제의 가정에 따라 전기 차입원가 자본화액을 포함할 수도 있고, 포함하지 않을 수도 있다. 대부분의 문제에서는 전기 차입원가 자본화액을 포함하지 않는 것으로 가정한다. 하지만 '적격자산 평균지출액은 건설중인 자산의 매월말 장부금액 가중평균으로 한다.'라는 문장이 제시된다면 전기 지출액에 전기의 차입원가 자본화액을 포함시켜야 한다. 차입원가 자본화를 하면 건설중인 자산의 장부금액에 차입원가 자본화액도 포함되기 때문이다.

예제

03 (주)대한은 20X1년 3월 1일부터 공장건물 신축공사를 실시하여 20X2년 10월 31일에 해당 공사를 완료하였다. 동 공장건물은 차입원가를 자본화하는 적격자산이다. (주)대한의 신축공사와 관련된 자료는 다음과 같다.

구분	20X1.3.1.	20X1.10.1.	20X2.1.1.	20X2.10.1.
공사대금 지출액	₩200,000	₩400,000	₩300,000	₩120,000

종류	차입금액	차입기간	연 이자율
특정차입금A	₩240,000	20X1.3.1.~20X2.10.31.	4%
일반차입금B	₩240,000	20X1.3.1.~20X2.6.30.	4%
일반차입금C	₩60,000	20X1.6.1.~20X2.12.31.	10%

(주)대한이 20X2년에 자본화할 차입원가는 얼마인가? (단, 전기 이전에 자본화한 차입원가는 연평균 지출액 계산 시 포함하지 아니하며, 연평균 지출액, 이자비용은 월할 계산한다.) 2020. CPA

① ₩16,800　　　　　② ₩17,000　　　　　③ ₩18,800
④ ₩20,000　　　　　⑤ ₩20,800

해설

전기 이전에 자본화한 차입원가는 연평균 지출액 계산 시 포함하지 않으므로 X1년 자본화 차입원가는 계산할 필요가 없다.

			10.31
X2			
1.1	600,000 × 10/12	= 500,000	
1.1	300,000 × 10/12	= 250,000	
10.1	120,000 × 1/12	= 10,000	
		760,000	

특정	240,000 × 10/12	= 200,000	(4%)	→ 8,000	
일반	(760,000	− 200,000)	(6%)	→ 33,600	(한도: 10,800)
				18,800	

R	= 10,800/180,000 = 6%			
B	240,000 × 6/12	= 120,000	(4%)	→ 4,800
C	60,000 × 12/12	= 60,000	(10%)	→ 6,000
계		180,000		10,800

답 ③

04 (주)한국은 20X1년초에 공장건물 신축을 시작하여 20X2년 7월 1일에 공사를 완료하였다. 동 공장건물은 차입원가를 자본화하는 적격자산이며, 신축 관련 공사비 지출액의 내역은 다음과 같다.

구 분	20X1. 3. 1.	20X1. 9. 1.	20X2. 4. 1.
공사대금 지출액	₩3,000,000	₩6,000,000	₩7,000,000

공장건물 신축을 목적으로 직접 차입한 자금은 없으며, 20X1년도와 20X2년도의 회계기간동안 일반목적차입금 이자비용과 일반목적차입금 가중평균 관련 자료는 다음과 같다.

구 분	20X1년	20X2년
이자비용	₩480,000	₩700,000
연평균 차입금	₩6,000,000	₩7,000,000

(주)한국은 신축관련 공사비 지출액을 건설중인자산으로 인식한다. 적격자산 평균지출액은 회계기간동안 건설중인자산의 매월말 장부금액 가중평균으로 계산한다고 할 때, 20X2년 (주)한국이 인식해야 할 자본화 차입원가는 얼마인가?   2016. CPA

① ₩360,000   ② ₩450,000   ③ ₩625,000
④ ₩643,000   ⑤ ₩700,000

⊙ 해설

(1) X1년 자본화 차입원가: 360,000

'적격자산 평균지출액은 회계기간동안 건설중인자산의 매월말 장부금액 가중평균으로 계산'하므로, X1년도 자본화 차입원가를 계산해야 한다.

X1		12.31				
3.1	3,000,000 × 10/12	= 2,500,000				
9.1	<u>6,000,000</u> × 4/12	= 2,000,000				
	9,000,000	<u>4,500,000</u>				
일반	(4,500,000	− 0)	(8%)	→ 360,000	(한도: 480,000)	
				<u>360,000</u>		
R	= 480,000/6,000,000 = 8%					

(2) X2년 자본화 차입원가: 643,000

X2		7.1				
1.1	9,360,000 × 6/12	= 4,680,000				
4.1	7,000,000 × 3/12	= 1,750,000				
		<u>6,430,000</u>				
일반	(6,430,000	− 0)	(10%)	→ 643,000	(한도: 700,000)	
				<u>643,000</u>		
R	= 700,000/7,000,000 = 10%					

X1년에 발생한 총 지출액은 9,000,000이나, 자본화한 차입원가가 360,000이므로 1.1에 9,360,000을 대입한다.

답 ④

4 감가상각

감가상각이란 유형자산의 취득원가를 그 자산을 사용하는 기간 동안 비용으로 배분하는 과정을 의미하며, 각 기간에 배분된 비용을 감가상각비라고 한다.

1. 감가상각방법

(1) 계산식

정액법, 연수합계법	(취득원가 − 잔존가치) × 상각률
정률법, 이중체감법	기초 장부금액 × 상각률

감가상각방법에는 4가지가 있으며, 크게 둘로 나뉜다. 위의 두 가지는 각 방법마다 상각률만 다를 뿐 (취득원가 − 잔존가치)에 상각률을 곱하는 것은 동일하다. 아래의 두 가지도 상각률만 다를 뿐 기초 장부금액(= 취득원가 − 기초 감가상각누계액)에 상각률을 곱하는 것은 동일하다.

(2) 상각률

정액법	1/내용연수
연수합계법	내용연수를 역수로 표시한 당년도 수 ÷ 내용연수 합계 (단, 내용연수 합계 = n(n + 1)/2)
정률법	문제에서 제시한 상각률
이중체감법	2/내용연수

사례

X1년 1월 1일에 유형자산을 ₩100,000에 취득하여 내용연수는 4년, 잔존가치는 ₩0일 때 감가상각방법에 따른 X1년과 X2년의 감가상각비는 다음과 같다. 단 정률법의 상각률은 90%로 가정한다.

감가상각비	X1년	X2년
정액법	(100,000 − 0)/4 = 25,000	(100,000 − 0)/4 = 25,000 or (75,000 − 0)/3 = 25,000
연수합계법	(100,000 − 0) × 4/10 = 40,000	(100,000 − 0) × 3/10 = 30,000 or (60,000 − 0) × 3/6 = 30,000
정률법	100,000 × 90% = 90,000	10,000 × 90% = 9,000
이중체감법	100,000 × 2/4 = 50,000	50,000 × 2/4 = 25,000

① 정액법, 연수합계법

정액법은 매년 감가상각비가 고정인 감가상각방법이다. 따라서 X2년에도 X1년의 감가상각비 계산식을 똑같이 이용하면 된다. 혹은 남은 금액을, 잔여내용연수(3년)로 나누어도 된다.

연수합계법도 마찬가지이다. 취득원가와 내용연수를 이용해서 감가상각을 해도 되고, 남은 금액에 잔여내용연수(3년)에 따른 상각률(3/6)을 곱해도 된다.

② 정률법, 이중체감법

반면, 정률법, 이중체감법의 경우 상각을 하면서 내용연수가 줄어들더라도 원래 내용연수를 이용하여 상각률을 구한다. 따라서 매년 상각률은 불변이다.

(3) 김수석의 감가상각 표기 방법

감가상각을 할 때에는 5가지를 적자. ①취득시점, ②취득원가, ③내용연수, ④잔존가치, ⑤상각방법. 본서에서 'X1', 'X2'와 같이 연도를 표시한 것은 전부 기말 기준을 의미한다. X1년초는 X0년말과 일치하므로 'X0'으로 표기할 것이다.

자산과 관련된 정보를 적은 다음, 화살표를 아래쪽으로 뻗으면서 그 옆에 괄호 열고 감가상각비를 적는다. 가령, ₩10,000짜리 유형자산을 X1년 1월 1일에 취득하여 내용연수 4년, 잔존가치 ₩1,000, 정액법으로 상각한다면 다음과 같이 표시한다. n은 내용연수, s는 잔존가치를 의미한다.

X0	10,000	n = 4, s = 1,000, 정액
	↓ (2,250)	
X1	7,750	

2. 특정 시점의 장부금액을 빠르게 구하기

특정 시점의 장부금액을 구하고 싶다면 각 연도별 감가상각비를 구하지 않고 다음과 같이 바로 계산할 수 있다.

	X2말 감누	X2말 장부금액
정액법	①(취득원가 − s) × 2/n	②취득원가
연수합계법 (n = 4 가정 시)	①(취득원가 − s) × (4 + 3)/10	− X2말 감가상각누계액
정률법, 이중체감법	②취득원가 − X2말 장부금액	①취득원가 × (1 − 상각률)^2

(1) 정액법, 연수합계법: 감누 → BV 순

정액법과 연수합계법은 '취득원가 − s'에 상각률을 곱해서 감가상각비를 구하므로, '취득원가 − s'에 상각률의 누적액을 곱하면 감가상각누계액을 구할 수 있다. 위 표의 식을 이용하여 감가상각누계액을 먼저 구한 뒤, 취득원가에서 빼면 장부금액을 구할 수 있다.

(2) 정률법, 이중체감법: BV → 감누 순

정률법과 이중체감법은 매년 기초 장부금액 중 상각률에 해당하는 금액만큼 상각하고, (1 − 상각률)만큼 남기기 때문에, 매년 (1 − 상각률)을 제곱하여 곱하면 바로 장부금액을 계산할 수 있다. 감가상각누계액을 구하고 싶다면 취득원가에서 장부금액을 빼면 된다.

3. 기중 취득 및 기중 처분 자산의 감가상각

(1) 정액법

앞에서 배운 감가비 계산 식은 '1년치' 감가상각비를 계산하는 식이다. 만약 감가상각대상 자산을 1월 1일이 아닌 기중에 취득 및 처분한 경우에는 보유 월 수만큼만 감가상각비를 인식해야 한다. 가령, 7월 1일에 취득했다면 1년치 감가비를 계산한 다음 × 6/12를 해야 한다. 회계학뿐 아니라 세법에서도 매우 자주 출제되는 사항이므로 감가상각 시에는 반드시 취득, 처분일을 확인하자.

정액법으로 상각 시에는 기중에 취득, 처분이 이루어지더라도 취득, 처분한 해를 제외한 중간 해에는 기중에 취득, 처분이 이루어졌다는 것을 의식할 필요가 없다. 정액법은 매년 상각률이 1/n로 동일하기 때문에 12개월이 온전히 포함된 해의 경우 일반적인 계산식으로 감가상각비를 인식하면 된다.

(2) 연수합계법: 얘만 연도가 걸쳐 있으면 나눠서 계산할 것!

정액법과 달리 연수합계법은 매년 상각률이 달라진다. 이때 상각률은 회계연도가 아니라 취득 시점으로부터의 경과 연수에 따라 달라진다. 예를 들어, 내용연수가 4년이라면 '취득 시점으로부터' 1년간은 상각률이 4/10, 그다음 1년간은 3/10이 된다. X1년 7월 1일에 취득한 자산에 대해 내용연수 4년, 연수합계법을 적용한다면 위 그림과 같이 X1.7.1~X2.6.30까지는 4/10을, X2.7.1~X3.6.30까지는 3/10을 이용해야 한다.

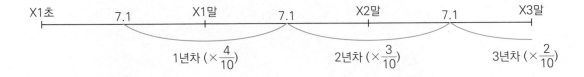

(3) 정률법 및 이중체감법: 기본식대로 풀 것!

정률법과 이중체감법도 원칙대로 하면 연수합계법처럼 '연차별' 상각비를 구하고, 이를 각 회계 연도에 배분해야 한다. 하지만 그렇게 할 필요 없이, 원래 계산식대로 '기초 장부금액 × 상각률'로 감가상각 해도 동일한 결과가 나온다. 왜 그런지는 다음 사례를 참고하자.

사례

(주)김수석은 20X1년 10월 1일에 기계장치를 ₩1,100,000에 취득하였다. 내용연수는 4년으로 추정되며, 잔존가치는 ₩100,000이다. 상각률은 0.451이다. 20X1년~20X3년까지의 연도별 감가상각비를 구하시오.

시점	원칙	기초 장부금액×상각률	감가상각비
X1년	$1,100,000 \times 0.451 \times 3/12$	$1,100,000 \times 0.451 \times 3/12$	124,025
X2년	$1,100,000 \times 0.451 \times 9/12$ $+ 1,100,000 \times 0.549 \times 0.451 \times 3/12$	$975,975 \times 0.451$	440,165
X3년	$1,100,000 \times 0.549 \times 0.451 \times 9/12$ $+ 1,100,000 \times 0.549^2 \times 0.451 \times 3/12$	$535,810 \times 0.451$	241,650

기초 취득 가정 시 각 연차별 상각비는 다음과 같다.

1년차 상각비: $1,100,000 \times 0.451$
2년차 상각비: $1,100,000 \times 0.549 \times 0.451$
3년차 상각비: $1,100,000 \times 0.549^2 \times 0.451$

정률법의 장부금액을 바르게 구하는 방법에서 서술한 것처럼, 취득원가에 (1 − 상각률)을 제곱하면 장부금액을 구할 수 있고, 여기에 다시 상각률을 곱하면 해당 연도 감가상각비를 구할 수 있다. 이를 월할 해준 것이 표 왼편에 있는 '원칙' 식이다.

하지만 이렇게 풀면 시간이 너무 오래 걸리고, 복잡하다. 계산기를 이용해서 '기초 미상각잔액 × 상각률'을 해도 동일한 결과가 나오는 것을 확인하고, 앞으로는 이 방법을 이용하자. 두 방법이 동일한 이유는 문제를 푸는 데 필요하지 않으므로 생략하겠다. 결과적으로는, 연수합계법만 원칙대로 계산하면 된다.

01 (주)용암은 20X1년 10월 1일에 기계장치를 현금으로 구입하여 즉시 제품생산에 투입하였다. 취득시점에서 이 기계장치의 내용연수는 3년, 잔존가치는 ₩12,000으로 추정하였다. (주)용암은 이 기계장치에 대해 원가모형을 적용하여 연수합계법으로 감가상각을 하고 있는데, 20X1년 말에 인식한 감가상각비는 ₩60,000이었다. 20X2년 12월 31일 기계장치의 장부금액은 얼마인가? (단, 감가상각비는 월할 계산하며, 이 기계장치에 대한 취득시점이후 자산손상은 없었다.)

2010. CPA

① ₩160,000   ② ₩200,000   ③ ₩212,000

④ ₩260,000   ⑤ ₩272,000

해설

X1.10.1	취득원가	$n = 3$, $s = 12,000$, 연수합계법
	↓ (60,000) = (취득원가 $- 12,000) \times 3/6 \times 3/12$	
X1	432,000	
	↓ (220,000)	
X2	212,000	

(1) X1년 감가상각비: $60,000 = (취득원가 - 12,000) \times 3/6 \times 3/12$
  → 취득원가 $= 492,000$

(2) X2년 말 장부금액: $492,000 - 280,000 = 212,000$
  X2년 말 감가상각누계액: $(492,000 - 12,000) \times (3/6 + 2/6 \times 3/12) = 280,000$
  — X1.10.1부터 X2.12.31까지 1년 3개월이므로, 첫 번째 해의 상각률인 3/6은 전부 들어가고, 두 번째 해의 상각률인 2/6은 3/12만 들어간다.

참고 X2년도 감가상각비
: $(492,000 - 12,000) \times (3/6 \times 9/12 + 2/6 \times 3/12) = 220,000$

답 ③

02 (주)대한은 20X1년 9월 1일 내용연수 5년의 기계장치를 취득하였다. 이 기계장치는 정률법을 사용하여 감가상각하며, 감가상각률은 36%이다. 20X2년도에 인식한 감가상각비는 ₩253,440이다. 20X3년도에 인식할 기계장치의 감가상각비는 얼마인가? (단, 계산 방식에 따라 단수차이로 인해 오차가 있는 경우, 가장 근사치를 선택한다.) 2014. CPA

① ₩ 85,899   ② ₩ 91,238   ③ ₩102,005
④ ₩103,809   ⑤ ₩162,202

● 해설

```
X1.9.1      취득원가              n = 5, r = 36%
                ↓
X1          704,000
                ↓ (253,440)
X2          450,560
                ↓ (162,202)
X3
```

X1년말 장부금액 = 253,440/36% = 704,000
X2년말 장부금액 = 704,000 × (1 − 36%) = 450,560
X3년도 감가상각비 = 450,560 × 36% = **162,202**

빠른풀이
X3년도 감가상각비 = 253,440 × (1 − 36%) = **162,202**
계산기 사용법 253,440 × 36% −

매년 기초 장부금액의 36%를 상각하고, (1 − 36%)만큼 비례적으로 남기 때문에, 당기 감가상각비에 (1 − 36%)를 곱하면 차기 감가상각비를 구할 수 있다.

참고 취득원가

X1년말 장부금액 = 취득원가 × (1 − 36% × 4/12) = 704,000
 → 취득원가 = 800,000
취득원가를 구한 뒤 X3년의 감가상각비를 구한 수험생도 있을 텐데, 취득원가는 800,000이다.

📋 ⑤

4. 감가상각 말문제 출제사항

(1) 감가상각의 의의

감가상각은 취득원가의 배분 과정이다. 회계상 감가상각은 실제 가치 변동과 무관하다.

(2) 감가상각비의 인식: 유형자산의 감가상각비는 다른 자산의 장부금액에 포함되는 경우가 아니라면 당기손익으로 인식한다.

다른 자산을 만들기 위해 유형자산을 사용하는 경우에는 유형자산의 감가상각비가 다른 자산의 장부금액에 계상된다. 가령, 재고자산을 만들기 위해 기계장치를 사용한다면 기계장치의 감가상각비는 당기비용 처리되는 것이 아니라 재고자산의 취득원가에 가산된다. 이처럼 다른 자산의 장부금액에 포함되는 경우를 제외하고는 감가상각비를 당기손익으로 인식한다.

(3) 감가상각의 구분: 유형자산을 구성하는 일부가 전체에 비해 유의적이거나 유의적이지 않다면, 그 부분은 별도로 구분하여 감가상각할 수 있다.

> **예** 항공기의 엔진, 의자: 엔진이 항공기에서 차지하는 비중이 유의적이라면 엔진만 따로 상각 가능 / 의자가 항공기에서 차지하는 비중이 유의적이지 않다면 따로 상각 가능

(4) 감가상각의 시작: 감가상각은 자산이 사용가능한 때부터 시작한다.

'사용가능한' 상태란 경영진이 자산을 가동하는 데 필요한 장소와 상태에 이르는 것을 의미한다.

(5) 감가상각의 중단

감가상각은 자산이 매각예정자산으로 분류되는 날과 자산이 제거되는 날 중 이른 날에 중지한다. 자산이 운휴(작동 X) 중이거나 적극적인 사용상태가 아니어도 감가상각이 완전히 이루어지기 전까지는 감가상각을 중단하지 않는다.

자산이 매각할 것으로 예정되거나, 실제로 제거되기 전까지는 감가상각을 해야 한다. 따라서 실제로 사용하지 않더라도 감가상각을 지속한다.

(6) 감가상각방법

감가상각방법은 해당 자산에 내재되어 있는 미래경제적효익의 예상 소비형태를 가장 잘 반영하는 방법에 따라 선택한다. 다만, 자산의 사용을 포함하는 활동에서 창출되는 수익에 기초한 감가상각방법은 적절하지 않다. 수익은 자산이 소비되는 방식과 관계가 없는 판매 수량 및 가격 변동에 영향을 받기 때문이다.

(7) 감가상각요소의 재검토

유형자산의 감가상각방법, 잔존가치 및 내용연수는 적어도 매 회계연도 말에 재검토한다.

(8) 잔존가치의 증가

잔존가치가 자산의 장부금액 이상으로 증가하는 경우 잔존가치가 장부금액보다 작은 금액으로 감소될 때까지 감가상각을 하지 않는다.

감가상각은 자산을 감소시키면서 비용을 인식하는 것이므로, 잔존가치가 장부금액보다 큰 경우 자산을 증가시키는 것은 아니다. 잔존가치가 장부금액보다 작아질 때까지 기다렸다가 감가상각을 재개한다.

(9) 공정가치의 증가: 유형자산의 공정가치가 장부금액을 초과하더라도 잔존가치가 장부금액을 초과하지 않는 한 감가상각액을 계속 인식한다.

재평가모형을 적용하는 유형자산의 공정가치가 장부금액을 초과하면 평가이익(재평가잉여금)을 인식한다. 하지만 그 이후에 감가상각비를 인식한다. 공정가치가 장부금액을 초과하더라도 감가상각을 중단하지 않는다.

예제

03 유형자산의 감가상각에 관한 설명으로 옳은 것은? 2021. CTA

① 감가상각이 완전히 이루어지기 전이라도 유형자산이 운휴 중이거나 적극적인 사용 상태가 아니라면 상각방법과 관계없이 감가상각을 중단해야 한다.

② 유형자산의 잔존가치와 내용연수는 매 3년이나 5년마다 재검토하는 것으로 충분하다.

③ 유형자산의 전체원가에 비교하여 해당 원가가 유의적이지 않은 부분은 별도로 분리하여 감가상각할 수 없다.

④ 자산의 사용을 포함하는 활동에서 창출되는 수익에 기초한 감가상각방법은 적절하지 않다.

⑤ 유형자산의 공정가치가 장부금액을 초과하는 상황이 발생하면 감가상각액을 인식할 수 없다.

▶ **해설**

① 자산이 운휴 중이거나 적극적인 사용상태가 아니어도 감가상각이 완전히 이루어지기 전까지는 감가상각을 중단하지 않는다.

② 유형자산의 잔존가치와 내용연수는 적어도 매 회계연도 말에 재검토한다.

③ 유형자산의 전체원가에 비교하여 해당 원가가 유의적이지 않은 부분은 별도로 분리하여 감가상각할 수 있다.

⑤ 유형자산의 공정가치가 장부금액을 초과하더라도 감가상각액을 계속 인식한다.

답 ④

5 감가상각의 변경

감가상각의 변경은 회계추정의 변경에 해당하며, 전진법을 적용한다. 회계추정의 변경은 '15장 회계변경 및 오류수정'에서 자세히 다룰 것이다. 전진법을 적용한다는 것은 과거에 인식했던 감가상각비를 수정하지 않고, 감가상각 변경 효과를 남은 기간에 반영하겠다는 것을 의미한다. 감가상각의 변경은 다음 4가지 요소를 변경할 경우 발생한다.

1. 수익적 지출(당기손익) 및 자본적 지출(장부금액에 가산)

유형자산은 장기간 사용하므로 사용하는 동안 추가 지출이 발생할 수 있다. 유형자산의 추가 지출은 수익적 지출 또는 자본적 지출로 구분한다.

수익적 지출은 일상적인 수선·유지와 관련하여 발생하는 원가로, 발생시점에 당기손익으로 인식한다. 반면, 자본적 지출은 유형자산의 인식기준을 충족하는 원가로, 유형자산의 장부금액에 가산하고, 그 가산된 금액을 기준으로 감가상각한다. 자본적 지출은 시간의 흐름 없이 금액만 변동하기 때문에 감가상각($\downarrow$)과 구분하기 위하여 '$\swarrow$'으로 표기하겠다.

자본적 지출로 분류하기 위한 유형자산의 인식기준은 수험목적 상 생략한다. 문제에서 추가 지출이 수익적 지출인지, 자본적 지출인지는 제시할 것이다. 어떤 지출인지 언급이 없다면 자본적 지출로 보자. 수익적 지출은 제시되더라도 감가상각에 전혀 영향을 미치지 않으므로 자본적 지출이 제시될 가능성이 높다.

2. 상각 방법 변경

상각 방법이 변경되는 경우 변경 시점의 장부금액을 남은 기간 동안 새로운 상각 방법으로 상각하면 된다. 전진법을 적용하기 때문이다.

3. n(내용연수): '잔여'내용연수 확인

내용연수가 바뀌는 경우, 이미 지나간 기간은 차감한 수정된 '잔여'(= 잔존)내용연수로 상각한다. 가령, 내용연수가 5년인 자산에 대해서 2년 경과 후 내용연수를 6년으로 수정한다면, 정액법 가정 시 상각률은 1/6이 아닌 1/4가 된다. 이미 지나간 기간은 차감한 잔여내용연수를 상각률을 계산해야 한다.

문제에서 수정 후 '잔여내용연수'를 직접 주는 경우도 있는데, 이때는 문제에 제시된 잔여내용연수를 바로 사용하면 된다.

한편, 내용연수가 바뀌지 않더라도, 이미 지나간 기간이 있으므로 상각률이 바뀌니 주의하자. 내용연수가 5년인 자산에 대해서 2년 경과 후 '잔존가치'만 바꿨다고 하자. 내용연수는 바뀌지 않았지만 경과한 기간으로 인해 정액법 가정 시 상각률은 1/5이 아닌 1/3이 된다.

4. s(잔존가치): 0이 아닌지 항상 확인

잔존가치를 바꾸면 바꾼 잔존가치로 남은 기간동안 상각하면 된다. 잔존가치를 바꿨을 때는 실수를 안 하는데 오히려 안 바꿨을 때 잔존가치를 차감하지 않는 실수를 종종 한다. 잔존가치를 바꾸지 않았다면 취득 시 가정한 잔존가치를 계속해서 사용하면 된다. 대부분의 문제에서는 잔존가치를 0으로 제시하지만, 0이 아닐 수도 있으므로 잔존가치를 바꾸지 않더라도 잔존가치를 항상 확인하는 습관을 갖자.

예제

01 (주)국세는 20X1년 1월 1일에 본사 사옥을 ₩1,000,000에 취득(내용연수 5년, 잔존가치 ₩100,000)하고 연수합계법으로 감가상각한다. (주)국세는 20X2년 초에 본사 사옥의 증축을 위해 ₩200,000을 지출하였으며 이로 인해 잔존가치는 ₩20,000 증가하였고, 내용연수는 2년 더 연장되었다. (주)국세가 20X2년 초에 감가상각방법을 이중체감법(상각률은 정액법 상각률의 2배)으로 변경하였다면, 20X2년도에 인식해야할 감가상각비는 얼마인가? (단, (주)국세는 본사 사옥에 대하여 원가모형을 적용한다.)　　　　2014. CTA

① ₩145,000　　　　　② ₩150,000　　　　　③ ₩240,000
④ ₩260,000　　　　　⑤ ₩300,000

해설

```
X0    1,000,000        n = 5, s = 100,000, 연수합계

  ↓ (300,000) = (1,000,000 − 100,000) × 5/15

X1    700,000

  ↓   900,000          n = 4 + 2, s = 120,000, 이중체감(r = 2/6)

  ↓ (300,000) = 900,000 × 2/6

X2    600,000
```

(1) 본사 사옥 증축비
본사 사옥 증축비는 자본적지출이라는 언급이 없지만 자본적지출로 보자. 잔존가치의 증가, 내용연수의 연장으로 보아 일상적인 수선 · 유지와 관련하여 발생하는 원가는 아니다.

(2) 잔존내용연수(n)
최초 취득 시 내용연수는 5년이었으나 1년 뒤에 내용연수가 2년 연장되었으므로 5 − 1 + 2 = 6년이다.

(3) 이중체감법 상각률: 2/n = 2/6
잔존내용연수가 6년이므로 상각률은 2/6이다.

답 ⑤

예제

02 (주)세무는 20X1년 4월 1일 기계장치를 취득(취득원가 ₩30,000, 잔존가치 ₩0, 내용연수 4년)하여 연수합계법으로 감가상각하고 원가모형을 적용하고 있다. 20X3년 1월 1일 동 기계장치의 부품 교체에 ₩10,000을 지출하고 다음과 같은 조치를 취하였다.

> • 부품교체는 자본적지출로 인식한다.
> • 부품 교체시점에서의 회계추정 변경사항
> ─ 감가상각방법: 정액법
> ─ 잔존내용연수: 5년
> ─ 잔존가치: ₩500

동 기계장치의 20X2년 감가상각비와 20X3년 말 장부금액은? (단, 감가상각은 월할상각한다.)

2018. CTA

	20X2년 감가상각비	20X3년 말 장부금액
①	₩9,000	₩15,500
②	₩9,000	₩17,100
③	₩9,750	₩15,500
④	₩9,750	₩17,100
⑤	₩12,000	₩17,100

해설

X1.4.1	30,000	n = 4, s = 0, 연수합계
	↓ (9,000) = (30,000 − 0) × 4/10 × 9/12	
X1	21,000	
	↓ (9,750) = (30,000 − 0) × (4/10 × 3/12 + 3/10 × 9/12)	
X2	11,250	
	↓ 21,250	n = 5, s = 500, 정액법
	↓ (4,150)	
X3	17,100	

답 ④

5. 감가상각요소 변경 후 연수합계법을 적용하는 경우 상각률

: '남은 기간을 대상으로 변경 시점이 1기인 것처럼' 상각

연수합계법의 상각률은 '4/10, 3/10, …'의 방식으로 줄어든다. 기존에 연수합계법을 적용하다가 감가상각요소가 변경할 수도 있고, 다른 상각 방법을 적용하다가 연수합계법으로 변경할 수도 있다. 어느 상황이든 무언가가 바뀌면 지나간 것은 무시하고 남은 기간만을 대상으로 상각률을 구하자. 잔여내용연수가 3년이면 3/6, 4년이면 4/10과 같이 말이다. 잔여내용연수만 보고 변경 시점이 상각 첫해라고 생각하면 된다.

예제

03 (주)한국은 20X1년 1월 1일에 영업용 건물(취득원가 ₩100,000, 잔존가치 ₩0, 내용연수 10년, 정액법 감가상각)을 취득하여 원가모형을 적용하고 있다. 20X3년 1월 1일에 ₩30,000의 수선비가 지출되었고, 이로 인하여 내용연수가 2년 연장될 것으로 추정하였다. 수선비는 자산화하기로 하였으며, (주)한국은 감가상각방법을 20X3년초부터 연수합계법으로 변경하기로 하였다.

영업용 건물의 회계처리가 (주)한국의 20X3년도 당기순이익에 미치는 영향은? (단, 단수 차이로 인해 오차가 있다면 가장 근사치를 선택한다.)　　　　　　　　2017. CPA

① ₩11,000 감소　　　　② ₩14,545 감소　　　　③ ₩16,666 감소
④ ₩20,000 감소　　　　⑤ ₩21,818 감소

● 해설

```
X0      100,000           n = 10, s = 0, 정액
         ↓ (10,000)
X1      90,000
         ↓ (10,000)
X2      80,000
      ↓  110,000           n = 8 + 2, 연수합계
         ↓ (20,000)
X3
```

X2년도 감가상각비: (100,000 − 0) × 1/10 = (90,000 − 0) × 1/9 = 10,000

X3년도 감가상각비: (110,000 − 0) × 10/55 = 20,000
 − 잔여 내용연수가 10년이므로 상각률의 분모는 10 × 11/2 = 55이고, 분자는 10이 된다.

답 ④

04 (주)세무는 20X1년 10월 1일 기계장치를 취득(취득원가 ₩4,800,000, 내용연수 5년, 잔존가치 ₩0)하여 정액법으로 감가상각하였다. 20X2년 4월 1일 동 기계장치에 대하여 ₩1,200,000을 지출하고, 이를 내용연수를 증가시키는 자본적지출로 처리하였으며 다음과 같은 회계변경을 실행하였다.

감가상각 방법	내용연수	잔존가치
정액법에서 연수합계법	잔존 내용연수를 8년으로 재추정	₩0에서 ₩120,000으로 재추정

20X3년 7월 1일 현금 ₩4,000,000을 수령하고 동 기계장치를 처분하였을 경우 처분손익은? (단, 감가상각은 월할 계산한다.) 2020. CTA

① 유형자산처분손실 ₩57,500
② 유형자산처분손실 ₩252,500
③ 유형자산처분손실 ₩537,500
④ 유형자산처분이익 ₩242,500
⑤ 유형자산처분이익 ₩442,500

▶ **해설**

> X1.10.1　4,800,000　　　　　n = 5, s = 0, 정액
> 　　　↓ (480,000) = (4,800,000 − 0)/5 × 6/12
> X2.4.1　4,320,000
> 　　↓　5,520,000　　　　　n = 8, s = 120,000, 연수합계
> 　　　↓ (1,462,500) = (5,520,000 − 120,000) × (8/36 + 7/36 × 3/12)
> X3.7.1　4,057,500

X2.4.1과 X3.7.1의 장부금액이 필요하므로 X1말, X2말 장부금액을 구하지 않고 바로 두 시점의 장부금액을 구했다.

처분손익: 4,000,000 − 4,057,500 = (−)57,500 손실

 ①

6 정부보조금

정부보조금은 유형자산 등을 취득할 때 정부로부터 수령하는 보조금을 말한다. 유형자산 취득 시 정부보조금이 있는 경우 회계처리에 대해서 배울 것이다. IFRS에서 인정하는 정부보조금의 회계처리 방법은 원가차감법과 이연수익법 두 가지가 있다.

	원가차감법				이연수익법			
자산 취득 시	유형자산	총 취득원가	현금	XXX	유형자산	총 취득원가	현금	XXX
			정부보조금 (유형자산)	보조금			정부보조금 (이연수익)	보조금
매기말	감가비	총 감가비	감누	총 감가비	감가비	총 감가비	감누	총 감가비
	정부보조금	보조금 환입액	감가상각비	보조금 환입액	정부보조금	보조금 환입액	기타수익	보조금 환입액
자산 처분 시	현금	처분가액	유형자산	총 취득원가	현금	처분가액	유형자산	총 취득원가
	감누	누적 감가비			감누	누적 감가비		
	정부보조금 (유형자산)	보조금 잔액			정부보조금 (이연수익)	보조금 잔액		
	처분손익 XXX (방법 무관)				처분손익 XXX (방법 무관)			

1. 원가차감법: 자산 차감 후 감가상각비 취소

원가차감법은 정부보조금을 유형자산의 차감적 평가계정으로 계상하는 방법이다. 쉽게 생각해서, 감가상각누계액과 같은 역할이라고 보면 된다. 유형자산을 100원에 취득 시 10원의 보조금을 받았다면 회사 입장에서는 90원을 지급하고 취득한 것이므로 취득원가를 90원으로 보는 관점이다. 감가상각비는 100원을 기준으로 계산하지만, 실질적인 취득원가는 90원이므로 정부보조금 10원에 해당하는 감가상각비는 취소시켜주어야 한다. 따라서 원가차감법에 따르면 정부보조금을 환입하면서 감가상각비를 감소시킨다.

2. 이연수익법: 부채로 계상 후 수익 인식

이연수익법은 정부보조금을 부채(이연수익)로 계상하는 방법이다. 여기에 등장하는 '이연수익'은 선수수익과 같은 말이다. 보조금을 부채로 계상한 뒤, 보조금 환입액만큼 수익을 인식하면서 부채와 상계한다.

3. 정부보조금 환입액

정부보조금 환입액 = 정부보조금 × 정부보조금 환입률 = 정부보조금 × 감가상각비/(취득원가 − 잔존가치)

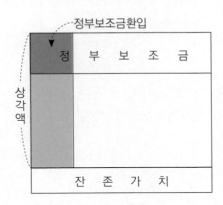

정부보조금 환입액은 정부보조금에 환입률을 곱해서 계산한다. 상각대상자산이 상각된 비율만큼 정부보조금도 제거해야 하기 때문이다. 정부보조금 환입률은 '감가상각비/(취득원가 − 잔존가치)'이다. 분모에 있는 '취득원가 − 잔존가치'가 상각대상금액이고, 그 중 감가상각비의 비율이 상각률이기 때문이다.

잘 이해가 가지 않는다면 위 그림을 참고하자. 전체 면적이 취득원가이고, 제일 아래에 있는 것이 잔존가치이다. 전체 면적 중에서 잔존가치를 제외한 나머지를 전부 상각해야 하는데, 이 중 당기에 상각한 부분이 왼쪽에 세로로 길게 있는 네모이다. 상각대상금액 중에서 상각액에 해당하는 부분만큼 정부보조금을 환입해야 하므로 정부보조금 왼쪽에 있는 진한 색으로 표시된 작은 네모만큼 환입하면 된다.

4. 장부금액 및 감가상각비

	원가차감법	이연수익법
장부금액	취득원가 − 감누 − 보조금 잔액	취득원가 − 감누
감가상각비	감가상각비 − 보조금 환입액	감가상각비

(1) 원가차감법

원가차감법은 정부보조금을 유형자산의 감소로 본다. 따라서 장부금액 계산 시 취득원가에서 감누를 차감한 뒤, 정부보조금 잔액까지 차감해야 한다. 감가비 계산 시에는 보조금 환입액을 감가비에서 차감한다.

(2) 이연수익법

이연수익법은 정부보조금을 부채로 본다. 따라서 장부금액 계산 시 정부보조금을 차감하지 않으며, 보조금 환입액은 수익으로 인식하므로, 감가비에서 차감하지 않는다.

5. 처분손익: 무조건 정부보조금을 차감한 순액으로 구할 것

> 처분손익 = 처분가액 − 원가차감법에 따른 장부금액

처분손익은 처분가액에서 원가차감법에 따른 장부금액을 차감하면 된다. 이연수익법을 적용하더라도 남은 부채(이연수익)를 모두 처분손익에 반영하기 때문이다.

 정부보조금 회계처리 방법에 따른 처리 방법 요약

	원가차감법	이연수익법
정부보조금 처리 방법	자산의 차감 → 감가비와 상계	부채 → 수익
장부금액	취득원가 − 감누 − 보조금 잔액	취득원가 − 감누
감가상각비	감가상각비 − 보조금 환입액	감가상각비
유형자산처분손익	처분가액 − (취득원가 − 감누 − 보조금 잔액)	

장부금액과 감가상각비는 회계처리 방법에 따라 달라지지만, 처분손익은 어느 방법을 적용하더라도 같게 계산된다는 것을 기억하자.

 **원가차감법을 적용하고, 정액법이나 연수합계법으로 상각 시 간편법**

: 정부보조금을 차감한 금액을 취득원가로 볼 것 ★중요!

> 취득원가 순액 = 취득원가 총액 − 정부보조금

정부보조금 문제는 주로 원가차감법을 적용하고, 정액법이나 연수합계법으로 상각하는 경우로 출제된다. 이 경우 취득원가 총액에서 정부보조금을 차감한 금액을 취득원가로 보고 감가상각비, 장부금액 등 문제의 요구사항을 구하면 된다.
가령, 유형자산을 100원에 취득 시 10원의 보조금을 받았다면 취득원가를 90원으로 보고 감가상각비, 장부금액, 처분손익을 구하면 된다.

	정액법, 연수합계법	**정률법, 이중체감법**
감가상각비	(취득원가 − 잔존가치) × 상각률	기초 장부금액 × 상각률
상각률	감가상각비/(취득원가 − 잔존가치) (= 정부보조금 환입률)	감가상각비/기초 장부금액 (≠정부보조금 환입률)

이렇게 풀어도 되는 이유는 정액법이나 연수합계법의 경우 상각률과 정부보조금 환입률이 같기 때문이다. 정률법이나 이중체감법의 경우에도 정부보조금 환입액 공식은 정액법이나 연수합계법과 같다. 따라서 정률법이나 이중체감법은 상각률과 정부보조금 환입률이 다르다. 따라서 정률법이나 이중체감법은 취득원가 순액으로 문제의 요구사항을 구하면 안 된다. 이유는 중요하지 않으므로 이해가 되지 않으면 결론만 기억하자.

예제

01 (주)성서전자는 정부의 전략산업육성지침에 따라 기계장치 구입자금의 일부를 정부로부터 보조받았다. (주)성서전자는 국고보조금 ₩20,000,000을 이용하여 20X1년 1월 1일에 취득원가 ₩100,000,000의 기계장치를 구입하였다. 정부보조금에 부수되는 조건은 이미 충족되었고 상환의무가 없으며 국고보조금은 기계장치 구입 당일에 수취하였다. 동 기계장치의 잔존가치는 없으며, 내용연수는 10년, 감가상각방법은 정액법으로 결정되었다. (주)성서전자는 동 기계장치를 20X5년 12월 31일에 ₩35,000,000에 처분하였다. 다음 중 동 기계장치와 관련된 기록을 설명한 것으로 맞는 것은 어느 것인가? (단, 법인세 효과는 고려하지 않는다.)   2011. CPA

① 자산관련정부보조금은 재무상태표에 이연수익으로 표시(이연수익법)하거나 자산의 장부금액을 결정할 때 차감하여 표시(원가차감법)하는 방법이 있는데 한국채택국제회계기준에서는 이연수익법을 허용하지 않고 있다.

② 이연수익법을 적용하면 20X1년 12월 31일 현재 재무상태표에 보고되는 유형자산의 순장부금액이 ₩90,000,000으로 원가차감법을 적용했을 때의 ₩72,000,000보다 크다.

③ 이연수익법과 원가차감법 모두 20X1년도 포괄손익계산서상 정부보조금수익은 ₩2,000,000이다.

④ 이연수익법을 적용하면 20X5년도 포괄손익계산서상 유형자산처분이익 ₩5,000,000이 당기손익에 반영되지만, 원가차감법을 적용하면 유형자산처분손실 ₩5,000,000이 당기손익에 반영된다.

⑤ 이연수익법과 원가차감법 모두 20X1년 12월 31일 현재 재무상태표에 동 거래와 관련하여 부채가 보고되지 않는다.

▶ 해설

계산 없이 문장만 읽어봐도 답을 고를 수 있는 문제였다.

빠른 풀이법

① IFRS는 이연수익법과 원가차감법 모두 인정한다. (X)
② 정확한 금액을 계산해야 하므로 △ 표시하고 넘어간다.
③ 원가차감법을 적용하는 경우 정부보조금 상각액을 수익이 아닌 감가상각비의 감소로 인식한다. (X)
④ 어느 방법을 적용하더라도 유형자산처분손익은 일치한다. (X)
⑤ 이연수익법을 적용하는 경우 정부보조금이 이연수익(부채)으로 계상된다. (X)

②번을 제외하고 전부 틀린 문장이므로 ②번을 답으로 표시하고 넘어간다. 시간이 남으면 다시 돌아와서 계산을 해보면 된다.

참고

② X1년 말 정부보조금 잔액: $20,000,000 \times 9/10 = 18,000,000$
　　X1년 말 유형자산 장부금액
　　– 이연수익법: $100,000,000 \times 9/10 = 90,000,000$
　　– 원가차감법: $90,000,000 - 18,000,000$
　　$= (100,000,000 - 20,000,000) \times 9/10 = 72,000,000$ (간편법)
③ 정부보조금 환입액: $20,000,000 \times 10,000,000/(100,000,000 - 0) = 2,000,000$
④ 유형자산처분손익: $35,000,000 - (100,000,000 - 20,000,000) \times 5/10 = (-)5,000,000$ (손실)

처분 시 회계처리〉

현금	35,000,000	기계장치	100,000,000
감가상각누계액	50,000,000		
국고보조금	10,000,000		
유형자산처분손실	5,000,000		

 ②

02 20X1년 7월 1일 (주)한국은 취득원가 ₩1,000,000의 설비자산을 취득하고, 내용연수와 잔존가치를 각각 4년과 ₩200,000으로 추정하고 감가상각방법은 연수합계법(월할상각)을 적용한다. 동 자산의 취득과 관련하여 20X1년 7월 1일 정부로부터 보조금 ₩200,000을 수령하여 전액 설비자산의 취득에만 사용하였다. 동 자산과 관련하여 20X2년도에 인식할 당기손익은?

2015. CTA

① ₩140,000 이익   ② ₩160,000 이익
③ ₩180,000 손실   ④ ₩210,000 손실
⑤ ₩280,000 손실

> **해설**

X2년도 당기손익: 정부보조금 환입액 − 감가상각비 = 70,000 − 280,000 = (−)210,000 손실
 − X2년도 감가상각비: (1,000,000 − 200,000) × (4/10 × 6/12 + 3/10 × 6/12) = 280,000
 − X2년도 정부보조금 환입액: 200,000 × 280,000/(1,000,000 − 200,000) = 70,000

빠른 풀이법

취득원가 순액: 1,000,000 − 200,000 = 800,000
X2년도 감가상각비: (800,000 − 200,000) × (4/10 × 6/12 + 3/10 × 6/12) = 210,000

|회계처리|

X1.7.1	유형자산	1,000,000	현금	800,000
			정부보조금	200,000
X1.12.31	감가비	160,000	감누	160,000
	정부보조금	40,000	감가상각비 or 기타수익	40,000
X2.12.31	감가비	280,000	감누	280,000
	정부보조금	70,000	감가상각비 or 기타수익	70,000

문제에서 정부보조금의 회계처리 방법을 제시하지 않았다. 하지만 어느 방법을 적용하든 정부보조금 환입액은 당기손익을 증가시킨다.

🔲 ④

03 (주)ABC는 방위산업 회사로서 20X1년 6월 30일 방위산업설비에 필요한 기계장치를 ₩500,000에 취득하면서 정부로부터 ₩50,000을 현금으로 보조 받았다. 정부보조금은 기계장치를 1년 이상 사용한다면 정부에 상환할 의무가 없다. 취득한 기계장치의 추정내용연수는 10년이고 추정잔존가치는 없으며, 감가상각은 정액법을 사용한다. (주)ABC는 기계장치를 취득한 후 만 3년 후인 20X4년 7월 1일에 동 기계장치를 ₩300,000에 처분하였다. 기계장치의 처분과 관련하여 유형자산처분손익은 얼마인가? (단, 기계장치의 장부금액을 결정할 때 취득원가에서 정부보조금을 차감하는 원가차감법을 사용한다.) 2014. CPA

① 처분손실 ₩10,000
② 처분이익 ₩10,000
③ 처분손실 ₩15,000
④ 처분이익 ₩15,000
⑤ 처분손실 ₩20,000

▶ 해설

X4.7.1 감가상각누계액: (500,000 − 0) × 3/10 = 150,000
X4.7.1까지 정부보조금 환입액의 누적액: 50,000 × 150,000/(500,000 − 0) = 15,000
X4.7.1 정부보조금 잔액: 50,000 − 15,000 = 35,000
X4.7.1 장부금액: 500,000 − 150,000 − 35,000 = 315,000
유형자산처분손익: 300,000 − 315,000 = (−)15,000 손실

빠른 풀이법

취득원가 순액: 500,000 − 50,000 = 450,000
X4.7.1 장부금액: 450,000 − (450,000 − 0) × 3/10 = 315,000
유형자산처분손익: 300,000 − 315,000 = (−)15,000 손실

|회계처리|

X1.6.30	기계장치	500,000	현금	450,000
			정부보조금	50,000
X1.6.30 ~ X4.6.30	감가비	150,000	감누	150,000
	정부보조금	15,000	감가상각비	15,000
X2.12.31	현금	300,000	기계장치	500,000
	감누	150,000		
	정부보조금	35,000		
	처분손실	15,000		

답 ③

04 20X1년 4월 1일 (주)세무는 다음의 영업용 건물을 ₩500,000에 처분하였다.

> • 취득원가: ₩2,000,000
> • 취득 시 정부보조금 수령액: ₩450,000
> • 감가상각방법: 정률법(상각률 25%)
> • 잔존가치: ₩200,000
> • 20X1년 1월 1일 감가상각누계액: ₩1,200,000
> • 기말평가: 원가모형

동 건물의 감가상각 및 처분이 (주)세무의 20X1년 당기순이익에 미친 영향은? 2019. CTA

① ₩150,000 감소　　　　　　　　② ₩187,500 감소
③ ₩227,500 감소　　　　　　　　④ ₩250,000 증가
⑤ ₩262,500 증가

─해설

X1년도 당기순이익: (−)감가상각비 + 정부보조금 환입액 + 유형자산처분손익
 = (−)50,000 + 12,500 − 112,500 = (−)150,000 감소

(1) X1년도 감가상각비: (2,000,000 − 1,200,000) × 25% × 3/12 = 50,000

(2) X1년도 정부보조금 환입액: 450,000 × 50,000/(2,000,000 − 200,000) = 12,500

(3) 유형자산처분손익: 처분가액 − 장부금액 = 500,000 − 612,500 = (−)112,500 손실
　X1.4.1 감가상각누계액: 1,200,000 + 50,000 = 1,250,000
　X1.4.1까지 정부보조금 환입액의 누적액
　: 450,000 × 1,250,000/(2,000,000 − 200,000) = 312,500
　X1.4.1 정부보조금 잔액: 450,000 − 312,500 = 137,500
　X1.4.1 장부금액: 2,000,000 − 1,250,000 − 137,500 = 612,500

답 ①

6. 정부가 시장이자율보다 낮은 이자율로 대출해주는 경우 정부보조금

> 정부보조금 = 대출액 × (시장R − 정부R) × '시장R'의 연금현가계수

정부보조금에는 현금 보조뿐만 아니라, 저리 대출도 있다. 이 경우 위 계산 식을 이용하여 정부보조금을 구한다. 시장이자율보다 이자율이 싸기 때문에 매년 '대출액 × (시장R − 정부R)'만큼 이자를 적게 지급한다. 이를 '시장이자율'로 할인하면 정부보조금이 계산된다. 시장이자율로 할인하는 이유는 시장이자율이 시장에서 거래되는 이자율, 쉽게 말해서 이자율의 시세이기 때문이다. 이해가 안 되면 그냥 외우자. 정부보조금을 계산한 이후에는 일반적인 현금 보조금과 같은 방식으로 문제를 풀면 된다.

예제

05 (주)코리아는 20X1년 1월 1일 지방자치단체로부터 자금을 전액 차입하여 기계장치를 ₩200,000에 구입하였다. 지방자치단체로부터 수령한 차입금은 20X5년 12월 31일에 상환해야 하며, 매년말에 액면이자율 연2%를 지급하는 조건이다. (주)코리아가 구입한 기계장치의 추정내용연수는 5년이고, 잔존가치는 ₩0이며 정액법으로 감가상각한다. 20X1년 1월 1일 구입당시의 시장이자율은 연10%이며, 10%의 현가계수는 아래의 표와 같다.

기간	단일금액 ₩1의 현가	정상연금 ₩1의 현가
4	0.6830	3.1699
5	0.6209	3.7908

20X1년 1월 1일에 (주)코리아가 지방자치단체로부터 수령한 차입금 중 정부보조금으로 인식할 금액과 20X1년 12월 31일 현재 기계장치의 장부금액은 각각 얼마인가? 정부보조금은 전액 기계장치 구입에만 사용하여야 하며, 자산의 취득원가에서 차감하는 원가(자산)차감법을 사용하여 표시한다. (단, 소수점 첫째자리에서 반올림하며, 계산결과 단수차이로 인한 약간의 오차가 있으면 가장 근사치를 선택한다.) 2015. CPA

	정부보조금	기계장치의 장부금액
①	₩50,720	₩99,343
②	₩50,720	₩123,605
③	₩60,657	₩134,474
④	₩60,657	₩124,474
⑤	₩60,657	₩111,474

▶ 해설

(1) 정부보조금: 200,000 × (10% − 2%) × 3.7908 = 60,652 → 60,657(단수차이)

객관식 보기 상 60,652와 가장 가까운 60,657을 정부보조금으로 본다.

시장이자율이 10%이므로 문제에서도 10%의 현가계수를 제공해주었다.

(2) 기계장치 장부금액: (200,000 − 60,657) × 4/5 = 111,474

원가차감법을 적용하고, 정액법이므로 취득원가 순액을 이용하여 간편법으로 계산해도 된다.

잔존가치가 0이므로 취득원가 순액에 4/5를 곱하면 장부금액을 구할 수 있다.

 ⑤

06 (주)대한은 20X1년 1월 1일 정부로부터 자금을 전액 차입하여 기계장치를 ₩400,000에 구입하였다. 정부로부터 수령한 차입금은 20X4년 12월 31일에 일시 상환해야 하며, 매년 말 차입금의 연 3% 이자를 지급하는 조건이다. (주)대한은 구입한 기계장치에 대해서 원가모형을 적용하며, 추정내용연수 4년, 잔존가치 ₩0, 정액법으로 감가상각한다. 20X1년 1월 1일 차입 시 (주)대한에 적용되는 시장이자율은 연 8%이다. 정부로부터 수령한 차입금과 관련하여 (주)대한의 20X1년 말 재무상태표 상에 표시될 기계장치의 장부금액은 얼마인가? (단, 정부보조금은 자산의 취득원가에서 차감하는 원가(자산)차감법을 사용하여 표시한다. 단수차이로 인해 오차가 있다면 가장 근사치를 선택한다.) 2022. CPA

기간 \ 할인율	8%	
	단일금액 ₩1의 현재가치	정상연금 ₩1의 현재가치
4년	0.7350	3.3121

① ₩242,309 ② ₩244,309 ③ ₩246,309
④ ₩248,309 ⑤ ₩250,309

해설

(1) 정부보조금: 400,000 × (8% − 3%) × 3.3121 = 66,242

(2) 기계장치 장부금액: (400,000 − 66,242) × 3/4 = 250,319
원가차감법을 적용하고, 정액법이므로 취득원가 순액을 이용하여 간편법으로 계산해도 된다.
잔존가치가 0이므로 취득원가 순액에 3/4를 곱하면 장부금액을 구할 수 있다.

目 ⑤

7 유형자산 원가모형

기업은 원가모형이나 재평가모형 중 하나를 회계정책으로 선택하여 유형자산의 유형별로 동일하게 적용한다. 원가모형이란 최초 인식 후에 유형자산은 원가에서 감가상각누계액과 손상차손누계액을 차감한 금액을 장부금액으로 하는 방법을 의미한다. 원가모형을 적용하는 경우 매 보고기간 말마다 자산손상을 시사하는 징후가 있는지를 검토한 후, 손상징후가 있다면 손상차손을 인식한다.

1. 원가모형 손상차손 풀이법: '상각–손상–상각–환입'

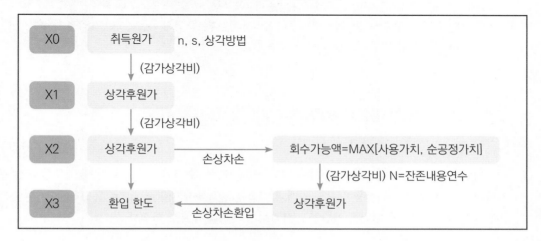

STEP 1 1차 상각

문제에 제시된 방법으로 감가상각한다.

STEP 2 손상: 무조건 큰 거!

손상징후가 있는 연도에는 감가상각 후, 회수가능액이 상각후원가보다 작다면 손상차손을 인식한다.

> 회수가능액 = MAX[순공정가치, 사용가치]
> 순공정가치 = 공정가치 − 처분부대비용
> 사용가치 = PV(자산이 창출할 CF)

회수가능액(= 회수가능가액)은 순공정가치와 사용가치 중 큰 금액을 의미한다. 순공정가치는 공정가치에서 처분부대원가를 차감한 금액이다. 사용가치란 자산이 창출할 것으로 기대되는 미래 현금흐름의 현재가치이다.

회수가능액을 구할 때는 한글을 읽을 필요가 없다. 문제에 숫자가 두 개가 제시되면 둘 중 무조건 큰 것을 고르면 된다. 문제에서 숫자가 한 개만 제시되면 그 금액이 회수가능액일 것이다.

 재고자산 저가법 기준 금액과의 비교

재고자산 저가법 적용 시 기준 금액이 'min[순실현가능가치, 장부금액]'인 것과 헷갈리지 않도록 주의한다. 저가법에서는 둘 중 작은 금액이 저가이고, 원가모형은 둘 중 큰 금액이 회수가능액이다. 저가법은 보수주의 원칙에 따라 순실현가능가치가 장부금액보다 낮을 경우에만 평가손실을 인식하기에 작은 금액을 사용한다. 반면, 유형자산의 경우 회사 입장에서 파는 것이 유리하다면 처분을 통해 회수할 것이고, 직접 사용하는 것이 유리하다면 사용할 것이기 때문에 회수가능액은 둘 중 큰 금액이다.

STEP 3 **2차 상각: 잔존내용연수, 잔존가치 주의!**

(1) 잔존내용연수

손상차손을 인식한 후, 다시 상각을 해야 한다. 이때 내용연수 적용에 주의한다. 원가모형 손상 문제에서는 주로 정액법을 적용하는데, 원래 정액법은 상각률이 매년 1/n으로 동일하지만, 손상 후 2차 상각에서는 지나간 기간은 차감하고 상각률이 '1/잔존n'으로 바뀐다.

(2) 잔존가치

대부분의 문제에서는 잔존가치를 0으로 제시하지만, 0이 아닐 수도 있으니 잔존가치도 항상 주의하자.

STEP 4 **손상차손환입:** 한도 주의! ★중요!

손상차손환입 한도 = 손상을 인식하지 않았을 경우의 장부금액 = 손상 인식 이전 금액에서 더 상각한 금액

원가모형에서는 손상차손환입에 한도가 존재한다. 기준서에서는 한도를 '손상을 인식하지 않았을 경우의 장부금액'이라고 기술하고 있는데, 이를 구하기 위해서는 손상차손을 인식하기 전 장부금액에서 더 상각한 금액을 구하면 된다. 손상차손을 X2년 말에 인식한 후 X3년 말에 손상차손환입이 발생하면 1번 더 상각한 금액이 한도이고, X4년 말에 손상차손환입이 발생하면 2번 더 상각한 금액이 한도이다.

2. 원가모형 손상차손 회계처리

손상	(차) 손상차손	×××	(대) 손상차손누계액	×××
환입	(차) 손상차손누계액	×××	(대) 손상차손환입	×××

손상이 발생할 때는 손상차손(PL)을 인식하면서 대변에 손상차손누계액이라는 차감적 평가 계정을 설정한다. 손상차손누계액은 감가상각누계액과 마찬가지로 자산의 장부금액을 감소시키는 역할을 한다.

손상차손을 환입할 때에는 기존에 인식했던 손상차손누계액을 제거하면서, 대변에 손상차손환입(PL)이라는 수익 계정을 인식한다.

예제

01 (주)세무는 20X1년 초 내용연수 5년, 잔존가치 ₩0인 기계를 ₩4,500,000에 매입하였으며, 설치장소를 준비하는데 ₩500,000을 지출하였다. 동 기계는 원가모형을 적용하고, 정액법으로 감가상각한다. 매 회계연도 말 기계에 대한 회수가능액은 다음과 같으며, 회수가능액 변동은 기계의 손상 또는 그 회복에 따른 것이라고 할 때, 회계처리로 옳지 않은 것은? 2017. CTA

구 분	20X1년 말	20X2년 말
순공정가치	₩2,000,000	₩3,500,000
사용가치	1,800,000	2,500,000

① 20X1년도에 인식할 감가상각비는 ₩1,000,000이다.
② 20X1년도에 인식할 손상차손은 ₩2,000,000이다.
③ 20X2년도에 인식할 손상차손 환입액은 ₩1,500,000이다.
④ 20X2년도에 인식할 감가상각비는 ₩500,000이다.
⑤ 20X2년 말 기계의 장부금액은 ₩3,500,000이다.

⊙ 해설

20X2년 말 기계의 장부금액은 3,000,000이다. 20X2년 말 회수가능액은 3,500,000이지만, 원가모형 손상차손환입 시 한도가 있으므로 3,000,000까지만 환입해야 한다.

X0	5,000,000		n = 5, s = 0, 정액			
	↓ (1,000,000)					
X1	4,000,000	—(2,000,000)→	2,000,000(큰거)		n = 4, s = 0, 정액	
	↓ (1,000,000)		↓ (500,000)			
X2	3,000,000(한도)	←1,500,000—	1,500,000			

설치장소 준비 원가는 취득원가에 포함한다. 따라서 취득원가는 5,000,000이다.

|회계처리|

X1.1.1	기계	5,000,000	현금	5,000,000
X1.12.31	감가상각비	1,000,000	감가상각누계액	1,000,000
	손상차손	2,000,000	손상차손누계액	2,000,000
X2.12.31	감가상각비	500,000	감가상각누계액	500,000
	손상차손누계액	1,500,000	손상차손환입	1,500,000

답 ⑤

02 (주)ABC는 20X1년 1월 1일에 내용연수 5년, 잔존가치 ₩0인 기계장치를 ₩200,000에 취득하여 제품을 생산하고 있으며 감가상각은 정액법을 사용한다. 20X1년 12월 31일 기계장치의 순공정가치가 ₩100,000이고 사용가치는 ₩120,000이며, 손상차손의 인식조건을 충족하였다. 그로부터 2년 후 20X3년 12월 31일에 기계장치의 회수가능액이 ₩150,000으로 상승하였다. (주)ABC가 자산에 대해 원가모형으로 회계처리 할 때 20X3년도에 손상차손환입으로 인식할 금액은 얼마인가? 2014. CPA

① ₩90,000 　　　　② ₩60,000 　　　　③ ₩50,000
④ ₩20,000 　　　　⑤ ₩10,000

▶ 해설

손상차손환입: 20,000

X0	200,000	n = 5, s = 0, 정액		
	↓ (40,000)			
X1	160,000	—(40,000)→	120,000(큰거)	n = 4, s = 0, 정액
	↓ (40,000)		↓ (30,000)	
X2	120,000		90,000	
	↓ (40,000)		↓ (30,000)	
X3	80,000(한도)	←20,000—	60,000	

답 ④

03 (주)세무는 20X1년 1월 1일 기계장치를 ₩1,000,000(내용연수 5년, 잔존가치 ₩0, 정액법 감가상각, 원가모형적용)에 취득하여 제품생산에 사용하였다. 매 회계연도 말 기계장치에 대한 회수가능액은 다음과 같으며, 회수가능액 변동은 기계장치의 손상 또는 그 회복에 따른 것이다. 동 거래가 20X3년도 (주)세무의 당기순이익에 미치는 영향은? 2016. CTA

구 분	20X1년 말	20X2년 말	20X3년 말
회수가능액	₩700,000	₩420,000	₩580,000

① ₩120,000 감소   ② ₩20,000 감소   ③ ₩20,000 증가
④ ₩120,000 증가   ⑤ ₩160,000 증가

> **●-해설**
>
> X3년도 당기순이익에 미치는 영향: (−)140,000(감가비) + 120,000(손상차손환입) = (−)20,000 감소
>
> X0 1,000,000   n = 5, s = 0, 정액
>
> ↓ (200,000)
>
> X1 800,000   —(100,000)→   700,000   n = 4, s = 0, 정액
>
> ↓ (200,000)   ↓ (175,000)
>
> X2 600,000   525,000   —(105,000)→   420,000   n = 3, s = 0, 정액
>
> ↓ (200,000)   ↓ (140,000)
>
> X3 400,000(한도)   ←120,000—   280,000

답 ②

04 (주)국세는 20X1년 1월 1일 기계장치를 ₩2,000,000에 취득(내용연수 5년, 잔존가치는 ₩0)하였다. 동 기계장치는 원가모형을 적용하며 정액법으로 감가상각한다. 매 회계연도 말 기계장치에 대한 회수가능액은 다음과 같으며 회수가능액 변동은 기계장치의 손상 또는 그 회복에 따른 것이다.

연도	20X1년 말	20X2년 말	20X3년 말	20X4년 말
회수가능액	₩1,600,000	₩900,000	₩600,000	₩1,000,000

20X4년도 말 재무상태표에 인식될 기계장치의 손상차손누계액은 얼마인가? 2014. CTA

① ₩0 ② ₩100,000 ③ ₩200,000
④ ₩300,000 ⑤ ₩400,000

▶ 해설

X4년말 손상차손누계액: 300,000 − 100,000 = 200,000

```
X0    2,000,000        n = 5, s = 0, 정액
      ↓ (400,000)
X1    1,600,000
      ↓ (400,000)
X2    1,200,000     —(300,000)→        900,000         n = 3, s = 0, 정액
      ↓ (400,000)                      ↓ (300,000)
X3    800,000                          600,000
      ↓ (400,000)                      ↓ (300,000)
X4    400,000(한도)  ←100,000—         300,000
```

X1년말과 X3년말에는 상각후 원가와 회수가능액이 일치하기 때문에 손상차손(환입)을 인식하지 않는다.

|회계처리|

X1.1.1	기계	2,000,000	현금	2,000,000
X1.12.31	감가상각비	400,000	감가상각누계액	400,000
X2.12.31	감가상각비	400,000	감가상각누계액	400,000
	손상차손	300,000	손상차손누계액	300,000
X3.12.31	감가상각비	300,000	감가상각누계액	300,000
X4.12.31	감가상각비	300,000	감가상각누계액	300,000
	손상차손누계액	100,000	손상차손환입	100,000

답 ③

8 유형자산 재평가모형

1. 재평가모형 계정과목

	OCI(기타포괄손익)	PL(당기손익)
평가이익	**재평가잉여금**	재평가이익
평가손실		**재평가손실**

유형자산 취득 후 공정가치 변동을 인식하지 않았던 원가모형과 달리 재평가모형 적용 시에는 유형자산을 매년 말 공정가치로 평가한다. 공정가치로 평가할 때 발생하는 평가손익의 각 계정과목은 위와 같다. 당기손익 항목은 손익계산서상 당기순이익을 거쳐 재무상태표상 이익잉여금에 집계되는 반면, 재평가잉여금은 바로 재무상태표상 기타포괄손익으로 계상된다. 따라서 기타포괄손익은 평가이익과 손실을 구분하지 않고 '재평가잉여금'이라는 하나의 계정을 사용한다.

2. 재평가모형의 적용-토지

 1차 평가

자산의 장부금액이 재평가로 인하여 증가된 경우에 그 증가액은 기타포괄손익으로 인식하고 재평가잉여금의 과목으로 자본에 가산한다. 자산의 장부금액이 재평가로 인하여 감소된 경우에 그 감소액은 당기손익으로 인식한다.

최초 평가에서 평가이익은 OCI(기타포괄손익)로, 평가손실은 PL(당기손실)로 인식한다. 따라서 재평가 첫 해에는 OCI(재평가잉여금) 혹은 PL(재평가손실)이 계상된다. 편의상 OCI는 원 안에 들어있는 ⊕, ⊖로 표시하고, PL은 괄호 안에 있는 (＋), (－)로 표시하겠다. 실전에서도 'OCI', 'PL'을 매번 적는 것보다, 동그라미나 괄호로 구분하는 것이 더 빠를 것이다. 김수석의 교재로 공부하는 수험생은 웬만하면 이 표기법을 따라 하길 바란다.

1차 평가 후, 그 다음 해에도 2차 평가를 해야 한다. 2차 평가는 다음과 같이 이루어진다.

상황	1차 평가	2차 평가	
①	이익 (OCI)	이익	OCI
②		손실	기존에 인식한 OCI 제거 후, 초과손실은 PL
③	손실 (PL)	이익	기존에 인식한 PL 제거 후, 초과이익은 OCI
④		손실	PL

자산의 장부금액이 재평가로 인하여 증가된 경우에 그 증가액은 기타포괄손익으로 인식하고 재평가잉여금의 과목으로 자본에 가산한다. 그러나 동일한 자산에 대하여 이전에 당기손익으로 인식한 재평가감소액이 있다면 그 금액을 한도로 재평가증가액만큼 당기손익으로 인식한다.

자산의 장부금액이 재평가로 인하여 감소된 경우에 그 감소액은 당기손익으로 인식한다. 그러나 그 자산에 대한 재평가잉여금의 잔액이 있다면 그 금액을 한도로 재평가감소액을 기타포괄손익으로 인식한다. 재평가감소액을 기타포괄손익으로 인식하는 경우 재평가잉여금의 과목으로 자본에 누계한 금액을 감소시킨다.

재평가모형에서 최초 평가이익은 OCI, 최초 평가손실은 PL로 인식한다. 만약 2차 평가 시에도 평가손익이 같은 방향으로 발생하면 (①, ④번 상황), 기존에 인식했던 OCI 또는 PL을 추가로 인식하면 된다.

만약 1차 평가와 2차 평가의 방향이 다르다면 (②, ③번 상황), 기존에 인식했던 OCI 또는 PL을 제거하고, 초과분만 PL 또는 OCI로 인식해야 한다. 이 재평가 논리를 한 문장으로 요약한 것이 "올라가면 OCI, 내려가면 PL, 상대방 것이 있다면 제거 후 초과분만 인식"이다. 입으로 10번만 소리내어 읽어보면 재평가 논리를 기억할 수 있을 것이다.

예제

01 (주)대한은 20X1년 1월 2일에 토지를 ₩500,000에 취득하여 재평가모형을 적용하고 있다. 토지의 공정가치가 20X1년 말과 20X2년 말에 각각 ₩460,000과 ₩550,000일 때, 20X2년 말 토지 재평가 결과가 20X2년도 포괄손익계산서에 미치는 영향은? 2011. 관세사

	당기순이익	기타포괄이익
①	₩50,000 증가	₩40,000 증가
②	₩0	₩90,000 증가
③	₩40,000 감소	₩50,000 증가
④	₩90,000 증가	₩0
⑤	₩40,000 증가	₩50,000 증가

해설

X0		X1		X2
500,000	→	460,000	→	550,000
	(−) 40,000		(+) 40,000	
			⊕ 50,000	

기존에 인식했었던 PL 감소분인 40,000만큼 PL(당기손익)을 증가시키고, 초과분 50,000만큼 OCI(기타포괄이익)를 증가시킨다.

답 ⑤

02 (주)대한은 20X1년 1월 1일 (주)민국으로부터 토지와 건물을 ₩2,400에 일괄 취득하였다. 구입 당시 토지의 공정가치는 ₩1,500이며 건물의 공정가치는 ₩1,000이다. (주)대한은 매년말 토지를 재평가하여 측정하며 토지의 공정가치 변동에 대한 정보는 다음과 같다.

구분	토지의 공정가치
20X1. 1. 1	₩1,500
20X1. 12. 31	₩1,400
20X2. 12. 31	₩1,500
20X3. 12. 31	₩400

토지의 재평가와 관련하여 (주)대한이 수행해야 하는 회계처리 결과로 옳은 설명은? 2017. CPA

① 20X1년 12월 31일 당기순이익 ₩100 감소
② 20X2년 12월 31일 당기순이익 ₩60 증가
③ 20X2년 12월 31일 재평가잉여금 ₩60 증가
④ 20X3년 12월 31일 재평가잉여금 ₩1,040 감소
⑤ 20X3년 12월 31일 당기순이익 ₩60 감소

▶ **해설**

토지의 취득원가: 2,400 × 1,500/2,500 = 1,440
- 일괄 취득 시 일괄구입가격을 각 자산의 공정가치 비율로 안분한다.

X0		X1		X2		X3
1,440	−(−)40 →	1,400	−(+)40 → ⊕60	1,500	−⊖60 → (−)1,040	400

틀린 문장을 바르게 수정하면 다음과 같다.
① 20X1년 12월 31일 당기순이익 ₩40 감소
② 20X2년 12월 31일 당기순이익 ₩40 증가
④ 20X3년 12월 31일 재평가잉여금 ₩60 감소
⑤ 20X3년 12월 31일 당기순이익 ₩1,040 감소

|회계처리|

X1.12.31	재평가손실(PL)	40	토지	40
X2.12.31	토지	100	재평가이익(PL)	40
			재평가잉여금(OCI)	60
X3.12.31	재평가잉여금(OCI)	60	토지	1,100
	재평가손실(PL)	1,040		

답 ③

3. 재평가모형의 적용-상각자산

토지가 아닌 유·무형자산은 상각을 하기 때문에, 먼저 상각을 한 후 남은 원가에서 공정가치로 평가를 해야 한다.

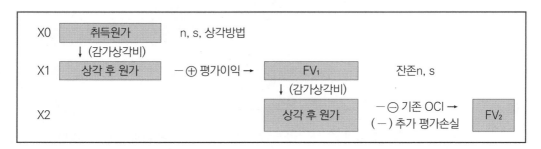

STEP 1 1차 상각

문제에 제시된 방법으로 감가상각한다.

STEP 2 1차 평가

최초 평가에서 인식한 평가이익은 OCI(기타포괄손익)로, 평가손실은 PL(당기손실)로 인식한다.

STEP 3 2차 상각: 잔존내용연수, 잔존가치 주의!

재평가 완료 후, 다시 상각을 해야 한다. 원가모형에서 언급한 바와 같이, 잔존내용연수와 잔존가치를 주의하여 상각하자.

STEP 4 2차 평가

상황	1차 평가	2차 평가	
①	이익 (OCI)	이익	OCI
②		손실	기존에 인식한 OCI 제거 후, 초과손실은 PL
③	손실 (PL)	이익	기존에 인식한 PL 제거 후, 초과이익은 OCI
④		손실	PL

토지의 재평가와 같은 방식으로 "올라가면 OCI, 내려가면 PL, 상대방 것이 있다면 제거 후 초과분만 인식"하면 된다.

※주의 재평가모형에서 감가상각비 관련 주의 사항

① 감가상각비는 재평가손익의 분류(OCI/PL)에 영향을 안 미침

기존 재평가손익을 PL로 인식했는지, OCI로 인식했느냐에 따라 이후에 재평가손익을 PL로 인식할지, OCI로 인식할지가 달라진다. 이때, 감가상각비는 재평가손익의 분류를 결정하는데 전혀 영향을 미치지 않는다. 감가상각비도 PL(당기손익)이긴 하지만, 재평가손익의 분류를 결정할 때에는 무시하자.

② 당기손익에 미치는 영향 = 재평가이익 − 재평가손실 − 감가상각비

유형자산 원가모형이든, 재평가모형이든 문제에서 당기손익에 미치는 영향을 물으면 대부분의 수험생은 손상차손(환입) 및 재평가 과정에 집중하게 된다. 하지만 당기손익에 미치는 영향은 이것이 다가 아니다. 바로 감가상각비가 있다. 평가 과정에서 인식한 손익에 감가상각비까지 차감해야 한다는 것을 주의하자.

03 (주)브룩은 20X1년 1월 1일 기계장치를 ₩1,000,000에 취득하고 재평가모형을 적용하기로 하였다. 동 기계장치의 내용연수는 5년, 잔존가치는 ₩0이며 정액법으로 감가상각한다. 기계장치의 20X1년말 공정가치는 ₩780,000이며, 20X2년말 공정가치는 ₩650,000이다. 동 기계장치와 관련하여 20X2년도 포괄손익계산서상 당기순이익과 기타포괄이익에 미치는 영향은 각각 얼마인가? (단, 재평가잉여금은 이익잉여금으로 대체하지 않으며, 감가상각비 중 자본화한 금액은 없다. 또한 법인세효과는 고려하지 않는다.) 2013. CPA

	당기순이익	기타포괄이익
①	₩195,000 감소	₩65,000 증가
②	₩180,000 감소	₩50,000 증가
③	₩175,000 감소	₩45,000 증가
④	₩20,000 증가	₩65,000 감소
⑤	영향없음	₩65,000 증가

⊙▶**해설**

X0	1,000,000	n = 5, s = 0, 정액				
	↓ (200,000)					
X1	800,000	− (−) 20,000 →	780,000	n = 4, s = 0, 정액	
			↓ (195,000)		
X2			585,000	− (+) 20,000 → ⊕ 45,000	650,000

PL에 미치는 영향: (−)195,000 (감가비) + 20,000 (재평가이익) = 175,000 감소
OCI에 미치는 영향: 45,000 증가
- PL에 미치는 영향 계산 시 감가비를 빼놓지 않도록 주의하자.

 ③

04 (주)대한은 제조업을 영위하고 있으며, 20X1년 초에 재화의 생산에 사용할 목적으로 기계장치를 ₩5,000,000에 취득하였다(내용연수: 9년, 잔존가치: ₩500,000, 감가상각방법: 정액법). (주)대한은 매년 말 해당 기계장치에 대해서 재평가모형을 선택하여 사용하고 있다. (주)대한의 각 연도 말 기계장치에 대한 공정가치는 다음과 같다.

구분	20X1년 말	20X2년 말
기계장치의 공정가치	₩4,750,000	₩3,900,750

(주)대한의 기계장치 관련 회계처리가 20X2년도 포괄손익계산서의 당기순이익에 미치는 영향은 얼마인가? (단, (주)대한은 기계장치를 사용하는 기간 동안 재평가잉여금을 이익잉여금으로 대체하지 않으며, 감가상각비 중 자본화한 금액은 없다.)

2020. CPA

① ₩589,250 감소
② ₩599,250 감소
③ ₩600,250 감소
④ ₩601,250 감소
⑤ ₩602,250 감소

⊙ 해설

PL에 미치는 영향: (−)531,250 (감가비) − 68,000 (재평가손실) = (−) 599,250 감소

X0	5,000,000		n = 9, s = 500,000, 정액			
	↓ (500,000)					
X1	4,500,000	− ⊕ 250,000 →	4,750,000	n = 8, s = 500,000, 정액		
			↓ (531,250)			
X2			4,218,750	− ⊖ 250,000 → (−) 68,000	3,900,750	

답 ②

4. 재평가모형의 회계처리

비례수정법: 취득원가와 감가상각누계액을 비례하여 조정
감가상각누계액제거법: 감가상각누계액을 전액 제거하고, 취득원가를 공정가치와 일치시킴

재평가모형의 회계처리 방식에는 두 가지가 있다. 비례수정법은 취득원가와 감누를 비례적으로 변화시켜 장부금액을 공정가치에 일치시킨다. 반면, 감누제거법은 기존에 인식한 감누를 전부 제거한 뒤, 취득원가를 공정가치에 일치시킨다.

사례

(주)김수석은 20X1년 1월 1일 기계장치를 ₩500,000에 구입하였다. 내용연수는 5년, 잔존가치는 ₩0으로 추정되며, 정액법을 적용한다. (주)김수석은 유형자산에 대해 재평가모형을 사용하며, 20X1년말의 공정가치는 ₩600,000이다. 비례수정법과 감가상각누계액제거법을 이용하여 20X1년 재평가 회계처리를 하시오.

```
X0    500,000           n = 5, s = 0, 정액법

      ↓ (100,000)

X1    400,000           — ⊕ 200,000→        600,000
```

	조정 전		비례수정법	감누제거법
취득원가	500,000	X1.5	750,000	600,000
감가상각누계액	(100,000)	X1.5	(150,000)	—
장부금액	400,000	X1.5	600,000	600,000

(1) 비례수정법
장부금액이 400,000에서 600,000으로 1.5배가 되기 때문에 취득원가와 감누 모두 1.5배가 되어야 한다.

기계장치	250,000	감가상각누계액	50,000
		재평가잉여금(OCI)	200,000

(2) 감누제거법
기존에 인식한 감누 100,000을 전부 제거한 뒤, 취득원가를 공정가치인 600,000에 일치시킨다.

기계장치	100,000	재평가잉여금(OCI)	200,000
감가상각누계액	100,000		

문제에서 회계처리 방법을 제시할 수도 있고, 제시하지 않을 수도 있다. 문제에서 회계처리를 묻는 것이 아니라면, 재평가모형의 회계처리 방법은 무시하고 풀면 된다. 비례수정법과 감가상각누계액제거법은 취득원가와 감가상각누계액이 다르지만, 장부금액, 당기손익, 기타포괄손익은 일치하기 때문이다.

예제

05 (주)세무는 20X1년 초 건물(내용연수 5년, 잔존가치 ₩100,000)을 ₩1,000,000에 취득하여 재평가모형을 적용하고, 이중체감법(상각률 40%)으로 감가상각하였다. 재평가일인 20X1년 말 건물의 공정가치가 ₩900,000이고 자산의 총장부금액에서 감가상각누계액을 제거하는 방법으로 재평가 회계처리할 때, 재평가 회계처리로 옳은 것은? 2017. CTA

	(차변)		(대변)	
①	감가상각누계액	400,000	건물	100,000
			재평가잉여금	300,000
②	감가상각누계액	260,000	재평가잉여금	260,000
③	감가상각누계액	360,000	건물	100,000
			재평가잉여금	260,000
④	감가상각누계액	400,000	재평가잉여금	400,000
⑤	재평가손실	100,000	건물	100,000

● 해설

X0	1,000,000		n = 5, s = 100,000, 이중체감(r = 0.4)	
	↓ (400,000)			
X1	600,000	−⊕300,000→	900,000	

	X1년 말 재평가 전	X1년 말 재평가 후
취득원가	1,000,000	900,000
감가상각누계액	(400,000)	−
장부금액	600,000	900,000

건물 100,000 감소, 감가상각누계액 400,000 감소, 재평가잉여금 300,000 증가

|회계처리|

감가상각누계액	400,000	건물	100,000
		재평가잉여금(OCI)	300,000

답 ①

06 (주)한국은 20X5년 1월 1일에 기계장치 1대를 ₩300,000에 취득하여 생산에 사용하였다. 동 기계장치의 내용연수는 5년, 잔존가치는 ₩0이며, 정액법으로 감가상각한다. (주)한국은 동 기계장치에 대하여 재평가모형을 적용하여 매년말 감가상각 후 주기적으로 재평가하고 있다. 동 기계장치의 각 회계연도말 공정가치는 다음과 같다.

구 분	20X5년말	20X6년말	20X7년말
공정가치	₩250,000	₩150,000	₩130,000

(주)한국이 위 거래와 관련하여 20X6년도에 인식할 재평가손실과 20X7년도에 인식할 재평가잉여금은 각각 얼마인가? (단, 손상차손은 고려하지 않으며, 재평가잉여금을 이익잉여금으로 대체하지 않는다. 또한 기존의 감가상각누계액 전부를 제거하는 방법을 적용한다.)

2015. CPA

	20X6년도 재평가손실	20X7년도 재평가잉여금
①	₩10,000	₩2,500
②	₩27,500	₩2,500
③	₩27,500	₩10,000
④	₩37,500	₩2,500
⑤	₩37,500	₩10,000

● 해설

```
X4    300,000      n=5, s=0, 정액
      ↓(60,000)

X5    240,000    −⊕10,000→    250,000    n=4, s=0, 정액
                              ↓(62,500)

X6                            187,500    −⊖10,000→    150,000    n=3, s=0
                                         (−)27,500
                                                     ↓(50,000)

X7                                                   100,000    −(+)27,500→    130,000
                                                                ⊕2,500
```

X6년도 재평가손실: 27,500
X7년도 재평가잉여금: 2,500

감누 전액 제거법을 적용한다고 주었지만 회계처리 방법은 신경 쓸 필요 없다.

답 ②

5. 재평가잉여금의 이익잉여금 대체

기말 FV가 BV보다 커서 재평가잉여금을 계상했다고 가정해보자. 재평가잉여금은 재분류조정 대상이 아니므로, 재평가잉여금을 설정한 유형자산이 제거될 때 이익잉여금으로 대체할 수 있다. 유형자산이 제거되는 방법으로는 상각과 처분이 있다. 따라서 재평가잉여금은 유형자산을 상각하면서 조금씩 대체하거나, 유형자산 처분 시 한꺼번에 이익잉여금으로 대체할 수 있다.

(1) 유형자산을 사용하면서 재평가잉여금 대체 심화

대부분 문제에서는 자산을 사용하면서 재평가잉여금을 이익잉여금으로 대체하지 않는다고 가정하니 공격적으로 준비할 수험생은 이 내용을 넘어가도 좋다.

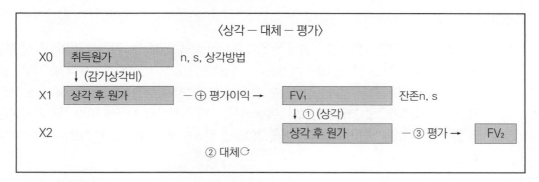

만약 자산을 상각하면서 대체하는 경우에는 상각 후, 이익잉여금 대체를 한 뒤, 평가를 한다. 순서를 다르게 하면 다른 결과가 나오므로 반드시 순서를 기억하자. '상각 - 대체 - 평가'이다. 대체는 유형자산의 장부금액 변화 없이 OCI만 변화하는 것이므로 김수석은 대체를 제자리에서 도는 모양 (↻)으로 표시하겠다. 대체 후에는 다시 공정가치 평가를 하는데, 이잉 대체를 하여 OCI 잔액이 감소했기 때문에, 평가손익의 OCI/PL 배분이 달라진다. 반드시 '상각 - 대체 - 평가' 순서대로 진행해야 하는 이유가 바로 이 때문이다.

> 이익잉여금 대체액
> = 재평가된 금액으로 계산한 감가상각비 - 재평가 전 금액으로 계산한 감가상각비
> = 재평가잉여금 × 상각률

유형자산을 상각하면서 이익잉여금으로 대체하는 경우 이익잉여금 대체액은 재평가된 금액에 근거한 감가상각액과 최초원가에 근거한 감가상각액의 차이가 된다. 결론적으로 이익잉여금 대체액은 재평가잉여금에 상각률을 곱한 금액이다. 재평가된 금액은 재평가 전 금액에 비해 재평가잉여금만큼 크기 때문에 감가상각비는 재평가잉여금에 상각률을 곱한 만큼 크다. 정률법을 적용하면 문제에 주어진 상각률을 쓰면 되고, 연수합계법을 적용하면 재평가 시점이 상각 첫해라고 생각하고 상각률을 계산하면 된다. 대부분은 정액법을 적용하므로 이잉 대체액을 아래 방법으로 구하자.

 정액법으로 상각하는 경우 이익잉여금 대체액

정액법 상각 시 이익잉여금 대체액 = 재평가잉여금/잔존내용연수

정액법 상각 시 이익잉여금 대체액은 재평가잉여금을 잔존내용연수로 나누면 쉽게 구할 수 있다. 정액법 상각 시 상각률은 1/잔존내용연수이기 때문이다. 이렇게 매년 같은 금액을 대체하야 내용연수 말에 남는 재평가잉여금 없이 전부 대체된다. 대부분의 문제는 정액법으로 출제되므로, 원칙대로 계산하는 것이 어렵다면 이 식이라도 외우자.

예제

07 (주)대전은 20X1년 1월 1일 건물을 ₩210,000에 취득하였으며, 감가상각방법은 정액법(내용연수 7년, 잔존가치 ₩0)을 사용한다. (주)대전은 20X4년 1월 1일부터 보유하고 있는 건물에 대해 재평가모형을 적용하는 것으로 회계정책을 변경하였고, 20X4년 초 공정가치 ₩180,000으로 재평가하였다. (주)대전이 재평가자산의 사용에 따라 재평가잉여금의 일부를 이익잉여금으로 대체한다면, 20X4년 말 이익잉여금으로 대체되는 재평가잉여금은? 2013. CTA

① ₩7,500 ② ₩15,000 ③ ₩45,000
④ ₩75,000 ⑤ ₩135,000

해설

재평가잉여금 대체액: 60,000/4 = 15,000

X0	210,000	n = 7, s = 0, 정액		
	↓ (90,000)			
X3	120,000	− ⊕ 60,000 →	180,000	n = 4, s = 0, 정액
			↓ (45,000)	
X4		⊖15,000↻	135,000	

탑 ②

08 (주)국세는 20X1년 1월 1일에 영업용 차량운반구(내용연수 5년, 잔존가치 ₩0, 정액법 상각)를 ₩200,000에 취득하여 사용하고 있으며, 재평가모형을 적용하고 있다. (주)국세는 재평가모형 적용 시 기존의 감가상각누계액을 전부 제거하는 방법을 사용하며, 차량운반구를 사용함에 따라 재평가잉여금의 일부를 이익잉여금으로 대체하는 회계처리방법을 채택하고 있다. 20X1년 말과 20X2년 말 차량운반구의 공정가치는 각각 ₩180,000과 ₩60,000이었다. (주)국세가 20X2년도 포괄손익계산서에 비용으로 인식할 금액은 얼마인가?

2012. CTA

① ₩55,000   ② ₩60,000   ③ ₩75,000

④ ₩105,000   ⑤ ₩120,000

▶ 해설

X2년도 비용: 45,000(감가비) + 60,000(재평가손실) = 105,000

X0	200,000		n = 5, s = 0, 정액		
	↓ (40,000)				
X1	160,000	− ⊕ 20,000 →	180,000	n = 4, s = 0, 정액	
			↓ (45,000)		
X2		⊖5,000 ↻	135,000	− ⊖ 15,000 →	60,000
				(−) 60,000	

재평가잉여금 대체액: 20,000/4 = 5,000

답 ④

(2) 유형자산을 처분할 때 재평가잉여금 대체

감누		유형자산	취득원가
감누			
현금	처분가액		
유형자산처분손익(PL) = 처분가액 − 장부금액			
(재평가잉여금	XXX	이익잉여금	XXX)

재평가모형을 적용하는 유형자산을 처분할 때 기존에 인식한 OCI(재평가잉여금)은 재분류조정하지 않는다. OCI가 처분손익에 미치는 영향이 없으므로 OCI를 무시한 채로 처분가액과 장부금액을 비교하여 처분손익을 계산하면 된다. 유형자산처분손익은 이익이든, 손실이든 무관하게 당기손익 항목이다. 재평가 시 발생하는 손익(OCI or PL)과 헷갈리지 않도록 하자.

대신, 유형자산이 제거되면서 OCI는 이익잉여금으로 직접 대체할 수 있다. 이익잉여금 대체는 선택 회계처리이므로 생략할 수 있다. 재평가잉여금의 이익잉여금 대체는 포괄손익계산서에 표시되지 않는다. 포괄손익계산서는 수익과 비용을 표시하는 재무제표인데, 재평가잉여금의 이익잉여금 대체는 자본 내의 계정 대체일 뿐, 회사가 수익이나 비용을 인식한 것이 아니기 때문이다. 자산을 사용하면서 재평가잉여금을 대체하는 경우에도 포괄손익계산서 상 기타포괄손익을 감소시키지 않는다.

09 (주)세무는 20X1년 초 토지를 ₩1,000,000에 취득하여 영업활동에 사용해 오던 중 20X4년 초에 동 토지를 ₩1,150,000에 처분하였다. 취득 후 각 보고기간 말 토지의 공정가치가 다음과 같을 때, 토지의 처분과 관련하여 20X4년도 포괄손익계산서에 인식해야 할 당기손익과 기타포괄손익은? (단, (주)세무는 취득시점부터 동 토지에 대해 재평가모형을 매년 적용하고 있으며, 토지와 관련하여 자본에 계상된 재평가잉여금은 토지를 제거할 때 이익잉여금으로 대체하는 회계처리를 한다.)

2017. CTA

20X1년 말	20X2년 말	20X3년 말
₩1,100,000	₩900,000	₩1,200,000

	당기손익	기타포괄손익
①	₩50,000 이익	₩0
②	₩50,000 이익	₩200,000 손실
③	₩0	₩150,000 손실
④	₩50,000 손실	₩0
⑤	₩50,000 손실	₩200,000 손실

해설

X0		X1		X2		X3
1,000,000	−⊕100,000 →	1,100,000	−⊖100,000 → (−)100,000	900,000	−(+)100,000 → ⊕200,000	1,200,000

유형자산처분손익: 1,150,000 − 1,200,000 = (−)50,000 손실

|처분 시 회계처리|

	현금	1,150,000	토지	1,200,000
X4.1.1	유형자산처분손실	50,000		
	재평가잉여금(OCI)	200,000	이익잉여금	200,000

재평가잉여금의 이익잉여금은 재무상태표에는 표시되지만, 포괄손익계산서에는 표시되지 않는다. 기타포괄손익은 감소하지만, 포괄손익계산서 상에는 손실이 표시되지 않는다.

답 ④

9 재평가모형의 손상

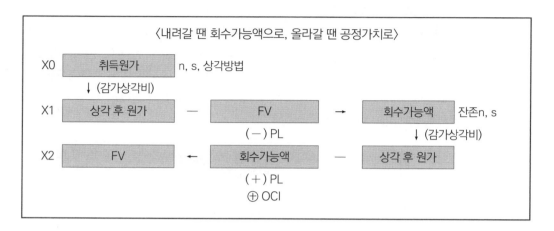

⟨내려갈 땐 회수가능액으로, 올라갈 땐 공정가치로⟩

X0 | 취득원가 | n, s, 상각방법
↓ (감가상각비)
X1 | 상각 후 원가 | — | FV | → | 회수가능액 | 잔존n, s
(−) PL | ↓ (감가상각비)
X2 | FV | ← | 회수가능액 | — | 상각 후 원가
(+) PL
⊕ OCI

STEP 1 1차 상각

문제에 제시된 방법으로 감가상각한다.

STEP 2 평가 및 손상: 손상도 재평가의 일부

재평가모형에서 손상징후가 발생하는 경우 공정가치 평가와 함께 손상차손을 인식해야 한다. 회수가능액이 FV보다 작을 때에만 손상징후가 발생한 것으로 보며, 회수가능액이 FV보다 클 때에는 손상차손을 인식하지 않는다.

재평가모형의 손상차손은 앞에서 배운 재평가과정의 일부로 본다. 따라서 공정가치는 무시하고 바로 회수가능액으로 감액하면 된다. 재평가 논리에 따라 재평가로 인한 손실과 손상차손을 PL로 인식하되, 기존에 인식한 OCI가 있다면 제거 후 초과분만 PL로 인식하면 된다.

STEP 3 2차 상각: 잔존내용연수, 잔존가치 주의!

재평가 및 손상 후, 다시 상각해야 한다. 앞서 언급한 바와 같이, 잔존내용연수와 잔존가치를 주의하여 상각하자.

환입 및 평가: 재평가모형과 동일하게 처리

손상이 회복되었으므로 공정가치 평가와 함께 손상차손환입을 인식해야 한다. 이때, 회수가능액까지 감액시켰던 손상차손과 달리 손상차손환입 시에는 공정가치까지 증가시켜야 한다. 재평가모형은 원가모형과 달리 손상차손환입에 한도가 없다. 공정가치까지 쭉 증가시키면 된다. 재평가논리에 따라 기존에 인식한 PL이 있으므로, 손상차손환입 시 평가이익은 PL을 제거하면서 추가이익을 OCI로 처리하면 된다.

이때, Step 2와 4에서 손상차손(환입)과 재평가손익(PL)을 구분할 필요는 없다. PL의 총액만 구할 수 있으면 되고, 각 계정과목의 금액은 구하지 않아도 된다. PL과 OCI만 정확하게 구할 수 있다면 답을 고를 수 있게끔 문제를 출제하기 때문이다.

 내려갈 땐 회수가능액으로, 올라갈 땐 공정가치로

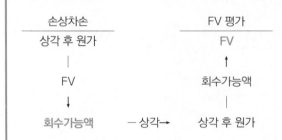

회수가능액은 손상차손의 기준금액이다. 손상징후가 있을 때는 회수가능액까지 손상차손을 인식하지만, 손상이 회복되면 회수가능액은 쓸모없는 정보이다. 따라서 내려갈 땐 (손상차손) 회수가능액으로, 올라갈 땐 공정가치로 평가하면 된다.

예제

10 (주)한국은 설비자산을 20X1년 초에 ₩400,000에 취득하여, 매년 말 재평가모형을 적용한다. 이 설비자산의 잔존가치는 ₩0, 내용연수는 8년이며, 정액법으로 감가상각한다. 20X2년 초 설비자산의 잔존내용연수를 4년으로 변경하였다. 20X2년 말 설비자산에 대해서 손상을 인식하기로 하였다. 다음은 설비자산의 공정가치와 회수가능액에 대한 자료이다. 20X2년에 당기손익으로 인식할 손상차손은? (단, 설비자산을 사용하는 기간 동안에 재평가잉여금을 이익잉여금으로 대체하지 않는다.)   2015. CTA

구분	공정가치	회수가능액
20X1년 말	₩380,000	₩385,000
20X2년 말	₩270,000	₩242,000

① ₩11,000   ② ₩13,000   ③ ₩15,000
④ ₩19,000   ⑤ ₩28,000

⊙ 해설

```
X0    400,000        n = 8, s = 0, 정액
       ↓ (50,000)
X1    350,000     − ⊕ 30,000 →      380,000      n = 4, s = 0, 정액
                                     ↓ (95,000)
X2                                  285,000     − ⊖ 30,000 →     242,000
                                                  ( − ) 13,000
```

(1) X1년말 재평가

X1년도에는 회수가능액이 공정가치 이상이므로 손상을 인식하지 않는다. 따라서 회수가능액은 무시하고 공정가치로 재평가한다.

(2) X2년말 재평가&손상

X2년도에는 문제에서 손상을 인식한다고 했기 때문에 공정가치를 무시하고 회수가능액까지 장부금액을 감소시키면 된다. 기존에 인식했던 재평가잉여금 30,000을 제거하고, 추가분 13,000만 PL로 인식하면 된다.

∴ PL로 인식할 손상차손: 13,000

참고 X2년 회계처리

X2말	감가상각비	95,000	설비자산	95,000
	재평가잉여금	30,000	설비자산	43,000
	PL(손상차손)	13,000		

답 ②

11 차량운반구에 대해 재평가모형을 적용하고 있는 (주)대한은 20X1년 1월 1일에 영업용으로 사용할 차량운반구를 ₩2,000,000(잔존가치: ₩200,000, 내용연수: 5년, 정액법 상각)에 취득하였다. 동 차량운반구의 20X1년 말 공정가치와 회수가능액은 각각 ₩1,800,000으로 동일하였으나, 20X2년 말 공정가치는 ₩1,300,000이고 회수가능액은 ₩1,100,000으로 자산손상이 발생하였다. 동 차량운반구와 관련하여 (주)대한이 20X2년 포괄손익계산서에 당기비용으로 인식할 총 금액은 얼마인가? (단, 차량운반구의 사용기간 동안 재평가잉여금을 이익잉여금으로 대체하지 않는다.) 2021. CPA

① ₩200,000   ② ₩360,000   ③ ₩400,000
④ ₩540,000   ⑤ ₩600,000

▶ **해설**

X2년 총비용: 400,000(감가비) + 140,000(손상차손) = 540,000

X0	2,000,000	n = 5, s = 200,000, 정액			
	↓ (360,000)				
X1	1,640,000	− ⊕ 160,000 →	1,800,000	n = 4, s = 200,000, 정액	
			↓ (400,000)		
X2			1,400,000	− ⊖ 160,000 → (−) 140,000	1,100,000

참고 X2년 회계처리

X2말	감가상각비	400,000	차량운반구	400,000
	재평가잉여금	160,000	차량운반구	300,000
	PL(손상차손)	140,000		

답 ④

10 복구충당부채

구축물 등의 유형자산을 사용할 때에는 원상 복구의무가 수반될 수도 있다. 이 경우 내용연수 종료 시점에 복구비용이 드는데, 이처럼 예상되는 복구비용이 있는 자산은 다음과 같이 회계처리한다.

취득 시		유형자산	XXX	현금	지출액
				충당부채	PV
매년 말	상각	감가비	XXX	감누	XXX
	이자	이자비용	XXX	충당부채	XXX
복구비용 지출 시		충당부채	예상 복구비용	현금	실제 복구비용
		복구공사손익(PL) XXX			

 취득 시: 복구충당부채(=PV(예상 복구비용))를 취득원가에 가산

> 복구충당부채 = 예상 복구비용 × 단순현가계수
> 유형자산 취득원가 = 지출액 + 복구충당부채

사용 완료 후 원상복구의무가 있는 자산은 예상되는 복구비용을 현재가치로 환산하여 복구충당부채로 계상한다. 복구비용이 취득 시점에 발생하는 것이 아니라, 미래에 발생하기 때문에 현재가치로 환산하는 것이다.

복구충당부채 금액은 유형자산의 취득원가에 가산한다. 복구비용은 미래에 발생하지만, 유형자산을 사용하는 대가로 발생하는 지출이므로 유형자산 사용 시점에 비용화하기 위함이다. 유형자산의 취득원가에 가산하면 유형자산을 사용하면서 감가상각비로 비용화할 수 있다.

 매년 말: 유형자산 감가상각 & 복구충당부채 유효이자율 상각

1. 유형자산 감가상각

유형자산의 취득원가에는 복구충당부채가 가산되어 있으므로, 이 금액을 기준으로 감가상각비를 계산한다.

2. 복구충당부채 유효이자율 상각

> 이자비용 = 기초 충당부채 × 유효 R
> n년 말 충당부채 = X1년 초 충당부채 × (1 + 유효 R)^n

복구충당부채는 마지막에만 현금흐름이 있으므로 이자비용이 전부 복구충당부채의 장부금액에 가산된다. 따라서 최초에 인식한 충당부채 금액에 (1 + 유효 R)을 반복해서 곱하면 원하는 시점의 충당부채를 계산할 수 있다. 가령, X1년 초 충당부채 ₩700, 유효이자율 10%이면 X2년 말 충당부채를 다음과 같이 계산할 수 있다.

X2년 말 충당부채 = $700 \times (1.1)^2 = 847$ (계산기 사용법 $1.1 \times \times 700 = =$)

 상각 마지막 해의 이자비용

X1년 초에 구축물을 취득하였고, 내용연수 5년, 예상 복구비용은 ₩100,000이며, 유효이자율은 연 10%(10%, 5기간 단순현가계수는 0.62092)이라고 가정할 때 X5년도 이자비용은 다음과 같이 계산한다.

(1) 일반적인 계산법
X1년 초 복구충당부채: $100,000 \times 0.62092 = 62,092$
X4년 말 복구충당부채: $62,092 \times 1.1^4 = 90,909$ (계산기 사용법 $1.1 \times \times 62,092 = = = =$)

X5년도 이자비용: $90,909 \times 10\% = 9,091$

(2) 빠른 계산법
예상 복구원가/(1 + 유효 R) × 유효 R: $100,000/1.1 \times 10\% = 9,091$

내용연수가 5년이라고 가정할 경우 현재가치를 계산한 뒤 4년을 상각하여 이자율 10%를 곱해도 되지만, 1년만 할인한 뒤 바로 10%를 곱하면 훨씬 빠르게 마지막 해의 이자비용을 계산할 수 있다.

3. 당기비용=감가상각비+이자비용 ★중요!

복구충당부채 문제에서 가장 많이 출제하는 것은 당기비용이다. 문제에서 복구충당부채와 관련한 당기비용을 물었다면 감가비와 이자비용의 합으로 답하면 된다. 당기손익에 미치는 영향을 묻는다면 당기비용만큼 감소한다고 답하면 된다.

> ※주의 이자비용 및 감가상각비 계산 시 월할 상각을 유의할 것!
> 복구충당부채 문제는 상당 수의 문제가 기초 취득이 아닌 기중 취득으로 출제된다. 이 경우 이자비용과 감가상각비 계산 시 월할 상각을 주의하자.

STEP 3 복구비용 지출 시

복구공사손익(PL) = 예상 복구비용 − 실제 복구비용

복구충당부채는 예상 복구비용의 현재가치이므로, 내용연수 종료 시 복구충당부채의 장부금액은 예상 복구비용이 된다. 하지만 이 금액은 '예상액'이므로 실제 복구비용과 차이가 날 수 있다. 복구비용 지출 시 복구충당부채 장부금액을 제거하고, 실제 복구원가만큼 현금을 지급하며, 대차차액을 PL(당기손익)으로 인식한다.

예제

01 (주)국세는 20X2년 1월 1일 소유하고 있는 임야에 내용연수 종료 후 원상복구의무가 있는 구축물을 설치하는데 ₩1,000,000을 지출하였다. 동 구축물의 내용연수는 5년, 잔존가치는 ₩10,000이고 정액법으로 상각하며 원가모형을 적용한다. 원상복구와 관련하여 예상되는 지출액은 ₩400,000이며, 이는 인플레이션과 시장위험프리미엄 등을 고려한 금액이다. (주)국세의 신용위험 등을 고려한 할인율은 연 10%이며, 기간 말 단일금액의 현가계수(10%, 5기간)는 0.62092이다. (주)국세가 동 구축물과 관련하여 20X2년도 포괄손익계산서에 인식할 비용은 얼마인가? (단, 손상차손 및 손상차손환입은 고려하지 않는다. 또한 계산금액은 소수점 첫째자리에서 반올림하며, 단수차이로 인한 오차가 있으면 가장 근사치를 선택한다.)

2012. CTA

① ₩24,837   ② ₩247,674   ③ ₩248,368
④ ₩272,511   ⑤ ₩273,205

⊙ 해설

X2년 당기비용: 247,674(감가비) + 24,837(이자비용) = **272,511**

(1) X2년 감가비: (1,248,368 − 10,000)/5 = 247,674
   복구충당부채: 400,000 × 0.62092 = 248,368
   구축물의 취득원가: 1,000,000 + 248,368 = 1,248,368

(2) X2년 이자비용: 248,368 × 10% = 24,837

 답 ④

02 (주)대한은 20X1년 7월 1일 폐기물처리장을 신축하여 사용하기 시작하였으며, 해당 공사에 대한 대금으로 ₩4,000,000을 지급하였다. 이 폐기물처리장은 내용연수 4년, 잔존가치는 ₩46,400, 원가모형을 적용하며 감가상각방법으로는 정액법을 사용한다. (주)대한은 해당 폐기물처리장에 대해 내용연수 종료시점에 원상복구의무가 있으며, 내용연수 종료시점의 복구비용(충당부채의 인식요건을 충족)은 ₩800,000으로 예상된다. (주)대한의 복구충당부채에 대한 할인율은 연 10%이며, 폐기물처리장 관련 금융원가 및 감가상각비는 자본화하지 않는다. (주)대한의 동 폐기물처리장 관련 회계처리가 20X1년도 포괄손익계산서의 당기순이익에 미치는 영향은 얼마인가? (단, 금융원가 및 감가상각비는 월할 계산하며, 단수차이로 인해 오차가 있다면 가장 근사치를 선택한다.)

2020. CPA

기간＼할인율	10%
	단일금액 ₩1의 현재가치
3년	0.7513
4년	0.6830

① ₩1,652,320 감소 ② ₩1,179,640 감소

③ ₩894,144 감소 ④ ₩589,820 감소

⑤ ₩374,144 감소

▶ 해설

X1년 당기비용: 562,500(감가비) + 27,320(이자비용) = 589,820

(1) X1년 감가비: (4,546,400 − 46,400)/4 × 6/12 = 562,500
  복구충당부채: 800,000 × 0.6830 = 546,400
  폐기물처리장의 취득원가: 4,000,000 + 546,400 = 4,546,400

(2) X1년 이자비용: 546,400 × 10% × 6/12 = 27,320
  − 7.1에 취득하였기 때문에 감가비와 이자비용의 월할상각에 유의하자.

답 ④

03 (주)대한은 20X3년 초 해양구조물을 ₩974,607에 취득하여 20X5년 말까지 사용한다. (주)대한은 관련 법률에 따라 사용 종료시점에 해양구조물을 철거 및 원상복구하여야 한다. 20X5년 말 철거 및 원상복구 시점에서 ₩300,000이 지출될 것으로 예상되며, 이는 인플레이션, 시장위험프리미엄 등을 고려한 금액이다. (주)대한의 신용위험 등을 고려하여 산출된 할인율은 10%이며, (주)대한은 해양구조물을 정액법(내용연수 3년, 잔존가치 ₩0)으로 감가상각한다. (주)대한은 20X5년 말에 이 해양구조물을 철거하였으며, 총 ₩314,000의 철거 및 원상복구비용이 발생되었다. (주)대한이 해양구조물과 관련한 비용을 자본화하지 않는다고 할 때, 20X5년도 포괄손익계산서에 계상할 비용총액은 얼마인가? (단, 10%의 단일금액 현가계수(3년)는 0.75131이다. 계산금액은 소수점 첫째자리에서 반올림하며, 이 경우 단수차이로 인해 약간의 오차가 있으면 가장 근사치를 선택한다.)

2011. CTA

① ₩300,275   ② ₩314,275   ③ ₩418,275

④ ₩427,275   ⑤ ₩441,275

⊙ 해설

X5년 총비용: 400,000(감가비) + 27,273(이자비용) + 14,000(복구공사손실) = 441,273 (단수차이)

(1) X5년 감가비: (1,200,000 − 0)/3 = 400,000
복구충당부채: 300,000 × 0.75131 = 225,393
해양구조물의 취득원가: 974,607 + 225,393 = 1,200,000

(2) X5년 이자비용: 272,726 × 10% = 27,273 (= 300,000/1.1 × 10%)
X4년 말 복구충당부채: 225,393 × 1.1² = 272,726

(3) 복구공사손익: 300,000 − 314,000 = (−)14,000 손실

 답 ⑤

Memo

C·H·A·P·T·E·R

03

투자부동산

[1] 투자부동산의 평가
[2] 투자부동산 계정 재분류
[3] 투자부동산의 범위

CHAPTER 03 투자부동산

투자부동산이란 임대수익이나 시세차익을 얻기 위하여 보유하는 부동산을 말한다. 재화나 용역 생산이나 관리목적으로 사용하는 부동산은 유형자산(= 자가사용부동산)으로 분류하며, 영업과 정에서 판매를 목적으로 보유하는 부동산은 재고자산으로 분류한다.

1 투자부동산의 평가

투자부동산은 미래 경제적 효익의 유입 가능성이 높고, 원가를 신뢰성 있게 측정할 수 있을 때 자산으로 인식한다. 투자부동산은 최초 인식시점에 원가로 측정하고, 구입에 직접 관련이 있는 거래원가는 원가에 포함한다.
투자부동산은 최초 인식한 후 공정가치모형과 원가모형 중 하나를 선택하여 모든 투자부동산에 적용한다.

	원가모형	공정가치모형
감가상각	O	X
공정가치 평가	X	O (평가손익 PL)

1. 원가모형

원가모형은 유형자산 기준서를 준용하여, 유형자산 원가모형과 동일하게 감가상각한다.

2. 공정가치모형

공정가치모형은 감가상각하지 않고, 공정가치로 평가하면서 평가손익은 당기손익으로 인식한다. 감가상각비도 PL, 공정가치 평가손익도 PL이므로 둘을 구분하는 실익이 없기 때문이다.

> ※주의 **공정가치 모형은 감가상각 X!**
>
> 투자부동산이 출제될 경우 대부분 공정가치모형을 적용한다. 공정가치모형은 상각하지 않고, 공정가치 평가만 하기 때문에 문제에 감가상각방법, 내용연수, 잔존가치 등이 제시되어 있더라도 절대 상각해서는 안 된다. 문제에서 제시한 공정가치만 보면서 평가만 해주면 된다.

예제

01 (주)국세는 20X2년 1월 1일에 임대수익을 얻을 목적으로 건물A를 ₩150,000,000에 취득하였다. 건물A의 내용연수는 10년이고, 잔존가치는 없는 것으로 추정하였다. 20X2년 12월 31일 건물A의 공정가치는 ₩140,000,000이다. (주)국세가 건물A에 대해 공정가치 모형을 적용하는 경우 20X2년도에 평가손익으로 인식할 금액은 얼마인가? (단, (주)국세는 통상적으로 건물을 정액법으로 감가상각한다.)
2012. CTA

① ₩0
② ₩5,000,000 평가이익
③ ₩5,000,000 평가손실
④ ₩10,000,000 평가이익
⑤ ₩10,000,000 평가손실

⊕ 해설

X2년도 평가손익: 140,000,000 − 150,000,000 = (−)10,000,000 손실

답 ⑤

02 자동차부품 제조업을 영위하고 하고 있는 (주)감평은 20X1년 초 임대수익 목적으로 건물 (취득원가 ₩1,000,000, 잔여 내용연수 5년, 잔존가치 ₩0, 정액법 감가상각)을 취득하였다. 한편, 20X1년 말 동 건물의 공정가치는 ₩1,200,000이다. 다음 설명 중 옳지 않은 것은? (단, 해당 건물은 매각예정으로 분류되어 있지 않다.)
2017. 감평사

① 원가모형을 적용할 경우, 20X1년 감가상각비는 ₩200,000이다.
② 공정가치모형을 적용할 경우, 20X1년 감가상각비는 ₩200,000이다.
③ 공정가치모형을 적용할 경우, 20X1년 평가이익은 ₩200,000이다.
④ 공정가치모형을 적용할 경우, 20X1년 당기순이익은 ₩200,000만큼 증가한다.
⑤ 공정가치모형을 적용할 경우, 20X1년 기타포괄손익에 미치는 영향은 ₩0이다.

⊕ 해설

① 원가모형을 적용할 경우, 20X1년 감가상각비: (1,000,000 − 0)/5 = 200,000 (O)
② 공정가치모형을 적용할 경우, 감가상각비를 인식하지 않는다. (X)
③ 공정가치모형을 적용할 경우, 20X1년 평가이익: 1,200,000 − 1,000,000 = 200,000 (O)
④, ⑤ 공정가치모형을 적용할 경우, 평가손익은 당기손익으로 인식하므로 당기순이익은 200,000만큼 증가하며, 기타포괄손익에 미치는 영향은 없다.

답 ②

2 투자부동산 계정 재분류

부동산은 보유 목적에 따라 투자부동산, 유형자산, 재고자산으로 분류되며, 보유 목적이 달라지면 계정을 재분류하게 된다. 재분류 전, 후의 투자부동산의 평가모형에 따라 재분류 후 금액과 재분류 손익의 처리 방법이 달라진다. 참고로, 유형자산의 회계정책은 고려하지 않는다.

재분류 전 계정	재분류 후 계정	재분류 후 금액	재분류 손익
투자부동산 원가모형	유형자산, 재고자산	재분류 전 BV	N/A
유형자산, 재고자산	투자부동산 원가모형		
투자부동산 FV모형	유형자산, 재고자산	재분류 시점의 FV	PL
재고자산	투자부동산 FV모형		
유형자산			재평가모형 논리

1. 재분류 전 or 후에 원가모형 적용

1) 재분류를 하기 전에 투자부동산을 원가모형으로 평가하다가 다른 계정으로 재분류하는 경우, 2) 다른 계정에서 투자부동산으로 재분류한 후 원가모형을 적용하는 경우에는 대체 전 자산의 장부금액을 승계하며 자산의 원가를 변경하지 않는다. 자산의 원가가 불변이므로 재분류 과정에서 손익도 발생하지 않는다.

2. 재분류 전 or 후에 공정가치모형 적용 ★중요!

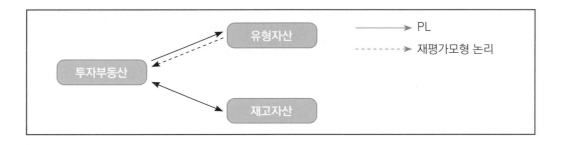

재분류 전 or 후에 공정가치모형 적용한다면 재분류 시점의 공정가치로 평가하는데, 재분류 전후 계정에 따라 평가손익 처리 방법(PL or OCI)이 달라진다. 재분류 전 or 후에 원가모형을 적용하는 경우는 거의 출제되지 않기 때문에 공정가치모형을 적용하는 경우만 기억해도 된다.

(1) 투자부동산 → 유형자산(자가사용부동산), 투자부동산 ↔ 재고자산: 당기손익

위 그림에서 실선으로 표시된 재분류는 평가손익을 당기손익으로 인식한다.

(2) 유형자산(자가사용부동산) → 투자부동산: 재평가모형 논리대로 회계처리

유일하게 유형자산에서 투자부동산으로 재분류하는 경우에만 재평가모형 논리대로 회계처리한다. 오르면 OCI, 내려가면 PL로 인식한다. 재분류 전에 유형자산에 대해서 원가모형을 적용했는지, 재평가모형을 적용했는지는 재분류 과정에 영향을 미치지 않는다.

 계정 재분류 시 평가손익 처리방법 암기법: 변경 전 계정을 따라간다!

변경 전 계정의 원래 평가손익 처리 방법에 따라 계정 재분류 시 평가손익 처리방법이 결정된다. **투자부동산, 재고자산은 원래 평가손익을 당기손익으로 인식한다.** 투자부동산의 공정가치모형, 재고자산의 저가법 모두 당기손익으로 인식한다. 따라서 투자부동산이나 재고자산에서 출발해서 타 계정으로 대체 시 평가손익도 당기손익으로 인식한다.

반면, 유형자산은 재평가모형 적용 시 **재평가모형 논리를 적용하므로, 따라서 타 계정으로 대체 시 평가손익도 재평가모형 논리대로 인식한다.** '유형자산 평가모형에 원가모형도 있지 않음?'과 같은 궁금증이 있을 수 있는데, 기존 유형자산에 대해서 원가모형을 적용하더라도 계정 재분류 시에는 재평가모형 논리를 적용한다. 규정이니 그냥 외우자.

※주의 계정 재분류 후 감가상각비 계산 시 월할 상각을 유의할 것!

투자부동산의 계정 재분류는 주로 기중에 이루어진다. 이 경우 감가상각비 계산 시 월할 상각을 주의하자.

예제

01 투자부동산의 계정대체와 평가에 관한 설명으로 옳지 않은 것은?   2016. 감평사

① 투자부동산을 원가모형으로 평가하는 경우에는 투자부동산, 자가사용부동산, 재고 자산 사이에 대체가 발생할 때에 대체 전 자산의 장부금액을 승계한다.

② 자가사용부동산을 공정가치로 평가하는 투자부동산으로 대체하는 경우, 사용목적 변경시점까지 그 부동산을 감가상각하고 발생한 손상차손을 인식한다.

③ 재고자산을 공정가치로 평가하는 투자부동산으로 대체하는 경우, 재고자산의 장부 금액과 대체시점의 공정가치의 차액은 기타포괄손익으로 인식한다.

④ 공정가치로 평가하게 될 자가건설 투자부동산의 건설이나 개발이 완료되면 해당일 의 공정가치와 기존 장부금액의 차액은 당기손익으로 인식한다.

⑤ 공정가치로 평가한 투자부동산을 자가사용부동산이나 재고자산으로 대체하는 경 우 후속적인 회계를 위한 간주원가는 사용목적 변경시점의 공정가치가 된다.

해설

재고자산을 공정가치로 평가하는 투자부동산으로 대체하는 경우, 재고자산의 장부금액과 대체시점의 공정가치 의 차액은 **당기손익**으로 인식한다.

② 자가사용부동산을 공정가치로 평가하는 투자부동산으로 대체하는 경우, 재분류 시점까지 감가상각하고, 손상 차손이 있다면 인식한 후, 공정가치로 평가한다. (O)

④ 투자부동산으로 분류하는 건설중인자산이 완공되면 공정가치와 장부금액의 차액은 당기손익으로 인식한다. (O)

⑤ 공정가치모형을 적용한 투자부동산을 다른 계정으로 재분류하는 경우 재분류 시점의 공정가치로 평가한다는 뜻이다. (O)

 ③

02 제조업을 영위하는 (주)세무는 20X1년 4월 1일 시세차익을 위하여 건물을 ₩2,000,000에 취득하였다. 그러나 (주)세무는 20X2년 4월 1일 동 건물을 자가사용으로 용도를 전환하고 동 일자에 영업지점으로 사용하기 시작하였다. 20X2년 4월 1일 현재 동 건물의 잔존내용연수는 5년, 잔존가치는 ₩200,000이며, 정액법으로 감가상각(월할 상각)한다. 동 건물의 일자별 공정가치는 다음과 같다.

20X1. 12. 31.	20X2. 4. 1.	20X2. 12. 31.
₩2,400,000	₩2,600,000	₩2,200,000

동 건물관련 회계처리가 (주)세무의 20X2년도 당기순이익에 미치는 영향은? (단, (주)세무는 투자부동산에 대해서는 공정가치모형을 적용하고 있으며, 유형자산에 대해서는 원가모형을 적용하고 있다.)

2021. CTA

① ₩70,000 감소   ② ₩160,000 감소   ③ ₩200,000 감소

④ ₩40,000 증가   ⑤ ₩240,000 증가

●▶해설

X2년도 당기순이익: 200,000(재분류이익) − 360,000(감가상각비) = (−)160,000 감소

X1.4.1	2,000,000
	↓ 400,000
X1	2,400,000
	↓ 200,000
X2.4.1	2,600,000 n = 5, s = 200,000, 정액
	↓ (360,000) = (2,600,000 − 200,000)/5 × 9/12
X2	2,240,000

답 ②

03 (주)세무는 20X1년 1월 1일에 투자목적으로 건물(취득원가 ₩2,000,000, 잔존가치 ₩0, 내용연수 4년, 공정가치모형 적용)을 구입하였다. 20X2년 7월 1일부터 (주)세무는 동 건물을 업무용으로 전환하여 사용하고 있다. (주)세무는 동 건물을 잔여내용연수 동안 정액법으로 감가상각(잔존가치 ₩0)하며, 재평가모형을 적용한다. 공정가치의 변동내역이 다음과 같을 때, 동 거래가 20X2년도 (주)세무의 당기순이익에 미치는 영향은? (단, 감가상각은 월할상각한다.)

2016. CTA

구분	20X1년 말	20X2년 7월 1일	20X2년 말
공정가치	₩2,200,000	₩2,400,000	₩2,500,000

① ₩480,000 감소 ② ₩280,000 감소 ③ ₩200,000 증가
④ ₩300,000 증가 ⑤ ₩580,000 증가

해설

X2년도 PL에 미치는 영향: 200,000 − 480,000 = (−)280,000 감소

X0	2,000,000		
	↓ 200,000		
X1	2,200,000		
	↓ 200,000		
X2.7.1	2,400,000	n = 2.5, s = 0, 정액	
	↓ (480,000)		
X2	1,920,000	—⊕580,000 →	2,500,000

(1) 투자부동산 → 유형자산 재분류: FV 평가하면서 차액은 PL로 인식한다.
(2) 유형자산 재평가모형: 재분류 이후에 재평가모형을 적용하므로 감가상각 후 FV 평가를 한다.
감가비: (2,400,000 − 0) × 1/2.5 × 6/12 = 480,000
이때 내용연수는 '2.5 = 4 − 1.5'이고, 7.1에 계정 재분류가 이루어지므로 월할 상각에 유의한다.

답 ②

04 (주)대한은 20X1년 1월 1일에 취득하여 본사 사옥으로 사용하고 있던 건물(취득원가 ₩2,000,000, 내용연수 20년, 잔존가치 ₩200,000, 정액법 상각)을 20X3년 7월 1일에 (주)민국에게 운용리스 목적으로 제공하였다. (주)대한은 투자부동산에 대해서 공정가치모형을 적용하고 있으며, 유형자산에 대해서는 원가모형을 적용하고 있다. 건물의 공정가치는 다음과 같다.

20X2년 말	20X3년 7월 1일	20X3년 말
₩2,000,000	₩2,500,000	₩3,000,000

(주)대한의 건물에 대한 회계처리가 20X3년도 당기순이익에 미치는 영향은 얼마인가? (단, 감가상각비는 월할로 계산한다.)

2023. CPA

① ₩45,000 감소   ② ₩455,000 증가   ③ ₩500,000 증가

④ ₩600,000 증가   ⑤ ₩1,180,000 증가

▶해설

X0	2,000,000	$n = 20$, $s = 200,000$, 정액	
	↓ (180,000)		
X2	1,820,000		
	↓ (45,000)		
X3.7.1	1,775,000	—⊕ 725,000→	2,500,000
			↓ (+)500,000
X3			3,000,000

X3년 당기순이익: $-(1) + (2) = $ **455,000**

(1) 감가상각비: $(1,820,000 - 200,000)/18 \times 6/12 = 45,000$

(2) 투자부동산평가이익: $3,000,000 - 2,500,000 = 500,000$
투자부동산 공정가치모형은 감가상각을 하지 않고, 평가손익만 PL로 인식한다.

(3) 재분류 손익: $2,500,000 - 1,775,000 = 725,000$ (OCI)
유형자산을 공정가치모형을 적용하는 투자부동산으로 재분류하였으므로, 재분류 시 공정가치 평가하며, 평가손익은 재평가모형 논리대로 인식한다. 평가증이므로 재평가잉여금(기타포괄이익)을 인식하며, 당기순이익에 미치는 영향이 없다.

🔲 ②

3 투자부동산의 범위

투자부동산 말문제에서는 각 상황에 따라 투자부동산에 해당하는지, 해당하지 않는지를 구분하는 것이 중요하다. 다음 표에 있는 내용은 전부 외우자.

투자부동산 O	투자부동산 X
임대 및 장기 시세차익 목적	판매용 부동산 (재고자산), 자가사용부동산 (유형자산)
장래 용도를 결정하지 못한 채로 보유	처분 예정인 자가사용부동산 (매각예정비유동자산)
(금융리스로 보유하여) 운용리스로 제공	금융리스로 제공 (처분임 — 내 자산 아님)
제공하는 용역이 부수적인 경우	제공하는 용역이 유의적인 경우 (호텔)
미래에 **투자부동산**으로 사용하기 위하여 건설중인 자산	미래에 **자가사용**하기 위하여 건설중인 자산 (유형자산) 제3자를 위하여 건설중인 부동산 (재고자산)
	연결재무제표 상에서 **지배기업과 종속기업 간에** 리스한 부동산 (자가사용부동산)
일부 임대, 일부 자가사용: 부분별 매각 불가능시 '자가 사용부분이' 경미할 때만 전체를 투자부동산으로 분류 (그렇지 않으면 전체를 유형자산으로 분류.)	

1. 장래 용도를 결정하지 못한 채로 보유하고 있는 토지: 투자부동산

기업이 투자목적으로 나대지를 보유하고 있는 경우가 있다. 기업은 재무상태표에 투자부동산으로 계상되는 것을 피하고자 보유 목적이 시세차익이라고 밝히지 않고, 미정이라고 주장할 수 있다. 이런 경우 기준서에 따라 해당 토지를 투자부동산으로 간주한다.

2. 운용리스 (투자부동산) VS 금융리스 (내 자산이 아님)

리스는 운용리스와 금융리스로 나뉜다. 쉽게 말해서 운용리스는 임대, 금융리스는 장기할부판매라고 생각하면 된다. 직접 보유 또는 금융리스를 통해 보유하고 운용리스로 제공하는 건물은 임대한 것이나 마찬가지이므로 투자부동산으로 계상한다. 금융리스로 제공한 부동산은 소유권이 이전되므로 아예 리스 제공자의 자산이 아니다.

3. 제공하는 용역: 유의적인 경우 유형자산(호텔), 유의적이지 않으면 투자부동산.

부동산 소유자가 부동산 이용자에게 제공하는 용역이 유의적이라면 유형자산으로, 유의적이지 않다면 투자부동산으로 분류한다. 일반적으로 부동산 임대 시 보안과 관리용역을 제공하는데, 이는 유의적이지 않은 용역으로 보고 투자부동산으로 분류한다. 반면, 호텔에서 제공하는 주기적인 침구 교체, 청소 등은 유의적인 용역으로 보고 유형자산으로 분류한다.

4. 건설중인 자산: 완공 후 목적에 따라 분류, FV모형 적용 시 FV 평가 (평가손익-PL)

건설중인 자산은 완공 후 목적에 따라 계정을 분류한다. 완공 후 자가사용할 것이라면 유형자산으로, 판매할 것이라면 재고자산으로, 임대 및 시세차익 목적으로 보유할 것이라면 투자부동산으로 분류한다. 건설중인 자산을 투자부동산으로 분류하고, 공정가치모형 적용 시에는 완공 후 본 계정 대체 시 공정가치 평가를 하며, 평가손익을 당기손익으로 인식한다.

5. 지배기업 또는 종속기업에게 부동산을 리스한 경우: 연결재무제표 상 유형자산으로 분류
⭐중요!

지배기업과 종속기업은 개별기업의 관점에서는 별도의 기업이지만, 연결 실체의 관점에서는 하나의 기업이다. 따라서 지배기업과 종속기업 간에 부동산을 리스한 경우 개별재무제표에서는 투자부동산으로 분류하지만, 연결재무제표에서는 투자부동산으로 분류하지 않는다. (자가사용부동산으로 분류한다.)

6. 일부 임대, 일부 자가사용: 분리 매각할 수 없다면 '자가사용 부분이' 경미한 경우에만 전체를 투자부동산으로 분류

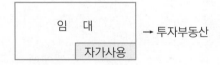

일부는 임대, 일부는 자가사용하는 부동산을 분리 매각할 수 있다면 분리하여 회계처리한다. 하지만 분리 매각할 수 없다면 '자가사용 부분이 경미한 경우에만' 전체를 투자부동산으로 분류한다. (그렇지 않은 경우는 전체를 유형자산으로 분류한다.)

7. 제3자에게서 받는 보상은 '받을 수 있게 되는 시점'에 당기손익으로 인식

투자부동산의 손상, 멸실 또는 포기로 제3자에게서 받는 보상은 받을 수 있게 되는 시점(not 받은 시점)에 당기손익으로 인식한다. 실제 보상을 받은 시점이 아닌 받을 수 있게 되는 시점에 수익을 인식한다는 점을 기억하자. 회계는 발생주의를 적용하므로 당연한 규정이라고 생각하면 기억하기 쉬울 것이다.

예제

01 다음 중 투자부동산으로 분류되지 않는 것은 어느 것인가?   2011. CPA

① 금융리스로 제공한 부동산
② 장래 사용목적을 결정하지 못한 채로 보유하고 있는 토지
③ 직접 소유하고 운용리스로 제공하고 있는 건물
④ 운용리스로 제공하기 위하여 보유하고 있는 미사용 건물
⑤ 미래에 투자부동산으로 사용하기 위하여 건설 또는 개발중인 부동산

해설

금융리스로 제공한 부동산은 소유권이 이전되기 때문에 회사의 자산이 아니다.

目 ①

02 투자부동산의 분류에 관한 설명으로 옳은 것은?   2022. CTA

① 통상적인 영업과정에서 가까운 장래에 개발하여 판매하기 위해 취득한 부동산은 투자부동산으로 분류한다.
② 토지를 자가사용할지 통상적인 영업과정에서 단기간에 판매할지를 결정하지 못한 경우 자가사용부동산으로 분류한다.
③ 호텔을 소유하고 직접 경영하는 경우 투숙객에게 제공하는 용역이 전체 계약에서 유의적인 비중을 차지하므로 투자부동산으로 분류한다.
④ 지배기업 또는 다른 종속기업에게 부동산을 리스하는 경우 당해 부동산을 연결재무제표에 투자부동산으로 분류할 수 없고 자가사용부동산으로 분류한다.
⑤ 사무실 건물의 소유자가 그 건물을 사용하는 리스이용자에게 경미한 비중의 보안과 관리용역을 제공하는 경우 부동산 보유자는 당해 부동산을 자가사용부동산으로 분류한다.

해설

틀린 문장을 수정하면 다음과 같다.
① 판매하기 위해 취득한 부동산은 재고자산으로 분류한다.
② 장래 용도를 결정하지 못한 채 보유하고 있는 토지는 투자부동산으로 분류한다.
③ 호텔을 소유하고 직접 경영하는 경우 투숙객에게 제공하는 용역이 전체 계약에서 유의적인 비중을 차지하므로
자가사용부동산으로 분류한다.
⑤ 사무실 건물의 소유자가 그 건물을 사용하는 리스이용자에게 경미한 비중의 보안과 관리용역을 제공하는 경우
부동산 보유자는 당해 부동산을 투자부동산으로 분류한다.

目 ④

03 투자부동산의 회계처리에 대하여 옳지 않은 설명은?   2017. CPA

① 금융리스를 통해 보유하게 된 건물을 운용리스로 제공하고 있다면 해당 건물은 투자부동산으로 분류한다.

② 공정가치로 평가하게 될 자가건설 투자부동산의 건설이나 개발이 완료되면 해당일의 공정가치와 기존 장부금액의 차액은 당기손익으로 인식한다.

③ 운용리스로 제공하기 위하여 직접 소유하고 있는 미사용 건물은 투자부동산에 해당된다.

④ 지배기업이 보유하고 있는 건물을 종속기업에게 리스하여 종속기업의 본사 건물로 사용하는 경우 그 건물은 지배기업의 연결재무제표에서 투자부동산으로 분류할 수 없다.

⑤ 투자부동산의 손상, 멸실 또는 포기로 제3자에게서 받는 보상은 보상금을 수취한 시점에서 당기손익으로 인식한다.

해설

보상금은 실제로 '수취한 시점'이 아닌 '받을 수 있게 되는 시점'에 손익으로 인식한다.

답 ⑤

04 투자부동산의 회계처리에 관한 설명으로 옳지 않은 것은?   2023. CTA

① 지배기업 또는 다른 종속기업에게 부동산을 리스하는 경우, 이러한 부동산은 연결재무제표에 투자부동산으로 분류한다.

② 부동산의 용도가 변경되는 경우에만 다른 자산에서 투자부동산으로 또는 투자부동산에서 다른 자산으로 대체한다.

③ 투자부동산의 손상, 멸실 또는 포기로 제3자에게서 받는 보상은 받을 수 있게 되는 시점에 당기손익으로 인식한다.

④ 재고자산을 공정가치로 평가하는 투자부동산으로 대체하는 경우, 재고자산의 장부금액과 대체시점의 공정가치의 차액은 당기손익으로 인식한다.

⑤ 부동산 보유자가 부동산 사용자에게 부수적인 용역을 제공하는 경우, 전체 계약에서 그러한 용역의 비중이 경미하다면 부동산 보유자는 당해 부동산을 투자부동산으로 분류한다.

해설

지배기업 또는 다른 종속기업에게 부동산을 리스하는 경우, 이러한 부동산은 연결재무제표에 투자부동산으로 분류할 수 없다. 연결 실체 관점에서는 자가사용부동산에 해당하기 때문이다.

답 ①

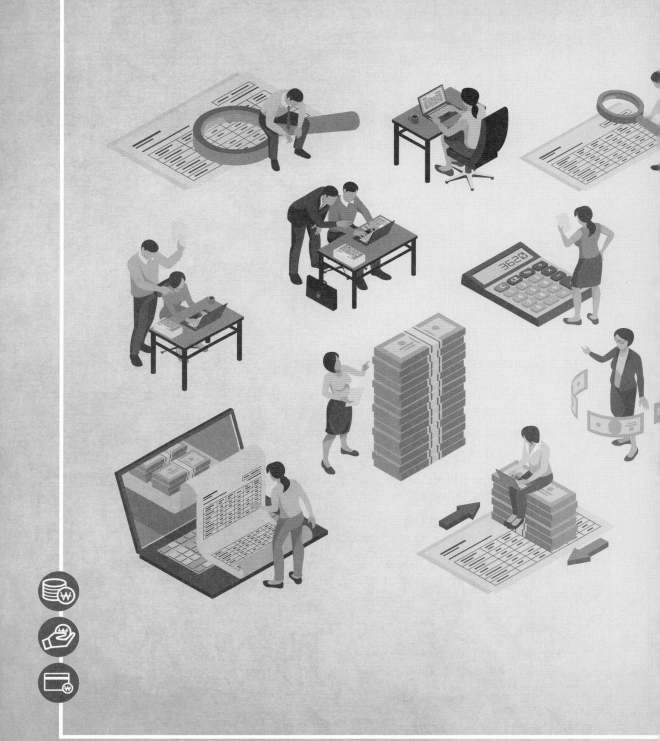

C·H·A·P·T·E·R

04

무형자산

CHAPTER 04 무형자산

무형자산이란, 물리적 실체는 없지만 식별할 수 있는 비화폐성자산을 의미한다. 무형자산으로 인식하기 위해서는 무형자산의 정의를 충족하면서 다음 조건을 모두 충족해야 한다.
① 미래경제적효익의 높은 유입 가능성
② 원가의 신뢰성 있는 측정

1 무형자산의 인식 요건

무형자산으로 인식하기 위해서는 식별가능성, 자원에 대한 통제 및 미래경제적효익의 존재라는 조건을 모두 충족해야 한다.

1. 식별가능성

자산은 다음 중 하나에 해당하는 경우에 식별가능하다.
(1) 자산이 분리가능하다. 즉, 기업의 의도와는 무관하게 기업에서 분리하거나 분할할 수 있고, 개별적으로 또는 관련된 계약, 식별가능한 자산이나 부채와 함께 매각, 이전, 라이선스, 임대, 교환할 수 있다.
(2) 자산이 계약상 권리 또는 기타 법적 권리로부터 발생한다. 이 경우 그러한 권리가 이전가능한지 여부 또는 기업이나 기타 권리와 의무에서 분리가능한지 여부는 고려하지 아니한다.

2. 통제

기초가 되는 자원에서 유입되는 미래경제적효익을 확보할 수 있고 그 효익에 대한 제3자의 접근을 제한할 수 있다면 기업이 자산을 통제하고 있는 것이다.

(1) 권리의 법적 집행가능성이 통제의 필요조건은 아니다.

무형자산의 미래경제적효익에 대한 통제능력은 일반적으로 법원에서 강제할 수 있는 법적 권리에서 나온다. 그러나 다른 방법으로도 미래경제적효익을 통제할 수 있기 때문에 권리의 법적 집행가능성이 통제의 필요조건은 아니다.

(2) 숙련된 종업원: 무형자산 정의 충족 X 예 손맛

기업은 숙련된 종업원이나 교육훈련으로부터 발생하는 미래경제적효익에 대해서는 일반적으로 무형자산의 정의를 충족하기에는 충분한 통제를 가지고 있지 않다. 예를 들어, 중국집의 주방장이 엄청난 손맛을 갖고 있다고 가정하자. 중국집은 이 주방장의 손맛을 바탕으로 돈을 벌 수 있지만, 주방장이 퇴사하면 더 이상 돈을 벌 수 없으므로 손맛을 통제하지 못한다.

(3) 고객관계: 통제 X, 교환거래가 있다면 통제 O

고객관계를 지속할 수 있는 법적 권리나 그것을 통제할 기타 방법이 없다면 일반적으로 그러한 항목(예: 고객구성, 시장점유율, 고객관계와 고객충성도)에 대해 기업이 충분한 통제를 가지고 있지 않다.

그러나 고객관계를 보호할 법적 권리가 없는 경우에도, 비계약적 고객관계를 교환하는 거래는 고객관계가 분리가능하다는 증거를 제공하므로 그러한 고객관계는 무형자산의 정의를 충족한다. 예를 들어, 기업이 고객정보를 대가를 받고 처분할 수 있다면 고객정보는 무형자산으로 인식할 수 있다.

3. 미래경제적 효익

무형자산의 미래경제적효익은 제품의 매출, 용역수익, 원가절감 또는 자산의 사용에 따른 기타 효익의 형태로 발생할 수 있다. 올바른 문장으로 몇 번 등장했기 때문에 한 번 읽어보고 넘어가자.

2　무형자산의 취득

1. 원칙: 원가 측정

무형자산을 최초로 인식할 때에는 원가로 측정한다.

2. 개별 취득하는 무형자산의 원가

개별 취득하는 무형자산의 원가는 다음 항목으로 구성된다.

> (1) 자산을 사용 가능한 상태로 만드는 데 직접적으로 발생하는 종업원급여, 전문가 수수료
> (2) 자산이 적절하게 기능을 발휘하는지 검사하는 데 발생하는 원가

무형자산 원가에 포함하지 않는 지출의 예는 다음과 같다.

> (1) 새로운 제품이나 용역의 홍보원가(광고와 판매촉진활동 원가 포함)
> (2) 새로운 지역에서 또는 새로운 계층의 고객을 대상으로 사업을 수행하는 데서 발생하는 원가(교육훈련비 포함)
> (3) 관리원가와 기타 일반경비원가
> (4) 경영자가 의도하는 방식으로 운용될 수 있으나 아직 사용하지 않고 있는 기간에 발생한 원가
> (5) 자산의 산출물에 대한 수요가 확립되기 전까지 발생하는 손실과 같은 초기 영업손실
> (6) 신용 구입 시 현금가격상당액과 실제 총지급액과의 차액(→ 이자비용으로 인식)

3. 사업결합으로 취득하는 무형자산

(1) 사업결합으로 취득하는 무형자산의 원가: 취득일의 공정가치

사업결합으로 취득하는 무형자산의 원가는 취득일의 공정가치로 한다. 이는 '사업결합' 기준서에 따른 것으로, 사업결합으로 인수하는 모든 자산과 부채는 공정가치로 계상하기 때문이다.

(2) 피취득자의 무형자산: 피취득자는 인식 안 했어도 취득자는 인식 가능

사업결합 전에 그 자산을 피취득자가 인식하였는지 여부에 관계없이, 취득자는 취득일에 피취득자의 무형자산을 영업권과 분리하여 인식한다. 피취득자가 진행하고 있는 연구·개발 프로젝트에 대해서 피취득자는 무형자산을 인식하지 않았더라도, 자산의 정의를 충족하고 식별가능하다면 취득자는 무형자산을 인식할 수 있다.

4. 개별 취득, 사업 결합으로 취득: 미래경제적효익의 높은 유입 가능성 '항상' 충족 ★중요!

개별 취득하는 무형자산과 사업결합으로 취득하는 무형자산은 자산에서 발생하는 미래경제적효익이 기업에 유입될 가능성이 높다는 발생가능성 인식기준을 '항상' 충족하는 것으로 본다. 개별 취득과 사업결합 모두 돈을 주고 사오는 것인데, 미래경제적효익의 유입가능성이 높으니 사왔을 것이기 때문이다. 다른 말문제에서 '항상'이라는 문장이 나오면 틀린 문장이다. 하지만 여기에서는 '항상'이 맞는 문장이니 외워두자.

3 무형자산으로 인식할 수 없는 항목 ★중요!

1. 내부창출 영업권

내부적으로 창출한 영업권은 자산으로 인식하지 않는다.

2. 내부창출 브랜드 등

내부적으로 창출한 브랜드, 제호, 출판표제, 고객 목록과 이와 실질이 유사한 항목은 무형자산으로 인식하지 않는다. 사업을 전체적으로 개발하는 데 발생한 원가와 구별할 수 없기 때문이다. 예를 들어, '삼성'이라는 브랜드는 열심히 영업을 해서 생겨난 것이지, 돈을 주고 사온 것이 아니기 때문에 브랜드를 만들기 위해서 지출한 원가를 따로 구분할 수 없다. 따라서 '삼성'이라는 브랜드를 무형자산으로 인식하지 않는다.

예제

01 무형자산의 인식 및 측정에 관한 설명으로 옳은 것은?   2013. CTA

① 개별 취득하는 무형자산은 자산에서 발생하는 미래경제적효익이 기업에 유입될 가능성이 높다는 발생가능성 인식기준을 항상 충족하는 것으로 본다.

② 새로운 지역에서 또는 새로운 계층의 고객을 대상으로 사업을 수행하는 데서 발생하는 원가는 무형자산 원가에 포함한다.

③ 내부적으로 창출한 브랜드, 제호, 출판표제, 고객 목록은 개발하는 데 발생한 원가를 전체 사업과 구별할 수 없더라도 무형자산으로 인식한다.

④ 무형자산에 대한 대금지급기간이 일반적인 신용기간보다 긴 경우 무형자산의 원가는 실제 총지급액이 된다.

⑤ 새롭거나 개선된 재료, 장치, 제품, 공정, 시스템이나 용역에 대한 여러 가지 대체안을 최종 선택하는 활동은 개발활동의 예로서 해당 지출은 무형자산으로 인식한다.

> ▶ **해설**
> ② 새로운 지역에서 또는 새로운 계층의 고객을 대상으로 사업을 수행하는 데서 발생하는 원가는 무형자산 원가에 **포함하지 않는다.**
> ③ 내부적으로 창출한 브랜드, 제호, 출판표제, 고객 목록은 개발하는 데 발생한 원가를 전체 사업과 구별할 수 없으므로 **무형자산으로 인식하지 않는다.**
> ④ 무형자산에 대한 대금지급기간이 일반적인 신용기간보다 긴 경우 무형자산의 원가는 **현금가격상당액**(= **현재가치**)이 된다.
> ⑤ 새롭거나 개선된 재료, 장치, 제품, 공정, 시스템이나 용역에 대한 여러 가지 대체안을 최종 선택하는 활동은 **연구활동**의 예로서 해당 지출은 **비용**으로 인식한다.
>
> 🔖 ①

4 내부적으로 창출한 무형자산

1. 연구단계: 비용, 개발단계: 조건부 자산

내부적으로 창출한 무형자산이 인식기준을 충족하는지를 평가하기 위하여 무형자산의 창출과정을 연구단계와 개발단계로 구분한다. 연구단계에서 발생한 지출은 비용으로, 개발단계에서 발생한 지출은 자산 인식요건을 모두 충족하는 경우 자산으로 인식한다. 여기서 개발단계가 '조건부' 자산화라는 것에 주의하자. 개발단계에서 발생한 지출이 자산화된다고 언급하면 틀린 선지이다. 개발단계의 자산 인식 요건은 수험 목적상 중요하지 않으므로 생략한다.

 연구개발비

> 연구단계를 초반단계로, 개발단계를 후반단계로 이해하면 될 것이다. 어떤 단계가 초반단계인지 외우기 위해서는 '연구개발비'라는 계정을 떠올리자. 연구단계에 해당하는 지출과, 개발단계에 해당하지만 자산 인식 요건을 충족하지 않는 지출에 대해 인식하는 비용 계정이다. 연구가 앞에 있으므로 이를 초반단계, 개발이 뒤에 있으므로 어느 정도 진행이 된 후반단계로 기억하면 쉽다.

2. 보수주의 규정 ★중요!

> ① 연구단계와 개발단계를 구분할 수 없는 경우에는 모두 연구단계로 본다.
> ② 최초에 비용으로 인식한 무형항목에 대한 지출은 이후에 자산으로 인식할 수 없다.

①번과 ②번 규정은 모두 보수주의에 따른 규정이다. 연구단계와 개발단계 중 애매할 땐 비용으로 인식하도록 연구단계로 보며, 최초에 비용으로 인식한 항목은 계속해서 비용으로 인식하게끔 규정하고 있다.

3. 연구단계와 개발단계의 사례

연구단계: 지식, 여러 가지 대체안	개발단계: 최종 선정안, 주형, 시제품, 시험공장
(1) 새로운 지식을 얻고자 하는 활동 (2) 연구결과나 기타 지식을 탐색, 평가, 최종 선택, 응용하는 활동 (3) 재료, 장치, 제품, 공정, 시스템이나 용역에 대한 여러 가지 대체안을 탐색하는 활동 (4) 새롭거나 개선된 재료, 장치, 제품, 공정, 시스템이나 용역에 대한 여러 가지 대체안을 제안, 설계, 평가, 최종 선택하는 활동	(1) 신규 또는 개선된 재료, 장치, 제품, 공정, 시스템이나 용역에 대하여 최종적으로 선정된 안을 설계, 제작, 시험하는 활동 (2) 새로운 기술과 관련된 공구, 지그, 주형, 금형 등을 설계하는 활동 (3) 생산이나 사용 전의 시제품과 모형을 설계, 제작, 시험하는 활동 (4) 상업적 생산 목적으로 실현가능한 경제적 규모가 아닌 시험공장을 설계, 건설, 가동하는 활동

위는 연구단계와 개발단계에 해당하는 기준서 상 사례들이다. 위 사례들이 출제되기 때문에 사례를 보고 연구단계인지, 개발단계인지 구분할 수 있어야 한다. 기준서 원문을 외우는 것은 어렵기 때문에 굵게 표시한 키워드로 구분하자.

(1) 지식 → 여러 가지 대체안 (연구) / → 최종 선정안 (개발)

기준서를 보면 지식의 진화 과정을 알 수 있다. 처음에는 지식에서 출발해서 여러 가지 대체안을 거쳐 최종 선정안으로 좁혀진다. 이 중 지식과 여러 가지 대체안까지는 연구단계, 최종 선정안은 개발단계에 해당한다.

(2) 공구, 지그, 주형, 금형 등: 개발

공구, 지그, 주형, 금형은 거푸집이라고 생각하면 된다. 쉽게 말해서 붕어빵을 찍어내는 기계라고 생각하면 된다. 붕어빵 기계가 있으면 밀가루랑 팥만 있으면 붕어빵을 만들 수 있다. 공구, 지그, 주형, 금형 등이 있다면 얼마든지 생산이 가능한 상태이기 때문에 상당히 진행이 많이 된 상태이고, 개발단계로 본다.

(3) 시제품, 시험공장: 개발

시제품, 시험공장은 공구, 지그, 주형, 금형보다 더 진행된 상태라고 생각하면 된다. 시제품은 기계가 잘 작동하는지 확인하기 위해서 시험 삼아 만들어보는 제품을 의미한다. 쉽게 생각하면 붕어빵 기계를 이용해서 붕어빵을 몇 개 만들어보는 것이다.

시험공장도 시제품과 같은 개념으로 생각하면 된다. 이번에는 시제품을 시험 생산하기 위해 아예 공장까지 만드는 것이다. 시제품, 시험공장 모두 공구, 지그, 주형, 금형보다 더 진행된 상태이므로 개발단계로 본다.

4. 내부적으로 창출한 무형자산의 원가

내부적으로 창출한 무형자산의 원가는 그 무형자산이 인식기준을 최초로 충족시킨 이후에 발생한 지출금액의 합으로 한다. 이미 비용으로 인식한 지출은 무형자산의 원가로 인식할 수 없다.

내부적으로 창출한 무형자산의 원가는 그 자산의 창출, 제조 및 경영자가 의도하는 방식으로 운영될 수 있게 준비하는 데 필요한 직접 관련된 모든 원가를 포함한다. 직접 관련된 원가의 예는 다음과 같다.

> (1) 무형자산의 창출에 사용되었거나 소비된 재료원가, 용역원가 등
> (2) 무형자산의 창출을 위하여 발생한 종업원급여
> (3) 법적 권리를 등록하기 위한 수수료
> (4) 무형자산의 창출에 사용된 특허권과 라이선스의 상각비

다음 항목은 내부적으로 창출한 무형자산의 원가에 포함하지 아니한다.

> (1) 판매비, 관리비 및 기타 일반경비 지출 (자산을 의도한 용도로 사용할 수 있도록 준비하는 데 직접 관련된 경우는 제외)
> (2) 자산이 계획된 성과를 달성하기 전에 발생한 명백한 비효율로 인한 손실과 초기 영업손실
> (3) 자산을 운용하는 직원의 교육훈련과 관련된 지출

예제

02   기업회계기준서 제1038호 '무형자산'에서 "내부적으로 창출한 무형자산의 원가는 그 자산의 창출, 제조 및 경영자가 의도하는 방식으로 운영될 수 있게 준비하는 데 필요한 직접 관련된 모든 원가를 포함한다"고 설명하고 있다. 다음 중 내부적으로 창출한 무형자산의 원가에 포함하지 <u>않는</u> 것은 무엇인가?   2019. CPA

① 무형자산의 창출에 사용되었거나 소비된 재료원가, 용역원가
② 무형자산에 대한 법적 권리를 등록하기 위한 수수료
③ 무형자산의 창출을 위하여 발생한 종업원급여
④ 무형자산을 운용하는 직원의 교육훈련과 관련된 지출
⑤ 무형자산의 창출에 사용된 특허권과 라이선스의 상각비

해설
교육훈련비는 비용처리한다.

답 ④

5 무형자산의 측정

1. 무형자산도 원가모형과 재평가모형 모두 적용 가능 (=유형자산)

무형자산도 원가모형과 마찬가지로 재평가모형을 적용할 수 있다. '무형자산은 원가모형만 적용할 수 있다'라고 한다면 틀린 문장이다. 무형자산의 원가모형과 재평가모형은 유형자산 기준서를 준용하므로 똑같은 방식으로 적용한다.

2. 내용연수가 비한정인 무형자산

무형자산의 내용연수는 유한한지 또는 비한정인지 평가한다.

(1) 비한정의 의미

내용연수가 '비한정'이라는 것은 무형자산이 순현금유입을 창출할 것으로 기대되는 기간에 대하여 예측가능한 제한이 없다는 것을 의미한다. 비한정이 무한을 의미하는 것은 아니다.

(2) 내용연수가 비한정인 무형자산: 상각 X, 매년 & 손상징후 있을 때 손상검사

내용연수가 비한정인 무형자산은 상각하지 아니한다. 상각하지 않는 대신에, 매년 그리고 손상징후가 있을 때 손상검사를 수행해야 한다. 내용연수가 비한정인 무형자산은 상각하지 않기 때문에 처분하지 않으면 재무상태표에서 제거할 수 있는 방법이 없다. 따라서 손상차손을 통해서 제거하기 위하여 손상징후가 있다면 손상검사를 수행하고, 손상징후가 없더라도 최소한 매년 손상검사를 수행한다.

(3) 유한 내용연수로 변경: 회계추정의 변경, 손상징후

상각하지 않는 무형자산에 대하여 사건과 상황이 그 자산의 내용연수가 비한정이라는 평가를 계속하여 정당화하는지를 매 회계기간에 검토한다. 사건과 상황이 그러한 평가를 정당화하지 않는 경우에 비한정 내용연수를 유한 내용연수로 변경하는 것은 회계추정의 변경으로 회계처리한다. 회계추정의 변경은 전진법을 적용하므로, 상각을 시작하면 된다.

비한정 내용연수를 유한 내용연수로 재평가하는 것은 그 자산의 손상을 시사하는 하나의 징후가 된다. 따라서 회수가능액과 장부금액을 비교하여 그 자산에 대한 손상검사를 하고, 회수가능액을 초과하는 장부금액을 손상차손으로 인식한다.

3. 내용연수가 유한한 무형자산

내용연수가 유한한 무형자산의 상각대상금액은 내용연수 동안 체계적인 방법으로 배분하여야 한다. 상각은 자산을 사용할 수 있는 때부터 시작한다. 즉 자산이 경영자가 의도하는 방식으로 운영할 수 있는 장소와 상태에 이르렀을 때부터 시작한다.

(1) 내용연수

계약상 권리 또는 기타 법적 권리로부터 발생하는 무형자산의 내용연수는 그러한 계약상 권리 또는 기타 법적 권리의 기간을 초과할 수는 없지만, 자산의 예상사용기간에 따라 더 짧을 수는 있다. 예를 들어, 소프트웨어를 5년간 사용할 수 있는 권리를 취득하였다고 치자. 이 경우 소프트웨어의 내용연수는 5년을 초과할 수는 없지만 더 짧을 수는 있다. 회사가 그 소프트웨어 사용을 중단한다면 내용연수는 더 짧아질 수 있기 때문이다.

(2) 상각방법

무형자산의 상각방법은 자산의 경제적 효익이 소비될 것으로 예상되는 형태를 반영한 방법이어야 한다. 다만, 그 형태를 신뢰성 있게 결정할 수 없는 경우에는 정액법을 사용한다.

(3) 잔존가치

내용연수가 유한한 무형자산의 잔존가치는 다음 중 하나에 해당하는 경우를 제외하고는 영(0)으로 본다.

① 내용연수 종료 시점에 제3자가 자산을 구입하기로 한 약정이 있다.
② 활성시장이 내용연수 종료 시점에 존재할 가능성이 높고 잔존가치를 그 활성시장에 기초하여 결정할 수 있다.

여기에서 ②번 규정은 중요하지 않으며, ①번 규정에 집중하자. 일반적으로 무형자산의 잔존가치는 0으로 보나, 구입 약정이 있는 경우 약정액을 잔존가치로 한다. '구입 약정이 있어도 잔존가치를 0으로 본다.'라고 틀린 문장이 제시된 적이 있으므로 주의하자.

무형자산의 상각: 무형자산은 답정너!

무형자산은 '답정너'라고 생각하면 상각 규정을 정확하게 기억할 수 있다. 상각방법의 첫 번째 줄에서는 '자산의 경제적 효익이 소비될 것으로 예상되는 형태'로 배분하라고 기업에게 재량권을 주고 있지만, 그 뒤에 '웬만하면 정액법을 사용해라'라는 규정이 달려 있다. 잔존가치도 마찬가지이다. 예외적인 경우에는 0이 아닐수도 있지만, 특별한 경우가 아니면 '웬만하면 0으로' 상각하라고 하고 있다.

정확히 기억하자. '반드시 정액법, 0으로' 상각해야 하는 것은 아니다. 원칙적으로는 다른 방법으로 상각할 수 있지만, 이 방식을 유도하고 있는 것이다.

(4) 잔존가치의 상승

무형자산의 잔존가치는 해당 자산의 장부금액과 같거나 큰 금액으로 증가할 수도 있다. 이 경우에는 자산의 잔존가치가 이후에 장부금액보다 작은 금액으로 감소될 때까지는 무형자산의 상각액은 영(0)이 된다.

(5) 상각기간과 상각방법의 검토

내용연수가 유한한 무형자산의 상각기간과 상각방법은 적어도 매 회계연도 말에 검토한다. 자산의 예상 내용연수가 과거의 추정치와 다르다면 상각기간을 이에 따라 변경한다.

예제

03 무형자산과 관련된 다음의 설명 중 옳지 않은 것은? 2014. CPA

① 무형자산을 최초로 인식할 때에는 원가로 측정한다.

② 최초의 비용으로 인식한 무형자산에 대한 지출은 그 이후에 무형자산의 인식요건을 만족하게 된 경우에 한하여 무형자산의 원가로 다시 인식할 수 있다.

③ 무형자산을 창출하기 위한 내부 프로젝트를 연구단계와 개발단계로 구분할 수 없는 경우에는 그 프로젝트에서 발생한 지출은 모두 연구단계에서 발생한 것으로 본다.

④ 내부적으로 창출한 브랜드, 제호, 출판표제, 고객 목록과 이와 실질이 유사한 항목은 무형자산으로 인식하지 않는다.

⑤ 계약상 권리 또는 기타 법적 권리로부터 발생하는 무형자산의 내용연수는 그러한 계약상 권리 또는 기타 법적 권리의 기간을 초과할 수는 없지만, 자산의 예상사용기간에 따라 더 짧을 수는 있다.

> **해설**
> 최초에 비용으로 인식한 무형자산에 대한 지출은 그 이후에 무형자산의 원가로 인식할 수 없다.
>
> 탭 ②

04 무형자산에 관한 다음 설명 중 옳은 것은? 2018. CPA

① 무형자산을 최초로 인식할 때에는 공정가치로 측정한다.

② 내용연수가 비한정인 무형자산은 상각하지 않는다.

③ 내용연수가 비한정인 무형자산을 유한 내용연수로 재평가하는 경우에는 자산손상의 징후에 해당되지 않으므로 손상차손을 인식하지 않는다.

④ 내용연수가 유한한 무형자산의 잔존가치는 내용연수 종료 시점에 제3자가 자산을 구입하기로 한 약정이 있다고 하더라도 영(0)으로 본다.

⑤ 미래경제적효익 창출에 대해 식별가능하고 해당 원가를 신뢰성 있게 결정할 수 있는 경우에는 내부적으로 창출한 영업권이라도 무형자산으로 인식할 수 있다.

> **해설**
> ① 무형자산을 최초로 인식할 때에는 원가로 측정한다.
> ③ 내용연수가 비한정인 무형자산을 유한 내용연수로 재평가하는 경우에는 자산손상의 징후에 해당한다. 회수가능액이 장부금액보다 작다면 손상차손을 인식한다.
> ④ 무형자산의 잔존가치는 '특별한 경우가 아니면' 0으로 본다. 특별한 경우가 있다면 잔존가치를 0으로 보지 않는다.
> ⑤ 내부적으로 창출한 영업권은 자산으로 인식할 수 없다.
>
> 탭 ②

05 다음 중 무형자산의 회계처리에 대한 설명으로 타당하지 **않은** 것은? 2010. CPA

① 최초에 비용으로 인식한 무형항목에 대한 지출은 그 이후에 무형자산의 원가로 인식할 수 없다.

② 내용연수가 유한한 무형자산의 잔존가치는 해당 자산의 장부금액과 같을 수는 있으나, 장부금액보다 더 클 수는 없다.

③ 내부적으로 창출한 영업권은 무형자산으로 인식하지 않는다.

④ 내용연수가 비한정인 무형자산은 상각하지 아니하지만, 내용연수가 유한한 무형자산은 상각하고 상각기간과 상각방법은 적어도 매 보고기간 말에 검토한다.

⑤ 무형자산의 회계정책으로 원가모형이나 재평가모형을 선택할 수 있다.

▶ 해설

무형자산의 잔존가치는 장부금액과 같거나 큰 금액으로 증가할 수도 있다. 이 경우 상각을 중단한 뒤, 잔존가치가 이후에 장부금액보다 작은 금액으로 감소될 때 상각을 재개하면 된다.

답 ②

06 무형자산 회계처리에 관한 설명으로 옳은 것은? 2022. CTA

① 내용연수가 비한정인 무형자산의 비한정 내용연수를 유한 내용연수로 변경하는 것은 회계정책의 변경이다.

② 자산을 운용하는 직원의 교육훈련과 관련된 지출은 내부적으로 창출한 내용연수가 비한정인 무형자산의 원가에 포함한다.

③ 내부적으로 창출한 브랜드, 제호, 출판표제, 고객 목록과 이와 실질이 유사한 항목은 내용연수가 비한정인 무형자산으로 인식한다.

④ 내용연수가 유한한 무형자산을 내용연수 종료 시점에 제3자가 구입하기로 약정한 경우, 잔존가치는 영(0)으로 보지 않는다.

⑤ 경제적 효익이 소비될 것으로 예상되는 형태를 신뢰성 있게 결정할 수 없는 내용연수가 비한정인 무형자산은 정액법을 적용하여 상각한다.

▶ 해설

① 내용연수가 비한정인 무형자산의 비한정 내용연수를 유한 내용연수로 변경하는 것은 회계추정의 변경이다.

② 자산을 운용하는 직원의 교육훈련과 관련된 지출은 비용처리한다.

③ 내부적으로 창출한 브랜드, 제호, 출판표제, 고객 목록과 이와 실질이 유사한 항목은 무형자산으로 인식하지 않는다.

⑤ 내용연수가 비한정인 무형자산은 상각하지 않는다. 내용연수가 유한한 무형자산이 경제적 효익이 소비될 것으로 예상되는 형태를 신뢰성 있게 결정할 수 없을 때 정액법을 적용한다.

답 ④

07 다음은 (주)대한의 무형자산과 관련된 자료이다.

- (주)대한은 탄소배출량을 혁신적으로 감소시킬 수 있는 신기술에 대해서 연구 및 개발활동을 수행하고 있다. (주)대한의 20X1년과 20X2년의 연구 및 개발활동에서 발생한 지출내역을 요약하면 다음과 같다.

구분	20X1년	20X2년
연구활동	₩900,000	₩300,000
개발활동	−	3,500,000

- (주)대한의 개발활동과 관련된 지출은 모두 무형자산의 인식요건을 충족한다.
- (주)대한의 탄소배출량 감소와 관련된 신기술은 20X2년 중에 개발이 완료되었으며, 20X2년 10월 1일부터 사용가능하게 되었다.
- (주)대한은 신기술 관련 무형자산에 대해서 원가모형을 적용하며 추정내용연수 20년, 잔존가치 ₩0, 정액법으로 상각한다.
- 20X3년 말 상기 신기술의 사업성이 매우 낮은 것으로 판명되었고, 신기술의 회수가능가액은 ₩2,000,000으로 평가되었다.

동 신기술 관련 무형자산 회계처리가 (주)대한의 20X3년도 포괄손익계산서 상 당기순이익에 미치는 영향은 얼마인가?

2022. CPA

① ₩1,496,250 감소 ② ₩1,486,250 감소
③ ₩1,480,250 감소 ④ ₩1,456,250 감소
⑤ ₩1,281,250 감소

⊙▶ **해설**

X3년도 당기순이익: − 175,000(무형자산상각비) − 1,281,250(손상차손) = (−)1,456,250 감소

X2.10.1	3,500,000	n = 20, s = 0, 정액	
	↓(43,750)		
X2	3,456,250	n = 19.75, s = 0, 정액	
	↓ (175,000)		
X3	3,281,250	—(−) 1,281,250 →	2,000,000

신기술이 x2.10.1부터 사용가능하였으므로 이 날부터 상각을 시작한다.

📋 ④

08 (주)한국은 제품 공정 A를 연구개발하고 있으며 20X5년 동안에 공정 A 연구개발을 위해 지출한 금액은 ₩100,000이었다. 이 금액 중 ₩70,000은 20X5년 10월 1일 이전에 지출되었고, ₩30,000은 20X5년 10월 1일부터 12월 31일까지 지출되었다. 공정 A는 20X5년 10월 1일에 무형자산 인식기준을 충족하게 되었다. 또한 (주)한국은 20X6년 중 공정 A를 위해 추가로 ₩30,000을 지출하였다. 공정 A가 갖는 노하우의 회수가능액(그 공정이 사용가능하기 전에 해당 공정을 완료하기 위한 미래 현금유출액 포함)은 다음과 같다.

구 분	20X5년말	20X6년말
회수가능액	₩20,000	₩70,000

(주)한국의 20X5년도와 20X6년도의 순이익에 미치는 영향은 각각 얼마인가? (단, 무형자산에 대해 상각하지 않으며, 원가모형을 적용한다. 또한, 20X5년도는 손상 조건을 충족하고, 20X6년도는 손상회복 조건을 충족한다.)

2015. CPA

	20X5년도	20X6년도
①	₩80,000 감소	₩20,000 감소
②	₩80,000 감소	₩10,000 증가
③	₩70,000 감소	₩20,000 감소
④	₩70,000 감소	₩10,000 감소
⑤	₩70,000 감소	₩10,000 증가

▶ **해설**

X5.10.1	30,000		
	↓		
X5	30,000	—(10,000)→	20,000
	↳ 60,000		↳ 50,000
	↓		↓
X6	60,000(한도)	←10,000—	50,000

(1) X5년도 PL: (−)70,000(연구개발비) − 10,000(손상차손) = 80,000 감소

연구개발비(비용): 70,000

개발비(무형자산)의 취득원가: 30,000

— X5.10.1에 무형자산 인식기준을 충족하였으므로 10.1 이후 지출만 자산으로 계상한다.

손상차손: 30,000 − 20,000 − 10,000

— 무형자산을 상각하지 않는다고 가정했기 때문에 손상만 인식한다.

(2) X6년도 PL: 10,000 증가

손상차손환입: 10,000

— 원가모형을 적용하므로 '손상을 인식하지 않았을 경우 장부금액'까지만 장부금액을 환입할 수 있다. 손상을 인식하지 않았다면 무형자산의 장부금액은 '30,000(최초 취득원가) + 30,000(x6년도 지출액) = 60,000' 이므로 환입액은 10,000이다.

탑 ②

09 (주)한국은 20X1년 1월 1일 활성시장에서 특허권을 ₩6,000,000에 취득하고, 매년 말 재평가모형을 적용한다. 동 특허권은 향후 10년간 사용할 수 있고 잔존가치는 없으며 정액법으로 상각한다. 20X1년, 20X2년, 20X3년 각 연도 말 동 특허권의 공정가치는 각각 ₩5,400,000, ₩5,182,000, ₩4,150,000이다. 20X3년 말 동 특허권과 관련하여 인식할 당기손익은? (단, 특허권을 사용하는 기간 동안에 재평가잉여금을 이익잉여금으로 대체하지 않는다.)

① ₩647,750 손실　　　　② ₩650,000 손실　　　　③ ₩847,750 손실

④ ₩1,032,000 손실　　　　⑤ ₩1,200,000 손실

▶ **해설**

X3년 당기손익: (−)647,750(무형자산상각비) − 2,250(재평가손실) = (−)650,000 손실

X0	6,000,000	n = 10, s = 0, 정액			
	↓ (600,000)				
X1	5,400,000				
	↓ (600,000)				
X2	4,800,000	− ⊕ 382,000 →	5,182,000	n = 8, s = 0, 정액	
			↓ (647,750)		
X3			4,534,250	− ⊖ 382,000 →	4,150,000
				(−) 2,250	

답 ②

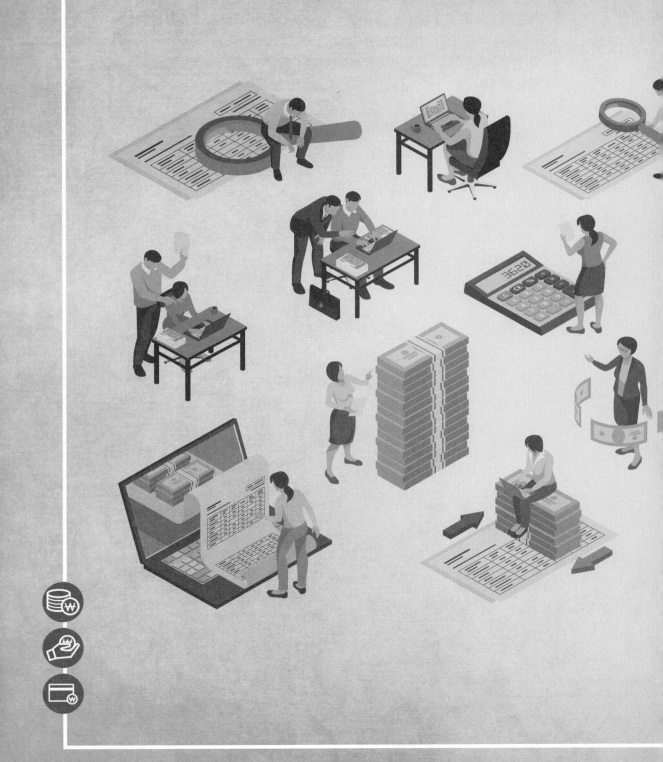

C·H·A·P·T·E·R

05

금융부채

CHAPTER
05

금융부채

1 금융상품

	취득자	발행자
채무상품	금융자산(6장)	금융부채(5장)
지분상품		납입자본(11장)

금융상품이란 거래당사자 어느 한쪽에게는 금융자산이 생기게 하고 거래상대방에게 금융부채나 지분상품이 생기게 하는 모든 계약을 말한다. 금융자산이란 현금, 다른 기업의 지분상품 및 채무상품, 현금 등을 수취할 계약상 권리(매출채권, 대여금 등)을 의미한다. 금융부채란 상대방에게 현금 등 금융자산을 인도하기로 한 계약상 의무를 의미한다.

여기에서 채무상품은 채권을, 지분상품은 주식을 의미한다. 채무상품이나 지분상품을 취득한 기업은 금융'자산'을 계상하는 반면, 채무상품을 발행한 기업은 돈을 빌린 것이므로 금융'부채'를 계상한다. 지분상품을 발행한 기업은 투자를 받은 것이므로 납입자본(자본금 & 주식발행초과금)을 계상한다. 본장에서는 금융부채에 대해서 설명하고, 금융자산은 6장에서, 납입자본은 11장에서 설명한다.

2 금융부채

1. 금융부채의 종류

모든 금융부채는 다음을 제외하고는 상각후원가로 측정한다.

> (1) 당기손익 – 공정가치 측정 금융부채 (FVPL 금융부채)
> (2) 금융자산의 양도가 제거 조건을 충족하지 못하거나 지속적 관여 접근법이 적용되는 경우에 생기는 금융부채
> (3) 금융보증계약
> (4) 시장이자율보다 낮은 이자율로 대출하기로 한 약정
> (5) 사업결합에서 취득자가 인식하는 조건부 대가

상각후원가로 측정하는 금융부채를 '상각후원가 측정 금융부채(AC 금융부채)'라고 하며, 본장에서 언급이 없다면 금융부채는 상각후원가 측정 금융부채를 가정한다.

2. 금융부채의 측정

	AC 금융부채 (Amortized Cost)	FVPL 금융부채 (Fair Value through Profit or Loss)
최초 인식	FV(= 발행금액)	
발행원가	발행금액에서 차감	당기비용 처리
후속 측정	유효이자율 상각	FV 평가 (평가손익: PL)

(1) 최초 인식 및 발행원가

금융부채는 최초 인식시점에 공정가치로 측정하며, FVPL 금융부채가 아닌 경우에 해당 금융부채의 발행과 직접 관련되는 거래원가는 공정가치에서 차감한다.

사채의 발행금액이란 발행일에 사채를 발행하면서 수취하는 현금을 의미하며, 사채 발행일 액면금액과 액면이자을 발행일의 시장이자율로 할인한 현재가치이다. 기준서에서 금융부채는 '공정가치'로 측정한다고 하지만, 발행일에는 공정가치가 사채의 발행금액이므로, 금융부채는 발행금액으로 측정한다고 생각하면 된다. 거래원가는 공정가치에서 차감한다는 것도 발행금액에서 차감한다는 의미이다. FVPL 금융부채인 경우에는 거래원가를 당기비용으로 처리한다.

(2) 후속 측정

AC 금융부채는 최초 인식 후 유효이자율 상각을 통해 상각후원가(AC)로 측정한다. FVPL 금융부채는 최초 인식 후 공정가치로 측정하고, 공정가치 평가손익은 당기손익(PL)으로 인식한다.

3 사채

사채는 기업이 채무상품을 발행하고 자금을 조달하는 경우 발생하는 부채이다. 사채는 금융부채에 해당하며, 원칙적으로 AC 금융부채로 분류한다. 따라서 유효이자율 상각을 통해 상각후원가로 측정한다. 사채의 유효이자율 상각은 다음과 같이 이루어진다.

1. 유효이자율 상각

사례

(주)김수석은 X1년 초 액면금액 ₩1,000,000, 만기 3년, 액면이자율 8%, 이자 지급일 매년 12월 31일인 사채를 발행하였다. 사채 발행 시 시장이자율이 각각 10%, 8%, 6%일 때 사채의 발행금액을 구하고, 유효이자율 상각표를 그리시오.

할인율	단일금액 ₩1의 현재가치			정상연금 ₩1의 현재가치		
	1년	2년	3년	1년	2년	3년
6%	0.94340	0.89000	0.83962	0.94340	1.83340	2.67301
8%	0.92593	0.85734	0.79383	0.92593	1.78327	2.57710
10%	0.90909	0.82645	0.75131	0.90909	1.73554	2.48685

(1) 할인발행 (유효이자율 10%)

	유효이자(10%)	액면이자(8%)	상각액	장부금액
X0		$80,000 \times 2.48685 + 1,000,000 \times 0.75131 \fallingdotseq$		950,263
X1	95,026	80,000	15,026	965,289
X2	96,529	80,000	16,529	981,818
X3	98,182	80,000	18,182	1,000,000

상각표의 시점은 모두 기말을 의미한다. X0은 X0년말(＝X1년초)을, X1은 X1년말을 의미한다. 할인발행 시에는 발행금액이 액면금액보다 작다. 이 경우 유효이자가 액면이자보다 커 장부금액이 점차 증가해서 액면금액이 된다.

STEP 1 현재가치(=발행금액) 구하기

감가상각에서 했던 것과 동일한 방식으로, 상각표의 각 시점은 기말 시점을 표시한 것이다. X0은 X1년 초(= X0년 말)를, X1은 X1년 말을 의미한다. 발행금액은 X1년 초의 장부금액이 되므로 X0 오른쪽에 적는다.

> 사채의 현재가치 = 80,000 × 2.48685 + 1,000,000 × 0.75131 = 950,258
> → 표에는 단수차이 없이 950,263으로 적었다.
> **계산기 사용법** 80,000 × 2.48685M + 1,000,000 × .75131M + MR

STEP 2 기말 장부금액=기초 장부금액×(1+유효이자율)−액면이자

X1말 장부금액 = 950,263 × 1.1 − 80,000 = 965,289

계산기 사용법 950,263 × 10% + − 80,000 =

%까지 누르고 화면에 뜬 95,026을 유효이자 란에 적는다. 그 상태로 +를 누르고, 액면이자 80,000을 빼면 상각액을 굳이 적지 않고도 X1말 잔액 965,289을 바로 구할 수 있다. 위 표에는 이해를 돕기 위해 상각액을 적었지만, 김수석은 현역 때 시간을 아끼기 위해서 상각표를 그릴 때 상각액을 생략했었다. 계산기에 '기초 BV × 유효R% + − 액면이자 ='을 계속해서 누르면 상각을 손쉽게 할 수 있다.

 **X1말, X2말 장부금액 바로 구하기** ★중요!

X1말, X2말 장부금액은 X1초 장부금액을 계산한 뒤, 유효이자율 상각을 통해서 구할 수도 있지만 바로 구할 수도 있다.

(1) **X1말 장부금액 = 액면금액 × 2년 단순현가계수 + 액면이자 × 2년 연금현가계수**

X1말 현재 남은 현금흐름을 X1말까지 할인하면 X1말 장부금액을 구할 수 있다. X1말 시점에서는 앞으로 80,000의 액면이자 2번, 1,000,000의 액면금액을 1번 수령할 수 있기 때문에 다음과 같이 장부금액을 구하면 된다.

X1말 장부금액 = 1,000,000 × 0.82645 + 80,000 × 1.73554 = 965,293 (≒965,289)

유효이자율 상각표 상의 X1말 장부금액인 965,289와 값이 비슷하다. 이 정도 단수차이는 무시하고 답을 계산해도 된다.

(2) **X2말 장부금액 = 액면금액 × 1년 단순현가계수 + 액면이자 × 1년 연금현가계수**
   = (액면금액 + 액면이자)/(1 + 유효이자율)

같은 원리로, X2말 장부금액은 다음과 같이 구하면 된다.

X2말 장부금액 = 1,000,000 × 0.90909 + 80,000 × 0.90909 = 981,817

이때, X2말 시점에서는 앞으로 80,000과 1,000,000을 1년 뒤에 받는 것이므로 현가계수를 사용하지 않고 다음과 같이 계산하는 것이 편하다.

X2말 장부금액 = 1,080,000/1.1 = 981,818

문제에 제시된 0.90909와 같은 현가계수를 확인하여 입력하는 것보다, 1.1로 나누는 것이 계산 실수를 줄일 수 있다. 남은 기간이 1년일 때에는 현가계수를 이용하지 말고, '1 + 유효이자율'로 나눠서 장부금액을 구하자.

(2) 액면발행 (유효이자율 8%)

	유효이자(8%)	액면이자(8%)	상각액	장부금액
X0		80,000 × 2.57710 + 1,000,000 × 0.79383 =		1,000,000*
X1	80,000	80,000	0	1,000,000
X2	80,000	80,000	0	1,000,000
X3	80,000	80,000	0	1,000,000

*단수차이

액면발행 시에는 액면이자율과 유효이자율이 일치한다. 액면발행 시 정확히 유효이자만큼 액면이자를 지급하기 때문에 상각액이 0이며, 장부금액에 변화가 없다.

(3) 할증발행 (유효이자율 6%)

	유효이자(6%)	액면이자(8%)	상각액	장부금액
X0		80,000 × 2.67301 + 1,000,000 × 0.83962 =		1,053,460
X1	63,208	80,000	(16,792)	1,036,668
X2	62,200	80,000	(17,800)	1,018,868
X3	61,132	80,000	(18,868)	1,000,000

할증발행 시에는 발행금액이 액면금액보다 크다. 이 경우 유효이자가 액면이자보다 작아 장부금액이 점차 감소해서 액면금액이 된다.

2. 유효이자율법 회계처리

> 사채의 장부금액 = 액면금액 − 사채할인발행차금 (할인발행 시)
> or 액면금액 + 사채할증발행차금 (할증발행 시)

상각표를 통해 금액을 계산했으면, 이제 회계처리로 옮겨야 한다. 앞에서 계산한 유효이자율 상각표 상의 장부금액과 액면금액 사이의 차이는 발행차금으로 계상한다. 발행차금이란 장부금액과 액면금액의 차이 금액을 뜻하며, 할인발행의 경우 사채할인발행차금, 할증발행의 경우 사채할증발행차금이 계상된다. 발행차금은 유형자산의 감가상각누계액과 동일한 역할을 한다고 생각하면 된다. 발행차금을 계상하지 않고 순액으로 회계처리하더라도 기준서 상으로는 문제가 없다. 위 예제를 회계처리하면 다음과 같다.

(1) 할인발행 (유효이자율 10%)

	총액 회계처리		순액 회계처리	
X1초	현금 950,263 사채할인발행차금 49,737	사채 1,000,000	현금 950,263	사채 950,263
X1말 이자	이자비용 95,026	현금 80,000 사채할인발행차금 15,026	이자비용 95,026	현금 80,000 사채 15,026
X2말 이자	이자비용 96,529	현금 80,000 사채할인발행차금 16,529	이자비용 96,529	현금 80,000 사채 16,529
X3말 이자	이자비용 98,182	현금 80,000 사채할인발행차금 18,182	이자비용 98,182	현금 80,000 사채 18,182
상환	사채 1,000,000	현금 1,000,000	사채 1,000,000	현금 1,000,000

(2) 액면발행 (유효이자율 8%)

	총액 회계처리=순액 회계처리	
X1초	현금 1,000,000	사채 1,000,000
X1말	이자비용 80,000	현금 80,000
X2말	이자비용 80,000	현금 80,000
X3말	이자비용 80,000	현금 80,000
	사채 1,000,000	현금 1,000,000

액면발행 시에는 발행금액과 액면금액이 일치해 발행차금이 계상되지 않으므로 총액 회계처리와 순액 회계처리가 일치한다.

(3) 할증 발행 (유효이자율 6%)

	총액 회계처리		순액 회계처리	
X1초	현금 1,053,460	사채 1,000,000 사채할증발행차금 53,460	현금 1,053,460	사채 1,053,460
X1말 이자	이자비용 63,208 사채할증발행차금 16,792	현금 80,000	이자비용 63,208 사채 16,792	현금 80,000
X2말 이자	이자비용 62,200 사채할증발행차금 17,800	현금 80,000	이자비용 62,200 사채 17,800	현금 80,000
X3말 이자 상환	이자비용 61,132 사채할증발행차금 18,868	현금 80,000	이자비용 61,132 사채 18,868	현금 80,000
	사채 1,000,000	현금 1,000,000	사채 1,000,000	현금 1,000,000

예제

01 (주)세무는 20X1년 초 5년 만기 사채를 발행하여 매년 말 액면이자를 지급하고 유효이자율법에 의하여 이자비용을 인식하고 있다. 20X2년 말 이자와 관련하여 다음과 같은 회계처리 후 사채의 장부금액이 ₩84,000이 되었다면, 20X3년 말 사채의 장부금액은? 2018. CTA

(차)	이자비용	8,200	(대)	사채할인발행차금	2,000
				현금	6,200

① ₩86,200   ② ₩86,600   ③ ₩87,000
④ ₩87,200   ⑤ ₩87,600

⏩ **해설**

	유효이자(10%)	액면이자	상각액	BV
X1				82,000
X2	8,200	6,200	2,000	84,000
X3	8,400	6,200	2,200	86,200

X1말 BV: 84,000 − 2,000 = 82,000
유효이자율: 8,200/82,000 = 10%
X3말 BV: 84,000 × 1.1 − 6,200 = **86,200**

답 ①

3. 차기 상각액=당기 상각액×(1+유효이자율)

	유효이자(10%)	액면이자(8%)	상각액	장부금액
X0		80,000 × 2.48685 + 1,000,000 × 0.75131≒		950,263
X1	95,026	80,000	15,026	965,289
X2	96,529	80,000	16,529	981,818
X3	98,182	80,000	18,182	1,000,000

위 상각표에서 상각액끼리는 다음의 관계가 성립한다.
$15,026 \times 1.1 = 16,529$, $16,529 \times 1.1 = 18,182$, $15,026 \times 1.1^2 = 18,182$
'1.1 × × 15,026 = ='을 눌러보면 =을 한 번 눌렀을 때는 16,529이지만 두 번 누르면 18,182이 되는 것을 확인할 수 있다. 이유는 중요하지 않다. 성질만 기억하자.

02 (주)대한은 20X1년 1월 1일 만기가 2년을 초과하는 사채를 발행하였으며, 이는 회사의 유일한 사채이다. 동 사채는 액면이자를 매년 12월 31일에 지급하며, 액면금액을 만기일에 일시상환하는 조건이다. 사채 발행 이후 발행조건의 변경은 없다. 동 사채에 대한 20X1년도와 20X2년도의 관련 이자 정보는 다음과 같다.

구분	20X1년도	20X2년도
연도말 액면이자 지급액	₩120,000	₩120,000
포괄손익계산서상 연간 이자비용	₩148,420	₩152,400

상기 사채의 발행시점의 유효이자율은 얼마인가? (단, 사채발행비와 조기상환, 차입원가 자본화는 발생하지 않았으며, 단수차이로 인해 오차가 있다면 가장 근사치를 선택한다.) 2019. CPA

① 14% ② 15% ③ 16% ④ 17% ⑤ 18%

> **해설**
>
> | | 유효이자(14%) | 액면이자 | 상각액 | BV |
> |---|---|---|---|---|
> | X0 | | | | |
> | X1 | 148,420 | 120,000 | 28,420 | |
> | X2 | 152,400 | 120,000 | 32,400 | |
>
> X2년도 상각액: 152,400 − 120,000 = 32,400
> X1년도 상각액: 148,420 − 120,000 = 28,420
> 32,400/28,420 = 1 + 유효R
> → 유효R = 14%
>
> 🔲 ①

4. 사채발행비가 유효이자율에 미치는 영향: 유효이자율 상승 ⭐중요!

$$PV \downarrow = \sum \frac{CF_n}{(1 + R \uparrow)^n}$$

사채발행비가 존재한다면 유효이자율은 상승한다. 위 식을 보자. 사채발행비가 존재하면 사채발행 시 현금 수령액(PV)은 감소한다. 미래 현금흐름(CF)은 고정인데, 차변에 있는 현금 수령액이 감소하였으므로, 등식을 맞추기 위해서는 이자율이 상승할 수 밖에 없다. 직관적으로 생각해보면, 나중에 갚아야 하는 돈은 일정한데, 사채발행비가 존재하면 오늘 당장 빌릴 수 있는 돈이 줄어든다. 이는 이자율이 올라가는 효과를 가져온다.

우리는 공학용 계산기가 아닌 쌀집 계산기를 쓰기 때문에 새로운 유효이자율을 직접 구할 수 없다. 따라서 사채발행비가 있는 경우 문제에서 사채발행비를 고려한 '새로운 유효이자율'을 제시해 줄 것이다. 시장이자율은 무시하고 유효이자율을 사용하면 된다.

$$\text{새로운 유효이자율} = \frac{\text{X1년도 이자비용}}{\text{X1년초 PV} - \text{사채발행비}}$$

문제에서 새로운 유효이자율을 주지 않는 경우에는 X1년도 이자비용을 줄 것이다. 이때는 역으로 위 식을 이용하여 유효이자율을 계산하면 된다.

예제

03 (주)민국은 20X1년 1월 1일 액면금액 ₩1,000,000, 액면이자율 연 5%(매년 말 이자지급), 3년 만기인 회사채를 발행하고 상각후원가측정금융부채로 분류하였다. 사채발행당시 시장이자율은 연 8%이었으며, 사채할인발행차금에 대하여 유효이자율법으로 상각한다. 한편, (주)민국이 동 사채를 발행하는 과정에서 직접적인 사채발행비 ₩47,015이 발생하였으며, (주)민국은 동 사채와 관련하여 20X1년도 포괄손익계산서상 이자비용으로 ₩87,564를 인식하였다. 동 사채와 관련하여 (주)민국이 20X2년도 포괄손익계산서상 이자비용으로 인식할 금액은 얼마인가? (단, 8%, 3기간 기간 말 단일금액 ₩1의 현가계수는 0.7938이며, 8%, 3기간 정상연금 ₩1의 현가계수는 2.5771이다. 계산금액은 소수점 첫째자리에서 반올림하며, 단수차이로 인해 약간의 오차가 있으면 가장 근사치를 선택한다. 또한 법인세 효과는 고려하지 않는다.)   2011. CPA

① ₩91,320   ② ₩92,076   ③ ₩93,560
④ ₩94,070   ⑤ ₩95,783

해설

	유효이자(10%)	액면이자(5%)	상각액	BV
X0				875,640
X1	87,564	50,000	37,564	913,204
X2	91,320			

X1초 사채의 발행금액: $1,000,000 \times 0.7938 + 50,000 \times 2.5771 - 47,015 = 875,640$
 − 사채발행비로 인해 현금 유입액이 감소하므로 사채의 장부금액도 감소한다.

사채발행비를 고려한 유효이자율: $87,564 / 875,640 = 10\%$
 − 문제에서 X1년도 이자비용을 제시했으므로 이자비용을 기초 장부금액으로 나누면 유효이자를 계산할 수 있다.

X2년도 이자비용: $913,204 \times 10\% = 91,320$

답 ①

04 (주)대한은 20X1년 1월 1일 사채(액면금액 ₩5,000,000, 표시이자율 연 6%, 매년 말 이자지급, 3년 만기)를 발행하였으며, 동 사채를 상각후원가로 측정하는 금융부채로 분류하였다. 사채발행일의 시장이자율은 연 8%이며, 사채발행비 ₩50,000이 지급되었다. 20X1년 12월 31일 사채의 장부금액이 ₩4,814,389일 경우 (주)대한이 동 사채와 관련하여 20X2년에 인식할 이자비용은 얼마인가? (단, 단수차이로 인해 오차가 있다면 가장 근사치를 선택한다.)

기간 \ 할인율	단일금액 ₩1의 현재가치		정상연금 ₩1의 현재가치	
	6%	8%	6%	8%
1년	0.9434	0.9259	0.9434	0.9259
2년	0.8900	0.8573	1.8334	1.7832
3년	0.8396	0.7938	2.6730	2.5770

① ₩394,780　　　　② ₩404,409　　　　③ ₩414,037
④ ₩423,666　　　　⑤ ₩433,295

▶ 해설

	유효이자(9%)	액면이자(6%)	상각액	BV
X0				4,692,100
X1	422,289	300,000	122,289	4,814,389
X2	433,295			

X1초 사채의 발행금액: 5,000,000 × 0.7938 + 300,000 × 2.5770 − 50,000 = 4,692,100

X1년 말 상각액: 4,814,389 − 4,692,100 = 122,289

– 문제에서 X1년 말 장부금액을 제시하였으므로, 기초 장부금액(= 발행금액)에서 차감하면 상각액을 구할 수 있다.

X1년도 유효이자: 액면이자 + 상각액 = 300,000 + 122,289 = 422,289

사채발행비를 고려한 유효이자율: 422,289/4,692,100 = 9%
X2년도 이자비용: 4,814,389 × 9% = 433,295

답 ⑤

4 사채의 상환

1. 사채상환손익

> 사채상환손익: 사채의 장부금액 − 상환금액

처분금액이 클수록 이익이 계상되는 자산의 처분과 달리 부채 상환의 경우 상환금액이 클수록 손실이 크게 계상된다. 예를 들어, 장부금액이 100,000인 사채를 각각 110,000과 90,000에 상환한다고 가정할 때 회계처리는 다음과 같다.

(1) 사채의 BV〈상환금액: 사채상환손실

사채	100,000	현금	110,000
사채상환손실	10,000		

(2) 사채의 BV 〉상환금액: 사채상환이익

사채	100,000	현금	90,000
		사채상환이익	10,000

직관적으로 보면, 돈을 많이 주고 갚으면 손실이 계상되고, 돈을 적게 주고 갚으면 이익이 계상되는 원리이다.

예제

05 (주)한국은 액면 ₩1,000,000의 사채를 2015년 초에 ₩950,260으로 발행하였다. 발행 당시 사채의 유효이자율은 10%, 표시이자율은 8%, 이자는 매년 말 후급, 만기일은 2017년 말이다. (주)한국이 해당 사채 전액을 2016년 초에 ₩960,000의 현금을 지급하고 상환할 경우 사채상환이익(손실)은?

2015. 지방직 9급

① ₩5,286 손실　　　　　　　② ₩5,286 이익
③ ₩6,436 손실　　　　　　　④ ₩6,436 이익

⊙ 해설

사채상환손익: 965,286 − 960,000 = 5,286 이익

	유효이자(10%)	액면이자(8%)	상각액	장부금액
14				950,260
15	95,026	80,000	15,026	965,286

답 ②

2. 사채의 기중상환

사채의 상환이 기중에 이루어지는 경우 다음과 같이 사채상환손익을 계산한다.

사채상환손익 = 상환 시 총부채 − 상환금액
① = 상환 시 사채의 BV + 미지급이자 − 상환금액
② = 기초 사채의 BV + 상각액 + 미지급이자 − 상환금액
③ = 기초 사채의 BV + 유효이자 − 상환금액
④ = 기초 사채의 BV × (1 + 유효R × 경과 월수/12) − 상환금액

① 사채상환손익은 총부채에서 상환금액을 차감하여 구한다. 그런데 상환이 기중에 이루어진다면 미지급이자가 존재한다. 따라서 '상환 시 사채의 장부금액 + 미지급이자'가 총부채가 되며, 이 금액에서 상환금액을 차감해야 상환손익을 계산할 수 있다.

② 상환 시에는 기초에서 시간이 경과했기 때문에 사채의 장부금액을 기초 장부금액과 상각액의 합으로 표현할 수 있다.

③ ②번식으로 계산하기 위해서는 유효이자를 먼저 구한 뒤 액면이자와 상각액을 따로 구해야 하는 번거로움이 있다. 따라서 ③번식을 이용한다. 상각액은 유효이자에서 미지급이자를 차감한 금액이므로, '상각액 + 미지급이자'를 유효이자로 대체할 수 있다.

④ 기중에 상환하는 것이기 때문에 유효이자가 1년치 이자가 아닌 상환 시점까지의 이자가 된다. 마지막 유효이자 계산 시 월할 상각하는 것에 유의하자.

이를 그림으로 표현하면 다음과 같다. 상환금액이 상환 시 총부채보다 커서 상환손실이 나오는 것을 가정하고 그림을 그렸는데, 상환손실 자리에 음수가 온다면 상환이익을 의미한다. 실전에서는 그림을 그릴 시간이 없다. 마지막 ④번식을 이용하여 사채상환손익을 계산하자.

상환금액			
상환 시 총부채			상환손실
상환 시 사채 BV		미지급이자	상환손실
기초 사채 BV	상각액	미지급이자	상환손실
기초 사채 BV	유효이자(이자비용)		상환손실
기초 사채 BV	총 비용		

 기중 상환하는 해의 당기손익에 미치는 영향

당기손익 = 상환손익 − 이자비용 = 기초 사채 BV − 상환금액

사채가 상환되는 해의 당기손익은 이자비용과 상환손익의 합이다. 이자비용은 당기손익을 감소시키므로, 상환손익에서 이자비용을 차감하면 된다. 이는 위 표를 보면 상환금액에서 기초 사채 장부금액을 차감한 것과 일치한다. 문제에서 당기손익을 묻는다면 상환손익을 따로 구하지 말고, 바로 당기손익을 구하자.

> **※ 주의 사채상환 시 미지급이자 포함 여부**
>
> 미지급이자 포함 시 상환손익: 기초 사채의 BV + 상각액 + **미지급이자** − 상환금액
> 미지급이자 제외 시 상환손익: 기초 사채의 BV + 상각액 − 상환금액
> (= 미지급이자 포함 시 상환손익 − 미지급이자)

다음 두 예제 모두 '미지급이자(or 경과이자) 포함'이라고 명시하고 있다. 만약 미지급이자를 제외한다면 상환손익 계산 식이 위와 같이 달라진다. 문제에서 상환금액이 미지급이자를 포함한 대가인지, 제외한 대가인지 반드시 확인하자.
일반적으로 기중 상환 시에는 미지급이자를 포함하고, 기말 상환 시에는 미지급이자를 제외한다. 미지급이자는 대부분 기말에 지급하므로 기중 상환 시에는 미지급이자가 있지만, 기말 상환 시에는 미지급이자가 없기 때문이다.

예제

06 (주)대한은 20X1년 초 장부금액이 ₩965,260이고 액면금액이 ₩1,000,000인 사채(표시이자율 연 10%)를 20X1년 7월 1일에 경과이자를 포함하여 ₩970,000에 상환하였다. 동 사채의 이자지급일은 매년 12월 31일이고 사채 발행시의 유효이자율은 연 12%이었다. (주)대한이 20X1년도에 인식할 사채상환손익은 얼마인가? (단, 이자는 월할계산하며, 소수점 첫째자리에서 반올림한다.) 2014. CTA

① ₩53,176 이익   ② ₩34,740 이익   ③ ₩4,740 손실
④ ₩11,092 손실   ⑤ ₩13,176 손실

▶ 해설

사채상환손익: 965,260 × (1 + 12% × 6/12) − 970,000 = 53,176 이익

	유효이자(12%)	액면이자(10%)	상각액	BV
X0				965,260
X1.7.1	57,916	50,000	7,916	973,176

X1.7.1 총부채: 973,176 + 50,000 = 1,023,176
사채상환손익: 1,023,176 − 970,000 = 53,176 이익

 ①

07 (주)대경은 20X1년 1월 1일 액면금액 ₩1,000,000, 액면이자율 연 7%(매년말 이자지급), 3년 만기인 회사채를 발행하고 상각후원가측정금융부채로 분류하였다. 사채발행 당시 시장이자율은 연 9%이었으며, 사채할인발행차금에 대하여 유효이자율법으로 상각한다. 한편, (주)대경이 동 사채를 발행하는 과정에서 직접적인 사채발행비 ₩24,011이 발생하였다. (주)대경은 동 사채와 관련하여 20X1년도 포괄손익계산서상 이자비용으로 ₩92,538을 인식하였다. (주)대경이 20X2년 5월 31일에 상기 사채를 ₩1,050,000(미지급이자 포함)에 매입하였다면, 사채상환손실은 얼마인가? 계산과정에서 소수점 이하는 첫째자리에서 반올림한다. 그러나 계산방식에 따라 단수차이로 인해 오차가 있는 경우, 가장 근사치를 선택한다. 또한 법인세 효과는 고려하지 않는다. 2014. CPA

할인율	단일금액 ₩1의 현재가치			정상연금 ₩1의 현재가치		
	1년	2년	3년	1년	2년	3년
7%	0.9346	0.8734	0.8163	0.9346	1.8080	2.6243
9%	0.9174	0.8417	0.7722	0.9174	1.7591	2.5313

① ₩12,045   ② ₩39,254   ③ ₩50,000

④ ₩62,585   ⑤ ₩76,136

▶ 해설

	유효이자(10%)	액면이자(7%)	상각액	BV
X0				925,380
X1	92,538	70,000	22,538	947,918
X2.5.31	39,497			

X1초 PV: 1,000,000 × 0.7722 + 70,000 × 2.5313 = 949,391
X1초 BV: 949,391 − 24,011 = 925,380
사채발행비를 고려한 유효이자: 92,538/925,380 = 10%

X1말 BV: 925,380 × 1.1 − 70,000 = 947,918
상환손익: 947,918 × (1 + 10% × 5/12) − 1,050,000 = (−)62,585 손실

계산기 사용법 0.1 × 5/12 + 1 × 947,918 − 1,050,000 =

− 이자율 월할 계산을 먼저 한 뒤, 기초 BV를 곱하는 것이 편리하다.

답 ④

참고 X2.5.31 금액 분석

상환금액 1,050,000			
총 부채 987,415			상환손실 62,585
상환 시 사채 BV 958,248		미지급이자 29,167	상환손실 62,585
기초 사채 BV 947,918	상각액 10,330	미지급이자 29,167	상환손실 62,585
기초 사채 BV 947,918	유효이자 39,497		상환손실 62,585
기초 사채 BV 947,918	총 비용 102,082		

사채 상환 시 총 부채는 사채의 장부금액과 미지급이자 부분으로 나뉜다. 위 금액 분석은 참고 목적으로만 보고 실전에서는 '기초 사채의 BV × (1 + 유효R × 경과 월수/12) − 상환금액'의 방식으로 상환손익을 빠르게 구하자.

사채 장부금액: 947,918 + 10,330 = 958,248
미지급이자: 70,000 × 5/12 = 29,167
총 부채: 958,248 + 29,167 = 987,415

참고 미지급이자 제외하고 상환 시 사채상환손익

상환손익: 958,248 − 1,050,000 = (−)91,752 손실

문제에서는 ₩1,050,000(미지급이자 포함)에 매입하였다고 가정하였는데, 만약 미지급이자를 제외하고 ₩1,050,000에 매입하였다면 상환손익은 위와 같다. 1,050,000이 미지급이자를 포함한 '총 부채'를 갚기 위한 대가가 아닌, 사채 BV만을 갚기 위한 대가이므로 사채 BV와 비교해야 한다.

5 자기사채

1. 자기사채의 취득

사채를 발행한 회사가 자기가 발행한 사채를 취득할 경우 '자기사채'라고 부른다. 자기사채를 취득하는 경우 사채의 상환으로 본다. 다른 회사의 사채를 취득하였다면 금융자산으로 분류하지만, 자기 회사의 사채를 취득한 경우 자기가 자기로부터 현금을 받을 수 있는 권리를 자산으로 인식할수는 없기 때문이다. 따라서 자기사채 취득 시 지급한 대가를 상환금액으로 보고 기존에 인식한 사채를 제거하면서 사채상환손익을 인식한다.

2. 자기사채의 소각

사채를 취득하면 사채가 제거되므로, 사채 취득 후에 소각하더라도 이미 사채는 제거되었기 때문에 소각에 대한 회계처리는 없다.

3. 사채의 재발행

사채를 취득한 후 기존 사채를 재발행하더라도 사채 취득 시 사채는 이미 제거되었기 때문에 취득 시점부터 재발행 시점까지 유효이자율 상각을 하지 않는다. 재발행 시에는 새로운 사채를 발행하는 것으로 본다.

예제

08 (주)한국은 20X1년 1월 1일에 액면가 ₩10,000, 만기 3년, 표시이자율 8%, 이자지급일이 매년 12월 31일인 사채를 ₩9,503에 할인발행하였다. 사채발행 당시 시장이자율은 연 10%이었다. (주)한국은 이 사채를 20X2년 1월 1일에 ₩9,800에 취득한 뒤, 이 중 액면가 ₩4,000은 매입 즉시 소각하고, 나머지 액면가 ₩6,000은 20X2년 12월 31일에 ₩5,891에 재발행하였다. 동 사채와 관련된 회계처리가 (주)한국의 20X2년 당기순이익에 미치는 영향은 얼마인가?

2021. 관세직 9급 수정

① ₩147 감소 ② ₩579 감소
③ ₩726 감소 ④ ₩965 감소

해설

X2년 당기순이익에 미치는 영향: 147 감소 (사채상환손실)

사채상환손익: 9,653 − 9,800 = (−)147 손실
 − X2년초 사채의 장부금액: 9,503 × 1.1 − 800 = 9,653

|회계처리|

X2.1.1	사채	10,000	현금	9,800
	사채상환손실	147	사채할인발행차금	347
X2.12.31	현금	5,891	사채	6,000
	사채할인발행차금	109		

자기사채 취득은 사채의 상환으로 본다. 사채 소각 시 회계처리는 없으며, 재발행 시는 새로운 사채를 발행한 것으로 보고 발행금액이 사채의 장부금액이 된다. 자기사채 취득 시부터 재발행 시까지는 이자비용이 발생하지 않는다.

답 ①

6 | 권면상 발행일과 실제 발행일이 다른 경우

채권에 기재된 발행일과 실제 발행일이 다를 수도 있다. 이에 대해 사례로 설명한다.

> **사례**
>
> (주)한국은 액면금액 ₩1,000,000(표시이자율 연 8%, 사채권면상 발행일 20X1년 1월 1일, 만기 3년, 매년말 이자지급)인 사채를 20X1년 4월 1일에 발행하였다. 권면상 발행일인 20X1년 1월 1일의 시장이자율은 연 10%이며, 실제 발행일(20X1년 4월 1일)의 시장이자율은 연 12%이다. 현가계수는 아래 표를 이용한다.
>
> 현가계수표
>
> | 할인율
기간 | 단일금액 ₩1의 현재가치 | | | 정상연금 ₩1의 현재가치 | | |
> |---|---|---|---|---|---|---|
> | | 8% | 10% | 12% | 8% | 10% | 12% |
> | 3년 | 0.7938 | 0.7513 | 0.7118 | 2.5771 | 2.4868 | 2.4018 |
>
> (주)한국이 사채발행으로 20X1년 4월 1일 수취하는 금액은? 단, 단수차이로 인해 오차가 있다면 가장 근사치를 선택한다. 2017. CPA
> ① ₩911,062 ② ₩931,062 ③ ₩938,751
> ④ ₩958,751 ⑤ ₩978,751

 STEP 1 실제 발행일의 이자율을 사용하여 1월 1일의 현재가치를 구하기

채권에 기재된 발행일과 실제 발행일이 다르게 발행될 수도 있다. 이 경우 가장 먼저 할 일은 실제 발행일이 아닌 1월 1일의 현재가치를 구하는 것이다. 이때, 권면상 발행일이 아닌 '실제 발행일'의 이자율을 이용하여 현재가치해야 한다는 점을 주의하자. 따라서 12%의 현가계수인 0.7118과 2.4018로 현재가치를 계산해야 한다.
X1초 PV: 1,000,000 × 0.7118 + 80,000 × 2.4018 = 903,944

STEP 2 1년치 상각표 그리기

	유효이자(12%)	액면이자(8%)	상각액	BV
X0				903,944
X1.4.1				
X1	108,473			

실제 발행일은 4월 1일이지만, 1월 1일에 발행했다고 가정하고 원래 유효이자율 상각표와 같은 방법으로 1년치 유효이자를 표시한다. 단, 1.1과 12.31 사이에 한 줄이 더 들어가야 하므로 한 줄 띄워서 적자.

STEP 3 · 1년치 이자를 월할 상각하여 발행일의 상각표 그리기

	유효이자(12%)	액면이자(8%)	상각액	BV
X0				903,944
X1.4.1	27,118			
X1	108,473			

↗ × 월수/12

Step 2에서 구한 1년치 이자를 월할 상각해서 발행일의 상각표를 그려서 상각표를 완성한다.
실제 발행일이 4월 1일이므로 3개월치 이자만 쓴다.

STEP 4 · 발행 시 현금 수령액 및 이자비용

> 1. 발행 시 현금 수령액 = 사채의 기초 BV × (1 + 유효R × 경과 월수/12)
> 2. X1년도 이자비용 = 유효이자 × 잔존 월수/12

본 패턴에서는 위 두 가지를 많이 묻는다. 답은 위 식을 이용하여 계산한다.

1. 발행 시 현금 수령액

앞에서 배운 '기중상환'에서 사채 상환 시 총부채를 '사채의 기초 BV × (1 + 유효R × 경과 월수/12)'로 계산하였다. 발행 시 현금 수령액도 같은 식으로 계산된다. 위 식이 기중 부채 금액이므로 상환 시점에서는 해당 금액이 부채 장부금액이 되고, 발행 시점에서는 해당 금액만큼 현금을 수령하게 된다.
현금 수령액: $903,944 × (1 + 12\% × 3/12) = 931,062$

2. 사채를 발행한 해의 이자비용

사채를 발행한 해의 이자비용을 물은 경우 월할 상각에 주의하자. Step 3에서 12개월치와 3개월치 이자를 구하지만, 이자비용은 사채 발행 시점부터 발생한다. 따라서 9개월치 이자가 이자비용으로 계상된다.
X1년도 이자비용: $108,473 × 9/12 = 81,355$

참고 현금 수령액의 내역

사채 발행 시 현금 수령액은 사채의 장부금액과 미지급이자 부분으로 나뉜다.

	유효이자(12%)	액면이자(8%)	상각액	BV
X0				903,944
X1.4.1	27,118	20,000	7,118	911,062
X1	108,473	80,000		

사채 장부금액: 903,944 + 7,118 = 911,062
미지급이자: 80,000 × 3/12 = 20,000
총 현금 수령액: 911,062 + 20,000 = 931,062

답 ②

예제

09 (주)국세는 아래와 같은 조건으로 사채를 발행하였다.

- 사채권면에 표시된 발행일은 20X0년 1월 1일이며, 실제발행일은 20X0년 8월 1일이다.
- 사채의 액면금액은 ₩3,000,000이며, 이자지급일은 매년 12월 31일이고 만기는 4년이다.
- 사채의 액면이자율은 연 6%이며, 동 사채에 적용되는 유효이자율은 연 12%이다.
- 사채권면에 표시된 발행일과 실제발행일 사이의 발생이자는 실제발행일의 사채 발행금액에 포함되어 있다.

위 사채의 회계처리에 관한 다음 설명 중 옳지 않은 것은? (단, 현가계수는 아래의 표를 이용한다. 이자는 월할계산하며, 소수점 첫째자리에서 반올림한다.) 2012. CTA

현 가 계 수 표

할인율 기간	기간 말 단일금액 ₩1의 현재가치		정상연금 ₩1의 현재가치	
	6%	12%	6%	12%
1	0.94340	0.89286	0.94340	0.89286
2	0.89000	0.79719	1.83340	1.69005
3	0.83962	0.71178	2.67302	2.40183
4	0.79209	0.63552	3.46511	3.03735

① 실제발행일의 순수 사채발행금액은 ₩2,520,013이다.
② 20×0년도에 상각되는 사채할인발행차금은 ₩122,664이다.
③ 20×0년 12월 31일 현재 사채할인발행차금 잔액은 ₩432,323이다.
④ 사채권면상 발행일과 실제발행일 사이의 액면발생이자는 ₩105,000이다.
⑤ 사채권면상 발행일과 실제발행일 사이의 사채가치의 증가분(경과이자 포함)은 ₩171,730이다.

해설

	유효이자(12%)	액면이자(6%)	상각액	BV
X0.1.1				2,453,283
X0.8.1	171,730	105,000	66,730	2,520,013
X0.12.31	294,394	180,000	114,394	2,567,677

① X0초 사채발행금액: 3,000,000 × 0.63552 + 180,000 × 3.03735 = 2,453,283
　실제 발행일의 발행금액: 2,453,283 × (1 + 12% × 7/12) − 180,000 × 7/12 = 2,520,013 (O)
② × 0년 사채할인발행차금 상각액: 114,394 − 66,730 = 47,664 (X)
③ × 0년 말 사채할인발행차금 잔액: 3,000,000 − 2,567,677 = 432,323 (O)
④ X0초와 X0.8.1 사이의 액면발생이자: 180,000 × 7/12 = 105,000 (O)
⑤ X0초와 X0.8.1 사이의 사채가치의 증가분(경과이자 포함): 2,453,283 × 12% × 7/12 = 171,730 (O)

|회계처리|

X0.8.1	현금	2,625,013	사채	3,000,000
	사채할인발행차금	479,987	미지급이자	105,000
X0.12.31	이자비용	122,664	미지급이자	75,000
			사채할인발행차금	47,664
	미지급이자	180,000	현금	180,000

답 ②

7 이자지급일이 기중인 경우

지금까지는 사채의 이자지급일이 전부 매년 12월 31일이었다. 하지만 이자지급일은 12월 31일이 아닐 수도 있다. 이 경우 유효이자율 상각표는 이자지급일을 기준으로 작성해야 한다. 예를 들어, 이자지급일이 매년 6월 30일이라면, 매년 6월 30일을 기준으로 유효이자율 상각표를 그려야 한다. 발행일의 현재가치를 구한 뒤, 매년 6월 30일의 장부금액을 구하면 된다.

이때, 상각표는 이자지급일을 기준으로 작성하더라도 이자비용은 회계연도를 기준으로 계산해야 한다. 회계연도는 1.1~12.31이므로, 1년간 적용되는 이자비용을 월할 계산해야 한다. 이자지급일(예 6.30)을 전후로 적용되는 이자비용이 다를 것이므로, 각각의 이자비용이 올해 포함되는 개월 수를 고려해야 한다.

예제

10 (주)세무는 다음의 사채를 발행하였다. 동 거래와 관련하여 (주)세무가 20X6년에 인식할 이자비용 금액과 20X6년 말 인식할 사채 장부금액의 합계액은? (단, 이자는 월할계산한다.)

2016. CTA 수정

액면금액	₩1,000,000	발행일	20X6년 7월 1일
표시이자율	연 8%	만기일	20X9년 6월 30일
발행일 유효이자율	연 10%	이자지급일	매년 6월 30일

기간	단일금액 ₩1의 현재가치		정상연금 ₩1의 현재가치	
	8%	10%	8%	10%
1	0.9259	0.9091	0.9259	0.9091
2	0.8573	0.8264	1.7833	1.7355
3	0.7938	0.7513	2.5771	2.4869

① ₩981,521   ② ₩977,765   ③ ₩990,765

④ ₩1,005,278   ⑤ ₩1,020,000

▶해설

이자비용 + 장부금액 = (1) + (2) = 1,005,278

(1) X6년 이자비용: 950,252 × 10% × 6/12 = 47,513

(2) X6년 말 장부금액: 950,252 + 15,025 × 6/12 = 957,765

	유효이자(10%)	액면이자(8%)	상각액	BV
X6.7.1				950,252
X7.6.30	95,025	80,000	15,025	965,277
X8.6.30	96,528	80,000	16,528	981,805

X6.7.1 PV: 1,000,000 × 0.7513 + 80,000 × 2.4869 = 950,252

|회계처리|

X6.7.1	현금	950,252	사채	1,000,000
	사채할인발행차금	49,748		
X6.12.31	이자비용	47,513	미지급이자	40,000
			사채할인발행차금	7,513
X7.6.30	이자비용	47,513	미지급이자	40,000
			사채할인발행차금	7,513
	미지급이자	80,000	현금	80,000

참고 X7년도 이자비용

: 95,025 × 6/12 + 96,528 × 6/12 = 95,777

X6.7.1~X7.6.30까지 발생한 이자비용은 95,025이다. 이 중 X7년은 X7.1.1~X7.6.30까지 6개월이다. 또한, X7.7.1~X8.6.30까지 발생한 이자비용은 96,528이다. 이 중 X7년은 X7.7.1~X7.12.31까지 6개월이다. 따라서 각각의 이자비용에 6/12를 곱한 뒤 더해야 한다.

답 ④

8 표시이자를 연 2회 지급하는 경우 심화

이자율 = 연 이자율/이자 지급 횟수
기간 = 만기 × 이자 지급 횟수

사채의 표시이자(= 액면이자)를 1년에 1번 지급하는 것이 아니라, 2번 혹은 3번 등 더 자주 지급할 수도 있다. 이 경우에도 유효이자율 상각표는 이자지급일을 기준으로 작성하면 된다. 다만, 이자 지급 간격이 1년보다 짧아지기 때문에 이자율도 이자 지급 간격을 기준으로 계산해야 한다.

예를 들어 1년에 표시이자를 2번 지급하는 3년 만기 사채 발행 시 시장이자율 연 12%, 액면이자율 연 10%인 경우 유효이자율은 6%(= 12%/2회), 액면이자율은 5%(= 10%/2회)가 되며, 만기를 6기(= 3년 × 2회)로 보아야 한다. 연 12% 이자율로 3년간 차입한 것이 아니라, 연 6% 이자율로 6년간 차입한 것으로 보는 것이다. 그리고 액면이자는 연 10%를 지급하므로 6개월마다 5%씩 지급한다.

사례

(주)김수석은 20X1년 1월 1일 액면금액 ₩1,000,000, 만기 3년, 액면이자율 8%인 사채를 발행하였다. 이자 지급일은 매년 6월 30일과 12월 31일이다. 사채 발행 시 시장이자율이 10%일 때 사채의 발행금액을 구하고, 20X1년 1월 1일부터 20X1년 12월 31일까지 회계처리를 하시오.

할인율	단일금액 ₩1의 현재가치		정상연금 ₩1의 현재가치	
	3년	6년	3년	6년
5%	0.8638	0.7462	2.7232	5.0757
8%	0.7938	0.6302	2.5771	4.6229
10%	0.7513	0.5645	2.4869	4.3553

|유효이자율 상각표|

	유효이자(5%)	액면이자(4%)	상각액	장부금액
X0	1,000,000 × 0.7462 + 40,000 × 5.0757 =			949,228
X1.6.30	47,461	40,000	7,461	956,689
X1	47,834	40,000	7,834	964,524

|회계처리|

X1.1.1	현금	949,228	사채	1,000,000
	사채할인발행차금	50,772		
X1.6.30	이자비용	47,461	현금	40,000
			사채할인발행차금	7,461
X1.12.31	이자비용	47,834	현금	40,000
			사채할인발행차금	7,834

9 연속상환사채

연속상환사채란 사채의 액면금액을 여러 번에 걸쳐 연속적으로 상환하는 사채를 말한다. 연속상환사채도 일반사채와 마찬가지로 유효이자율 상각을 한다. 다만, 연속상환사채는 일반적인 사채와 현금흐름의 양상이 다르므로 다음 사항들을 유의하자.

액면이자 = 기초 액면금액 × 액면이자율

발행금액 = ∑연도별 CF × 단순현가계수

기말 장부금액 = 기초 장부금액 + 유효이자 − 액면이자 − 액면금액 상환액

---

1. 액면이자=기초 액면금액×액면이자율

일반적으로 액면이자는 '액면금액 × 액면이자율'의 방식으로 계산한다. 그런데 연속상환사채는 중간중간 액면금액을 조금씩 상환하기 때문에 액면금액이 감소한다. 따라서 상환하고 남은 기초 액면금액에 액면이자율을 곱해야 당기 액면이자가 계산된다.

2. 발행금액=∑연도별 CF×단순현가계수

일반적으로 발행금액은 '액면금액 × 단순현가계수 + 액면이자 × 연금현가계수'의 방식으로 계산한다. 하지만 연속상환사채는 액면이자가 매년 달라지기 때문에 연금현가계수를 이용할 수 없다. 따라서 연도별 현금흐름(= 액면금액 상환액 + 액면이자)에 전부 '단순'현가계수를 곱해야 한다.

3. 기말 장부금액=기초 장부금액+유효이자−액면이자−액면금액 상환액

일반적으로 기말 장부금액은 '기초 장부금액 + 유효이자 − 액면이자'의 방식으로 계산한다. 하지만 연속상환사채의 경우 만기 전에도 액면금액을 상환하기 때문에 일반적인 기말 장부금액에서 액면금액 상환액까지 차감해야 한다.

예제

11 (주)세무는 20X1년 1월 1일에 액면금액 ₩1,200,000, 표시이자율 연 5%, 매년 말 이자를 지급하는 조건의 사채(매년 말에 액면금액 ₩400,000씩을 상환하는 연속상환사채)를 발행하였다. 20X1년 12월 31일 사채의 장부금액은? (단, 사채발행 당시의 유효이자율은 연 6%, 계산금액은 소수점 첫째자리에서 반올림, 단수차이로 인한 오차는 가장 근사치를 선택한다.) 2016. CTA

기간	단일금액 ₩1의 현재가치		정상연금 ₩1의 현재가치	
	5%	6%	5%	6%
1	0.9524	0.9434	0.9524	0.9434
2	0.9070	0.8900	1.8594	1.8334
3	0.8638	0.8396	2.7232	2.6730

① ₩678,196   ② ₩778,196   ③ ₩788,888

④ ₩795,888   ⑤ ₩800,000

▶ 해설

(1) 현금흐름

	X1말	X2말	X3말
액면금액	400,000	400,000	400,000
액면이자	60,000	40,000	20,000
현금흐름 계	460,000	440,000	420,000

연도별 액면이자
X1년: 1,200,000 × 5% = 60,000
X2년: 800,000 × 5% = 40,000
X3년: 400,000 × 5% = 20,000

(2) 발행금액: 460,000 × 0.9434 + 440,000 × 0.8900 + 420,000 × 0.8396 = 1,178,196

(3) X1말 장부금액: 1,178,196 × 1.06 − 60,000 − 400,000 = 788,888
　≒440,000 × 0.9434 + 420,000 × 0.8900 = 788,896 (단수차이)
　─ X1초의 현재가치를 구한 뒤 상각하는 것보다, X1말의 현재가치를 바로 구하는 것이 더 빠르다.

참고 유효이자율 상각표

	유효이자(6%)	액면이자(5%)	액면금액 상환액	장부금액
X0				1,178,196
X1	70,692	60,000	400,000	788,888
X2	47,333	40,000	400,000	396,221
X3	23,773	20,000	400,000	(6) (단수차이)

답 ③

10 당기손익-공정가치 측정 금융부채

1. 당기손익-공정가치 측정 금융부채

당기손익 – 공정가치 측정 금융부채(이하 "FVPL 금융부채")란 다음 중 하나의 조건을 충족하는 금융부채를 의미한다.

> (1) 단기매매항목의 정의를 충족한다.
> (2) 최초 인식시점에 당기손익 – 공정가치 측정 항목으로 지정한다.

FVPL 금융부채로 지정하는 것이 정보를 더 목적 적합하게 하는 경우에는 금융부채를 최초 인식 시점에 FVPL 항목으로 지정할 수 있다. 다만 한번 지정하면 이를 취소할 수 없다.

2. 거래원가: 당기비용 처리

AC 금융부채는 거래원가를 발행금액에서 차감하는 반면, FVPL 금융부채는 거래원가를 당기비용 으로 처리한다.

3. 평가손익: PL (예외: OCI-재분류조정 불가)

당기손익 – 공정가치 측정 항목으로 지정한 금융부채의 손익은 당기손익(PL)으로 인식한다. 다 만, 신용위험 변동에 따른 금융부채의 공정가치 변동은 기타포괄손익으로 표시한다.
FVPL 금융부채의 평가손익 중 기타포괄손익으로 표시하는 금액은 재분류 조정 대상이 아니다. OCI가 재분류 조정 가능하다면 공정가치 평가손익을 OCI로 분류해둔 실익이 없기 때문에 재분 류 조정을 금지하는 것이다. 대신, 자본 내에서 이익잉여금으로 대체는 가능하다.

 FVPL 금융부채의 신용위험 변동에 따른 변동은 OCI로 인식하는 이유

> 신용위험이라 함은 채무자의 신용도가 하락하는 것을 의미한다. 채무자의 신용도가 하락하면 금융부채를 상환할 가능성이 낮아져 금융부채의 공정가치가 작아진다. 금융부채를 당기손익 – 공정가치 측정 항목 으로 지정한 경우 작아진 공정가치로 평가하면서 평가이익을 당기손익(PL)으로 인식한다. 결과적으로 채 무자의 신용도가 하락함에 따라 당기순이익의 증가하게 된다. 채무자의 신용도가 하락한 것은 부정적인 상황인데 이로 인해 당기순이익이 증가하게 되면 정보이용자에게 잘못된 정보를 제공할 수 있으므로, 이 를 막기 위하여 신용위험에 따른 FVPL 금융부채의 공정가치 변동은 OCI로 인식한다.

예제

12 (주)한국은 권면상 발행일이 20X1년 1월 1일이며 만기는 20X3년 12월 31일, 액면금액 ₩1,000,000, 표시이자율 연6%(매년말 지급)인 사채를 20X1년 4월 1일에 발행하고, 사채발행비용 ₩10,000을 지출 하였다. 20X1년 1월 1일 사채에 적용되는 시장이자율은 연8%이지만, 실제 발행일인 20X1년 4월 1일의 시장이자율은 연10%이다. 20X1년 4월 1일에 동 사채를 당기손익인식금융부채로 분류했을 때의 당기손익인식금융부채 장부금액(A)과 상각후원가측정금융부채로 분류했을 때의 상각후원가측정금융부채 장부금액(B)을 구하면 각각 얼마인가? (단, 현가계수는 아래의 현가계수표를 이용하며, 단수차이로 인해 오차가 있는 경우 가장 근사치를 선택한다.)

2016. CPA

할인율	단일금액 ₩1의 현가			정상연금 ₩1의 현가		
	1년	2년	3년	1년	2년	3년
8%	0.9259	0.8573	0.7938	0.9259	1.7832	2.5770
10%	0.9091	0.8264	0.7513	0.9091	1.7355	2.4868

	당기손익인식금융부채로 분류했을 때의 장부금액(A)	상각후원가측정금융부채로 분류했을 때의 장부금액(B)
①	₩898,021	₩898,021
②	₩898,021	₩908,021
③	₩908,021	₩898,021
④	₩942,388	₩942,388
⑤	₩952,388	₩942,388

	유효이자(10%)	액면이자(6%)	상각액	장부금액
X0				900,508
X1.4.1	22,513	15,000	7,513	908,021
X1	90,051	60,000		

X1초 PV: $1,000,000 \times 0.7513 + 60,000 \times 2.4868 = 900,508$

A(FVPL 금융부채)
X1.4.1 사채의 장부금액: $900,508 \times (1 + 10\% \times 3/12) - 15,000 = 908,021$
FVPL 금융부채는 공정가치로 평가한다. 따라서 X1.4.1의 시장이자율인 10%로 할인하며, 사채발행비용은 금융부채의 장부금액에 영향을 미치지 않는다. 사채발행비용은 당기비용 처리한다.

B(AC 금융부채)
X1.4.1 사채의 장부금액: $900,508 \times (1 + 10\% \times 3/12) - 15,000 - 10,000 = 898,021$
AC 금융부채 발행 시 발생한 사채발행비용은 금융부채의 장부금액에서 차감한다.

답 ③

13 (주)세무는 사채(사채권면상 발행일 20X1년 1월 1일, 액면금액 ₩1,000,000, 표시이자율 연 8%, 만기 3년, 매년 말 이자지급)를 20X1년 4월 1일에 발행하고 사채발행비용 ₩1,000을 지출하였다. 사채권면상 발행일인 20X1년 1월 1일의 시장이자율은 연 10%이며, 실제 발행일(20X1년 4월 1일)의 시장이자율은 연 12%이다. 동 사채를 당기손익-공정가치 측정 금융부채로 분류했을 경우 20X1년 4월 1일의 장부금액은? (단, 현재가치 계산 시 다음에 제시된 현가계수표를 이용한다.)

2022. CTA

구분	단일금액 ₩1의 현재가치			정상연금 ₩1의 현재가치		
	8%	10%	12%	8%	10%	12%
3년	0.7938	0.7513	0.7118	2.5771	2.4868	2.4018

① ₩910,062   ② ₩911,062   ③ ₩953,000

④ ₩954,000   ⑤ ₩1,000,000

◎ 해설

	유효이자(12%)	액면이자(8%)	상각액	장부금액
X0				903,944
X1.4.1	27,118	20,000	7,118	911,062
X1	108,473	80,000		

X1초 PV: 1,000,000 × 0.7118 + 80,000 × 2.4018 = 903,944

FVPL 금융부채는 공정가치로 평가한다. 따라서 X1.4.1의 시장이자율인 12%로 할인하며, 사채발행비용은 금융부채의 장부금액에 영향을 미치지 않는다. 사채발행비용은 당기비용 처리한다.

目 ②

Memo

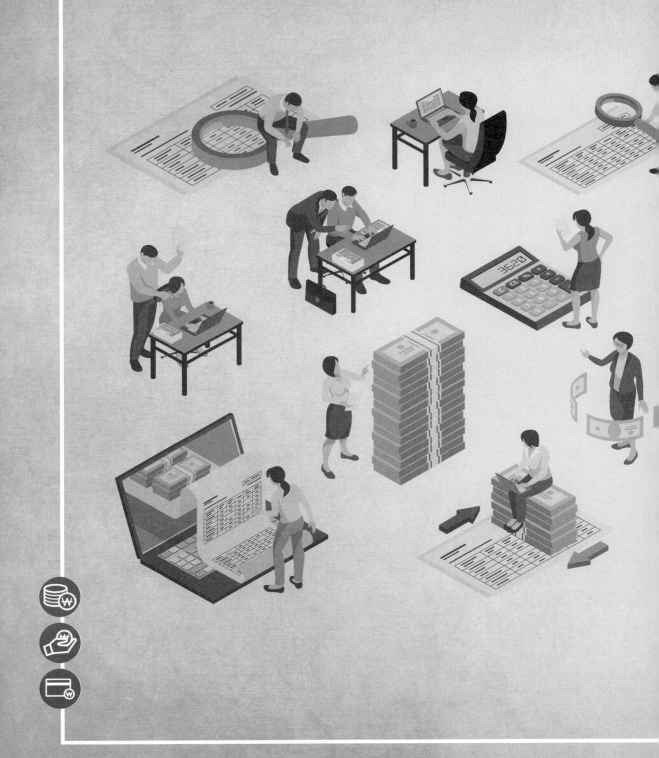

C·H·A·P·T·E·R

06

금융자산

CHAPTER 06 금융자산

1 지분상품 회계처리

1. 계정 분류

국문 계정	영문 계정	비고
당기손익 – 공정가치 측정 금융자산	FVPL 금융자산	원칙
기타포괄손익 – 공정가치 측정 (선택) 금융자산	FVOCI (선택) 금융자산	최초 인식 시점에 선택 가능 (취소 불가)

지분상품은 공정가치로 측정하고, 공정가치 변동을 당기손익으로 표시한다. 다만, 단기매매항목이 아니고 조건부 대가가 아닌 지분상품에 대한 특정 투자에 대하여는 후속적인 공정가치 변동을 기타포괄손익으로 표시하도록 최초 인식시점에 선택할 수도 있다. 다만 한번 선택하면 이를 취소할 수 없다.

지분상품은 원칙적으로 '당기손익 – 공정가치 측정 금융자산'으로 분류하되, 공정가치 변동을 기타포괄손익으로 표시하도록 선택한 지분상품은 '기타포괄손익 – 공정가치 측정 금융자산'으로 부른다. 선택한 것이기 때문에 기타포괄손익 – 공정가치 측정 '선택' 금융자산이라고도 한다.

2. 최초 인식: 공정가치

최초 인식시점에 금융자산이나 금융부채는 공정가치로 측정한다. 최초 인식시점에 공정가치가 거래가격과 다르고, 그러한 공정가치가 활성시장의 공시가격에 따라 입증된다면 공정가치로 측정한다. 최초 인식시점에 공정가치와 거래가격 간의 차이는 당기손익(PL)으로 인식한다.

예를 들어, 20X1년에 공정가치가 ₩11,000 A사의 주식을 ₩10,000에 취득하여 후속적인 공정가치 변동을 기타포괄손익으로 표시하도록 선택하였다면, 취득일의 회계처리는 다음과 같다. FVOCI 금융자산도 최초 인식시점에 공정가치와 거래가격 간 차이는 PL로 인식한다는 것을 주의하자.

(차)	FVOCI 금융자산	11,000	(대)	현금	10,000
				금융자산평가이익(PL)	1,000

구분		취득부대비용	배당금수익	FV 평가손익	처분손익
지분상품	FVPL	PL	PL	PL	PL
	FVOCI	취득원가에 가산		OCI (재분류 조정 X)	0 (평가 후 처분)

3. 취득부대비용

일반적으로 자산의 취득부대비용은 취득원가에 가산한다. 따라서 FVOCI는 취득부대비용을 취득원가에 가산하나, FVPL은 예외적으로 당기비용 처리한다. FVPL은 공정가치 평가손익을 당기손익에 반영하므로 취득부대비용을 취득원가에 가산해도 결과는 똑같지만, 편리한 회계처리를 하기 위해 당기비용 처리한다. FVPL의 취득부대비용을 왜 당기비용 처리하는지는 사례를 참고하자.

4. 배당금수익

현금배당	금융자산의 계정 분류와 무관하게 당기손익(PL)
주식배당	투자자는 회계처리 X

(1) 현금배당: 금융자산의 계정 분류와 무관하게 당기손익(PL)

지분상품을 FVPL로 분류하는지, FVOCI로 분류하는지에 따라 '평가손익'의 처리방법은 다르다. 하지만 배당금 수익(현금배당)은 계정 분류와 무관하게 전부 당기손익으로 인식한다. 특히, FVOCI 금융자산으로 선택하더라도 배당금수익은 PL로 인식한다는 것을 주의하자.

(2) 주식배당: 투자자는 회계처리 X

주식배당은 배당을 주식으로 지급하는 것이다. 사외로 현금이 유출되는 것이 아니기 때문에 주식배당을 하더라도 회사의 자본은 불변이다. 회사의 가치는 그대로인 상태로, 주식 수만 증가하기 때문에 한 주당 주식의 금액은 하락하며, 투자자의 부는 변함이 없다. 따라서 주식배당을 수령한 투자자는 회계처리를 하지 않는다.

5. 공정가치 평가손익: 계정 이름 따라서

모든 지분상품은 계정명에 FV가 붙어 있으며, 매 보고기간 말 공정가치로 평가를 한다. FV 뒤에는 PL 혹은 OCI가 붙어 있는데, 이는 평가손익을 어느 손익으로 인식할지 의미한다. FVPL 금융자산은 평가손익을 당기손익(PL)으로 인식하고, FVOCI 금융자산은 평가손익을 기타포괄손익(OCI)으로 인식한다. FVOCI 금융자산의 평가손익은 재분류조정 대상이 아니며, 이익잉여금 직접 대체는 가능하다.

6. 처분손익

(1) FVPL: PL

FVPL 금융자산 처분 시 처분가액과 장부금액의 차이를 PL로 인식한다.

(2) FVOCI: 평가 후 처분 (평가손익 OCI), 처분손익=0

FVOCI 금융자산 처분 시에는 처분가액을 공정가치로 보고 공정가치 평가를 한다. 이때 발생하는
FVOCI 금융자산의 평가손익은 앞서 설명했듯이 OCI로 인식한다.

처분가액으로 평가한 후에 처분가액으로 처분하므로 처분손익은 0이다. FVOCI 지분상품의 '처
분손익'을 묻는 문제에서는 (3)처럼 처분부대비용이 있지 않다면 계산하지 말고 바로 0을 답으로
고르자.

(3) FVOCI 금융자산(지분상품)의 처분부대비용 심화

FVOCI 금융자산(지분상품) 처분 시 발생하는 부대비용에 대해서는 기준서 상 명확한 언급이 없
어서, 이견이 존재한다. FVOCI 금융자산이므로 부대비용도 OCI로 봐야 한다는 관점과, 부대비
용은 별도 지출이므로 PL로 보는 관점이 공존한다. 지금까지 출제된 기출문제에서는 처분부대비
용을 PL로 보았다. 실전에서는 처분부대비용을 PL로 보고, 답이 없다면 OCI로 보고 다시 계산해
보자.

> **사례**
>
> (주)김수석은 20X1년 초 액면금액이 ₩500인 (주)대한의 주식을 주당 ₩1,000에 10주 취득하였으며, 매
> 입 과정에서 부대비용이 ₩1,000 발생하였다. 20X1년 말 동 주식의 공정가치는 주당 ₩1,200이었다.
> (주)김수석은 동 주식을 20X2년 초 주당 ₩1,500에 전부 매각하였다. (주)김수석이 동 주식을 기타포괄
> 손익 – 공정가치 측정 금융자산으로 선택한 경우와, 당기손익 – 공정가치 측정 금융자산으로 분류한 경
> 우 각각 회계처리하시오.

	FVOCI 금융자산				FVPL 금융자산			
X1초	금융자산	11,000	현금	11,000	금융자산	10,000	현금	11,000
					PL	1,000		
X1말	금융자산	1,000	평가이익(OCI)	1,000	금융자산	2,000	평가이익(PL)	2,000
X2초	현금	15,000	금융자산	12,000	현금	15,000	금융자산	12,000
			평가이익(OCI)	3,000			처분이익(PL)	3,000
	평가이익(OCI)	4,000	이익잉여금	4,000	← 생략 가능			

위 금융자산 회계처리에서 다음 특징에 주목하자.

(1) FVOCI 금융자산: 처분 시에도 '평가'이익 계상
FVOCI 금융자산 처분 시 OCI가 계상되지만 처분이익이 아닌 평가이익임에 주의하자.

(2) FVPL 금융자산은 취득부대비용을 당기비용 처리하는 이유
앞에서 FVPL 금융자산의 경우 '편리한 회계처리를 위해' 취득부대비용을 당기비용 처리한다고
설명한 바 있다. 위의 회계처리에 따르면 취득 시 손실 1,000과 평가이익 2,000으로 인해 X1년
도 당기손익은 1,000 증가한다. 만약 FVOCI 선택 금융자산과 동일하게 취득부대비용을 취득원
가에 가산했더라도 평가이익이 1,000(= 12,000 − 11,000)이 되어 여전히 X1년도 당기손익은
1,000 증가한다. FVPL 금융자산도 다른 금융자산과 동일하게 취득부대비용을 취득원가에 가산
하더라도 결과는 동일하다. 기준서는 편의를 위해 당기비용 처리하도록 규정한 것이다.

(3) FVOCI의 CI = FVPL의 CI

X1년	FVOCI	FVPL	X2년	FVOCI	FVPL
NI	—	1,000	NI	—	3,000
OCI	1,000	—	OCI	3,000	—
CI	1,000	1,000	CI	3,000	3,000

FVOCI와 FVPL의 총포괄손익(CI)은 동일하다. FVOCI와 FVPL은 보유목적에 따라 계정을 다르
게 분류했을 뿐 실질은 같기 때문이다. FVOCI와 FVPL의 손익은 PL과 OCI로 계정 구분은 다르
지만, 금액이 같다. CI는 NI(당기순이익)와 OCI(기타포괄손익)를 합한 이익이므로 일치할 수 밖
에 없다.

(4) FVOCI 금융자산 처분 시 평가손익(OCI)의 이익잉여금 대체
FVOCI 금융자산의 평가손익(OCI)은 재분류조정 대상이 아니다. 따라서 FVOCI 금융자산 처분
시 당기손익에 미치는 영향은 없으며, OCI를 이익잉여금으로 직접 대체하는 것은 가능하다. 이익
잉여금 대체는 선택 회계처리이므로 생략해도 된다.

예제

01 (주)한국은 20X1년 중 (주)서울의 주식 20주를 주당 ₩1,000에 취득하였으며, 취득 시 총
수수료가 ₩1,000 발생하였다.(주)한국은 상기 주식을 기타포괄손익-공정가치 측정 금융
자산으로 분류하고 있으며, 주당 공정가치는 다음과같다.

구 분	20X1년 말	20X2년 말	20X3년 말
(주)서울 주식	₩1,300	₩1,000	₩1,500

(주)한국이 20X4년 상기 주식을 주당 ₩1,400에 처분하였다면, 20X1년과 20X4년의 기
타포괄손익에 미치는 영향은 각각 얼마인가?

	20X1년	20X4년
①	₩3,000	(₩2,000)
②	₩5,000	(₩2,000)
③	₩5,000	₩7,000
④	₩9,000	₩7,000

⊙ 해설

1. X1년: 5,000
   취득원가: 20주 × @1,000 + 1,000 = 21,000
   평가손익: 20주 × @1,300 − 21,000 = 5,000

2. X4년: (2,000)
   평가손익: (1,400 − 1,500) × 20주 = (2,000)

답 ②

02 (주)한국은 20X1년 1월 1일 (주)대한의 주식 10주를 ₩100,000에 취득하고, 당기손익-공정가치 측정(FVPL) 금융자산으로 분류하였다. 해당 주식 관련 자료는 다음과 같다. 주식 관련 거래가 (주)한국의 20X1년 당기순이익에 미치는 영향은 얼마인가? 2022. 계리사

> • (주)대한은 20X1년 3월 20일 주당 ₩500의 현금배당을 결의하였고, 3월 31일에 지급하였다.
> • (주)한국은 20X1년 6월 1일 (주)대한 주식 5주를 주당 ₩9,000에 처분하였다.
> • 20X1년 말 (주)대한 주식의 1주당 주가는 ₩13,200이다.

① ₩9,000 증가　　　　　　　　② ₩11,000 증가
③ ₩12,000 증가　　　　　　　　④ ₩16,000 증가

▶해설

X1년 당기순이익에 미치는 영향: 5,000 − 5,000 + 16,000 = 16,000 증가
 − FVPL 금융자산이므로 배당금수익, 처분손익, 평가손익 모두 PL에 해당한다.

(1) 배당금수익: 10주 × @500 = 5,000
(2) 처분손익: (9,000 − 10,000) × 5주 = (−)5,000 손실
 − 주식 10주를 100,000에 취득하였으므로, 주당 취득원가는 10,000이다.
(3) 평가손익: (13,200 − 10,000) × 5주 = 16,000 이익

답 ④

03 (주)한국은 20X3년 10월 7일 (주)대한의 보통주식을 ₩3,000,000에 취득하고, 취득에 따른 거래비용 ₩30,000을 지급하였다. 20X3년 말 (주)대한의 보통주식 공정가치는 ₩3,500,000이었다. (주)한국은 20X4년 1월 20일 (주)대한의 보통주식을 ₩3,400,000에 매도하였으며, 매도와 관련하여 부대비용 ₩50,000을 지급하였다. (주)대한의 보통주식을 당기손익-공정가치 측정 금융자산 혹은 기타포괄손익-공정가치 측정 금융자산으로 분류한 경우, (주)한국의 회계처리에 관한 설명으로 옳은 것은? 2014. CTA 수정

① 당기손익-공정가치 측정 금융자산으로 분류한 경우나 기타포괄손익-공정가치 측정 금융자산으로 분류한 경우 취득원가는 동일하다.

② 기타포괄손익-공정가치 측정 금융자산으로 분류한 경우나 당기손익-공정가치 측정 금융자산으로 분류한 경우 20X3년 말 공정가치 변화가 당기손익에 미치는 영향은 동일하다.

③ 당기손익-공정가치 측정 금융자산으로 분류한 경우나 기타포괄손익-공정가치 측정 금융자산으로 분류한 경우 20X3년 총포괄이익은 동일하다.

④ 당기손익-공정가치 측정 금융자산으로 분류한 경우 20X4년 금융자산처분손실은 ₩200,000이다.

⑤ 기타포괄손익-공정가치 측정 금융자산으로 분류한 경우 20X4년 기타포괄손익에 미치는 영향은 ₩320,000이다.

▶ 해설

	FVPL 금융자산	FVOCI 금융자산
① 취득원가	3,000,000	3,00,000 + 30,000 = 3,030,000
② 20X3년 말 공정가치 변화가 PL에 미치는 영향	3,500,000 − 3,000,000 = 500,000	0
③ X3년 총포괄이익	− 30,000 + 500,000 = 470,000	3,500,000 − 3,030,000 = 470,000
X4년 처분손익	3,400,000 − 3,500,000 − 50,000 = ④ (−)150,000	(−)50,000
X4년 평가손익 (FVOCI)		3,400,000 − 3,500,000 = ⑤ (−)100,000

|회계처리|
(1) FVPL 금융자산

X3.10.7	FVPL 금융자산	3,000,000	현금	3,030,000
	PL	30,000		
X3.12.31	FVPL 금융자산	500,000	PL	500,000
X4.1.20	현금	3,400,000	FVPL 금융자산	3,500,000
	처분손실(PL)	100,000		
	처분손실(PL)	50,000	현금	50,000

(2) FVOCI 금융자산

X3.10.7	FVOCI 금융자산	3,030,000	현금	3,030,000
X3.12.31	FVOCI 금융자산	470,000	OCI	470,000
X4.1.20	OCI	100,000	FVOCI 금융자산	100,000
	현금	3,400,000	FVOCI 금융자산	3,400,000
	처분손실(PL)	50,000	현금	50,000

답 ③

2 │ 채무상품 회계처리

1. 채무상품의 분류

채무상품이란 계약 조건에 따라 특정일에 원금과 원금잔액에 대한 이자 지급(이하 '원리금 지급') 만으로 구성되어 있는 현금흐름이 발생하는 금융자산을 말한다. 채무상품은 사업모형에 따라 다음과 같이 분류한다.

국문 계정	영문 계정	사업모형	
		CF 수취	매도
상각후원가 측정 금융자산	AC 금융자산	O	X
기타포괄손익 – 공정가치 측정 금융자산	FVOCI 금융자산	O	O
당기손익 – 공정가치 측정 금융자산	FVPL 금융자산	X	O

(1) AC 금융자산

계약상 현금흐름을 수취하기 위해 보유하는 것이 목적인 사업모형 하에서 금융자산을 보유한다면 금융자산을 상각후원가로 측정한다.

(2) FVOCI 금융자산

계약상 현금흐름의 수취와 금융자산의 매도 둘 다를 통해 목적을 이루는 사업모형 하에서 금융자산을 보유한다면 금융자산을 기타포괄손익 – 공정가치로 측정한다.

(3) FVPL 금융자산

금융자산은 상각후원가로 측정하거나 기타포괄손익 – 공정가치로 측정하는 경우가 아니라면, 당기손익 – 공정가치로 측정한다. 위 둘이 아니기 때문에 당기손익 – 공정가치로 측정하는 경우는 금융자산의 매도만을 목적으로 하는 경우라는 것을 알 수 있다.

(4) FVPL 지정 (예외)

AC 금융자산이나 FVOCI 금융자산으로 분류되어야 할 금융자산을 당기손익 – 공정가치 측정 항목으로 지정한다면 회계불일치를 제거하거나 유의적으로 줄이는 경우에는 최초 인식시점에 해당 금융자산을 당기손익 – 공정가치 측정 항목으로 지정할 수 있다. 다만 한번 지정하면 이를 취소할 수 없다.

회계불일치는 고급회계의 '위험회피회계'에서 다루는 내용이다. 지금은 'FVPL 지정은 최초 인식시점에만 가능하며, 최소 불가능하다'는 것만 기억하고 넘어가자.

2. 취득부대비용

(1) FVPL만 비용처리, 나머지는 취득원가에 가산

지분상품 중 FVOCI는 취득부대비용을 취득원가에 가산하나, FVPL은 예외적으로 당기비용 처리한다고 배웠다. 채무상품도 마찬가지이다. FVPL만 취득부대비용을 당기비용 처리하고, 나머지 AC와 FVOCI는 취득원가에 가산한다.

 취득부대비용 ₩10,000을 포함하여 총 ₩100,000을 지급하였다.

계정 분류	취득원가
FVPL	총 지급 대가 − 취득부대비용 = 90,000
AC, FVOCI	총 지급 대가 = 100,000

문제에서 취득원가를 제시할 때 위처럼 취득부대비용을 포함해서 제시하기도 한다. 이 경우 FVPL은 취득부대비용을 차감하여 취득원가(₩90,000)를 구해야 하고, AC와 FVOCI는 총 지급 대가(₩100,000)를 취득원가로 보면 된다. 주식도 취득부대비용을 같은 방식으로 처리하면 된다.

(2) 취득부대비용 취득원가에 가산 시 유효이자율 하락

$$PV \uparrow = \sum \frac{CF_n}{(1+R \downarrow)^n}$$

금융부채에서 사채발행비가 존재한다면 유효이자율은 상승한다는 것을 배웠다. 반대로, 금융자산(채무상품) 취득 시 취득부대비용이 존재한다면 유효이자율은 하락한다. 취득부대비용이 존재하면 채무상품 취득 시 현금 지급액(PV)은 증가한다. 미래 현금흐름(CF)은 고정인데, 차변에 있는 현금 지급액이 증가하였으므로, 등식을 맞추기 위해서는 이자율이 하락할 수 밖에 없다. 직관적으로 생각해보면, 나중에 받을 수 있는 돈은 일정한데, 취득부대비용이 존재하면 채무상품을 취득하기 위해 오늘 지급해야 하는 돈이 늘어난다. 이는 수익률이 하락하는 효과를 가져온다.

 사채발행비와 취득부대비용이 유효이자율에 미치는 영향

: 비용 발생 시 투자자, 채무자 모두 불리
사채발행비와 취득부대비용이 유효이자율에 미치는 영향은 각각 상승과 하락으로 정반대이다. 직관적으로 생각하면 취득부대비용이든 사채발행비이든 투자자 및 채무자 입장에서 돈을 더 쓰는 것이므로 불리한 것이라고 기억하면 된다.
채권자는 이자율이 높은 것이 좋고, 채무자는 이자율이 낮은 것이 좋다. 하지만 취득부대비용으로 인해 투자자의 이자율은 낮아지고, 사채발행비로 인해 채무자의 이자율은 높아진다. 비용이 있다면 각자가 원하는 것과 반대 방향으로 이자율이 움직인다.

3. AC 금융자산 회계처리

AC 금융자산은 보유 목적이 시세차익이 아닌 정해진 현금흐름을 수취이므로 공정가치 평가를 하지 않는다. 공정가치 평가를 하지 않는 대신, 유효이자율 상각하여 상각후원가(AC)로 계상한다.

4. FVOCI 금융자산 회계처리: 취소-상각-평가 ⭐중요!

FVOCI 금융자산은 원리금 수취와 매도 모두를 표현해야 하기 때문에 유효이자율 상각과 공정가치 평가를 해야 한다. FVOCI 금융자산의 회계처리를 요약한 것이 '취소 − 상각 − 평가'이다. FVOCI 금융자산 회계처리는 회계사, 세무사 시험 모두 자주 출제되는 주제이므로 반드시 잘 숙지하자.

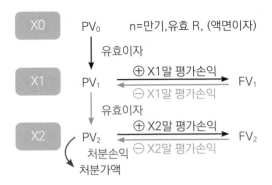

<table>
<tr><td>STEP 1</td><td>상각: 유효이자율 상각</td></tr>
</table>

가장 먼저 할 일은 발행일의 현재가치(PV_0)를 구하는 것이다. X0은 X1년초를, PV_0은 X1년초의 현재가치를 의미한다. PV_0 옆에 만기, 유효이자율, 액면이자를 적어두면 보다 편하게 상각을 할 수 있다.

PV_0에서 유효이자율 상각을 수행하여 PV_1을 만든다. 이때 화살표를 아래로 뻗으면서 옆에 유효이자를 적자. 당기손익에 미치는 영향을 물었을 때 이자수익을 빠트리는 실수를 방지할 수 있다.

<table>
<tr><td>STEP 2</td><td>평가: 공정가치 평가</td></tr>
</table>

PV_1을 기말 공정가치(FV_1)로 평가한다. 이때 평가손익은 OCI로 인식한다.

<table>
<tr><td>STEP 3</td><td>취소: 전기말 평가 회계처리 역분개</td></tr>
</table>

X2년 초가 되면 X1년 말에 인식한 평가 회계처리를 역분개한다. 본서에서는 이 역분개를 '취소'라고 부르겠다. 이 취소를 통해 사채의 장부금액이 FV_1에서 PV_1으로 다시 돌아간다.

STEP 4 상각: 유효이자율 상각

취소 이후에는 다시 유효이자율 상각을 하여 PV₂로 간다. 취소를 통해 PV₁으로 되돌아왔기 때문에 기존 상각표를 이용하면 된다.

STEP 5 평가: 공정가치 평가

X1년과 동일한 방법으로 다시 공정가치(FV₂)로 평가하면서 평가손익을 OCI로 인식하면 된다.

STEP 6 처분

FVOCI 금융자산의 처분손익(PL) = 처분가액 − 처분 시점의 PV

대부분의 문제에서는 FVOCI 금융자산을 1월 1일에 처분한다. 1월 1일에 처분해야 처분하는 해에 유효이자율 상각을 안 해도 되기 때문이다. 해가 바뀌었으므로 다시 취소를 한 뒤, 처분가액에서 처분 시점의 PV를 차감하면 처분손익을 구할 수 있다. 처분손익은 당기손익(PL)로 인식한다.

사례

(주)김수석은 X1년 1월 1일에 액면금액 ₩1,000,000, 액면이자율 8%, 만기 3년인 (주)대한의 회사채를 취득하면서 거래원가 ₩23,569를 포함하여 총 ₩950,258을 지급하였다. X1년 1월 1일 시장이자율은 11%이며, 거래원가를 고려한 새로운 유효이자율은 10%이다. 동 회사채의 공정가치는 X1년말 ₩1,050,000, X2년말 ₩970,000이다. 한편, (주)김수석은 X3년 1월 1일에 동 회사채 전부를 ₩1,000,000에 처분하였다. (주)김수석이 회사채를 각각 (1)AC 금융자산, (2)FVOCI 금융자산으로 분류한 경우 X1년초부터 X3년초까지 회계처리를 수행하시오.

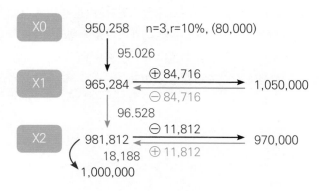

AC 금융자산과 FVOCI 금융자산 모두 취득부대비용을 취득원가에 가산하므로, 취득원가는 거래원가를 포함한 950,258이다. 거래원가로 인해 유효이자율은 하락하므로 새로운 유효이자율인 10%로 상각한다.

|회계처리|

	AC 금융자산		FVOCI 금융자산	
X1.1.1	AC 950,258	현금 950,258	FVOCI 950,258	현금 950,258
X1.12.31 — 상각	현금 80,000 AC 15,026	이자수익 95,026	현금 80,000 FVOCI 15,026	이자수익 95,026
X1.12.31 — 평가	— 회계처리 없음 —		FVOCI 84,716	OCI 84,716
X2.1.1 — 취소	— 회계처리 없음 —		OCI 84,716	FVOCI 84,716
X2.12.31 — 상각	현금 80,000 AC 16,528	이자수익 96,528	현금 80,000 FVOCI 16,528	이자수익 96,528
X2.12.31 — 평가	— 회계처리 없음 —		OCI 11,812	FVOCI 11,812
X3.1.1 — 취소	— 회계처리 없음 —		FVOCI 11,812	OCI 11,812
X3.1.1 — 처분	현금 1,000,000	AC 981,812 처분이익 18,188	현금 1,000,000	FVOCI 981,812 처분이익 18,188

"FVOCI 금융자산은 하루종일 도서관에 있다가 잠만 집에서 자는 수험생과 같다."

AC 금융자산과 FVOCI 금융자산의 관계를 잘 표현한 말이라고 생각한다. 여러분이 그림과 회계처리를 보고 직접 느끼길 바란다. 위 표현이 무슨 말인지 모르겠으면 표현은 넘어가도 좋다. 이해를 돕기 위한 표현일 뿐, 기억할 필요는 없다.

AC 금융자산과 FVOCI 금융자산 모두 유효이자율 상각표에 따라 상각 회계처리를 수행하므로 FVOCI는 1년 내내 AC로 계상된다. 그러다 기말이 되면 FVOCI는 재무상태표에 공정가치로 표시해야 되기 때문에 12월 31일에 평가를 한다. 그리고 하루가 지나 1월 1일이 되면 12월 31일에 한 공정가치 평가 회계처리를 역분개해서 AC로 돌아간다. 이것이 바로 '취소'이다. 취소로 AC로 돌아갔기 때문에 X2년도에도 똑같이 상각, 평가 회계처리를 수행하면 된다.

하루종일 도서관(AC)에 있다가, 잠은 집에서(FV) 자야 하니 집으로 가지만, 눈을 뜨자마자 다시 도서관(AC)으로 오는 수험생과 같다고 표현한 것이다.

김수석의 Why? FVOCI금융자산이 '취소' 회계처리를 하면 재분류 조정이 되는 이유

FVOCI 회계처리를 할 때 '굳이 번거롭게 취소를 해야 되냐'고 생각할 수도 있다. 실제로 교수님들 가운데에서는 취소를 하지 않고, 취소와 평가를 합쳐서 하나의 분개로 하시는 분도 있다. 왜 굳이 번거롭게 취소를 해야되는지 회계처리로 보여주겠다. 위 사례에서 '취소' 역분개를 안 했을 때의 처분 시 회계처리는 다음과 같다.

	FVOCI 금융자산 (취소 O)		FVOCI 금융자산 (취소 X)	
X3.1.1 – 취소	FVOCI 11,812	OCI 11,812	현금 1,000,000	FVOCI 970,000
X3.1.1 – 처분	현금 1,000,000	FVOCI 981,812 처분이익 18,188		OCI 11,812 처분이익 18,188

오른쪽 회계처리가 기준서 상 회계처리이고, 취소를 하면 왼쪽의 회계처리가 된다. 회계처리 방법의 차이일 뿐, 둘은 동일한 회계처리이다. FVOCI 금융자산 평가손익은 재분류 조정 대상이므로 금융자산 처분 시 OCI가 제거되면서 처분이익에 반영된다. 하지만 오른쪽처럼 회계처리를 하게 되면 처분 시 재분류 조정을 하지 않는 실수를 저지를 가능성이 높다. 반대로 취소 분개를 하면 자동으로 재분류조정이 되므로 실수의 가능성을 줄일 수 있다.

 FVOCI금융자산의 당기손익=AC금융자산의 당기손익 ⭐중요!

AC와 FVOCI는 기말 재무상태표에 표시되는 금액만 다를 뿐 실질이 같다. 따라서 채무상품을 어느 계정으로 분류하든 당기손익은 일치한다.

(1) FVOCI 금융자산의 당기손익: 취소, 평가 없이 AC 금융자산 기준으로 계산
위 성질을 이용하여, FVOCI의 당기손익(이자수익, 처분손익)을 묻는 문제에서는 번거롭게 취소 및 평가 회계처리를 할 필요 없이, AC금융자산 기준으로 계산해도 된다.
사례에서 AC 금융자산의 X2년말(= X3년초) 장부금액이 981,812이므로 처분이익은 18,188으로 계상된다. 이는 FVOCI 금융자산으로 분류할 때의 처분이익과 일치한다. 취소 분개를 통해 OCI를 재분류 조정 했기 때문이다.

(2) FVOCI 금융자산의 기타포괄손익: 취소, 평가를 해야 함
그렇다면, FVOCI 금융자산은 어느 경우에 원칙대로 취소와 평가를 해야 할까? OCI를 물어볼 때에만 취소와 평가를 하면 된다. OCI는 잔액을 물어볼 수도, 변동분을 물어볼 수도 있다. 잔액과 변동분은 각각 다음과 같이 계산한다.

> ① 당기말 재무상태표 상 기타포괄손익누계액(잔액) = 당기말 평가 OCI
> ② 포괄손익계산서상 기타포괄손익(변동분) = 당기말 OCI − 전기말 OCI

기초에 취소를 통해 전기 OCI를 제거했기 때문에 기말에 평가 회계처리로 인식한 OCI 금액이 곧 기말 OCI 잔액이 된다. 만약 포괄손익계산서 상 기타포괄손익(변동분)을 묻는다면 기말에 인식한 OCI 금액에서 기초에 취소를 통해 제거한 전기말 OCI를 차감하면 된다.

	X1년	X2년
재무상태표 상 OCI (잔액)	84,716	(−)11,812
포괄손익계산서 상 OCI (변동분)	84,716	(−)96,528

5. FVPL 금융자산 회계처리: 액면이자만 이자수익

FVPL 금융자산은 액면이자만 이자수익으로 인식하고, 기말에 공정가치로 평가하면서, 평가손익을 PL로 인식한다. FVPL은 다른 채무상품(AC, FVOCI)과 달리 유효이자율 상각을 하지 않는다. 유효이자율 상각을 하면 상각액을 이자수익(PL)으로 인식하는데 FVPL은 평가손익도 PL이므로 이자수익과 평가손익을 구분하는 실익이 없기 때문이다.
FVPL 금융자산을 처분할 때 발생하는 처분손익은 AC 금융자산과 마찬가지로 PL로 인식한다. 채무상품은 계정 분류와 무관하게 처분손익을 전부 PL로 인식한다.

사례

(주)김수석은 X1년 1월 1일에 액면금액 ₩1,000,000, 액면이자율 8%, 만기 3년인 (주)대한의 회사채를 취득하면서 거래원가 ₩23,569를 포함하여 총 ₩950,258을 지급하였다. X1년 1월 1일 시장이자율은 11%이며, 거래원가를 고려한 새로운 유효이자율은 10%이다. 동 회사채의 공정가치는 X1년말 ₩1,050,000, X2년말 ₩970,000이다. 한편, (주)김수석은 X3년 1월 1일에 동 회사채 전부를 ₩1,000,000에 처분하였다. (주)김수석이 회사채를 FVPL 금융자산으로 분류한 경우 X1년초부터 X3년초까지 회계처리를 수행하시오.

|회계처리|

	FVPL 금융자산			
X1.1.1	FVPL PL	926,689 23,569	현금	950,258
X1.12.31 – 이자	현금	80,000	이자수익	80,000
X1.12.31 – 평가	FVPL	123,311	PL	123,311
X2.12.31 – 이자	현금	80,000	이자수익	80,000
X2.12.31 – 평가	PL	80,000	FVPL	80,000
X3.1.1 – 처분	현금	1,000,000	FVPL 처분이익(PL)	970,000 30,000

FVPL은 유효이자율 상각을 하지 않으므로, 유효이자율이 의미가 없으며, 액면이자만 이자수익으로 인식하면 된다.

 **금융자산의 계정별 회계처리 요약** ★중요!

구분		취득부대비용	배당금수익(주식) 및 이자수익(채권)	FV 평가손익	처분손익
지분상품	FVOCI	취득원가에 가산	PL	OCI	0 (평가 후 처분)
	FVPL	당기비용		PL	PL
채무상품	AC	취득원가에 가산	유효이자율 상각	없음	PL
	FVOCI			OCI	PL (재분류 조정)
	FVPL	당기비용	액면이자	PL	PL

지분상품과 채무상품의 계정 분류별 회계처리를 하나의 표로 요약한 것이다. 위 표만 외워도 1문제는 확실히 맞힐 수 있으니 반드시 잘 기억하자.

예제

01 A사는 20X1년 1월 1일에 액면가액 ₩100,000인 B사 사채를 ₩90,052에 취득하여 상각후원가 측정 금융자산으로 분류하였다. 취득일 현재 B사 사채의 유효이자율은 연 10%, 표시이자율은 연 6%이며, 이자지급일은 매년 12월 31일이고 만기일은 20X3년 12월 31일이다. 20X1년 말 B사 사채의 공정가치는 ₩95,000일 때, A사가 20X1년에 B사 사채로 인하여 당기순이익에 미치는 영향은 얼마인가? (단, 소수점 이하는 반올림한다.) 2011. 국가직 수정

① ₩5,403 　　　② ₩6,000 　　　③ ₩9,005
④ ₩9,500 　　　⑤ ₩10,000

▶ **해설**

	유효이자(10%)	액면이자(6%)	상각액	장부금액
X0				90,052
X1	9,005	6,000	3,005	93,057

이자수익: 90,052 × 10% = 9,005

– AC 금융자산은 유효이자율 상각에 의한 상각후원가로 평가하기 때문에 공정가치 평가를 하지 않는다. 따라서 OCI는 발생하지 않으며, 이자수익만 당기손익으로 인식한다.

답 ③

02 (주)관세는 20X1년 초 사채(액면금액 ₩100,000, 4년 만기, 표시이자율 연 7%, 이자는 매년 말 지급)를 ₩90,490에 취득하고 상각후원가 측정 금융자산으로 분류하였다. 취득 당시 사채의 유효이자율은 연 10%이다. 20X1년 말 동 사채의 공정가치가 ₩92,000일 때, 20X1년 말 상각후원가 측정 금융자산의 장부금액은? (단, 금융자산 손상은 없다.) 2022. 관세사

① ₩89,951 　　　② ₩92,000 　　　③ ₩92,539
④ ₩94,049 　　　⑤ ₩97,490

▶ **해설**

	유효이자(10%)	액면이자(7%)	상각액	장부금액
X0				90,490
X1	9,049	7,000	2,049	92,539

X1말 장부금액: 90,490 × 1.1 – 7,000 = 92,539

– AC 금융자산은 유효이자율 상각에 의한 상각후원가로 평가하기 때문에 공정가치 평가를 하지 않는다.

답 ③

03 (주)대한은 20X1년 1월 1일에 (주)민국이 발행한 사채(액면금액 ₩1,000,000, 만기 3년, 표시이자율 연 6%(매년 12월 31일에 이자지급), 만기 일시상환, 사채발행시점의 유효이자율 연 10%)를 ₩900,508에 취득(취득 시 신용이 손상되어 있지 않음)하여 기타포괄손익-공정가치로 측정하는 금융자산(FVOCI 금융자산)으로 분류하였다. 20X1년 말과 20X2년 말 동 금융자산의 공정가치는 각각 ₩912,540과 ₩935,478이며, 손상이 발생하였다는 객관적인 증거는 없다. 한편 (주)대한은 20X3년 1월 1일에 동 금융자산 전부를 ₩950,000에 처분하였다. (주)대한의 동 금융자산이 20X2년도 포괄손익계산서의 기타포괄이익과 20X3년도 포괄손익계산서의 당기순이익에 미치는 영향은 각각 얼마인가? (단, 단수차이로 인해 오차가 있다면 가장 근사치를 선택한다.)

	20X2년도 기타포괄이익에 미치는 영향	20X3년도 당기순이익에 미치는 영향
①	₩10,118 감소	₩13,615 감소
②	₩10,118 감소	₩14,522 증가
③	₩18,019 감소	₩13,615 감소
④	₩18,019 감소	₩14,522 증가
⑤	₩18,019 감소	₩49,492 증가

⊙ 해설

X2년도 OCI: 18,019 − 28,137 = (−)10,118 감소
X3년도 PL(처분손익): 950,000 − 963,615 = (−)13,615 감소

X0	900,508	n = 3, r = 10%, (60,000)
	↓ 90,051	
X1	930,559	—⊖18,019→ 912,540 ←⊕18,019—
	↓ 93,056	
X2	963,615	—⊖28,137→ 935,478 ←⊕28,137—
	↓ (13,615)	
	950,000	

답 ①

04 (주)대한은 (주)민국이 20X1년 1월 1일에 발행한 액면금액 ₩100,000(만기 3년(일시상환), 표시이자율 연 10%, 매년 말 이자지급)의 사채를 동 일자에 ₩95,198(유효이자율 연 12%)을 지급하고 취득하였다. 동 금융자산의 20X1년 말과 20X2년 말의 이자수령 후 공정가치는 각각 ₩93,417과 ₩99,099이며, (주)대한은 20X3년 초 ₩99,099에 동 금융자산을 처분하였다. 동 금융자산과 관련한 다음의 설명 중 옳지 않은 것은? (단, 필요 시 소수점 첫째자리에서 반올림한다.) 2021. CPA

① 금융자산을 상각후원가로 측정하는 금융자산(AC 금융자산)으로 분류한 경우에 기타포괄손익-공정가치로 측정하는 금융자산(FVOCI 금융자산)으로 분류한 경우보다 (주)대한의 20X1년 말 자본총액은 더 크게 계상된다.

② 금융자산을 상각후원가로 측정하는 금융자산(AC 금융자산)으로 분류한 경우 (주)대한이 금융자산과 관련하여 20X1년의 이자수익으로 인식할 금액은 ₩11,424이다.

③ 금융자산을 상각후원가로 측정하는 금융자산(AC 금융자산)으로 분류한 경우와 기타포괄손익-공정가치로 측정하는 금융자산(FVOCI 금융자산)으로 분류한 경우를 비교하였을 때, 금융자산이 (주)대한의 20X2년 당기손익에 미치는 영향은 차이가 없다.

④ 금융자산을 기타포괄손익-공정가치로 측정하는 금융자산(FVOCI 금융자산)으로 분류한 경우 금융자산과 관련한 (주)대한의 20X2년 말 재무상태표 상 기타포괄손익누계액은 ₩882이다.

⑤ 금융자산을 상각후원가로 측정하는 금융자산(AC 금융자산)으로 분류한 경우에 기타포괄손익-공정가치로 측정하는 금융자산(FVOCI 금융자산)으로 분류한 경우보다 (주)대한이 20X3년 초 금융자산 처분 시 처분이익을 많이 인식한다.

▶ **해설**

X0	95,198	n = 3, r = 12%, (10,000)	
	↓ 11,424		
X1	96,622	─⊖3,205 → ←⊕3,205─	93,417
	↓ 11,595		
X2	98,217	─⊕882 → ←⊖882─	99,099
	↘ 882		
	99,099		

① 자본은 '자산 − 부채'이므로 자산에 비례한다. AC로 분류하는 경우 기말 금융자산은 96,622이지만, FVOCI로 분류하는 경우 공정가치인 93,417이므로 AC로 분류할 때 자본총액이 더 크다. (O)

② X1년도 이자수익: 95,198 × 12% = 11,424 (O)

③ AC로 분류하든, FVOCI로 분류하든 당기손익은 일치한다. 계산해서 판단하는 문장이 아니다. (O)

④ X2년말 OCI 잔액: 882 (O)
 — X1년에 인식한 OCI 3,205는 취소를 통해 제거하므로 X2년에 인식한 OCI가 곧 잔액이 된다.

⑤ AC로 분류하든, FVOCI로 분류하든 당기손익은 일치한다. 따라서 처분손익도 일치한다. (X)

📖 ⑤

6. 채무상품의 기중 처분

(1) 처분손익

---

① 상환손익 = 기초 사채의 BV × (1 + 유효R × 경과 월수/12) − 상환금액

② 처분손익 = 처분금액 − 기초 채권의 AC × (1 + 유효R × 경과 월수/12)

사채의 상환이 기중에 이루어지는 경우 ①번식을 이용하여 사채상환손익을 계산하였다. 사채 상환을 기중에 하는 경우 기초에서 상환 시점까지 유효이자가 발생하므로 상환 시점에 존재하는 부채가 증가한다. 따라서 유효이자율 중 '경과 월수/12'에 해당하는 이자율만큼 기초 사채를 증가시킨 뒤, 상환금액을 차감하였다.

처분손익도 마찬가지이다. AC 금융자산이나 FVOCI 금융자산은 기초에서 처분 시점까지 유효이자가 발생하므로 유효이자율 중 '경과 월수/12'에 해당하는 이자율만큼 기초 채권을 증가시킨 뒤, 처분금액에서 차감하면 처분손익을 계산할 수 있다. FVOCI 금융자산은 AC 금융자산과 처분손익이 같으므로, 같은 방식으로 계산하면 된다.

예제

05 다음은 (주)한국의 금융자산과 관련된 자료이다.

> • (주)한국은 20X1년 1월 1일 액면금액 ₩1,000,000(만기 3년, 표시이자율 연 8%, 매년말 이자지급)의 채무증권을 ₩950,244(유효이자율 연 10%)에 취득하여 기타포괄손익 — 공정가치 측정 금융자산으로 분류하였다.
> • 20X1년 12월 31일 현재 동 채무증권의 공정가치는 ₩925,000이었으며 손상이 발생하였다는 객관적인 증거는 없었다.
> • (주)한국은 20X2년 7월 1일에 동 채무증권의 50%를 ₩490,000(미수이자 포함)에 매각하였다.

(주)한국이 20X2년 7월 1일 인식할 금융자산처분손익은? (단, 단수차이로 인해 오차가 있다면 가장 근사치를 선택한다.)   2017. CPA 수정

① ₩36,900 손실   ② ₩33,532 손실   ③ ₩16,766 손실

④ ₩33,532 이익   ⑤ ₩36,900 이익

▶ 해설

금융자산처분손익: $490,000 - 965,268 \times (1 + 10\% \times 6/12) \times 50\% = (-)16,766$ 손실
 — X1말 상각후원가: $950,244 \times 1.1 - 80,000 = 965,268$
 — FVOCI와 AC의 당기순이익은 같다. 따라서 AC를 기준으로 당기순이익을 구하면 된다.

참고

X0	950,244	n = 3, r = 10%, (80,000)
	↓ 95,024	
		—⊖40,268 →
X1	965,268	925,000
		←⊕40,268—
	↓ 48,263	
X2.7.1	973,531	

처분손익: $490,000 - (973,531 + 40,000) \times 50\% = (-)16,766$

답 ③

(2) 채무상품의 기중 처분하는 해의 당기순이익

① 당기순이익 = 이자수익 + 처분손익
② 이자수익 = 기초 채권의 BV × 유효R × 경과 월수/12
③ 처분손익 = 처분금액 − 기초 채권의 BV × (1 + 유효R × 경과 월수/12)
④ 당기순이익 = ② + ③
   = 기초 채권의 BV × 유효R × 경과 월수/12 + 처분금액 − 기초 채권의 BV × (1 + 유효R × 경과 월수/12)
   = 기초 채권의 BV × 유효R × 경과 월수/12 + 처분금액 − 기초 채권의 BV−기초 채권의 BV × 유효R × 경과 월수/12
   = 처분금액 − 기초 채권의 BV

① 채무상품을 기중 처분하는 해에는 처분 시점까지 이자수익이 발생하고, 처분 시점에 처분손익이 발생하므로 채무상품을 기중 처분하는 해의 당기순이익은 이자수익과 처분손익의 합이다.
② 이자수익은 기초 채권의 BV에 유효이자율 중 '경과 월수/12'에 해당하는 이자율만큼 곱하면 된다.
③ 처분손익은 앞에서 설명한 방식대로 구하면 된다.
④ 당기순이익은 ②번 금액과 ③번 금액을 더한 금액이다. 이 중 '기초 채권의 BV × 유효R × 경과 월수/12'는 상계되므로 처분금액에서 기초 채권의 장부금액을 차감하면 당기순이익에 미치는 영향을 구할 수 있다. 직관적으로 생각하면, 기초에는 채권을 갖고 있었는데, 처분을 통해 현금을 수령하므로 현금과 채권 사이의 차이만큼 이익을 본 것이다.

06 (주)세무는 20X1년 1월 1일에 (주)한국이 발행한 채권을 ₩927,910에 취득하였다. 동 채권의 액면금액은 ₩1,000,000, 표시이자율은 연 10%(매년 말 지급)이며, 취득 당시 유효이자율은 연 12%이었다. 20X1년 말 동 채권의 이자수취 후 공정가치는 ₩990,000이며, (주)세무는 20X2년 3월 31일에 발생이자를 포함하여 ₩1,020,000에 동 채권을 처분하였다. (주)세무의 동 채권과 관련된 회계처리에 관한 설명으로 옳지 않은 것은? (단, 채권취득과 직접 관련된 거래원가는 없다.) 2016. CTA 수정

① 당기손익-공정가치측정금융자산으로 분류한 경우나 기타포괄손익-공정가치측정금융자산으로 분류한 경우, 20X1년 말 재무상태표상에 표시되는 금융자산은 ₩990,000으로 동일하다.
② 당기손익-공정가치측정금융자산으로 분류한 경우, 20X1년 당기순이익은 ₩162,090 증가한다.
③ 당기손익-공정가치측정금융자산으로 분류한 경우나 기타포괄손익-공정가치측정금융자산으로 분류한 경우, 20X1년 총포괄손익금액에 미치는 영향은 동일하다.
④ 당기손익-공정가치측정금융자산으로 분류한 경우, 20X2년 당기순이익은 ₩30,000 증가한다.
⑤ 기타포괄손익-공정가치측정금융자산으로 분류한 경우, 20X2년 당기순이익은 ₩75,741 증가한다.

해설

① FVPL과 FVOCI 모두 기말에 공정가치로 평가하므로 X1말 B/S 상에는 990,000으로 표시된다. (O)
② FVPL로 분류한 경우 20X1년 당기순이익: 100,000 + 62,090 = 162,090 증가 (O)
　- 이자수익: 1,000,000 × 10% = 100,000
　- 평가손익: 990,000 - 927,910 = 62,090 이익
③ FVPL로 분류하든, FVOCI로 분류하든 CI에 미치는 영향은 동일하다. (O)
　- FVPL: 162,090 증가 (OCI 0)
　- FVOCI: 111,349(NI) + 50,741(OCI) = 162,090 증가
　　이자수익: 927,910 × 12% = 111,349
　　평가손익: 990,000 - 939,259 = 50,741
④ FVPL로 분류한 경우 20X2년 당기순이익: 1,020,000 - 990,000 = 30,000 증가 (O)
⑤ FVOCI로 분류한 경우, 20X2년 당기순이익
　: 처분금액 - 기초 채권의 BV = 1,020,000 - 939,259 = 80,741 증가 (X)
　- FVOCI 금융자산의 당기순이익은 AC 금융자산과 일치하므로, 기초 채권의 장부금액을 AC로 보고 계산하였다.

별해 당기순이익 = 이자수익 + 처분손익 = 28,178 + 52,563 = 80,741 증가
이자수익: 939,259 × 12% × 3/12 = 28,178
처분손익: 1,020,000 - 939,259 × (1 + 12% × 3/12) = 52,563

답 ⑤

3 금융자산의 손상 ⭐중요!

1. 손상 대상

	AC	FVOCI	FVPL
지분상품	없음	X	
채무상품	O		X

기업이 금융자산을 보유하고 있는데, 금융자산 발행자의 신용위험이 높아지면 기업은 계약상 현금흐름을 받지 못할 것이다. 신용위험이란 금융자산 발행자의 재무상태가 악화되어 계약상 현금흐름을 받지 못할 위험을 의미한다. 이때 금융자산 보유자가 미래에 수취하지 못할 금액을 추정하여 인식하는 비용을 손상차손이라고 한다.

그런데 모든 금융자산에 대해서 손상차손을 인식하는 것은 아니다. 채무상품 중 AC 금융자산과 FVOCI 금융자산만 손상차손을 인식한다. 지분상품의 경우 공정가치에 손상이 반영되므로 공정가치 평가만 수행하며, 손상차손을 인식하지 않는다. 채무상품 중에서는 FVPL 금융자산이 공정가치 평가손익을 PL로 인식하므로, 손상차손(PL)을 추가로 인식할 필요가 없다.

2. 기대신용손실

현금부족액	못 받을 것으로 예상되는 금액 = 계약에 따라 수취하기로 한 현금흐름 − 수취할 것으로 예상하는 현금흐름
신용손실	현금부족액의 현재가치
기대신용손실	신용손실의 기댓값

손상차손은 기대신용손실로 측정한다. 기대신용손실이란 신용손실을 개별 채무불이행 발생위험으로 가중평균한 금액이다. 쉽게 말해서, 기대신용손실은 못 받을 것으로 예상되는 금액의 현재가치의 기댓값이다.

3. 신용위험의 유의적인 증가에 대한 판단

(1) 매 보고기간 말에 평가

신용위험에 따라 측정하는 기대신용손실이 달라지므로, 최초 인식 후에 금융상품의 신용위험이 유의적으로 증가하였는지를 매 보고기간 말에 평가한다. 보고기간 말에 금융상품의 신용위험이 낮다고 판단된다면 최초 인식 후에 해당 금융상품의 신용위험이 유의적으로 증가하지 않았다고 볼 수 있다.

(2) 연체 정보에만 의존 X (예외: 연체일수 30일 초과 시 신용위험의 유의적 증가로 간주)

최초 인식 후에 신용위험이 유의적으로 증가하였는지를 판단할 때 합리적이고 뒷받침될 수 있는 미래전망 정보를 과도한 원가나 노력 없이 이용할 수 있다면 연체 정보에만 의존해서는 안 된다. 연체 정보는 금융상품의 계약상 현금흐름이 실제로 얼마나 늦게 회수되고 있는가에 대한 정보이다. 연체 정보는 과거 정보로서, 미래를 예측하는 데 한계가 있기 때문에 이에만 의존해서는 안 된다.

그럼에도 불구하고, 신용위험의 유의적인 증가를 평가하는 방식과는 상관없이 계약상 지급의 연체일수가 30일을 초과하는 경우에는 신용위험이 유의적으로 증가했다고 간주할 수 있다.

4. 신용위험에 따른 손실충당금 및 이자수익 ★중요!

신용위험이 유의적으로 증가	손실충당금(=∑손상차손)	이자수익
O	전체기간 기대신용손실	총 장부금액 × 역사적R
X	12개월 기대신용손실	

(1) 손실충당금=∑손상차손, 손상차손=당기말 손실충당금−전기말 손실충당금

손실충당금이란 손상차손의 누적액을 의미한다. 유형자산은 손상차손의 누적액을 손상차손누계액이라고 부르지만, 금융자산은 손상차손의 누적액을 손실충당금이라고 부른다. 당기말 손실충당금은 신용위험의 유의적 증가 여부에 따라 다음과 같이 계산하고, 전기말 손실충당금을 차감하여 당기 손상차손을 계산한다.

(2) 유의적 증가 O: 전체기간, 유의적 증가 X: 12개월

최초 인식 후에 금융상품의 신용위험이 유의적으로 증가한 경우에는 매 보고기간 말에 전체기간 기대신용손실에 해당하는 금액으로 손실충당금을 측정한다. 최초 인식 후에 금융상품의 신용위험이 유의적으로 증가하지 아니한 경우에는 보고기간 말에 12개월 기대신용손실에 해당하는 금액으로 손실충당금을 측정한다.

(3) 신용위험이 발생한 후 이자수익: 총액×역사적 이자율

신용위험이 발생한 경우에는 손실충당금을 차감하지 않은 총 장부금액에 역사적 이자율을 곱한 금액을 이자수익으로 인식한다. 손실충당금이 있더라도 이자수익을 계산할 때에는 손실충당금을 차감하지 않은 총 장부금액에 이자율을 곱하며, 이자율이 바뀌더라도 역사적 이자율(최초에 금융자산 취득 시의 유효이자율)을 이용한다.

5. 신용위험이 있는 AC금융자산: 손실충당금 취소, 설정

신용위험이 있는 경우에도 총액에 이자율을 곱하는 방식으로 이자수익을 구하기 때문에, 손상차손 인식 후 총액을 다시 계산해야 하는 번거로움이 있다. 이를 해결하기 위해서 신용위험의 경우 당기말에 인식한 손실충당금을 하루가 지난 차기초에 취소할 것이다. 그 상태로 이자수익을 구한 뒤, 차기말 손실충당금을 설정한다. FVOCI금융자산의 '취소 − 상각 − 평가'와 원리가 같다.

X2년도 손상차손: X2말 손실충당금 − X1말 손실충당금

X2년도 당기순이익: 이자수익 − (X2말 손실충당금 − X1말 손실충당금)

= X1말 손실충당금 + 이자수익 − X2말 손실충당금

X2년초에는 X1말 손실충당금을 환입하고, X2년말에는 X2말 손실충당금을 설정하므로 손상차손(환입)은 손실충당금의 증가(감소)액이 된다. 금융자산의 손상차손(환입)은 PL로 인식하므로, 당기순이익을 구하기 위해서는 이자수익에서 손상차손을 빼면 된다.

더 직관적으로 계산하기 위해서는 그림을 따라가면 된다. X1말 손실충당금을 더하고, 이자수익을 더하고, X2말 손실충당금을 빼면 당기순이익이 계산된다.

6. 신용위험이 있는 FVOCI 금융자산

X0	PV$_0$			
	↓ 이자수익			
X1	PV$_1$	—(−)X1말 손실충당금→ ←(+)X1말 손실충당금—	AC$_1$ —⊕X1말 평가손익→ ←⊖X1말 평가손익—	FV$_1$
	↓ 이자수익	= PV$_1$*역사적 이자율		
X2	PV$_2$	—(−)X2말 손실충당금→	AC$_2$ —⊕X2말 평가손익→	FV$_2$

> 공정가치 평가손익(OCI) = 공정가치 − 손실충당금 차감 후 순액

FVOCI 금융자산은 AC 금융자산과 당기순이익에 미치는 영향이 같다. 따라서, 같은 방식으로 이자수익과 손상차손을 구한다. FVOCI 금융자산이 AC 금융자산과 다른 점은 공정가치 평가를 한다는 것이다. 이때, FVOCI 금융자산의 평가손익은 공정가치에서 손실충당금 차감 후 순액을 차감하여 계산하며, 기타포괄손익으로 인식한다. 총액에 이자율을 곱하는 이자수익과 달리 평가손익은 순액으로 계산하니 주의하자. 기말에 평가 회계처리를 한 뒤, 차기 1.1에 바로 평가손익과 손실충당금을 취소한 뒤, 이자수익을 인식해주면 된다.

사례

(주)김수석은 X1년 1월 1일에 액면금액 ₩1,000,000, 액면이자율 8%, 만기 3년인 (주)대한의 회사채를 ₩950,258(유효이자율 10%)에 취득하였다. 각 연도말 현재 12개월 기대신용손실과 전체기간 기대신용손실 및 공정가치는 다음과 같다.

	12개월 기대신용손실	전체기간 기대신용손실	공정가치
X1년 말	₩10,000	₩13,000	₩950,000
X2년 말	₩20,000	₩25,000	₩930,000

X1년 말에는 금융자산의 신용위험이 유의적으로 증가하지 않았으나, X2년 말에는 금융자산의 신용위험이 유의적으로 증가하였다. (주)김수석이 회사채를 각각 (1)AC 금융자산, (2)FVOCI 금융자산으로 분류한 경우 X1년초부터 X2년말까지 회계처리를 수행하시오.

X0	950,258	n = 3, r = 10%, (80,000)		
	↓ 95,026			
X1	965,284	—(−)10,000→ ←(+)10,000—	955,284 —⊖5,284→ ←⊕5,284—	950,000
	↓ 96,528			
X2	981,812	—(−)25,000→	956,812 —⊖26,812→	930,000

	AC 금융자산		FVOCI 금융자산	
X1.1.1	AC 950,258	현금 950,258	FVOCI 950,258	현금 950,258
X1.12.31	현금 80,000 AC 15,026	이자수익 95,026	현금 80,000 FVOCI 15,026	이자수익 95,026
	손상차손 10,000	손실충당금 10,000	손상차손 10,000	손실충당금 10,000
	— 회계처리 없음 —		OCI 5,284	FVOCI 5,284
X2.1.1	손실충당금 10,000	손상차손 10,000	손실충당금 10,000	손상차손 10,000
	— 회계처리 없음 —		FVOCI 5,284	OCI 5,284
X2.12.31	현금 80,000 AC 16,528	이자수익 96,528	현금 80,000 FVOCI 16,528	이자수익 96,528
	손상차손 25,000	손실충당금 25,000	손상차손 25,000	손실충당금 25,000
	— 회계처리 없음 —		OCI 26,812	FVOCI 26,812

X1년 말에는 신용위험이 유의적으로 증가하지 않아 손실충당금이 10,000이지만, X2년 말에는 신용위험이 유의적으로 증가하여 손실충당금이 25,000이므로, X2년에 손실충당금 10,000을 제거한 뒤 25,000을 다시 인식한다. 결과적으로 손상차손 15,000을 인식한 것과 같다.

예제

07 (주)한국은 20×1년 초 (주)대한이 발행한 사채를 ₩1,050,000에 취득하고, 상각후원가측정금융자산으로 분류하였다. 사채 관련 자료는 다음과 같다.

- 액면가액:₩1,000,000(만기 3년)
- 발행시 유효이자율:연 10%
- 기대신용손실
- 표시이자율:연 12%(매년 말 지급)
- 취득시 사채의 신용은 손상되어 있지 않음

기대신용손실	20X1년 말	20X2년 말
12개월	₩2,000	₩4,000
전체기간	₩5,000	₩5,000

(주)한국은 상각후원가측정금융자산의 신용위험에 대해 20X1년 말에는 유의하게 증가하지 않았다고 판단하였으나, 20X2년 말에는 유의하게 증가하였다고 판단하였다. 20X3년 초 상각후원가측정금융자산을 ₩1,000,000에 처분하였을 경우 처분손익은? 2022. 국가직 7급

① 처분손실 ₩13,500   ② 처분이익 ₩13,500
③ 처분손실 ₩18,500   ④ 처분이익 ₩18,500

해설

처분손익: 1,000,000 − 1,013,500 = (−)13,500 손실

X0	1,050,000	n = 3, R = 10%, (120,000)
	↓ 105,000	
X1	1,035,000	— (−)2,000 → ← (+)2,000 — 1,033,000
	↓ 103,500	
X2	1,018,500	— (−)5,000 → 1,013,500

신용위험이 유의적으로 증가하지 않은 경우 12개월 기대신용손실을 추정하고, 신용위험이 유의적으로 증가한 경우 전체기간 기대신용손실을 추정한다. 따라서 X1년 말 손실충당금은 2,000, X2년 말 손실충당금은 5,000이다.

|회계처리|

X1.1.1	AC 1,050,000	현금 1,050,000
X1.12.31	현금 120,000	이자수익 105,000 AC 15,000
	손상차손 2,000	손실충당금 2,000
X2.1.1	손실충당금 2,000	손상차손 2,000
X2.12.31	현금 120,000	이자수익 103,500 AC 16,500
	손상차손 5,000	손실충당금 5,000
X3.1.1	현금 1,000,000 손실충당금 5,000 처분손실 13,500	AC 1,018,500

답 ①

4 신용손상

신용손상이란 추정미래현금흐름에 악영향을 미치는 사건이 생겨 금융자산의 추정 미래현금흐름이 감소한 것을 말한다. 금융자산의 신용이 손상된 증거는 다음과 같다. 문제에서 '신용위험'인지, '신용손상'인지는 제시할 것이기 때문에 다음 증거를 외워서 신용위험인지 신용손상인지 판단할 필요는 없다.

---

(1) 발행자나 차입자의 유의적인 재무적 어려움
(2) 채무불이행이나 연체 같은 계약 위반
(3) 차입자의 재무적 어려움에 관련된 경제적이나 계약상 이유로 당초 차입조건의 불가피한 완화
(4) 차입자의 파산 가능성이 높아지거나 그 밖의 재무구조조정 가능성이 높아짐
(5) 재무적 어려움으로 해당 금융자산에 대한 활성시장의 소멸
(6) 이미 발생한 신용손실을 반영하여 크게 할인한 가격으로 금융자산을 매입하거나 창출하는 경우

---

1. 신용손상에 따른 손실충당금 및 이자수익 ★중요!

(1) 손실충당금=총 장부금액−PV(미래CF)

신용이 손상된 금융자산은 추정미래현금흐름을 역사적 이자율로 할인한 현재가치로 상각후원가를 측정해서 손실충당금을 측정한다.

(2) 신용손상이 발생한 후 이자수익: PV(미래CF)×역사적 이자율

후속적으로 신용이 손상된 금융자산의 경우에는 후속 보고기간에 상각후원가($=$ 총 장부금액 $-$ 손실충당금 $=$ PV(미래CF))에 유효이자율을 적용한다.

> **김수석의 핵심 콕!** 신용위험 vs 신용손상 ★중요!

		손실충당금(=∑손상차손)	이자수익
신용위험이 유의적으로 증가	O	전체기간 기대신용손실	총 장부금액 × 역사적 이자율
	X	12개월 기대신용손실	
신용 손상		총 장부금액 − PV(미래CF)	PV(미래CF) × 역사적 이자율

> 신용위험의 경우 손실충당금을 설정하더라도 이자수익은 손실충당금을 차감하지 않은 총 장부금액에 이자율을 곱한 금액으로 계산한다. 반면, 신용손상의 경우 총 장부금액에서 손실충당금을 차감한 상각후원가에 이자율을 곱한 금액으로 이자수익을 계산한다.
> 신용위험과 신용손상 모두 이자율은 역사적 이자율을 사용한다. 시간이 지남에 따라 이자율이 바뀌더라도 무시하고 취득 시 유효이자율을 계속 사용하면 된다.

2. AC 금융자산의 신용손상: 상각–손상–상각–환입

채무상품의 손상은 풀이법이 유형자산 원가모형 손상차손(환입)과 유사하며, 아래와 같이 계단 그림을 그려서 풀 것이다.

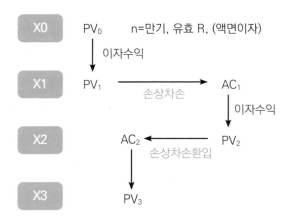

STEP
1 **상각: 유효이자율 상각**

다른 사채와 마찬가지로, 발행일의 현재가치(PV_0)를 먼저 구한 뒤, '신용이 손상된 시점까지' 유효이자율 상각을 수행한다. 위 그림에서는 X1년에 신용이 손상되었다고 가정하고 X1년까지만 상각하였는데, X1년 이후에 손상될 수도 있으므로 손상 시점을 확인하자.

STEP
2 **손상: 역사적 R 이용**

신용이 손상된 해에는 손상차손을 당기손익(PL)로 인식한다. 손상차손은 다음과 같이 계산한다.

> 손상차손 = PV(못 받을 것으로 예상되는 현금흐름)

손상차손은 쉽게 말해서 '떼이는 돈의 현재가치'이다. 실제로 돈을 못 받게 되는 시점에 비용으로 인식하는 것이 아니라, 매기말 미래 현금흐름을 추정하여 비용을 미리 인식하는 것이다. 따라서 못 받을 것으로 예상되는 현금흐름의 현재가치만큼 손상차손으로 인식한다.

이때 주의할 점은, 역사적 이자율(사채 발행 시의 이자율)을 이용하여 현재가치해야 한다는 것이다. 앞서 설명했듯, AC 금융자산은 공정가치 평가를 하지 않고 유효이자율 상각표에 따라 상각한다. 실제로 시장이자율은 시시각각 바뀌지만, 유효이자율 상각표는 사채 발행 시점의 시장이자율로 계속해서 상각한다. 이는 손상이 있을 때에도 마찬가지이다. AC는 공정가치를 반영하지 않기 때문에 기존에 사용하던 역사적 이자율로 손상차손을 인식하고, 손상 이후 이자수익도 역사적 이자율로 계산한다.

STEP 3 상각: 역사적 R 이용

> 이자수익 = (손상 전 BV − 손상차손) × 역사적 이자율

손상을 인식한 후 다음 해에 다시 유효이자율 상각을 한다. 이때 이자수익은 위와 같이 계산한다. 여기에서도 역사적 이자율을 사용한다는 것을 주의하자. 손상차손을 역사적 이자율로 계산했기 때문에, 그 이후에 유효이자율 상각할 때에도 역사적 이자율을 이용해야 한다.

STEP 4 환입: 역사적 R 이용

> 손상차손환입 = PV(못 받을 줄 알았는데 받을 것으로 예상되는 현금흐름)

손상을 인식한 이후에는, 채권에 대해서 못 받을 것으로 예상하는 금액을 계속하여 재추정한다. 재추정하다 보면 못 받을 줄 알았는데, 채무자의 재무상태가 개선될 수도 있다. 이때는 못 받을 것으로 예상했던 금액 중 받을 수 있을 것으로 예상하는 금액에 대해서 손상차손환입을 인식해야 한다. 손상차손환입은 위와 같이 계산하며, 이때에도 역사적 이자율을 이용해야 한다는 점을 주의하자. AC 금융자산은 시작부터 끝까지 계속해서 역사적 이자율만 쓴다.

 **금융자산에는 손상차손환입 한도가 없는 이유**

> 유형자산 원가모형에서는 손상차손환입 한도가 매우 중요했었다. 하지만 금융자산에서는 손상차손환입 한도를 신경 쓸 필요가 없다. 손상이 회복되었더라도 어차피 최초에 계약한 현금흐름보다 더 주는 일은 없기 때문이다. 따라서 유형자산처럼 한도를 신경 쓸 필요 없이, 마음 편히 환입을 인식하면 된다.

01 (주)대한은 (주)민국이 다음과 같이 발행한 사채를 20X1년 1월 1일에 취득하고 상각후원가로 측정하는 금융자산으로 분류하였다.

- 발행일 : 20X1년 1월 1일
- 액면금액 : ₩1,000,000
- 이자지급 : 연 8%를 매년 12월 31일에 지급
- 만기일 : 20X3년 12월 31일(일시상환)
- 사채발행 시점의 유효이자율 : 연 10%

20X1년말 위 금융자산의 이자는 정상적으로 수취하였으나, (주)민국의 신용이 손상되어 (주)대한은 향후 이자는 수령하지 못하며 만기일에 액면금액만 수취할 것으로 추정하였다. 20X1년도 (주)대한이 동 금융자산의 손상차손으로 인식할 금액(A)과 손상차손 인식 후 20X2년도에 이자수익으로 인식할 금액(B)은 각각 얼마인가? (단, 20X1년말 현재 시장이자율은 연 12%이며, 단수차이로 인해 오차가 있다면 가장 근사치를 선택한다.) 2018. CPA

기간 \ 할인율	단일금액 ₩1의 현재가치		정상연금 ₩1의 현재가치	
	10%	12%	10%	12%
1년	0.9091	0.8928	0.9091	0.8928
2년	0.8264	0.7972	1.7355	1.6900
3년	0.7513	0.7118	2.4868	2.4018

	<u>20X1년도 손상차손(A)</u>	<u>20X2년도 이자수익(B)</u>
①	₩168,068	₩82,640
②	₩168,068	₩95,664
③	₩138,868	₩82,640
④	₩138,868	₩95,664
⑤	₩138,868	₩115,832

▶ 해설

빠른 풀이법

(1) 손상차손: 80,000 × 1.7355 = **138,840** (단수차이)
(2) X2년도 이자수익: 826,400 × 10% = **82,640** (단수차이)
- X1년말 BV: 1,000,000 × 0.8264 = 826,400
- 손상차손이 발생하더라도 그 이후의 상각은 역사적 이자율(10%)로 이루어진다. 현행이자율(12%)을 이용하지 않도록 주의하자.

참고

다음 그림은 X1초부터 상각하여 단수차이가 발생한다. 실전에서는 위의 빠른 풀이처럼 X1년말 BV를 바로 구한 다음 이자수익을 구하자.

X0	950,244	n = 3, R = 10%, 80,000		
	↓ 95,024			
X1	965,268	—(138,840)→	826,428	n = 2, R = 10%, 0
			↓ 82,643	
X2			909,071	

답 ③

02 (주)대한은 (주)민국이 발행한 사채(발행일 20X1년 1월 1일, 액면금액 ₩3,000,000으로 매년 12월 31일에 연 8% 이자지급, 20X4년 12월 31일에 일시상환)를 20X1년 1월 1일에 사채의 발행가액으로 취득하였다(취득 시 신용이 손상되어 있지 않음). (주)대한은 취득한 사채를 상각후원가로 측정하는 금융자산으로 분류하였으며, 사채발행시점의 유효이자율은 연 10%이다. (주)대한은 (주)민국으로부터 20X1년도 이자 ₩240,000은 정상적으로 수취하였으나 20X1년 말에 상각후원가로 측정하는 금융자산의 신용이 손상되었다고 판단하였다. (주)대한은 채무불이행확률을 고려하여 20X2년부터 20X4년까지 다음과 같은 현금흐름을 추정하였다.

> • 매년 말 수취할 이자 : ₩150,000
> • 만기에 수취할 원금 : ₩2,000,000

또한 (주)대한은 (주)민국으로부터 20X2년도 이자 ₩150,000을 수취하였으며, 20X2년 말에 상각후원가로 측정하는 금융자산의 채무불이행확률을 합리적으로 판단하여 20X3년부터 20X4년까지 다음과 같은 현금흐름을 추정하였다.

> • 매년 말 수취할 이자 : ₩210,000
> • 만기에 수취할 원금 : ₩2,000,000

(주)대한이 20X2년도에 인식할 손상차손환입은 얼마인가? (단, 단수차이로 인해 오차가 있다면 가장 근사치를 선택한다.)   2019. CPA

기간 \ 할인율	단일금액 ₩1의 현재가치		정상연금 ₩1의 현재가치	
	8%	10%	8%	10%
1년	0.9259	0.9091	0.9259	0.9091
2년	0.8573	0.8264	1.7832	1.7355
3년	0.7938	0.7513	2.5770	2.4868
4년	0.7350	0.6830	3.3120	3.1698

① ₩0   ② ₩104,073   ③ ₩141,635
④ ₩187,562   ⑤ ₩975,107

▶ 해설

X2년 손상차손환입: 60,000 × 1.7355 = 104,130 (단수차이)

— X2년말 현재 앞으로 2년간 60,000(= 210,000 − 150,000)씩 더 받을 수 있게 되었으므로 60,000에 연금현가계수를 곱한 금액만큼 환입을 인식하면 된다. 손상차손환입을 물었기 때문에 X1년초부터 상각할 필요 없이, 계산 한 번에 답을 구할 수 있는 문제였다.

참고

X0	2,809,752	n = 4, R = 10%, 240,000			
	↓ 280,975				
X1	2,850,727	—(975,112)→		1,875,615	n = 3, R = 10%, 150,000
				↓ 187,562	
X2	2,017,307	←104,130—		1,913,177	

X1초 PV: 3,000,000 × 0.6830 + 240,000 × 3.1698 = 2,809,752
X1말 상각후원가: 2,809,752 × 1.1 − 240,000 = 2,850,727
X1년 손상차손: (3,000,000 − 2,000,000) × 0.7513 + (240,000 − 150,000) × 2.4868 = 975,112
X1말 BV: 2,850,727 − 975,112 = 1,875,615

X2말 상각후원가: 1,875,615 × 1.1 − 150,000 = 1,913,177
X2말 BV: 1,913,177 + 104,130 = 2,017,307

답 ②

3. FVOCI 금융자산의 손상: 상각-손상-평가, 취소-상각-환입-평가

AC 금융자산의 손상 회계처리에 평가와 취소만 추가하면 FVOCI 금융자산의 손상 회계처리가 된다.

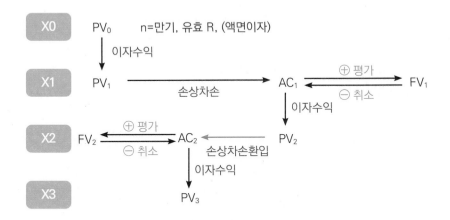

STEP 1 상각 및 손상

AC 금융자산과 동일한 방법으로 이자수익 및 손상차손을 인식한다. 여기까지 하면 AC와 같은 금액이 된다.

STEP 2 평가

FVOCI는 AC와 1년 내내 같은 금액이지만, 기말에는 공정가치로 평가해야 한다. 따라서 마지막에 공정가치 평가 회계처리가 추가된다. 손상차손 인식 후 금액에서 공정가치로 평가를 하면서 평가손익을 OCI로 인식한다.

STEP 3 취소

해가 바뀌면 전기말에 인식한 평가 회계처리를 역분개해서 제거한다.

상각 및 환입

AC 금융자산과 동일한 방법으로 이자수익 및 손상차손환입을 인식한다. AC와 동일한 방법으로 진행되기 때문에 FVOCI 금융자산도 역사적 이자율을 사용하여 이자수익과 손상차손환입을 계산한다.

 평가

X2년 말에도 FVOCI는 공정가치로 표시되므로 공정가치로 평가를 하면서 평가손익을 OCI로 인식한다. X3년 초에는 이를 취소한 뒤, 상각하면 된다.

 **FVOCI 금융자산의 당기손익=AC 금융자산의 당기손익**

> 이전 패턴에서 언급했듯이, FVOCI 금융자산의 당기손익은 AC 금융자산의 당기손익과 일치한다. 손상 및 환입이 있을 때에도 마찬가지이다. FVOCI의 회계처리는 AC와 완벽히 동일한 상태에서 평가와 취소만 추가되는 것인데, 평가와 취소는 OCI로 인식하기 때문이다. 따라서 손상이 있더라도 FVOCI 금융자산의 당기손익을 묻는다면 취소, 평가 회계처리를 생략하고 AC 금융자산 기준으로 계산하면 된다.

예 제

03 (주)대한은 (주)민국이 다음과 같이 발행한 사채를 20X1년 1월 1일에 발행가액으로 현금취득(취득 시 신용이 손상되어 있지 않음)하고, 기타포괄손익-공정가치로 측정하는 금융자산(FVOCI 금융자산)으로 분류하였다.

- 사채발행일: 20X1년 1월 1일
- 액면금액: ₩1,000,000
- 만기일: 20X3년 12월 31일(일시상환)
- 표시이자율: 연 10%(매년 12월 31일에 지급)
- 사채발행시점의 유효이자율: 연 12%

20X1년 말 (주)대한은 동 금융자산의 이자를 정상적으로 수취하였으나, (주)민국의 신용이 손상되어 만기일에 원금은 회수가능 하지만 20X2년부터는 연 6%(표시이자율)의 이자만 매년 말 수령할 것으로 추정하였다. 20X1년 말 현재 동 금융자산의 공정가치가 ₩800,000인 경우, (주)대한의 20X1년도 포괄손익계산서의 당기순이익과 기타포괄이익에 미치는 영향은 각각 얼마인가? (단, 단수차이로 인해 오차가 있다면 가장 근사치를 선택한다.)
2020. CPA

기간 \ 할인율	단일금액 ₩1의 현재가치			정상연금 ₩1의 현재가치		
	6%	10%	12%	6%	10%	12%
1년	0.9434	0.9091	0.8929	0.9434	0.9091	0.8929
2년	0.8900	0.8264	0.7972	1.8334	1.7355	1.6901
3년	0.8396	0.7513	0.7118	2.6730	2.4868	2.4019

	당기순이익에 미치는 영향	기타포괄이익에 미치는 영향
①	₩67,623 감소	₩14,239 감소
②	₩67,623 감소	₩98,606 감소
③	₩67,623 감소	₩166,229 감소
④	₩46,616 증가	₩98,606 감소
⑤	₩46,616 증가	₩166,229 감소

▶ 해설

X0	951,990	n = 3, R = 12%, (100,000)			
	↓ 114,239				
X1	966,229	— (67,604) →	898,625	— ⊖98,625 → ← ⊕98,625 —	800,000
X2 (참고)			↓ 107,835 946,460		

(1) X1년 PL: 114,239(이자수익) − 67,604(손상차손) = 46,635 증가 (단수차이)

X1초 PV: 1,000,000 × 0.7118 + 100,000 × 2.4019 = 951,990

X1년 손상차손 = 40,000 × 1.6901 = 67,604

 ─ X2년말부터 2년간 40,000씩 못받게 되었으므로 연금현가계수를 곱하면 손상차손을 구할 수 있다.

(2) X1년 OCI: 800,000 − 898,625 = (−)98,625 감소 (단수차이)

참고 회계처리

X1.1.1	FVOCI	951,990	현금	951,990
X1.12.31−상각	현금 FVOCI	100,000 14,239	이자수익	114,239
X1.12.31−손상	PL	67,604	손실충당금	67,604
X1.12.31−평가	OCI	98,625	FVOCI	98,625
X2.1.1−취소	FVOCI	98,625	OCI	98,625
X2.12.31−상각	현금 FVOCI	60,000 47,835	이자수익	107,835

X2년에는 X1년말 평가 회계처리를 취소한 뒤, 유효이자율 상각부터 진행하면 된다. X2년말부터는 연 6%의 이자만 받으므로 현금으로 수취하는 이자는 60,000이다.

目 ④

04 (주)대한은 (주)민국이 20X1년 1월 1일에 발행한 사채를 발행일에 취득하였으며, 취득 시동 사채를 기타포괄손익–공정가치 측정 금융자산(FVOCI 금융자산)으로 분류하였다. (주)민국의 사채는 다음과 같은 조건으로 발행되었다.

- 액면금액: ₩1,000,000
- 만기일: 20X3년 12월 31일(일시상환)
- 표시이자율: 연 4%, 매년 말 지급
- 유효이자율: 연 6%

(주)대한은 (주)민국으로부터 20X1년도 표시이자는 정상적으로 수취하였으나, 20X1년 말에 상기 사채의 신용이 손상되어 향후 표시이자 수령 없이 만기일에 원금의 80%만 회수가능할 것으로 추정하였다. (주)대한은 20X2년에 예상대로 이자는 회수하지 못하였으나, 20X2년 말 현재 상황이 호전되어 사채의 만기일에 원금의 100%를 회수할 수 있을 것으로 추정하였다(이자는 회수불가능). 상기 사채의 20X1년 말과 20X2년 말 현재 공정가치는 각각 ₩700,000과 ₩820,000이다.

(주)대한의 상기 금융자산이 (1) 20X1년도 총포괄이익에 미치는 영향과 (2) 20X2년도 당기순이익에 미치는 영향은 각각 얼마인가? 단, 단수차이로 인해 오차가 있다면 가장 근사치를 선택한다.

2023. CPA

기간 \ 할인율	단일금액 ₩1의 현재가치		정상연금 ₩1의 현재가치	
	4%	6%	4%	6%
1년	0.9615	0.9434	0.9615	0.9434
2년	0.9246	0.8900	1.8861	1.8334
3년	0.8890	0.8396	2.7751	2.6730

	(1) 20X1년도 총포괄이익	(2) 20X2년도 당기순이익
①	₩206,520 감소	₩213,200 증가
②	₩206,520 감소	₩231,400 증가
③	₩186,520 감소	₩213,200 증가
④	₩186,520 감소	₩231,400 증가
⑤	₩186,520 감소	₩121,200 증가

◉ 해설

```
X0   946,520   n = 3, R = 6%, (40,000)
       ↓ 56,791
X1   963,311  ─ (251,311) →  712,000    ─ ⊖12,000 →   700,000
                                        ← ⊕12,000 ─
       ↓ 42,720
X2                           754,720  ─(+)188,680→  943,400  ─⊖123,400 →  820,000
```

(1) X1년 총포괄손익: ① ─ ② + ③ = 56,791 ─ 251,311 ─ 12,000 = (─)206,520
   ① 이자수익: 946,520 × 6% = 56,791
   ② 손상차손: 963,311 ─ 712,000 = 251,311
      ─ X1년 말 상각후원가: 800,000 × 0.89 = 712,000
   ③ 공정가치평가손익: 700,000 ─ 712,000 = (─)12,000

별해〉 총포괄손익 = 기말 자산(사채, 현금) ─ 기초 자산
    : (700,000 + 40,000) ─ 946,520 = (─)206,520

(2) X2년 당기순이익: ① + ② = 231,400
   ① 이자수익: 712,000 × 6% = 42,720
   ② 손상차손환입: 943,400 ─ 754,720 = 188,680
      ─ X2년 말 상각후원가: 1,000,000 × 0.9434 = 943,400

답 ②

5 조건 변경

1. 조건 변경 vs 손상

지금 다룰 조건 변경과 앞에서 다룬 손상은 모두 미래현금흐름이 줄어든다는 공통점이 있다. 문제의 상황을 파악하지 못하면 엉뚱한 풀이법을 사용할 수 있으므로 손상과 조건 변경의 상황이 어떻게 다른지 정확히 이해하자.

(1) 조건 변경: 계약에 의해 현금흐름을 '조정'하는 것 → 역사적 or 현행 이자율 사용

조건 변경은 채무자가 채권자와 계약을 통해 미래현금흐름을 '조정'하는 것을 의미한다. 후술할 것이지만, 조건 변경은 실질적인지 여부에 따라 적용하는 이자율이 달라진다.

(2) 손상: 못 받을 금액을 '추정'하는 것 → 무조건 역사적 이자율 사용

반면 손상은 채무자와의 계약 없이, 못 받을 금액을 채권자가 스스로 '추정'하는 것을 의미한다. 이전 패턴에서 배운 것처럼 미래현금흐름을 지속적으로 재추정하여 손상차손환입을 인식할 수도 있는데, 이는 손상이 추정을 기반으로 하기 때문이다. 이전 패턴에서 강조했듯이, 손상은 손상차손, 이자수익, 손상차손환입 모두 역사적 이자율을 이용하여 계산한다.

2. 조건 변경 회계처리 ★중요!

STEP 1 조건 변경 시점까지 상각하기

우선은 발행일의 현재가치를 구한 뒤, 조건 변경이 이루어진 시점까지 유효이자율 상각을 한다. 여기까지 상각한 금액을 본서에서 '변경 전 PV'이라고 부르겠다.

STEP 2 조건 변경 후의 현금흐름을 '역사적' 이자율로 할인하기

조건 변경이 이루어진다면 조건 변경 후의 현금흐름을 역사적 이자율로 할인한다. 이렇게 계산된 현재가치를 '변경 후 PV'라고 부르겠다.

STEP 3 조건 변경이 실질적(=금융자산의 제거조건 충족)인지 판단하기

Step 1에서 구한 변경 전 PV와 Step 2에서 구한 변경 후 PV의 차이가 10%보다 크면 실질적 조건 변경으로 보고, 10%보다 작으면 실질적이지 않은 조건 변경으로 본다. 이때, 10%의 기준은 변경 전 PV이다. 따라서 다음 식을 이용하여 실질적인지 여부를 판단하면 된다.

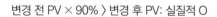

변경 전 PV × 90% 〉 변경 후 PV: 실질적 O

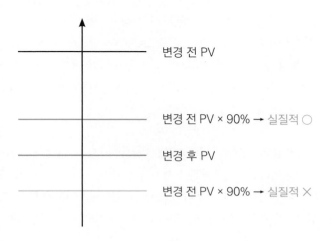

위 그림을 참고하자. 변경 전 PV와 변경 후 PV를 수직선 위에 표시한 뒤, 변경 전 PV × 90%가 변경 후 PV보다 아래에 오면(작으면) 실질적이지 않은 것이고, 변경 전 PV × 90%가 변경 후 PV보다 위에 오면(크면) 실질적인 것이다.

한편, 금융자산의 경우 문제에서 실질적 조건 변경 여부를 제시하는데, '제거조건을 충족한다'라는 표현이 등장한다면 실질적이라는 뜻이고, '제거조건을 충족하지 않는다'는 표현이 등장한다면 실질적이지 않다는 뜻이다.

STEP 4 | 채권, 채무 금액 조정하기 & 이자수익 인식하기

	(1) 실질적 X (기존 채권)	(2) 실질적 O (새로운 채권)
변경 후 사채 BV	역사적 R로 할인한 미래CF	현행 R로 할인한 미래CF
조건변경손익	변경 전 PV − 변경 후 사채 BV	
변경 후 이자손익	변경 후 사채 BV × 역사적 R	변경 후 사채 BV × 현행 R

(1) 조건 변경이 실질적이지 않은 경우: 기존 채권 − 역사적 R 사용

만약 조건 변경이 실질적이지 않다면, 기존 채권으로 본다. 따라서 미래현금흐름을 역사적 이자율로 할인한 금액이 사채의 장부금액이 된다. 이 금액은 실질적 여부를 판단할 때 기준이었던 변경 후 PV와 같은 금액이다. 사채의 BV가 역사적 이자율로 할인한 금액이므로, 그 후의 이자수익도 역사적 이자율로 계산한다.

(2) 조건 변경이 실질적인 경우: 새로운 채권 − 현행 R 사용

만약 조건 변경이 실질적이라면, 기존 채권을 제거하고, 새로운 채권을 차입한 것으로 본다. 따라서 현행이자율(조건 변경일의 이자율)을 이용하여 사채 금액을 재계산해야 한다. 미래현금흐름을 현행 이자율로 할인한 금액이 사채의 장부금액이 되며, 그 후의 이자수익도 현행이자율로 계산한다.

(3) 조건변경손익: 채권자는 손실, 채무자는 이익

조건변경 시 채권, 채무 금액은 감소하게 된다. 채권자 입장에서는 자산이 감소하는 것이므로 조건변경'손실'을 인식하지만, 채무자 입장에서는 부채가 감소하는 것이므로 조건변경'이익'을 인식한다. 문제에서 조건변경손익의 금액뿐만 아니라 손실인지, 이익인지도 같이 묻기 때문에 잘 구분하자.

05 (주)대한은 (주)민국이 20X1년 1월 1일 발행한 사채를 발행일에 취득하였으며, 취득 시 상각후원가로 측정하는 금융자산(AC금융자산)으로 분류하였다. (주)민국의 사채는 다음과 같은 조건으로 발행되었다.

- 액면금액 : ₩500,000
- 표시이자율 : 연 6%
- 이자지급일 : 매년 말
- 유효이자율 : 연 8%
- 만기일 : 20X3년 12월 31일

20X2년 12월 31일 (주)대한과 (주)민국은 다음과 같은 조건으로 재협상하여 계약상 현금흐름을 변경하였다. 변경시점의 현행시장이자율은 연 10%이다.

- 만기일을 20X4년 12월 31일로 연장
- 표시이자율을 연 4%로 인하

위 계약상 현금흐름의 변경이 금융자산의 제거조건을 충족하지 않는 경우 (주)대한이 인식할 변경손익은 얼마인가? (단, 단수차이로 인해 오차가 있다면 가장 근사치를 선택한다.) 2022. CPA

할인율	단일금액 ₩1의 현재가치			정상연금 ₩1의 현재가치		
기간	6%	8%	10%	6%	8%	10%
1년	0.9434	0.9259	0.9091	0.9434	0.9259	0.9091
2년	0.8900	0.8573	0.8264	1.8334	1.7832	1.7355
3년	0.8396	0.7938	0.7513	2.6730	2.5770	2.4868

① 변경이익 ₩42,809 ② 변경이익 ₩26,405

③ ₩0 ④ 변경손실 ₩26,405

⑤ 변경손실 ₩42,809

⊕ 해설

X0				
↓				
X2	490,741	—(26,427)→	464,314	n = 2, R = 8%, (20,000)

STEP 1. 조건 변경 시점까지 상각하기

　　　X2말 조건 변경 전 PV: (500,000 + 30,000)/1.08 = 490,741

STEP 2. 조건 변경 후의 현금흐름을 '역사적' 이자율로 할인하기

　　　X2말 조건 변경 후 PV: 500,000 × 0.8573 + 20,000 × 1.7832 = 464,314

STEP 3. 조건 변경이 실질적인지 판단하기

　　　제거조건(= 실질적 조건)을 충족하지 않는다고 문제에서 제시하였다.

STEP 4. 채권, 채무 금액 조정하기 & 이자수익 인식하기

　　　조건 변경이 실질적이지 않으므로 역사적 이자율로 변경손익을 인식한다.

　　　조건변경손익: 464,314 − 490,741 = (−)26,427 손실 (단수차이)
　　　− (주)대한은 채권자로, 자산이 감소하는 것이므로 손실이 계상된다.

답 ④

06 (주)대한은 20X1년 1월 1일 다음과 같은 사채를 발행하고 상각후원가로 측정하는 금융부채로 분류하였다.

- 발행일 : 20X1년 1월 1일
- 액면금액 : ₩1,000,000
- 이자지급 : 연 8%를 매년 12월 31일에 지급
- 만기일 : 20X3년 12월 31일(일시상환)
- 사채발행 시점의 유효이자율 : 연 10%

(주)대한은 20X2년초 사채의 만기일을 20X4년 12월 31일로 연장하고 표시이자율을 연 3%로 조건을 변경하였다. 20X2년초 현재 유효이자율은 연 12%이다. 사채의 조건변경으로 인해 (주)대한이 20X2년도에 인식할 조건변경이익(A)과 조건변경 후 20X2년도에 인식할 이자비용(B)은 각각 얼마인가? (단, 단수차이로 인해 오차가 있다면 가장 근사치를 선택한다.) 2018. CPA

기간 \ 할인율	단일금액 ₩1의 현재가치		정상연금 ₩1의 현재가치	
	10%	12%	10%	12%
1년	0.9091	0.8928	0.9091	0.8928
2년	0.8264	0.7972	1.7355	1.6900
3년	0.7513	0.7118	2.4868	2.4018

	20X2년도 조건변경이익(A)	20X2년도 이자비용(B)
①	₩139,364	₩94,062
②	₩139,364	₩82,590
③	₩139,364	₩78,385
④	₩181,414	₩82,590
⑤	₩181,414	₩94,062

● 해설

X0				
	↓			
X1	965,240	—(181,389)→	783,854	n = 3, R = 12%, 30,000
			↓ 94,062	
X2			847,916	

STEP 1. 조건 변경 시점까지 상각하기
　　　X1말 PV: 1,000,000 × 0.8264 + 80,000 × 1.7355 = 965,240

STEP 2. 조건 변경 후의 현금흐름을 '역사적' 이자율로 할인하기
　　　X2초 조건 변경 후 PV: 1,000,000 × 0.7513 + 30,000 × 2.4868 = 825,904

STEP 3. 조건 변경이 실질적인지 판단하기
　　　965,240 × 0.9 = 868,716)825,904 (실질적)

STEP 4. 채권, 채무 금액 조정하기 & 이자수익 인식하기
　　　조건 변경이 실질적이므로 현행 이자율로 다시 할인한다.

(1) 조건변경이익: 965,240 − 783,854 = 181,389 (단수차이)
　− X2초 조건 변경 후 PV(현행 이자율 − 12%):
　　1,000,000 × 0.7118 + 30,000 × 2.4018 = 783,854
　− (주)대한은 사채의 발행자로, 부채가 감소하는 것이므로 이익이 계상된다.

(2) X2년도 이자비용: 783,854 × 12% = 94,062
　− 조건 변경이 실질적이어서 부채를 12%로 할인했기 때문에 이자비용도 12%로 인식한다.

답 ⑤

07 (주)세무는 20X1년 초 상각후원가로 측정하는 금융부채에 해당하는 사채(액면금액 ₩1,000,000, 표시이자율 연 8%, 만기 3년, 매년 말 이자지급)를 ₩950,252(유효이자율 연 10%)에 발행하였다. (주)세무는 20X2년 초에 표시이자율을 연 5%(매년 말 이자지급) 로, 만기를 20X5년 말로 조건을 변경하는 것에 사채권자와 합의하였다. 조건변경과 관련한 수수료는 발생하지 않았으며, 20X2년 초 시장이자율은 연 12%이다. 동 사채의 회계처리가 (주)세무의 20X2년도 당기순이익에 미치는 영향은? (단, 현재가치 계산 시 다음에 제시된 현가계수표를 이용한다.)

2023. CTA

기간	단일금액 ₩1의 현재가치				정상연금 ₩1의 현재가치			
	5%	8%	10%	12%	5%	8%	10%	12%
1	0.9524	0.9259	0.9091	0.8929	0.9524	0.9259	0.9091	0.8929
2	0.9070	0.8573	0.8265	0.7972	1.8594	1.7833	0.8265	1.6901
3	0.8638	0.7938	0.7513	0.7118	2.7233	2.5771	0.7513	2.4018
4	0.8227	0.7350	0.6830	0.6355	3.5460	3.3121	3.1699	3.0374
5	0.7835	0.6806	0.6209	0.5674	4.3295	3.9927	3.7908	3.6048

① ₩207,932 감소 　② ₩272,391 감소 　③ ₩39,637 증가

④ ₩53,212 증가 　⑤ ₩83,423 증가

⊙ **해설**

X2년도 당기순이익: 조건변경이익 − 이자비용 = 177,907 − 94,484 = 83,423 증가

X0	950,252	n = 3, R = 10%, 80,000		
	↓ (95,025)			
X1	965,277	—177,907→	787,370	n = 4, R = 12%, 50,000
			↓ (94,484)	
X2			831,854	

Step 1. 조건 변경 시점까지 상각하기
X1말 PV: 950,252 × 1.1 − 80,000 = 965,277

Step 2. 조건 변경 후의 현금흐름을 '역사적' 이자율로 현재가치하기
X2초 조건 변경 후 PV(4년, 10%): 1,000,000 × 0.6830 + 50,000 × 3.1699 = 841,495

Step 3. 조건 변경이 실질적인지 판단하기
965,277 × 90% = 868,749 〉841,495 (실질적)

Step 4. 채권, 채무 금액 조정하기 & 이자수익 인식하기
조건 변경이 실질적이므로, 현행 이자율(12%)로 다시 할인한다.

(1) 조건변경이익: 965,277 − 787,370 = 177,907
  − X2초 조건 변경 후 PV(4년, 12%): 1,000,000*0.6355 + 50,000*3.0374 = 787,370
  − (주)세무는 채무자로, 부채가 감소하는 것이므로 이익이 계상된다.

(2) X2년도 이자비용: 787,370*12% = 94,484
  − 조건 변경이 실질적이어서 부채를 12%로 할인했기 때문에 이자비용도 12%로 인식한다.

目 ⑤

6 금융자산 재분류

채무상품은 보유 목적(사업모형)에 따른 계정 분류가 달라지므로, 보유 목적이 달라지면 계정도 바뀌어야 한다. 사업모형의 변화에 따라 계정을 재분류하는 경우 다음과 같이 회계처리한다.

1. AC 금융자산에서 다른 계정으로 재분류: FV로 평가

AC 금융자산은 다른 금융자산과 달리 공정가치 평가를 하지 않는다. 따라서 다른 계정으로 재분류 시 공정가치로 평가해야 하며, 어느 계정으로 재분류하는지에 따라 평가손익의 구분이 달라진다. FVOCI로 재분류하면 평가손익을 OCI로 인식하고, FVPL로 재분류하면 평가손익을 PL로 인식한다.

2. FVOCI 금융자산에서 다른 계정으로 재분류

FVOCI는 평가손익을 OCI로 인식한다. 다른 계정으로 재분류하면 이 OCI를 제거해야 하는데, 어느 계정으로 재분류하는지에 따라 제거 방법이 달라진다.

(1) to AC: OCI만 뗐다(취소), 붙였다(평가)

FVOCI의 회계처리를 '취소 − 상각 − 평가'로 설명했었다. FVOCI는 항상 AC와 같은데, 기말 재무상태표에 표시할 때만 공정가치로 평가한다. 따라서 1.1에는 FV에서 AC로 가면서 전기 말에 인식한 OCI를 제거하고(취소), 12.31에는 AC에서 FV로 평가하면서 OCI를 계상한다(평가).

AC와 FVOCI 사이의 재분류는 FVOCI 회계처리의 취소, 평가와 같다. FVOCI에서 AC로 재분류하는 것은 '취소' 회계처리와 일치하며, AC에서 FVOCI로 재분류하는 것은 '평가' 회계처리와 일치한다. 따라서 AC와 FVOCI 사이의 재분류가 있으면 OCI만 뗐다, 붙이면 된다.

(2) to FVPL

FVOCI와 FVPL 모두 채무상품을 FV로 계상하므로 재분류가 있더라도 자산의 금액 변동은 없다. 다만, FVOCI는 기존에 인식한 평가손익(OCI)이 있으므로 이를 재분류 조정하면서 PL로 바꿔주면 된다. 재분류 전에 평가이익이 계상되어 있었다고 가정할 때 회계처리는 다음과 같다.

FVPL	XXX	FVOCI	XXX	
OCI	XXX	PL	XXX	(재분류조정)

3. FVPL 금융자산에서 다른 계정으로 재분류

FVPL 금융자산은 유효이자율 상각하지 않고 매년 말 공정가치 평가하기 때문에, 기존에 사용하던 상각표가 없다. 따라서 상각후원가가 없으며 기존에 계상된 금액(FV) 그대로 계정명만 교체한다. 재분류 회계처리는 다음과 같다.

to AC	AC	XXX	FVPL	XXX
to FVOCI	FVOCI	XXX	FVPL	XXX

사례

(주)김수석은 (주)대한의 회사채를 보유하고 있다. X1년 12월 31일 현재 회사채의 상각후원가는 ₩9,000이고, 공정가치는 ₩10,000이다. (주)김수석이 X1년 12월 31일 사업모형을 변경한다고 할 때, 다음의 각 상황에 맞추어 X2년 1월 1일의 회계처리를 수행하시오.

(1) AC금융자산으로 분류하다가 FVOCI금융자산으로 재분류하는 경우
(2) AC금융자산으로 분류하다가 FVPL금융자산으로 재분류하는 경우
(3) FVOCI금융자산으로 분류하다가 AC금융자산으로 재분류하는 경우
(4) FVOCI금융자산으로 분류하다가 FVPL금융자산으로 재분류하는 경우
(5) FVPL금융자산으로 분류하다가 AC금융자산으로 재분류하는 경우
(6) FVPL금융자산으로 분류하다가 FVOCI금융자산으로 재분류하는 경우

|회계처리|

AC : FV 평가	AC → FVOCI		AC → FVPL	
	FVOCI 10,000	AC 9,000 OCI 1,000	FVPL 10,000	AC 9,000 PL 1,000
FVOCI : OCI 제거	FVOCI → AC		FVOCI → FVPL	
	AC 9,000 OCI 1,000	FVOCI 10,000	FVPL 10,000 OCI 1,000	FVOCI 10,000 PL 1,000
FVPL : 계정만 교체	FVPL → AC		FVPL → FVOCI	
	AC 10,000	FVPL 10,000	FVOCI 10,000	FVPL 10,000

4. 재분류 이후 이자수익

(1) AC ↔ FVOCI: 기존 유효이자율 상각표 사용

AC와 FVOCI 사이의 재분류는 OCI만 뗐다, 붙이면 된다고 설명했다. 원래 AC와 FVOCI는 같은 유효이자율 상각표로 상각을 하므로, 재분류가 있더라도 기존의 유효이자율 상각표를 그대로 사용하면서 이자수익을 인식하면 된다.

(2) to FVPL: 액면이자

FVPL 금융자산은 유효이자율 상각하지 않고, 액면이자만 이자수익으로 인식한다. 따라서 FVPL로 재분류했다면 액면이자만 이자수익으로 인식하면 된다.

(3) from FVPL: 새로운 유효이자율 상각표 사용

FVPL 금융자산은 액면이자를 이자수익으로 인식하므로, 기존에 사용하던 상각표가 없다. 따라서 FVPL에서 다른 계정으로 재분류했다면 재분류일의 공정가치를 기준으로 새로운 유효이자율 상각표를 그린 뒤, 이자수익을 인식하면 된다. 이 경우는 유효이자율이 바뀌기 때문에 출제될 가능성이 거의 없다고 본다.

5. 재분류일: 다음 해 1.1

금융자산의 계정 재분류는 재분류일부터 전진적으로 적용한다. 여기서 '재분류일'이란 재분류를 한 다음 해의 1.1을 의미한다. 예제 3번을 보면 '20X2년 중에' 재분류가 이루어지지만, 재분류 회계처리는 X3.1.1에 한다. 따라서 재분류 과정에서 인식하는 평가손익도 X3년도에 인식한다. 재분류를 한 해에 평가손익을 인식하지 않도록 주의하자.

6. 손실충당금이 있는 경우: 순액 기준으로 평가손익 계산할 것 심화

계정 재분류 전에 손실충당금이 있을 수도 있다. 이 경우 평가손익은 손실충당금을 차감한 순액 기준으로 계산한다. AC 금융자산과 FVOCI 금융자산 사이의 재분류는 손실충당금을 그대로 두고, 재분류 후 FVPL로 분류하는 경우에는 손실충당금을 제거한다. 재분류 전에 FVPL로 분류하는 경우에는 손상을 인식하지 않으므로 손실충당금이 존재하지 않는다.

 금융자산 재분류

재분류 전	재분류 후	금액 변화	평가 차액	이자수익	손실충당금
AC : FV로 평가	FVOCI	AC → FV	OCI 인식 (평가)	Old 상각표	승계
	FVPL		PL	액면이자	제거
FVOCI : OCI 제거	AC	FV → AC	OCI 제거 (취소)	Old 상각표	승계
	FVPL	FV → FV	OCI → PL (재분류 조정)	액면이자	제거
FVPL : 계정만 대체	AC	FV → FV	N/A	New 상각표 (현행R)	원래 없음
	FVOCI				

금융자산 재분류는 위 표만 외우면 손쉽게 문제를 풀 수 있으니 표를 완벽하게 외우자. 말문제로 출제될 수도 있으므로 다음 기준서 원문도 같이 읽어보자.

(1) AC → FVOCI: FV 평가, 평가손익 OCI, 기존 이자율
금융자산을 상각후원가 측정 범주에서 기타포괄손익 − 공정가치 측정 범주로 재분류하는 경우에 재분류일의 공정가치로 측정한다. 금융자산의 재분류 전 상각후원가와 공정가치의 차이에 따른 손익은 기타포괄손익으로 인식한다. 유효이자율과 기대신용손실 측정치는 재분류로 인해 조정되지 않는다.

(2) AC → FVPL: FV 평가, 평가손익 PL
금융자산을 상각후원가 측정 범주에서 당기손익 − 공정가치 측정 범주로 재분류하는 경우에 재분류일의 공정가치로 측정한다. 금융자산의 재분류 전 상각후원가와 공정가치의 차이에 따른 손익은 당기손익으로 인식한다.

(3) FVOCI → AC: 처음부터 AC였던 것처럼, OCI 제거, 기존 이자율
금융자산을 기타포괄손익 − 공정가치 측정 범주에서 상각후원가 측정 범주로 재분류하는 경우에 재분류일의 공정가치로 측정한다. 그러나 재분류 전에 인식한 기타포괄손익누계액은 자본에서 제거하고 재분류일의 금융자산의 공정가치에서 조정한다. 따라서 최초 인식시점부터 상각후원가로 측정했었던 것처럼 재분류일에 금융자산을 측정한다. 재분류에 따라 유효이자율과 기대신용손실 측정치는 조정하지 않는다.

(4) FVOCI → FVPL: 계속 FV, OCI 재분류조정
금융자산을 기타포괄손익 − 공정가치 측정 범주에서 당기손익 − 공정가치 측정 범주로 재분류하는 경우에 계속 공정가치로 측정한다. 재분류 전에 인식한 기타포괄손익누계액은 재분류일에 재분류조정으로 자본에서 당기손익으로 재분류한다.

(5) FVPL → AC: 계속 FV
금융자산을 당기손익 − 공정가치 측정 범주에서 상각후원가 측정 범주로 재분류하는 경우에 재분류일의 공정가치가 새로운 총장부금액이 된다

(6) FVPL → FVOCI: 계속 FV
금융자산을 당기손익 − 공정가치 측정 범주에서 기타포괄손익 − 공정가치 측정 범주로 재분류하는 경우에 계속 공정가치로 측정한다.

 FVOCI→AC를 공정가치로 측정하는 이유

FVOCI에서 AC로 재분류하는 경우 AC(상각후원가)로 평가한다고 설명하였는데, 기준서에서는 '재분류일의 공정가치로 측정한다'고 얘기하고 있다. 이에 대해 궁금해할 수 있는데, 한국말은 끝까지 읽어봐야한다. 그 뒤에 '재분류 전에 인식한 기타포괄손익누계액은 자본에서 제거하고 재분류일의 금융자산의 공정가치에서 조정한다.'고 서술하고 있다. 그렇다면 상각후원가와 공정가치의 차액(OCI)이 제거되면서, 금융자산의 금액은 상각후원가가 된다. 따라서 최초 인식시점부터 상각후원가로 측정했었던 것처럼 재분류일에 금융자산을 측정한다.

X1년 12월 31일 현재 회사채의 상각후원가는 ₩9,000이고, 공정가치는 ₩10,000, X1년 중 사업모형의 변경으로 인해 FVOCI 금융자산에서 AC 금융자산으로 재분류하였다면 X1년 12월 31일과 X2년 1월 1일의 회계처리는 다음과 같다.

	기준서 상 회계처리				결과적인 회계처리			
X1.12.31	FVOCI	1,000	OCI	1,000	FVOCI	1,000	OCI	1,000
X2.1.1	AC	10,000	FVOCI	10,000	AC	9,000	FVOCI	10,000
	OCI	1,000	AC	1,000	OCI	1,000		

X1년 말에 FVOCI 금융자산은 공정가치로 평가해야 하므로 1,000의 평가이익(OCI)를 인식한 뒤, 재분류일인 X2년 초에 재분류를 한다. 재분류 시 왼쪽이 기준서 상 회계처리인데 결과적으로 앞에서 배웠던 회계처리와 일치하게 된다.

예제

01 금융자산의 재분류시 회계처리에 관한 설명으로 옳지 않은 것은? 2018. CTA

① 상각후원가측정금융자산을 당기손익-공정가치측정금융자산으로 재분류할 경우 재분류일의 공정가치로 측정하고, 재분류 전 상각후원가와 공정가치의 차이를 당기손익으로 인식한다.

② 상각후원가측정금융자산을 기타포괄손익-공정가치측정금융자산으로 재분류할 경우 재분류일의 공정가치로 측정하고, 재분류 전 상각후원가와 공정가치의 차이를 기타포괄손익으로 인식하며, 재분류에 따라 유효이자율과 기대신용손실 측정치는 조정하지 않는다.

③ 기타포괄손익-공정가치측정금융자산을 당기손익-공정가치측정금융자산으로 재분류할 경우 계속 공정가치로 측정하고, 재분류 전에 인식한 기타포괄손익누계액은 재분류일에 이익잉여금으로 대체한다.

④ 기타포괄손익-공정가치측정금융자산을 상각후원가측정금융자산으로 재분류할 경우 재분류일의 공정가치로 측정하고, 재분류 전에 인식한 기타포괄손익누계액은 자본에서 제거하고 재분류일의 금융자산의 공정가치에서 조정하며, 재분류에 따라 유효이자율과 기대신용손실 측정치는 조정하지 않는다.

⑤ 당기손익-공정가치측정금융자산을 기타포괄손익-공정가치측정금융자산으로 재분류할 경우 계속 공정가치로 측정하고, 재분류일의 공정가치에 기초하여 유효이자율을 다시 계산한다.

⊙ 해설

FVOCI을 FVPL로 재분류할 경우 기존에 인식한 OCI는 이익잉여금으로 직접 대체하는 것이 아니라, 재분류조정하면서 당기손익으로 인식한다.

답 ③

02 다음은 금융자산의 분류 및 재분류 등에 관한 설명이다. 옳은 설명을 모두 고른 것은? 2022. CTA

> ㄱ. 계약상 현금흐름을 수취하기 위해 보유하는 것이 목적인 사업모형 하에서 금융자산을 보유하고, 금융자산의 계약 조건에 따라 특정일에 원금과 원금잔액에 대한 이자 지급만으로 구성되어 있는 현금흐름이 발생하는 금융자산은 상각후원가로 측정한다.
>
> ㄴ. 계약상 현금흐름의 수취와 금융자산의 매도 둘 다를 통해 목적을 이루는 사업모형 하에서 금융자산을 보유하고, 금융자산의 계약 조건에 따라 특정일에 원금과 원금잔액에 대한 이자 지급만으로 구성되어 있는 현금흐름이 발생하는 금융자산은 당기손익 – 공정가치로 측정한다.
>
> ㄷ. 서로 다른 기준에 따라 자산이나 부채를 측정하거나 그에 따른 손익을 인식한 결과로 발생한 인식이나 측정의 불일치를 제거하거나 유의적으로 줄이는 경우에는 최초 인식시점에 해당 금융자산을 당기손익 – 공정가치 측정 항목으로 지정할 수 있다.
>
> ㄹ. 금융자산을 기타포괄손익 – 공정가치 측정 범주에서 당기손익 – 공정가치 측정 범주로 재분류하는 경우, 재분류 전에 인식한 기타포괄손익누계액은 재분류일에 자본의 다른 항목으로 직접 대체한다.

① ㄱ, ㄴ   ② ㄱ, ㄷ   ③ ㄴ, ㄷ   ④ ㄴ, ㄹ   ⑤ ㄷ, ㄹ

▶ **해설**

'원금과 이자지급으로 구성되어 있는 현금흐름이 발생하는 금융자산'이란 채무상품을 의미한다.

ㄴ. 계약상 현금흐름의 수취와 금융자산의 매도 둘 다를 통해 목적을 이루는 사업모형 하에서 금융자산을 보유하고, 금융자산의 계약 조건에 따라 특정일에 원금과 원금잔액에 대한 이자 지급만으로 구성되어 있는 현금흐름이 발생하는 금융자산은 기타포괄손익 – 공정가치로 측정한다.

ㄹ. 금융자산을 기타포괄손익 – 공정가치 측정 범주에서 당기손익 – 공정가치 측정 범주로 재분류하는 경우, 재분류 전에 인식한 기타포괄손익누계액은 재분류일에 재분류조정으로 자본에서 당기손익으로 재분류한다.

目 ②

03 (주)대한은 (주)민국이 20X1년 1월 1일에 발행한 액면금액 ₩50,000(만기 5년(일시상환), 표시이자율 연 10%, 매년 말 이자지급)인 사채를 동 일자에 액면금액으로 취득하고, 상각후원가로 측정하는 금융자산(AC 금융자산)으로 분류하여 회계처리하였다. 그러나 (주)대한은 20X2년 중 사업모형의 변경으로 동 사채를 당기손익-공정가치로 측정하는 금융자산(FVPL 금융자산)으로 재분류하였다. 20X2년 말 현재 동 사채와 관련하여 인식한 손실충당금은 ₩3,000이다. 동 사채의 20X3년 초와 20X3년 말의 공정가치는 각각 ₩45,000과 ₩46,000이다. 동 사채가 (주)대한의 20X3년 포괄손익계산서 상 당기순이익에 미치는 영향은 얼마인가? (단, 동 사채의 20X3년 말 공정가치는 이자수령 후 금액이다.) 2021. CPA

① ₩2,000 감소   ② ₩1,000 감소   ③ ₩4,000 증가
④ ₩5,000 증가   ⑤ ₩6,000 증가

해설

X3년 당기손익: (-)2,000 + 5,000 + 1,000 = **4,000 증가**

(1) 재분류 시 평가손익: 45,000 - (50,000 - 3,000) = (-)2,000 손실
   ─ 재분류 시 평가손익은 손실충당금을 차감한 순액 기준으로 계산한다.

(2) 이자수익: 50,000 × 10% = 5,000
   ─ 재분류 후 FVPL이므로 액면이자만 이자수익으로 인식한다.

(3) X3년말 평가손익: 46,000 - 45,000 = 1,000 이익

참고 회계처리

X1.1.1	AC	50,000	현금	50,000
X1.12.31	현금	5,000	이자수익	5,000
X2.12.31	현금	5,000	이자수익	5,000
	손상차손	3,000	손실충당금	3,000
X3.1.1 (재분류일)	FVPL	45,000	AC	50,000
	손실충당금	3,000		
	PL	2,000		
X3.12.31	FVPL	1,000	PL	1,000
	현금	5,000	이자수익	5,000

사채를 액면금액으로 취득했으므로, 유효이자율은 액면이자율과 같은 10%이다.

답 ③

04 20X1년 1월 1일 (주)세무는 (주)대한이 동 일자에 발행한 사채(액면금액 ₩1,000,000, 만기 3년, 표시이자율 연 8%, 매년 말 이자지급)를 ₩950,252에 취득하였다. 취득 당시의 유효이자율은 연 10%이며, (주)세무는 동 사채를 기타포괄손익－공정가치측정 금융자산으로 분류하였다. 한편, (주)세무는 20X1년 중 사업모형을 변경하여 동 사채를 당기손익－공정가치측정 금융자산으로 재분류하였다. 20X1년 말 동 사채의 신용위험은 유의적으로 증가하지 않았으며, 12개월 기대신용손실은 ₩10,000이다. (주)세무는 20X1년 말과 20X2년 말에 표시이자를 정상적으로 수령하였다. 동 사채의 각 연도 말의 공정가치는 다음과 같으며, 재분류일의 공정가치는 20X1년 말의 공정가치와 동일하다.

	20X1. 12. 31.	20X2. 12. 31.
공정가치	₩932,408	₩981,828

(주)세무의 동 사채관련 회계처리가 20X2년도 당기순이익에 미치는 영향은? (단, 계산금액은 소수점 이하 첫째자리에서 반올림한다.)

2021. CTA

① ₩16,551 감소
② ₩22,869 감소
③ ₩26,551 증가
④ ₩96,551 증가
⑤ ₩106,551 증가

▶ 해설

X2년 당기손익: (−)22,869 + 80,000 + 49,420 = 106,551 증가

X0	950,252	n = 3, r = 10%, (80,000)			
	↓ 95,025				
X1	965,277 (10,000)	—⊖22,869→	932,408		
			↓ 80,000		
X2			932,408	—⊕49,420→	981,828

(1) X1말 금융자산평가손익(OCI): 932,408 − (965,277 − 10,000) = (−)22,869 손실
   − FVOCI 금융자산은 기대신용손실이 있더라도 B/S상에 공정가치로 표시되어야 한다. 또한, 손상차손은 PL로 인식한다. 따라서 OCI로 인식하는 금융자산평가손익은 기대신용손실을 차감한 상각후원가와 공정가치의 차이이다.
   − FVOCI 금융자산을 FVPL 금융자산으로 재분류할 경우 OCI 잔액을 PL로 재분류 조정한다.

(2) 이자수익: 1,000,000 × 8% = 80,000
   − 재분류 후 FVPL로 분류하므로 액면이자만 이자수익으로 인식한다.

(3) X2년말 평가손익: 981,828 − 932,408 = 49,420 이익

|회계처리|

X1.1.1	FVOCI	950,252	현금	950,252
X1.12.31	현금	80,000	이자수익	95,025
	FVOCI	15,025		
	손상차손	10,000	손실충당금	10,000
	OCI	22,869	FVOCI	22,869
X2.1.1 **(재분류일)**	FVPL	932,408	FVOCI	942,408
	손실충당금	10,000		
	PL	22,869	OCI	22,869
X2.12.31	현금	80,000	이자수익	80,000
	FVPL	49,420	PL	49,420

재분류일 현재 FVOCI 금융자산의 장부금액은 932,408이지만, 이 중 10,000은 손실충당금으로 인해 차감된 것이므로 재분류일에 FVOCI 942,408과 손실충당금 10,000을 동시에 제거해야 한다.

답 ⑤

7 금융자산의 제거

1. 금융자산의 정형화된 매입 또는 매도

금융자산의 정형화된 매입 또는 매도는 매매일이나 결제일에 인식하거나 제거한다. 매매일은 자산을 매입하거나 매도하기로 약정한 날을 말하며, 결제일은 자산을 인수하거나 인도하는 날을 말한다. 우리나라의 경우 유가증권시장에서 매매일로부터 2영업일 후에 결제가 이루어지는 정형화된 거래가 이루어진다. 금융자산의 매입 또는 매도를 매매일에 회계처리하는 방법이 있고, 결제일에 회계처리하는 방법이 있다. 어떤 회계처리 방법을 사용하든 결과는 같으며, 같은 계정으로 분류한 금융자산의 매입이나 매도 모두에 일관성 있게 같은 방법을 사용하여 적용한다. 구체적인 매매일 회계처리 방법과 결제일 회계처리 방법은 수험목적 상 생략한다.

2. 매각거래 vs 차입거래

매각거래	현금	XXX	금융자산	XXX
	처분손익 XXX			
차입거래	현금	XXX	차입금	XXX

대가를 받고 금융자산을 처분하였을 때, 자산의 소유권이 넘어가면 이를 매각거래로 보고 자산을 장부에서 제거한다. 반면 자산의 소유권이 넘어가지 않는다면 이를 차입거래로 보고 자산을 장부에 그대로 둔 채 차입금을 계상한다.

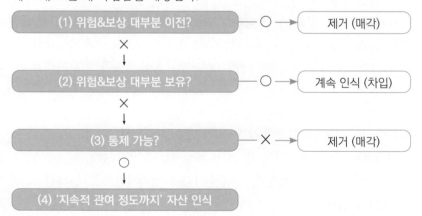

자산의 소유권 이전 여부는 위 순서도에 따라 판단한다. (1)~(4)까지 순서를 외울 필요는 없으며, 각 상황에서 제거할지, 계속 인식할지를 구분할 수 있으면 된다. 금융자산의 제거 요건은 말문제로 자주 출제되는 주제이므로 잘 알아두자.

특히, (4)번에서 통제가 가능하다면 지속적 관여 정도까지만 자산을 인식한다는 점이 중요하다.

통제 불가능할 때 지속적 관여 자산을 인식하는 것이 아님에 주의하자. 통제가 가능해야 지속적 관여할 자산도 있는 것이다.

3. 매각거래 VS 차입거래 기준서 사례

양도자가 소유에 따른 위험과 보상의 대부분을 이전하는 경우와 보유하는 경우의 예는 각각 다음과 같다.

〈매각거래〉 위험과 보상의 대부분을 이전	〈차입거래〉 위험과 보상의 대부분을 보유
(1) 양도자가 콜, 양수자가 풋 보유 → 깊은 외가격 상태: 행사 X (그대로 니꺼)	(1) 양도자가 콜, 양수자가 풋 보유 → 깊은 내가격 상태: 행사 O (다시 내꺼)
(2) 양도자가 공정가치 재매입	(2) 양도자가 미리 정한 가격(+ 이자수익) 재매입
(3) 조건 없는 매도	(3) 유가증권 대여 계약
	(4) 시장위험 익스포저를 양도자에게 다시 이전, 양도자가 발생가능성이 높은 신용손실 보증

(1) 거래 취소 권리 (양도자가 콜, 양수자가 풋 보유): 깊은 외가격-매각, 깊은 내가격-차입

양도자가 매도한 금융자산에 대한 콜옵션을 보유하고 있거나 양수자가 해당 금융자산에 대한 풋옵션을 보유하고 있지만, 해당 콜옵션이나 풋옵션이 현재까지 깊은 외가격 상태이기 때문에 만기 이전에 해당 옵션이 내가격 상태가 될 가능성이 매우 낮은 경우 옵션 행사를 하지 않아 거래가 그대로 유지되므로 매각거래로 본다.

양도자가 매도한 금융자산에 대한 콜옵션을 보유하고 있거나 양수자가 해당 금융자산에 대한 풋옵션을 보유하고 있으며, 해당 콜옵션이나 풋옵션이 현재까지 깊은 내가격 상태이기 때문에 만기 이전에 해당 옵션이 외가격 상태가 될 가능성이 매우 낮은 경우 옵션 행사를 하여 거래가 취소되므로 차입거래로 본다.

(2) 양도자가 공정가치 재매입 (매각) VS 미리 정한 가격(+이자수익) 재매입 (차입)

양도자가 매도한 금융자산을 재매입시점의 공정가치로 재매입할 수 있는 권리를 보유하고 있는 경우 자산의 가격 변동 위험을 구매자가 갖는다. 따라서 이 경우 매각거래로 보며, 자산의 소유권은 구매자에게 이전되었다고 본다.

반면, 양도자가 매도 후에 미리 정한 가격으로 또는 매도가격에 양도자에게 금전을 대여하였더라면 그 대가로 받았을 이자수익을 더한 금액으로 양도자산을 재매입하는 거래의 경우 구매자는 정해진 가격만 지급하면 되기 때문에 자산의 가격 변동 위험을 판매자가 갖는다. 따라서 이 경우 차입거래로 보며, 자산의 소유권은 그대로 판매자에게 있다.

(3) 조건 없는 매도 (매각) VS 유가증권 대여 계약 (차입)

금융자산을 아무런 조건 없이 매도한 경우는 매각거래이고, 유가증권대여계약을 체결한 경우는 말 그대로 빌려준 것이므로 차입거래로 본다.

(4) 시장위험 익스포저를 양도자에게 다시 이전, 양도자가 발생가능성이 높은 신용손실 보증

시장위험 익스포저를 양도자에게 다시 이전하는 총수익스왑 체결과 함께 금융자산을 매도한 경우와, 양도자가 발생 가능성이 높은 신용손실의 보상을 양수자에게 보증하면서 단기 수취채권을 매도한 경우에는 위험을 여전히 양도자가 보유한다. 따라서 차입거래로 본다.

예제

01 금융자산의 제거에 대한 다음 설명 중 옳지 않은 것은?   2012. CPA

① 금융자산의 정형화된 매도 시 당해 금융자산을 매매일 또는 결제일에 제거한다.
② 금융자산의 현금흐름에 대한 계약상 권리가 소멸한 경우에는 당해 금융자산을 제거한다.
③ 금융자산의 현금흐름에 대한 계약상 권리를 양도하고 위험과 보상의 대부분을 이전하면 당해 금융자산을 제거한다.
④ 금융자산의 현금흐름에 대한 계약상 권리를 양도하고, 위험과 보상의 대부분을 보유하지도 않고 이전하지도 않으면서 당해 금융자산을 통제하고 있지 않다면 당해 금융자산을 제거한다.
⑤ 금융자산의 현금흐름에 대한 계약상 권리는 양도하였지만 양도자가 매도 후에 미리 정한 가격으로 당해 금융자산을 재매입하기로 한 경우에는 당해 금융자산을 제거한다.

해설

미리 정한 가격으로 재매입하는 경우 위험과 보상의 대부분을 보유하는 것으로 보고 금융자산을 제거하지 않는다.

답 ⑤

02 기업회계기준서 제1109호 '금융상품' 중 계약상 현금흐름 특성 조건을 충족하는 금융자산으로서 사업모형을 변경하는 경우의 재분류 및 금융자산의 제거에 대한 다음 설명 중 옳은 것은? 2019. CPA

① 금융자산을 기타포괄손익-공정가치 측정 범주에서 상각후원가 측정 범주로 재분류하는 경우에는 최초 인식시점부터 상각후원가로 측정했었던 것처럼 재분류일에 금융자산을 측정한다.

② 양도자가 발생 가능성이 높은 신용손실의 보상을 양수자에게 보증하면서 단기 수취채권을 매도한 것은 양도자가 소유에 따른 위험과 보상의 대부분을 이전하는 경우의 예이다.

③ 금융자산을 기타포괄손익-공정가치 측정 범주에서 당기손익-공정가치 측정 범주로 재분류하는 경우에 계속 공정가치로 측정하며, 재분류 전에 인식한 기타포괄손익누계액은 자본에서 당기손익으로 재분류하지 않는다.

④ 양도자가 매도한 금융자산을 재매입시점의 공정가치로 재매입할 수 있는 권리를 보유하고 있는 것은 양도자가 소유에 따른 위험과 보상의 대부분을 보유하는 경우의 예이다.

⑤ 양도자가 매도 후에 미리 정한 가격으로 또는 매도가격에 양도자에게 금전을 대여하였더라면 그 대가로 받았을 이자수익을 더한 금액으로 양도자산을 재매입하는 거래는 양도자가 소유에 따른 위험과 보상의 대부분을 이전하는 경우의 예이다.

▶ 해설

FVOCI에서 AC로 재분류하는 경우 취소를 통해 OCI만 제거하고, 기존 유효이자율 상각표를 이용한다. 따라서 '최초 인식시점부터 상각후원가로 측정했었던 것처럼' 측정한다는 표현은 맞는 설명이다.

② 발생 가능성이 높은 신용손실의 보상을 보증하면서 매도한 것은 위험과 보상의 대부분을 보유하는 경우이다.

③ FVOCI 금융자산을 FVPL 금융자산으로 재분류하는 경우 OCI를 재분류 조정한다.

④ 공정가치로 재매입할 수 있다면 위험과 보상의 대부분을 이전하는 경우이다.

⑤ 정한 가격으로 재매입하는 거래는 위험과 보상의 대부분을 보유하는 경우이다.

답 ①

8 금융보증계약 및 지속적 관여

1. 금융보증계약

금융보증계약이란 채무상품의 지급기일에 채무자가 정해진 대가를 채권자에게 지급하지 못할 경우 발행자(보증기업)가 특정금액을 지급하는 계약을 의미한다. 발행자는 금융보증계약을 최초 인식 후에 후속적으로 다음 중 큰 금액으로 측정한다.

> 금융보증부채 = MAX[①, ②]
> ① 기대신용손실로 산정한 손실충당금
> ② 최초 인식금액에서 기업회계기준서 제1115호(수익 기준서)에 따라 인식한 이익누계액을 차감한 금액

금융보증계약을 체결하는 경우 보증기업은 보증에 대한 대가를 수령한다. 아직 보증의무를 이행하지 않았기 때문에 대가 수령 시에는 선수수익으로 보아 부채로 계상한다. 이후에 기간이 경과함에 따라 부채를 제거하면서 수익을 인식하면 된다. 문제에서 별다른 언급이 없다면 수익을 정액법으로 인식하면 된다.

만약 채무자의 재무상태가 악화되어 보증기업이 보증의무를 이행할 것으로 예상된다면 보증기업에게는 보증액을 지급해야 할 의무가 생긴다. 따라서 보증기업은 예상 보증액만큼 부채를 인식해야 한다. 보증기업이 지급해야 될 것으로 예상되는 금액을 기준서에서는 '기대신용손실'이라고 표현하였다.

예제

01 (주)대한은 20X1년 초에 (주)민국의 차입금 ₩1,000,000에 대하여 보증계약을 체결하고, 3년간 보증을 해주는 대가로 보증수수료 ₩30,000을 수령하였다. 20X1년 12월 31일에 (주)민국의 재무상태는 건전하며, (주)대한이 지급보증 의무를 이행할 가능성은 낮다. 하지만 20X2년 12월 31일에 (주)민국의 재무상태가 악화되어, (주)대한이 지급보증 의무를 이행할 가능성이 높아졌으며, 20X2년 12월 31일 현재 (주)대한은 금융보증계약의 기대신용손실을 ₩100,000으로 추정하였다. 위 금융보증계약과 관련하여 20X1년 12월 31일과 20X2년 12월 31일 (주)대한이 재무상태표에 각각 부채로 인식할 금액은?

	20X1년 12월 31일	20X2년 12월 31일
①	₩30,000	₩120,000
②	₩30,000	₩100,000
③	₩20,000	₩120,000
④	₩20,000	₩100,000
⑤	₩10,000	₩100,000

해설

	손실충당금	최초 인식금액-이익누계액	MAX
X1말	0	20,000	20,000
X2말	100,000	10,000	100,000

(1) 손실충당금
  X1말에는 지급보증 의무를 이행할 가능성이 낮으므로 0이지만, X2말에는 손실충당금이 100,000이 된다.

(2) 최초 인식금액 − 이익누계액
  최초 인식금액은 30,000이고, 보증기간이 3년이므로 1년간 10,000씩 부채를 제거하면서 수익을 인식하면 된다.

|회계처리|

X1초	현금	30,000	금융보증부채	30,000
X1말	금융보증부채	10,000	금융보증이익(PL)	10,000
X2말	금융보증손실(PL)	80,000	금융보증부채	80,000

답 ④

2. 지속적 관여

양도자산의 소유에 따른 위험과 보상의 대부분을 보유하지도 이전하지도 않는데, 양도자가 양도자산을 통제하고 있다면, 그 양도자산에 지속적으로 관여하는 정도까지 그 양도자산을 계속 인식한다.

 금융자산 양도 시

양도자가 양도자산에 대하여 일부만 보증을 제공하는 형태로 지속적 관여가 이루어지는 경우 지속적으로 관여하는 정도까지 양도자산을 계속 인식하며, 관련 부채도 함께 인식한다. 지속적 관여 자산과 관련 부채는 다음과 같이 구한다.

---

(1) 지속적 관여 자산 = min[①, ②]
　① 양도자산의 장부금액
　② 수취한 대가 중 상환을 요구받을 수 있는 최대 금액(최대 보증액)

(2) 관련 부채 = 최대 보증액 + 보증의 공정가치

현금	총 수령액	금융자산	장부금액
지속적관여자산	최대 보증액	관련부채	최대 보증액
		관련부채	보증의 FV
	처분손익 XXX		

문제에서 최대 보증액이 양도자산의 장부금액보다 작을 가능성이 높기 때문에 지속적 관여 자산은 최대 보증액으로 계상하였다.

STEP 2 **보증 시**

비용	실제 보증액	현금	실제 보증액
관련부채	실제 보증액	지속적관여자산	실제 보증액
관련부채	환입액	수익	환입액

양도자는 양도자산에서 생기는 수익을 지속적으로 관여하는 정도까지 계속 인식하며, 관련 부채에서 생기는 모든 비용을 인식한다.

(1) 현금 지출액만큼 비용 인식

실제로 보증을 수행하면서 현금이 지출될텐데, 이 금액만큼 비용을 인식한다.

(2) 실제 보증액만큼 지속적 관여 자산과 관련 부채 상계

또한, 실제 보증액만큼 더이상 해당 자산에 대해서 관여를 하지 않기 때문에 지속적 관여 자산과 관련 부채를 상계한다.

(3) 관련부채 환입액만큼 수익 인식

> 관련부채 환입액(= 수익): 보증의 FV × 실제 보증액/최대 보증액

관련부채 중 보증의 공정가치는 선수수익의 성격을 띈다. 용역에 대한 대가를 먼저 받고, 용역은 아직 제공하지 않았기 때문이다. 보증용역을 실제로 제공할 때 보증비율만큼 관련부채를 환입하면서 수익을 인식한다. 보증비율은 양도 시 정한 최대 보증액 중 당기의 실제 보증액의 비율로 계산한다.

사례

(주)김수석은 20X1년 1월 1일 보유 중인 장부금액 ₩1,000,000인 금융자산을 (주)대한에게 현금 ₩950,000을 수령하고 양도하였다. (주)김수석은 양도 이후 금융자산 회수불능과 관련된 손실에 대하여 ₩100,000을 한도로 지급보증을 제공하였다. 양도일 현재 보증의 공정가치는 ₩50,000이다. 양도한 금융자산 중 ₩40,000은 20X1년 12월 31일에 회수불능되었으며, ₩80,000은 20X2년 12월 31일에 추가로 회수불능되었다고 할 때, 20X1년 1월 1일부터 20X2년 12월 31일까지 (주)김수석의 회계처리를 하시오.

|회계처리|

X1초	현금	950,000	금융자산	1,000,000
	지속적관여자산	100,000	관련부채	100,000
	처분손실	100,000	관련부채	50,000
X1말	비용	40,000	현금	40,000
	관련부채	40,000	지속적관여자산	40,000
	관련부채	20,000	수익	20,000
X2말	비용	60,000	현금	60,000
	관련부채	60,000	지속적관여자산	60,000
	관련부채	30,000	수익	30,000

최대 보증액은 100,000이므로, X2년 말에 80,000이 회수불능되더라도 X2년 말 실제 보증액은 60,000(= 100,000 − 40,000)이다.

예·제

02 (주)세무는 20X1년 1월 1일 금융회사인 (주)대한에 장부금액 ₩500,000의 매출채권을 양도하였다. (주)세무는 동 매출채권의 위험과 보상의 대부분을 이전하지도 않고 보유하지도 않으며, (주)대한은 양도받은 동 매출채권을 제3자에게 매도할 수 있는 능력이 없다. 한편 (주)세무는 매출채권 양도 후 5개월간 동 매출채권의 손상발생에 대해 ₩100,000까지 지급을 보증하기로 하였으며, 동 보증의 공정가치(보증의 대가로 수취한 금액)는 ₩20,000이다. (주)세무가 동 매출채권을 양도하면서 (주)대한으로부터 보증의 대가를 포함하여 ₩480,000을 수령하였다면, (주)세무가 20X1년 1월 1일 매출채권 양도시 부채로 인식할 금액은?

2021. CTA

① ₩20,000 ② ₩40,000 ③ ₩80,000
④ ₩100,000 ⑤ ₩120,000

해설

(주)대한은 양도받은 동 매출채권을 제3자에게 매도할 수 있는 능력이 없으므로, (주)대한이 매출채권이 통제할 수 있는 상황은 아니다. 따라서 (주)세무가 통제할 수 있는 상황으로 보아야 한다. (주)세무는 위험과 보상의 대부분을 이전하지도 않고 보유하지도 않는데, 통제는 가능하므로 다음과 같이 지속적 관여 정도까지 자산을 인식해야 한다.

관련부채: 100,000(지급 보증액) + 20,000(보증의 공정가치) = 120,000

|회계처리|

현금	480,000	매출채권	500,000
지속적 관여 자산	100,000	관련 부채	100,000
처분손실	40,000	관련 부채	20,000

답 ⑤

9 | 금융상품 말문제 출제사항

1. 금융부채 및 금융자산의 정의

금융부채와 금융자산은 각각 다음의 부채와 자산을 말한다. 금융자산의 경우 괄호 안에 있는 내용으로 읽어야 한다.

	금융부채	금융자산
(1) 다음 중 하나에 해당하는 계약상 의무(권리)	① 거래상대방에게 현금 등 금융자산을 인도하기로 한 계약상 의무(권리) ② 잠재적으로 불리한(유리한) 조건으로 거래상대방과 금융자산이나 금융부채를 교환하기로 한 계약상 의무(권리)	
(2) 자기지분상품으로 결제될 수 있는 다음 중 하나의 계약	① 인도할(수취할) 자기지분상품의 수량이 변동 가능한 비파생상품 ② 확정 수량의 자기지분상품을 확정 금액의 현금 등 금융자산과 교환하여 결제하는 방법외의 방법으로 결제하거나 결제할 수 있는 파생상품	
(3) 기타		① 현금 ② 다른 기업의 지분상품

(1) 자기지분상품으로 결제되는 계약

	비파생상품	파생상품
지분상품으로 분류되기 위한 조건	확정 수량	확정 수량 & 확정 금액
금융부채(or 자산)으로 분류되기 위한 조건	변동 수량	변동 수량 or 변동 금액

① 자기지분상품으로 결제되는 비파생상품

자기지분상품으로 결제되는 비파생상품은 수량이 확정된 경우 지분상품으로 분류하고, 그렇지 않다면 금융부채나 금융자산으로 분류한다.

② 자기지분상품으로 결제되는 파생상품

자기지분상품으로 결제되는 파생상품은 수량과 금액이 모두 확정된 경우 지분상품으로 분류하고, 그렇지 않다면 금융부채나 금융자산으로 분류한다.

2. 최초 지정: 지정은 최초 인식시점에서만 가능, 취소 불가

금융상품은 원칙적으로 각 사업모형에 따라 정해진 계정으로 분류해야 한다. 하지만 다음의 경우에는 원칙을 벗어나서 금융상품의 계정을 지정할 수 있다. 각 규정이 출제될 가능성은 크지 않기 때문에 가볍게 읽어보고 넘어가자.

대신에, '지정은 최초 인식시점에서만 가능하며, 한 번 지정하면 이를 취소할 수 없다.'는 내용은 꼭 기억하자. '지정 후 이를 취소할 수 있다'로 틀린 문장이 출제된 적이 있으므로 주의하자.

(1) 지분상품의 FVOCI 금융자산으로 선택

지분상품은 원칙적으로 FVPL 금융자산으로 분류하나, 단기매매목적이 아니고 조건부 대가도 아닌 경우 FVOCI 금융자산으로 선택할 수 있다.

(2) FVPL 금융자산 및 FVPL 금융부채 지정: 회계불일치 제거

회계불일치를 제거하거나 유의적으로 줄이기 위해 채무상품 중 AC 금융자산 또는 FVOCI 금융자산으로 분류될 항목을 FVPL 금융자산으로 지정할 수 있다.

금융부채는 원칙적으로 상각후원가로 측정한다. (AC 금융부채) 예외적으로 회계불일치를 제거하거나 유의적으로 줄이기 위해 FVPL 금융부채로 지정할 수 있다. 회계불일치는 고급회계에서 배우기 때문에 고급회계를 배우지 않은 수험생은 고급회계를 배우고 나서 본 규정을 공부하자.

예제

01 금융자산과 금융부채에 관한 설명으로 옳지 않은 것은? 2016. CTA 수정

① 당기손익-공정가치로 측정되는 '지분상품에 대한 특정 투자'에 대하여는 후속적인 공정가치 변동을 기타포괄손익으로 표시하도록 최초 인식시점에 선택할 수도 있다. 다만 한번 선택하면 이를 취소할 수 없다.

② 상대방에게 확정된 가격으로 확정된 수량의 주식을 매입할 수 있는 권리를 부여한 주식옵션의 발행자는 이를 지분상품으로 분류한다.

③ 기존 차입자와 대여자가 실질적으로 다른 조건으로 채무상품을 교환하거나 기존 금융부채의 조건이 실질적으로 변경된 경우에는 최초의 금융부채를 제거하고 새로운 금융부채를 인식한다.

④ 금융자산의 최초인식시 거래가격과 공정가치가 다를 경우 거래가격으로 측정한다.

⑤ 잠재적으로 불리한 조건으로 거래상대방과 금융자산이나 금융부채를 교환하기로 한 계약상 의무는 금융부채이다.

● 해설

최초 인식시점에 금융자산이나 금융부채는 공정가치로 측정한다. 거래가격과 공정가치가 다를 경우 **공정가치**로 측정한다.
② 수량과 금액이 모두 확정된 파생상품(옵션)을 발행하였으므로 지분상품으로 분류하는 것이 맞다.

답 ④

02 기업회계기준서 제1109호 '금융상품'에 관한 다음 설명 중 옳은 것은? 2018. CPA

① 회계불일치 상황이 아닌 경우의 금융자산은 금융자산의 관리를 위한 사업모형과 금융자산의 계약상 현금흐름 특성 모두에 근거하여 상각후원가, 기타포괄손익-공정가치, 당기손익-공정가치로 측정되도록 분류한다.

② 당기손익-공정가치로 측정되는 지분상품에 대한 특정 투자의 후속적인 공정가치 변동은 최초 인식시점이라도 기타포괄손익으로 표시하는 것을 선택할 수 없다.

③ 금융자산의 전체나 일부의 회수를 합리적으로 예상할 수 없는 경우에도 해당 금융자산의 총장부금액을 직접 줄일 수는 없다.

④ 기타포괄손익-공정가치 측정 금융자산의 손상차손은 당기손실로 인식하고, 손상차손환입은 기타포괄손익으로 인식한다.

⑤ 회계불일치를 제거하거나 유의적으로 줄이는 경우에는 최초 인식 시점에 해당 금융자산을 기타포괄손익-공정가치 측정 항목으로 지정할 수 있으며, 지정 후 이를 취소할 수 있다.

해설

② 지분상품을 FVOCI 금융자산으로 선택하는 것은 '최초 인식시점에는' 가능하다.
③ 회수를 합리적으로 예상할 수 없는 경우 손상차손을 인식하여 총장부금액을 직접 줄일 수 있다.
④ FVOCI 금융자산도 AC 금융자산과 마찬가지로 손상차손과 손상차손환입은 모두 PL로 인식한다.
⑤ 회계불일치를 제거하거나 유의적으로 줄이는 경우 FVOCI 금융자산이 아닌 **FVPL 금융자산**으로 지정할 수 있으며, 지정 후 이를 취소할 수 없다.

 ①

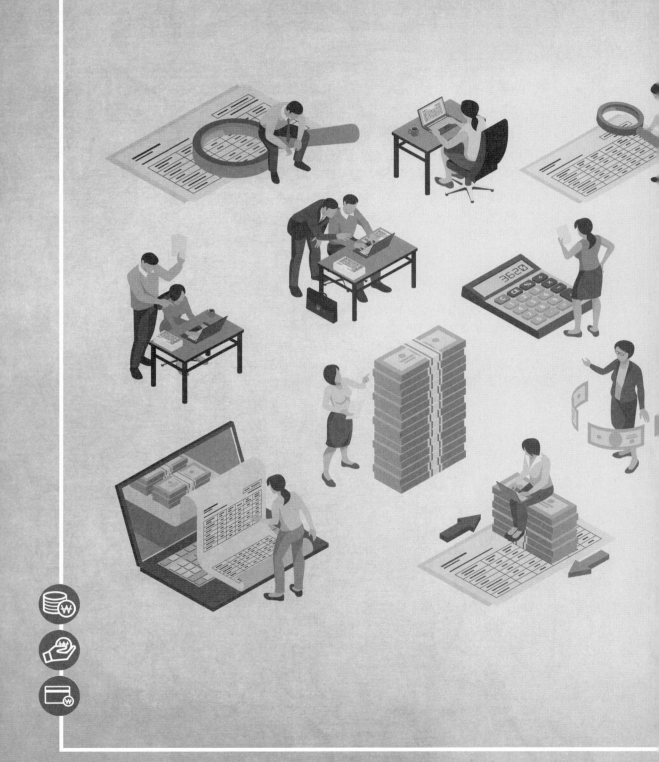

C·H·A·P·T·E·R

07

복합금융상품

CHAPTER 07 복합금융상품

복합금융상품은 자본요소와 부채요소를 모두 포함하고 있는 금융상품을 의미하며, 본서에서는 전환사채(CB, Convertible Bond)와 신주인수권부사채(BW, Bond with Warrant)를 다룬다. 편의상 앞으로 CB와 BW라고 부르겠다. 회계사 시험에서 거의 매년 CB와 BW 중에서 한 문제가 출제되며, 각각 하나씩 총 두 문제가 출제된 해도 많다. BW보다는 CB의 출제빈도가 높은 편이므로, 시간이 없다면 CB 위주로 공부하자.

1 전환사채(CB) vs 신주인수권부사채(BW)

전환사채란 주식으로 전환할 수 있는 권리(전환권)가 부여된 채권을 의미한다. 신주인수권부사채란 현금을 납입하고 주식을 인수할 수 있는 권리(신주인수권)이 부여된 사채를 의미한다.

CB와 BW 모두 기본적으로 사채이기 때문에, 일반적인 사채와 마찬가지로 이자와 액면금액을 지급한다. CB와 BW의 핵심적인 차이점은 주식을 받기 위해서 지급하는 대가가 다르다는 것이다. CB는 '전환'사채이기 때문에 사채가 주식으로 '바뀐다'. 따라서 사채를 주면 주식을 받을 수 있다. 반면 BW는 신주인수권부(附, 붙을 부)사채, 즉 신주인수권이 '붙어있는' 사채를 의미한다. 따라서 신주인수권을 행사하면서 현금을 주면 주식을 받을 수 있다. BW는 현금을 주기 때문에 신주인수권을 행사하더라도 사채가 사라지지 않는다는 점을 기억하자. 이를 그림으로 표현하면 다음과 같다.

		〈행사 전〉		〈행사 후〉	
CB		액면사채	→	액면사채	
		상환할증금		상환할증금	
		〈행사 전〉		〈행사 후〉	
BW		액면사채	→	액면사채	
		상환할증금		상환할증금	

1. 상환할증금: CB이든, BW이든 권리 행사 시 감소

상환할증금은 부여받은 권리를 행사하지 않았을 경우 지급하는 위로금 성격의 금액을 의미한다. 본서에서는 줄여서 할증금이라고 표시할 것이다. CB나 BW는 사채에 주식을 취득할 수 있는 권리가 붙어있기 때문에 일반적인 사채보다 비싸다. 그럼에도 불구하고 투자자들이 투자하는 이유는 주가가 상승하여 권리를 행사할 것을 기대하기 때문이다. 그런데 주가가 원하는 만큼 상승하지 않아 만기까지 권리를 행사하지 못하면 회사 입장에서는 미안하므로 상환할증금을 지급하는 것이다. CB이든, BW이든 권리를 행사하면 할증금을 지급하지 않으므로 행사비율만큼 할증금이 감소하는 것은 같다.

2. 사채: CB는 행사 시 감소, BW는 행사해도 불변

CB는 사채를 주고 주식을 받는 것이므로 전환권 행사 시 사채가 줄어들지만, BW는 신주인수권을 행사하더라도 사채가 불변이다. CB는 사채와 할증금이 발행 시부터 만기까지 같이 간다. 따라서 CB는 사채와 할증금을 구분하지 않고 하나의 계정으로 현재가치를 구하고, 같이 생각할 것이다. 반면, BW는 사채와 할증금이 각자 움직인다. 따라서 사채와 할증금을 각자 현재가치하고, 따로 생각할 것이다.

2 전환사채

 상환할증금

CB나 BW를 풀기 위해서 가장 먼저 할 일은 상환할증금을 계산하는 것이다. 문제에서 상환할증금을 주는 방식은 다음의 3가지가 있다. 문제에서 상환할증금을 제시하는 방식에 따라 계산 방법이 달라진다. 상환할증금 미지급조건인 경우에는 Step 0을 생략하면 된다.

1. 만기까지 전환하지 않으면 만기에 액면금액의 110%를 지급한다.

CB나 BW 문제에서 가장 자주 쓰는 상환할증금 제시 방법이다. 일반적인 사채는 만기에 액면금액의 100%를 지급하는데, 위와 같이 지급한다면 액면금액의 10%을 더 지급하는 것이므로, 액면금액의 10%가 상환할증금이 된다.

2. 보장수익률은 10%이다.

보장수익률이란 복합금융상품의 투자자가 전환권이나 신주인수권을 행사하지 않을 경우 얻을 수 있는 수익률을 의미한다. 전환권이나 신주인수권을 행사하지 않을 경우 투자자는 보유기간 동안 액면이자를 수령하다가 만기에 액면금액과 상환할증금을 수령한다. 이 현금흐름을 보장수익률로 할인한 현재가치는 액면금액이 된다.

가령, 액면이자율은 연 5%, 시장이자율은 연 12%, 연 보장수익률은 액면금액의 10%, 만기 3년, 액면금액이 ₩1,000,000일 때, 상환할증금은 다음과 같이 계산한다.

---

① 액면금액 = 액면이자/(1 + 보장R)¹ + 액면이자/(1 + 보장R)²
　　　　　　+ (액면이자 + 액면금액 + 상환할증금)/(1 + 보장R)³

② 상환할증금 = 액면금액 × (보장R − 액면R) × ((1 + 보장R)² + (1 + 보장R) + 1)
　　　　　　 = 1,000,000 × (10% − 5%) × (1.1² + 1.1 + 1) = 165,500

---

①번식이 상환할증금의 의미를 표현한 식이다. 정해진 현금흐름(액면이자&액면금액)에 상환할증금까지 추가된 현금흐름을 보장수익률로 할인했을 때 액면금액이 나오게끔 수익률을 보장해준다는 것이다. 액면발행하지 않더라도 상환할증금은 이와 같이 계산한다.

①번식을 상환할증금을 중심으로 정리하면 ②번식이 도출된다. 정리하는 과정이 쉽지 않으니 ②번식을 도출해내려고 하지 말고, 그냥 외우자.

여기에서 시장이자율은 절대로 쓰이지 않는다는 점을 주의하자. ①번식에 시장이자율이 없기 때문이다. 한글로 설명한 식보다 숫자를 넣어서 외우는 것이 더 편하다. 그냥 위 식을 숫자까지 통째로 외우자.

계산기 사용법　상환할증금

1.1 × = + 1.1 + 1 × 1,000,000 × 5%

위 식에서 (1.1² + 1.1 + 1)을 먼저 계산하고, 앞의 숫자들을 곱하는 것이 편하다. 1.1²은 '1.1 × ='을 누르면 계산할 수 있다.

---

3. 상환할증금은 ₩100,000이다.

문제에서 상환할증금을 직접 줄 수도 있다. 이때는 그냥 쓰면 된다.

STEP 1 발행가액 분석

부채	(액면금액 + 할증금) × 단순현가계수 + 액면이자 × 연금현가계수	= ①XXX
자본		③XXX(A)
계		②발행가액

1. 부채

전환사채를 발행하면서 수취한 발행가액 중에서 미래에 지급할 현금흐름의 현재가치는 부채로 분류한다. 전환사채의 현금흐름은 만기에 액면금액과 할증금은 1번 지급하고, 액면이자는 매년 말 지급하는 것이다. Step 0에서 구한 상환할증금을 액면금액에 더한 뒤, 단순현가계수를 곱하고, 액면이자를 연금현가계수에 곱하여 두 금액의 합을 구하면 부채를 구할 수 있다.

2. 자본(전환권대가)=발행가액-부채

발행가액 중 부채를 차감한 나머지 부분은 전환권대가가 된다. 본서에서는 전환권대가를 줄여서 대가로 부를 것이며, 전환권대가 금액을 A로 표시할 것이다. A는 전환권 행사 시 회계처리에 등장할 것이다.

대부분 문제에서는 전환사채를 액면 발행하기 때문에 발행가액은 주로 액면금액이다. 발행가액이 액면금액이 아닌 경우는 후술할 것이다. 전환권대가는 자본 중 자본잉여금으로 분류한다.

예제

01 (주)ABC는 20X1년 1월 1일 액면금액이 ₩1,000,000이며, 상환기일이 20X3년 12월 31일, 만기 3년의 전환사채를 액면발행하였다. 동 사채의 액면이자율은 연 5%로 매년말 이자를 지급한다. 이 전환사채와 동일한 일반사채의 시장이자율은 연 12%이며 만기까지 전환되지 않은 전환사채에 대한 연 보장수익률은 액면금액의 10%이다. 20X1년 1월 1일 전환사채 발행시 계상되는 전환권대가는 얼마인가? (단, 계산과정에서 소수점 이하는 첫째자리에서 반올림한다. 그러나 계산방식에 따라 단수차이로 인해 오차가 있는 경우, 가장 근사치를 선택한다.)

2014. CPA

3년 기준	5%	10%	12%
단일금액 ₩1 현재가치	0.8638	0.7513	0.7118
정상연금 ₩1 현재가치	2.7232	2.4868	2.4018
정상연금 ₩1 미래가치	3.1525	3.3100	3.3744

① ₩ 50,307   ② ₩ 40,307   ③ ₩ 30,307

④ ₩ 90,397   ⑤ ₩ 170,397

해설

Step 1. 상환할증금

상환할증금: $1,000,000 \times (10\% - 5\%) \times (1.1^2 + 1.1 + 1) = 165,500$

Step 2. 발행가액 분석

부채	$(1,000,000 + 165,500) \times 0.7118 + 50,000 \times 2.4018$	= ①949,693
자본		③50,307
계		②1,000,000

답 ①

02 (주)국세는 20X1년 1월 1일에 다음과 같은 조건의 전환사채를 액면발행하였다.

- 액면금액: ₩1,000,000
- 만 기: 20X5년 12월 31일
- 이 자: 매년 12월 31일에 액면금액의 연 8%를 현금으로 지급
- 전환조건: 전환사채 발행시점부터 1개월 경과 후 만기시점까지 전환청구 가능
  전환가격은 전환사채 액면금액 ₩5,000당 보통주(주당액면 ₩5,000) 1주로 전환가능
- 전환사채를 중도에 전환하지 않고 만기까지 보유한 경우 전환사채 액면금액의 105%를 지급함
- 전환사채 발행시점의 유효이자율은 연 10%임

동 전환사채 발행 직전 (주)국세의 자산총액은 ₩10,000,000, 부채총액은 ₩6,000,000 이었다. 동 전환사채 발행 직후 (주)국세의 부채비율(부채÷자본)은 얼마인가? (단, 현가계수는 아래의 표를 이용한다. 부채비율은 소수점 셋째자리에서 반올림하며, 단수차이로 인한 오차가 있으면 가장 근사치를 선택한다.)

2012. CTA

현 가 계 수 표

기간 \ 할인율	기간 말 단일금액 ₩1의 현재가치		정상연금 ₩1의 현재가치	
	8%	10%	8%	10%
1	0.92593	0.90909	0.92593	0.90909
2	0.85734	0.82645	1.78327	1.73554
3	0.79383	0.75131	2.57710	2.48685
4	0.73503	0.68302	3.31213	3.16987
5	0.68058	0.62092	3.99271	3.79079

① 1.22   ② 1.48   ③ 1.50
④ 1.64   ⑤ 1.72

⊙ 해설

1. 상환할증금: 1,000,000 × 5% = 50,000

2. 발행가액 분석

부채	(1,000,000 + 50,000) × 0.62092 + 80,000 × 3.79079	= ①955,229
자본		③44,771
계		②1,000,000

3. 부채비율: 6,955,229/4,044,771 = 1.72
   부채: 6,000,000 + 955,229 = 6,955,229
   자본: 4,000,000 + 44,771 = 4,044,771

답 ⑤

STEP 2 매년 말: 유효이자율 상각

> 이자비용 = 기초 부채 BV × 유효R

발행가액 분석 시 부채에 할증금을 포함하였으므로, 이자비용도 할증금을 포함한 금액을 이용하여 계산하면 된다. 이자비용 중 액면이자를 차감한 금액은 부채의 장부금액에 가산한다. 이때 매년 말 부채의 잔액을 회계처리 옆에 」표시한 뒤 BV 자리에 적자. 부채의 BV는 발행 시부터 계속해서 할증금을 포함한 금액이다.

 STEP 3 전환권 행사

부채	기말 BV × 전환율	자본금	주식 수 × 액면가
		주발초	XXX
전환권대가	A × 전환율	주발초	XXX

1. 부채→자본금 & 주발초

대부분의 문제에서 전환권 행사는 기초에 하는 것으로 가정한다. 기중에 행사하게 되면 미지급이자가 발생하기 때문이다. 기초에 행사하기 때문에 전기말 사채의 BV 중 전환율에 해당하는 금액만큼 제거하면서 자본금과 주발초를 늘리면 된다. 자본금은 발행 주식 수에 액면가를 곱한만큼 증가하고, 나머지 금액은 주발초가 된다.

2. 전환권대가→주발초 (선택 회계처리)

발행 시 계상한 전환권대가 중 전환율에 해당하는 금액만큼 제거하면서 주발초를 늘린다. 주발초 대체 회계처리는 선택 회계처리이기 때문에 생략해도 되나, 대부분의 문제에서는 대체하는 것을 선택한다. 따라서 '전환할 때는 대가를 주발초로 대체한다'고 생각하는 것이 좋다.

3. 전환 시 자본 증가액=부채 감소액=기말 사채 BV(할증금 포함)×전환율

전환 시 회계처리를 보면 부채를 제외하고는 전부 자본이다. 따라서 부채 감소액이 곧 자본 증가액이 된다.

4. 전환 시 증가하는 주발초

> 주발초 증가액 = (전기말 사채 BV + 전환권대가 − 주당 액면가 × 총 전환 가능 주식 수) × 전환율

전환 시 증가하는 주발초는 CB와 BW 모두에서 가장 많이 묻는 사항이다. 회계처리를 보면 위 식이 이해될 것이다. 100% 전환되었다고 가정하고 주발초 증가액을 계산한 다음, 마지막에 전환율을 곱하는 것이 계산하기 쉽다. 구체적으로 계산기를 어떻게 눌러서 주발초 증가액을 구하는지는 예제를 통해 설명한다.

STEP 4 전환권 행사 후 이자비용

> 전환권 행사 후 이자비용 = 전기말 사채 BV × 유효R × (1 − 전환율)

전환권 행사 후 전환사채의 이자비용은 전기말 부채에 유효이자율을 곱한 뒤, (1 − 전환율)을 곱하면 된다. 이때, 부채의 장부금액은 할증금을 포함한 금액이라는 것을 주의하자. 전환사채는 전환권 행사 시 사채와 할증금이 같이 제거되기 때문이다.

STEP 5 만기 상환

1. 만기 지급액

> 만기 지급액 = (액면금액 + 할증금) × (1 − 전환율)

할증금은 만기까지 전환을 하지 않았을 경우 지급되므로, 전액이 지급되는 것이 아니라 전환된 부분을 제외하고 남은 금액만큼만 지급된다. 기억하자. 전환사채의 할증금은 발행 시부터 만기까지 사채와 같이 간다. 따라서 발행가액 분석 시에도 같이 현재가치를 구했고, 매기 말 계정을 구분하지 않고 같이 상각했던 것이다.

2. 미전환 시 만기까지 총 이자비용 (만기=3년 가정)

> 총 이자비용 = 총 현금 지급액 − 총 현금 수령액
> = 액면이자 × 3 + 액면금액 + 할증금 − 부채의 PV (전환권대가 제외)
> (∵총 현금 지급액 = 액면이자 × 3 + 액면금액 + 할증금)

만기까지 사채의 총 이자비용은 총 현금 지급액에서 총 현금 수령액을 차감한 금액과 일치한다. 직관적으로 보면 100원을 빌려서 총 120원을 갚으면 총 이자비용은 20원이다. CB도 마찬가지이다. 발행자가 지급한 현금에서 수령한 현금을 차감하여 만기까지의 총 이자비용을 계산할 수 있다. 현금은 사채 발행 시 한 번만 받으므로 현금 수령액은 부채의 PV이다. 여기서 전환권대가는 자본이므로 제외해야 한다.

총 현금 지급액은 '액면이자 × 3 + 액면금액 + 할증금'이다. 만기 3년 가정 시 액면이자는 3회를 지급한다. 만기까지 전환하지 않았다고 가정할 경우 액면금액과 할증금을 전액 지급한다. 문제에서 '총 현금 지급액'만 따로 묻는 경우도 있으므로 기억하자.

|전환사채 회계처리 요약|

	현금	발행가	부채	PV(할증금도)	
발행 시					
			전환권대가(자본)	XXX(A)	
매년 말	이자비용	기초 BV × 유효R	현금	액면이자	
			부채	XXX	⌐ 기말 BV(할증금 포함)
전환 시	부채	기말 BV × 전환율	자본금	주식 수 × 액면가	
	전환권대가	A × 전환율	주발초	XXX	⌐ 기말 BV × (1 − 전환율)
전환 후 기말	이자비용	기말BV × 유효R × (1 − 전환율)	현금	액면이자	
			부채	XXX	
만기 상환	부채	(액면금액 + 할증금) × (1 − 전환율)	현금	XXX	

위 회계처리에서 A는 'Step 1. 발행가액 분석'에서 계산한 발행 시 전환권대가를 의미한다.

03 다음은 (주)대한의 전환사채와 관련된 자료이다.

> (1) (주)대한은 20X1년초 다음 조건으로 전환사채(액면금액 ₩100,000)를 액면 발행하였다.
>   - 표시이자 : 연 10%(매년말 지급)
>   - 전환조건 : 사채액면 ₩1,000당 1주의 보통주(주당액면 ₩500)로 전환
>   - 만기일 : 20X3. 12. 31.
>   - 투자자가 만기시점까지 전환권을 행사하지 않으면 만기 시점에 액면금액의 112%를 지급한다.
> (2) 20X2년말 재무상태표에 표시된 전환사채 장부금액은 ₩107,018이고 전환권대가는 ₩1,184이었다.
> (3) (주)대한은 전환사채 발행시점에서 인식한 자본요소(전환권대가) 중 전환된 부분은 주식발행초과금으로 대체하는 회계처리를 한다.

20X3년초 전환사채의 60%가 전환되었다. 전환사채 전환으로 증가하는 주식발행초과금을 구하면? (단, 원 단위 미만의 금액은 소수점 첫째 자리에서 반올림한다.) 2018. CPA

① ₩34,211 ② ₩34,921 ③ ₩37,910
④ ₩64,211 ⑤ ₩64,921

주발초 증가액: (107,018 + 1,184 − 100,000/1,000 × 500) × 0.6 = **34,921**
  ─ 문제에서 전환시점의 전환사채와 전환권대가를 제시하였으므로 주발초 증가액만 바로 구하면 된다.

|전환 시 회계처리|

X3초	부채	64,211	자본금	30,000
	전환권대가	710	주발초	34,921

답 ②

04 다음은 (주)한국의 전환사채와 관련된 자료이다.

- 20X1년 1월 1일 전환사채 ₩1,000,000(표시이자율 연 7%, 매년말 이자지급, 만기 3년)을 액면발행하였다. 전환사채 발행시점의 일반사채 시장이자율은 연 15%이다.
- 전환으로 발행되는 주식 1주(액면금액 ₩5,000)에 요구되는 사채액면금액은 ₩20,000으로 한다. 만기일까지 전환되지 않으면 만기일에 액면금액의 116.87%를 지급하고 일시상환한다.
- 이자율이 연 15%일 때 3년 후 ₩1의 현재가치는 ₩0.6575이며, 3년간 정상연금 ₩1의 현재가치는 ₩2.2832이다.
- 20X2년 1월 1일 사채 액면금액 ₩500,000의 전환청구로 사채가 주식으로 전환되었다.

(주)한국의 전환사채에 대한 회계처리로 옳은 설명은? (단, 전환권대가는 전환시점에서 주식발행초과금으로 대체한다. 필요시 소수점 첫째자리에서 반올림하고, 단수 차이로 오차가 있는 경우 ₩10 이내의 차이는 무시한다.)

2017. CPA

① 전환사채 발행시점의 부채요소는 ₩759,544이다.
② 전환사채 발행시점의 자본요소는 ₩240,456이다.
③ 20X1년 포괄손익계산서에 계상되는 이자비용은 ₩139,237이다.
④ 전환권 행사로 자본총계는 ₩534,619 증가한다.
⑤ 전환권 행사로 주식발행초과금은 ₩498,740 증가한다.

해설

다섯 번 계산해야 하는 계산형 말문제이다. 실전에서 이와 같은 문제를 마주친다면 넘기고 시간이 남으면 풀자.

Step 1. 상환할증금
상환할증금: $1,000,000 \times 16.87\% = 168,700$

Step 2. 발행가액 분석

부채	$(1,000,000 + 168,700) \times 0.6575 + 70,000 \times 2.2832$	= ①928,244
자본		③71,756
계		②1,000,000

① 부채요소: 928,244 (X)
② 자본요소: 71,756 (X)
③ X1년도 이자비용: $928,244 \times 15\% = 139,237$ (O)

참고 X2년도 이자비용: $997,481 \times 15\% \times (1 - 50\%) = 74,811$
- 전환권 행사 시 할증금 금액도 같이 줄여야 한다.

④ 전환권 행사로 증가하는 자본: $(928,244 \times 1.15 - 70,000) \times 50\% = 498,740$ (X)
⑤ 전환권 행사로 증가하는 주발초
: $(997,481 + 71,756 - 1,000,000/20,000 \times 5,000) \times 50\% = 409,618$ (X)

|회계처리|

X1초	현금	1,000,000	부채	928,244
			전환권대가(자본)	71,756
X1말	이자비용	139,236	현금	70,000
			부채	69,236 ⌐997,481
X2초	부채	498,740	자본금	125,000
	전환권대가	35,878	주발초	409,618 ⌐498,741
X2말	이자비용	74,811	현금	35,000
			부채	39,811 ⌐538,552
X3말	이자비용	80,783	현금	35,000
			부채	45,783 ⌐584,334
	부채	584,334[1]	현금	584,334

[1] 만기 지급액: $(1,000,000 + 168,700) \times (1 - 50\%) = 584,350$ (≒584,334, 단수차이)

참고 만기까지 미전환 시 총 이자비용
$1,168,700 + 70,000 \times 3 - 928,244 = 450,456$

답 ③

계산기 사용법 펜 안 쓰고 주식발행초과금 구하기 (⭐중요!)

계산기만 사용하여 주발초를 계산하는 방법은 굉장히 복잡하다. 아래 설명을 보고 많이 연습하여 숙달하길 바란다. 다른 학생들이 현장에서 하나씩 계산하면서 회계처리 하고 있을 때 여러분이 계산기만으로 답을 구하면 한 문제는 더 풀 수 있다. 계산기 누르기 전에 AC, MC를 누르고 시작하자. 다음은 ⑤번 선지의 주발초를 구하는 과정이다.

---

① 1,168,700 × 0.6575M + 70,000 × 2.2832M +

② MR 부호전환 + 1,000,000 =

③ MR × 15% + − 70,000 + GT MC M +

④ 1,000,000/20,000 × 5,000 M − MR × 0.5 =

---

① 1,168,700 × 0.6575M + 70,000 × 2.2832M +

우선은 발행가액 중 부채 금액을 구해야 되므로 M + 기능을 이용하여 부채를 구한다.

② MR 부호전환 + 1,000,000 =

MR을 누르면 부채 금액이 나올텐데, 계산기의 ' + / − '를 누른 뒤, 1,000,000을 더하자. 이 금액이 자본이다. = 을 누르는 순간 71,756이 GT에 들어가므로 필기는 하지 않아도 된다.

③ MR × 15% + − 70,000 + GT MC M +

다시 MR을 눌러서 부채 금액을 띄운 뒤, 유효이자율 상각을 할 차례이다. 15% 유효이자를 가산한 뒤, 액면이자 70,000을 빼자. 이 금액(997,481)이 X1년말 부채의 장부금액이다. X2년초에 전환을 했기 때문에 한 번만 상각했지만 X3년초에 전환했다면 두 번 상각해야 한다.

문제에서 전환권대가도 주발초로 대체한다고 했기 때문에, X1년 말 부채 BV에서 GT에 있는 71,756을 더한 뒤, MC를 누르고 M + 하자. 현재 메모리에 X1년 초 부채 금액이 들어가 있기 때문에 이를 지우고 다시 넣어야 한다.

④ 1,000,000/20,000 × 5,000 M − MR × 0.5 =

주발초 계산 시에는 자본금을 차감해야 하므로 자본금을 계산해서 M − 를 누른다. 사채의 액면금액이 1,000,000, 주식 1주에 요구되는 사채 액면이 20,000이므로 50주가 전환된다. 50주에 주당 액면가 5,000을 곱한 뒤 M − 를 누르면 100%를 전환했을 때 증가하는 주발초가 메모리에 들어가있다. 마지막으로 MR을 누른 뒤 전환비율 0.5를 곱하면 주발초 증가액 409,618를 구할 수 있다.

3 신주인수권부사채

STEP 1 발행가액 분석

액면사채	액면금액 × 단순현가계수 + 액면 이자 × 연금현가계수	= ①XXX
할증금	할증금 × 단순현가계수	= ②XXX
자본		④XXX
계		③발행가액

전환사채는 할증금까지 포함해서 같이 현재가치를 구했지만, 신주인수권부사채는 사채 부분과 할증금을 따로 현재가치를 구한다는 것을 주목하자. 액면사채와 할증금의 현재가치가 부채가 되고, 발행가액에서 부채를 차감한 잔여액이 자본(신주인수권대가)이 된다.

STEP 2 매년 말: 유효이자율 상각

> 이자비용 = (기초 액면사채 + 할증금 BV) × 유효R

발행가액 분석 시 액면사채와 할증금을 구분하여 현재가치를 구했으므로, 이자비용도 두 개로 나눈다. 액면사채의 이자비용 중 액면이자를 차감한 금액은 액면사채의 장부금액에 가산하고, 할증금의 이자비용은 할증금의 장부금액에 가산한다. 이렇게 계산된 할증금의 잔액을 회계처리 옆에 ┘표시한 뒤 BV 자리에 적자.

STEP 3 신주인수권 행사

1. 행사가+할증금 → 자본금 & 주발초

신주인수권부사채는 신주인수권 행사 시에 전환사채와 달리 현금을 납입한다. 신주인수권 행사 시 할증금은 제거되므로, '행사가 + 행사 시점 할증금의 장부금액 × 전환율'만큼 자본금과 주발초를 늘리면 된다.

2. 신주인수권대가 → 주발초 (선택 회계처리)

전환사채와 같은 방식으로 발행 시 계상한 신주인수권대가 중 행사율에 해당하는 금액만큼 제거하면서 주발초를 늘리면 된다.

3. 행사 시 자본 증가액 = 현금 납입액 + 부채 감소액 = 행사가 + 할증금 BV × 행사율

현금	주식 수 × 행사가	자본금	주식 수 × 액면가
할증금	BV × 행사율	주발초	XXX
대가	A × 행사율	주발초	XXX

행사 시 회계처리를 보면 현금과 할증금을 제외하고는 전부 자본이다. 따라서 현금 납입액과 부채 감소액의 합이 곧 자본 증가액이 된다. 현금 납입액은 행사가이고, 부채 감소액은 할증금 BV에 행사율을 곱한 금액이다.

4. 행사 시 증가하는 주발초

주발초 증가액 = (행사가 + 할증금 BV + 신주인수권대가 − 주당 액면가 × 총 행사 가능 주식 수) × 행사율

신주인수권부사채에서도 전환사채에서 했던 것과 마찬가지로, 100% 행사되었다고 가정하고 주발초 증가액을 계산한 다음, 마지막에 행사율을 곱하는 것이 계산하기 쉽다.

> **참고** 행사비율 100%
> 행사비율이 사채액면금액의 100%라는 것은 행사가격의 총합이 사채액면금액과 일치한다는 것을 의미한다. 신주인수권부사채에서 행사비율을 제시하면 일반적으로 100%로 등장한다. 행사비율이 100%가 아닌 경우에는 어떻게 처리하는지 궁금해하지 말자.
> 행사비율을 제시하지 않는 경우에는 주식 1주를 인수하기 위한 사채의 액면금액과 납입해야 하는 행사금액을 전부 문제에서 제시할 것이므로 문제의 지시사항에 따르면 된다.

STEP 4 행사 후 이자비용

행사 후 이자비용 = 액면사채 BV × 유효R × 100% + 할증금 BV × 유효R × (1 − 행사율)

Step 2의 신주인수권 행사 전 이자비용과 마찬가지로, 행사 후 신주인수권부사채의 이자비용도 두 개로 나뉜다. 신주인수권부사채는 신주인수권을 행사하더라도 사채가 사라지지 않으므로 사채에 대한 이자비용은 100% 다 인식하지만, 할증금에 대한 이자비용은 미행사율만큼만 인식한다.

STEP 5 만기 상환

1. 만기 지급액

> 만기 지급액 = 액면금액 × 100% + 할증금 × (1 − 행사율)

Step 4의 행사 후 이자비용 계산 시와 마찬가지로, 신주인수권부사채는 만기 지급 시에도 사채의 액면금액은 100% 다 지급하지만, 할증금은 미행사율만큼만 지급한다.

2. 미행사 시 만기까지 총 이자비용 (만기 = 3년 가정)

> 총 이자비용 = 총 현금 지급액 − 총 현금 수령액
> = 액면이자 × 3 + 액면금액 + 할증금 − 부채의 PV (신주인수권대가 제외)

신주인수권부사채의 총 이자비용은 전환사채와 같은 방식으로 계산한다. 만기까지 신주인수권을 행사하지 않았다고 가정하므로 액면금액과 할증금을 전액 지급한다.

|신주인수권부사채 회계처리|

발행 시	현금	발행가	신주인수권부사채	PV
			할증금	PV
			신주인수권대가	XXX(A)
매년 말	이자비용	사채 기초 BV × 유효R	현금	액면이자
			신주인수권부사채	XXX
	이자비용	할증금 기초 BV × 유효R	할증금	XXX
행사 시	현금	주식 수 × 행사가	자본금	주식 수 × 액면가
	할증금	할증금 BV × 행사율	주발초	XXX
	대가	A × 행사율	주발초	XXX
행사 후 기말	이자비용	BV × 유효R × 100%	현금	액면이자
			신주인수권부사채	XXX
	이자비용	BV × 유효R × (1 − 행사율)	할증금	XXX
만기 상환	신주인수권부사채	액면금액 × 100%	현금	XXX
	할증금	할증금 × (1 − 행사율)		

」할증금 BV

강수석의 **핵심 콕!** 전환사채, 신주인수권부사채 출제사항 요약 (★ 중요!)

다음은 전환사채와 신주인수권부사채에서 주로 출제되는 내용을 요약한 것이다. 전환사채와 신주인수권부사채의 회계처리를 외우는 것은 기본이고, 문제에서 아래 금액 중 하나를 물었을 때 회계처리 없이도 계산만 해서 답을 구할 수 있어야 한다. 회계처리가 머릿속에 있어야 시험 현장에서 식이 바로 떠 오를 것이다.

	전환사채	신주인수권부사채
(1) 할증금	$1,000,000 \times (10\% - 5\%) \times (1.1^2 + 1.1 + 1) = 165,500$ — 10%: 보장R, 5%: 액면R, 유효이자율은 전혀 안 씀	
(2) 주발초	(전기말 사채 BV + 전환권대가 — 주당 액면가 × 총 전환 가능 주식 수) × 전환율	(행사가 + 할증금 BV + 신주인수권대가 — 주당 액면가 × 총 행사 가능 주식 수) × 행사율
(3) 행사 후 이자비용	BV(할증금 포함) × (1 − 전환율) × 유효R	{액면사채 BV + 할증금 BV × (1 − 행사율)} × 유효R
(4) 행사 시 자본 증가액	BV(할증금 포함) × 전환율	행사가 + 할증금 BV × 행사율
(5) 만기 현금 상환액	(액면금액 + 할증금) × (1 − 전환율)	액면금액 × 100% + 할증금 × (1 − 행사율)
(6) 미행사시 총 이자비용	총 현금 지급액 − 총 현금 수령액 = 액면이자 × 3 + 액면금액 + 할증금 − 사채의 PV (대가 제외)	

※ 주의 사채 상각 시 액면이자를 차감한 금액에 이자율을 곱할 것!

사채 상각 시에는 '(기초 BV × 1.1 − 70,000) × 1.1 − 70,000…'와 같은 계산을 반복해서 하는데, 급하게 계산기를 치다 보면 액면이자(70,000)를 차감하는 것을 놓치기 쉽다. 김수석이 수험생 때 많이 했던 실수이기 때문에 여러분도 주의하기 바란다.

참고 조정 계정을 이용한 총액 분개 **심화**

전환사채	현금	발행가	전환사채	액면가
			할증금	할증금
	전환권조정	XXX	전환권대가	A
신주인수권부사채	현금	발행가	신주인수권부사채	액면가
	신주인수권조정	XXX	할증금	할증금
			신주인수권대가	A

시중 교재에서 위처럼 '전환권조정', '신주인수권조정' 계정을 이용한 회계처리를 볼 수 있을 것이다. 이 둘은 사채할인발행차금 역할을 하는 계정들이다. 결론부터 말하자면 굳이 어렵게 조정 계정 쓸 필요 없이, 본서에서 알려준 순액 분개만 기억해도 된다. 1차 시험 기준으로는 문제에서 당기손익, 부채, 자본 등을 묻기 때문에 순액 분개로도 충분히 답을 찾을 수 있다. 2차 시험에서 회계처리를 하라는 문제가 나와도 답안지에 순액 회계처리를 쓰면 된다. 감누, 현할차, 사할차 등의 차감적 평가계정을 표시하지 않고 순액으로 적어도 기준서 위반이 아니기 때문이다.

순액 분개를 완벽히 이해하면 총액 분개도 어렵지 않게 이해할 수 있으니, 관심 있는 학생은 참고삼아 보길 바란다. 전환사채는 대변에 액면가와 할증금의 합을 쓰고, 현재가치와의 차이를 차변에 '전환권조정'으로 계상하면 된다. 신주인수권부사채는 사채와 할증금을 분리해서 각각 적고, 현재가치와의 차이를 차변에 '신주인수권조정'으로 계상하면 된다.

01 (주)대한은 20X1년 1월 1일에 다음과 같은 상환할증금 미지급조건의 비분리형 신주인수권부사채를 액면발행하였다.

> - 사채의 액면금액은 ₩1,000,000이고 만기는 20X3년 12월 31일이다.
> - 액면금액에 대하여 연 10%의 이자를 매년 말에 지급한다.
> - 신주인수권의 행사기간은 발행일로부터 1개월이 경과한 날부터 상환기일 30일 전까지이다.
> - 행사비율은 사채액면금액의 100%로 행사금액은 ₩20,000(사채액면금액 ₩20,000당 보통주 1주(주당 액면금액 ₩5,000)를 인수)이다.
> - 원금상환방법은 만기에 액면금액의 100%를 상환한다.
> - 신주인수권부사채 발행 시점에 일반사채의 시장수익률은 연 12%이다.

(주)대한은 신주인수권부사채 발행 시 인식한 자본요소(신주인수권대가) 중 행사된 부분은 주식발행초과금으로 대체하는 회계처리를 한다. 20X3년 1월 1일에 (주)대한의 신주인수권부사채 액면금액 중 40%에 해당하는 신주인수권이 행사되었다. 다음 설명 중 옳은 것은? (단, 단수차이로 인해 오차가 있다면 가장 근사치를 선택한다.) 2019. CPA

기간 \ 할인율	단일금액 ₩1의 현재가치		정상연금 ₩1의 현재가치	
	10%	12%	10%	12%
1년	0.9091	0.8929	0.9091	0.8929
2년	0.8264	0.7972	1.7355	1.6901
3년	0.7513	0.7118	2.4868	2.4019

① 20X1년 1월 1일 신주인수권부사채 발행시점의 자본요소(신주인수권대가)는 ₩951,990이다.

② 20X2년도 포괄손익계산서에 인식할 이자비용은 ₩114,239이다.

③ 20X2년 말 재무상태표에 부채로 계상할 신주인수권부사채의 장부금액은 ₩966,229이다.

④ 20X3년 1월 1일 신주인수권의 행사로 증가하는 주식발행초과금은 ₩319,204이다.

⑤ 20X3년도 포괄손익계산서에 인식할 이자비용은 ₩70,649이다.

해설

발행가액 분석

액면사채	$1,000,000 \times 0.7118 + 100,000 \times 2.4019$	= ①951,990
할증금	0	= ②0
자본		④48,010
계		③1,000,000

① 자본요소: 48,010 (X)
② X2년도 이자비용: $(951,990 \times 1.12 - 100,000) \times 0.12 = 115,947$ (X)
③ X2년말 BW 장부금액: $(951,990 \times 1.12 - 100,000) \times 1.12 - 100,000 = 982,176$ (X)
④ 신주인수권 행사로 증가하는 주발초
   : (행사가 + 할증금 BV + 신주인수권대가 − 주당 액면가 × 총 전환 가능 주식 수) × 행사율
   = (50주 × 20,000 + 0 + 48,010 − 5,000 × 50주) × 40% = 319,204 (O)
   − 사채 액면 20,000당 1주를 인수할 수 있으므로 총 50주(= 1,000,000/20,000)를 인수할 수 있으며, 행사금액은 20,000이다. 할증금이 없으므로 할증금은 고려할 필요 없다.
⑤ X3년도 이자비용: $982,176 \times 0.12 = 117,861$ (X)
   − 할증금이 없으므로 할증금을 고려할 필요 없이, 기존 사채의 이자비용 계산 식을 이용한다. BW는 CB와 달리 행사를 하더라도 사채가 감소하지 않는다는 것을 주의하자.

|회계처리|

X1초	현금	1,000,000	BW	951,990
			대가	48,010
X1말	이자비용	114,239	현금	100,000
			BW	14,239 ⌟966,229
X2말	이자비용	115,947	현금	100,000
			BW	15,947 ⌟982,176
X3초	현금	400,000	자본금	100,000
	대가	19,204	주발초	319,204
X3말	이자비용	117,861	현금	100,000
			BW	17,861 ⌟1,000,037
X3말	BW	1,000,037[1]	현금	1,000,037

[1]만기 상환액: 단수차이이다. 1,000,000을 의미한다.

답 ④

02 (주)럭키는 20X1년 1월 1일 다음과 같은 조건의 비분리형 신주인수권부사채를 액면발행하였다.

- 액면금액　: ₩1,000,000
- 표시이자율 : 연 4%
- 이자지급일 : 매년 12월 31일
- 행사가액　: ₩10,000 (행사비율은 100%)
- 만기상환일 : 20X4년 1월 1일
- 발행주식의 주당 액면금액 : ₩5,000
- 원금상환방법 : 상환기일에 액면금액의 109.74%를 일시상환
- 신주인수권부사채 발행시점의 신주인수권이 부여되지 않은 유사한 일반사채 시장이자율 : 연 8%

기간	8% 기간말 단일금액 ₩1의 현재가치	8% 정상연금 ₩1의 현재가치
3	0.7938	2.5771

동 사채 액면금액 중 ₩700,000의 신주인수권이 20X2년 1월 1일에 행사되었을 때, 증가되는 주식발행초과금은 얼마인가? (단, (주)럭키는 신주인수권이 행사되는 시점에 신주인수권대가를 주식발행초과금으로 대체하며, 법인세효과는 고려하지 않는다. 또한 계산결과 단수차이로 인해 답안과 오차가 있는 경우 근사치를 선택한다.)　　　2013. CPA 수정

① ₩358,331　　　　　② ₩368,060　　　　　③ ₩376,555

④ ₩408,451　　　　　⑤ ₩426,511

▶ 해설

1. 상환할증금: $1{,}000{,}000 \times 9.74\% = 97{,}400$

2. 발행가액 분석

액면사채	$1{,}000{,}000 \times 0.7938 + 40{,}000 \times 2.5771$	= ①896,884
할증금	$97{,}400 \times 0.7938$	= ②77,316
자본		④25,800
계		③1,000,000

3. 신주인수권 행사로 증가하는 주발초
   : $(100주 \times 10{,}000 + 83{,}501 + 25{,}800 - 100주 \times 5{,}000) \times 70\% = 426{,}511$
   - X2초 할증금: $77{,}316 \times 1.08 = 83{,}501$
   - 행사가액이 10,000이고, 행사비율이 100%라는 것은 액면금액 10,000당 현금 10,000을 납입하고 주식 1주를 인수할 수 있다는 것을 의미한다. 따라서 총 행사 가능 주식 수는 100주($= 1{,}000{,}000/10{,}000$)이다.

| 행사 시 회계처리 |

	현금	700,000	자본금	350,000
X2초	상환할증금	58,451		
	신주인수권대가	18,060	주발초	426,511

답 ⑤

03 (주)무등은 20X1년 1월 1일 신주인수권부사채를 발행하였으며, 이와 관련된 사항은 다음과 같다.

- 액면금액: ₩2,000,000
- 발행금액: ₩1,903,960
- 액면이자율: 연 8%(매년 말 이자지급)
- 원금상환: 20X3.12.31에 일시상환
- 행사기간: 20X1. 3. 1 ~ 20X3. 9.30
- 행사금액: ₩10,000(행사비율은 100%로 사채액면 ₩10,000당 주당 액면금액이 ₩5,000인 보통주 1주 인수 가능)
- 납입방법: 주금납입은 현금으로만 가능하며 대용납입은 인정되지 않음
- 기   타: 신주인수권부사채 발행시 동일조건을 가진 일반사채의 유효이자율은 연 12%이고, 동 사채와 관련하여 상기 사항을 제외한 약정사항은 없음

20X2년 1월 1일에 신주인수권부사채 액면 ₩500,000에 대하여 신주인수권이 행사되었다. 동 신주인수권부사채와 관련하여 (주)무등이 20X2년도 포괄손익계산서에 인식할 이자비용과 20X2년 말 재무상태표에 인식할 신주인수권대가는 얼마인가? (단, 신주인수권대가는 행사시 주식발행초과금으로 대체하며, 현가계수는 아래 표를 이용하라. 또한 계산금액은 소수점 첫째자리에서 반올림하며, 단수차이로 인해 약간의 오차가 있으면 가장 근사치를 선택한다.)   2011. CPA

현가계수표

할인율 기 간	기간 말 단일금액 ₩1의 현재가치			정상연금 ₩1의 현재가치		
	8%	10%	12%	8%	10%	12%
1	0.9259	0.9091	0.8929	0.9259	0.9091	0.8929
2	0.8573	0.8264	0.7972	1.7833	1.7355	1.6901
3	0.7938	0.7513	0.7118	2.5771	2.4868	2.4018

	이자비용	신주인수권대가
①	₩167,835	₩72,054
②	₩167,835	₩96,072
③	₩223,780	₩72,054
④	₩223,780	₩96,072
⑤	₩223,780	₩98,086

해설

1. 상환할증금: 언급 없음

2. 발행가액 분석

액면사채	$2,000,000 \times 0.7118 + 160,000 \times 2.4018$	= ①1,807,888
할증금		②0
자본		④96,072
계		③1,903,960

3. X2년도 이자비용: $(1,807,888 \times 1.12 - 160,000) \times 12\% = 223,780$
   - 신주인수권부사채는 신주인수권 행사 시 사채가 감소하지 않으므로 이자비용을 정상적으로 인식한다.

4. X2말 신주인수권대가: $96,072 \times (1 - 25\%) = 72,054$
   - X2년 초에 액면금액의 25%(= 500,000/2,000,000)가 행사되었으므로 75%만 남는다.

   답 ③

04 (주)세무는 20X1년 1월 1일 다음과 같은 조건의 신주인수권부사채를 액면발행하였다.

- 액면금액 : ₩100,000
- 표시이자율 : 연 4%
- 사채발행시 신주인수권이 부여되지 않은 일반사채의 시장이자율 : 연 6%
- 이자지급일 : 매년 12월 31일
- 행사가격 : 1주당 ₩1,000
- 만기상환일 : 20X3년 12월 31일
- 상환조건 : 신주인수권 미행사시 상환기일에 액면금액의 105%를 일시상환

20X2년 초 상기 신주인수권의 60%가 행사되어 주식 60주가 발행되었다. 20X2년 초 상기 신주인수권의 행사로 인한 (주)세무의 자본총계 증가액은? (단, 상기 신주인수권은 지분상품에 해당하며, 현재가치 계산이 필요한 경우 다음에 제시된 현가계수표를 이용한다.) 2022. CTA

기간	단일금액 ₩1의 현재가치		정상연금 ₩1의 현재가치	
	4%	6%	4%	6%
1년	0.9615	0.9434	0.9615	0.9434
2년	0.9246	0.8900	1.8861	1.8334
3년	0.8890	0.8396	2.7751	2.6730

① ₩60,000 ② ₩62,670 ③ ₩63,000

④ ₩63,700 ⑤ ₩65,000

▶ 해설

1. 상환할증금: $100,000 \times 5\% = 5,000$

2. X1말(= X2초) 상환할증금: $5,000 \times 0.89 = 4,450$

3. 신주인수권 행사로 증가하는 자본
: 행사가 + 할증금 감소액 = $(100주 \times 1,000 + 4,450) \times 60\% = 62,670$

|행사 시 회계처리|

X2초	현금	60,000	자본금 & 주발초	63,360
	상환할증금	2,670		
	신주인수권대가	690		

할증금 감소액: $4,450 \times 60\% = 2,670$
대가 감소액: $1,150 \times 60\% = 690$
자본 증가액: $61,980 - 690 = 62,670$
— 주식의 액면금액을 주지 않았기 때문에 자본금과 주발초의 금액을 각각 구할 수는 없다.
— 신주인수권대가의 주발초 대체 여부는 제시하지 않았으나, 대체하는 것으로 회계처리하였다.

참고 발행가액 분석

액면사채	$100,000 \times 0.8396 + 4,000 \times 2.6730$	= ①94,652
할증금	$5,000 \times 0.8396$	②4,198
자본		④1,150
계		③100,000

답 ②

05 (주)갑은 운영자금을 조달하기 위하여 20X1년초에 상환할증금이 있는 신주인수권부사채를 액면발행하였다. 신주인수권부사채의 발행내역은 다음과 같다.

- 액면금액: ₩100,000
- 이자율 및 지급조건: 표시이자율 연 10%, 매년말 지급
- 만기상환일: 20X3년 12월 31일
- 발행시 신주인수권조정: ₩14,843
- (주)갑이 신주인수권부사채를 발행하는 시점에서 신주인수권이 부여되지 않은 유사한 일반사채의 시장이자율은 연 15%이다.

연 15% 현가계수		
기간	단일금액 ₩1	정상연금 ₩1
1	0.8696	0.8696
2	0.7561	1.6257
3	0.6575	2.2832

신주인수권부사채의 액면금액 중 60%의 신주인수권이 만기 전에 행사되었다면, 만기상환시 (주)갑이 지급해야 할 현금총액은 얼마인가? 단, 이자지급액은 제외하며, 만기 전에 상환된 신주인수권부사채는 없다.

2012. CPA 수정

① ₩102,936　　　　② ₩104,000　　　　③ ₩104,800
④ ₩112,000　　　　⑤ ₩123,418

●▶해설

신주인수권조정은 신주인수권부사채의 액면금액과 상환할증금의 사채할인발행차금 역할을 한다. 따라서 '액면금액 + 상환할증금'과 '액면금액 + 상환할증금'의 현재가치 사이의 차이가 14,843이다. 상환할증금을 A라고 할 때, 신주인수권조정은 다음과 같이 표현할 수 있다.

: $100,000 + A - (100,000 + A) \times 0.6575 - 10,000 \times 2.2832 = 14,843$
→A(상환할증금) = 10,000

만기일에 지급할 총금액: $100,000 + 10,000 \times 40\% = $ **104,000**
　─ 이자지급액은 제외하므로 표시이자 10,000은 포함시키지 않는다.

|회계처리|

X1초	현금	100,000	BW	100,000
	신주인수권조정	14,843	상환할증금	10,000
			신주인수권대가	4,843
X3말 (상환)	BW	100,000	현금	104,000
	상환할증금	4,000		

답 ②

4 액면발행이 아닌 경우 VS 발행원가

1. 액면발행이 아닌 경우(할인발행 or 할증발행): 차액은 자본에 반영

부채	(액면금액 + 할증금) × 단순현가계수 + 액면 이자 × 연금현가계수	= ①XXX
자본		③XXX
계		②발행가액

지금까지 다룬 전환사채들은 전부 액면발행하여, 발행금액이 액면금액과 일치했다. 하지만 전환사채를 반드시 액면발행해야 하는 것은 아니다. 전환사채의 발행금액은 액면금액보다 클 수도 있고(할증발행), 작을 수도 있다(할인발행). 이때, 전환사채의 발행금액과 액면금액의 차이는 자본(전환권대가)에 반영하면 된다. 앞에서 배웠듯, 전환사채의 발행금액 분석 시 미래현금흐름의 현재가치를 먼저 부채로 계상하고, 발행가액에서 부채를 차감한 잔여액을 자본으로 계상하기 때문이다.

2. 발행원가: 자본과 부채에 BV 비율로 안분

부채	PV(현금흐름)	= ①XXX	× 비율	= XXX
자본		③XXX	× 비율	= XXX
계		②발행가액	× 비율	발행가액 − 발행원가

할인발행 및 할증발행 시 발행가액과 액면가액의 차액은 전부 자본에 반영하지만, 전환사채 발행 시 발행원가는 자본과 부채에 안분한다. 안분 비율은 '발행원가가 없다고 가정했을 때의 BV 비율'이다.

우선은 발행원가가 없다고 보고 발행가액 분석을 한다. 이때 계산되는 부채와 자본의 BV 비율대로 발행원가를 안분하면 된다.

이를 더 편하게 하는 방법은 부채와 자본의 BV에 같은 비율을 곱하는 것이다. 곱하는 비율은 다음과 같이 계산한다.

> 비율 = (발행가액 − 발행원가)/발행가액

발행원가 고려 전 부채와 자본의 합이 발행가액이지만, '발행가액 − 발행원가'가 되어야 하므로 각각의 장부금액에 위 비율을 곱하면 발행원가를 고려한 장부금액을 구할 수 있다.

01 (주)갑은 20X1년 1월 1일 1매당 액면금액이 ₩1,000인 전환사채 1,000매(만기 3년, 표시이자율 연 8%, 매년말 이자지급)를 ₩950,352에 할인발행하였다. 발행된 전환사채는 만기 전 1매당 1주의 보통주로 전환될 수 있다. 전환사채 발행시점에서 자본요소가 결합되지 않은 유사한 일반사채의 시장이자율은 연 12%이다. 전환사채 발행시점에서 전환권 1매의 공정가치는 활성시장에서 ₩55이다.

(주)갑이 20X1년말 재무상태표에 표시할 전환권대가 및 전환사채의 장부금액과 가장 가까운 것은?

2012. CPA

기간 \ 할인율	기간말 단일금액 ₩1의 현재가치		정상연금 ₩1의 현재가치	
	8%	12%	8%	12%
1	0.9259	0.8929	0.9259	0.8929
2	0.8573	0.7972	1.7833	1.6901
3	0.7938	0.7118	2.5771	2.4018

	전환권대가	전환사채 장부금액
①	₩46,408	₩932,417
②	₩48,402	₩932,417
③	₩46,408	₩930,184
④	₩55,000	₩922,794
⑤	₩48,402	₩930,184

⊙─해설

1. 상환할증금: 없음

2. 발행가액 분석

부채 $1,000,000 \times 0.7118 + 80,000 \times 2.4018$ = ①903,944

자본   ③46,408

계   ②950,352

전환권대가는 발행가액에서 부채를 차감한 잔여액으로 구하지, 전환권대가의 공정가치를 직접 이용하지 않는다. X1말까지 전환사채의 전환이 없으므로, 발행 시 전환권대가가 X1말에도 그대로 계상된다.

3. X1말 전환사채 장부금액: $903,944 \times 1.12 - 80,000 = 932,417$

目 ①

02 (주)코리아는 20X1년 1월 1일 액면금액 ₩1,000,000의 전환사채를 ₩900,000에 발행하였다. 전환사채 발행과 관련된 중개수수료, 인쇄비 등 거래비용으로 ₩10,000을 지출하였다. 이자는 매년말 액면금액의 4%를 지급하며 만기는 5년이다. 전환사채는 20X1년 7월 1일부터 만기일까지 액면금액 ₩5,000당 액면금액 ₩1,000의 보통주 1주로 전환이 가능하다. 전환사채 발행당시 전환권이 없는 일반사채의 시장이자율은 연 10%이며, 만기일까지 전환권을 행사하지 않을 경우에는 액면금액의 106%를 지급한다. 동 사채발행일에 (주)코리아의 부채 및 자본이 증가한 금액은 각각 얼마인가? (단, 현가계수는 아래의 표를 이용하며 소수점 첫째자리에서 반올림한다. 계산결과 단수차이로 인한 약간의 오차가 있으면 가장 근사치를 선택한다.)

2015. CPA

이자율	기간	단일금액 ₩1의 현가	정상연금 ₩1의 현가
4%	5년	0.8219	4.4518
10%	5년	0.6209	3.7908

	부채증가액	자본증가액
①	₩800,788	₩89,212
②	₩809,786	₩90,214
③	₩809,786	₩88,518
④	₩809,786	₩89,505
⑤	₩836,226	₩89,505

⊙▶ **해설**

부채	$1,060,000 \times 0.6209 + 40,000 \times 3.7908$	= ①809,786 × 89/90	= 800,788
자본		③90,214 × 89/90	= 89,212
계		②900,000 × 89/90	890,000

발행금액이 900,000인데, 발행비용 10,000이 있다. 따라서 부채와 자본에 각각 89/90을 곱해주면 증가액을 구할 수 있다.

답 ①

5 전환사채의 조기상환

전환사채를 당초에 정했던 만기보다 빨리 상환할 수도 있다. 전환사채를 조기상환하는 경우 회계처리는 다음과 같다.

사채	상환 시점 사채의 BV	현금	①상환 시점 사채의 FV
	②PL XXX		
전환권대가	전환권대가 BV	현금	③총 상환금액 − 상환 시점 사채의 FV
	④자본요소 XXX		

STEP 1 상환 시점 사채의 FV 구하기

상환 시점 사채의 FV = 잔여 현금흐름을 '현행이자율'로 할인한 금액

전환사채 조기상환 시에는 총 상환금액을 사채에 대한 부분와 전환권대가에 대한 부분으로 나눈다. 총 상환금액 중 상환 시점 사채의 FV만큼은 사채를 상환하기 위해 지급하는 금액으로 본다. 상환 시점 사채의 FV는 잔여 현금흐름을 현행이자율(상환 시점의 이자율)로 할인하면 된다.

STEP 2 사채상환손익(PL)=사채의 BV−사채의 FV

전환사채를 상환하므로 사채의 BV를 제거하면서 사채의 FV와의 차이는 PL로 인식한다.

STEP 3 전환권대가에 대한 상환금액=총 상환금액−상환 시점 사채의 FV

총 상환금액 중 상환 시점 사채의 FV를 제외한 나머지 금액은 전환권대가를 상환하기 위해 지급하는 금액으로 본다.

STEP 4 전환권대가 상환손익(자본요소)=전환권대가−전환권대가에 대한 상환금액

전환권대가와 전환권대가에 대한 상환금액의 차이는 자본으로 인식한다. 계정과목은 중요하지 않으며, 자본으로 인식한다는 것만 기억하면 된다.

예제

01 (주)국세는 20X1년 1월 1일 액면금액 ₩3,000,000인 전환사채를 상환할증금 지급조건 없이 액면발행하였다. 전환사채의 액면이자율은 8%(매년 말 이자지급), 사채발행일 현재 일반사채의 유효이자율은 10%이다. 전환사채의 상환기일은 20X3년 12월 31일이며, 전환청구기간은 20X1년 6월 1일부터 20X3년 11월 30일까지이다. 동 전환사채는 사채액면 ₩10,000당 1주의 보통주(주당액면 ₩5,000)로 전환이 가능하다.

(주)국세가 20X2년 1월 1일 동 전환사채 전부를 공정가치인 ₩2,960,000에 재구매하였다면, 동 전환사채의 재구매 거래가 20X2년도 (주)국세의 포괄손익계산서 상 당기순이익에 미치는 영향은 얼마인가? (단, 재구매일 현재 일반사채의 유효이자율은 9%이며, 현가계수는 아래 표를 이용한다. 계산금액은 소수점 첫째자리에서 반올림하며, 이 경우 단수차이로 인해 약간의 오차가 있으면 가장 근사치를 선택한다.) 2011. CTA

현 가 계 수 표

기간＼할인율	기간 말 단일금액 ₩1의 현재가치			정상연금 ₩1의 현재가치		
	8%	9%	10%	8%	9%	10%
1년	0.92592	0.91743	0.90909	0.92592	0.91743	0.90909
2년	0.85733	0.84168	0.82645	1.78325	1.75911	1.73554
3년	0.79383	0.77218	0.75131	2.57708	2.53129	2.48685

① 감소 ₩38,601 ② 감소 ₩51,375 ③ 감소 ₩64,149
④ 증가 ₩12,774 ⑤ 증가 ₩91,375

⊙▶ **해설**

(1) 발행가액 분석

부채	$3,000,000 \times 0.75131 + 240,000 \times 2.48685$	= ①2,850,774
자본		③149,226
계		②3,000,000

(2) 상환시점(X2년초) 사채 BV: $2,850,774 \times 1.1 - 240,000 = 2,895,851$

(3) 상환시점 사채의 FV = $3,000,000 \times 0.84168 + 240,000 \times 1.75911 = 2,947,226$
　－ 공정가치는 현행이자율(9%)로 할인해야 한다.

(4) 사채상환손익(PL): $2,895,851 - 2,947,226 = (-)51,375$ 손실

|상환 시 회계처리|

사채	2,895,851	현금	①2,947,226
PL	②51,375		
전환권대가	149,226	현금	③12,774
		자본요소	④136,452

답 ②

02 (주)세무는 20X1년 1월 1일 액면 ₩100,000(표시이자율 6% 매년 말 지급, 만기 3년)인 전환사채를 ₩100,000에 발행하였다. 발행 당시 일반사채의 유효이자율은 12%이다. 전환조건은 전환사채 액면 ₩800당 보통주 1주(액면 ₩500)이며, 만기일까지 전환권이 행사되지 않은 경우에는 액면의 113.24%를 지급한다. 동 전환사채와 관련된 설명으로 옳지 않은 것은? 2019. CTA 수정

기간	단일금액 ₩1의 현재가치 (할인율 12%)	정상연금 ₩1의 현재가치 (할인율 12%)
1년	0.8929	0.8929
2년	0.7972	1.6901
3년	0.7118	2.4018

① 전환사채 발행시점 부채요소의 장부금액은 ₩95,015이다.

② 20X1년 12월 31일 전환사채의 자본요소는 ₩4,985이다.

③ 20X2년 부채 증가금액은 ₩6,050이다.

④ 20X3년 1월 1일 전환사채 액면 ₩40,000의 전환청구가 이루어지면 전환권대가 ₩1,994을 자본잉여금으로 대체할 수 있다.

⑤ 20X3년 1월 1일 전환사채 전부를 ₩100,000에 상환하고, 상환 당시 일반사채의 유효이자율은 10%라면 당기손익으로 인식할 사채상환이익은 ₩11,452이다.

▶ **해설**

1. 상환할증금: 100,000 × 13.24% = 13,240

2. 발행가액 분석

부채	113,240 × 0.7118 + 6,000 × 2.4018	= ①95,015
자본		③4,985
계		②100,000

① 전환사채 발행시점 부채요소의 장부금액은 ₩95,015이다. (O)
② 20X1년 12월 31일 전환사채의 자본요소는 ₩4,985이다. (O)

③ 20X2년 부채 증가금액은 ₩6,050이다. (O)
  : (95,015 × 1.12 − 6,000) × 12% − 6,000 = 6,050
④ 전환청구 시 전환권대가 대체액: 4,985 × 40% = 1,994 (O)

⑤ 사채상환손익(PL): 106,464 − 108,400 = (−)1,936 손실 (X)
(1) 상환시점(X3년초) 사채 BV: (113,240 + 6,000)/1.12 = 106,464
(2) 상환시점 사채의 FV = (113,240 + 6,000)/1.1 = 108,400
  − 공정가치는 현행이자율(10%)로 할인해야 한다.

답 ⑤

6 전환사채의 유도전환

	유도전환으로 인한 손실(PL)
(1) 주식 추가 지급 시	원래보다 더 주는 주식 수 × 주식의 FV
(2) 현금 지급 시	전부 전환했다고 가정할 때 지급하는 현금 총액

전환사채를 발행하였으나, 투자자들이 전환권을 행사하지 않는 경우 발행자는 현금을 지급하거나, 전환 시 지급하는 주식 수를 늘려주는 등의 전환조건을 변경하여 전환을 유도할 수 있다. 이를 본 서에서는 '유도전환'이라고 부르겠다. 유도전환 시에는 실제로 전환하지 않았더라도 변경 후의 조건으로 전부 전환하였다고 가정했을 때의 손실을 당기비용으로 인식한다. 손실은 위 표의 식으로 계산하며, 유도전환에서는 이 손실을 계산할 수 있으면 된다.

예제

※ 1번과 2번은 서로 독립적이다. (주)대한의 전환사채와 관련된 다음 〈자료〉를 이용하여 1번과 2번에 대해 각각 답하시오.

〈자료〉

대한은 20X1년 1월 1일 다음과 같은 상환할증금 미지급조건의 전환사채를 액면발행하였다.

액면금액	₩3,000,000
표시이자율	연 10%(매년 12월 31일에 지급)
일반사채 유효이자율	연 12%
상환만기일	20X3년 12월 31일
전환가격	사채액면 ₩1,000당 보통주 3주(주당 액면금액 ₩200)로 전환
전환청구기간	사채발행일 이후 1개월 경과일로부터 상환만기일 30일 이전까지

01 (주)대한은 20X2년 1월 1일에 전환사채 전부를 동 일자의 공정가치인 ₩3,100,000에 현금으로 조기상환하였다. 만약 조기상환일 현재 (주)대한이 표시이자율 연 10%로 매년 말에 이자를 지급하는 2년 만기 일반사채를 발행한다면, 이 사채에 적용될 유효이자율은 연 15%이다. (주)대한의 조기상환으로 발생하는 상환손익이 20X2년도 포괄손익계산서의 당기순이익에 미치는 영향은 얼마인가? (단, 단수차이로 인해 오차가 있다면 가장 근사치를 선택한다.)

2020. CPA

기간 \ 할인율	단일금액 ₩1의 현재가치			정상연금 ₩1의 현재가치		
	10%	12%	15%	10%	12%	15%
1년	0.9091	0.8929	0.8696	0.9091	0.8929	0.8696
2년	0.8264	0.7972	0.7561	1.7355	1.6901	1.6257
3년	0.7513	0.7118	0.6575	2.4868	2.4019	2.2832

① ₩76,848 증가   ② ₩76,848 감소   ③ ₩100,000 증가

④ ₩142,676 증가   ⑤ ₩142,676 감소

▶ 해설

부채	3,000,000 × 0.7118 + 300,000 × 2.4019	= ①2,855,970
자본		③144,030
계		②3,000,000

X2년초 사채 BV: 2,855,970 × 1.12 − 300,000 = 2,898,686
≒3,000,000 × 0.7972 + 300,000 × 1.6901 = 2,898,630

X2년초 사채 FV: 3,000,000 × 0.7561 + 300,000 × 1.6257 = 2,756,010
− 공정가치는 현행이자율(15%)로 할인해야 한다.

상환손익(PL): 2,898,686 − 2,756,010 = 142,676 이익

참고 상환 시 회계처리

사채	2,898,686	현금	①2,756,010
		PL	②142,676
전환권대가	144,030	현금	③343,990
자본요소	④199,960		

답 ④

02 20X2년 1월 1일에 (주)대한의 자금팀장과 회계팀장은 위 〈자료〉의 전환사채 조기전환을 유도하고자 전환조건의 변경방안을 각각 제시하였다. 자금팀장은 다음과 같이 [A]를, 회계팀장은 [B]를 제시하였다. (주)대한은 20X2년 1월 1일에 [A]와 [B] 중 하나의 방안을 채택하려고 한다. (주)대한의 [A]와 [B] 조건변경과 관련하여 조건변경일(20X2년 1월 1일)에 발생할 것으로 예상되는 손실은 각각 얼마인가?

2020. CPA

변경방안	내용
[A]	만기 이전 전환으로 발행되는 보통주 1주당 ₩200을 추가로 지급한다.
[B]	사채액면 ₩1,000당 보통주 3.2주(주당 액면금액 ₩200)로 전환할 수 있으며, 조건변경일 현재 (주)대한의 보통주 1주당 공정가치는 ₩700이다.

	[A]	[B]
①	₩600,000	₩0
②	₩600,000	₩420,000
③	₩1,800,000	₩0
④	₩1,800,000	₩140,000
⑤	₩1,800,000	₩420,000

▶ **해설**

조건변경손실

(1) A: 9,000주 × @200 = 1,800,000
  － 전환 주식 수: 3,000,000/1,000 × 3 = 9,000주

(2) B: 600주 × @700 = 420,000
  원래 조건 하에서는 9,000주로 전환할 수 있으나, 조건 변경 시 9,600주로 전환할 수 있다.
  － 조건 변경으로 더 주는 주식 수: 3,000,000/1,000 × (3.2 － 3) = 600주

 답 ⑤

※ 다음 자료를 이용하여 문제 3번과 문제 4번에 답하시오.

(주)한국은 20X1년 1월 1일에 3년 만기의 전환사채 ₩1,000,000을 액면발행했다. 전환사채의 표시이자율은 연 10%이고, 이자는 매년 말에 지급한다. 전환사채는 20X1년 7월 1일부터 보통주로 전환이 가능하며, 사채액면 ₩10,000당 1주의 보통주(주당액면 ₩5,000)로 전환될 수 있다. 사채발행일에 전환권이 부여되지 않은 일반사채의 시장이자율은 연 15%이다.(단, 사채발행과 관련한 거래비용은 없으며, 현가계수는 아래 표를 이용하라. 또한 계산금액은 소수점 첫째자리에서 반올림하며, 이 경우 단수차이로 인해 약간의 오차가 있으면 가장 근사치를 선택한다.)

현가계수표

할인율 기 간	기간 말 ₩1의 현재가치(단일금액)			정상연금 ₩1의 현재가치		
	10%	12%	15%	10%	12%	15%
1년	0.9091	0.8929	0.8696	0.9091	0.8929	0.8696
2년	0.8264	0.7972	0.7561	1.7355	1.6901	1.6257
3년	0.7513	0.7118	0.6575	2.4868	2.4018	2.2832

03 20X2년 1월 1일에 전환사채의 70%가 전환되었다면 동 전환거래로 인하여 (주)한국의 자본총액은 얼마나 증가하는가? (단, 전환권대가는 전환시 주식발행초과금으로 대체한다.)

① ₩350,000   ② ₩527,671   ③ ₩643,085

④ ₩700,000   ⑤ ₩723,011

04 문제 3번과는 독립적이다. 20X2년 1월 1일에 (주)한국은 전환사채의 조기전환을 유도하기 위하여 20X2년 6월 30일까지 전환사채를 전환하면 사채액면 ₩10,000당 2주의 보통주(주당액면 ₩5,000)로 전환할 수 있도록 조건을 변경했다. 조건변경일의 (주)한국의 보통주 1주당 공정가치가 ₩7,000이라면 (주)한국이 전환조건의 변경으로 (주)한국이 인식하게 될 손실은 얼마인가? (단, 전환조건을 변경하기 전까지 전환청구가 없었으며, 법인세효과는 고려하지 않는다.)

① ₩400,000   ② ₩500,000   ③ ₩600,000

④ ₩700,000   ⑤ ₩800,000

▶ **해설**

전환 시 자본 증가액: 전환 시 사채 장부금액 × 전환율 = 918,670 × 70% = 643,069 (단수차이)
 ─ X1말 사채 장부금액: 1,000,000 × 0.7561 + 100,000 × 1.6257 = 918,670

조건변경손실: 100주 × @7,000 = 700,000
 ─ 조건 변경으로 더 주는 주식 수: 1,000,000/10,000 × (2 − 1) = 100주

📖 3. ③ 4. ④

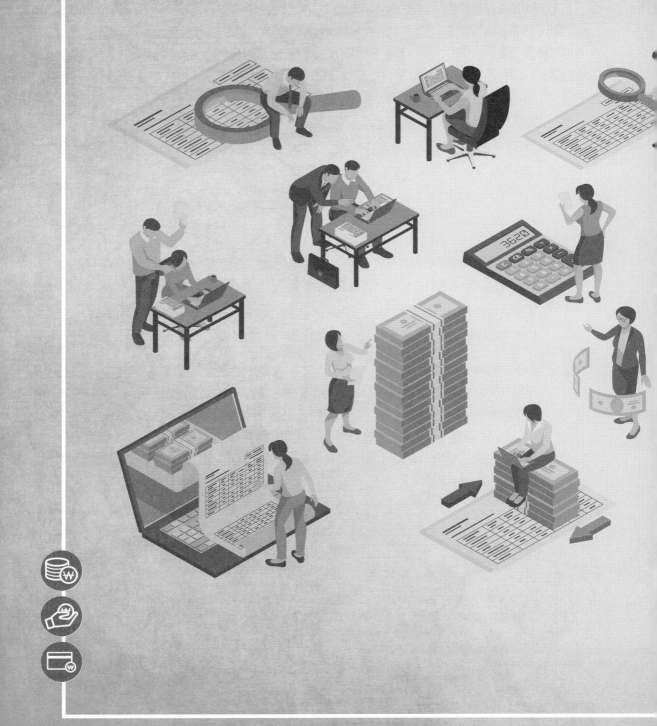

C·H·A·P·T·E·R

08

리스

CHAPTER 08 리스

1 리스의 의의

1. 리스의 정의

리스란, 대가를 받고 자산의 사용권을 일정 기간 제공하는 계약을 의미한다. 이때 리스의 대상이 되는 자산을 **기초자산**이라고 하며, 기초자산의 사용권을 일정 기간 얻게 되는 기업은 **리스이용자**, 기초자산 사용권을 일정 기간 제공하는 기업은 **리스제공자**가 된다.

2. 리스의 구조

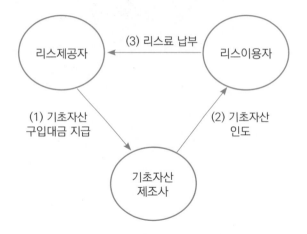

> (1) 리스제공자는 기초자산 제조사에 기초자산의 구입대금을 지급한다.
> (2) 기초자산 제조사는 기초자산을 리스제공자가 아닌 리스이용자에게 인도한다.
> (3) 리스이용자는 리스제공자에게 리스료를 납부한다.

리스는 근본적으로 자금 대여 거래와 본질이 같다. 리스제공자는 리스개시일에 기초자산의 구입대금을 지급하지만, 리스기간 동안 리스료를 수령한다. 반대로, 리스이용자는 리스개시일에 기초자산 대금 지급을 면제받지만, 리스기간 동안 리스료를 납부한다. 실질적으로는 리스제공자로부터 기초자산의 구입대금을 차입하여 이를 리스기간 동안 상환하는 것과 같다.

3. 금융리스와 운용리스

	금융리스	운용리스
위험과 보상 대부분 이전 (≒소유권 이전)	O	X

리스는 금융리스와 운용리스로 나뉘는데, 리스제공자가 리스자산의 소유에 따른 위험과 보상의 대부분을 이전한다면 금융리스로, 그렇지 않다면 운용리스로 분류한다. 위험과 보상의 대부분을 이전하는 것은 소유권을 이전하는 것이나 마찬가지이다. 따라서 금융리스는 리스료를 납부하면 소유권이 이전되는 반면, 운용리스는 리스료를 납부하더라도 소유권이 이전되지 않는다고 볼 수 있다.

4. 금융리스와 운용리스 회계처리

	리스제공자	리스이용자
금융리스	리스채권/현금	사용권자산/리스부채
운용리스	운용리스자산/현금	

리스제공자는 위험과 보상을 대부분 이전하는지 여부에 따라 리스를 금융리스 또는 운용리스로 분류한다. 금융리스와 운용리스의 회계처리가 다르기 때문이다.

반면, 리스이용자는 리스가 금융리스인지, 운용리스인지 판단하지 않는다. 어느 리스이든 관계없이 회계처리가 같기 때문이다.

본장에서는 금융리스 제공자와 리스 이용자의 회계처리를 중심으로 다루며, 운용리스 제공자의 회계처리는 본장 후반부에서 간단하게 다룰 것이다. 아무런 언급이 없다면 금융리스라고 생각하자.

2 고정리스료의 산정

고정리스료란, 리스기간 동안 리스이용자가 정기적으로(주로 1년에 1번) 리스제공자에게 지급하는 1회분 리스료를 의미한다. 문제에 따라 '정기'리스료라고 표현하는 경우도 있다. 고정리스료를 문제에서 제시하는 경우도 있지만, 문제에서 제시하지 않는 경우 아래 식을 이용하여 우리가 구해야 한다.

오늘 쓴 돈	=PV(앞으로 받을 것)=리스 제공자의 리스채권
FV + 리스개설직접원가	고정리스료 × 연금현가계수 + 리스 기간 종료 시 받을 것 × 단순현가계수

고정리스료는 리스제공자가 '오늘 쓴 돈'과 리스제공자가 '앞으로 받을 것의 현재가치'를 일치시키는 금액으로 결정된다. 여기서 오늘은 리스개시일을 의미한다.

리스제공자 입장에서는 기초자산을 취득하기 위하여 기초자산의 공정가치를 지급하였을 것이다. 또한, 리스제공자가 계약을 체결하기 위하여 여러 지출이 발생했을 텐데, 이를 리스개설직접원가라고 한다. 따라서 리스제공자가 오늘 쓴 돈은 기초자산의 공정가치와 리스개설직접원가의 합이다.

리스이용자 입장에서는 리스기간 동안 고정리스료를 지급하며, 리스 기간 종료 시 추가로 리스제공자에게 지급할 것이 있다. 고정리스료와 리스 기간 종료 시 받을 것은 리스이용자가 미래에 받기 때문에 현재가치로 환산해야 한다.

위 식에서 고정리스료를 제외한 나머지 금액은 문제에서 모두 제시해주므로 식을 세우면 고정리스료를 계산할 수 있다. 위 식의 'PV(앞으로 받을 돈)'가 리스 제공자의 리스채권이 된다는 것도 기억해두자.

STEP 1 고정리스료×연금현가계수

고정리스료는 한 번만 지급하는 것이 아니라, 여러 번 지급하는 것이므로 연금현가계수를 곱한다. 고정리스료를 매년 말에 지급할 수도 있지만, 매년 초에 지급할 수도 있다. 리스에 적용할 할인율이 10%, 리스기간 3년을 가정했을 때 매년 말에 지급한다면 고정리스료에 2.48685를 곱해야 하지만, 매년 초에 지급한다면 2.73554(= 1 + 1.73554)를 곱해야 한다.

STEP 2 리스 기간 종료 시 받을 것 (물건, 현금 포함)

리스기간 종료 시 소유권이 이전되는지, 반납하는 것인지에 따라 받을 것은 달라진다.

1. 소유권 이전 시: 받을 것=행사가격

소유권 이전 시에는 리스이용자가 리스자산을 이전받기 위해 돈을 지급해야 한다. 이때 지급하는 돈을 김수석은 '행사가격' 혹은 '행사가'라고 부르겠다. 리스 기간 종료 시 리스 제공자는 행사가격을 현금으로 받는다. 예를 들어 리스기간이 4년인데, 4년 후에 ₩1,000,000 지급 시 기초자산의 소유권이 리스이용자에게 이전된다면 행사가격은 ₩1,000,000이다.

2. 반납 시: 받을 것=리스기간 종료 시 추정 잔존가치

반납 시에는 리스 자산을 되돌려 받으므로 받을 것이 리스 자산이 된다. 이때, 리스 자산을 리스기간 동안 사용 후에 받기 때문에 받을 것은 리스기간 종료 시 추정되는 리스 자산의 잔존가치이다.

STEP 3 할인율: 리스 '제공자'의 내재이자율

위 현금흐름을 할인할 때는 할인율이 중요한데, 원칙은 리스제공자의 내재이자율이다. 내재이자율이란 리스료 및 무보증잔존가치의 현재가치 합계액을 기초자산의 공정가치와 리스제공자의 리스개설직접원가 합계액과 동일하게 하는 할인율을 의미한다.

예외적으로 리스제공자의 내재이자율이 불분명하면 이용자의 증분차입이자율을 사용한다. 증분차입이자율이란, 리스이용자가 비슷한 경제적 환경에서 비슷한 기간에 걸쳐 비슷한 담보로 기초자산과 비슷한 자산 획득에 필요한 자금을 차입한다면 지급해야 하는 이자율을 의미한다. 리스제공자의 내재이자율이 불분명하면 이용자가 기초자산을 구입하기 위해 차입할 때 부담하는 이자율을 사용하라는 뜻이다.

내재이자율과 증분차입이자율의 의미는 중요하지 않다. 리스제공자의 내재이자율을 주면 그걸 쓰고, 없으면 증분차입이자율을 쓰면 된다.

예·제

01   (주)대한은 20X1년 1월 1일 (주)민국리스와 다음과 같은 조건의 금융리스 계약을 체결하였다.

- 리스개시일: 20X1년 1월 1일
- 리스기간: 20X1년 1월 1일부터 20X4년 12월 31일까지
- 리스자산의 리스개시일의 공정가치는 ₩1,000,000이고 내용연수는 5년이다. 리스자산의 내용연수 종료시점의 잔존가치는 없으며, 정액법으로 감가상각한다.
- (주)대한은 리스기간 종료 시 (주)민국리스에게 ₩100,000을 지급하고, 소유권을 이전 받기로 하였다.
- (주)민국리스는 상기 리스를 금융리스로 분류하고, (주)대한은 리스개시일에 사용권자산과 리스부채로 인식한다.
- 리스의 내재이자율은 연 8%이며, 그 현가계수는 아래의 표와 같다.

기간 \ 할인율	8%	
	단일금액 ₩1의 현재가치	정상연금 ₩1의 현재가치
4년	0.7350	3.3121
5년	0.6806	3.9927

(주)민국리스가 리스기간 동안 매년 말 수취하는 연간 고정리스료는 얼마인가? (단, 단수 차이로 인해 오차가 있다면 가장 근사치를 선택한다.)   2020. CPA

① ₩233,411   ② ₩244,132   ③ ₩254,768
④ ₩265,522   ⑤ ₩279,732

⊙▶ **해설**

고정리스료 × 3.3121 + 100,000 × 0.7350 = 1,000,000
→ 고정리스료 = 279,732

답 ⑤

02 (주)세무는 20×1년 1월 1일 (주)대한리스로부터 기계장치(기초자산)를 리스하는 해지금지조건의 금융리스계약을 체결하였다. 계약상 리스개시일은 20×1년 1월 1일, 리스기간은 20×1년 1월 1일부터 20×3년 12월 31일, 내재이자율은 연 10%, 고정리스료는 매년 말 일정금액을 지급한다. (주)대한리스의 동 기계장치 취득금액은 ₩2,000,000으로 리스개시일의 공정가치이다. 동 기계장치의 내용연수는 4년, 내용연수 종료시점의 잔존가치는 없고, 정액법으로 감가상각한다. (주)세무는 리스기간 종료시점에 매수선택권을 ₩400,000에 행사할 것이 리스약정일 현재 상당히 확실하다. (주)대한리스가 리스기간 동안 매년 말 수취하는 연간 고정리스료는? (단, 리스계약은 소액자산리스 및 단기리스가 아니라고 가정하며, 현재가치 계산 시 다음에 제시된 현가계수표를 이용한다.) 2024. CTA

기간	단일금액 ₩1의 현재가치 (할인율 = 10%)	정상연금 ₩1의 현재가치 (할인율 = 10%)
3	0.7513	2.4869
4	0.6830	3.1699

① ₩544,749   ② ₩630,935   ③ ₩683,373
④ ₩804,214   ⑤ ₩925,055

▶ 해설

고정리스료 × 2.4869 + 400,000*0.7513 = 2,000,000
→ 고정리스료 = 683,373

답 ③

3 금융리스 회계처리

리스는 리스기간이 종료된 후 기초자산을 반납할 수도 있고, 정해진 가격(행사가격)을 납입하고 기초자산의 소유권을 이전받을 수 있다. 행사가격을 납입하고 소유권을 이전받을 수 있는 권리를 (염가)매수선택권이라고 부른다. '염가'란 싼 가격을 의미하는데, 문제 풀이 시에는 염가가 붙어있든, 없든 전혀 상관없다.

금융리스에는 총 세 가지 시점(1. 리스개시일, 2. 매년 말, 3. 리스 기간 종료일)이 있다. 소유권 이전 시와 반납 시의 회계처리가 다르므로, 비교해서 기억하자.

 STEP 1 리스개시일

리스개시일이란 리스제공자가 리스이용자에게 기초자산을 사용할 수 있게 하는 날을 말한다. 리스개시일 리스제공자와 리스이용자의 회계처리는 다음과 같다.

제공자				이용자			
리스채권	XXX	기초자산	FV	사용권자산	XXX	리스부채	PV(총 현금 지급액)
		현금	직접원가			현금	직접원가
				현금	인센티브		

1. 리스채권

> 리스채권 = FV + 리스개설직접원가
> = 고정리스료 × 연금현가계수 + 리스 기간 종료 시 받을 것 × 단순현가계수

금융리스는 기초자산의 소유권이 이전되기 때문에 리스제공자는 기초자산을 제거하고, 리스채권을 계상한다. 리스제공자는 리스계약을 체결하기 위하여 기초자산의 공정가치와 리스개설직접원가만큼 현금을 지출한다. 따라서 리스채권은 기초자산의 공정가치와 리스개설직접원가의 합이며, 이는 고정리스료와 리스 기간 종료 시 받을 것의 현재가치와 일치한다. 앞에서 배웠듯, 두 금액이 일치하게끔 고정리스료를 정하기 때문이다. 고정리스료를 묻는 문제가 아니라면 고정리스료는 문제에서 제시해줄 것이다.

2. 리스부채: 리스 제공자에게 지급하는 총 현금의 현재가치

> 리스부채 = 고정리스료 × 연금현가계수 + 리스 기간 종료 시 예상 지급액 × 단순현가계수

리스부채는 '리스 제공자에게 지급하는 총 현금의 현재가치'라고 생각하면 된다. 리스기간 종료 시 소유권이 이전되는지, 반납하는 것인지에 따라 리스 기간 종료 시 지급하는 금액이 달라진다.

(1) 소유권 이전 시: 리스 기간 종료 시 예상 지급액 = 행사가격 (리스부채 = 리스채권)
소유권 이전 시에는 리스 기간 종료 시 행사가격을 지급하므로 리스부채는 리스채권과 금액이 일치한다.

(2) 반납 시: 리스 기간 종료 시 예상 지급액(없으면: 보증액 − 추정잔존가치, 주로 0) (리스부채≠리스채권)
리스기간 종료 시 기초자산을 반납한다면 리스이용자가 리스제공자에게 기초자산의 잔존가치를 특정 금액으로 보증할 수 있다. 예를 들어, 추정 잔존가치 100,000 중 50,000을 보증했다고 하자. 만약 실제 잔존가치가 50,000보다 크다면 보증에 따른 지급액이 없지만, 50,000보다 작다면 차액을 리스제공자에게 지급해야 한다.
문제에서는 예상 지급액을 제시하면 이를 바로 이용하고, 그렇지 않는다면 예상 지급액은 '보증액 − 추정잔존가치'로 구한다. 하지만 보증액이 추정잔존가치를 초과하는 경우는 거의 없으므로 일반적으로 예상 지급액을 제시하지 않으면 0으로 보면 된다.
한편, 반납 시 리스기간 종료일에 리스채권은 리스기간 종료 시 추정 잔존가치로 표시되므로 리스부채와 금액이 일치하지 않는다.

3. 사용권자산=리스부채+리스개설직접원가−인센티브

사용권자산은 2.에서 계산한 리스부채에 리스이용자가 지출한 리스개설직접원가를 더하고, 리스 제공자로부터 받은 리스 인센티브를 차감하면 된다. 리스개설직접원가는 리스 제공자뿐만 아니라 리스 이용자도 지출할 수 있다. 인센티브는 출제 가능성이 낮기 때문에 무시해도 된다.

STEP 2 매년 말 ★중요!

제공자				이용자			
현금	고정리스료	이자수익	기초 채권 × R	이자비용	기초 부채 × R	현금	고정리스료
		리스채권	XXX	리스부채	XXX		
				감가상각비	XXX	사용권자산	XXX

매년 말이 금융리스 회계처리에서 가장 많이 출제되는 시점이다. 특히, 이용자 쪽은 이자비용과 감가상각비가 발생하기 때문에 **당기손익에 미치는 영향**(= 이자비용 + 감가상각비)을 많이 묻는다.

1. 리스채권 및 리스부채 유효이자율 상각

리스제공자의 이자수익 = 기초 리스채권 × 내재이자율
리스이용자의 이자비용 = 기초 리스부채 × 내재이자율

매년 말 리스 제공자는 리스채권을, 리스 이용자는 리스부채를 유효이자율 상각해야 한다. 기초 채권, 부채에 내재이자율을 곱한 만큼 이자손익을 인식하고, 고정리스료만큼 현금 수수액을 적으면 대차가 안 맞을 것이다. 대차차액만큼 리스채권과 리스부채를 감소시키면 된다.

2. 사용권자산 상각

리스 제공자는 매년 말 리스채권만 상각하면 되지만, 리스 이용자의 경우 리스 개설일에 사용권자산을 계상했기 때문에 매년 말 사용권자산도 상각해주어야 한다. 사용권자산 상각 시 감가상각누계액을 인식해도 되지만, 표처럼 사용권자산을 직접 감소시키는 것이 훨씬 편하기 때문에 본서에서는 감가상각누계액을 사용하지 않는다.

사용권자산 상각 시 내용연수와 잔존가치는 리스자산 반환 여부에 따라 달라진다.

	n	s
소유권 이전 시	자산의 내용연수	내용연수 말 잔존가치
반납 시	리스기간 (한도: 내용연수)	ZERO

(1) 소유권 이전 시

기초자산의 소유권이 리스이용자에게 이전된다면 그냥 리스이용자가 장기할부로 자산을 구입한 것이다. 따라서 **자산의 내용연수, 그리고 그 내용연수가 지났을 때의 잔존가치**를 이용하여 상각하면 된다.

(2) 반납 시

기초자산을 반납하는 경우에 리스 이용자는 리스기간 동안만 리스 자산을 사용할 수 있는 권리를 갖는다. 따라서 사용권자산의 내용연수는 리스기간이 되며, 리스 기간이 종료되었을 때 이용자가 갖는 권리는 없으므로 잔존가치는 0이다. (교재에 따라 잔존가치를 0이 아닌 다른 금액으로 보는 경우도 있는데, 둘 다 가능한 회계처리이므로 우리는 쉬운 회계처리로 기억하자.)

> ※ 주의 **사용권자산에 리스 이용자의 리스개설직접원가를 빠트리지 말 것!**
>
> 사용권자산 계산 시 리스 이용자의 리스개설직접원가를 가산한다. 따라서 상각 시에도 리스개설직접원가를 포함시켜서 감가상각비를 계산해야 한다. 김수석도 수험생 때 많이 실수했던 부분이므로 사용권자산 상각 시 리스개설직접원가가 포함되어 있는지 한 번 더 신경 쓰자.

 금융리스 관련 자산, 부채 증감 요약 ★중요!

		리스개시일	리스기간 종료일
소유권 이전 시	리스채권	고정리스료 × 연금현가계수 + 행사가격 × 단순현가계수	행사가격
	리스부채		
	사용권자산	리스부채 + 리스개설직접원가	상각 후 BV
반납 시	리스채권	고정리스료 × 연금현가계수 + 추정 잔존가치 × 단순현가계수	추정 잔존가치
	리스부채	고정리스료 × 연금현가계수 + 예상 지급액 × 단순현가계수	예상 지급액
	사용권자산	리스부채 + 리스개설직접원가	ZERO

위 표는 리스 자산 반환 여부에 따른 리스채권, 리스부채, 사용권자산의 증감을 표로 정리한 것이다. 리스는 소유권 이전 여부에 따라, 그리고 제공자인지 이용자인지에 따라 회계처리가 달라지기 때문에 위처럼 케이스를 나누어서 완벽하게 기억해두지 않으면 시험장에서 문제를 풀기 어렵다. 위 표의 내용은 반드시 기억하자.

예제

01 (주)대한리스는 20X1년 1월 1일 (주)민국과 다음과 같은 금융리스계약을 약정과 동시에 체결하였다.

- 리스개시일 : 20X1년 1월 1일
- 리스기간 : 20X1년 1월 1일 ~ 20X3년 12월 31일(3년)
- 연간 정기리스료 : 매년 말 ₩500,000 후급
- 리스자산의 공정가치는 ₩1,288,530이고 내용연수는 4년이다. 내용연수 종료시점에 잔존가치는 없으며, (주)민국은 정액법으로 감가상각한다.
- (주)민국은 리스기간 종료시점에 ₩100,000에 리스자산을 매수할 수 있는 선택권을 가지고 있고, 그 선택권을 행사할 것이 리스약정일 현재 상당히 확실하다. 동 금액은 선택권을 행사할 수 있는 날(리스기간 종료시점)의 공정가치보다 충분히 낮을 것으로 예상되는 가격이다.
- (주)대한리스와 (주)민국이 부담한 리스개설직접원가는 각각 ₩30,000과 ₩20,000이다.
- (주)대한리스는 상기 리스를 금융리스로 분류하고, (주)민국은 리스개시일에 사용권자산과 리스부채를 인식한다.
- 리스의 내재이자율은 연 10%이며, 그 현가계수는 아래 표와 같다.

기간	단일금액 ₩1의 현재가치	정상연금 ₩1의 현재가치
3년	0.7513	2.4868
4년	0.6830	3.1698

상기 리스거래가 (주)대한리스와 (주)민국의 20X1년도 당기순이익에 미치는 영향은? (단, 단수차이로 인해 오차가 있다면 가장 근사치를 선택한다.)

2019. CPA

	(주)대한리스	(주)민국
①	₩131,853 증가	₩466,486 감소
②	₩131,853 증가	₩481,486 감소
③	₩131,853 증가	₩578,030 감소
④	₩134,853 증가	₩466,486 감소
⑤	₩134,853 증가	₩481,486 감소

▶ 해설

X1년도 PL에 미치는 영향
(1) 대한리스: 131,853 증가 (이자수익)
(2) 민국: 131,853(이자비용) + 334,633(감가비) = 466,486 감소

	제공자(대한리스)				이용자(민국)			
X1초	리스채권	1,318,530	기초자산	1,288,530	사용권자산	1,338,530	리스부채[1]	1,318,530
			현금	30,000			현금	20,000
X1말	현금	500,000	이자수익	131,853	이자비용	131,853	현금	500,000
			리스채권	368,147	리스부채	368,147		
					감가상각비[2]	334,633	사용권자산	334,633

[1]리스부채: $500,000 \times 2.4868 + 100,000 \times 0.7513 = 1,318,530 =$ 리스채권

[2]감가상각비: $(1,338,530 - 0)/4 = 334,633$
  ─ 자산이 반환되지 않으므로 리스기간인 3년이 아닌 자산의 내용연수인 4년으로 상각한다.

답 ①

02 (주)대한은 20X1년 1월 1일 (주)한국리스로부터 기계장치를 리스하기로 하고, 동 일자에 개시하여 20X3년 12월 31일에 종료하는 금융리스계약을 체결하였다. 연간 정기리스료는 매년 말 ₩1,000,000을 후급하며, 내재이자율은 연 10%이다. 리스기간 종료시 예상 잔존가치는 ₩1,000,000이다. 리스개설과 관련한 법률비용으로 (주)대한은 ₩100,000을 지급하였다. 리스기간 종료시점에 (주)대한은 염가매수선택권을 ₩500,000에 행사할 것이 리스약정일 현재 거의 확실하다. 기계장치의 내용연수는 5년이고, 내용연수 종료시점의 잔존가치는 없으며, 기계장치는 정액법으로 감가상각한다. (주)대한이 동 리스거래와 관련하여 20X1년도에 인식할 이자비용과 감가상각비의 합계는 얼마인가? (단, 계산방식에 따라 단수차이로 인해 오차가 있는 경우, 가장 근사치를 선택한다.)

2014. CPA

기간	단일금액 ₩1의 현재가치(할인율=10%)	정상연금 ₩1의 현재가치(할인율=10%)
1	0.9091	0.9091
2	0.8265	1.7355
3	0.7513	2.4869
4	0.6830	3.1699
5	0.6209	3.7908

① ₩746,070　　② ₩766,070　　③ ₩858,765
④ ₩878,765　　⑤ ₩888,765

─●─해설

이자비용 + 감가상각비: 878,765
(1) 이자비용: 2,862,550 × 10% = 286,255
　─ 리스부채: 1,000,000 × 2.4869 + 500,000 × 0.7513 = 2,862,550

(2) 감가상각비: (2,962,550 − 0)/5 = 592,510
　─ 사용권자산: 리스부채 + 리스개설직접원가: 2,862,550 + 100,000 = 2,962,550
　─ 자산이 반환되지 않으므로 리스기간인 3년이 아닌 자산의 내용연수인 5년으로 상각한다.

	이용자(대한)			
X1초	사용권자산	2,962,550	리스부채	2,862,550
			현금	100,000
X1말	이자비용	286,255	현금	1,000,000
	리스부채	713,745		
	감가상각비	592,510	사용권자산	592,510

답 ④

03 (주)갑은 20X1년 1월 1일 리스회사인 (주)을과 공정가치 ₩869,741인 기계장치에 대하여 동일자에 개시하여 20X3년 12월 31일에 종료하는 리스계약을 체결하였다. (주)갑은 매년말 (주)을에게 리스사용료로 ₩286,278씩 지급하며, 내재이자율은 10%이다. 기계장치의 경제적 내용연수는 4년이며, 양사 모두 정액법을 사용하여 감가상각한다. 리스기간 종료시 예상잔존가치는 ₩250,000이고, 이 중 80%를 (주)갑이 보증한다. 리스개설과 관련한 법률비용으로 (주)갑과 (주)을은 각각 ₩30,000을 지급하였으며, 리스 종료시 염가매수선택권은 없다.

(주)갑이 이 리스를 금융리스로 회계처리한다면, 20X1년 이 리스거래와 관련하여 인식할 이자비용과 감가상각비는 얼마인가? (단, 계산결과 단수차이로 인해 답안과 오차가 있는 경우 근사치를 선택한다.) 2012. CPA 수정

기간	기간말 단일금액 ₩1의 현재가치 (10%)	정상연금 ₩1의 현재가치 (10%)
1	0.9091	0.9091
2	0.8264	1.7355
3	0.7513	2.4868
4	0.6830	3.1699

	이자비용	감가상각비
①	₩71,192	₩185,479
②	₩71,192	₩247,305
③	₩74,949	₩194,873
④	₩74,949	₩259,830
⑤	₩86,218	₩297,393

◉ 해설

(1) 이자비용: 711,916 × 10% = **71,192**
　- 리스부채: 286,278 × 2.4868 = 711,916
　- '보증액 〈 리스기간 종료 시 예상잔존가치'이므로 리스기간 종료 시 예상 지급액은 없다.

(2) 감가상각비: (741,916 − 0)/3 = **247,305**
　- 사용권자산: 리스부채 + 리스개설직접원가 = 711,916 + 30,000 = 741,916
　- 자산이 반환되므로 리스기간인 3년간 상각한다.

	이용자(갑)			
X1초	사용권자산	741,916	리스부채	711,916
			현금	30,000
X1말	이자비용	71,192	현금	286,278
	리스부채	215,086		
	감가상각비	247,305	사용권자산	247,305

답 ②

04 (주)국세는 20X1년 1월 1일 (주)대한리스로부터 공정가치 ₩2,000,000의 영업용차량을 5년간 리스하기로 하고, 매년 말 리스료로 ₩428,500씩 지급하기로 하였다. 동 차량은 원가모형을 적용하고 내용연수는 7년이며 정액법으로 감가상각한다. 리스기간 종료시 동 차량은 (주)대한리스에 반환하는 조건이며, 보증잔존가치는 ₩400,000이고 내용연수 종료시 추정잔존가치는 ₩300,000이다. (주)국세는 리스기간개시일 (주)대한리스의 내재이자율 10%를 알고 있다. 최소리스료의 현재가치는 리스자산 공정가치의 대부분을 차지한다. (주)국세가 20X2년도 포괄손익계산서에 리스와 관련하여 인식할 비용은 얼마인가? (단, 현가계수는 아래 표를 이용한다. 또한 계산금액은 소수점 첫째자리에서 반올림하며, 단수차이로 인한 오차가 있으면 가장 근사치를 선택한다.) 2014. CTA 수정

현가계수표

할인율 기간	기간 말 단일금액 ₩1의 현재가치	정상연금 ₩1의 현재가치
	10%	10%
1	0.9091	0.9091
2	0.8264	1.7355
3	0.7513	2.4868
4	0.6830	3.1698
5	0.6209	3.7908
6	0.5645	4.3553
7	0.5132	4.8685

① ₩337,290   ② ₩428,500
③ ₩451,365   ④ ₩479,949
⑤ ₩505,935

▶ 해설

X2년도 총비용: 142,659 + 337,290 = **479,949**

(1) 이자비용: 1,426,593 × 10% = 142,659

　　─ X2년도 비용을 물었으므로 X1말 리스부채 잔액에 내재이자율을 곱해야 한다.

① X1초 리스부채: 428,500 × 3.7908 + 100,000 × 0.6209 = 1,686,448

　　─ 예상 보증 지출액: 400,000 − 300,000 = 100,000

② X1말 리스부채: 1,686,448 × 1.1 − 428,500 = 1,426,593

(2) 감가상각비: (1,686,448 − 0)/5 = 337,290

　　─ 사용권자산 = 1,686,448 (리스개설직접원가는 없음)

　　─ 자산이 반환되므로 리스기간인 5년간 상각한다.

	이용자(국세)			
X1초	사용권자산	1,686,448	리스부채	1,686,448
X1말	이자비용	168,645	현금	428,500
	리스부채	259,855		
	감가상각비	337,290	사용권자산	337,290
X2말	이자비용	142,659	현금	428,500
	리스부채	285,841		
	감가상각비	337,290	사용권자산	337,290

답 ④

STEP 3 리스 기간 종료일 심화

리스 기간 종료일의 회계처리는 기초자산을 반납하는 경우와 반납하지 않는 경우(소유권이 이전되는 경우)로 나누어 설명하겠다.

1. 리스 기간 종료일-리스 자산을 반납하지 않는 경우

제공자				이용자			
현금	행사가격	리스채권	행사가격	리스부채	행사가격	현금	행사가격
				유형자산	XXX	사용권자산	XXX

리스 자산을 반환하지 않는 경우에는 리스 이용자가 리스 제공자에게 행사가격을 지불하고 자산에 대한 소유권을 이전받는다. 리스 기간 종료일 현재 리스채권과 리스부채의 잔액은 행사가격이므로 제공자와 이용자 모두 손익은 발생하지 않는다.

이용자는 소유권을 이전받음으로써 리스에 대한 권리가 소멸되고, 자산에 대한 권리가 발생하므로 사용권자산을 제거하면서 유형자산으로 금액 변동 없이 계정만 대체한다.

2. 리스 기간 종료일-리스 자산을 반납하는 경우

제공자				이용자			
유형자산	실제 잔존가치	리스채권	추정 잔존가치	리스부채	예상 지급액	현금	보상액
PL XXX				PL XXX			
현금	보상액	PL	보상액				

(1) 기초자산의 반환

> 유형자산 계상액: 실제 잔존가치
> 제공자의 손익: 실제 잔존가치 − 추정 잔존가치

리스 기간 종료일 리스 제공자가 받는 자산의 실제 잔존가치만큼 자산을 계상한다. 리스 제공자는 '추정' 잔존가치만큼 리스채권을 계상했으므로, 기초자산의 '실제' 잔존가치와의 차이는 손익으로 인식한다.

(2) 현금 수수액

> 현금 수령액 = 제공자의 수익 = 보증액 − 실제 잔존가치 (최저한: 0)

리스 이용자는 보증액보다 실제 잔존가치가 낮은 경우 그 차액을 현금으로 지급해야 한다. 이 현금 수수액에 대해 리스 제공자와 이용자는 다음과 같이 처리한다.

① 리스 제공자

제공자는 현금 수수액만큼 수익을 인식한다. 제공자는 기초자산 반환 시 잔존가치의 차이를 손익으로 인식하는데, 이때 잔존가치 차이로 인한 손익을 보상금수익과 상계해도 된다.

② 리스 이용자

이용자는 기존에 계상해둔 리스부채가 있기 때문에 리스부채를 제거하면서 현금 지급액과의 차이를 손익으로 인식한다. 현금 수수액과 제공자의 비용을 그림으로 표현하면 다음과 같다. 일반적으로 추정 잔존가치에 비해 보증액이 작기 때문에 보증액을 추정 잔존가치보다 작게 표시하였다.

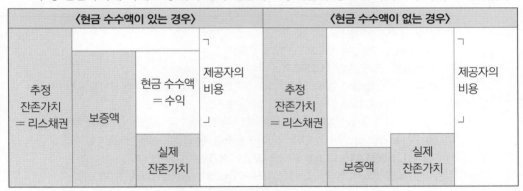

리스 제공자는 추정 잔존가치(= 리스채권 잔액)와 실제 잔존가치의 차이를 비용으로 인식한다. 기초자산의 실제 잔존가치가 보증액보다 큰 경우에는 현금 수수액이 없지만, 기초자산의 실제 잔존가치가 보증액보다 작은 경우에는 그 차액을 현금으로 수령하면서 리스 제공자는 수익을 인식한다.

 금융리스 회계처리 요약 ★중요!

> 다음은 금융리스 회계처리를 요약한 것이다. 소유권 이전 여부에 따라 시점별 제공자와 이용자의 회계처리와 각 금액이 어떻게 채워지는지 빈 종이를 놓고 그릴 수 있을 때까지 반드시 반복하길 바란다. 처음에 연습할 때는 회계처리를 하면서 연습하지만, 나중에는 회계처리가 머릿속에 떠오르는 상태로 문제에서 원하는 금액만 바로 계산할 수 있어야 한다.

	제공자			이용자		
리스 개시일	리스채권 XXX	리스자산 FV 현금 직접원가		사용권자산 XXX 현금 인센티브	리스부채 PV(총 현금 지급액) 현금 직접원가	
매년말	현금 고정리스료	이자수익 기초 채권×R 리스채권 XXX		이자비용 기초 부채×R 리스부채 XXX 감가상각비 XXX	현금 고정리스료 사용권자산 XXX	
종료일 -소유권 이전 시	현금 행사가격	리스채권 행사가격		리스부채 행사가격 유형자산 XXX	현금 행사가격 사용권자산 XXX	
종료일 -반납 시	리스자산 실제 s PL XXX 현금 보상액	리스채권 추정 s PL 보상액		리스부채 예상 지급액 PL XXX	현금 보상액	

사례

(주)대한리스는 20X1년 1월 1일 (주)민국과 다음과 같은 금융리스계약을 약정과 동시에 체결하였다.

- 리스개시일 : 20X1년 1월 1일
- 리스기간 : 20X1년 1월 1일 ~ 20X3년 12월 31일(3년)
- 연간 정기리스료 : 매년 말 ₩500,000 후급
- 리스자산의 공정가치는 ₩1,288,530이고 내용연수는 4년이다. 내용연수 종료시점에 잔존가치는 없으며, (주)민국은 정액법으로 감가상각한다.
- (주)민국은 리스기간 종료시점에 ₩100,000에 리스자산을 매수할 수 있는 선택권을 가지고 있고, 그 선택권을 행사할 것이 리스약정일 현재 상당히 확실하다. 동 금액은 선택권을 행사할 수 있는 날(리스기간 종료시점)의 공정가치보다 충분히 낮을 것으로 예상되는 가격이다.
- (주)대한리스와 (주)민국이 부담한 리스개설직접원가는 각각 ₩30,000과 ₩20,000이다.
- (주)대한리스는 상기 리스를 금융리스로 분류하고, (주)민국은 리스개시일에 사용권자산과 리스부채를 인식한다.
- 리스의 내재이자율은 연 10%이며, 그 현가계수는 아래 표와 같다.

기간	단일금액 ₩1의 현재가치	정상연금 ₩1의 현재가치
3년	0.7513	2.4868
4년	0.6830	3.1698

(주)민국이 리스기간 종료시점에 ₩100,000에 리스자산(기계장치)을 매수할 수 있는 선택권을 행사했을 때, 리스기간 종료일의 (주)대한리스와 (주)민국의 회계처리를 하시오. (단, 리스채권과 리스부채의 유효이자율 상각과 사용권자산의 감가상각은 생략한다.) 2019. CPA 수정

|회계처리|

	제공자(대한리스)				이용자(민국)			
X3말	현금	100,000	리스채권	100,000	리스부채	100,000	현금	100,000
					기계장치	334,633	사용권자산	334,633

리스 기간 종료일 현재 리스채권과 리스부채의 잔액은 모두 행사가격인 ₩100,000이다.

X3말 사용권자산: 1,338,530 × 1/4 = 334,633
- 사용권자산의 취득원가: 리스부채 + 리스개설직접원가
  = 500,000 × 2.4868 + 100,000 × 0.7513 + 20,000 = 1,338,530
- 리스자산의 내용연수가 4년이고, 잔존가치 없이 정액법으로 상각하므로 X3말 사용권자산은 취득원가의 1/4이다.

사례

(주)대한리스는 20X1년 1월 1일 (주)민국과 다음과 같은 금융리스계약을 약정과 동시에 체결하였다.

- 리스개시일 : 20X1년 1월 1일
- 리스기간 : 20X1년 1월 1일 ~ 20X3년 12월 31일(3년)
- 연간 정기리스료 : 매년 말 ₩500,000 후급
- 리스자산의 공정가치는 ₩1,288,530이고 내용연수는 4년이다. 내용연수 종료시점에 잔존가치는 없으며, (주)민국은 정액법으로 감가상각한다.
- (주)민국은 리스기간 종료시점에 염가매수선택권을 가지고 있지 않다. 리스기간 종료시점 추정잔존가치는 ₩100,000이며, (주)민국은 ₩50,000을 보증하였다.
- (주)대한리스와 (주)민국이 부담한 리스개설직접원가는 각각 ₩30,000과 ₩20,000이다.
- (주)대한리스는 상기 리스를 금융리스로 분류하고, (주)민국은 리스개시일에 사용권자산과 리스부채를 인식한다.
- 리스의 내재이자율은 연 10%이며, 그 현가계수는 아래 표와 같다.

기간	단일금액 ₩1의 현재가치	정상연금 ₩1의 현재가치
3년	0.7513	2.4868
4년	0.6830	3.1698

리스기간 종료시점에 리스자산(기계장치)의 실제 잔존가치가 (1)₩70,000인 경우와, (2)₩30,000인 경우 리스기간 종료일의 (주)대한리스와 (주)민국의 회계처리를 하시오. (단, 리스채권과 리스부채의 유효이자율 상각과 사용권자산의 감가상각은 생략한다.)

2019. CPA 수정

(1) 실제 잔존가치가 ₩70,000인 경우

	제공자(대한리스)				이용자(민국)
X3말	기계장치	70,000	리스채권	100,000	― 회계처리 없음 ―
	손실	30,000			

추정잔존가치(100,000)에 비해 보증액(50,000)이 작으므로 리스기간 종료일에 리스이용자의 리스부채 잔액은 0이다. 또한, 보증액에 비해 실제 잔존가치가 크므로 현금 지급액도 없다. 따라서 리스이용자의 회계처리는 없다.

(2) 실제 잔존가치가 ₩30,000인 경우

	제공자(대한리스)				이용자(민국)			
X3말	기계장치	30,000	리스채권	100,000				
	손실	70,000						
	현금	20,000	손실	20,000	비용	20,000	현금	20,000

추정잔존가치(100,000)에 비해 보증액(50,000)이 작으므로 리스기간 종료일에 리스이용자의 리스부채 잔액은 0이다. 현금 지급액은 20,000(= 50,000 − 30,000)이다.

예제

05 금융업을 영위하는 (주)대한리스는 20X1년 1월 1일에 (주)민국과 다음과 같은 조건으로 리스계약을 체결하였다.

- (주)대한리스는 (주)민국이 지정하는 기계설비를 제조사인 (주)만세로부터 신규 취득하여 20X1년 1월 1일부터 (주)민국이 사용할 수 있는 장소로 배송한다.
- 리스기간: 20X1년 1월 1일 ~ 20X3년 12월 31일(리스기간 종료 후 반환조건)
- 잔존가치 보증: (주)대한리스는 리스기간 종료 시 리스자산의 잔존가치를 ₩10,000,000으로 예상하며, (주)민국은 ₩7,000,000을 보증하기로 약정하였다.
- 리스개설직접원가: (주)대한리스와 (주)민국이 각각 ₩300,000과 ₩200,000을 부담하였다.
- (주)대한리스는 상기 리스를 금융리스로 분류하였고, 동 리스에 대한 내재이자율로 연 10%를 산정하였다.
- 연간 정기리스료: 매년 말 ₩3,000,000 지급
- 할인율이 10%인 경우 현가계수는 아래의 표와 같다.

기간	단일금액 ₩1의 현재가치	정상연금 ₩1의 현재가치
3년	0.7513	2.4868

(주)대한리스의 (1) 기계설비 취득원가(공정가치)와 (2) 리스기간 종료 시 회수된 기계설비의 실제 잔존가치가 ₩5,000,000인 경우의 손실금액은 각각 얼마인가? (단, 단수차이로 인해 오차가 있다면 가장 근사치를 선택한다.)

2023. CPA

	(1)취득원가	(2)회수 시 손실금액
①	₩14,673,400	₩3,000,000
②	₩14,673,400	₩5,000,000
③	₩14,973,400	₩2,000,000
④	₩14,973,400	₩3,000,000
⑤	₩14,973,400	₩5,000,000

▶ 해설

(1) 취득원가

취득원가 + 리스개설직접원가 = PV(정기리스료 + 추정 잔존가치)

취득원가 + 300,000 = 3,000,000*2.4868 + 10,000,000*0.7513 = 14,973,400

→ 취득원가 = 14,673,400

(2) 회수 시 손실금액: 추정 잔존가치 − MAX[실제 잔존가치, 보증액]

= 10,000,000 − MAX[5,000,000, 7,000,000] = 3,000,000

− 실제 잔존가치가 5,000,000이지만, 리스이용자가 7,000,000을 보증하므로 손실은 3,000,000이다.

|회수 시 회계처리|

	현금	2,000,000	리스채권	10,000,000
X3.12.31	기계설비	5,000,000		
	손실	3,000,000		

🔖 ①

4 무보증잔존가치 감소

기초자산 반납 시 리스채권은 '고정리스료 × 연금현가계수 + 추정 잔존가치 × 단순현가계수'의 방식으로 계산한다. 추정 잔존가치는 보증액과 무보증잔존가치(= 추정 잔존가치 − 보증액)의 합으로 구성된다. 추정 잔존가치가 하락하더라도 보증액만큼은 리스 이용자로부터 보전받을 수 있기 때문에 리스채권은 보증액보다 작아지지 않는다. 따라서 리스제공자는 무보증잔존가치를 정기적으로 검토한다.

> 리스채권 감소액 = min[추정 잔존가치 감소액, 최초 무보증잔존가치] × 단순현가계수

무보증잔존가치가 줄어든 경우에 리스제공자는 리스기간에 걸쳐 수익 배분액을 조정하고 발생된 감소액을 즉시 인식한다. 리스채권 감소액에 해당하는 비용은 '리스채권손상차손'으로 인식하면 된다. 무보증잔존가치의 감소로 인한 리스채권 감소액은 위와 같다. 자산의 잔존가치는 리스기간 종료일에 유입되므로 단순현가계수를 곱해야 한다.

사례

(주)대한리스는 20X1년 1월 1일 (주)민국과 다음과 같은 금융리스계약을 약정과 동시에 체결하였다.

- 리스개시일 : 20X1년 1월 1일
- 리스기간 : 20X1년 1월 1일 ~ 20X3년 12월 31일(3년)
- 연간 정기리스료 : 매년 말 ₩500,000 후급
- 리스자산의 공정가치는 ₩1,288,530이고 내용연수는 4년이다. 내용연수 종료시점에 잔존가치는 없으며, (주)민국은 정액법으로 감가상각한다.
- (주)민국은 리스기간 종료시점에 염가매수선택권을 가지고 있지 않다. 리스기간 종료시점 추정잔존가치는 ₩100,000이며, (주)민국은 ₩50,000을 보증하였다.
- (주)대한리스와 (주)민국이 부담한 리스개설직접원가는 각각 ₩30,000과 ₩20,000이다.
- (주)대한리스는 상기 리스를 금융리스로 분류하고, (주)민국은 리스개시일에 사용권자산과 리스부채를 인식한다.
- 리스의 내재이자율은 연 10%이며, 그 현가계수는 아래 표와 같다.

기간	단일금액 ₩1의 현재가치	정상연금 ₩1의 현재가치
1년	0.9091	0.9091
2년	0.8264	1.7355
3년	0.7513	2.4868
4년	0.6830	3.1698

20X2년 12월 31일 리스기간 종료시점 추정 잔존가치가 (1)₩70,000으로 감소한 경우와 (2)₩30,000으로 감소한 경우, 20X1년 1월 1일부터 20X2년 12월 31일까지 (주)대한리스의 회계처리를 하시오. 2019. CPA 수정

|회계처리|

	제공자(대한리스)			
X1.1.1	리스채권	1,318,530	리스자산	1,288,530
			현금	30,000
X1.12.31	현금	500,000	이자수익	131,853
			리스채권	368,147

└ 950,383

(1) 리스기간 종료시점 추정 잔존가치가 ₩70,000으로 감소한 경우

X2.12.31	현금	500,000	이자수익	95,038
			리스채권	404,962
	손상차손	27,273	리스채권	27,273

X2년 말 리스채권 감소액(= 비용): min[100,000 − 70,000, 50,000] × 0.9091 = 27,273
— 리스기간 종료일이 X3년 말이므로 추정 잔존가치의 감소액을 1년만 할인하면 된다.

(2) 리스기간 종료시점 추정 잔존가치가 ₩30,000으로 감소한 경우

X2.12.31	현금	500,000	이자수익	95,038
			리스채권	404,962
	손상차손	45,455	리스채권	45,455

X2년 말 리스채권 감소액(= 비용): min[100,000 − 30,000, 50,000] × 0.9091 = 45,455
— 추정 잔존가치가 30,000으로 감소하였지만 50,000은 보증액이므로 최초 무보증잔존가치인 50,000에 대해서만 리스채권을 감소시킨다.

예제

05 (주)세무리스는 20X1년 1월 1일(리스개시일)에 (주)한국에게 건설장비를 5년 동안 제공하고 고정리스료로 매년 말 ₩2,000,000씩 수취하는 금융리스계약을 체결하였다. 체결당시 (주)세무리스는 리스개설직접원가 ₩50,000을 지출하였으며, 건설장비의 공정가치는 ₩8,152,500이다. 리스개시일 당시 (주)세무리스의 내재이자율은 10%이다. 리스기간 종료 시 (주)한국은 건설장비를 반환하는 조건이며, 예상잔존가치 ₩1,000,000 중 ₩600,000을 보증한다. (주)세무리스는 20X3년 1월 1일 무보증잔존가치의 추정을 ₩200,000으로 변경하였다. (주)세무리스가 20X3년도에 인식해야 할 이자수익은? 2021. CTA

기간	단일금액 ₩1의 현재가치 (할인율 10%)	정상연금 ₩1의 현재가치 (할인율 10%)
3년	0.7513	2.4868
5년	0.6209	3.7908

① ₩542,438 ② ₩557,464 ③ ₩572,490
④ ₩578,260 ⑤ ₩582,642

⊙ 해설

X1년 초 리스채권: 8,152,500 + 50,000 = 8,202,500
X2년 말 리스채권: (8,202,500 × 1.1 − 2,000,000) × 1.1 − 2,000,000 = 5,725,025

리스채권손상차손: min[200,000, 400,000] × 0.7513 = 150,260
 − 무보증잔존가치가 200,000이라는 것은 예상잔존가치가 800,000(= 600,000 + 200,000)이라는 것을
  의미한다. 예상잔존가치가 1,000,000에서 800,000으로 200,000 감소하였다. 최초의 무보증잔존가치인
  400,000이 한도인데, 한도를 초과하지 않으므로 무보증잔존가치의 감소분을 손상차손으로 인식한다. 남은
  리스기간이 3년이므로 3년 현가계수를 이용한다.

X3년 초 리스채권: 5,725,025 − 150,260 = 5,574,765
X3년도 이자수익: 5,574,765 × 10% = 557,477 (단수차이)

|회계처리|

X1.1.1	리스채권	8,202,500	현금	8,152,500
			현금	50,000
X1.12.31	현금	2,000,000	이자수익	820,250
			리스채권	1,179,750
X2.12.31	현금	2,000,000	이자수익	702,275
			리스채권	1,297,725
X3.1.1	손상차손	150,260	리스채권	150,260
X3.12.31	현금	2,000,000	이자수익	557,477
			리스채권	1,442,523

⌐ 5,574,765 (단수차이)

|간편법|

무보증잔존가치 추정 변경 후 20X3년 초 리스채권
: 2,000,000 × 2.4868 + (600,000 + 200,000) × 0.7513 = 5,574,640
 − 무보증잔존가치 추정 변경 후 예상잔존가치는 800,000이므로 800,000을 이용하여 20X3년 초 리스채권을
  바로 계산할 수 있다.

X3년도 이자수익: 5,574,640 × 10% = 557,464

답 ②

5 판매형 리스

판매형 리스란 제조자 또는 판매자가 취득 또는 제조한 자산을 고객에게 금융리스의 형태로 판매하는 것이다. 리스 제공자가 판매자이므로 일반적인 리스와 달리 리스 제공자는 매출액과 매출원가를 인식한다. 참고로, 운용리스는 소유권이 이전되지 않기 때문에 판매로 볼 수 없다. 따라서 제조자 또는 판매자의 운용리스는 판매형 리스로 보지 않는다.

1. 매출총이익 ★중요!

판매형 리스에서 가장 많이 물어보는 것은 매출총이익(= 매출액 − 매출원가)이다. 리스 자산을 반환하는 경우와 반환하지 않는 경우 매출총이익을 계산하는 방법은 각각 다음과 같다.

(1) 반환하는 경우

매출채권	PV(고정리스료 + 추정 잔존가치)	매출액	PV(고정리스료 + 보증액)
매출원가	BV − PV(추정 잔존가치 − 보증액)	재고자산	BV
판관비	판관비 지출액	현금	판관비 지출액

매출채권, 매출액, 매출원가 계산 식은 규정이므로 원리를 궁금해하지 말고 그냥 외우자. 원리를 설명하더라도 결국엔 암기해야 한다. 매출액과 매출원가를 각각 구하는 것은 어렵지만, 식을 정리하면 매출총이익을 계산하는 것은 상대적으로 간단하다.

> ① 매출채권 + 매출원가 = 매출액 + 재고자산
> ② 매출총이익 = 매출액 − 매출원가 = 매출채권 − 재고자산
> ③ 매출총이익 = PV(고정리스료 + 추정 잔존가치) − BV

① 회계처리의 대차가 일치해야 하므로 '매출채권 + 매출원가 = 매출액 + 재고자산'이다.

② ①번 식을 정리하면 '매출액 − 매출원가 = 매출채권 − 재고자산'이 된다.

③ ②번 식의 매출채권과 재고자산 자리에 회계처리에 표시된 계산 식을 각각 대입하면 매출총이익을 구할 수 있다. 고정리스료와 추정 잔존가치의 현재가치에서 재고자산의 장부금액을 차감하면 매출총이익을 구할 수 있다.

(2) 반환하지 않는 경우

매출채권	PV(고정리스료 + 행사가격)	매출액	PV(고정리스료 + 행사가격)
매출원가	BV	재고자산	BV
판관비	판관비 지출액	현금	판관비 지출액

판매형 리스에서 리스자산을 반환하지 않는 경우에는 리스기간에 자산을 돌려받는 것이 아니라, 행사가격만큼 현금을 수령하므로 매출채권 계산 식의 추정 잔존가치 대신에 행사가격을 대입해야 한다. 자산을 반환하지 않으므로 보증액이 없으며, 일반적인 외상 매출의 회계처리와 같이 매출채권과 매출액이 일치한다.

2. 할인율: 시장이자율 ★중요!

판매형 리스는 리스료를 시장이자율로 할인한다. 제조자 또는 판매자인 리스제공자는 고객을 끌기 위하여 의도적으로 낮은 이자율을 제시하기도 한다. 이러한 낮은 이자율의 사용은 리스제공자가 거래에서 생기는 전체 이익 중 과도한 부분을 리스개시일에 인식하는 결과를 가져온다. 이자율이 낮아지면 똑같은 돈을 받더라도 현재가치가 커지므로 리스제공자는 매출액을 상대적으로 크게 인식할 수 있기 때문이다.

의도적으로 낮은 이자율을 제시하는 경우라면 제조자 또는 판매자인 리스제공자는 시장이자율을 부과하였을 경우의 금액으로 매출이익을 제한한다. 판매형 리스 문제에서는 내재이자율을 시장이자율보다 낮게 제시할 것이다. 따라서 리스료를 시장이자율로 할인해야 한다.

3. 판매형 리스의 리스관련원가: 비용(판관비) 처리

제조자 또는 판매자인 리스제공자는 금융리스 체결과 관련하여 부담하는 원가를 리스개시일에 비용으로 인식한다. 판관비로 처리한다고 생각하면 된다. 판매형 리스에서 발생한 원가를 리스개설직접원가로 처리하지 않는다는 것을 주의하자.

4. 당기손익=매출총이익-판관비 (+이자수익)

판매일의 당기손익을 묻는다면 판관비까지만 차감하면 되고, 판매한 년도 전체의 당기손익을 묻는다면 기말에 인식할 채권의 이자수익까지 가산해야 한다.

5. 판매형 리스의 매출액 한도: 기초자산의 공정가치 심화

제조자 또는 판매자인 리스제공자는 기초자산의 공정가치와 리스제공자에게 귀속되는 리스료를 시장이자율로 할인한 현재가치 중 적은 금액으로 수익을 인식한다. 앞에서 계산한 매출액이 기초자산의 공정가치보다 크다면, 매출액은 기초자산의 공정가치가 된다.

한도에 걸려 매출액이 감소하면 매출액 감소분을 매출채권에 반영한다. 이 경우 리스료를 시장이자율로 할인한 금액과 매출채권 금액이 달라지므로 새로운 유효이자율을 문제에서 제시해야 한다. 따라서 매출액이 한도에 걸렸을 때 문제에서 이자수익은 묻지 않을 것이며, 매출액만 물어볼 것이다.

예제

01 다음은 (주)대한의 리스계약과 관련된 자료이다. 자동차 제조회사인 (주)대한은 (주)민국에게 제조된 차량(제조원가 ₩2,000,000)을 판매하는 리스계약(금융리스)을 체결하였다.

- 리스기간은 20X1년 1월 1일부터 20X3년 12월 31일까지이고, 해지불능리스이다.
- 정기리스료 ₩1,071,693을 매년말 수취한다.
- 리스기간 종료시점의 잔존가치는 ₩300,000으로 추정되는데 리스이용자는 이 중 ₩100,000을 보증한다.
- 시장이자율은 연 10%이지만, (주)대한은 (주)민국에게 인위적으로 낮은 연 8% 이자율을 제시하였다.
- 판매시점에 차량의 공정가치는 ₩3,000,000이었다.

기간	할인율	단일금액 ₩1의 현재가치		정상연금 ₩1의 현재가치	
		8%	10%	8%	10%
3년		0.7938	0.7513	2.5771	2.4868

상기 거래로 (주)대한이 20X1년도 포괄손익계산서에 보고할 매출총이익은? (단, 단수차이로 인해 오차가 있다면 가장 근사치를 선택한다.)

2018. CPA

① ₩665,086   ② ₩740,216   ③ ₩815,346

④ ₩890,476   ⑤ ₩1,000,000

해설

식 하나만 계산하면 끝나는 문제이다. 실전에서는 회계처리 없이 계산만으로 문제를 풀어야 한다.

매출총이익 = PV(고정리스료 + 추정 잔존가치) − BV
$$= 1,071,693 \times 2.4868 + 300,000 \times 0.7513 - 2,000,000 = 890,476$$
─ 이자율: 10%, 10%의 현가계수인 2.4868과 0.7513을 사용한다.

|회계처리|

매출채권	2,890,476	매출액	2,740,216
매출원가	1,849,740	재고자산	2,000,000

매출채권: $1,071,693 \times 2.4868 + 300,000 \times 0.7513 = 2,890,476$
매출액: $1,071,693 \times 2.4868 + 100,000 \times 0.7513 = 2,740,216$ (한도: 3,000,000)
매출원가: $2,000,000 - 200,000 \times 0.7513 = 1,849,740$
매출총이익 $= 2,740,216 - 1,849,740 = 2,890,476 - 2,000,000 = 890,476$

답 ④

(주)대한은 기계장치를 제조 및 판매하는 기업이다. 20X1년 1월 1일 (주)대한은 (주)민국에게 원가(장부금액) ₩100,000의 재고자산(기초자산)을 아래와 같은 조건으로 판매하였는데, 이 거래는 금융리스에 해당한다.

- 리스개시일은 20X1년 1월 1일이며, 리스개시일 현재 재고자산(기초자산)의 공정가치는 ₩130,000 이다.
- (주)대한은 20X1년부터 20X3년까지 매년 12월 31일에 (주)민국으로부터 ₩50,000의 고정리스료를 받는다.
- (주)대한은 동 금융리스 계약의 체결과 관련하여 리스개시일에 ₩1,000의 수수료를 지출하였다.
- (주)민국은 리스기간 종료일인 20X3년 12월 31일에 리스자산을 해당 시점의 공정가치보다 충분히 낮은 금액인 ₩8,000에 매수할 수 있는 선택권을 가지고 있으며, 20X1년 1월 1일 현재 (주)민국이 이를 행사할 것이 상당히 확실하다고 판단된다.
- 20X1년 1월 1일에 (주)대한의 증분차입이자율은 연 8%이며, 시장이자율은 연 12%이다.
- 적용할 현가계수는 아래의 표와 같다.

기간 \ 할인율	단일금액 ₩1의 현재가치		정상연금 ₩1의 현재가치	
	8%	12%	8%	12%
1년	0.9259	0.8929	0.9259	0.8929
2년	0.8573	0.7972	1.7832	1.6901
3년	0.7938	0.7118	2.5770	2.4019

위 거래가 (주)대한의 20X1년도 포괄손익계산서 상 당기순이익에 미치는 영향은 얼마인가? (단, 단수차이로 인해 오차가 있다면 가장 근사치를 선택한다.) 2022. CPA

① ₩24,789 증가 ② ₩25,789 증가
③ ₩39,884 증가 ④ ₩40,884 증가
⑤ ₩42,000 증가

⊙ **해설**

당기순이익에 미치는 영향: 25,789 − 1,000 + 15,095 = **39,884 증가**

(1) 매출총이익 = PV(고정리스료 + 행사가격) − BV
   = 50,000 × 2.4019 + 8,000 × 0.7118 − 100,000 = 25,789
   — 이자율: 12%. 12%의 현가계수인 2.4019과 0.7118을 사용한다.
   — 리스자산을 반환하는 것이 아니라 매수할 것이 상당히 확실하므로, 행사가격인 8,000을 현재가치한다.

(2) 판관비: (주)대한이 지출한 수수료 1,000을 판관비로 비용처리한다.

(3) 이자수익: 매출채권 × 이자율
   = 125,789 × 12% = 15,095
   — 매출채권 = 50,000 × 2.4019 + 8,000 × 0.7118 = 125,789

|회계처리|

X1초	매출채권	125,789	매출액	125,789
	매출원가	100,000	재고자산	100,000
	판관비	1,000	현금	1,000
X1말	현금	50,000	이자수익	15,095
			매출채권	34,905

매출액이 한도인 130,000을 초과하지 않았다.

답 ③

6 판매후 리스

판매후 리스란 자산의 소유자가 급히 현금을 확보하기 위해서 보유하던 자산을 판매하고, 다시 자산을 리스하여 리스료를 지급하는 형태의 리스를 의미한다. 판매자는 판매 후에 리스로 자산을 이용하므로 리스이용자가 된다. 반면 구매자는 자산을 구입한 뒤 리스로 자산을 제공하므로 리스제공자가 된다. 판매후 리스는 자산 이전이 판매인지, 판매가 아닌지에 따라 다르게 회계처리한다.

1. 판매 조건을 충족하지 못하는 경우

판매자(리스이용자)가 행한 자산 이전이 자산의 판매로 회계처리하게 하는 기업회계기준서 1115호(수익 기준서)의 요구사항을 충족하지 못한다면 다음과 같이 회계처리한다.

> (1) 판매자(리스이용자): 이전한 자산 계속 인식, 이전금액과 같은 금액으로 금융부채 인식
> (2) 구매자(리스제공자): 이전된 자산 인식 X, 이전금액과 같은 금액으로 금융자산 인식

판매자(리스이용자)				구매자(리스제공자)			
현금	판매가	금융부채	판매가	금융자산	판매가	현금	판매가

자산 이전이 판매에 해당하지 않기 때문에, 구매자가 판매자에게 돈을 빌려준 것으로 본다. 이후에 리스이용자는 리스료를 지급할 텐데, 이를 금융부채의 상환으로 본다.

2. 판매 조건을 충족하는 경우

판매자(리스이용자)가 행한 자산 이전이 자산의 판매로 회계처리하게 하는 기업회계기준서 1115호(수익 기준서)의 요구사항을 충족한다면 다음과 같이 회계처리한다.

> (1) 구매자(리스제공자): 자산의 매입에 적용할 수 있는 기준서를 적용하고 리스에는 이 기준서의 리스제공자 회계처리 요구사항을 적용한다.
> (2) 판매자(리스이용자): 자산의 종전 장부금액에 비례하여 판매후리스에서 생기는 사용권자산을 측정한다. 따라서 판매자(리스이용자)는 구매자(리스제공자)에게 이전한 권리에 관련되는 차손익 금액만을 인식한다.

구매자는 자산을 구입하였으므로 그 자산(유, 무형자산 등)의 회계처리를 하면 되고, 리스채권이 생기므로 앞에서 배운 금융리스 시 리스제공자의 회계처리를 하면 된다. 판매후 리스에서 중요한 것은 판매자(리스이용자)의 회계처리이다.

3. 판매후 리스 판매자(리스이용자)의 회계처리

현금		판매가	자산	BV
사용권자산	BV ×	$\dfrac{리스부채 + (FV - 판매가)}{FV}$	리스부채	PV(고정리스료)
		처분손익 XXX		

판매 조건을 충족하는 경우 자산의 소유권이 이전되므로 자산을 제거하지만, 리스를 사용할 수 있는 권리가 생기므로 사용권자산을 계상한다. 또한, 이후에 리스료를 지급해야 할 의무가 있으므로 리스부채를 계상하고, 대차차액을 처분손익(PL)으로 계상한다.

STEP 1 판매가 유입, 자산 BV 제거

현금은 판매가만큼 유입되므로 판매가만큼 증가시키고, 기존에 계상한 자산의 장부금액을 제거한다.

STEP 2 리스부채=PV(고정리스료)

리스 이용자가 지급할 고정리스료의 현재가치를 리스부채로 계상한다. 판매후리스에서 행사가격 및 보증액까지 같이 출제하지 않으므로 고정리스료만 할인하면 된다.

STEP 3 **사용권자산**

$$\text{사용권자산} = BV \times \frac{\text{리스부채} + FV - \text{판매가}}{FV}$$

판매후 리스에서 생기는 사용권자산은 판매하는 자산의 장부금액에 비례하여 측정한다. 자산의 장부금액에 곱하는 분수 식의 분모와 분자는 각각 다음과 같이 채운다. 식의 의미는 전혀 중요하지 않으며, 편의상 그냥 위 식을 외우는 것을 추천한다.

(1) 분모 = FV
사용권자산 계산 시 분모에는 리스 자산의 FV를 적는다. 판매가를 적지 않도록 주의하자.

(2) 분자 = 리스부채 + FV − 판매가

'비싸면 낮추고, 싸면 올린다.'

분자 계산 식의 뒷부분이 'FV − 판매가'라는 것을 기억하자. 부호를 반대로 '판매가 − FV'를 가산하면 잘못된 결과가 나온다. FV를 기준으로 판매가와의 차이를 반영하는 것이다. 이를 쉽게 기억하기 위해서 '비싸면 낮추고, 싸면 올린다.'라고 외우자. 판매가가 FV보다 비싸면 그 금액만큼 리스부채를 낮추고, 판매가가 FV보다 싸면 그 금액만큼 리스부채를 올린다.

STEP 4 **처분손익(PL): 대차차액**

Step 3까지 마치면 대차가 안 맞을 것이다. 대차차액을 처분손익(당기손익)으로 계상한다.

예제

01 (주)갑은 20X1년 1월 1일 장부금액이 ₩2,100,000인 기계장치(공정가치는 ₩2,500,000)를 (주)을에게 ₩2,500,000에 판매하고 동시에 해당 기계장치를 (주)을로부터 리스하여 사용하기로 하였다. (주)갑은 (주)을에게 리스료로 4년간 매년 말 ₩600,000씩 지급하기로 하였으며, 내재이자율은 연 10%이다. (주)갑과 (주)을이 20X1년 1월 1일에 행할 회계처리에 관한 설명으로 옳지 않은 것은? (단, 4기간 10% 정상연금 ₩1의 현재가치는 3.1699이다.)

2012. CPA 수정

① 기계장치의 판매가 기업회계기준서 제1115호 상 '판매' 조건을 충족하지 못한다면, (주)갑은 기계장치를 계속 인식하고, ₩2,500,000의 금융부채를 인식한다.

② 기계장치의 판매가 기업회계기준서 제1115호 상 '판매' 조건을 충족하지 못한다면, (주)을은 기계장치를 인식하지 않고, ₩2,500,000의 금융자산을 인식한다.

③ 기계장치의 판매가 기업회계기준서 제1115호 상 '판매' 조건을 충족한다면, (주)갑은 ₩1,901,940의 리스부채를 인식한다.

④ 기계장치의 판매가 기업회계기준서 제1115호 상 '판매' 조건을 충족한다면, (주)갑은 ₩1,597,630의 사용권자산을 인식한다.

⑤ 기계장치의 판매가 기업회계기준서 제1115호 상 '판매' 조건을 충족한다면, 기계장치의 판매는 20X1년 1월 1일 (주)갑의 당기손익을 ₩95,690만큼 감소시킨다.

해설

③ 리스부채: 600,000 × 3.1699 = 1,901,940
④ 사용권자산: 2,100,000 × (1,901,940 + 2,500,000 − 2,500,000)/2,500,000 = 1,597,630
⑤ 기계장치의 판매는 20X1년 1월 1일 (주)갑의 당기손익을 ₩95,690만큼 증가시킨다. 처분이익이 발생하므로 당기손익은 증가한다.

|(주)갑의 회계처리|

판매 조건 미충족 시			판매 조건 충족 시			
현금	2,500,000	금융부채 2,500,000	현금	2,500,000	자산	2,100,000
			사용권자산	1,597,630	리스부채	1,901,940
					처분이익	95,690

답 ⑤

02 (주)대한은 20X1년 초 영업에 사용할 차량운반구를 ₩60,000에 취득하였다. 동 차량운반구의 내용연수와 잔존가치는 각각 5년과 ₩0으로 추정되며, 정액법으로 상각하고, 원가모형을 적용한다. 한편, (주)대한은 20X1년 말에 동 자산을 (주)민국리스에 ₩54,000에 처분하고, 동 일자에 (주)민국리스로부터 3년간 리스하였다. (주)대한은 (주)민국리스에게 리스료로 매년 말 ₩30,000씩 지급하기로 하였으며, 내재이자율은 연 10%이다. 동 자산의 공정가치가 (가) ₩50,000, (나) ₩54,000, (다) ₩56,000일 경우, 동 자산의 처분시 (주)대한의 20X1년 당기순이익의 크기로 옳은 것은? (단, (주)대한의 자산 처분은 자산의 판매로 회계처리하게 하는 기업회계기준서 제1115호의 요구사항을 충족한다.) 2015. CTA 수정

기 간	10% 기간말 단일금액 ₩1의 현재가치	10% 정상연금 ₩1의 현재가치
3	0.7513	2.4869
4	0.6830	3.1699
5	0.6209	3.7908

① (가) > (나) > (다)
② (가) > (다) > (나)
③ (나) > (가) > (다)
④ (나) > (다) > (가)
⑤ (다) > (나) > (가)

▶ **해설**

처분 시 장부금액: 60,000 × 4/5 = 48,000
리스부채: 30,000 × 2.4869 = 74,607

(가) 공정가치: ₩50,000

현금	54,000	자산	48,000
사용권자산	67,783	리스부채	74,607
처분손실	824		

사용권자산: 48,000 × (74,607 + 50,000 − 54,000)/50,000 = 67,783

(나) 공정가치: ₩54,000

현금	54,000	자산	48,000
사용권자산	66,317	리스부채	74,607
처분손실	2,290		

사용권자산: 48,000 × (74,607 + 54,000 − 54,000)/54,000 = 66,317

(다) 공정가치: ₩56,000

현금	54,000	자산	48,000
사용권자산	65,663	리스부채	74,607
처분손실	2,944		

사용권자산: 48,000 × (74,607 + 56,000 − 54,000)/56,000 = 65,663

처분손실이 작을수록 당기순이익은 증가하므로 당기순이익은 (가) 〉(나) 〉(다) 순으로 크다.

답 ①

7 리스부채의 재측정

1. 리스부채의 재측정 회계처리

: 리스부채 변동액만큼 사용권자산 조정 (사용권자산을 초과하는 리스부채 감소분은 PL)

리스이용자는 리스개시일 후에 리스료에 생기는 변동을 반영하기 위하여 리스부채를 다시 측정한다. 리스이용자는 사용권자산을 조정하여 리스부채의 재측정 금액을 인식한다. 그러나 사용권자산의 장부금액이 영(0)으로 줄어들고 리스부채 측정치가 그보다 많이 줄어드는 경우에 리스이용자는 나머지 재측정 금액을 당기손익으로 인식한다.

> **사례**
>
> 사용권자산이 ₩50,000, 리스부채가 ₩100,000인 상황에서 리스료가 변동되었다. 리스부채를 재측정한 금액이 1)₩130,000, 2)₩80,000, 3)₩30,000일 때 회계처리는 각각 다음과 같다.
>
> | 1) 130,000 | 사용권자산 | 30,000 | 리스부채 | 30,000 |
> |---|---|---|---|---|
> | 2) 70,000 | 리스부채 | 20,000 | 사용권자산 | 20,000 |
> | 3) 30,000 | 리스부채 | 70,000 | 사용권자산
이익(PL) | 50,000
20,000 |
>
> 1) 리스부채가 30,000(= 130,000 − 100,000) 증가하였으므로, 사용권자산도 30,000 증가한다.
> 2) 리스부채가 20,000(= 100,000 − 80,000) 감소하였으므로, 사용권자산도 20,000 감소한다.
> 3) 리스부채가 70,000(= 100,000 − 80,000) 감소하였으므로, 사용권자산도 70,000 감소해야 하나, 사용권자산이 50,000밖에 되지 않으므로 사용권자산을 전부 제거한 후 초과분 20,000은 이익(당기손익)으로 인식한다.

> **참고** 리스료 변동 시 리스제공자의 회계처리
>
> 지금 다루는 내용은 리스료의 변동이 있는 경우 **리스이용자**의 회계처리이다. 리스 기준서에서 리스제공자의 회계처리에 대해서는 언급하지 않으므로, 수험 목적상 궁금해하지 말자.
>
> **참고** 리스변경 및 전대리스
>
> 리스변경은 너무 난이도가 높고, 사례가 많으며, 전대리스는 출제 가능성이 너무 낮아 본서에서는 다루지 않는다. 두 주제는 연습서를 참고하자.

2. 리스부채의 재측정 방법: 수정 할인율 vs 기존 할인율

리스료의 변동으로 인하여 리스부채를 재측정할 때에는 상황에 따라 수정 할인율 또는 기존 할인율을 이용한다.

(1) 수정 할인율로 리스부채 재측정	(2) 기존 할인율로 리스부채 재측정
① 리스기간 변경 ② 매수선택권 평가 변동 ③ 변동이자율의 변동	① 잔존가치보증에 따른 예상지급액 변동 ② 리스료를 산정할 때 사용한 지수나 요율의 변동으로 생기는 미래 리스료 변동

(1) 수정 할인율로 리스부채 재측정

리스이용자는 다음의 경우에 수정 할인율로 수정 리스료를 할인하여 리스부채를 재측정한다. 수정 할인율로 리스부채를 재측정할 때, 리스이용자는 내재이자율을 쉽게 산정할 수 있는 경우에는 남은 리스기간의 내재이자율로 수정 할인율을 산정하나, 리스의 내재이자율을 쉽게 산정할 수 없는 경우에는 재평가시점의 증분차입이자율로 수정 할인율을 산정한다.

① 리스기간에 변경이 있는 경우
리스이용자는 변경된 리스기간에 기초하여 수정 리스료를 산정한다.

② 기초자산을 매수하는 선택권 평가에 변동이 있는 경우
리스이용자는 매수선택권에 따라 지급할 금액의 변동을 반영하여 수정 리스료를 산정한다.

③ 리스료의 변동이 변동이자율의 변동으로 생긴 경우
리스이용자는 그 이자율 변동을 반영하는 수정 할인율을 사용한다. 변동이자율의 변동으로 리스료에 변동이 생긴 것이 아니라면 리스이용자는 변경되지 않은 할인율을 사용한다.

(2) 기존 할인율로 리스부채 재측정

리스이용자는 다음의 경우에 기존 할인율로 수정 리스료를 할인하여 리스부채를 재측정한다.
① 잔존가치보증에 따라 지급할 것으로 예상되는 금액에 변동이 있는 경우
리스이용자는 잔존가치보증에 따라 지급할 것으로 예상되는 금액의 변동을 반영하여 수정 리스료를 산정한다.

② 리스료를 산정할 때 사용한 지수나 요율(이율)의 변동으로 생기는 미래 리스료에 변동이 있는 경우
예를 들면 시장 대여료를 검토한 후 시장 대여요율 변동을 반영하는 변동을 포함한다. 리스이용자는 현금흐름에 변동이 있을 경우(리스료 조정액이 유효할 때)에만 수정 리스료를 반영하여 리스부채를 다시 측정한다. 리스이용자는 변경된 계약상 지급액에 기초하여 남은 리스기간의 수정 리스료를 산정한다. 단, 지수나 요율(이율)의 변동이 아닌 다른 이유로 미래 리스료가 변동될 때는 변동리스료를 리스부채에 포함하지 않으며, 당기손익으로 인식한다. 예를 들어, 리스이용자가 기초자산에서 생기는 매출의 일정비율을 추가로 지급하기로 한 경우 추가 지급액을 당기손익으로 인식한다.

 리수석의 **꿀팁!** 수정 할인율을 사용하는 경우: 사용 기간의 변동 or 이자율의 변동

> 리스부채를 재측정할 때 수정 할인율을 사용할지, 기존 할인율을 사용할지 외워야 한다. **사용기간이 변동하거나, 이자율 자체가 변동하는 경우에는 수정 할인율을 사용해야 한다고 기억하자.** 리스기간이 변경되거나, 매수선택권의 행사가능성이 변동되는 경우에는 리스 자산을 사용하는 기간이 바뀐다.

사례

1. 리스기간에 변경이 있는 경우

(주)대한은 (주)민국과 다음과 같은 조건으로 사무실에 대한 리스계약을 체결하였다.

- 리스기간: 20X1년 1월 1일 ~ 20X3년 12월 31일(3년)
- 연장선택권: (주)대한은 리스기간을 3년에서 5년으로 2년 연장할 수 있는 선택권이 있으나 리스개시일 현재 동 선택권을 행사할 의도는 전혀 없다.
- 리스료: (주)대한은 리스기간 동안 매년 말에 ₩2,000,000의 고정리스료를 (주)민국에게 지급하며, 연장선택권을 행사하면 20X4년 말과 20X5년 말에는 각각 ₩2,200,000을 지급하기로 약정하였다.
- 내재이자율: (주)대한은 동 리스에 적용되는 (주)민국의 내재이자율은 쉽게 산정할 수 없다.
- (주)대한의 증분차입이자율: 연 8%(20X1.1.1.), 연 10%(20X3.1.1.)
- 리스개설직접원가: (주)대한은 리스계약과 관련하여 ₩246,000을 수수료로 지급하였다.
- 리스계약 당시 (주)민국이 소유하고 있는 사무실의 잔존내용연수는 20년이다.
- 적용할 현가계수는 아래의 표와 같다.

할인율 기간	기간 말 단일금액 ₩1의 현재가치		정상연금 ₩1의 현재가치	
	8%	10%	8%	10%
1년	0.9259	0.9091	0.9259	0.9091
2년	0.8573	0.8264	1.7832	1.7355
3년	0.7938	0.7513	2.5770	2.4868

(주)대한은 모든 유형자산에 대해 원가모형을 적용하며, 감가상각은 잔존가치 없이 정액법을 사용한다. 20X3년 1월 1일에 영업환경의 변화 때문에 연장선택권을 행사할 것이 상당히 확실해졌다면 (주)대한의 20X3년 말 재무상태표에 보고할 사용권자산의 장부금액은 얼마인가? (단, 단수차이로 인해 오차가 있다면 가장 근사치를 선택한다.)

2023. CPA

① ₩3,436,893 ② ₩3,491,560 ③ ₩3,526,093
④ ₩3,621,613 ⑤ ₩3,760,080

답 ②

(1) X1년초 리스부채: $2,000,000 \times 2.577 = 5,154,000$

(2) X1년초 사용권자산: $5,154,000 + 246,000 = 5,400,000$

(3) X3년초 리스부채 증가액: ② − ① = 3,437,514

  ① 재측정 전: $(5,154,000 \times 1.08 - 2,000,000) \times 1.08 - 2,000,000 = 1,851,626$

  ② 재측정 후: $2,000,000*0.9091 + 2,200,000 \times 0.8264 + 2,200,000 \times 0.7513 = 5,289,140$

  ─ 매수선택권 평가에 변동이 있으므로 수정 할인율로 리스부채를 재측정한다.

(4) X3년초 사용권자산: $1,800,000 + 3,437,514 = 5,237,514$

  ① 재측정 전 사용권자산: $5,400,000 \times 1/3 = 1,800,000$

(5) X3년말 사용권자산: $5,237,514 \times 2/3 = 3,491,676$ (단수차이)

사례

2. 매수선택권 평가에 변동이 있는 경우

리스이용자인 (주)대한은 리스제공자인 (주)민국리스와 리스개시일인 20X1년 1월 1일에 다음과 같은 조건의 리스계약을 체결하였다.

- 기초자산(생산공정에 사용할 기계장치)의 리스기간은 20X1년 1월 1일부터 20X3년 12월 31일까지이다.
- 기초자산의 내용연수는 4년으로 내용연수 종료시점의 잔존가치는 없으며, 정액법으로 감가상각한다.
- (주)대한은 리스기간 동안 매년 말 ₩3,000,000의 고정리스료를 지급한다.
- 사용권자산은 원가모형을 적용하여 정액법으로 감가상각하고, 잔존가치는 없다.
- 20X1년 1월 1일에 동 리스의 내재이자율은 연 8%로 리스제공자와 리스이용자가 이를 쉽게 산정할 수 있다.
- (주)대한은 리스기간 종료시점에 기초자산을 현금 ₩500,000에 매수할 수 있는 선택권을 가지고 있으나, 리스개시일 현재 동 매수선택권을 행사하지 않을 것이 상당히 확실하다고 판단하였다. 그러나 20X2년 말에 (주)대한은 유의적인 상황변화로 인해 동 매수선택권을 행사할 것이 상당히 확실하다고 판단을 변경하였다.
- 20X2년 말 현재 (주)대한은 남은 리스기간의 내재이자율을 쉽게 산정할 수 없으며, (주)대한의 증분차입이자율은 연 10%이다.
- 적용할 현가계수는 아래의 표와 같다.

할인율 기간	단일금액 ₩1의 현재가치		정상연금 ₩1의 현재가치	
	8%	10%	8%	10%
1년	0.9259	0.9091	0.9259	0.9091
2년	0.8573	0.8264	1.7832	1.7355
3년	0.7938	0.7513	2.5770	2.4868

(주)대한이 20X3년에 인식할 사용권자산의 감가상각비는 얼마인가? 단, 단수차이로 인해 오차가 있다면 가장 근사치를 선택한다.

2021. CPA

① ₩993,804
② ₩1,288,505
③ ₩1,490,706
④ ₩2,577,003
⑤ ₩2,981,412

답 ③

(1) X1년 초 리스부채: $3,000,000 \times 2.5770 = 7,731,000$
  − 매수선택권을 행사하지 않을 것이라고 판단하였으므로, 리스료만 할인한 금액이다.

(2) 리스부채 증감: $3,181,850 - 2,777,438 = 404,412$ 증가
① 재측정 전 리스부채: $(7,731,000 \times 1.08 - 3,000,000) \times 1.08 - 3,000,000 = 2,777,438$
② 재측정 후 리스부채: $(3,000,000 + 500,000) \times 0.9091 = 3,181,850$
  − 매수선택권의 행사가능성 변동 시에는 수정 할인율로 리스부채를 재측정한다.

(3) X3년도 감가상각비: $(2,981,412 - 0)/2 = 1,490,706$
   X2년 말 사용권자산: $7,731,000 \times 1/3 + 404,412 = 2,981,412$
  − 매수선택권을 행사할 것이 확실하다고 판단을 변경하였으므로 사용권자산의 내용연수는 4년이며,
   X3년 초 잔존내용연수는 2년(= 4년 − 2년)이다.

|회계처리|

X1.1.1	사용권자산	7,731,000	리스부채	7,731,000
X1.12.31	감가상각비	2,577,000	사용권자산	2,577,000
	이자비용	618,480	현금	3,000,000
	리스부채	2,381,520		
X2.12.31	감가상각비	2,577,000	사용권자산	2,577,000
	이자비용	427,958	현금	3,000,000
	리스부채	2,572,042		
	사용권자산	404,412	리스부채	404,412
X3.12.31	감가상각비	1,490,706	사용권자산	1,490,706
	이자비용	318,185	현금	3,500,000
	리스부채	3,181,815		
	기계장치	1,490,706	사용권자산	1,490,706

3. 지수나 요율(이율)의 변동으로 생기는 미래 리스료에 변동이 있는 경우

20X1년 초 리스이용자는 부동산을 다음과 같은 리스 계약을 체결하였다.

- 리스기간 : 10년, 연간 정기리스료 : 매년 초 ₩50,000 지급
- 리스이용자는 사용권자산의 미래 경제적 효익을 리스기간에 걸쳐 고르게 소비할 것으로 예상하기 때문에 사용권자산을 정액법으로 감가상각한다.
- 계약에서는 앞선 24개월의 소비자물가지수 상승에 기초하여 리스료가 2년마다 오르도록 정한다. 리스 개시일의 소비자물가지수는 125이다.
- 리스의 내재이자율은 쉽게 산정할 수 없다. 리스이용자의 증분차입이자율은 연 5%이고, 이 이자율은 리스이용자가 비슷한 담보로 사용권자산의 가치와 비슷한 금액을 같은 통화로 10년간 빌릴 수 있는 고정이율을 반영한다.
- 20X3년 초에 소비자물가지수는 135이다. 20X3년 초 리스이용자의 증분차입이자율은 연 6%이다.
- 각 이자율에 따른 현가계수는 아래 표와 같다.

이자율	5%		6%	
기간	단일금액 ₩1의 현재가치	정상연금 ₩1의 현재가치	단일금액 ₩1의 현재가치	정상연금 ₩1의 현재가치
7년	0.7107	5.7864	0.6651	5.5824
8년	0.6768	6.4632	0.6274	6.2098
9년	0.6446	7.1078	0.5919	6.8017
10년	0.6139	7.7217	0.5584	7.3601

물음 1. 20X1년 초부터 20X3년 말까지 리스이용자의 회계처리를 하시오.

물음 2. 추가로, 리스이용자가 리스한 부동산에서 생기는 매출의 1%로 산정하는 변동리스료도 매년 지급해야 한다고 가정한다. 20X1년에 리스이용자는 리스한 부동산에서 ₩800,000의 매출을 창출한다. 리스 계약이 리스이용자의 20X1년도 포괄손익계산서 상 당기순이익에 미치는 영향은 얼마인가?

답

물음 1.

X1.1.1	사용권자산	405,390	리스부채	355,390
			현금	50,000
X1.12.31	감가상각비	40,539	사용권자산	40,539
	이자비용	17,770	리스부채	17,770
X2.1.1	리스부채	50,000	현금	50,000
X2.12.31	감가상각비	40,539	사용권자산	40,539
	이자비용	16,158	리스부채	16,158
X3.1.1	사용권자산	27,148	리스부채	27,148
	리스부채	54,000	현금	54,000
X3.12.31	감가상각비	43,933	사용권자산	43,933
	이자비용	15,623	리스부채	15,623

(1) 20X1년 초 리스부채: $50,000 \times 7.1078 = 355,390$

— 리스료를 매년 초에 지급하므로 20X1년도 리스료는 현금으로 바로 지급되고, 리스부채는 9년치 리스료의 현재가치이다.

(2) 감가상각비: $(405,390 - 0)/10 = 40,539$

매수선택권에 대한 언급이 없으므로, 반납한다고 가정하고 리스기간 동안 상각한다.

(3) 20X3년 초부터 지급할 리스료: $50,000 \times 135/125 = 54,000$

20X3년 초에 소비자물가지수가 상승함에 따라 리스료가 상승한다. 리스료가 2년마다 오르므로 20X3년 초부터 리스료가 상승한다.

(4) 20X3년 초 리스부채 증감: $366,466 - 339,318 = 27,148$ 증가
① 재측정 전 리스부채: $(355,390 \times 1.05 - 50,000) \times 1.05 = 339,318$
② 재측정 후 리스부채: $54,000 \times (1 + 5.7864) = 366,466$

(5) 20X3년 말 감가상각비 및 이자비용
① 감가상각비: $(351,460 - 0)/8 = 43,933$

— 20X3년 초 사용권자산: $405,390 \times 8/10 + 27,148 = 351,460$
② 이자비용: $(366,466 - 54,000) \times 5\% = 15,623$

물음 2. 66,309 감소

X1.1.1	사용권자산	405,390	리스부채	355,390
			현금	50,000
X1.12.31	감가상각비	40,539	사용권자산	40,539
	이자비용	17,770	리스부채	17,770
	비용	8,000	미지급비용	8,000

변동리스료가 있더라도 리스개시일의 사용권자산 및 리스부채의 금액은 물음 1과 같다. 추가 변동리스료가 미래 매출에 연동되어 있으므로 리스개시일에는 변동리스료가 얼마인지 알 수 없어 리스료의 정의를 충족하지 않기 때문이다.

리스이용자는 리스와 관련하여 8,000원(= 800,000원 × 1%)을 리스의 20X1년에 당기손익으로 인식한다. 변동리스료는 20X2년 초에 지급할 것이므로 미지급비용으로 처리하였다.

사례

4. 지수나 요율(이율)의 변동으로 생기는 미래 리스료에 변동이 있는 경우

(주)세무는 20X1년 1월 1일에 (주)한국리스로부터 기초자산A와 기초자산B를 리스하는 계약을 체결하였다. 리스개시일은 20X1년 1월 1일로 리스기간은 3년이며, 리스료는 매년 초 지급한다. 리스 내재이자율은 알 수 없으며 (주)세무의 20X1년 초와 20X2년 초 증분차입이자율은 각각 8%와 10%이다. 리스계약은 다음의 변동리스료 조건을 포함한다.

• 변동리스료 조건

기초자산A	리스개시일 1회차 리스료: ₩50,000 변동조건: 기초자산 사용으로 발생하는 직전 연도 수익의 1%를 매년 초 추가지급
기초자산B	리스개시일 1회차 리스료: ₩30,000 변동조건: 직전 연도 1년간의 소비자물가지수 변동에 기초하여 2회차 리스료부터 매년 변동

• 시점별 소비자물가지수

구분	20X0년 12월 31일	20X1년 12월 31일
소비자물가지수	120	132

20X1년 기초자산A의 사용으로 ₩200,000의 수익이 발생하였다. 리스료 변동으로 인한 20X1년 말 리스부채 증가금액은?

2019. CTA **심화**

기간	단일금액 ₩1의 현재가치 (할인율 8%)	단일금액 ₩1의 현재가치 (할인율 10%)
1년	0.9259	0.9091
2년	0.8573	0.8264
3년	0.7938	0.7513

① ₩5,527　　② ₩5,727　　③ ₩5,778　　④ ₩7,727　　⑤ ₩7,778

目 ③

(1) 리스부채

① A: 50,000 × (0.9259 + 0.8573) = 89,160

② B: 30,000 × (0.9259 + 0.8573) = 53,496

(2) 리스부채 증감

① A: 지수나 요율(이율)의 변동이 아닌 다른 이유로 리스료가 변동하는 경우 리스부채의 증감을 가져오지 않는다.

② B: 63,555 − 57,776 = 5,779 (단수차이)

　재측정 전 리스부채(B): 53,496 × 1.08 = 57,776

　재측정 후 리스부채(B): 33,000 × (1 + 0.9259) = 63,555

　－ 20X2년 초부터 지급할 리스료: 30,000 × 132/120 = 33,000

|기초자산 A 회계처리|

X1.1.1	사용권자산	139,160	리스부채	89,160
			현금	50,000
X1.12.31	감가상각비	46,387	사용권자산	46,387
	이자비용	7,133	리스부채	7,133
	비용	2,000	미지급비용	2,000

기초자산 사용수익과 관련된 비용: 200,000 × 1% = 2,000

|기초자산 B 회계처리|

X1.1.1	사용권자산	83,496	리스부채	53,496
			현금	30,000
X1.12.31	감가상각비	27,832	사용권자산	27,832
	이자비용	4,280	리스부채	4,280
	사용권자산	5,779	리스부채	5,779

8 | 운용리스제공자

리스이용자는 리스가 금융리스인지, 운용리스인지 판단하지 않는다. 리스이용자는 일부 예외를 제외한 모든 리스에 대해 사용권자산과 리스부채를 인식한다. 운용리스 체결 시 회계처리가 달라지는 것은 리스제공자이다. 운용리스제공자의 회계처리는 다음과 같다.

리스기간 개시일	유형자산 운용리스자산	취득원가 XXX	현금 유형자산 현금	취득원가 취득원가 리스개설직접원가
매기 말	현금 미수리스료 감가상각비	XXX XXX XXX	리스료수익 선수리스료 감가상각누계액	XXX XXX XXX

1. 운용리스자산=유형자산의 취득원가+리스개설직접원가

운용리스제공자는 유형자산을 구입한 뒤, 운용리스로 제공한다. 운용리스는 금융리스와 달리 위험과 보상의 대부분을 이전하지 않으므로, 유형자산의 소유권이 이전되지 않는다. 따라서 유형자산을 제거하고 리스채권을 인식하는 것이 아니라, 유형자산을 운용리스자산으로 대체하여 재무상태표에 계속 표시한다. 또한, 운용리스를 체결하면서 발생한 리스개설직접원가가 있다면 운용리스자산에 가산한다. 따라서 운용리스자산의 취득원가는 유형자산의 취득원가와 리스개설직접원가의 합이 된다.

2. 리스료수익=전체 리스료/리스기간

리스제공자는 정액 기준이나 다른 체계적인 기준으로 운용리스의 리스료를 수익으로 인식한다. 다른 체계적인 기준이 기초자산의 사용으로 생기는 효익이 감소되는 형태를 더 잘 나타낸다면 리스제공자는 그 기준을 적용한다.

대부분 문제는 다른 체계적인 기준이 없다거나, 정액 기준으로 수익을 인식하라는 단서를 줄 것이다. 이 경우 정액법으로 수익을 인식하면 된다. 운용리스는 주로 리스료가 매년 다르게 출제된다. 매년 리스료가 다르더라도 전체 리스료를 리스기간으로 나누어 매년 같은 금액을 리스료수익으로 인식해야 한다. 리스료수익보다 더 받은 금액은 선수리스료로, 덜 받은 금액은 미수리스료로 인식하면 된다.

3. 감가상각비=유형자산 취득원가/내용연수+리스개설직접원가/리스기간

운용리스에 해당하는 감가상각 대상 기초자산의 감가상각 정책은 리스제공자가 소유한 비슷한 자산의 감가상각 정책과 일치해야 한다. 리스제공자는 운용리스 체결 과정에서 부담하는 리스개설직접원가를 기초자산의 장부금액에 더하고 리스료 수익과 같은 기준으로 리스기간에 걸쳐 비용으로 인식한다.

운용리스는 위험과 보상의 대부분을 이전하지 않으므로 리스제공자도 감가상각을 한다. 유형자산은 리스기간 종료 후에도 계속해서 사용할 것이므로 자산의 내용연수동안 감가상각하지만, 리스개설직접원가는 리스계약을 체결하기 위해 발생한 지출이므로 리스기간동안 감가상각한다.

예제

01 (주)세무리스는 (주)한국과 운용리스계약을 체결하고, 20X2년 10월 1일 생산설비(취득원가 ₩800,000, 내용연수 10년, 잔존가치 ₩0, 정액법 감가상각)를 취득과 동시에 인도하였다. (주)세무리스는 운용리스 개설과 관련한 직접원가로 ₩60,000을 지출하였다. 리스기간은 3년이고, 리스료는 매년 9월 30일에 수령한다. (주)세무리스가 리스료를 다음과 같이 수령한다면, 동 거래가 20X2년 (주)세무리스의 당기순이익에 미치는 영향은 얼마인가? (단, 리스와 관련된 효익의 기간적 형태를 더 잘 나타내는 다른 체계적인 인식기준은 없고, 리스료와 감가상각비는 월할 계산한다.) 2016. CTA 수정

일자	리스료
20X3년 9월 30일	₩100,000
20X4년 9월 30일	120,000
20X5년 9월 30일	140,000

① ₩5,000 증가   ② ₩10,000 증가

③ ₩25,000 증가   ④ ₩30,000 증가

⑤ ₩35,000 증가

⊙ 해설

X2년 당기순이익: 30,000 − 25,000 = **5,000 증가**

(1) 리스료수익: 360,000 × 3/36 = 30,000

　　총 리스료: 100,000 + 120,000 + 140,000 = 360,000

(2) 감가상각비: (800,000/10 + 60,000/3) × 3/12 = 25,000

답 ①

02 (주)대한리스는 (주)민국과 리스개시일인 20X1년 1월 1일에 운용리스에 해당하는 리스계약(리스기간 3년)을 체결하였으며, 관련 정보는 다음과 같다.

- (주)대한리스는 리스개시일인 20X1년 1월 1일에 기초자산인 기계장치를 ₩40,000,000(잔존가치 ₩0, 내용연수 10년)에 신규 취득하였다. (주)대한리스는 동 기초자산에 대해 원가모형을 적용하며, 정액법으로 감가상각한다.
- 정액 기준 외 기초자산의 사용으로 생기는 효익의 감소형태를 보다 잘 나타내는 다른 체계적인 기준은 없다.
- (주)대한리스는 리스기간 종료일인 20X3년 12월 31일에 기초자산을 반환받으며, 리스종료일에 리스이용자가 보증한 잔존가치는 없다.
- (주)대한리스는 (주)민국으로부터 각 회계연도 말에 다음과 같은 고정리스료를 받는다.

20X1년 말	20X2년 말	20X3년 말
₩6,000,000	₩8,000,000	₩10,000,000

- (주)대한리스와 (주)민국은 20X1년 1월 1일 운용리스 개설과 관련한 직접원가로 ₩600,000과 ₩300,000을 각각 지출하였다.
- (주)민국은 사용권자산에 대해 원가모형을 적용하며, 정액법으로 감가상각한다.
- 동 거래는 운용리스거래이기 때문에 (주)민국은 (주)대한리스의 내재이자율을 쉽게 산정할 수 없으며, 리스개시일 현재 (주)민국의 증분차입이자율은 연 8%이다.
- 적용할 현가계수는 아래의 표와 같다.

기간 \ 할인율	8%	
	단일금액 ₩1의 현재가치	정상연금 ₩1의 현재가치
1년	0.9259	0.9259
2년	0.8573	1.7832
3년	0.7938	2.5770

동 운용리스거래가 리스제공자인 (주)대한리스와 리스이용자인 (주)민국의 20X1년도 포괄손익계산서 상 당기순이익에 미치는 영향은 각각 얼마인가? (단, 감가상각비의 자본화는 고려하지 않으며, 단수차이로 인해 오차가 있다면 가장 근사치를 선택한다.) 2022. CPA

	(주)대한리스	(주)민국
①	₩1,400,000 증가	₩8,412,077 감소
②	₩3,400,000 증가	₩8,412,077 감소
③	₩3,400,000 증가	₩8,512,077 감소
④	₩3,800,000 증가	₩8,412,077 감소
⑤	₩3,800,000 증가	₩8,512,077 감소

▶ 해설

1. (주)대한리스의 X1년도 당기순이익: (1) − (2) = **3,800,000 증가**
(1) 리스료수익: (6,000,000 + 8,000,000 + 10,000,000)/3 = 8,000,000
(2) 감가상각비: 40,000,000/10 + 600,000/3 = 4,200,000

2. (주)민국의 X1년도 당기순이익: (1) + (2) = **8,512,077 감소**
(1) 이자비용: 20,351,800 × 8% = 1,628,144
　　X1년초 리스부채: 6,000,000 × 0.9259 + 8,000,000 × 0.8573 + 10,000,000 × 0.7938 = 20,351,800
(2) 감가상각비: 20,651,800/3 = 6,883,933
　　X1년초 사용권자산: 20,351,800 + 300,000 = 20,651,800

|회계처리|
(1) (주)대한리스

X1.1.1	기계장치	40,000,000	현금	40,000,000
	운용리스자산	40,600,000	기계장치	40,000,000
			현금	600,000
X1.12.31	현금	6,000,000	**리스료수익**	**8,000,000**
	미수리스료	2,000,000		
	감가상각비	**4,200,000**	운용리스자산	4,200,000

(2) (주)민국
리스계약이 운용리스로 분류되더라도, 리스이용자는 금융리스와 똑같이 회계처리를 한다.

X1.1.1	사용권자산	20,651,800	리스부채	20,351,800
			현금	300,000
X1.12.31	**감가상각비**	**6,883,933**	사용권자산	6,883,933
	이자비용	**1,628,144**	현금	6,000,000
	리스부채	4,371,856		

답 ⑤

9 리스 말문제 출제 사항 (심화)

리스는 회계사/세무사 1차 시험에서 평균적으로 2문제가 출제되며, 말문제는 0.5문제 정도 출제된다. 리스 기준서는 난이도가 상당히 어렵고, 양도 많다. 따라서 리스 말문제는 전략적으로 틀리는 것을 추천한다. 본서에서도 리스 기준서를 단순히 서술하는 수준에서 그칠 것이며, 자세한 설명은 생략한다. 추가로, 리스변경 및 전대리스는 1차 시험에 출제될 가능성이 낮기 때문에 본서에서 다루지 않을 것이다.

1. 리스 기준서의 적용 범위

리스 기준서는 다음을 제외한 모든 리스(전대리스에서 사용권자산의 리스를 포함함)에 적용한다.

> (1) 광물, 석유, 천연가스, 이와 비슷한 비재생 천연자원을 탐사하거나 사용하기 위한 리스
> (2) 리스이용자가 보유하는, 기업회계기준서 제1041호 '농림어업'의 적용범위에 포함되는 생물자산 리스
> (3) 기업회계기준해석서 제2112호 '민간투자사업'의 적용범위에 포함되는 민간투자사업
> (4) 리스제공자가 부여하는, 기업회계기준서 제1115호 '고객과의 계약에서 생기는 수익'의 적용범위에 포함되는 지적재산 라이선스
> (5) 기업회계기준서 제1038호 '무형자산'의 적용범위에 포함되는, 라이선싱 계약에 따라 영화필름, 비디오 녹화물, 희곡, 원고, 특허권, 저작권과 같은 항목에 대하여 리스이용자가 보유하는 권리
> 리스이용자는 (5)에서 기술하는 항목이 아닌 다른 무형자산 리스에 이 기준서를 적용할 수 있으나 반드시 적용해야 하는 것은 아니다.

2. 리스의 식별

계약의 약정시점에, 계약 자체가 리스인지, 계약이 리스를 포함하는지를 판단한다. 계약에서 대가와 교환하여, 식별되는 자산의 사용 통제권을 일정 기간 이전하게 한다면 그 계약은 리스이거나 리스를 포함한다. 계약이 식별되는 자산의 사용 통제권을 일정 기간 이전하는지를 판단하기 위하여 고객이 사용기간 내내 다음 권리를 모두 갖는지를 판단한다.

> (1) 식별되는 자산의 사용으로 생기는 경제적 효익의 대부분을 얻을 권리
> (2) 식별되는 자산의 사용을 지시할 권리

일정 기간은 식별되는 자산의 사용량(예: 기계장치를 사용하여 생산할 생산 단위의 수량)의 관점에서 기술될 수도 있다. 계약 조건이 변경된 경우에만 계약이 리스인지, 리스를 포함하는지를 다시 판단한다.

(1) 계약의 구성요소를 분리함

리스계약이나 리스를 포함하는 계약에서 계약의 각 리스요소를 리스가 아닌 요소(이하 '비리스요소'라고 한다)와 분리하여 리스로 회계처리한다. 다만, 실무적 간편법을 적용하는 경우에는 그러하지 아니한다.

(2) 리스이용자

하나의 리스요소와, 하나 이상의 추가 리스요소나 비리스요소를 포함하는 계약에서 리스이용자는 리스요소의 상대적 개별 가격과 비리스요소의 총 개별 가격에 기초하여 계약 대가를 각 리스요소에 배분한다.

리스요소와 비리스요소의 상대적 개별 가격은 리스제공자나 이와 비슷한 공급자가 그 요소나 그와 비슷한 요소에 개별적으로 부과할 가격을 기초로 산정한다. 관측 가능한 개별 가격을 쉽게 구할 수 없다면, 리스이용자는 관측 가능한 정보를 최대한 활용하여 그 개별 가격을 추정한다.

실무적 간편법으로, 리스이용자는 비리스요소를 리스요소와 분리하지 않고, 각 리스요소와 이에 관련되는 비리스요소를 하나의 리스요소로 회계처리하는 방법을 기초자산의 유형별로 선택할 수 있다. 실무적 간편법을 적용하지 않는다면, 리스이용자는 비리스요소에 적용 가능한 다른 기준서를 적용하여 회계처리한다.

(3) 리스제공자

하나의 리스요소와, 하나 이상의 추가 리스요소나 비리스요소를 포함하는 계약에서 리스제공자는 수익 기준서를 적용하여 계약 대가를 배분한다.

3. 리스제공자의 리스 분류

리스제공자는 각 리스를 운용리스 아니면 금융리스로 분류한다. 기초자산의 소유에 따른 위험과 보상의 대부분(substantially all)을 이전하는 리스는 금융리스로 분류한다. 기초자산의 소유에 따른 위험과 보상의 대부분을 이전하지 않는 리스는 운용리스로 분류한다.

리스제공자의 리스 분류는 기초자산의 소유에 따른 위험과 보상을 이전하는 정도에 기초한다. 위험은 유휴 생산능력이나 기술적 진부화로 생기는 손실 가능성과 경제적 상황의 변화로 생기는 수익의 변동성을 포함한다. 보상은 기초자산의 경제적 내용연수에 걸친 수익성 있는 운영과 가치의 상승이나 잔존가치 실현에서 생기는 차익에 대한 예상으로 나타날 수 있다.

(1) 금융리스로 분류되는 상황

리스가 금융리스인지 운용리스인지는 계약의 형식보다는 거래의 실질에 달려있다. 리스가 일반적으로 금융리스로 분류되는 상황(개별적으로나 결합되어)의 예는 다음과 같다.

> ① 리스기간 종료시점 이전에 기초자산의 소유권이 리스이용자에게 이전되는 리스
> ② 리스이용자가 선택권을 행사할 수 있는 날의 공정가치보다 충분히 낮을 것으로 예상되는 가격으로 기초자산을 매수할 수 있는 선택권을 가지고 있고, 그 선택권을 행사할 것이 리스약정일 현재 상당히 확실한 경우
> ③ 기초자산의 소유권이 이전되지는 않더라도 리스기간이 기초자산의 경제적 내용연수의 상당 부분(major part)을 차지하는 경우(예 리스기간이 경제적 내용연수의 75% 이상)
> ④ 리스약정일 현재, 리스료의 현재가치가 적어도 기초자산 공정가치의 대부분에 해당하는 경우
> ⑤ 기초자산이 특수하여 해당 리스이용자만이 주요한 변경 없이 사용할 수 있는 경우

리스가 금융리스로 분류될 수 있는 상황의 지표(개별적으로나 결합되어)는 다음과 같다.

> ① 리스이용자가 리스를 해지할 수 있는 경우에 리스이용자가 해지에 관련되는 리스제공자의 손실을 부담하는 경우
> ② 잔존자산의 공정가치 변동에서 생기는 손익이 리스이용자에게 귀속되는 경우(예: 리스 종료시점에 매각대가의 대부분에 해당하는 금액이 리스료 환급의 형태로 리스이용자에게 귀속되는 경우)
> ③ 리스이용자가 시장리스료보다 현저하게 낮은 리스료로 다음 리스기간에 리스를 계속할 능력이 있는 경우

(2) 운용리스로 분류되는 상황

위 예시나 지표가 항상 결정적인 것은 아니다. 계약의 다른 속성들을 고려할 때 기초자산의 소유에 따른 위험과 보상의 대부분을 이전하지 않는다는 점이 분명하다면 그 리스는 운용리스로 분류한다. 예를 들면 다음과 같은 경우가 이에 해당할 수 있다.

> ① 리스기간 종료시점에 기초자산의 소유권을 그 시점의 공정가치에 해당하는 변동 지급액으로 이전하는 경우
> ② 변동리스료가 있고 그 결과로 리스제공자가 기초자산의 소유에 따른 위험과 보상의 대부분을 이전하지 않는 경우

(3) 리스가 토지 요소와 건물 요소를 모두 포함하는 경우

리스가 토지 요소와 건물 요소를 모두 포함할 때, 리스제공자는 각 요소별로 적용하여 각 요소를 금융리스와 운용리스 중 무엇으로 분류할지를 판단한다. 토지 요소가 운용리스인지, 금융리스인지를 판단할 때 중요한 고려사항은 보통 토지의 경제적 내용연수가 한정되지 않는다는 점이다.

토지 및 건물의 리스를 분류하고 회계처리하기 위하여 필요할 때마다, 리스제공자는 약정일에 리스의 토지 요소와 건물 요소에 대한 임차권의 상대적 공정가치에 비례하여 토지 및 건물 요소에 리스료(일괄 지급된 선수리스료를 포함함)를 배분한다. 이 두 요소에 리스료를 신뢰성 있게 배분할 수 없는 경우에는, 두 요소가 모두 운용리스임(전체 리스를 운용리스로 분류함)이 분명하지 않다면 전체 리스를 금융리스로 분류한다.

토지 및 건물의 리스에서 토지 요소의 금액이 그 리스에서 중요하지 않은 경우에, 리스제공자는 리스 분류 목적상 토지와 건물 전체를 하나의 단위로 처리하고 운용리스 아니면 금융리스로 분류할 수 있다. 그 경우에 리스제공자는 건물의 경제적 내용연수를 전체 기초자산의 내용연수로 본다.

4. 금융리스를 적용하지 않는 예외

리스이용자는 다음 리스에는 금융리스로 회계처리하지 않기로 선택할 수 있다.

> (1) 단기리스
> (2) 소액 기초자산 리스

(1) 소액 기초자산 리스

기초자산이 소액인지는 절대적 기준에 따라 평가한다. 그 평가는 리스이용자의 규모, 특성, 상황에 영향을 받지 않는다. 다음 조건을 모두 충족하는 경우에만 소액 기초자산이 될 수 있다.

> ① 리스이용자가 기초자산 그 자체를 사용하여 효익을 얻거나 리스이용자가 쉽게 구할 수 있는 다른 자원과 함께 그 자산을 사용하여 효익을 얻을 수 있다.
> ② 기초자산은 다른 자산에 대한 의존도나 다른 자산과의 상호관련성이 매우 높지는 않다.

새것일 때 일반적으로 소액이 아닌 특성이 있는 자산이라면, 해당 기초자산 리스는 소액자산 리스에 해당하지 않는다. 예를 들면 자동차는 새것일 때 일반적으로 소액이 아닐 것이므로, 자동차 리스는 소액자산 리스에 해당하지 않을 것이다. 소액 기초자산의 예로는 태블릿·개인 컴퓨터, 소형 사무용 가구, 전화기를 들 수 있다.

리스이용자가 자산을 전대리스(sublease)하거나 전대리스할 것으로 예상하는 경우에 상위리스(head lease)는 소액자산 리스에 해당하지 않는다.

(2) 금융리스로 회계처리하지 않는 경우 회계처리 방법

단기리스나 소액 기초자산 리스를 금융리스로 회계처리하지 않기로 선택한 경우에 리스이용자는 해당 리스에 관련되는 리스료를 리스기간에 걸쳐 정액 기준이나 다른 체계적인 기준에 따라 비용으로 인식한다. 다른 체계적인 기준이 리스이용자의 효익의 형태를 더 잘 나타내는 경우에는 그 기준을 적용한다.

(3) 단기리스 및 소액 기초자산 리스에 대한 선택

단기리스에 대한 선택은 사용권이 관련되어 있는 기초자산의 유형별로 한다. 기초자산의 유형은 기업의 영업에서 특성과 용도가 비슷한 기초자산의 집합이다. 소액 기초자산 리스에 대한 선택은 리스별로 할 수 있다.

5. 리스이용자의 현금흐름의 분류

리스이용자는 리스와 관련된 현금흐름을 현금흐름표에서 다음과 같이 분류한다.

---

① 리스부채의 원금에 해당하는 현금 지급액: 재무활동
② 리스부채의 이자에 해당하는 현금 지급액: 현금흐름표 기준서의 이자 지급에 관한 요구사항을 적용하여 분류
　(회사가 선택하여 일관되게 적용)
③ 리스부채 측정치에 포함되지 않은 단기리스료, 소액자산 리스료, 변동리스료: 영업활동

---

6. 용어의 정의

(1) 리스기간

리스이용자가 기초자산 사용권을 갖는 해지불능기간과 다음 기간을 포함하는 기간

---

① 리스이용자가 리스 연장선택권을 행사할 것이 상당히 확실한 경우에 그 선택권의 대상 기간
② 리스이용자가 리스 종료선택권을 행사하지 않을 것이 상당히 확실한 경우에 그 선택권의 대상 기간

리스이용자가 리스 연장선택권을 행사하거나 리스 종료선택권을 행사하지 않을 것이 상당히 확실한지를 평가할 때, 리스이용자가 리스 연장선택권을 행사하거나 리스 종료선택권을 행사하지 않을 경제적 유인이 생기게 하는 관련되는 사실 및 상황을 모두 고려한다.

리스의 해지불능기간이 달라진다면 리스기간을 변경한다. 예를 들면 다음과 같은 경우에 리스의 해지불능기간이 달라질 것이다.

---

① 전에 리스기간을 산정할 때 포함되지 않았던 선택권을 리스이용자가 행사한다.
② 전에 리스기간을 산정할 때 포함되었던 선택권을 리스이용자가 행사하지 않는다.
③ 전에 리스기간을 산정할 때 포함되지 않았던 선택권을 리스이용자가 계약상 의무적으로 행사하게 하는 사건이 일어난다.
④ 전에 리스기간을 산정할 때 포함되었던 선택권을 리스이용자가 행사하는 것을 계약상 금지하는 사건이 일어난다.

---

(2) 단기리스

리스개시일에, 리스기간이 12개월 **이하**인 리스. 매수선택권이 있는 리스는 단기리스에 해당하지 않는다.

(3) 경제적 내용연수

하나 이상의 사용자가 자산을 경제적으로 사용할 수 있을 것으로 예상하는 기간이나 자산에서 얻을 것으로 예상하는 생산량 또는 이와 비슷한 단위 수량

(4) 사용기간

고객과의 계약을 이행하기 위하여 자산이 사용되는 총 기간(비연속적인 기간을 포함함)

(5) 공정가치

리스 기준서의 리스제공자 회계처리 요구사항을 적용하기 위하여, 합리적인 판단력과 거래의사가 있는 독립된 당사자 사이의 거래에서 자산이 교환되거나 부채가 결제될 수 있는 금액

(6) 리스개설직접원가

리스를 체결하지 않았더라면 부담하지 않았을 리스체결의 증분원가. 다만 금융리스와 관련하여 제조자 또는 판매자인 리스제공자가 부담하는 원가는 제외

(7) 고정리스료

리스기간의 기초자산 사용권에 대하여 리스이용자가 리스제공자에게 지급하는 금액에서 변동리스료를 뺀 금액

(8) 변동리스료

리스기간에 기초자산의 사용권에 대하여 리스이용자가 리스제공자에게 지급하는 리스료의 일부로서 시간의 경과가 아닌 리스개시일 후 사실이나 상황의 변화 때문에 달라지는 부분

(9) 잔존가치보증

리스제공자와 특수 관계에 있지 않은 당사자가 리스제공자에게 제공한, 리스종료일의 기초자산 가치(또는 가치의 일부)가 적어도 특정 금액이 될 것이라는 보증

(10) 무보증잔존가치

리스제공자가 실현할 수 있을지 확실하지 않거나 리스제공자의 특수관계자만이 보증한, 기초자산의 잔존가치 부분

(11) 리스 인센티브

리스와 관련하여 리스제공자가 리스이용자에게 지급하는 금액이나 리스의 원가를 리스제공자가 보상하거나 부담하는 금액

(12) 리스료

기초자산 사용권과 관련하여 리스기간에 리스이용자가 리스제공자에게 지급하는 금액으로 다음 항목으로 구성됨

---

① 고정리스료(실질적인 고정리스료를 포함하고, 리스 인센티브는 차감)
② 지수나 요율(이율)에 따라 달라지는 변동리스료
③ 리스이용자가 매수선택권을 행사할 것이 상당히 확실한 경우에 그 매수선택권의 행사가격
④ 리스기간이 리스이용자의 종료선택권 행사를 반영하는 경우에, 그 리스를 종료하기 위하여 부담하는 금액

리스이용자의 경우에 리스료는 잔존가치보증에 따라 리스이용자가 지급할 것으로 예상되는 금액도 포함한다. 리스이용자가 비리스요소와 리스요소를 통합하여 단일 리스요소로 회계처리하기로 선택하지 않는다면 리스료는 비리스요소에 배분되는 금액을 포함하지 않는다.
리스제공자의 경우에 리스료는 잔존가치보증에 따라 리스이용자, 리스이용자의 특수관계자, 리스제공자와 특수 관계에 있지 않고 보증의무를 이행할 재무적 능력이 있는 제삼자가 리스제공자에게 제공하는 잔존가치보증을 포함한다. 리스료는 비리스요소에 배분되는 금액은 포함하지 않는다.

(13) 리스총투자

금융리스에서 리스제공자가 받게 될 리스료와 무보증잔존가치의 합계액

(14) 리스순투자

리스총투자를 리스의 내재이자율로 할인한 금액

(15) 미실현 금융수익

리스총투자와 리스순투자의 차이

(16) 리스의 내재이자율

리스료 및 무보증잔존가치의 현재가치 합계액을 다음 ㈎와 ㈏의 합계액과 동일하게 하는 할인율

---

① 기초자산의 공정가치
② 리스제공자의 리스개설직접원가

---

(17) 리스이용자의 증분차입이자율

리스이용자가 비슷한 경제적 환경에서 비슷한 기간에 걸쳐 비슷한 담보로 사용권자산과 가치가 비슷한 자산 획득에 필요한 자금을 차입한다면 지급해야 하는 이자율

예제

01 리스에 관한 설명으로 옳은 것은?   2020. CTA

① 제조자 또는 판매자인 리스제공자의 운용리스 체결은 운용리스 체결 시점에 매출이익을 인식한다.

② 금융리스로 분류되는 경우 리스제공자는 자신의 리스총투자 금액에 일정한 기간수익률을 반영하는 방식으로 리스기간에 걸쳐 금융수익을 인식한다.

③ 리스제공자는 운용리스 체결 과정에서 부담하는 리스개설직접원가를 기초자산의 장부금액에 더하고 리스료 수익과 같은 기준으로 리스기간에 걸쳐 비용으로 인식한다.

④ 기초자산의 소유에 따른 위험과 보상의 대부분을 이전하는 리스는 운용리스로 분류하고, 기초자산의 소유에 따른 위험과 보상의 대부분을 이전하지 않는 리스는 금융리스로 분류한다.

⑤ 제조자 또는 판매자인 리스제공자의 금융리스 체결은 금융리스 체결 시점에 기초자산의 원가(원가와 장부금액이 다를 경우에는 장부금액)에서 보증잔존가치를 뺀 금액을 매출원가로 인식한다.

해설

① 제조자 또는 판매자인 리스제공자의 운용리스 체결은 판매와 동등하지 않으므로 운용리스 체결 시점에 매출이익을 인식하지 않는다.

② 금융리스로 분류되는 경우 리스제공자는 자신의 리스순투자 금액에 일정한 기간수익률을 반영하는 방식으로 리스기간에 걸쳐 금융수익을 인식한다.

④ 기초자산의 소유에 따른 위험과 보상의 대부분을 이전하는 리스는 금융리스로 분류하고, 기초자산의 소유에 따른 위험과 보상의 대부분을 이전하지 않는 리스는 운용리스로 분류한다.

⑤ 제조자 또는 판매자인 리스제공자의 금융리스 체결은 금융리스 체결 시점에 기초자산의 원가(원가와 장부금액이 다를 경우에는 장부금액)에서 무보증잔존가치의 현재가치를 뺀 금액을 매출원가로 인식한다.

답 ③

02 리스부채의 측정에 관한 설명으로 옳지 않은 것은? 2022. CTA

① 리스부채의 최초 측정시 리스료의 현재가치는 리스이용자의 증분차입이자율을 사용하여 산정한다. 다만, 증분차입이자율을 쉽게 산정할 수 없는 경우에는 리스의 내재이자율로 리스료를 할인한다.

② 리스개시일에 리스부채의 측정치에 포함되는 리스료는 리스기간에 걸쳐 기초자산을 사용하는 권리에 대한 지급액 중 그날 현재 지급되지 않은 금액으로 구성된다.

③ 리스가 리스기간 종료시점 이전에 리스이용자에게 기초자산의 소유권을 이전하는 경우에, 리스이용자는 리스개시일부터 기초자산의 내용연수 종료시점까지 사용권자산을 감가상각한다.

④ 리스이용자는 리스개시일 후에 리스부채에 대한 이자를 반영하여 리스부채의 장부금액을 증액하고, 지급한 리스료를 반영하여 리스부채의 장부금액을 감액한다.

⑤ 리스개시일 후 리스료에 변동이 생기는 경우, 리스이용자는 사용권자산을 조정하여 리스부채의 재측정 금액을 인식하지만, 사용권자산의 장부금액이 영(0)으로 줄어들고 리스부채 측정치가 그보다 많이 줄어드는 경우에는 나머지 재측정 금액을 당기손익으로 인식한다.

> ▶ **해설**
>
> 리스이용자는 리스개시일에 그날 현재 지급되지 않은 리스료의 현재가치로 리스부채를 측정한다. 리스의 **내재이자율**을 쉽게 산정할 수 있는 경우에는 그 이자율로 리스료를 할인한다. 그 이자율을 쉽게 산정할 수 없는 경우에는 리스이용자의 **증분차입이자율**을 사용한다. 내재이자율을 산정할 수 없는 경우 증분차입이자율을 사용하는 것이지, 그 반대가 아니다.
>
> 目 ①

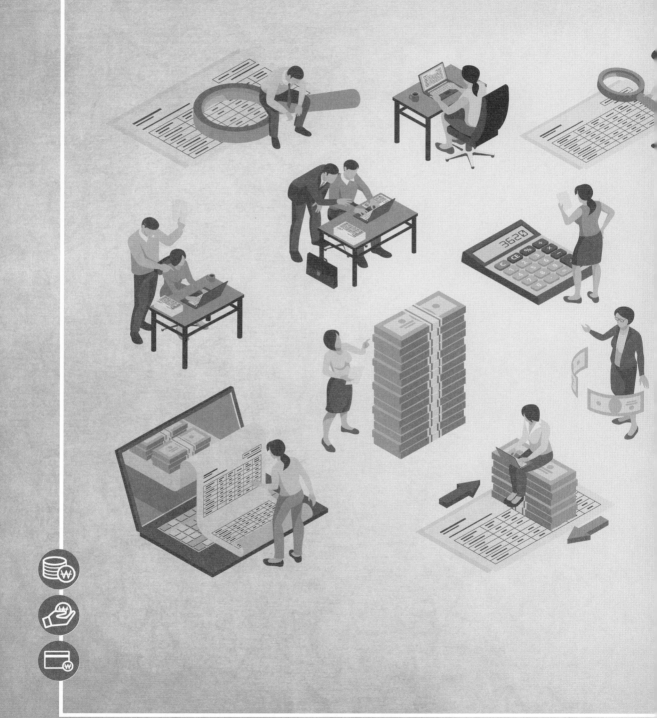

CHAPTER

09

충당부채

CHAPTER 09 충당부채

1 충당부채의 의의

1. 충당부채의 정의

충당부채란 지출하는 시기 또는 금액이 불확실한 부채를 의미하며, 충당부채는 재무상태표에 부채로 인식한다.

2. 인식 조건

충당부채는 다음의 요건을 모두 충족하는 경우에 인식한다.

> (1) 과거사건의 결과로 현재의무(법적의무나 의제의무)가 존재한다.
> (2) 해당 의무를 이행하기 위하여 경제적 효익이 있는 자원을 유출할 가능성이 높다.
> (3) 해당 의무를 이행하기 위하여 필요한 금액을 신뢰성 있게 추정할 수 있다.

(1) 현재의무

법적의무란 명시적 또는 암묵적 조건에 따른 계약, 법률 또는 기타 법적 효력에 의하여 발생하는 의무를 의미한다.

의제의무란 과거의 실무관행, 발표된 경영방침, 구체적이고 유효한 약속 등으로 기업이 특정 책임을 부담할 것이라고 상대방에게 표명함으로써 기업이 해당 책임을 이행할 것이라는 정당한 기대를 상대방이 가짐에 따라 생기는 의무를 말한다. 현재의무에는 법적의무 뿐만 아니라 의제의무도 포함된다는 것을 기억하자.

어떤 사건이 실제로 일어났는지 또는 해당 사건으로 현재의무가 생겼는지 분명하지 않은 경우가 있다. 이러한 경우에는 사용할 수 있는 증거(예: 전문가의 의견)를 모두 고려하여 보고기간 말에 현재의무가 존재하는지를 판단한다. 이때 보고기간후사건이 제공하는 추가 증거도 고려한다.

(2) 높은 유출 가능성: 일어날 가능성〉일어나지 않을 가능성

부채로 인식하기 위해서는 현재의무가 존재하여야 할 뿐만 아니라 해당 의무를 이행하기 위하여 경제적 효익이 있는 자원의 유출 가능성이 높아야 한다. 특정 사건이 일어날 가능성이 일어나지 않을 가능성보다 높은 경우에 자원의 유출이나 그 밖의 사건이 일어날 가능성이 높다고 본다.

제품보증이나 이와 비슷한 계약 등 비슷한 의무가 다수 있는 경우에 의무 이행에 필요한 자원의 유출 가능성은 해당 의무 전체를 고려하여 판단한다. 비록 개별 항목에서 의무 이행에 필요한 자원의 유출 가능성이 높지 않더라도 전체적인 의무 이행에 필요한 자원의 유출 가능성이 높을 경우에는 충당부채를 인식한다.

예를 들어 기업이 판매한 제품에 하자가 있다면 수리를 해주기로 하였다. 기업이 판매한 제품에 하자가 있을 확률은 10%이다. 제품 1개에 하자가 있을 가능성은 높지 않지만, 1년간 100개의 제품을 판매했다면 10개에 대한 수리 비용으로 충당부채를 인식해야 한다.

(3) 신뢰성 있는 추정: 신뢰성 있는 추정이 불가능하다면 재무상태표에 계상 불가

추정치의 사용은 재무제표 작성에 반드시 필요하며 재무제표의 신뢰성을 떨어뜨리지 않는다. 충당부채의 특성상 재무상태표의 다른 항목보다 불확실성이 더 크기 때문이다. 극히 드문 경우를 제외하고는 충당부채를 인식할 때 충분히 신뢰성 있는 금액을 추정할 수 있다.

2 우발부채와 우발자산

1. 우발부채의 정의

우발부채란 과거사건으로 생겼으나, 불확실한 미래 사건으로만 확인할 수 있는 잠재적 의무를 의미한다. 우발부채는 충당부채와 달리, 재무제표(재무상태표)에 인식하지 않는다.

2. 우발부채 vs 충당부채

	신뢰성 있는 추정 O	신뢰성 있는 추정 X
유출가능성이 높다	충당부채(B/S)	우발부채(주석)
유출가능성이 높지 않다		
유출가능성이 희박하다	주석 공시도 X	

재무상태표에 충당부채로 인식하기 위해서는 높은 유출가능성과 신뢰성 있는 추정을 '모두' 충족시켜야 한다. 둘 중 하나라도 충족시키지 못한다면 주석에 우발부채로 공시한다. 유출가능성이 희박하다면 주석 공시도 생략할 수 있다.

(1) 유출 가능성: 높지 않으면 우발부채 공시, 희박하면 공시도 X

보고기간 말에 현재의무의 존재 가능성이 높지 않은 경우에는 우발부채를 공시한다. 다만 해당 의무를 이행하기 위하여 경제적 효익이 있는 자원을 유출할 가능성이 희박한 경우에는 공시하지 아니한다.

(2) 신뢰성 있는 추정

신뢰성 있는 금액의 추정을 할 수 없는 때에는 재무제표에 부채로 인식하지 않고 우발부채로 공시한다.

3. 우발자산

우발자산이란 과거사건으로 생겼으나, 불확실한 미래 사건으로만 확인할 수 있는 잠재적 자산을 의미한다. 우발자산은 발생가능성이 높을 때에만 주석으로 공시한다. 발생가능성이 높지 않을 때에는 우발자산을 공시하지 않고, 수익의 실현이 '거의 확실'하다면 우발자산이 아닌 일반적인 자산을 인식한다.

 부채 vs 자산: 부채는 높지 않아도 공시, 자산은 높아야 공시

유출(발생) 가능성	부채	자산
높다	충당부채(B/S)	우발자산(주석)
높지 않다	우발부채(주석)	X
희박하다	X	

부채는 가능성이 '높은' 경우에 재무상태표에 인식하지만, 자산은 가능성이 '높은' 경우에 주석에 공시한다. 보수주의로 인해 부채는 상대적으로 쉽게 인식하지만, 자산은 인식 조건이 까다롭다.

4. 우발부채 및 우발자산의 검토: 처음에는 인식 안했어도 나중에 인식 가능!

우발부채 및 우발자산은 처음에 예상하지 못한 상황에 따라 변할 수 있으므로, 관련 상황의 변화가 적절하게 재무제표에 반영될 수 있도록 지속적으로 평가한다.

(1) 우발부채

과거에 우발부채로 처리하였더라도 미래 경제적 효익의 유출 가능성이 높아진 경우에는 재무제표에 충당부채로 인식한다.

(2) 우발자산

상황 변화로 경제적 효익의 유입이 거의 확실하게 되는 경우에는 그러한 상황변화가 일어난 기간의 재무제표에 그 자산과 관련 이익을 인식한다. 경제적 효익의 유입 가능성이 높지 않다가 높아진 경우에는 우발자산을 공시한다.

5. 주석 공시할 수 없는 경우

극히 드문 경우이지만 주석으로 공시할 모든 사항이나 일부 사항을 공시하는 것이 해당 충당부채, 우발부채, 우발자산과 관련하여 진행 중인 상대방과의 분쟁에 현저하게 불리한 영향을 미칠 것으로 예상되는 경우에는 그에 관한 공시를 생략할 수 있다. 다만 해당 분쟁의 전반적인 특성과 공시를 생략한 사실 및 사유는 공시하여야 한다.

3 | 충당부채의 측정

1. 최선의 추정치

충당부채로 인식하는 금액은 현재의무를 보고기간 말에 이행하기 위하여 필요한 지출에 대한 최선의 추정치이어야 한다. 보고기간 말마다 충당부채의 잔액을 검토하고, 보고기간 말 현재 최선의 추정치를 반영하여 조정한다. 의무를 이행하기 위하여 경제적 효익이 있는 자원을 유출할 가능성이 높지 않게 된 경우에는 관련 충당부채를 환입한다.

현재의무를 이행하기 위하여 필요한 지출에 대한 최선의 추정치는 보고기간 말에 의무를 이행하거나 제삼자에게 이전하는 경우에 합리적으로 지급하여야 하는 금액이다. 결과와 재무적 영향의 추정은 비슷한 거래에 대한 과거의 경험이나 독립적인 전문가의 보고서를 고려하여 경영자의 판단으로 결정한다. 이때 보고기간후사건에서 제공되는 추가 증거를 고려한다.

(1) 의무를 이행하기가 불가능한 경우: 지급하여야 할 금액이 최선의 추정치가 됨

보고기간 말에 의무를 이행하거나 제삼자에게 이전하기가 불가능한 경우나 비용이 과다한 경우가 있다. 그러나 그러한 경우에도 의무를 이행하기 위하여 합리적으로 지급하여야 할 금액의 추정액은 최선의 추정치가 된다. 예를 들어, 기업이 1,000억원의 의무를 부담하게 되었을 경우 기업의 지급능력을 고려하였을 때 800억원만 지급할 수 있다고 하더라도 충당부채는 1,000억원으로 계상한다.

(2) 다수의 항목과 관련된 의무를 측정하는 경우: 기댓값으로 추정

충당부채로 인식하여야 하는 금액과 관련된 불확실성은 상황에 따라 판단한다. 다수의 항목과 관련되는 충당부채를 측정하는 경우에 해당 의무는 가능한 모든 결과에 관련된 확률을 가중평균하여 기댓값을 추정한다.

사례

구입 후 첫 6개월 이내에 제조상 결함으로 생기는 수선비용을 보장하는 보증을 재화에 포함하여 판매하는 기업이 있다. 판매한 모든 생산품에서 확인된 결함에 따른 수선비용은 다음과 같다.

확인된 결함	수선비용
사소한 결함	1백만원
중요한 결함	4백만원

기업의 과거 경험과 미래 예상에 따르면 내년에 판매할 재화 중에서 75%는 전혀 결함이 없지만, 20%는 사소한 결함이 있고, 나머지 5%는 중요한 결함이 있을 것으로 예상한다. 이 경우에 기업은 보증의무와 관련된 자원의 유출 가능성을 해당 의무 전체에 대하여 평가한다.

수선비용의 기댓값은 다음과 같이 계산한다.
(75% × 0) + (20% × 1백만원) + (5% × 4백만원) = 400,000원

(3) 하나의 의무를 측정하는 경우: 가능성이 가장 높은 금액

하나의 의무를 측정하는 경우에는 가능성이 가장 높은 단일의 결과가 해당 부채에 대한 최선의 추정치가 될 수 있다. 그러나 그러한 경우에도 그 밖의 가능한 결과들을 고려한다. 만약 그 밖의 가능한 결과들이 가능성이 가장 높은 결과보다 대부분 높거나 낮다면 최선의 추정치도 높거나 낮은 금액일 것이다.

예를 들면 고객을 위하여 건설한 주요 설비의 심각한 결함을 해결하여야 하는 경우에, 가능성이 가장 높은 결과는 한 차례의 시도로 1,000원의 원가를 들여 수선에 성공하는 것이다. 그러나 추가 수선이 필요할 가능성이 유의적이라면 더 많은 금액을 충당부채로 인식하여야 한다.

2. 위험과 불확실성

충당부채에 대한 최선의 추정치를 구할 때에는 관련된 여러 사건과 상황에 따르는 불가피한 위험과 불확실성을 고려한다.

위험은 결과의 변동성을 의미한다. 위험조정으로 부채의 측정금액이 증가할 수 있다. 불확실한 상황에서는 수익이나 자산을 과대 표시하거나 비용이나 부채를 과소 표시하지 않도록 주의하여야 한다. 하지만 불확실성을 이유로 충당부채를 과도하게 인식하거나 부채를 의도적으로 과대 표시하는 것 또한 정당화될 수 없다.

3. 법인세효과: 충당부채는 세전 금액으로 측정

충당부채의 법인세효과는 법인세회계로 인식할 것이므로 충당부채는 세전 금액으로 측정한다.

4. 현재가치 평가

화폐의 시간가치 영향이 중요한 경우에 충당부채는 의무를 이행하기 위하여 예상되는 지출액의 현재가치로 평가한다. 충당부채를 현재가치로 평가하여 표시하는 경우에는 장부금액을 기간 경과에 따라 증액하고 해당 증가 금액은 차입원가로 인식한다. 현재가치로 평가 시 사용하는 할인율은 다음의 두 가지 특징을 갖는다.

(1) 세전 할인율 이용

할인율은 부채의 특유한 위험과 화폐의 시간가치에 대한 현행 시장의 평가를 반영한 세전 이율이다. 충당부채를 세전 금액으로 측정하기 위하여, '세전' 이율을 사용한다.

(2) 미래 CF 추정 시 고려된 위험 반영 X

이 할인율에 반영되는 위험에는 미래 현금흐름을 추정할 때 고려한 위험은 반영하지 아니한다. 재무관리 이론(위험 현금흐름은 위험 이자율로 할인)과 배치되는 규정인데, 규정이니 그냥 외우자.

5. 미래 사건

현재의무를 이행하기 위하여 필요한 지출 금액에 영향을 미치는 미래 사건이 일어날 것이라는 충분하고 객관적인 증거가 있는 경우에는 그 미래 사건을 고려하여 충당부채 금액을 추정한다.
예를 들면 내용연수 종료 후에 부담하여야 하는 오염 지역의 정화원가는 미래의 기술변화에 따라 감소할 수 있다. 이 경우에 부채 인식금액은 정화시점에 이용할 수 있는 기술에 대하여 사용할 수 있는 모든 증거를 고려한다. 예를 들면 새로운 기술이 개발되었다면 새로운 기술을 적용할 때 예상되는 원가 절감이나 예상되는 원가를 반영하는 것이 적절하다. 그러나 충분하고 객관적인 증거로 뒷받침되지 않는다면 정화와 관련하여 완전히 새로운 기술 개발을 예상해서는 안 된다.

6. 충당부채의 사용

충당부채는 최초 인식과 관련 있는 지출에만 사용한다. 예를 들어, 제품보증충당부채와 손해배상충당부채가 있다고 하자. 제품보증 시에는 제품보증충당부채를 사용하고, 손해배상 시에는 손해배상충당부채를 사용해야지, 다른 충당부채를 사용하면 안된다.

4 충당부채 사례 ★중요!

현재의무가 생기게 하는 과거사건을 의무발생사건이라고 한다. 의무발생사건이 되려면 해당 사건으로 생긴 의무의 이행 외에는 현실적인 대안이 없어야 한다. (1) 의무의 이행을 법적으로 집행할 수 있는 경우이거나, (2) 의제의무와 관련해서는 기업이 해당 의무를 이행할 것이라는 정당한 기대를 상대방에게 갖도록 하는 경우 의무발생사건이 된다.

충당부채 O	충당부채 X
범칙금, 환경정화비용 복구충당부채	정화'장치' 설치비용 정기적인 수선 및 검사원가
법안: 제정이 거의 확실할 때에만	미래 영업에서 생길 원가, 예상 영업손실
	예상되는 자산 처분이익

1. 범칙금, 환경정화비용, 복구충당부채 vs 정화장치 설치비용, 정기적인 수선 및 검사원가 ★중요!

충당부채로 인식되기 위해서는 과거사건으로 인한 의무가 기업의 미래행위와 독립적이어야 한다. 쉽게 말해서, 미래에 무슨 짓을 하더라도 피할 수 없어야 충당부채를 인식한다는 뜻이다.

예를 들면 불법적인 환경오염으로 인한 범칙금이나 환경정화비용은 기업의 미래 행위에 관계없이 해당 의무의 이행에 경제적 효익이 있는 자원의 유출을 불러온다. 이와 마찬가지로 유류보관시설이나 원자력 발전소 때문에 이미 일어난 피해에 대하여 기업은 사후처리원가와 관련된 충당부채(복구충당부채)를 인식한다.

반면에 법률 규정 때문에 공장에 특정 정화장치를 설치하는 지출이 필요한 경우에는 공장 운영방식을 바꾸는 등의 미래 행위로 미래의 지출을 회피할 수 있으므로 충당부채를 인식하지 아니한다. 정기적인 수선 및 검사원가도 환경정화장치 설치비용과 마찬가지이다. 기준서 상 사례를 보면 5년에 한 번씩 대체할 필요가 있는 용광로, 3년에 한 번씩 정밀하게 정비해야 하는 항공기가 등장한다. 회사가 수선주기가 도래했음에도 불구하고 용광로나 항공기를 수선을 하지 않고 그대로 사용하거나, 아예 팔아버리면 미래의 지출을 회피할 수 있으므로, 두 사례 모두 충당부채를 설정하지 않는다.

2. 미래 영업에서 생길 원가, 미래의 예상 영업손실

미래 영업에서 생길 원가와 미래의 예상 영업손실은 충당부채로 인식하지 아니한다. 재무제표는 미래 시점의 예상 재무상태가 아니라 보고기간 말의 재무상태를 표시하는 것이므로 보고기간 말에 존재하는 부채만을 재무상태표에 인식한다.

3. 예상되는 자산 처분이익

예상되는 자산 처분이익은 충당부채를 측정하는 데 고려하지 아니한다. 예상되는 자산 처분이 충당부채를 생기게 한 사건과 밀접하게 관련되었더라도 예상되는 자산 처분이익은 충당부채를 측정하는 데 고려하지 아니한다. 예상되는 자산 처분이익은 실제로 자산을 처분할 때 인식한다.

4. 법안: '거의 확실'할 때만 충당부채 계상

입법 예고된 법률의 세부 사항이 아직 확정되지 않은 경우에는 해당 법안대로 제정될 것이 거의 확실한 때만 의무가 생긴 것으로 본다. 새로운 법률의 제정이 거의 확실하다는 충분하고 객관적인 증거가 존재할 때 해당 법률의 영향을 고려하여 충당부채를 측정한다.

사례

사례 A. 새로운 법률에 따라 기업은 20X1년 6월까지 매연 여과장치를 공장에 설치하여야 한다. 기업은 지금까지 매연 여과장치를 설치하지 않았다.

(1) 보고기간 말인 20X0년 12월 31일 현재
매연 여과장치의 설치원가로 충당부채를 인식하지 아니한다. 그 법률에 따른 매연 여과장치의 설치원가나 벌금에 대한 의무발생사건이 없기 때문이다.

(2) 보고기간 말인 20X1년 12월 31일 현재
매연 여과장치 설치원가로 충당부채를 인식하지 아니한다. 매연 여과장치 설치원가에 대한 의무는 여전히 없기 때문이다.
그러나 공장에서 법률을 위반하는 의무발생사건이 일어났기 때문에 법률에 따른 벌과금을 내야 하는 의무가 생길 수는 있다. 벌과금이 부과될 가능성이 그렇지 않을 가능성보다 높은 경우에는 벌과금의 최선의 추정치로 충당부채를 인식한다. 이후에 벌과금이 부과되면 충당부채를 확정부채(미지급비용)로 대체한다.

사례 B. 기업은 해저유전을 운영한다. 그 라이선싱 약정에 따르면 석유 생산 종료시점에는 유정 굴착장치를 제거하고 해저를 원상 복구하여야 한다. 최종 원상 복구원가의 90%는 유정 굴착장치 제거와 그 장치의 건설로 말미암은 해저 손상의 원상 복구와 관련이 있다. 나머지 10%의 원상 복구원가는 석유의 채굴로 생긴다. 보고기간 말에 굴착장치는 건설되었으나 석유는 채굴되지 않은 상태이다.
→ 유정 굴착장치 제거와 그 장치의 건설로 말미암은 손상의 원상 복구에 관련된 원가(최종 원가의 90%)의 최선의 추정치로 충당부채를 인식한다. 이 원가는 유정 굴착장치의 원가의 일부가 된다. 석유 채굴로 생기는 나머지 10%의 원가는 석유를 채굴할 때 부채로 인식한다.

> **사례 C.** 기업이 소송과 관련하여 인식할 충당부채의 최선의 추정치가 ₩1,000,000이다. 기업이 충당부채의 의무를 이행하기 위해서는 현재 보유하고 있는 유형자산(장부금액 ₩500,000)을 ₩600,000에 처분해야 한다.
> → 유형자산의 처분이익 ₩100,000은 충당부채에 영향을 주지 않으며, 충당부채로 인식할 금액은 ₩1,000,000이다.
>
> **사례 D.** 석유산업에 속한 기업은 오염을 일으키고 있지만 사업을 운영하는 특정 국가의 법률에서 요구하는 경우에만 오염된 토지를 정화한다. 이러한 사업이 운영되는 어떤 국가에서도 오염된 토지를 정화하도록 요구하는 법률이 제정되지 않았고, 그 기업은 몇 년 동안 그 국가의 토지를 오염시켰다. 20X0년 12월 31일 현재 이미 오염된 토지를 정화하도록 요구하는 법률 초안이 연말 후에 곧 제정될 것이 거의 확실하다.
> → 토지 정화를 요구하는 법률 제정이 거의 확실하기 때문에 토지 정화원가의 최선의 추정치로 충당부채를 인식한다.

5. 제삼자 변제

> **사례**
>
> (주)김수석은 고객으로부터 손해배상을 청구받아 ₩1,000,000을 지급해야 할 것으로 예상하고, (주)김수석은 고객에 대한 손해배상 시 보험사로부터 ₩400,000을 수령한다고 할 때, 회계처리는 다음과 같다.
>
> | 손실 | 1,000,000 | 충당부채 | 1,000,000 |
> |---|---|---|---|
> | 미수금 | 400,000 | 수익(or 손실) | 400,000 ⌐한도:1,000,000 |

(1) **자산 계상액=min[변제 예상액, 충당부채]**

충당부채를 결제하기 위하여 필요한 지출액을 제삼자가 변제할 것으로 예상되는 경우에는 '변제를 받을 것이 거의 확실하게 되는 때'에만 변제금액을 별도의 자산으로 회계처리한다.

단, 자산으로 인식하는 금액은 관련 충당부채 금액을 초과할 수 없다. 위 사례에서는 미수금의 한도는 손해배상액인 1,000,000이다.

(2) **수익-비용 상계 가능 (not 자산-부채 상계)**

충당부채와 관련하여 인식한 비용은 제삼자의 변제로 인식한 수익과 상계할 수 있다. 자산과 부채를 상계하는 것이 아님에 주의하자. 위 사례에서 수익을 계상하지 않고, 손실과 상계해도 된다.

6. 연대보증: 내가 갚을 부분은 충당부채, 남이 갚을 부분은 우발부채

제삼자와 연대하여 의무를 지는 경우에는 이행할 전체 의무 중 제삼자가 이행할 것으로 예상되는 부분을 우발부채로 처리한다. 해당 의무 중에서 경제적 효익이 있는 자원의 유출 가능성이 높은 부분에 대하여 충당부채를 인식한다. 쉽게 생각해서, 내가 갚을 부분은 충당부채로, 남이 갚을 부분은 우발부채로 처리한다고 기억하면 된다.

> **사례**
>
> (주)김수석은 (주)이차석이 차입한 ₩30,000에 대하여 연대 의무를 지게 되었다. 이후 (주)이차석의 자금 사정이 어려워짐에 따라, (주)김수석이 차입금의 일부를 변제할 것으로 예상된다. (주)김수석이 변제할 금액을 합리적으로 추정해본 결과 ₩10,000이라고 하자.
>
> → (주)김수석은 (주)김수석이 변제할 ₩10,000은 충당부채로 설정하고, 나머지 ₩20,000은 유출 가능성이 높진 않지만 (주)이차석의 자금 사정이 더 안 좋아지면 변제할 가능성이 있으므로 우발부채로 공시한다.

7. 손실부담계약

손실부담계약이란, 계약상 의무의 이행에 필요한 회피 불가능 원가가 그 계약에서 받을 것으로 예상되는 경제적 효익을 초과하는 계약을 의미한다. 쉽게 말해서, 계약을 체결한 후 아직 이행되지는 않았지만 손실이 예상되는 계약을 의미한다.

(1) 충당부채

손실부담계약을 체결하고 있는 경우에는 관련된 현재의무를 충당부채로 인식하고 다음과 같이 측정한다.

> 손실충당부채 = min(①, ②)
> ① 계약을 이행하기 위하여 필요한 원가
> ② 계약을 이행하지 못하였을 때 지급하여야 할 보상금이나 위약금

손실이 예상되는 계약을 체결하였다고 가정하자. 계약을 이행했을 때 보는 손실이 적으면 그대로 이행할 것이고, 계약을 파기했을 때 물어줘야 할 위약금이 적으면 계약을 파기할 것이다. 따라서 손실충당부채는 그 둘 중 작은 금액으로 측정한다.

(2) 손상차손

손실부담계약에 대한 충당부채를 인식하기 전에 해당 손실부담계약을 이행하기 위하여 사용하는 자산에서 생긴 손상차손을 먼저 인식한다.

사례

사례 A. (주)대한은 20X1년 9월 1일에 상품 100단위를 ₩450,000에 취득하였다. 20X1년 10월 1일에 (주)대한은 상품 시가하락을 우려하여 20X2년 3월 1일에 상품 100단위를 ₩550,000에 판매하는 확정계약을 체결하였다. 만약 계약을 해지한다면 계약을 해지한 회사는 ₩100,000의 위약금을 상대방에게 지급해야 한다. 20X1년 12월 31일에 상품 100단위의 현물가격이 (1) ₩500,000인 경우와, (2) ₩600,000인 경우 20X1년 10월 1일부터 20X2년 3월 1일까지 일자별 회계처리를 하시오.

(1) 20X1년 12월 31일에 상품 100단위의 현물가격이 ₩500,000인 경우

20X1.10.1	─ 회계처리 없음 ─			
20X1.12.31	─ 회계처리 없음 ─			
20X2.3.1	현금	550,000	매출	550,000
	매출원가	450,000	상품	450,000

① 20X1.10.1: 단순계약 체결은 회계상의 거래로 보지 않는다. 계약체결일에는 상품이나 현금이 이동하지 않으므로 회계처리는 없다.

② 20X1.12.31: 현물가격이 ₩500,000인 상품을 ₩550,000에 판매하기로 계약하였으므로 계약에서 이익이 발생할 것으로 예상된다. 손실부담계약이 아니므로 충당부채를 인식하지 않는다.

③ 20X2.3.1: 확정계약이 계약조건대로 체결될 것이므로 ₩550,000의 현금을 수령하면서 매출을 인식한다.

(2) 20X1년 12월 31일에 상품 100단위의 현물가격이 ₩600,000인 경우

20X1.10.1	─ 회계처리 없음 ─			
20X1.12.31	확정계약손실	50,000	손실충당부채	50,000
20X2.3.1	현금	550,000	매출	600,000
	손실충당부채	50,000		
	매출원가	450,000	상품	450,000

① 20X1.10.1: 계약체결일에는 상품이나 현금이 이동하지 않으므로 회계처리는 없다.

② 20X1.12.31: 현물가격이 ₩600,000인 상품을 ₩550,000에 판매하기로 계약하였으므로 계약에서 ₩50,000의 손실이 발생할 것으로 예상된다. 손실부담계약에 해당하므로 충당부채를 인식한다.

충당부채 = min[600,000 − 550,000, 100,000] = 50,000

③ 20X2.3.1: 기존에 인식한 손실충당부채가 제거되면서 매출에 반영된다. 따라서 현금 수령액은 ₩550,000이지만 매출은 ₩600,000이 된다. 손실충당부채 제거에 따라 매출액이 현금 수령액인 550,000보다 커질 수는 있지만, 작아질 수는 없다.

사례

사례 B. (주)민국은 20X2년 3월 1일에 상품을 100단위를 ₩550,000에 구입하는 확정계약을 20X1년 10월 1일에 체결하였다. 만약 계약을 해지한다면 계약을 해지한 회사는 ₩100,000의 위약금을 상대방에게 지급해야 한다. 20X1년 12월 31일에 상품 100단위의 현물가격이 (1) ₩500,000인 경우와, (2) ₩600,000인 경우 20X1년 10월 1일부터 20X2년 3월 1일까지 일자별 회계처리를 하시오.

(1) 20X1년 12월 31일에 상품 100단위의 현물가격이 ₩500,000인 경우

20X1.10.1	— 회계처리 없음 —			
20X1.12.31	확정계약손실	50,000	손실충당부채	50,000
20X2.3.1	상품	500,000	현금	550,000
	손실충당부채	50,000		

① 20X1.10.1: 계약체결일에는 상품이나 현금이 이동하지 않으므로 회계처리는 없다.

② 20X1.12.31: 현물가격이 ₩500,000인 상품을 ₩550,000에 구입하기로 계약하였으므로 계약에서 ₩50,000의 손실이 발생할 것으로 예상된다. 손실부담계약에 해당하므로 충당부채를 인식한다.
충당부채 = min[550,000 − 500,000, 100,000] = 50,000

③ 20X2.3.1: 기존에 인식한 손실충당부채가 제거되면서 상품의 취득원가에 반영된다. 따라서 현금 지급액은 ₩550,000이지만 상품의 취득원가는 ₩500,000이 된다. 손실충당부채 제거에 따라 상품의 취득원가가 현금 지급액인 550,000보다 작아질 수는 있지만, 커질 수는 없다.

(2) 20X1년 12월 31일에 상품 100단위의 현물가격이 ₩600,000인 경우

20X1.10.1	— 회계처리 없음 —			
20X1.12.31	— 회계처리 없음 —			
20X2.3.1	상품	550,000	현금	550,000

① 20X1.10.1: 계약체결일에는 상품이나 현금이 이동하지 않으므로 회계처리는 없다.

② 20X1.12.31: 현물가격이 ₩600,000인 상품을 ₩550,000에 구입하기로 계약하였으므로 계약에서 이익이 발생할 것으로 예상된다. 손실부담계약이 아니므로 충당부채를 인식하지 않는다.

③ 20X2.3.1: 확정계약이 계약조건대로 체결될 것이므로 ₩550,000의 현금을 지급하면서 상품을 인식한다.

8. 구조조정

구조조정이란, 일부 사업의 매각이나 폐쇄 등 경영진의 계획과 통제에 따라 기업의 사업범위나 사업수행방식을 중요하게 바꾸는 일련의 절차를 말한다.

(1) 충당부채 인식 시점: 당사자가 정당한 기대를 가질 때 (내부 계획만 있는 경우 충당부채 인식 X)

의무에는 반드시 상대방에 대한 확약이 포함되므로, 경영진이나 이사회의 결정이 보고기간 말이 되기 전에 충분히 구체적인 방법으로 전달되어 기업이 자신의 책임을 이행할 것이라는 정당한 기대를 상대방에게 갖도록 해야만 해당 결정이 의제의무를 생기게 하는 것으로 본다.

따라서 구조조정에 대한 공식적이고 구체적인 계획이 존재하고, 구조조정 당사자(해고될 인원)가 기업이 구조조정을 실행할 것이라는 정당한 기대를 가져야 충당부채를 인식한다. 내부 계획만 갖고 있어 구조조정 당사자가 구조조정 사실을 모르는 경우 충당부채를 인식하지 않는다.

(2) 충당부채로 인식할 금액: 구조조정에서 생기는 직접비용

구조조정충당부채로 인식할 지출은 구조조정에서 생기는 직접비용으로서, 구조조정 때문에 반드시 생기는 지출이어야 한다. 다음과 관련된 원가는 구조조정충당부채를 측정하는 데 고려하지 아니한다.

> ① 계속 근무하는 종업원에 대한 교육 훈련과 재배치
> ② 마케팅
> ③ 새로운 제도와 물류체제의 구축에 대한 투자
> ④ 구조조정을 완료하는 날까지 생길 것으로 예상되는 영업손실
> ⑤ 구조조정과 관련하여 예상되는 자산 처분이익

①~③은 기업의 계속적인 활동과 관련있는 지출이므로 보고기간 말에 구조조정충당부채로 인식하지 아니한다. ④~⑤는 원래 충당부채를 측정하는 데 고려하지 않는 사항이다.

> **사례**
>
> **사례 A.** 20X0년 12월 12일에 이사회에서는 한 사업부를 폐쇄하기로 결정하였다. 보고기간 말(20X0년 12월 31일)이 되기 전에 이 의사결정의 영향을 받는 당사자들에게 그 결정을 알리지 않았고 그 결정을 실행하기 위한 어떠한 절차도 착수하지 않았다.
> → 충당부채를 인식하지 아니한다. 의무발생사건이 일어나지 않았고 따라서 의무도 없다.
>
> **사례 B.** 20X0년 12월 12일에 이사회에서는 특정한 제품을 생산하는 하나의 사업부를 폐쇄하기로 결정하였다. 20X0년 12월 20일에 사업부를 폐쇄하기 위한 구체적인 계획에 대하여 이사회의 동의를 받았고, 고객들에게 다른 제품 공급처를 찾아야 한다고 알리는 서한을 보냈으며, 사업부의 종업원들에게는 감원을 통보하였다.
> → 20X0년 12월 31일에 사업부 폐쇄원가의 최선의 추정치로 충당부채를 인식한다. 사업부가 폐쇄될 것이라는 정당한 기대를 갖도록 하기 때문에 고객과 종업원에게 결정을 알린 날부터 의제의무가 생긴다.

9. 소송충당부채: 변호사 말대로

소송은 사용 가능한 증거(변호사의 의견)에 따라 충당부채를 설정한다. 유출가능성이 높다면 변호사가 예측하는 배상금액으로 충당부채를 설정하고, 유출 가능성이 높지 않다면 충당부채를 설정하지 않고, 우발부채로 주석에 공시할 수 있다.

사례

20X0년 결혼식 후에 10명이 사망하였는데, 기업이 판매한 제품 때문에 식중독이 생겼을 가능성이 있다. 그 기업에 손해배상을 청구하는 법적 절차가 시작되었으나, 기업은 그 책임에 대해 이의를 제기하였다. 법률 전문가는 20X0년 12월 31일로 종료하는 연차 재무제표의 발행승인일까지는 기업에 책임이 있는지 밝혀지지 않을 가능성이 높다고 조언하였다. 그러나 법률 전문가는 20X1년 12월 31일로 종료하는 연차 재무제표를 작성할 때에는 소송 사건의 진전에 따라 기업에 책임이 있다고 밝혀질 가능성이 높다고 조언하였다.

(1) 20X0년 12월 31일
충당부채를 인식하지 아니한다. 기업에 책임이 있는지 밝혀지지 않을 가능성이 높으므로, 경제적 효익이 있는 자원의 유출 가능성이 높지 않기 때문이다. 유출될 가능성이 희박하지 않다면 그 사항을 우발부채로 공시한다.

(2) 20X1년 12월 31일
의무를 이행하기 위한 금액의 최선의 추정치로 충당부채를 인식한다. 해당 의무 이행에 따른 경제적 효익이 있는 자원의 유출 가능성이 높기 때문이다.

 충당부채 요약

제삼자 변제	자산 계상액 = min[변제 예상액, 충당부채] 수익 − 비용 상계 가능
연대보증	내가 갚을 부분: 충당부채, 남이 갚을 부분: 우발부채
손실부담계약	손실충당부채 = min(①, ②) ① 계약 이행 시 손실 ② 계약 미이행 시 지급할 위약금
구조조정	구조조정충당부채 = 구조조정에서 생기는 직접비용
소송충당부채	충당부채 = 변호사가 예측하는 배상금액

예제

01 충당부채, 우발부채 및 우발자산에 관한 설명으로 옳은 것은? 2015. CTA

① 우발자산은 경제적효익의 유입가능성이 높아지더라도 공시하지 않는다.

② 손실부담계약을 체결하고 있는 경우에는 관련된 현재의무를 충당부채로 인식하지 않는다.

③ 충당부채를 현재가치로 평가하는 경우 적용될 할인율은 부채의 특유위험과 화폐의 시간가치에 대한 현행 시장의 평가를 반영한 세후 이율이다.

④ 충당부채와 관련하여 포괄손익계산서에 인식된 비용은 제3자의 변제와 관련하여 인식한 금액과 상계하여 표시할 수 있다.

⑤ 화폐의 시간가치 효과가 중요한 경우에도 충당부채는 현재가치로 평가하지 않는다.

해설

① (경제적효익의 유입가능성이 높지 않다가) 경제적효익의 유입가능성이 높아진 경우 우발자산을 공시한다.

② 손실부담계약을 체결하고 있는 경우에는 관련된 현재의무를 충당부채로 인식한다.

③ 충당부채를 현재가치로 평가하는 경우 적용될 할인율은 부채의 특유위험과 화폐의 시간가치에 대한 현행 시장의 평가를 반영한 세전 이율이다.

⑤ 화폐의 시간가치 영향이 중요한 경우에 충당부채는 의무를 이행하기 위하여 예상되는 지출액의 현재가치로 평가한다.

 ④

02 다음 중 충당부채, 우발부채 및 우발자산에 대한 설명으로 옳지 <u>않은</u> 것은 어느 것인가?

2011. CPA

① 충당부채로 인식되기 위해서는 과거사건으로 인한 의무가 기업의 미래행위와 독립적이어야 한다. 따라서 불법적인 환경오염으로 인한 범칙금이나 환경정화비용의 경우에는 충당부채로 인식한다.

② 충당부채는 부채로 인식하는 반면, 우발부채와 우발자산은 부채와 자산으로 인식하지 않는다.

③ 당초에 다른 목적으로 인식된 충당부채를 어떤 지출에 대하여 사용하게 되면 다른 두 사건의 영향이 적절하게 표시되지 않으므로 당초 충당부채에 관련된 지출에 대해서만 그 충당부채를 사용한다.

④ 의무발생사건이 되기 위해서는 당해 사건으로부터 발생된 의무를 이행하는 것 외에는 실질적인 대안이 없어야 한다. 이러한 경우는 의무의 이행을 법적으로 강제할 수 있거나 기업이 당해 의무를 이행할 것이라는 정당한 기대를 상대방이 가지는 경우에만 해당한다.

⑤ 재무제표는 재무제표이용자들의 현재 및 미래 의사결정에 유용한 정보를 제공하는 데에 그 목적이 있다. 따라서 미래영업을 위하여 발생하게 될 원가에 대해서 충당부채로 인식한다.

> **⊙━해설**
>
> 미래 영업에서 생길 원가는 충당부채로 인식하지 아니한다. 재무제표는 미래 시점의 예상 재무상태가 아니라 보고기간 말의 재무상태를 표시하는 것이므로 보고기간 말에 존재하는 현재 의무만을 재무상태표에 부채로 인식한다.
>
> 답 ⑤

03 다음 중 충당부채를 인식할 수 없는 상황은? (단, 금액은 모두 신뢰성 있게 측정할 수 있다.) 2022.CTA

① 법률에 따라 항공사의 항공기를 3년에 한 번씩 정밀하게 정비하도록 하고 있는 경우

② 법적규제가 아직 없는 상태에서 기업이 토지를 오염시켰지만, 이에 대한 법률 제정이 거의 확실한 경우

③ 보고기간 말 전에 사업부를 폐쇄하기 위한 구체적인 계획에 대하여 이사회의 동의를 받았고, 고객들에게 다른 제품 공급처를 찾아야 한다고 알리는 서한을 보냈으며, 사업부의 종업원들에게는 감원을 통보한 경우

④ 기업이 토지를 오염시킨 후 법적의무가 없음에도 불구하고 오염된 토지를 정화한다는 방침을 공표하고 준수하는 경우

⑤ 관련 법규가 제정되어 매연여과장치를 설치하여야 하나, 당해 연도말까지 매연여과장치를 설치하지 않아 법규위반으로 인한 벌과금이 부과될 가능성이 그렇지 않은 경우보다 높은 경우

> **◈ 해설**
> ① 항공기를 정비하지 않고 그대로 사용하거나, 아예 팔아버리면 미래의 지출을 회피할 수 있으므로, 충당부채를 인식하지 않는다.
> ② 법률 제정이 거의 확실하므로 충당부채를 인식한다.
> ③ 사업부 폐쇄에 대한 공식적이고 구체적인 계획이 존재하고, 구조조정 당사자(해고될 인원)가 기업이 구조조정을 실행할 것이라는 정당한 기대를 가지므로 의제의무가 생기며, 충당부채를 인식한다.
> ④ 오염된 토지를 정화한다는 방침을 공표하고 준수하므로 의제의무가 생기며, 충당부채를 인식한다.
> ⑤ 매연여과장치 설치에 대해서는 충당부채를 인식하지 않으나, 벌과금이 부과될 가능성이 높으므로 충당부채를 인식한다.
>
> 目 ①

04 충당부채의 변동과 변제에 관한 설명으로 옳지 않은 것은? 2017. CTA

① 어떤 의무를 제삼자와 연대하여 부담하는 경우에 이행하여야 하는 전체 의무 중에서 제삼자가 이행할 것으로 예상되는 정도까지만 충당부채로 처리한다.

② 의무를 이행하기 위하여 경제적 효익이 있는 자원을 유출할 가능성이 높지 않게 된 경우에는 관련 충당부채를 환입한다.

③ 충당부채를 현재가치로 평가하여 표시하는 경우에는 장부금액을 기간 경과에 따라 증액하고 해당 증가 금액은 차입원가로 인식한다.

④ 충당부채를 결제하기 위하여 필요한 지출액의 일부나 전부를 제삼자가 변제할 것으로 예상되는 경우에는 기업이 의무를 이행한다면 변제를 받을 것이 거의 확실하게 되는 때에만 변제금액을 별도의 자산으로 인식하고 회계처리한다.

⑤ 보고기간 말마다 충당부채의 잔액을 검토하고, 보고기간 말 현재 최선의 추정치를 반영하여 조정한다.

> **해설**
> 제삼자와 연대하여 의무를 지는 경우에는 이행할 전체 의무 중 제삼자가 이행할 것으로 예상되는 부분을 우발부채로 처리한다.
>
> 답 ①

05 미래의 예상 영업손실과 손실부담계약에 대한 설명으로 옳지 않은 것은? 2013. CTA

① 미래의 예상 영업손실은 충당부채로 인식하지 아니한다.

② 손실부담계약은 계약상의 의무에 따라 발생하는 회피 불가능한 원가가 당해 계약에 의하여 얻을 것으로 기대되는 경제적효익을 초과하는 계약이다.

③ 손실부담계약을 체결하고 있는 경우에는 관련된 현재의무를 충당부채로 인식하고 측정한다.

④ 손실부담계약에 대한 충당부채를 인식하기 전에 당해 손실부담계약을 이행하기 위하여 사용하는 자산에서 발생한 손상차손을 먼저 인식한다.

⑤ 손실부담계약의 경우 계약상의 의무에 따른 회피 불가능한 원가는 계약을 해지하기 위한 최소순원가로서 계약을 이행하기 위하여 소요되는 원가와 계약을 이행하지 못하였을 때 지급하여야 할 보상금(또는 위약금) 중에서 큰 금액을 말한다.

> **해설**
> 손실부담계약의 경우 계약상의 의무에 따른 회피 불가능한 원가는 계약을 해지하기 위한 최소순원가로서 계약을 이행하기 위하여 소요되는 원가와 계약을 이행하지 못하였을 때 지급하여야 할 보상금(또는 위약금) 중에서 작은 금액을 말한다.
>
> 답 ⑤

06 다음 사례는 (주)대한의 20X1년과 20X2년에 발생한 사건으로, 금액은 신뢰성 있게 추정이 가능하다고 가정한다.

사례 A	석유산업에 속한 (주)대한은 오염을 일으키고 있지만 사업을 영위하는 특정 국가의 법률에서 요구하는 경우에만 오염된 토지를 정화한다. (주)대한은 20X1년부터 토지를 오염시켰으나, 이러한 사업이 운영되는 어떤 국가에서도 오염된 토지를 정화하도록 요구하는 법률이 20X1년말까지 제정되지 않았다. 20X2년말 현재 (주)대한이 사업을 영위하는 국가에서 이미 오염된 토지를 정화하도록 요구하는 법안이 연말 후에 곧 제정될 것이 거의 확실하다.
사례 B	20X1년초 새로운 법률에 따라 (주)대한은 20X1년말까지 매연 여과장치를 공장에 설치해야 하고, 해당 법률을 위반할 경우 벌과금이 부과될 가능성이 매우 높다. (주)대한은 20X2년말까지 매연 여과장치를 설치하지 않아 20X2년말 관계 당국으로부터 벌과금 납부서(납부기한 : 20X3년 2월말)를 통지받았으나 아직 납부하지 않았다.
사례 C	20X1년 12월 12일 해외사업부를 폐쇄하기 위한 구체적인 계획에 대하여 이사회 동의를 받았다. 20X1년말이 되기 전에 이러한 의사결정의 영향을 받는 대상자들에게 그 결정을 알리지 않았고 실행을 위한 어떠한 절차도 착수하지 않았다. 20X2년말이 되어서야 해당 사업부의 종업원들에게 감원을 통보하였다.

위 사례 중 (주)대한의 20X1년말과 20X2년말 재무상태표에 충당부채로 인식해야 하는 사항을 모두 고른다면?

2018. CPA

	20X1년말	20X2년말
①	A, B	B, C
②	B, C	A, B, C
③	B	A, C
④	B	A, B, C
⑤	C	B, C

해설

	20X1년말	20X2년말
사례 A	X	O
사례 B	O	X
사례 C	X	O

(1) 사례 A: 법률이 제정될 것이 확실한 것은 20X2년말이므로, 20X2년말에만 충당부채를 인식한다.

(2) 사례 B: 20X1년말 현재 벌과금이 부과될 가능성이 높으므로 충당부채를 인식한다. 20X2년말에는 실제로 벌과금 납부서를 통지받았으므로 충당부채가 아닌 일반적인 부채(미지급비용)를 인식한다. 반면, 매연 여과장치의 설치원가는 충당부채를 인식하지 않는다.

(3) 사례 C: 20X2년말에 감원을 통보하여 대상자들이 정당한 기대를 가지므로 의제의무가 발생하며, 충당부채를 인식한다. 반면, 20X1년말에는 의제의무가 없으므로 충당부채를 인식하지 않는다.

目 ③

07 다음은 (주)대한과 관련하여 20X1년에 발생한 사건이다.

가.	(주)대한은 20X1년부터 해저유전을 운영한다. 관련 라이선싱 약정에 따르면, 석유 생산 종료시점에는 유정 굴착장치를 제거하고 해저를 원상 복구하여야 한다. 최종 원상 복구원가의 90%는 유정 굴착장치 제거와 그 장치의 건설로 말미암은 해저 손상의 원상 복구와 관련이 있다. 나머지 10%의 원상 복구원가는 석유의 채굴로 생긴다. 20X1년 12월 31일 현재 굴착장치는 건설되었으나 석유는 채굴되지 않은 상태이다. 20X1년 12월 31일 현재 유정 굴착장치 제거와 그 장치의 건설로 말미암은 손상의 원상 복구에 관련된 원가(최종 원가의 90%)의 최선의 추정치는 ₩90,000이며, 석유 채굴로 생기는 나머지 10%의 원가에 대한 최선의 추정치는 ₩10,000이다.
나.	20X1년 8월 A씨의 결혼식이 끝나고 10명이 식중독으로 사망하였다. 유족들은 (주)대한이 판매한 제품 때문에 식중독이 발생했다고 주장하면서 (주)대한에 민사소송을 제기하였다(손해배상금 ₩50,000). (주)대한은 그 책임에 대해 이의를 제기하였다. 회사의 자문 법무법인은 20X1년 12월 31일로 종료하는 연차 재무제표의 발행승인일까지는 (주)대한에 책임이 있는지 밝혀지지 않을 가능성이 높다고 조언하였다.

상기 사건들에 대하여, 20X1년 말 (주)대한의 재무상태표에 표시되는 충당부채는 얼마인가? (단, 기초잔액은 없는 것으로 가정한다.)   2019. CPA

① ₩150,000   ② ₩140,000   ③ ₩100,000
④ ₩90,000   ⑤ ₩0

⊙ 해설

가	90,000
나	—
계	90,000

가. 20X1년 12월 31일 현재 굴착장치는 건설되었으나 석유는 채굴되지 않은 상태이다. 따라서 20X1년 12월 31일 현재 유정 굴착장치 제거와 그 장치의 건설로 말미암은 손상의 원상 복구에 관련된 원가(최종 원가의 90%)의 최선의 추정치인 ₩90,000은 충당부채로 인식하며, 석유 채굴로 생기는 나머지 10%의 원가에 대한 최선의 추정치인 ₩10,000은 충당부채로 인식하지 않는다.

나. 충당부채를 인식하지 아니한다. 기업에 책임이 있는지 밝혀지지 않을 가능성이 높으므로, 경제적 효익이 있는 자원의 유출 가능성이 높지 않기 때문이다.

📋 답 ④

5 충당부채의 계산

대부분 충당부채는 말문제로 출제되지만, 충당부채를 직접 계산해야 하는 유형도 출제된다. 주로 제품보증과 관련된 문제가 출제되었으며, 문제에서는 연도별 제품보증비와 기말 제품보증충당부채 잔액을 물었다. 제품보증충당부채란, 기업이 판매한 제품에 대해서 보증의무를 부담하는 경우 보증의무를 이행하면서 발생할 지출에 대한 최선의 추정치를 계상한 부채이다. 쉽게 말하면, 제품 판매 후 무상보증에 대한 충당부채이다. 제품보증충당부채의 계산 방법은 보증기간이 종료되지 않은 경우와 종료된 경우로 나뉜다.

1. 보증기간이 종료되지 않은 경우

(1) 제품보증비(비용)

수익 – 비용 대응 원칙에 따라, 실제로 지출이 발생할 때 비용을 인식하는 것이 아니라, 관련된 수익이 계상될 때 비용을 인식한다. 따라서 매출이 발생할 때 당기 매출로부터 발생할 보증액 전부를 비용으로 인식한다.

제품보증비 = 당기 매출액 × 보증 설정률 or 당기 판매량 × 개당 예상 보증비

매출액 대비 보증비의 예상 비율이 제시된다면 매출액에 보증 설정률을 곱한 금액을, 제품 1개당 예상 보증비가 제시된다면 당기 판매량에 개당 예상 보증비를 곱한 금액을 매출이 발생할 때 비용으로 인식한다.

매출 발생 시	현금 or 매출채권	XXX	매출	XXX
	제품보증비	XXX	제품보증충당부채	XXX

(2) 기말 제품보증충당부채 잔액

기말 제품보증충당부채 = 제품보증비 누적액 – 보증 지출액 누적액

매출 발생 시 회계처리를 보면 제품보증비를 인식하는 만큼 제품보증충당부채 잔액이 증가한다. 그리고 실제 보증 시에는 비용을 인식하는 것이 아니라, 기존에 인식한 제품보증충당부채를 감소시킨다. 따라서 기말 제품보증충당부채 잔액은 비용의 누적액에서 지출액의 누적액을 차감한 금액이다.

보증 시	제품보증충당부채	XXX	현금	XXX

01 (주)세무는 20X1년부터 제품을 판매하기 시작하고 3년간 품질을 보증하며, 품질보증기간이 지나면 보증의무는 사라진다. 과거의 경험에 의하면 제품 1단위당 ₩200의 제품보증비가 발생하며, 판매량의 5%에 대하여 품질보증요청이 있을 것으로 추정된다. 20X3년 말 현재 20X1년에 판매한 제품 중 4%만 실제 제품보증활동을 수행하였다. 20X1년부터 20X3년까지의 판매량과 보증비용 지출액 자료는 다음과 같다.

연도	판매량(대)	보증비용 지출액
20X1년	3,000	₩20,000
20X2년	4,000	30,000
20X3년	6,000	40,000

(주)세무가 제품보증과 관련하여 충당부채를 설정한다고 할 때, 20X3년 말 제품보증충당부채는? (단, 모든 보증활동은 현금지출로 이루어진다.)   2020. CTA

① ₩10,000   ② ₩14,000   ③ ₩20,000

④ ₩34,000   ⑤ ₩40,000

▶ **해설**

X3년말 충당부채: $(3,000 + 4,000 + 6,000) \times @200 \times 5\% - (20,000 + 30,000 + 40,000) = 40,000$

참고 충당부채의 증감

	X1년	X2년	X3년
기초 충당부채	—	10,000	20,000
+ 제품보증비	30,000	40,000	60,000
− 지출액	20,000	30,000	40,000
기말 충당부채	10,000	20,000	40,000

답 ⑤

2. 보증기간이 종료된 경우

(1) 제품보증충당부채환입

매 보고기간 말마다 충당부채의 잔액을 검토하고, 보고기간 말 현재 최선의 추정치를 반영하여 조정한다. 경제적효익을 갖는 자원의 유출가능성이 더 이상 높지 않은 부분에 대해서는 관련 충당부채를 환입한다.

예제 1번에서 '3년간' 품질을 보증하며, 품질보증기간이 지나면 보증의무는 사라진다. X1.1.1~X1.12.31에 매출이 발생하였다고 가정하면, 그로부터 3년 뒤는 X4.1.1~X4.12.31이다. 따라서 X4년말이 되면 X1년도에 발생한 매출과 관련하여 인식한 제품보증충당부채를 전부 환입해야 한다. 이때 제품보증충당부채환입액은 다음과 같이 계산한다.

> 제품보증충당부채환입 = 보증기간이 종료된 매출과 관련된 '제품보증비 − 보증 지출액 누적액'

예제 1번에서 X1년에 제품보증충당부채를 30,000 설정하였는데, 30,000에서 X1년 매출과 관련하여 X4년까지 발생한 보증 지출액의 누적액을 차감한 잔액을 환입하면 된다.

환입 시	제품보증충당부채	XXX	제품보증충당부채환입 (= 제품보증비)	XXX

제품보증충당부채 환입 시 회계처리는 위와 같으며, '제품보증충당부채환입'이라는 비용의 차감 계정이 아닌, '제품보증비' 계정을 사용하여 기존에 인식한 제품보증비를 직접 감소시켜도 된다.

(2) 기말 제품보증충당부채 잔액

> 기말 충당부채 = 기초 충당부채 + 당기 제품보증비 − 당기 보증 지출액 − 충당부채환입

기말 충당부채 잔액을 구하기 위해서는 기초 충당부채에 당기 제품보증비를 가산하고, 당기 보증 지출액을 차감하면 된다. 여기에 충당부채환입이 있다면 충당부채환입액을 차감하면 된다.

매출 발생 시	제품보증비	XXX	제품보증충당부채	XXX
보증 시	제품보증충당부채	XXX	현금	XXX
환입 시	제품보증충당부채	XXX	제품보증충당부채환입 (= 제품보증비)	XXX

김수석의 꿀팁! 기말 충당부채 잔액 빠른 계산법

> 기말 충당부채 = 기말 현재 보증의무가 있는 매출에 대한
> '제품보증비 누적액 − 보증 지출액 누적액'

기말 현재 보증의무가 있는 매출에 대해서만 충당부채를 계상하므로, 기말 현재 보증의무가 있는 매출에 대한 '제품보증비 누적액 − 보증 지출액 누적액'을 구하면 기말 충당부채를 빠르게 계산할 수 있다. 예제 2번을 참고하자.

예제

02 (주)세무는 20X3년부터 판매한 제품의 결함에 대해 1년간 무상보증을 해주고 있으며, 판매한 제품 중 5%의 보증요청이 있을 것으로 예상한다. (주)세무는 제품보증활동에 관한 수익을 별도로 인식하지 않고 제품보증비용을 인식한다. 개당 보증비용은 20X3년 말과 20X4년 말에 각각 ₩1,200과 ₩1,500으로 추정되었다. 판매량과 보증비용 지출액에 관한 자료가 다음과 같을 때, 20X4년 말 재무상태표에 표시할 제품보증충당부채는? (단, 모든 보증활동은 현금지출로 이루어진다.)

2016. CTA

연도	판매량	보증비용 지출액
20X3년	600개	₩15,000
20X4년	800개	₩17,000(전기 판매분) ₩30,000(당기 판매분)

① ₩26,000   ② ₩30,000   ③ ₩34,000

④ ₩37,500   ⑤ ₩40,500

⊙ 해설

충당부채의 증감

	X3년	X4년
기초 충당부채	—	21,000
+ 제품보증비[1]	600개 × 5% × 1,200 = 36,000	800개 × 5% × 1,500 = 60,000
— 지출액	15,000	47,000
— 충당부채환입[2]	—	36,000 − 15,000 − 17,000 = 4.000
기말 충당부채	21,000	30,000

[1]연도별 제품보증비
: 각 연도별 판매량에 연도별 개당 보증비용을 곱해서 계산하였다.

[2]충당부채환입
: 무상보증기간이 1년이므로, X3년 판매분에 대해서는 X4년말 현재 보증의무를 지지 않는다. 따라서 'X3년 매출과 관련된' 충당부채 잔액을 환입해야 한다. X3년 매출과 관련된 충당부채 잔액은 X3년에 인식한 제품보증비 36,000에 X3년과 X4년에 발생한 지출액 15,000과 17,000을 차감한 4,000이다.

빠른 계산법

X4년말 충당부채 잔액 = 800개 × 5% × 1,500 − 30,000 = 30,000
무상보증기간이 1년이므로, X4년말 현재에는 X4년 판매분에 대해서만 보증의무를 진다. 따라서 X3년 판매량과 보증비용 지출액은 무시하고, X4년의 자료만 이용해서 기말 충당부채 잔액을 구해도 된다.

답 ②

03 (주)대한의 확신유형 보증관련 충당부채 자료는 다음과 같다.

· (주)대한은 20X1년부터 판매한 제품의 결함에 대해 1년간 무상보증을 해주고 있으며, 판매량 중 3%에 대해서 품질보증요청이 있을 것으로 추정된다.
· (주)대한은 제품보증활동에 관한 수익을 별도로 인식하지 않고 제품보증비용을 인식한다. (주)대한의 연도별 판매량과 보증비용 지출액에 관한 자료는 다음과 같다. (주)대한의 20X2년 및 20X3년의 판매 개당 품질보증비는 각각 ₩420과 ₩730으로 추정된다.

연도	판매량	보증비용 지출액
20X2년	800개	₩10,080 (당기판매분)
20X3년	1,000개	₩8,000 (당기판매분)

20X3년 말 (주)대한이 재무상태표에 인식할 제품보증충당부채는 얼마인가? 단, 제품보증 충당부채의 20X2년 초 잔액은 없고, 모든 보증활동은 현금지출로 이루어진다. 2024. CPA

① ₩11,900　　　　　② ₩13,900　　　　　③ ₩14,900
④ ₩16,900　　　　　⑤ ₩18,900

⊕ 해설

X3말 충당부채: 1,000개 × 730 × 3% − 8,000 = 13,900
　− 보증기간이 1년이므로 X3말 현재 X2년도 판매분에 대해서는 보증의무가 존재하지 않는다. 따라서 X3년도 판매분에 대해서만 충당부채만 계상한다.

답 ②

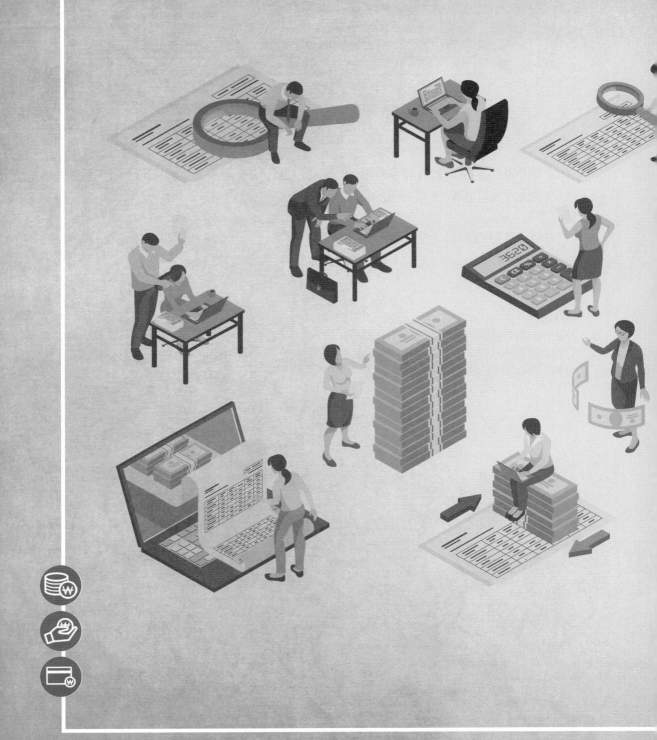

C·H·A·P·T·E·R

10

종업원급여

CHAPTER 10 종업원급여

종업원급여란 종업원이 제공한 근무용역의 대가로 또는 종업원을 해고하는 대가로 기업이 제공하는 모든 종류의 보수를 의미한다. 종업원급여는 단기종업원급여, 퇴직급여, 기타장기종업원급여, 해고급여로 나뉘나, 회계학 시험에는 퇴직급여만 출제되기 때문에 본서에서는 퇴직급여만 다룬다.

1 퇴직급여

1. 퇴직급여의 종류: 확정기여제도 vs 확정급여제도

퇴직급여란 퇴직 후에 지급하는 종업원급여로서, 퇴직급여제도는 제도의 주요 규약에서 도출되는 경제적 실질에 따라 확정기여제도나 확정급여제도로 분류한다.

	확정기여제도	확정급여제도
기업의 의무	고정금액을 기금에 출연	고정금액의 퇴직금 지급
보험수리적위험과 투자위험 (= 기여금의 주인)	종업원 부담 (종업원)	기업 부담 (기업)
종업원이 받을 퇴직급여	변동	고정

(1) 확정기여제도

확정기여제도란 기업이 별개의 실체(기금)에 고정 기여금을 납부하고, 기여금을 납부할 법적의무나 의제의무가 더는 없는 퇴직급여제도를 말한다. 확정기여제도에서 기업의 의무는 기업이 기금에 출연하기로 약정한 금액으로 한정된다. 따라서 종업원이 받을 퇴직급여액은 기업과 종업원이 퇴직급여제도나 보험회사에 출연하는 기여금과 그 기여금에서 생기는 투자수익에 따라 산정된다. 그 결과 종업원이 보험수리적위험(급여가 예상에 미치지 못할 위험)과 투자위험(투자한 자산이 예상급여액을 지급하는 데 충분하지 못할 위험)을 실질적으로 부담한다. 즉, 그 기금에서 당기와 과거 기간에 제공된 종업원 근무용역과 관련된 모든 종업원급여를 지급할 수 있을 정도로 자산을 충분히 보유하지 못하더라도 기업에는 추가로 기여금을 납부할 의무가 없다.

(2) 확정급여제도

확정급여제도란 확정기여제도 외의 모든 퇴직급여제도를 말한다. 확정급여제도에서 기업의 의무는 약정한 급여를 전·현직 종업원에게 지급하는 것이다. 확정급여제도에서는 기업이 보험수리적 위험(실제급여액이 예상급여액을 초과할 위험)과 투자위험을 실질적으로 부담한다. 종업원이 받을 퇴직급여액은 기업이 기금에 출연한 금액과 무관하게 약정한 급여가 된다. 보험수리적 실적이나 투자실적이 예상보다 저조하다면 기업의 의무는 늘어날 수 있다.

2. 확정기여제도의 회계처리

확정기여제도는 기업이 고정 기여금을 납부하기만 하면 기업의 의무는 소멸되며, 기금이 기업의 자산이 아니므로 기여금 납부액만 비용처리하면 끝이다.

기여금 납부	퇴직급여(비용)	XXX	현금	XXX

2 확정급여제도 회계처리

확정급여제도의 경우 회사가 사외에 적립한 기금은 회사의 자산(사외적립자산)이 되며, 미래에 지급할 퇴직금이 회사의 부채(확정급여채무)가 된다. 따라서 확정급여제도를 적용하는 회사의 경우 퇴직금과 관련된 자산과 부채가 동시에 계상되는데, 이 자산과 부채가 매년 변하기 때문에 이를 다음과 같이 회계처리한다.

1. 이자	(차)	사외적립자산	XXX	(대)	확정급여채무	XXX
	(차)	퇴직급여	XXX			
2. 지급	(차)	확정급여채무	XXX	(대)	사외적립자산	XXX
3. 적립	(차)	사외적립자산	XXX	(대)	현금	XXX
4. 근무	(차)	퇴직급여	XXX	(대)	확정급여채무	XXX
5. 재측정	(차)	사외적립자산	XXX	(대)	확정급여채무	XXX
	재측정요소(OCI) XXX					

1. 이자

사외적립자산과 확정급여채무에서는 각각 이자수익과 이자비용이 발생한다. 사외적립자산은 보험사 등에 적립해둔 것이기 때문에 이자가 쌓인다. 확정급여채무는 미래에 지급할 퇴직금의 현재가치이므로 이자가 발생하면서 증가한다. 이때, 사외적립자산과 확정급여채무에서 발생하는 이자를 이자수익이나 이자비용으로 인식하는 것이 아니라, '퇴직급여'라는 비용(PL)으로 인식한다. 일반적으로 사외적립자산에 비해 확정급여채무가 크기 때문에 퇴직급여가 차변에 계상된다.

2. 퇴직금 지급

퇴사자가 발생하여 퇴직금을 지급할 때에는 회사가 직접 지급하는 것이 아니라, 사외에 적립해놓은 사외적립자산에서 지급한다. 따라서 퇴직금 지급액만큼 확정급여채무와 사외적립자산을 상계한다.

3. 사외적립자산 적립

회사가 사외적립자산에 기금을 적립하는 경우, 현금이 유출되기 때문에 대변에 현금이 오고, 그 대신에 사외적립자산이 증가하므로 차변에 사외적립자산이 온다.

4. 당기근무원가 및 과거근무원가

종업원들이 근무를 함에 따라 근속연수 및 평균연봉이 상승하므로, 확정급여채무를 증가시켜주어야 하는데, 이를 '근무원가'라고 부른다. '당기근무원가'는 당기 근무로 인해 증가하는 확정급여채무를, '과거근무원가'는 확정급여제도 변경 등으로 인해서 과거 근무가 증가시키는 확정급여채무를 의미한다.
문제에 제시된 당기근무원가나 과거근무원가 금액만큼 퇴직급여(비용)를 인식하면서, 확정급여채무를 늘려주면 된다. 당기근무원가와 과거근무원가의 회계처리가 같기 때문에 같은 개념이라고 생각해도 무방하다.

5. 재측정

사외적립자산과 확정급여채무는 물가상승률, 기대수명, 이자율 등의 변경으로 인해 매년 말 가치를 재추정한다. 이 재추정된 금액은 보험사에서 계산을 해서 주는데, '이자, 지급, 적립, 근무' 회계처리까지 반영하여 장부상에 기록된 자산, 부채의 금액과 차이가 발생할 수 있다. 이 경우 장부상의 금액과 보험사에서 제시한 금액의 차이를 조정해주어야 한다. 이를 본서에서는 재측정이라고 부를 것이다. 문제에서 기말 '확정급여채무의 현재가치'와 '사외적립자산의 공정가치'를 제시해주면 이 금액으로 조정해주면 된다. 이때, 재측정으로 인해 발생하는 손익은 재측정요소(OCI)로 인식한다. 재측정요소는 재분류조정 대상이 아니다.

사례

다음은 (주)한국이 채택하고 있는 퇴직급여제도와 관련한 20X1년도 자료이다.

> 가. 20X1년초 확정급여채무의 현재가치와 사외적립자산의 공정가치는 각각 ₩4,500,000과 ₩4,200,000이다.
> 나. 20X1년말 확정급여채무의 현재가치와 사외적립자산의 공정가치는 각각 ₩5,000,000과 ₩3,800,000이다.
> 다. 20X1년말 일부 종업원의 퇴직으로 퇴직금 ₩1,000,000을 사외적립자산에서 지급하였으며, 20X1년말에 추가로 적립한 기여금 납부액은 ₩200,000이다.
> 라. 20X1년에 종업원이 근무용역을 제공함에 따라 증가하는 예상미래퇴직급여지급액의 현재가치는 ₩500,000이다.
> 마. 20X1년말 확정급여제도의 일부 개정으로 종업원의 과거근무기간의 근무용역에 대한 확정급여채무의 현재가치가 ₩300,000 증가하였다.
> 바. 확정급여채무 현재가치에 적용되는 할인율은 연 8%이다.

(주)한국의 확정급여제도로 인한 20X1년도 회계처리를 수행하시오.

2014. CPA 수정

|회계처리|

1. 이자	(차)	사외적립자산	336,000	(대)	확정급여채무	360,000
	(차)	퇴직급여	24,000			
2. 지급	(차)	확정급여채무	1,000,000	(대)	사외적립자산	1,000,000
3. 적립	(차)	사외적립자산	200,000	(대)	현금	200,000
4. 근무	(차)	퇴직급여	800,000	(대)	확정급여채무	800,000
5. 재측정	(차)	사외적립자산	64,000	(대)	확정급여채무	340,000
	(차)	재측정요소(OCI)	276,000			

3 확정급여제도 풀이법 ★중요!

확정급여제도 문제를 회계처리를 해서 풀면 시간이 너무 많이 소요되기 때문에 실전에서는 다음 표를 그리면서 문제를 풀 것이다. 회계처리를 그대로 표에 옮긴 것이기 때문에 대차가 일치해야 한다.

	비용	자산	부채	OCI
기초		기초 자산	기초 부채	
이자(기초 R)	XXX	기초 자산 × R	기초 부채 × R	
지급		(지급액)	(지급액)	
적립		적립액		
당기	당기근무원가		당기근무원가	
과거	과거근무원가		과거근무원가	
재측정 전	XXX(PL)	①XXX	①XXX	
재측정		③XXX	③XXX	④XXX
재측정 후		②자산 FV	②부채 PV	
순부채			부채 − 자산	

STEP 1 각 줄의 이름 쓰기 (이자까지!)

	비용	자산	부채	OCI
기초				
이자(기초 R)				

종업원급여 문제가 나오면 일단 위 표를 그리자. 비용은 퇴직급여, 자산은 사외적립자산, 부채는 확정급여채무, OCI는 재측정요소를 의미한다. 김수석이 그리고 있는 표는 시산표이다. 따라서 비용과 자산을 차변에, 부채와 OCI를 대변에 적는다.

1. 문제 읽기 전에 표 왼쪽에 '이자'를 적을 것

다른 회계처리는 문제에서 주기 때문에 빠트리지 않지만, 이자는 문제에서 구체적으로 주지 않으므로 이자는 문제를 읽기 전에 먼저 표에 적자.

2. 기초 이자율

> 1순위: 우량회사채 시장수익률
> 2순위: 국공채 시장수익률

이자 옆에는 괄호 열고 기초의 이자율을 쓴다. 기말 이자율을 적용하지 않도록 주의하자. 이자를 계산할 때는 돈을 빌려줄 때 정한 이자율로 계산하지, 돈을 갚을 때의 이자율로 이자를 계산하지 않기 때문이다.

이때 적용하는 이자율은 위와 같다. 문제에 이자율이 하나만 제시되어 있으면 그 이자율을 쓰지만, 이자율이 두 개가 제시되면 우량회사채 시장수익률을 사용해야 한다.

STEP 2 기초 자산, 부채 적기

	비용	자산	부채	OCI
기초		기초 자산	기초 부채	
이자(기초 R)				

문제에 제시된 기초 자산과 부채를 '기초' 줄에 적는다. 순확정급여부채 금액을 주는 경우에는 기초 자산을 비우고, 기초 부채에 적으면 된다. '순확정급여부채 = 확정급여채무 − 사외적립자산'이기 때문이다. 순확정급여부채와 확정급여채무가 헷갈릴 텐데, '순'이 있으면 순액, 없으면 총액으로 기억하면 구분하기 쉬울 것이다.

STEP 3 이자비용 계산하기

	비용	자산	부채	OCI
기초		기초 자산	기초 부채	
이자(기초 R)	XXX	기초 자산 × R	기초 부채 × R	

1. 기초 자산, 부채 늘리기

기초 자산, 부채에 기초 이자율을 곱한 금액만큼 적는다.

2. 대차 맞추면서 비용 인식하기

기초, 기말 잔액을 제외한 모든 줄은 회계처리를 나타내므로 대차가 일치한다. 기초 자산, 부채에 기초 이자율을 곱하면 대차가 맞지 않을 것이다. 비용 아래 'XXX' 자리에 금액을 채워 넣어서 대차가 맞게 하자. 일반적으로 자산보다 부채가 크므로 비용이 양수로 계산될 것이다.

STEP 4 지급 및 적립

	비용	자산	부채	OCI
지급		(지급액)	(지급액)	
적립		적립액		

1. 지급

퇴직금 지급 시 같은 금액만큼 자산과 부채를 감소시킨다.

2. 적립

적립 시에는 적립액만큼 자산을 증가시킨다. 표의 '적립' 줄만 보면 대차가 일치하지 않는데, 현금의 증감은 중요하지 않으므로 표에서 현금은 생략하였기 때문이다.

 STEP 5 당기근무원가 및 과거근무원가

	비용	자산	부채	OCI
당기	당기근무원가		당기근무원가	
과거	과거근무원가		과거근무원가	

문제에서 당기근무원가나 과거근무원가를 제시해주면 비용과 부채 아래에 같은 금액을 쓰면 된다.

STEP 6 비용(PL) 총계

Step 5까지 표에 표시한 비용 줄 아래에 있는 금액을 전부 더하면 당기비용 총액을 계산할 수 있다. 문제에서 당기순이익에 미치는 영향을 자주 묻는데, 이 금액만큼 당기순이익이 감소한다고 답하면 된다.

STEP 7 재측정 및 순확정급여부채

	비용	자산	부채	OCI
재측정 전	XXX(PL)	①XXX	①XXX	
재측정		③XXX	③XXX	④XXX
재측정 후		②자산 FV	②부채 PV	
순부채			⑤부채 − 자산	

① 자산, 부채 아래에 있는 금액을 전부 더하면 ①재측정 전 금액을 구할 수 있다.

② 문제에서 제시한 사외적립자산 확정급여채무의 현재가치와 사외적립자산의 공정가치를 '재측정 후' 줄의 ②번 위치에 적는다.

③ 재측정 후에서 재측정 전을 차감한 금액을 '재측정' 줄의 ③번 위치에 끼워 넣는다.

④ 이때, 재측정 줄도 대차가 맞아야 한다. ③번 금액만으로는 대차가 안 맞을 것이므로, 대차가 맞도록 ④번 위치에 금액을 적는다. 이자와 근무원가는 당기비용으로 인식하지만 재측정요소는 OCI로 인식한다. 참고로, 이 재측정요소는 재분류조정 대상이 아니다. 말문제 대비용으로 기억해두자.

⑤ 문제에서 가끔 순확정급여부채를 묻는 경우가 있는데, 앞서 설명했듯이 순확정급여부채는 확정급여채무에서 사외적립자산을 차감한 금액이다. 표에 표시한 '부채 PV'에서 '자산 FV'를 차감하면 된다.

예제

01 다음은 (주)한국이 채택하고 있는 퇴직급여제도와 관련한 20X1년도 자료이다.

> 가. 20X1년초 확정급여채무의 현재가치와 사외적립자산의 공정가치는 각각 ₩4,500,000과 ₩4,200,000이다.
>
> 나. 20X1년말 확정급여채무의 현재가치와 사외적립자산의 공정가치는 각각 ₩5,000,000과 ₩3,800,000이다.
>
> 다. 20X1년말 일부 종업원의 퇴직으로 퇴직금 ₩1,000,000을 사외적립자산에서 지급하였으며, 20X1년말에 추가로 적립한 기여금 납부액은 ₩200,000이다.
>
> 라. 20X1년에 종업원이 근무용역을 제공함에 따라 증가하는 예상미래퇴직급여지급액의 현재가치는 ₩500,000이다.
>
> 마. 20X1년말 확정급여제도의 일부 개정으로 종업원의 과거근무기간의 근무용역에 대한 확정급여채무의 현재가치가 ₩300,000 증가하였다.
>
> 바. 20X1년초와 20X1년말 현재 우량회사채의 연 시장수익률은 각각 8%, 10%이며, 퇴직급여채무의 할인율로 사용한다.

(주)한국의 확정급여제도로 인한 20X1년도 포괄손익계산서의 당기순이익과 기타포괄이익에 미치는 영향은 각각 얼마인가? (단, 법인세 효과는 고려하지 않는다.) 2014. CPA

	당기순이익에 미치는 영향	기타포괄이익에 미치는 영향
①	₩548,000 감소	₩52,000 감소
②	₩600,000 감소	₩300,000 감소
③	₩830,000 감소	₩270,000 감소
④	₩830,000 감소	₩276,000 증가
⑤	₩824,000 감소	₩276,000 감소

해설

(1) NI에 미치는 영향: 824,000 감소
(2) OCI에 미치는 영향: 276,000 감소

	비용	자산	부채	OCI
기초		4,200,000	4,500,000	
이자(8%)	24,000	336,000	360,000	
지급		(1,000,000)	(1,000,000)	
적립		200,000		
당기	500,000		500,000	
과거	300,000		300,000	
재측정 전	824,000	3,736,000	4,660,000	
재측정		64,000	340,000	(276,000)
재측정 후		3,800,000	5,000,000	

— 이자손익 계산 시 '기초' 우량회사채의 시장수익률을 사용한다.

 ⑤

02 (주)세무는 확정급여제도를 채택하여 시행하고 있으며, 관련 자료는 다음과 같다. (주)세무의 확정급여채무 및 사외적립자산과 관련된 회계처리가 20X1년도의 기타포괄이익에 미치는 영향은?

2022. CTA

- 20X1년 초 확정급여채무와 사외적립자산의 잔액은 각각 ₩1,000,000과 ₩600,000이다.
- 확정급여채무의 현재가치 계산에 적용할 할인율은 연 10%이다.
- 20X1년도의 당기근무원가 발생액은 ₩240,000이고, 20X1년 말 퇴직한 종업원에게 ₩100,000을 사외적립자산에서 지급하였다.
- 20X1년 말 현금 ₩300,000을 사외적립자산에 출연하였다.
- 20X1년 말 현재 확정급여채무의 현재가치와 사외적립자산의 공정가치는 각각 ₩1,200,000과 ₩850,000이다.

① ₩30,000 감소   ② ₩10,000 감소   ③ ₩10,000 증가

④ ₩30,000 증가   ⑤ ₩40,000 증가

▶ 해설

	비용	자산	부채	OCI
기초		600,000	1,000,000	
이자(10%)	40,000	60,000	100,000	
당기	240,000		240,000	
지급		(100,000)	(100,000)	
적립		300,000		
재측정 전	280,000	860,000	1,240,000	
재측정		(10,000)	(40,000)	30,000
재측정 후		850,000	1,200,000	

답 ④

 확정급여채무의 보험수리적손익과 사외적립자산의 실제수익

구분	의미	자산, 부채의 증감
확정급여채무의 보험수리적손익	확정급여채무에서 발생한 재측정요소	보험수리적손익만큼 확정급여부채 감소
사외적립자산의 실제수익	사외적립자산 이자수익 + 사외적립자산에서 발생한 재측정요소	'실제수익 − 이자수익'만큼 사외적립자산 증가

확정급여제도 문제에서 '확정급여채무의 보험수리적손익'과 '사외적립자산의 실제수익'이라는 용어가 등장할 수도 있는데, 위와 같은 의미를 갖는다.

확정급여채무의 보험수리적손익이란, 확정급여채무에서 발생한 재측정요소를 의미한다. 해당 금액만큼 OCI를 인식하면서 같은 금액만큼 부호만 반대로(＋/ −) 부채의 금액을 조정하면 된다. OCI는 이익이므로 OCI와 부채는 반비례한다. 예를 들어, 보험수리적이익 10,000이 발생했다면 확정급여채무는 10,000 감소한다.

사외적립자산 실제수익은 기초 이자율로 계산한 이자수익과 자산에서 발생한 재측정요소를 더한 금액을 의미한다. 이자수익은 우리가 계산할 수 있기 때문에 자산에서 발생한 재측정요소를 계산한 뒤, 재측정 전 자산에 더하면 자산 FV를 구할 수 있다.

 확정급여제도 적용 시 총포괄손익(CI)에 미치는 영향: 기초 순부채−기말 순부채−출연액

확정급여제도 적용 시 총포괄손익(CI)에 미치는 영향은 재측정요소(OCI)에서 퇴직급여(PL)를 차감한 금액이다. 이 금액은 순부채 증감에서 사외적립자산 출연액을 차감한 금액과 같다. 확정급여제도는 일반적으로 부채가 자산보다 크므로 순자산이 아닌 순부채의 증감으로 접근하며, 추가적으로 출연액만큼 현금을 지급하므로 이를 차감해야 한다.

03 (주)한국은 퇴직급여제도로 확정급여제도를 채택하고 있다. 다음은 확정급여제도와 관련된 (주)한국의 20X1년 자료이다. 퇴직금의 지급과 사외적립자산의 추가납입은 20X1년말에 발생하였으며, 20X1년초 현재 우량회사채의 시장이자율은 연5%로 20X1년 중 변동이 없었다.

20X1년초 확정급여채무 장부금액	₩500,000
20X1년초 사외적립자산 공정가치	400,000
당기근무원가	20,000
퇴직금지급액(사외적립자산에서 지급함)	30,000
사외적립자산 추가납입액	25,000
확정급여채무의 보험수리적손실	8,000
사외적립자산의 실제 수익	25,000

20X1년말 (주)한국의 재무상태표에 계상될 순확정급여부채는 얼마인가?   2015. CPA

① ₩65,000   ② ₩73,000   ③ ₩95,000

④ ₩100,000   ⑤ ₩103,000

해설

순확정급여부채: 523,000 − 420,000 = 103,000

	비용	자산	부채	OCI
기초		400,000	500,000	
이자(5%)	5,000	20,000	25,000	
당기	20,000		20,000	
지급		(30,000)	(30,000)	
적립		25,000		
재측정 전	25,000	415,000	515,000	
재측정		5,000	8,000	(3,000)
재측정 후		420,000	523,000	
순자산			103,000	

25,000(실제 운용수익) = 20,000(이자수익) + 5,000(자산 재측정요소)
자산 FV = 415,000(재측정 전 자산) + 5,000(자산 재측정요소) = 420,000

'보험수리적손실 8,000'은 확정급여채무에서 발생한 재측정요소 (−)8,000을 의미한다. OCI를 8,000만큼 줄이면서, 부채를 8,000만큼 늘리면 된다. 자산에서 발생한 재측정요소 5,000으로 인해 총 재측정요소는 (−)3,000이다.

답 ⑤

04 (주)세무는 확정급여제도를 채택하여 시행하고 있다. (주)세무의 확정급여채무와 관련된 자료가 다음과 같을 때, 20X1년도에 인식할 퇴직급여와 기타포괄손실은? 2021. CTA

- 20X1년 초 사외적립자산 잔액은 ₩560,000이며, 확정급여채무 잔액은 ₩600,000이다.
- 20X1년도의 당기근무원가는 ₩450,000이다.
- 20X1년 말에 사외적립자산 ₩150,000이 퇴직종업원에게 현금으로 지급되었다.
- 20X1년 말에 현금 ₩400,000을 사외적립자산에 출연하였다.
- 20X1년 말 현재 사외적립자산의 공정가치는 ₩920,000이며, 할인율을 제외한 보험수리적 가정의 변동을 반영한 20X1년 말 확정급여채무는 ₩1,050,000이다.
- 확정급여채무 계산시 적용한 할인율은 연 15%이다.

	퇴직급여	기타포괄손실
①	₩456,000	₩34,000
②	₩456,000	₩26,000
③	₩540,000	₩34,000
④	₩540,000	₩26,000
⑤	₩540,000	₩60,000

해설

	비용	자산	부채	OCI
기초		560,000	600,000	
이자(15%)	6,000	84,000	90,000	
당기	450,000		450,000	
지급		(150,000)	(150,000)	
적립		400,000		
재측정 전	456,000	894,000	990,000	
재측정		26,000	60,000	(34,000)
재측정 후		920,000	1,050,000	

할인율을 제외한 보험수리적 가정: 할인율은 퇴직급여에 반영하므로, 보험수리적가정에는 할인율이 반영되지 않으므로 등장한 표현이다. 문제 풀이와 전혀 관계가 없으니 할인율 제외라는 표현을 무시하자.

답 ①

05 20X1년 1월 1일에 설립된 (주)대한은 확정급여제도를 채택하고 있으며, 관련 자료는 다음과 같다. 순확정급여자산(부채) 계산 시 적용한 할인율은 연 6%로 매년 변동이 없다.

〈20X1년〉
- 20X1년 말 확정급여채무 장부금액은 ₩500,000이다.
- 20X1년 말 사외적립자산에 ₩460,000을 현금으로 출연하였다.

〈20X2년〉
- 20X2년 말에 퇴직종업원에게 ₩40,000의 현금이 사외적립자산에서 지급되었다.
- 20X2년 말에 사외적립자산에 ₩380,000을 현금으로 출연하였다.
- 당기근무원가는 ₩650,000이다.
- 20X2년 말 현재 사외적립자산의 공정가치는 ₩850,000이다.
- 할인율을 제외한 보험수리적가정의 변동을 반영한 20X2년 말 확정급여채무는 ₩1,150,000이다.

(주)대한의 확정급여제도 적용이 20X2년도 총포괄이익에 미치는 영향은 얼마인가? _{2022. CPA} 2022. CPA

① ₩580,000 감소　　　② ₩635,200 감소　　　③ ₩640,000 감소
④ ₩685,000 감소　　　⑤ ₩692,400 감소

해설

CI(총포괄이익): NI + OCI = (−)652,400 + 12,400 = (−)640,000 감소
(1) NI에 미치는 영향: 652,400 감소
(2) OCI에 미치는 영향: 12,400 증가

	비용	자산	부채	OCI
기초		460,000	500,000	
이자(6%)	2,400	27,600	30,000	
지급		(40,000)	(40,000)	
적립		380,000		
당기	650,000		650,000	
재측정 전	652,400	827,600	1,140,000	
재측정		22,400	10,000	12,400
재측정 후		850,000	1,150,000	

기초 자산, 부채: 문제에서 X2년도 총포괄이익을 물었으므로 X1년말 자산, 부채를 기초 자리에 대입하면 된다. 확정급여채무의 장부금액이 기초 부채가 되며, X1년말에 사외적립자산에 출연한 금액이 기초 자산이 된다. X1년말 확정급여채무의 현재가치와 사외적립자산의 공정가치가 제시되지 않았으므로 이 금액들을 사용하면 된다.

답 ③

4 적립 및 지급이 기중에 이루어지는 경우 심화

지금까지는 사외적립자산의 적립 및 퇴직금의 지급이 전부 기말에 이루어졌다. 하지만 사외적립
자산의 적립이나 퇴직금의 지급이 기말이 아닌 기중에 이루어질 수도 있다. 이 경우 이자손익이
달라질 수 있다. 다음 사례를 이용하여 설명한다. (참고로, 당기/과거근무원가는 기말에만 인식한
다. 기중에 근무원가를 인식하는 경우는 고민하지 않아도 된다.)

사례

> 20X1년 7월 1일 일부 종업원의 퇴직으로 퇴직금 ₩1,000,000을 사외적립자산에서 지급하였으며,
> 20X1년 10월 1일에 추가로 적립한 기여금 납부액은 ₩200,000이다. 확정급여채무 현재가치에 적용되
> 는 할인율은 연 8%이다.

1. 사외적립자산의 기중 적립

적립	(차)	사외적립자산	200,000	(대)	현금	200,000
이자	(차)	사외적립자산	4,000	(대)	퇴직급여	4,000

— 이자수익: $200,000 \times 8\% \times 3/12 = 4,000$

사외적립자산을 10.1에 적립하였으므로 3개월치 이자수익이 붙는다. 4,000만큼 사외적립자산을
증가시키면서 퇴직급여를 감소시킨다.

	비용	자산	부채	OCI
적립(10.1)		200,000		
−이자 월할	(4,000)	4,000		

2. 퇴직금의 기중 지급

지급	(차)	확정급여채무	1,000,000	(대)	사외적립자산	1,000,000
이자	(차)	확정급여채무	40,000	(대)	퇴직급여	40,000
	(차)	퇴직급여	40,000	(대)	사외적립자산	40,000

— 이자손익: $1,000,000 \times 8\% \times 6/12 = 40,000$

우리는 이자수익, 이자비용을 계산할 때 기초 자산, 부채에 이자율을 곱했다. 이 금액은 기초 자산, 부채가 기말까지 유지된다고 가정하고 계산한 이자손익이다. 하지만 퇴직금을 기중에 지급하였으므로 7.1 이후 6개월간의 이자손익은 과대계상되어 있는 상태이다. 따라서 자산, 부채를 감소시키면서 이자손익도 감소시켜야 한다. 그런데 퇴직금 지급으로 인한 자산의 감소액과 부채의 감소액은 일치하므로, 이자손익 감소액도 40,000으로 일치한다. 따라서 퇴직급여는 건드릴 필요 없이 자산, 부채만 40,000씩 감소시키면 된다.

	비용	자산	부채	OCI
지급(7.1)		(1,000,000)	(1,000,000)	
−이자 월할		(40,000)	(40,000)	

예제

06 (주)세무는 확정급여제도를 채택하여 시행하고 있다. 20X1년 초 확정급여채무의 현재가치는 ₩900,000이고, 사외적립자산의 공정가치는 ₩720,000이다. 20X1년 동안 당기근무원가는 ₩120,000이다. 20X1년 9월 1일 퇴직한 종업원에게 ₩90,000의 퇴직급여가 사외적립자산에서 지급되었으며, 20X1년 10월 1일 사외적립자산에 대한 기여금 ₩60,000을 납부하였다. 20X1년 말 순확정급여부채는? (단, 우량회사채의 시장수익률은 연 10%이고, 이자원가 및 이자수익은 월할계산한다.) 　　　2020. CTA

① ₩240,000　　　　　　② ₩256,500　　　　　　③ ₩258,000
④ ₩316,500　　　　　　⑤ ₩318,000

▶ 해설

	비용	자산	부채	OCI
기초		720,000	900,000	
이자(10%)	18,000	72,000	90,000	
당기	120,000		120,000	
지급(9.1)		(90,000)	(90,000)	
─ 이자 월할		(3,000)	(3,000)	
적립(10.1)		60,000		
─ 이자 월할	(1,500)	1,500		
재측정 전	136,500	760,500	1,017,000	
순부채			256,500	

이자 월할 금액
 ─ 지급: (90,000) × 10% × 4/12 = (3,000)
 ─ 적립: 60,000 × 10% × 3/12 = 1,500

사외적립자산의 공정가치 및 확정급여채무의 현재가치를 제시하지 않았으므로 재측정은 생략한다.

답 ②

07 (주)대한은 확정급여제도를 채택하고 있으며, 관련 자료는 다음과 같다.

- 20X1년 초 확정급여채무의 현재가치와 사외적립자산의 공정가치는 각각 ₩1,200,000과 ₩900,000이다.
- 20X1년 5월 1일에 퇴직종업원에게 ₩240,000의 현금이 사외적립자산에서 지급되었다.
- 20X1년 9월 1일에 사외적립자산에 ₩120,000을 현금으로 출연하였다.
- 20X1년도의 당기근무원가 발생액은 ₩300,000이다.
- 할인율을 제외한 보험수리적 가정의 변동을 반영한 20X1년 말 확정급여채무의 현재가치는 ₩1,400,000이다.
- 20X1년 말 현재 사외적립자산의 공정가치는 ₩920,000이다.
- 순확정급여자산(부채) 계산 시 적용한 할인율은 연 10%로 매년 변동이 없다.
- 관련 이자비용 및 이자수익은 월할로 계산한다.

(주)대한의 확정급여제도 적용이 20X1년도 총포괄이익에 미치는 영향은 얼마인가? 2023. CPA

① ₩300,000 감소   ② ₩280,000 감소   ③ ₩260,000 감소
④ ₩240,000 감소   ⑤ ₩220,000 감소

해설

	비용	자산	부채	OCI
기초		900,000	1,200,000	
이자(10%)	30,000	90,000	120,000	
지급(5.1)		(240,000)	(240,000)	
─ 월할 상각		(16,000)	(16,000)	
출연(9.1)		120,000		
─ 월할 상각	(4,000)	4,000		
당기	300,000		300,000	
재측정 전	326,000	858,000	1,364,000	
재측정		62,000	36,000	26,000
재측정 후		920,000	1,400,000	

당기순이익: 326,000 감소
기타포괄이익: 26,000 증가
총포괄이익: (─)326,000 + 26,000 = (─)300,000

별해 총포괄이익 = 기말 순자산 ─ 기초 순자산 ─ 출연액
= (920,000 ─ 1,400,000) ─ (900,000 ─ 1,200,000) ─ 120,000 = (─)300,000

답 ①

5 자산인식상한

1. 자산인식상한과 자산인식상한효과

> 자산인식상한 = 사외적립자산 − 확정급여채무 − 자산인식상한효과
> → 자산인식상한효과 = 사외적립자산 − 확정급여채무 − 자산인식상한

순확정급여부채는 '확정급여채무 − 사외적립자산'의 방식으로 계산한다. 일반적으로는 회사가 적립한 자산보다 부채가 크기 때문에 순확정급여부채가 양수이다. 그런데 만약 회사가 사외적립자산을 과다하게 적립한 경우 순확정급여부채가 음수가 되며, 순확정급여'자산'이 표시될 수 있다. 순확정급여자산은 자산의 인식조건을 충족하므로 재무상태표에 자산으로 표시한다. 하지만 사외적립자산이 확정급여채무를 초과하는 금액 전부가 자산성이 있는 것은 아닐 수도 있다. 이 경우 순확정급여자산의 상한을 설정할 수 있다.

	비용	자산	상한효과	부채	OCI
재측정 후		30,000		20,000	A
상한효과			(4,000)		(4,000)
인식 후		30,000	(4,000)	20,000	A − 4,000

확정급여채무의 현재가치가 20,000, 사외적립자산의 공정가치가 30,000인 상태에서 자산으로 인식할 수 있는 한도(자산인식상한)가 6,000이라고 하자. 자산인식상한이 없었다면 순자산은 10,000(= 30,000 − 20,000)이지만, 자산인식상한이 있기 때문에 순자산을 6,000까지만 인식해야 한다. 따라서 자산인식상한효과 4,000을 계상하면서 자산을 줄인다. 자산인식상한효과는 자산의 차감적 평가계정이며, 자산인식상한효과의 변동은 재측정요소로 인식한다. 이 경우 회계처리는 다음과 같다. 따라서 재측정요소를 4,000 감소시키면서, 자산 옆에 상한효과를 한 줄 적은 뒤 그 아래에 4,000을 음수로 적는다. 문제에 자산인식상한이 제시된다면 표를 그릴 때부터 자산 옆에 한 칸을 띄우고 부채를 적어야 한다.

(차) 재측정요소　　　4,000　　(대) 자산인식상한효과　　　4,000

예제

01 다음은 (주)대한이 채택하고 있는 확정급여제도와 관련한 자료이다. (주)대한의 확정급여제도 적용이 20X1년도 포괄손익계산서의 당기순이익과 기타포괄이익에 미치는 영향은? *2018. CPA*

- 순확정급여부채(자산) 계산시 적용한 할인율은 연 5%이다.
- 20X1년초 사외적립자산의 공정가치는 ₩550,000이고, 확정급여채무의 현재가치는 ₩500,000이다.
- 20X1년도 당기근무원가는 ₩700,000이다.
- 20X1년말에 퇴직종업원에게 ₩100,000의 현금이 사외적립자산에서 지급되었다.
- 20X1년말에 사외적립자산에 ₩650,000을 현금으로 출연하였다.
- 20X1년말 사외적립자산의 공정가치는 ₩1,350,000이다.
- 보험수리적 가정의 변동을 반영한 20X1년말 확정급여채무는 ₩1,200,000이다.
- 20X1년초와 20X1년말 순확정급여자산의 자산인식상한금액은 각각 ₩50,000과 ₩100,000이다.

	당기순이익에 미치는 영향	기타포괄이익에 미치는 영향
①	₩702,500 감소	₩147,500 감소
②	₩702,500 감소	₩147,500 증가
③	₩702,500 감소	₩97,500 감소
④	₩697,500 감소	₩97,500 감소
⑤	₩697,500 감소	₩97,500 증가

해설

PL에 미치는 영향: 697,500 감소
OCI에 미치는 영향: 147,500 − 50,000 = 97,500 증가

	비용	자산	상한효과	부채	OCI
기초		550,000	0	500,000	0
이자(5%)	(2,500)	27,500		25,000	
당기	700,000			700,000	
지급		(100,000)		(100,000)	
적립		650,000			
재측정 전	697,500	1,127,500		1,125,000	
재측정		222,500		75,000	147,500
재측정 후		1,350,000		1,200,000	
상한효과			(50,000)		(50,000)
인식 후		1,350,000	(50,000)	1,200,000	97,500

자산인식상한효과
- 기초: 550,000 − 500,000 − 50,000 = 0
- 기말: 1,350,000 − 1,200,000 − 100,000 = 50,000

자산인식상한효과 회계처리〉
(차) 재측정요소(OCI)   50,000   (대) 자산인식상한효과   50,000

目 ⑤

02 확정급여제도를 도입하고 있는 (주)한국의 20X1년 퇴직급여와 관련된 정보는 다음과 같다.

• 20X1년 초 확정급여채무의 장부금액	₩150,000
• 20X1년 초 사외적립자산의 공정가치	120,000
• 당기근무원가	50,000
• 20X1년 말 제도변경으로 인한 과거근무원가	12,000
• 퇴직급여지급액(사외적립자산에서 연말 지급)	90,000
• 사외적립자산에 대한 기여금(연말 납부)	100,000
• 20X1년 말 보험수리적 가정의 변동을 반영한 확정급여채무의 현재가치	140,000
• 20X1년 말 사외적립자산의 공정가치	146,000
• 20X1년 초 할인율	연 6%

위 퇴직급여와 관련하여 인식할 기타포괄손익은? (단, 20X1년 말 순확정급여자산인식상한은 ₩5,000이다.)

2015. CTA

① ₩200 손실   ② ₩1,000 이익   ③ ₩1,200 손실
④ ₩2,200 이익   ⑤ ₩3,200 손실

▶ **해설**

기타포괄손익: (−)200 − 1,000 = (−)1,200 손실

	비용	자산	상한효과	부채	OCI
기초		120,000	0	150,000	
이자(6%)	1,800	7,200		9,000	
당기	50,000			50,000	
과거	12,000			12,000	
지급		(90,000)		(90,000)	
적립		100,000			
재측정 전	63,800	137,200		131,000	
재측정		8,800		9,000	(200)
재측정 후		146,000		140,000	
상한효과			(1,000)		(1,000)
인식 후		146,000	(1,000)	140,000	(1,200)

자산인식상한효과
– 기초: 기초에는 부채가 자산보다 크므로 상한효과를 고려할 필요가 없다.
– 기말: 기말 순자산이 6,000(= 146,000 − 140,000)인데, 상한이 5,000이므로 자산을 1,000 감소시키면서 자산인식상한효과를 인식해야 한다.

🔖 ③

2. 기초에 자산인식상한효과가 존재하는 경우

예제 1번에서 자산인식상한효과를 인식한 다음 해(X2년도)의 회계처리와 관련된 내용이다. X2년 초 이자율은 5%로 가정한다.

X2년	비용	자산	상한효과	부채	OCI
기초		1,350,000	(50,000)	1,200,000	97,500
이자(5%)	(5,000)	67,500	(2,500)	60,000	
당기	XXX			XXX	
지급		(XXX)		(XXX)	
적립		XXX			
재측정 전	XXX	XXX	(52,500)	XXX	97,500
재측정		XXX		XXX	XXX
재측정 후		1,500,000	①(52,500)	1,300,000	XXX
자산인상효과			③2,500		④2,500
인식 후		1,500,000	②(50,000)	1,300,000	XXX

STEP 1 **이자비용**

기초에 존재하는 상한효과도 자산, 부채와 같이 이자비용을 인식한다. 상한효과로 자산을 줄였기 때문에 표 왼쪽에 쓰는 비용은 $(-)5,000\ (=100,000 \times 5\%)$이 된다. 자산이 부채보다 큰 상황이므로 수익이 계상된다.

STEP 2 **기말 자산인식상한효과 검토**

(1) 자산, 부채 재측정
X2년에도 문제에서 제시한 자산의 FV와 부채의 PV를 이용하여 재측정을 하고, 순자산을 계산한다. X2년말 자산의 FV를 1,500,000, 부채의 PV를 1,300,000으로 가정하였다. 표에서 보다시피 재측정 시 상한효과는 무시하고, 상한효과는 ①(52,500) 그대로 내려온다.

(2) 자산인식상한효과 잔액 계산

> 자산인식상한효과 = 사외적립자산 − 확정급여채무 − 자산인식상한

X2년도의 자산인식상한은 X1년과 다를 수 있다. 따라서 문제에 제시된 X2년도 자산인식상한을 이용하여 자산인식상한효과를 다시 구해야 한다. 만약 X2년도 자산인식상한이 150,000이라면, X2년 말 자산인식상한효과는 ②50,000(= 1,500,000 − 1,300,000 − 150,000)이다.

(3) 자산인식상한효과 조정

상한효과가 52,500에서 50,000이 되어야 하므로 ③2,500을 줄인다. 대차가 일치해야 하므로 같은 금액을 재측정요소로 인식한다.

(차) 자산인식상한효과   2,500   (대) 재측정요소   2,500

예제

03 20X1년 1월 1일에 설립된 (주)대한은 확정급여제도를 채택하고 있으며, 관련 자료는 다음과 같다. 순확정급여자산(부채) 계산 시 적용한 할인율은 연 8%로 매년 변동이 없다.

> 〈20X1년〉
> • 20X1년 말 사외적립자산의 공정가치는 ₩1,100,000이다.
> • 20X1년 말 확정급여채무의 현재가치는 ₩1,000,000이다.
> • 20X1년 말 순확정급여자산의 자산인식상한금액은 ₩60,000이다.

> 〈20X2년〉
> • 20X2년 당기근무원가는 ₩900,000이다.
> • 20X2년 말에 일부 종업원의 퇴직으로 ₩100,000을 사외적립자산에서 현금으로 지급하였다.
> • 20X2년 말에 ₩1,000,000을 현금으로 사외적립자산에 출연하였다.
> • 20X2년 말 사외적립자산의 공정가치는 ₩2,300,000이다.
> • 20X2년 말 확정급여채무의 현재가치는 ₩2,100,000이다.

(주)대한의 20X2년 말 재무상태표에 표시될 순확정급여자산이 ₩150,000인 경우, (주)대한의 확정급여제도 적용이 20X2년 포괄손익계산서의 기타포괄이익(OCI)에 미치는 영향은 얼마인가?

2021. CPA

① ₩12,800 감소   ② ₩14,800 감소   ③ ₩17,800 감소
④ ₩46,800 감소   ⑤ ₩54,800 감소

OCI에 미치는 영향: (8,000) + (6,800) = 14,800 감소

	비용	자산	상한효과	부채	OCI
기초		1,100,000	(40,000)	1,000,000	
이자(8%)	(4,800)	88,000	(3,200)	80,000	
당기	900,000			900,000	
지급		(100,000)		(100,000)	
적립		1,000,000			
재측정 전	895,200	2,088,000	(43,200)	1,880,000	
재측정		212,000		220,000	(8,000)
재측정 후		2,300,000	(43,200)	2,100,000	(8,000)
상한효과			(6,800)		(6,800)
인식 후		2,300,000	(50,000)	2,100,000	(14,800)

자산인식상한효과
 – 기초: 1,100,000 – 1,000,000 – 60,000 = 40,000
 – 기말: 2,300,000 – 2,100,000 – 150,000 = 50,000
기초 상한효과에 이자비용을 반영한 상한효과가 43,200이므로 추가로 6,800을 늘려야 한다.

目 ②

6 종업원급여 용어의 정의

과소적립액 or 초과적립액	(1)에서 (2)를 차감한 금액 (1) 확정급여채무의 현재가치 (2) 사외적립자산의 공정가치
순확정급여부채(자산)	과소적립액이나 자산인식상한을 한도로 하는 초과적립액
자산인식상한	제도에서 환급받는 형태로 또는 제도에 납부할 미래기여금을 절감하는 형태로 얻을 수 있는 경제적 효익의 현재가치
확정급여채무의 현재가치	종업원이 당기와 과거 기간에 근무용역을 제공하여 생긴 채무를 결제하기 위해 필요한 예상 미래지급액의 현재가치
확정급여원가의 구성요소	자산의 원가에 포함하는 경우를 제외하고는 확정급여원가의 구성요소를 다음과 같이 인식한다. (1) 근무원가, 순확정급여부채(자산)의 순이자: 당기손익 (2) 순확정급여부채(자산)의 재측정요소: 기타포괄손익 (재분류조정 X)
근무원가(PL)	다음으로 구성된다. (1) 당기근무원가: 당기에 종업원이 근무용역을 제공하여 생긴 확정급여채무 현재가치의 증가분 (2) 과거근무원가: 제도가 개정되거나 축소됨에 따라, 종업원이 과거 기간에 제공한 근무용역에 대한 확정급여채무 현재가치의 변동 (3) 정산 손익
순확정급여부채(자산) 의 순이자(PL)	보고기간에 시간이 지남에 따라 생기는 순확정급여부채(자산)의 변동
순확정급여부채(자산) 의 재측정요소(OCI)	다음으로 구성된다. 단, (2), (3) 중 순확정급여부채(자산)의 순이자에 포함된 금액은 제외한다. (1) 보험수리적손익 (2) 사외적립자산의 수익 (3) 자산인식상한효과의 변동
보험수리적손익	다음으로 인해 생기는 확정급여채무 현재가치의 변동 (1) 경험조정 (2) 보험수리적 가정의 변경 효과
예측단위적립방식	확정급여채무의 현재가치와 당기근무원가를 결정하기 위해 사용하는 방식. 적용할 수 있다면 과거근무원가를 결정할 때에도 동일한 방식을 사용한다.
정산	확정급여제도에 따라 생긴 급여의 일부나 전부에 대한 법적의무나 의제의무를 더 이상 부담하지 않기로 하는 거래
기타장기종업원급여	기타장기종업원급여에서의 재측정요소는 기타포괄손익으로 인식하지 않는다. (퇴직급여 만큼 불확실성이 크지 않으므로)

예제

01 기업회계기준서 제1019호 '종업원급여' 중 확정급여제도에 대한 다음 설명 중 **옳지 않은** 것은?

2020. CPA

① 확정급여채무의 현재가치와 당기근무원가를 결정하기 위해서는 예측단위적립방식을 사용하며, 적용할 수 있다면 과거근무원가를 결정할 때에도 동일한 방식을 사용한다.

② 보험수리적손익은 보험수리적 가정의 변동과 경험조정으로 인한 확정급여채무 현재가치의 증감에 따라 생긴다.

③ 과거근무원가는 제도의 개정이나 축소로 생기는 확정급여채무 현재가치의 변동이다.

④ 기타포괄손익에 인식되는 순확정급여부채(자산)의 재측정요소는 후속 기간에 당기손익으로 재분류하지 아니하므로 기타포괄손익에 인식된 금액을 자본 내에서 대체할 수 없다.

⑤ 순확정급여부채(자산)의 재측정요소는 보험수리적손익, 순확정급여부채(자산)의 순이자에 포함된 금액을 제외한 사외적립자산의 수익, 순확정급여부채(자산)의 순이자에 포함된 금액을 제외한 자산인식상한효과의 변동으로 구성된다.

> **해설**
>
> 재측정요소는 재분류조정 대상이 아니므로 자본 내에서 (이익잉여금으로) 대체할 수 있다. 재분류조정 대상이 아닌 기타포괄손익은 이익잉여금으로 대체할 수 있다.
>
> **답** ④

02 종업원급여에 관한 설명으로 **옳지 않은** 것은?

2014. CTA

① 보험수리적손익은 확정급여제도의 정산으로 인한 확정급여채무의 현재가치변동을 포함하지 아니한다.

② 자산의 원가에 포함하는 경우를 제외한 확정급여원가의 구성요소 중 순확정급여부채의 재측정요소는 기타포괄손익으로 인식한다.

③ 순확정급여부채(자산)의 순이자는 당기손익으로 인식한다.

④ 퇴직급여제도 중 확정급여제도 하에서 보험수리적위험과 투자위험은 종업원이 실질적으로 부담한다.

⑤ 순확정급여부채(자산)의 재측정요소는 보험수리적손익, 순확정급여부채(자산)의 순이자에 포함된 금액을 제외한 사외적립자산의 수익, 순확정급여부채(자산)의 순이자에 포함된 금액을 제외한 자산인식상한효과의 변동으로 구성된다.

> **해설**
>
> 퇴직급여제도 중 확정급여제도 하에서 보험수리적위험과 투자위험은 **기업이** 실질적으로 부담한다.
>
> ① 정산손익은 근무원가(당기손익)로 인식하므로 보험수리적손익에 포함하지 않는다.
>
> **답** ④

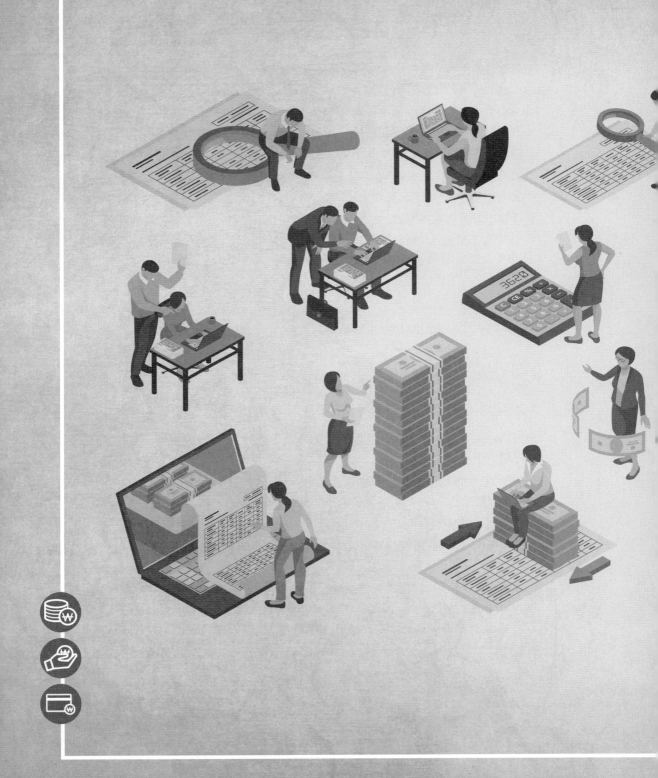

C·H·A·P·T·E·R

11

자본

CHAPTER 11 자본

1 자본의 구성요소

자본은 자산에서 모든 부채를 차감한 후의 잔여지분으로, 순자산이라고도 부른다. 자본은 회계기준에 따라 다음과 같이 구분한다.

1. 한국채택국제회계기준에 따른 자본의 구성요소

납입자본	자본금, 주식발행초과금
이익잉여금	법정적립금, 임의적립금, 미처분이익잉여금
기타자본구성요소	납입자본과 이익잉여금이 아닌 자본요소

K – IFRS에서는 자본의 구성요소를 납입자본, 이익잉여금 및 기타자본구성요소로 구분하고 있다. 다만, K – IFRS에서는 납입자본의 정의를 명확하게 규정하고 있지 않다. 일반적으로 납입자본은 자본금과 주식발행초과금의 합을 의미한다. 기타자본구성요소는 납입자본과 이익잉여금이 아닌 자본요소이다.

2. 일반기업회계기준에 따른 자본의 구성요소

K – IFRS에서 자본의 구성요소를 구체적으로 서술하지 않으므로 많은 대한민국의 회계학 시험은 일반기업회계기준에 따른 자본의 구성요소를 바탕으로 출제한다. 본서에서도 일반기업회계기준을 바탕으로 자본 관련 용어를 사용한다. 일반기업회계기준에 따른 자본의 구성요소는 다음과 같다.

자본금		보통주 자본금, 우선주 자본금
자본잉여금		주식발행초과금, 자기주식처분이익, 감자차익 등
자본조정	차감	주식할인발행차금, 자기주식처분손실, 감자차손, 자기주식 등
	가산	주식선택권, 미교부주식배당금 등
기타포괄손익누계액(OCI)		재평가잉여금, FVOCI 금융자산 평가손익, 재측정요소, 해외사업장환산차이, 위험회피적립금 등
이익잉여금		법정적립금, 임의적립금, 미처분이익잉여금

3. 자본금

$$자본금 = (주당)액면금액 \times 발행주식 수$$

자본금은 발행주식수에 액면금액을 곱한 금액을 말한다. 문제에서 '액면금액'이라고 제시한다면 주당 금액을 의미한다. 따라서 자본금을 구하기 위해서는 액면금액에 발행주식 수를 곱해야 한다. 오해의 소지를 줄이기 위해서 문제에서 '주당 액면금액'이라고 제시해주는 경우도 있다.

보통주	배당과 잔여재산분배에 있어 다른 주식에 대해 기준이 되는 주식
우선주	배당이나 잔여재산분배에 있어서 우선권을 부여한 주식

주식은 보통주와 우선주로 구분한다. 보통주와 우선주의 정의는 위와 같다. 별다른 언급이 없다면 주식은 보통주로 본다. 보통주와 우선주는 각각 자본금을 계상하며, 자본금은 보통주자본금과 우선주자본금으로 구성되어 있다.

4. 기타포괄손익누계액: 잉지재부, 채해위, XO

한 기간에 인식되는 모든 수익과 비용 항목은 한국채택국제회계기준이 달리 정하지 않는 한 당기손익으로 인식한다. 한국채택국제회계기준에서 요구하거나 허용하여 당기손익으로 인식하지 않은 수익과 비용항목(기타포괄손익)은 다음과 같다. ⑥~⑧번 항목은 고급회계에서 배울 내용이다.

구분	설명	재분류조정
① 재평가잉여금	유·무형자산의 재평가모형 적용 시 평가이익	X (이잉 대체 가능)
② FVOCI 금융자산 (지분상품) 평가손익	FVOCI 금융자산(지분상품)의 공정가치 평가손익	
③ 재측정요소	확정급여제도 적용 시 확정급여부채 및 사외적립자산의 평가손익	
④ FVPL 지정 금융부채 평가손익	FVPL 지정 금융부채의 신용위험 변동에 따른 공정가치 평가손익	
⑤ FVOCI 금융자산 (채무상품) 평가손익	FVOCI 금융자산(채무상품)의 공정가치 평가손익	O
⑥ 해외사업장환산차이	기능통화로 작성된 재무제표를 표시통화로 환산하는 과정에서 발생하는 외환차이	
⑦ 위험회피적립금	파생상품에 대해 현금흐름위험회피회계를 적용하는 경우 파생상품 평가손익 중 효과적인 부분	
⑧ 지분법자본변동	관계기업이 인식한 기타포괄손익 중 지분율에 비례하는 부분	△

재분류조정이란, 당기나 과거 기간에 기타포괄손익으로 인식되었으나 당기손익으로 재분류하는 것을 의미한다. 기타포괄손익 별로 재분류조정 여부가 다르며, 재분류조정 대상이 아닌 기타포괄손익은 자본 내에서 이익잉여금으로 대체할 수 있다. 지분법자본변동은 발생 원천에 따라 재분류조정 여부가 달라진다. 자세한 내용은 고급회계를 참고하자.

예제

01 기타포괄손익 항목 중 후속적으로 당기손익으로 재분류조정될 수 있는 것은? 2018. CTA

① 최초 인식시점에서 기타포괄손익-공정가치측정금융자산으로 분류한 지분상품의 공정가치 평가손익
② 확정급여제도의 재측정요소
③ 현금흐름위험회피 파생상품평가손익 중 위험회피에 효과적인 부분
④ 무형자산 재평가잉여금
⑤ 관계기업 유형자산 재평가로 인한 지분법기타포괄손익

해설

⑤ 지분법자본변동은 OCI가 발생한 원천에 따라 재분류조정 여부가 달라진다. 유, 무형자산 재평가로 인한 재평가잉여금은 재분류조정 대상이 아니므로 지분법자본변동도 재분류조정 대상이 아니다.

답 ③

2 증자와 감자

	증자: 자본금 증가	감자: 자본금 감소
유상: 자본 변동 O	유상증자	유상감자
무상: 자본 변동 X	무상증자	무상감자

1. 증자, 감자: 자본'금' 변동 (≠자본 변동 여부)

증자는 주식 수를 늘려 자본금을 증가시키는 자본거래를, 감자는 주식 수를 줄여 자본금을 감소시키는 자본거래를 의미한다. '자본금'은 자본의 구성요소 중 하나일 뿐, '자본'과 같은 개념이 아니다. 증자와 감자 모두 자본 변동 없이 자본금만 변화시킬 수 있기 때문에 자본이 반드시 변하는 것은 아니다.

2. 유상, 무상: 자산 유출입 여부 (=자본 변동 여부)

유상은 대가가 있는 자본거래를, 무상은 대가가 없는 자본거래를 의미한다. 자본은 기업의 자산, 부채의 변동이 있어야 변한다. 유상증자와 유상감자는 기업 외부로부터 자산이 유입되거나, 기업 외부로 자산이 유출되기 때문에 자본이 변동한다. 반면 무상증자와 무상감자는 자산의 유출입 없이 자본금만 변화하기 때문에 자본이 변동하지 않는다.

3 유상증자

유상증자는 대가를 받고 자본금을 증가시키는 자본거래를 의미한다. 대가성이 있기 때문에 실질적 증자라고도 한다. 반면, 무상증자는 대가 없이 자본금을 증가시키는 자본거래를 의미하며, 형식적 증자라고도 부른다. 유상증자는 증자 시 받는 대가에 따라 현금출자, 현물출자, 출자전환으로 나뉜다.

1. 현금출자

현금	발행금액		자본금	액면금액
주식할인발행차금	XXX	or	주식발행초과금	XXX
주발초 or 주할차	발행원가		현금	발행원가

(1) 자본금 증가액=액면금액×증자 주식 수

현금출자는 현금을 납입받고 자본금을 증가시키는 자본거래이다. 자본금은 현금출자 시 '액면금액 × 증자 주식 수'만큼 증가한다.

(2) 주식발행초과금 증가액=발행금액−액면금액−주식할인발행차금−발행원가

발행금액은 주식을 발행하기 위하여 수령한 금액을 의미한다. 발행금액 중 액면금액은 자본금으로 표시하고, 액면금액을 초과하는 금액은 주식발행초과금으로 계상한다. 본서에서는 줄여서 '주발초'라고 표현할 것이다. 반대로 액면금액이 발행금액을 초과하면 주식할인발행차금(주할차)을 계상한다.

① 주식할인발행차금과의 상계
주식발행초과금과 주식할인발행차금은 재무상태표에 동시에 계상하지 않는다. 따라서 현금출자 전에 주할차가 계상되어 있었다면 상계 후, 초과분만 주발초로 계상해야 한다.

② 주식 발행원가: 주식발행초과금에서 차감
현금출자 시 신주발행비 등의 발행원가가 발생하기도 한다. 주식 관련 발행원가는 주식발행초과금을 차감하거나 주식할인발행차금에 가산한다. 주발초와 주할차는 동시에 계상되지 않기 때문에 주발초가 있다면 주발초에서 차감하고, 주할차가 있다면 주할차에 가산한다.

(3) 자본 증가액=현금 순유입액=발행금액−발행원가

위 회계처리를 요약하면 '현금 XXX / 자본 XXX'이다. 따라서 자본 증감액은 현금 순유입액과 일치한다. 현금출자 시 발행금액만큼 현금이 유입되고, 발행원가만큼 현금이 유출되므로, 발행금액에서 발행원가를 차감한 만큼 자본이 증가한다.

예제

02 (주)한국은 주식할인발행차금 잔액 ₩500,000이 있는 상태에서 주당 액면금액 ₩5,000 인 보통주 1,000주를 주당 ₩10,000에 발행하였다. 주식발행과 관련한 직접적인 총비용 은 ₩800,000이 발생하였다. 이 거래의 결과에 대한 설명으로 옳은 것은? (단, 모든 거래 는 현금거래이다)

2020. 관세직 9급

① 주식발행관련비용 ₩800,000은 비용처리 된다.

② 자본증가액은 ₩9,200,000이다.

③ 주식할인발행차금 잔액은 ₩500,000이다.

④ 주식발행초과금 잔액은 ₩4,500,000이다.

해설

① 주식발행관련비용 ₩800,000은 **주발초에서 차감**한다. (X)

② 자본증가액 = 현금증가액 = 1,000주 × @10,000 − 800,000 = ₩9,200,000 (O)

③ 신주 발행 시 주할차를 상계하고 남은 것만 주발초로 계상한다. 주식할인발행차금 잔액은 0이다. (X)

④ 주식발행초과금 잔액: 1,000주 × (@10,000 − @5,000) − 500,000 − 800,000 = **₩3,700,000** (X)

|회계처리|

현금	10,000,000	자본금	5,000,000
		주식할인발행차금	500,000
		주식발행초과금	4,500,000
주식발행초과금	800,000	현금	800,000

답 ②

03 (주)대한은 주당 액면금액 ₩5,000인 보통주 500주를 주당 ₩15,000에 발행하였다. 발행대금은 전액 당좌예금에 입금되었으며, 주식인쇄비 등 주식발행과 직접 관련된 비용 ₩500,000이 지급되었다. 유상증자 직전에 주식할인발행차금 미상각잔액 ₩800,000이 존재할 때, (주)대한의 유상증자로 인한 자본의 증가액은 얼마인가? 2014. CTA

① ₩2,500,000   ② ₩4,500,000   ③ ₩6,200,000

④ ₩7,000,000   ⑤ ₩7,500,000

⊙ 해설

자본 증가액 = 현금 순유입액 = 발행가액 - 발행원가 = 500주 × @15,000 - 500,000 = **7,000,000**

|회계처리|

현금	7,500,000	자본금	2,500,000
		주식할인발행차금	800,000
		주식발행초과금	4,200,000
주식발행초과금	500,000	현금	500,000

目 ④

---

2. 현물출자 vs 출자전환

현물출자는 현금이 아닌 현물(물건)을 납입받고 자본금을 증가시키는 자본거래이다. 출자전환은 회사가 기존에 차입한 부채를 탕감받는 대신 주식을 지급하는 거래이다. 현물출자와 출자전환 시 주식의 발행금액에 대해서 K - IFRS는 다음과 같이 규정하고 있다. 출자전환은 출제될 가능성이 낮으므로, 현물출자 위주로 보자.

주식의 발행금액	현물출자	출자전환 심화
1순위	자산의 공정가치	주식의 공정가치
2순위	주식의 공정가치	부채의 공정가치

(1) 현물출자

1순위	(차) 자산	자산 FV	(대) 자본금 주식발행초과금	액면금액 자산 FV - 액면금액
2순위	(차) 자산	주식 FV	(대) 자본금 주식발행초과금	액면금액 주식 FV - 액면금액

현물출자로 취득한 자산의 취득원가는 납입받는 자산의 공정가치로 하되, 자산의 공정가치를 신뢰성 있게 측정할 수 없다면 발행하는 주식의 공정가치로 한다. 회계처리를 보면 알 수 있듯, 자산의 취득원가가 곧 주식의 발행금액이 되므로 위 순서를 주식의 발행금액 결정 방식으로 보아도 무방하다.

(2) 출자전환

출자전환 시에는 채권자에게 발행한 주식의 발행금액을 주식의 공정가치로 하되, 주식의 공정가치를 신뢰성 있게 측정할 수 없다면 소멸된 금융부채의 공정가치로 측정한다.

 현물출자 시 주식의 발행금액

주식의 발행금액은 주식의 공정가치가 아니라, '받은 것의 공정가치'로 측정한다. '1. 현금출자' 회계처리를 보면 발행가액만큼 현금이 유입되고, 주발초는 발행가액에서 액면금액을 차감한 잔여액으로 계산된다. 따라서 현물출자 시에도 주식의 발행금액을 받은 자산의 공정가치로 측정하며, 주발초는 자산의 공정가치에서 액면금액을 차감한 잔여액으로 계산한다.

반면, 출자전환은 부채를 상환할 능력이 없어서 주식이라도 주는 거래이다. 상환할 수 없는 부채의 공정가치는 신뢰성이 떨어지는 정보일 것이다. 따라서 출자전환으로 발행한 주식의 발행금액을 주식의 공정가치로 하는 것이 원칙이다.

현물출자를 우선적으로 외우고, **출자전환은 현물출자와 1,2순위가 반대**라고 기억하면 오래 기억할 수 있을 것이다.

사례 A

(주)김수석은 토지를 취득하면서 보통주 100주(액면금액 ₩5,000)를 발행하였다. 토지의 공정가치는 ₩700,000, (주)김수석이 발행한 보통주의 공정가치는 주당 ₩8,000인 경우 회계처리는 다음과 같다.

(차) 토지	700,000	(대) 자본금	500,000
		주식발행초과금	200,000

만약 토지의 공정가치를 신뢰성 있게 측정할 수 없다면 회계처리는 다음과 같다.

(차) 토지	800,000	(대) 자본금	500,000
		주식발행초과금	300,000

사례 B

(주)김수석은 재무상태가 악화됨에 따라 ₩900,000의 차입금을 상환할 수 없게 되었다. (주)김수석은 보통주 100주(액면금액 ₩5,000)를 채권자에게 발행하는 조건으로 차입금을 소멸시키기로 하였다. 소멸된 차입금의 공정가치는 ₩700,000, (주)김수석이 발행한 보통주의 공정가치는 주당 ₩8,000인 경우 회계처리는 다음과 같다.

(차) 차입금	900,000	(대) 자본금	500,000
		주식발행초과금	300,000
		상환이익(PL)	100,000

주식의 발행금액은 주식의 공정가치가 된다.

만약 주식의 공정가치를 신뢰성 있게 측정할 수 없다면 회계처리는 다음과 같다.

(차) 차입금	900,000	(대) 자본금	500,000
		주식발행초과금	200,000
		상환이익(PL)	200,000

주식의 발행금액은 차입금의 공정가치가 된다.

---

4 | 자기주식

자기주식이란 회사가 보유하고 있는 자사의 주식을 뜻한다. 타사의 주식은 사업 모형에 따라 금융자산으로 보아 '자산'으로 분류하지만, 자기주식은 자산이 아닌 자본의 차감으로 분류하며, 그 중에서도 자본조정 항목에 해당한다.

 **Why?** 자기주식이 자본의 감소인 이유

회계기준에서는 자기주식을 자본에서 차감하는 것으로 규정하고 있다. 자기주식을 자산으로 인정하게 되면 신주를 발행한 뒤, 자기주식을 취득하는 방식으로 다음과 같이 돈을 쓰지 않고도 무한히 자산과 자본을 늘릴 수 있기 때문이다. 자산과 자본이 증가하면 부채의 비중이 상대적으로 작아져 재무구조의 안전성이 좋아 보이는 문제가 생긴다.

(차) 현금   10,000   (대) 자본금 & 주발초   10,000
(차) 자기주식(자산)   10,000   (대) 현금   10,000

재무상태표

자산 10,000 ↑	부채
	자본 10,000 ↑

1. 자기주식의 취득

자기주식의 취득 방식에는 유상취득과 무상취득이 있다. 각각의 회계처리는 다음과 같다.

유상취득	자기주식	취득원가	현금	취득원가
무상취득	― 회계처리 없음 ―			

(1) 유상취득: 자기주식은 취득원가로 계상

자기주식은 취득 시 취득원가로 계상한다. 다른 기업의 주식(금융자산)은 공정가치로 측정하는 것과 달리, 자기주식은 취득원가로 계상한 뒤, 공정가치로 평가하지 않는다는 점을 주의하자.

(2) 무상취득

무상으로 취득한 자산의 취득원가는 취득 자산의 공정가치로 한다. 반면, 무상으로 취득한 자기주식은 0으로 계상한다. 따라서 자기주식을 무상으로 취득하는 경우 회계처리는 없다. 자본은 자산에서 부채를 차감한 잔여지분인데, 자기주식 무상취득 시 자산이나 부채의 변화가 없기 때문이다.

2. 자기주식의 처분 (=재발행)

현금	처분가액		자기주식	취득원가
자기주식처분손실	XXX	or	자기주식처분이익	XXX

취득한 자기주식은 다시 처분하거나, 소각할 수 있다. 처분 시에는 처분가액과 자기주식 취득원가의 차이를 자기주식처분손익으로 계상한다. 이익이 발생하면 자기주식처분이익(자본잉여금)을, 손실이 발생하면 자기주식처분손실(자본조정)을 계상한다.

문제에서 취득한 자기주식을 '재발행'하였다는 표현이 등장할 수 있는데, 이는 처분과 같다고 보면 된다. 새로운 주식을 발행하는 것이 아니라 기존에 보유하던 자기주식을 재발행하는 것이므로 현금출자 시처럼 자본금, 주발초를 늘리는 회계처리를 하면 안 된다.

3. 자기주식 소각

자본금	액면금액		자기주식	취득원가
감자차손	XXX	or	감자차익	XXX

취득한 자기주식을 태우는 것을 소각이라고 부른다. 쉽게 생각해서 주식을 찢어 없애는 것이라고 이해하면 된다. 소각 시에는 주식이 사라지므로 자본금이 액면금액만큼 감소하며, 자기주식도 제거되므로 자기주식의 취득원가만큼 감소한다. 그리고 액면금액과 자기주식 취득원가의 차이를

감자차손익으로 계상한다. 이익이 발생하면 감자차익(자본잉여금)을, 손실이 발생하면 감자차손 (자본조정)을 계상한다.

> ※ 주의 **자기주식 처분 vs 자기주식 소각**
>
> 자기주식처분손익 = 처분가액 − 취득원가
> 감자차손익 = 액면금액 − 취득원가

많은 수험생이 자기주식 처분과 소각을 헷갈린다. 자기주식 처분은 외부로부터 사온 주식을 다시 내다 파는 것이므로 '사온 금액(취득원가)과 파는 금액(처분가액)의 차이'가 자기주식처분손익이 된다.

반면, 자기주식 소각은 외부로부터 사온 주식을 태우는 것이므로 자본금이 감소한다. 따라서 '사온 금액(취득원가)과 자본금(액면금액)의 차이'가 감자차손익이 된다. 감자 시에 자기주식처분손익을 계상해야 된다고 오해하는 수험생이 많은데, 자기주식을 외부에 파는 것이 아니므로 처분손익이 아닌 감자차손익을 계상해야 한다. 둘을 정확히 구분하자.

김수석의 핵심 콕! 자본잉여금 vs 자본조정: 동시 계상 불가!

구분	구분	증자	자기주식 처분	감자
이익	자본잉여금	주식발행초과금	자기주식처분이익	감자차익
손실	자본조정	주식할인발행차금	자기주식처분손실	감자차손

자본거래에서 발생한 **이익 계정은 자본잉여금 계정**이지만, **손실 계정은 자본조정 계정**에 해당한다. 각 상황에 어느 계정을 사용하는지, 그리고 각 계정별로 자본잉여금인지, 자본조정인지 확실히 기억하자.

자본잉여금에 해당하는 계정과 자본조정에 해당하는 계정은 재무상태표 상에 동시에 계상될 수 없다. 예를 들어, 주발초와 주할차는 동시에 계상될 수 없다. 주식 관련 발행원가는 주발초에서 차감하거나 주할차에 가산한다고 설명했었는데, 주발초와 주할차가 동시에 계상될 수 없기 때문이다.

예제

04 (주)세무의 보통주(주당 액면금액 ₩5,000, 주당 발행가 ₩6,500)와 관련된 거래가 다음과 같이 발생했을 때, 20X1년 4월 30일 회계처리로 옳은 것은? (단, 회계처리는 선입선출법을 적용한다.) 2018.CTA

거래일자	주식수	주당 재취득금액	주당 재발행금액
20X1년 3월 1일	50	₩6,800	—
20X1년 4월 1일	20	5,600	—
20X1년 4월 21일	30	—	₩6,900
20X1년 4월 30일	10	—	4,800

	(차변)		(대변)	
①	현금	48,000	자기주식	68,000
	자기주식처분이익	3,000		
	자기주식처분손실	17,000		
②	현금	48,000	자기주식	68,000
	자기주식처분손실	20,000		
③	현금	48,000	자기주식	56,000
	자기주식처분손실	8,000		
④	현금	48,000	자기주식	50,000
	감자차익	2,000		
⑤	현금	48,000	자기주식	50,000
	감자차손	2,000		

해설

	현금	48,000	자기주식	68,000
X1.4.30	자기주식처분이익	3,000		
	자기주식처분손실	17,000		

4.30에 처분한 자기주식의 취득원가: 10주 × @6,800 = 68,000
— 선입선출법을 적용하고 있으므로, 3.1에 취득한 50주 중 4.21에 30주를 처분한 후 20주가 남아있는 상태이다.
  4.30에는 10주만 처분하므로 3.1에 취득한 주식을 처분했다고 본다.

자기주식처분이익 감소액: (6,900 − 6,800) × 30주 = 3,000
— 4.21에 자기주식처분이익이 발생하였다. 자기주식처분이익과 자기주식처분손실은 동시에 계상될 수 없으므로 처분 전에 존재한 자기주식처분이익을 제거해야 한다.

답 ①

05 다음은 당기 중에 발생한 (주)서울의 자기주식 관련거래이다. 12월 31일에 (주)서울이 인식해야 할 감자차손과 자기주식처분손실은 각각 얼마인가? 2016. 서울시 7급

> • 3월 1일 : (주)서울이 발행한 보통주(주당, 액면금액 ₩2,000) 중 100주를 주당 ₩5,000에 취득하였다.
> • 6월 1일 : 자기주식 중 30주를 주당 ₩7,000에 매각하였다.
> • 8월 1일 : 자기주식 중 30주를 주당 ₩2,000에 매각하였다.
> • 12월 1일 : 자기주식 중 나머지 40주를 소각하였다.

	감자차손	자기주식처분손실
①	₩120,000	₩30,000
②	₩150,000	₩30,000
③	₩160,000	₩20,000
④	₩160,000	₩40,000

▶ 해설

(1) 감자차손익
   − 12.1: $(2,000 − 5,000) \times 40주 = (−)120,000$ 손실

(2) 자기주식처분손익: $60,000 − 90,000 = (−)30,000$ 손실
   − 6.1: $(7,000 − 5,000) \times 30주 = 60,000$ 이익
   − 8.1: $(2,000 − 5,000) \times 30주 = (−)90,000$ 손실

|회계처리|

3.1	자기주식	500,000	현금	500,000
6.1	현금	210,000	자기주식	150,000
			자기주식처분이익	60,000
8.1	현금	60,000	자기주식	150,000
	자기주식처분이익	60,000		
	자기주식처분손실	30,000		
12.1	자본금	80,000	자기주식	200,000
	감자차손	120,000		

자기주식처분이익과 자기주식처분손실은 동시에 계상될 수 없으므로, 자기주식처분이익을 먼저 제거하고 초과분만 자기주식처분손실로 인식한다.

답 ①

06 (주)갑은 20X1년에 자기주식 60주를 주당 ₩3,000에 취득하였으며, 20X2년에 이 중 30주를 주당 ₩5,000에 처분하였다. 20X1년말 (주)갑 주식의 주당 공정가치는 ₩4,000이다. 20X2년의 자기주식 처분이 자본총계에 미치는 영향을 옳게 나타낸 것은? (단, 법인세 효과는 고려하지 않는다.)

2012. CPA

① ₩30,000 감소
② ₩60,000 증가
③ ₩150,000 감소
④ ₩150,000 증가
⑤ ₩180,000 증가

⊙▶ 해설

자본 증가액: 30주 × @5,000 = 150,000

X1	자기주식	180,000	현금	180,000
X2	현금	150,000	자기주식 자기주식처분이익	90,000 60,000

— 자기주식 90,000 감소, 자기주식처분이익 60,000 증가로 인해 자본은 150,000 증가한다.
— 자기주식은 타사의 주식과 달리 금융자산으로 분류하지 않으므로, 공정가치 평가를 하지 않는다.

답 ④

5 감자

증자는 자본금을 증가시키는 것이고, 반대로 감자는 자본금을 감소시키는 것을 의미한다. 감자할 때 발생한 이익을 감자차익, 손실을 감자차손이라고 부른다.

1. 유상감자

자기주식 취득	자기주식	취득원가	현금	취득원가
자기주식 소각	자본금	액면금액	자기주식	취득원가
	감자차손	XXX or	감자차익	XXX

유상감자는 주주에게 자기주식을 유상으로 취득하여 소각함에 따라, 자본금을 감소시키는 것을 말한다. 쉽게 말하면, '유상감자 = 자기주식 취득 + 소각'이다. 자기주식은 취득 시 계상된 뒤 소각 시 제거되므로 자기주식을 서로 상계하면 현금을 지급하면서 자본금을 감소시키는 것이나 마찬가지이다. 대가 없이 자본금을 감소시키는 것이 아니라, 현금을 지급하고 자본금을 감소시키므로 이는 '유상' 감자에 해당한다.

2. 무상감자

무상감자는 주주에게 대가를 지급하지 않고, 자본금을 감소시키는 것을 말한다. 일반적으로 무상감자는 결손법인이 이월결손금(음수인 이익잉여금)을 상계하기 위해 실시한다. 이월결손금을 상계하고 남은 자본금은 자본잉여금 항목인 감자차익으로 계상한다.

자본금	액면금액	이월결손금	결손금
		감자차익	XXX

무상감자 시에는 감자차익만 발생할 수 있고, 감자차손은 발생할 수 없다. 감자차손이 발생할 수 있게 허용하면 다음과 같이 자본금을 조금만 줄이면서 이월결손금을 감자차손으로 계정 대체를 할 수 있기 때문이다.

자본금	1,000	이월결손금	1,000,000
감자차손	999,000		

이월결손금은 당기순손실의 누적액으로, 경영진이 영업을 잘 못 해서 발생한 손실이다. 반면 감자차손은 유상감자에서 발생하는 손실이므로, 장부상에 계상되더라도 경영진이 '주주들에게 돈 많이 줘서 회사가 손실 본 거잖아~'라며 변명할 수 있다. 따라서 이런 변명을 할 수 없게끔 무상감자 시에는 감자차손이 발생할 수 없게 이월결손금보다 자본금을 많이 감소시켜야 한다.

6 자본이 불변인 자본거래

1. 무상증자 vs 주식배당

무상증자와 주식배당은 자본의 변화 없이 자본금을 증가시키는 자본거래이다. 이 둘의 차이점은 자본금의 재원이다. 재원 이외에 무상증자와 주식배당의 효과는 같다.

(1) 무상증자: 자본잉여금 or 법정적립금 → 자본금

자본잉여금 or 법정적립금	XXX	자본금	XXX

무상증자란 자본잉여금이나 이익잉여금 항목인 법정적립금을 재원으로 증자를 하는 것을 말한다. 무상증자 시 주식 수가 증가하여 자본금은 증가하지만, 그만큼 재원이 되었던 자본잉여금이나 이익잉여금이 감소하여 자본은 불변이다. 참고로, 무상증자는 대한민국 상법상 액면발행해야 하므로 유상증자와 달리 주발초가 계상될 수 없다.

(2) 주식배당: 미처분이익잉여금 → 자본금

미처분이익잉여금	XXX	자본금	XXX

주식배당이란 신주를 발행하여 배당으로 지급하는 것을 말한다. 주식배당의 경우 무상증자와 동일하게 주식 수가 증가하여 자본금이 증가하지만, 미처분이익잉여금의 감소로 자본은 불변이다. 주식배당은 실질적으로 회사의 자산이 사외로 유출되는 것이 아니므로 자본이 불변이라고 이해하면 된다. 배당을 받는 주주는 추가로 주식을 받았으므로 보유 주식 수가 늘어나지만, 회사의 자본이 불변인 상태에서 주식 수가 늘어나므로 주가가 하락하여 주주의 부도 불변이다.

2. 주식병합 vs 주식분할

주식분할은 하나의 주식을 여러 개의 주식으로 나누는 것을 뜻한다. 반면, 주식병합은 여러 개의 주식을 하나로 합하는 것을 말한다. 위 그림에서 액면금액 10,000인 주식 1주를 2:1로 분할하면 액면금액 5,000인 주식 2주가 생긴다. 반대로 주식병합을 하면 액면금액 5,000인 주식 2주가 액면금액 10,000인 주식 1주로 바뀐다. 주식분할과 주식병합은 주식 수와 액면가만 달라질 뿐 자본총계와 자본금 모두 불변이다. 따라서 주식분할과 주식병합은 회계처리가 없다.

예제

01 주식배당, 무상증자, 주식분할, 주식병합에 대한 설명으로 가장 옳지 않은 것은? 2019. 서울시 7급

① 주식배당, 무상증자의 경우 총자본은 변하지 않는다.

② 무상증자, 주식분할의 경우 자본금이 증가한다.

③ 주식병합의 경우 발행주식수가 감소하지만 주식분할의 경우 발행주식수가 증가한다.

④ 주식분할의 경우 주당 액면금액이 감소하지만 주식배당, 무상증자의 경우 주당 액면금액은 변하지 않는다.

해설

무상증자와 달리 주식분할의 경우 자본금이 불변이다.

답 ②

02 (주)한국의 20X1년 12월 31일의 재무상태표상의 자본은 보통주자본금 ₩100,000(주식수 100주, 주당 액면금액 ₩1,000), 주식발행초과금 ₩30,000, 이익잉여금 ₩50,000으로 구성되어 있다. 20X2년의 자본과 관련된 거래내역이 다음과 같을 때, 자본 변동에 대한 설명으로 옳지 않은 것은? (단, 자기주식에 대하여 원가법을 적용하고, 기초 자기주식처분손익은 없다)

2019. 국가직 9급

- 3월 10일: 주주에게 보통주 한 주당 0.1주의 주식배당을 실시하였다.
- 4월 9일: 자기주식 10주를 주당 ₩2,100에 취득하였다.
- 6월 13일: 4월 9일 취득한 자기주식 4주를 주당 ₩2,200에 매각하였다.
- 8월 24일: 4월 9일 취득한 자기주식 6주를 주당 ₩1,700에 매각하였다.
- 11월 20일: 보통주 1주를 2주로 하는 주식분할을 의결하고 시행하였다.

① 자본과 관련된 거래로 인해 이익잉여금은 ₩8,000 감소한다.

② 자기주식처분손실은 ₩2,000이다.

③ 20X2년 12월 31일의 보통주자본금은 ₩110,000이다.

④ 20X2년 12월 31일의 보통주 주식수는 220주이다.

⊕ 해설

① 이익잉여금 감소: 100주 × 0.1 × @1,000 = 10,000 (주식배당액)

② 자기주식처분손익: (2,200 − 2,100) × 4 + (1,700 − 2,100) × 6 = (−)2,000 손실

③ 기말 보통주자본금: 100,000 × 1.1 = 220주 × @500 = 110,000

  − 주식배당으로 인해 자본금이 10% 증가한다. 주식분할은 주식 수만 증가할 뿐 자본금은 불변이다.

  − 주식분할로 인해 기말 주식수는 220주, 액면금액은 ₩500이 되므로 둘을 곱해도 자본금을 구할 수 있다.

④ 기말 보통주 주식수: 100 × 1.1 × 2 = 220주

|회계처리|

3.10	미처분이익잉여금	10,000	보통주자본금	10,000
4.9	자기주식	21,000	현금	21,000
6.13	현금	8,800	자기주식	8,400
			자기주식처분이익	400
8.24	현금	10,200	자기주식	12,600
	자기주식처분이익	400		
	자기주식처분손실	2,000		
11.20	− 회계처리 없음 −			

冒 ①

03 (주)세무의 20X1년 초 자본잉여금은 ₩100,000이고 20X1년 기중 거래내역이 다음과 같을 때, 20X1년 12월 31일 자본잉여금은? 2020. CTA

일자	거래내역
2월 1일	보통주 600주(주당액면 ₩500)를 주당 ₩700에 발행하고, 주식발행비용 ₩30,000이 발생하였다.
3월 10일	이월결손금 ₩250,000을 보전하기 위하여 기발행주식수 3,000주(주당 액면금액 ₩500)를 1주당 0.8주로 교부하는 주식병합을 실시하였다(20X1년 초 감자차손 없음).
5월 2일	화재발생으로 유형자산(장부금액 ₩400,000)이 전소되고, 보험회사로부터 ₩40,000의 화재보험금을 수령하였다.
8월 23일	이익준비금 ₩200,000을 재원으로 하여 보통주 400주(주당액면 ₩500)를 무상증자하였다.
9월 30일	신제품 생산용 기계장치 구입을 위해 정부보조금 ₩80,000을 수령하였다.
11월 17일	보유중인 자기주식 500주(재취득가 주당 ₩650)를 주당 ₩700에 재발행하였다(20X1년 초 자기주식처분손실은 없으며, 자기주식은 원가법으로 회계처리함).

① ₩215,000 ② ₩235,000 ③ ₩240,000
④ ₩245,000 ⑤ ₩265,000

▶ 해설

기초 자본잉여금	100,000
주식발행초과금	90,000
감자차익	50,000
자기주식처분이익	25,000
기말 자본잉여금	265,000

(1) 주식발행초과금: $(700 - 500) \times 600주 - 30,000 = 90,000$

(2) 감자차익: $(1 - 0.8) \times 3,000주 \times @500 - 250,000 = 50,000$
  - 이월결손금 보전을 위해 주식병합을 실시하였으므로, 무상감자와 같다. 3,000주를 1주당 0.8주로 주식병합 시 2,400주만 남으므로 600주가 감소한다. 일반적인 주식병합과 달리 액면금액이 ₩500으로 불변이며, 자본금은 감소한다.

(3) 자기주식처분이익: $(700 - 650) \times 500주 = 25,000$

|회계처리|

2.1	현금	420,000	자본금	300,000
			주식발행초과금	120,000
	주식발행초과금	30,000	현금	30,000
3.10	자본금	300,000	이월결손금	250,000
			감자차익	50,000
5.2	유형자산처분손실	400,000	유형자산	400,000
	현금	40,000	보험금수익	40,000
8.23	이익준비금	200,000	자본금	200,000
9.30	현금	80,000	정부보조금	80,000
11.17	현금	350,000	자기주식	325,000
			자기주식처분이익	25,000

이익준비금은 이익잉여금 중 법정적립금에 해당한다.

답 ⑤

7 이익잉여금의 구성

이익잉여금은 크게 처분이 완료된 기처분이익잉여금과 아직 처분되지 않은 미처분이익잉여금으로 나뉜다. 기처분이익잉여금은 다시 법정적립금과 임의적립금으로 나뉜다.

이익잉여금	기처분이익잉여금 (적립금 등)	법정적립금
		임의적립금
	미처분이익잉여금	

1. 법정적립금(=이익준비금)

이익준비금 적립액 = 이익배당액(중간배당, 현물배당 포함, 주식배당 제외) × 10%

우리나라 상법에서는 배당액의 1/10 이상을 이익준비금으로 적립한다. 이익준비금이 자본금의 1/2이 되면 더이상 이익준비금을 적립하지 않아도 된다. '이익'준비금은 대한민국 상법에 등장하는 명칭이고, '법정'적립금은 상법에서 정한 적립금이라는 뜻으로 회계기준에서 사용하는 명칭이다. 기출문제에서는 이익준비금으로 출제되었으나, 같은 의미이므로 기억해두자.

이익준비금 적립액의 기준이 되는 배당액에 중간배당과 현물배당은 포함하고, 주식배당은 제외한다는 것을 주의하자. 중간배당은 차기 2 − 3월에 이루어지는 정기주주총회가 아닌 기중에 이루어지는 임시주주총회에서 결의한 배당을 의미한다. 시기가 앞당겨진 것일 뿐 똑같은 배당이므로 중간배당에 대해서도 이익준비금을 적립해야 한다. 중간배당에 대한 이익준비금은 임시주총이 아닌 정기주총에서 적립한다.

현물배당은 배당의 형태가 현금이 아닐 뿐, 현금배당과 마찬가지로 자본이 감소하므로 자본금 보호를 위해 이익준비금을 적립해야 한다. 반면, 주식배당은 자본이 감소하지 않으므로 이익준비금 적립을 할 필요가 없다.

2. 임의적립금

임의적립금은 기업의 목적에 따라 임의로 적립한 이익잉여금을 말한다.

3. 미처분이익잉여금

당기순이익은 집합손익을 거쳐 이익잉여금에 누적된다. 정확히는 이익잉여금 중에서도 미처분이익잉여금에 누적된다. 미처분이익잉여금이란 당기순이익으로 누적된 이익잉여금 중 아직 처분되지 않은 금액을 의미한다. 만약 당기순손실이 발생하면 미처분이익잉여금이 감소하며, 미처분이익잉여금이 음수가 되면 미처리결손금이라는 자본의 차감으로 표시한다. 미처분이익잉여금은 배당, 적립금 적립 등에 사용된다. 이를 이익잉여금의 처분이라고 한다.

8 이익잉여금의 처분

이익잉여금의 처분은 주주총회에서 미처분이익잉여금의 사용 목적을 결정하여 미처분이익잉여금을 감소시키는 것을 의미한다. 이익잉여금 처분사항에는 적립금의 적립 및 이입, 배당, 자본조정의 상각이 있다.

1. 적립금의 적립 및 이입

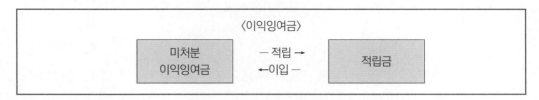

적립은 미처분이익잉여금을 목적에 따라 적립금으로 구분해놓는 것이다. 반면 이입은 적립금을 미처분이익잉여금으로 다시 돌려놓는 것이다. 문제에서 '~적립금은 전액 목적을 달성하였다.'라고 제시된다면 적립금을 이입하라는 의미이다.

적립금의 적립 및 이입이 이루어지더라도 이익잉여금 및 자본은 불변이다. 미처분이익잉여금과 적립금은 모두 이익잉여금 항목이므로, 적립 및 이입은 이익잉여금 내부에서 분류만 바꾸는 것이기 때문이다.

2. 배당: 현금배당, 현물배당, 주식배당

(1) 현금배당

결의 시	미처분이익잉여금	×××	미지급배당금(부채)	×××
지급 시	미지급배당금	×××	현금	×××

주총에서 현금배당 결의 시에는 미지급배당금이라는 부채 계정을 계상한다. 배당을 결의할 때부터 지급할 때까지 시차가 존재하므로 일시적으로 부채로 계상한 뒤, 실제로 지급하면서 제거한다. 현금배당을 수령한 주주는 배당금을 배당금수익(PL)으로 계상한다.

(2) 현물배당 실화

현물배당은 소유주(주주)에 대해 비현금자산(현물)을 배분하는 것을 의미한다. 현물배당 회계처리는
다음과 같다.

결의 시	미처분이익잉여금	결의 시 자산의 FV	미지급배당금	결의 시 자산의 FV
12.31	미처분이익잉여금	자산의 FV 증감	미지급배당금	자산의 FV 증감
지급 시	미처분이익잉여금	자산의 FV 증감	미지급배당금	자산의 FV 증감
	미지급배당금	지급 시 자산의 FV	자산	BV
	처분손익(PL) XXX			

소유주에게 배당으로 비현금자산을 분배해야하는 부채는 분배될 자산의 공정가치로 측정한다.
각 보고기간말과 결제일에, 기업은 미지급배당의 장부금액을 검토하고 조정한다. 이 경우 미지급
배당의 장부금액 변동은 자본에서 인식한다. 기업이 미지급배당을 결제할 때, 분배된 자산의 장부
금액과 미지급배당의 장부금액이 차이가 있다면 당기손익으로 인식한다.

> **사례**
>
> (주)김수석은 20X1년 10월 1일 현물배당을 결의하였다. (주)김수석은 20X2년 2월 1일 현물배당을 지급
> 하였으며, 현물배당으로 지급된 자산의 장부금액은 ₩50,000이다. 현물배당으로 지급된 자산의 일자별
> 공정가치는 다음과 같을 때, 현물배당 결의일부터 지급일까지의 회계처리를 수행하시오.
>
> | 20X1년 10월 1일 | 20X1년 12월 31일 | 20X2년 2월 1일 |
> |---|---|---|
> | ₩70,000 | ₩100,000 | ₩90,000 |
>
> |회계처리|
>
> | X1.10.1 | 미처분이익잉여금 | 70,000 | 미지급배당금 | 70,000 |
> |---|---|---|---|---|
> | X1.12.31 | 미처분이익잉여금 | 30,000 | 미지급배당금 | 30,000 |
> | X2.2.1 | 미지급배당금 | 10,000 | 미처분이익잉여금 | 10,000 |
> | | 미지급배당금 | 90,000 | 자산 | 50,000 |
> | | | | 처분이익(PL) | 40,000 |

(3) 주식배당

결의 시	미처분이익잉여금	×××	미교부주식배당금(자본조정)	×××
지급 시	미교부주식배당금	×××	자본금	×××

주총에서 주식배당 결의 시에는 미교부주식배당금이라는 자본조정 계정을 계상한다. 배당을 결의할 때부터 지급할 때까지 시차가 존재하므로 일시적으로 자본조정으로 계상한 뒤, 실제로 지급하면서 제거한다.

참고로, 주식배당을 수령한 주주는 부의 변화가 없으므로 회계처리가 없다. 주식배당을 하더라도 회사의 자본은 불변인데 주식 수만 증가하므로 주당 가격은 하락한다. 예를 들어, 주가가 ₩11,000인 주식 10주를 보유하다가 회사가 10%의 주식배당을 실시하여 1주를 배당받았다고 하자. 이 경우 주식배당을 받은 후 보유 주식 수는 11주가 되지만 주가는 ₩10,000(= ₩11,000/1.1)이 되므로 주주의 부는 ₩110,000(₩11,000 × 10주 = ₩10,000 × 11주)으로 고정이다. 이처럼 주주는 주식배당을 수령하더라도 이익이 없으므로 회계처리도 없다.

3. 자본조정의 상각

자본거래 결과 자본의 차감 항목(주할차, 자처손, 감자차손)이 재무상태표에 남아있다면 이익잉여금과 상계할 수 있다. K − IFRS나 대한민국 상법에서 이익잉여금 상계를 강제하고 있지는 않기 때문에, 문제에서 시키면 하면 된다.

사례

다음은 (주)김수석의 20X1년 12월 31일 재무상태표 중 일부이다. 주식할인발행차금, 자기주식처분손실, 감자차손을 이익잉여금 처분으로 상각하기로 하였다. 이익잉여금 처분 회계처리를 하고, 상각 후 재무상태표를 작성하시오.

부분 재무상태표(상각 전)

자본금	1,000,000
주식할인발행차금	(100,000)
자기주식	(500,000)
자기주식처분손실	(50,000)
감자차손	(150,000)
미처분이익잉여금	700,000
자본 총계	900,000

|회계처리|

미처분이익잉여금	300,000	주식할인발행차금	100,000
		자기주식처분손실	50,000
		감자차손	150,000

부분 재무상태표(상각 후)

자본금	1,000,000
자기주식	(500,000)
미처분이익잉여금	400,000
자본 총계	900,000

9 이익잉여금처분계산서

이익잉여금처분계산서란 미처분이익잉여금의 증감을 표시하는 표를 의미한다. 표의 이름은 '이익잉여금'처분계산서이지만 '미처분이익잉여금'의 증감을 표시한다. 이익잉여금처분계산서는 재무제표가 아니며, 주석으로 공시한다.

X1.01.01	기초 미처분이익잉여금
X0년 주총 (X1년 3월 경)	(X0년 처분)
X0 차기이월미처분이익잉여금 =	X1 전기이월미처분이익잉여금
	(중간배당)
	OCI의 직접 대체 등
	X1 당기순이익
X1.12.31	기말 미처분이익잉여금
X1년 주총 (X2년 3월 경)	(X1년 처분)
X2 전기이월미처분이익잉여금 =	X1 차기이월미처분이익잉여금

이익잉여금처분계산서에서 중요한 것은 시점이다. 당기순이익은 집합손익을 거쳐 기말 미처분이익잉여금에 누적된다. 이 기말 미처분이익잉여금은 주주총회의 결의에 따라 배당, 적립 등으로 처분된다. 기말 미처분이익잉여금에서 처분된 금액을 제거하면 차기이월미처분이익잉여금이 계산된다. 여기서 차기이월이익잉여금은 기말 미처분이익잉여금과 다른 개념이다. 기초, 기말의 기준일은 회계기간 종료일(12.31)이지만, 전기이월, 차기이월의 기준일은 주주총회 결의일이다. X1.12.31일 자 재무상태표에 계상된 미처분이익잉여금은 기말 미처분이익잉여금이고, 여기에 주총에서 처분된 금액을 가감해야 차기이월미처분이익잉여금이 된다. 이는 X2년 관점에서 볼 때에는 다시 전기이월미처분이익잉여금이 된다.

01 20X2년 2월 개최된 주주총회 결의일 직후 작성된 (주)대경의 20X1년말 재무상태표상 자본은 다음과 같다.

• 보통주 자본금	₩30,000,000
• 이익준비금	1,000,000
• 사업확장적립금	500,000
• 감채기금적립금	600,000
• 미처분이익잉여금	800,000

(주)대경의 20X2년도 당기순이익은 ₩1,200,000이고, 당기 이익잉여금 처분 예정은 다음과 같다.

• 감채기금적립금 이입	₩300,000
• 현금배당	400,000
• 주식배당	100,000
• 사업확장적립금 적립	250,000
• 이익준비금 적립	법정최소금액 적립

위 사항들이 20X3년 2월 개최된 주주총회에서 원안대로 승인되었다. 한국채택국제회계기준에 따라 20X2년도 이익잉여금처분계산서를 작성할 때 차기이월미처분이익잉여금은 얼마인가?

2014. CPA

① ₩1,510,000   ② ₩1,550,000   ③ ₩1,610,000

④ ₩1,650,000   ⑤ ₩1,800,000

해설

X1말 미처분이잉		800,000
X2년 NI		1,200,000
X2말 미처분이잉		2,000,000
X2년 처분 (X3년 2월)	감채기금적립금 이입	300,000
	현금배당	(400,000)
	주식배당	(100,000)
	사업확장적립금 적립	(250,000)
	이익준비금 적립	(40,000)
X2 차기이월 미처분이잉		1,510,000

이익준비금을 법정최소금액만큼 적립하므로 배당액(주식배당 제외)의 10%인 40,000을 적립한다.

답 ①

02 다음은 유통업을 영위하는 (주)대한의 자본과 관련된 자료이다. 20X2년도 포괄손익계산서의 당기순이익은 얼마인가?

2020. CPA

[부분재무상태표(20X1년 12월 31일)]

(단위: ₩)

Ⅰ. 자본금	2,000,000
Ⅱ. 주식발행초과금	200,000
Ⅲ. 이익잉여금	355,000
이익준비금	45,000
사업확장적립금	60,000
미처분이익잉여금	250,000
자본총계	2,555,000

(1) (주)대한은 재무상태표의 이익잉여금에 대한 보충정보로서 이익잉여금처분계산서를 주석으로 공시하고 있다.

(2) (주)대한은 20X2년 3월 정기 주주총회 결의를 통해 20X1년도 이익잉여금을 다음과 같이 처분하기로 확정하고 실행하였다.

- ₩100,000의 현금배당과 ₩20,000의 주식배당
- 사업확장적립금 ₩25,000 적립
- 현금배당의 10%를 이익준비금으로 적립

(3) 20X3년 2월 정기 주주총회 결의를 통해 확정될 20X2년도 이익잉여금 처분내역은 다음과 같으며, 동 처분내역이 반영된 20X2년도 이익잉여금처분계산서의 차기이월미처분이익잉여금은 ₩420,000이다.

- ₩200,000의 현금배당
- 현금배당의 10%를 이익준비금으로 적립

(4) 상기 이익잉여금 처분과 당기순이익 외 이익잉여금 변동은 없다.

① ₩545,000　　　　② ₩325,000　　　　③ ₩340,000

④ ₩220,000　　　　⑤ ₩640,000

⊙▶ 해설

X1말 미처분이잉		250,000
X1년 처분 (X2년 3월)	현금배당 주식배당 사업확장적립금 적립 이익준비금 적립	(100,000) (20,000) (25,000) (10,000)
X2 전기이월 미처분이잉 X2년 NI		95,000 545,000
X2말 미처분이잉		640,000
X2년 처분 (X3년 2월)	현금배당 이익준비금 적립	(200,000) (20,000)
X2 차기이월 미처분이잉		420,000

 ①

10 자본거래가 자본에 미치는 영향 ⭐중요!

> 자본에 미치는 영향 = 현금 유출입 + NI + OCI

1. 현금 순증감액

자본거래가 나열되고 자본의 증감을 물어본 문제에서는 현금 유출입만 보면 된다. 현금이 유입된
만큼 자본이 증가하고, 현금이 유출된 만큼 자본이 감소한다.

자본거래에서 발생한 손익(주식발행초과금/주식할인발행차금, 자기주식처분손익, 감자차손익)은
무시하자. 자본거래로 인한 자본 증감액은 현금수수액과 일치한다.

(1) 현금출자	'발행가액 — 발행원가'만큼 자본 증가
(2) 자기주식 취득	취득원가만큼 자본 감소 (무상취득 시 자본 불변)
(3) 자기주식 처분	처분가액만큼 자본 증가
(4) 자기주식 소각	자본 불변
(5) 적립금의 적립 및 이입	
(6) 무상증자, 주식분할 및 병합	
(7) 배당	현금배당은 자본 감소, 주식배당은 자본 불변

2. 당기순이익과 기타포괄이익

문제에 당기순이익(NI)와 기타포괄이익(OCI)이 제시된 경우 그 금액도 자본에 더해주어야 한다. 당
기순이익은 이익잉여금을 증가시키고, 기타포괄이익은 그 자체로 자본이므로 자본을 증가시킨다.

예제

03 20X1년 말 (주)세무의 자산총액은 기초 대비 ₩4,000,000 증가하였고, 부채총액은 기초 대비 ₩2,000,000 감소하였다. 20X1년 중에 유상증자를 하고 그 대가 전액 ₩500,000 을 토지 취득에 사용하였으며, 이후 무상증자 ₩1,000,000을 실시하였다. 또한 현금배당 ₩800,000과 주식배당 ₩500,000을 결의·지급하였고, 자기주식을 ₩600,000에 취득 하였다. 기타포괄손익–공정가치측정금융자산 기말 공정가치가 기초 대비 ₩400,000 증 가하였다면, 20X1년도 당기순이익은?

2017. CTA

① ₩5,000,000 ② ₩5,500,000 ③ ₩6,000,000
④ ₩6,500,000 ⑤ ₩7,000,000

▶ 해설

유상증자		500,000
현금배당		(800,000)
자기주식 취득		(600,000)
OCI		400,000
NI		6,500,000
자본 증감액	4,000,000 + 2,000,000	= 6,000,000

🖐 ④

04 (주)세무의 20X1년 초 자본총계는 ₩3,000,000이었다. 20X1년 중 자본과 관련된 자료가 다음과 같을 때, 20X1년 말 자본총계는?

2022. CTA

- 4월 1일 : 1주당 액면금액 ₩5,000인 보통주 100주를 1주당 ₩12,000에 발행하였다.
- 7월 30일 : 이사회에서 총 ₩200,000의 중간배당을 결의하고 즉시 현금으로 지급하였다.
- 10월 1일 : 20주의 보통주(자기주식)를 1주당 ₩11,000에 취득하였다.
- 11월 30일 : 10월 1일에 취득하였던 보통주(자기주식) 중에서 10주는 1주당 ₩13,000에 재발행하였고, 나머지 10주는 소각하였다.
- 12월 31일 : 20X1년도의 당기순이익과 기타포괄이익으로 각각 ₩850,000과 ₩130,000을 보고하였다.

① ₩4,040,000   ② ₩4,470,000   ③ ₩4,690,000

④ ₩4,760,000   ⑤ ₩4,890,000

해설

기초 자본		3,000,000
4.1	12,000 × 100주	= 1,200,000
7.30		(200,000)
10.1	11,000 × 20주	= (220,000)
11.30	13,000 × 10주	= 130,000
12.31	850,000 + 130,000	= 980,000
기말 자본		4,890,000

답 ⑤

05 (주)백두의 20X1년 1월 1일의 자산과 부채의 총계는 각각 ₩3,500,000과 ₩1,300,000 이었으며, (주)백두의 20X1년 중 발생한 모든 자본거래는 다음과 같다.

• **3월 8일:**	20X0년도 정기주주총회(2월 28일 개최)에서 결의한 배당을 지급하였다. 구체적으로 현금배당으로 ₩130,000을 지급하였으며, 주식배당으로 보통주 100주(주당 액면금액 ₩500, 주당 공정가치 ₩550)를 발행하였다. (주)백두는 현금배당액의 10%를 상법상의 이익준비금으로 적립하였다.
• **5월 8일:**	보통주 200주(주당 액면금액 ₩500)를 주당 ₩600에 발행하였으며, 이와 관련하여 직접적인 주식발행비용 ₩30,000이 발생하였다.
• **10월 9일:**	20X0년에 취득한 자기주식(취득원가 ₩70,000)을 ₩80,000에 재발행하였다.

(주)백두가 20X1년도 포괄손익계산서상 당기순이익과 총포괄이익으로 ₩130,000과 ₩40,000을 보고하였다면, (주)백두가 20X1년 말 현재 재무상태표상 자본의 총계로 보고할 금액은 얼마인가? (단, 법인세 효과는 고려하지 않는다.)   2011. CPA

① ₩2,280,000   ② ₩2,283,000   ③ ₩2,293,000
④ ₩2,390,000   ⑤ ₩2,410,000

▶ 해설

기초 자본	3,500,000 − 1,300,000	= 2,200,000
2.28		(130,000)
5.8	600 × 200주 − 30,000	= 90,000
10.9		80,000
CI		40,000
기말 자본		2,280,000

X1.2.28에 현금배당을 결의하면서 자본이 130,000 감소한다. (X0년도에 대한 주총은 X1년에 이루어진다.) 주식배당 및 이익준비금 적립 시에는 자본이 불변이다.

자기주식은 X0년에 취득하였으므로, X1년에는 재발행(= 처분)만 반영하면 된다.

답 ①

11 배당금의 배분

배당액의 배분은 자주 출제되는 주제는 아니지만 많은 계산이 필요해 꽤 까다로운 문제이다. 문제에서 배당 총액을 제시하고, 우선주와 보통주의 배당 조건을 바탕으로 우선주 배당금과 보통주 배당금을 각각 계산하는 형태로 출제된다. 풀이 순서는 다음과 같다. 배당금의 배분 방법은 사례를 이용하여 설명하겠다.

Step 1. 누적적/비누적적 고려하여 우선주 배당금 구하기
Step 2. 보통주 배당금 구하기
Step 3. 잔여 배당금 분배하기

사례

20X1년 초에 영업을 개시한 (주)김수석의 20X3년 말 자본금 구조는 다음과 같다.

- 보통주 자본금 (배당률 5%) ₩1,000,000
- 우선주 자본금 (배당률 6%) ₩500,000

우선주에 대한 배당은 영업을 개시한 이래로 지급되지 않았으며, (주)김수석은 20X4년 초 ₩200,000의 현금배당을 결의하였다.

STEP 1 누적적/비누적적 고려하여 우선주 배당금 구하기

기본적으로 배당금은 '자본금 × 배당률'의 방식으로 계산된다. 다만, 우선주 배당금은 누적적인지, 비누적적인지에 의해 달라진다. 각각의 경우 우선주 배당금은 다음과 같이 계산된다.

(1) 누적적 우선주: 우선주 배당금 = 우선주자본금 × 배당률 × 누적 횟수
(2) 비누적적 우선주: 우선주 배당금 = 우선주자본금 × 배당률

누적적 우선주는 배당 미지급 시 누적되어 차후에 지급해야 하지만, 비누적적 우선주는 배당을 미지급하더라도 누적되지 않아 이후 배당 시에도 1년 치 배당만 지급하면 된다. 사례에서 우선주가 비누적적 우선주라면 '500,000 × 6% = 30,000'만 지급하면 되지만, 누적적 우선주라면 '500,000 × 6% × 3회 = 90,000'을 지급해야 한다. 과거 2년 치가 쌓였기 때문에 당기분까지 총 3년 치를 지급해야 한다.

STEP 2 보통주 배당금 구하기=보통주 자본금×배당률

보통주 배당금은 위의 식대로 구하면 된다. 예제의 보통주 배당금은 $1,000,000 \times 5\% = 50,000$이다. 사례에서는 보통주 배당률을 제시했지만, 문제에서 보통주 배당률을 제시하지 않는 경우가 많다. 이때에는 우선주 배당률을 보통주 배당률로 사용하면 된다.

STEP 3 잔여 배당금 분배하기-완전참가적/비참가적/부분참가적

회사에서 결의한 배당 총액 중 우선주 배당금이 1순위로, 보통주 배당금이 2순위로 지급된 후, 남은 배당액이 있다. 이 남은 배당액을 우선주의 참가 여부에 따라 우선주와 보통주에 배분한다. '참가'라 함은 '우선주가 남은 배당액을 배분받을 것인지' 여부를 의미한다.

---

(1) 완전참가적 우선주: 남은 배당액을 우선주와 보통주의 '자본금 비율로' 배분
(2) 비참가적 우선주: 남은 배당액은 전부 보통주에게 지급
(3) 부분참가적 우선주: min[①, ②] 추가 수령
    ① 우선주 자본금 × (부분참가율 − 우선주 배당률)
    ② 남은 배당금 × 우선주 자본금/(보통주 자본금 + 우선주 자본금)

완전참가적 우선주는 남은 배당액 중 일부를 배분받는다. 이때 배분 비율은 자본금 비율이다. 사례의 우선주가 완전참가적 우선주라면 남은 배당금 중 $1/3(=500,000/1,500,000)$을 배분받는다. 반면, 비참가적 우선주는 남은 배당액을 전혀 배분받지 않고, 전부 보통주에게 지급한다.

부분참가적 우선주는 말 그대로 일부에 대해서만 참가적인 우선주이다. 사례의 우선주가 12% 부분참가적이라고 가정하면, 우선주 배당률 6%를 초과하는 6%에 대해서 추가로 배당을 받을 수 있다. 하지만 부분참가적 우선주는 완전참가적 우선주를 가정했을 때 추가로 받을 수 있는 배당금보다 더 받을 수는 없다. 따라서 완전참가적 우선주 가정 시 추가로 받을 수 있는 배당금이 더 작다면 ②번 금액을 수령한다.

위의 풀이법을 다음의 표로 정리할 수 있다. 실제 문제 풀이는 아래 표를 채워나가면서 이루어진다.

우선주	보통주
①우선주자본금 × 배당률 × 횟수	②보통주자본금 × 배당률
③남은 배당금 안분	③남은 배당금 안분
④합계	④합계

우선주가 각각 다음의 상황일 때, 사례의 우선주와 보통주 배당금은 다음과 같다.

(1) 누적적, 완전참가적 우선주

	우선주	보통주	계
누적	$500,000 \times 6\% \times 3 = 90,000$	$1,000,000 \times 5\% = 50,000$	140,000
완전참가	$60,000 \times 1/3 = 20,000$	$60,000 \times 2/3 = 40,000$	60,000
계	110,000	90,000	200,000

(2) 누적적, 비참가적 우선주

	우선주	보통주	계
누적	$500,000 \times 6\% \times 3 = 90,000$	$1,000,000 \times 5\% = 50,000$	140,000
비참가		60,000	60,000
계	90,000	110,000	200,000

(3) 누적적, 12% 부분참가적 우선주

	우선주	보통주	계
누적	$500,000 \times 6\% \times 3 = 90,000$	$1,000,000 \times 5\% = 50,000$	140,000
부분참가	$\min[①, ②] = 20,000$ ① $500,000 \times (12\% - 6\%) = 30,000$ ② $60,000 \times 1/3 = 20,000$	$60,000 - 20,000 = 40,000$	60,000
계	110,000	90,000	200,000

(4) 비누적적, 완전참가적 우선주

	우선주	보통주	계
비누적	$500,000 \times 6\% = 30,000$	$1,000,000 \times 5\% = 50,000$	80,000
완전참가	$120,000 \times 1/3 = 40,000$	$120,000 \times 2/3 = 80,000$	120,000
계	70,000	130,000	200,000

(5) 비누적적, 비참가적 우선주

	우선주	보통주	계
비누적	$500,000 \times 6\% = 30,000$	$1,000,000 \times 5\% = 50,000$	80,000
비참가		120,000	120,000
계	30,000	170,000	200,000

(6) 비누적적, 12% 부분참가적 우선주

	우선주	보통주	계
비누적	500,000 × 6% = 30,000	1,000,000 × 5% = 50,000	80,000
부분참가	min[①, ②] = 30,000 ① 500,000 × (12% − 6%) = 30,000 ② 120,000 × 1/3 = 40,000	120,000 − 30,000 = 90,000	120,000
계	60,000	140,000	200,000

 '우선주 배당금+보통주 배당금=배당 총액'이 되는지 확인!

배분이 끝나고, 우선주 배당금과 보통주 배당금을 더해서 배당 총액(200,000)과 일치하는지 항상 확인하는 습관을 갖자.

06 (주)세무는 20X1년 초 보통주와 우선주(누적적, 완전참가)를 발행하여 영업을 개시하였으며, 영업개시 이후 자본금의 변동은 없었다. 20X3년 기말 현재 발행된 주식과 배당관련 자료는 다음과 같다.

보통주	액면금액	₩1,000
	발행주식수	3,000주
	배당률	4%
우선주 (누적적, 완전참가)	액면금액	₩1,000
	발행주식수	2,000주
	배당률	6%

20X4년 3월 말 주주총회에서 ₩1,000,000의 현금배당을 결의하였을 경우, 보통주 주주에게 지급할 배당금은? (단, 과거에 현금배당을 실시하지 않았고, 배당가능이익은 충분하다.) 2020. CTA

① ₩432,000   ② ₩568,000   ③ ₩576,000
④ ₩640,000   ⑤ ₩880,000

해설

	우선주	보통주	계
누적적	$2,000,000 \times 6\% \times 3 = 360,000$	$3,000,000 \times 4\% = 120,000$	480,000
완전참가	$520,000 \times 2/5 = 208,000$	$520,000 \times 3/5 = 312,000$	520,000
계	568,000	**432,000**	1,000,000

답 ①

예제

07 20X1년 1월 1일에 주식을 발행하고 영업을 개시한 (주)국세의 20X3년 12월 31일 현재 재무상태표상 보통주자본금과 우선주자본금은 각각 ₩5,000,000과 ₩3,000,000이고, 그 동안 자본금의 변동은 없었다. 보통주 및 우선주의 주당 액면금액은 ₩5,000으로 동일하며, 우선주는 배당률 3%의 누적적·부분참가적(6%까지) 주식이다. 영업을 개시한 이래 한 번도 배당을 실시하지 않은 (주)국세가 20X4년 1월에 총 ₩600,000의 현금배당을 선언하였다. 보통주와 우선주에 배분될 배당금은 각각 얼마인가? 2011. CTA

	보 통 주	우 선 주
①	₩240,000	₩360,000
②	₩262,500	₩337,500
③	₩284,300	₩315,700
④	₩306,400	₩293,600
⑤	₩420,000	₩180,000

해설

	우선주	보통주	계
누적적	3,000,000 × 3% × 3 = 270,000	5,000,000 × 3% = 150,000	420,000
부분참가(6%)	min[①, ②] = 67,500 ① 3,000,000 × (6% − 3%) = 90,000 ② 180,000 × 3/8 = 67,500	180,000 − 67,500 = 112,500	180,000
계	337,500	262,500	600,000

보통주의 배당률이 제시되지 않았으므로 우선주의 배당률 3%를 이용하였다.

답 ②

08 20X1년 1월 1일에 (주)대한은 보통주와 우선주(배당률 2%)를 발행하여 영업을 개시하였다. 설립 이후 자본금의 변동은 없으며, 배당결의와 지급은 없었다. 20X3년 12월 31일 현재 (주)대한의 보통주자본금과 우선주자본금의 내역은 다음과 같다.

구분	1주당 액면금액	자본금
보통주	₩1,000	₩10,000,000
우선주	₩1,000	₩6,000,000

20X4년 2월, 주주총회에서 총 ₩1,080,000의 현금배당이 결의되었다. (주)대한의 우선주가 (1)누적적, 5% 부분참가적인 경우와 (2)비누적적, 완전참가적인 경우, 보통주에 배분될 배당금은 각각 얼마인가? 단, (주)대한의 배당가능이익은 충분하며 자기주식은 취득하지 않았다고 가정한다.

2023. CPA

	(1)	(2)
①	₩525,000	₩475,000
②	₩525,000	₩675,000
③	₩540,000	₩405,000
④	₩540,000	₩675,000
⑤	₩555,000	₩405,000

▶ **해설**

(1) 누적적, 부분참가적: 540,000

	우선주	보통주	계
누적	6,000,000 × 2% × 3회 = 360,000	10,000,000 × 2% = 200,000	560,000
부분참가	min[①, ②] = 180,000 ① 6,000,000 × (5% − 2%) = 180,000 ② 520,000 × 6/16 = 195,000	520,000 − 180,000 = 340,000	520,000
계	540,000	540,000	1,080,000

(2) 비누적적, 완전참가적

	우선주	보통주	계
비누적	6,000,000 × 2% = 120,000	10,000,000 × 2% = 200,000	320,000
완전참가	760,000 × 6/16 = 285,000	760,000 × 10/16 = 475,000	760,000
계	405,000	675,000	1,080,000

🔖 ④

12 종류주식

종류주식이란, 이익의 배당, 의결권의 행사, 잔여 재산의 분배, 상환 및 전환 등에 대한 내용이 보통주와 다른 종류의 주식을 의미한다.

1. 우선주

우선주는 보통주에 비해 이익배당이나 잔여재산분배에 있어서 우선권을 부여한 주식이다. 배당금의 배분에서 배웠듯, 우선주는 보통주에 비해 배당금을 먼저 배분받으며, 회사 청산 시 잔여재산분배도 보통주에 비해 먼저 받는다. 회사는 필요에 의해 주식에 여러 가지 조건을 붙일 수 있는데, 보통주는 기준이 되는 기본적인 주식이므로 우선주에 여러 조건을 붙인다. 따라서 우선주는 전환우선주, 상환우선주, 상환전환우선주 등 다양한 종류가 있다.

2. 전환우선주

전환우선주란 보유자가 전환권을 행사하면 보통주를 발행하는 우선주를 말한다. 전환으로 인해 보통주 발행 시 전환 전 우선주의 발행가액을 전환 후 보통주의 발행가액으로 한다.

사례

(주)김수석은 20X1년 1월 1일 전환우선주(액면금액 ₩5,000) 100주를 주당 ₩10,000에 발행하였다. (전환조건은 전환우선주 2주를 보통주 1주(액면금액 ₩5,000)로 전환 가능) 20X1년 12월 31일 전환우선주 100주가 전부 보통주로 전환되었다고 할 때, 20X1년도 회계처리를 수행하시오.

|회계처리|

X1초	(차)	현금	1,000,000	(대)	우선주자본금	500,000
				(대)	주식발행초과금	500,000
X1말	(차)	우선주자본금	500,000	(대)	보통주자본금	250,000
				(대)	주식발행초과금	250,000

전환우선주의 발행금액은 1,000,000(= 100주 × @10,000)이다. 전환 후 보통주의 발행금액도 1,000,000이 되어야 하므로 보통주자본금 250,000을 제외한 나머지 750,000은 주발초가 되어야 한다. 전환 전에 주발초가 500,000이 있었으므로 전환 시 차액 250,000은 주발초에 가산한다. 보통주자본금, 우선주자본금으로 구분하는 자본금과 달리 일반적으로 주발초는 보통주 주발초와 우선주 주발초로 구분하지 않는다. 주식발행초과금 하나만 있다.

13 상환우선주 심화

상환우선주는 기업이 상환하는 우선주를 의미한다. 일반적으로 주식을 발행한 기업은 주식을 자본으로 분류하지만, 상환우선주는 기업이 상환해야 하므로 부채로 분류하기도 한다.

	분류	배당금		부채의 발행금액
의무 상환 or 보유자 요구 시 상환	부채	누적적	이자	상환금액 × 단순현가 + 배당금 × 연금현가
		비누적적	배당	상환금액 × 단순현가
발행자 임의 상환	자본	무조건 배당		0 (액면금액만큼 우선주자본금 계상)

1. 상환우선주의 분류: 부채 vs 자본

상환우선주는 원금 상환 의무 유무에 따라 부채 혹은 자본으로 분류한다.

(1) 의무 상환 or 보유자 요구 시 상환: 부채

발행자(기업)가 의무적으로 상환해야 하거나, 우선주의 보유자(투자자)가 발행자에게 상환을 청구할 수 있는 상환우선주는 부채로 분류한다.

(2) 발행자 임의 상환: 자본

발행자(기업)가 임의 상환하는 상환우선주는 자본으로 분류한다. 부채는 '기업이 경제적자원을 이전해야 하는 현재의무'인데, 임의 상환 시에는 기업에게 반드시 현금을 지급할 '의무'가 없기 때문에 부채의 정의를 충족하지 못한다.

2. 배당금의 분류

(1) 부채로 분류하는 상환우선주: 누적적 vs 비누적적

부채로 분류하는 상환우선주는 배당금이 누적적인지, 비누적적인지에 따라 배당금을 이자 또는 배당으로 분류한다.

① 누적적 상환우선주: 이자 → 부채에 가산

배당금이 누적적이라면 배당금을 이자비용으로 보고 부채의 발행금액에 가산한다. 배당금이 누적적이라면 회사는 배당금을 당기에 지급하지 않더라도 이후에 반드시 지급해야 할 의무가 있으므로 부채로 본다.

② 비누적적 상환우선주: 배당

배당금이 비누적적이라면 배당금은 이익의 배분으로 보고 발행금액에 가산하지 않는다. 비누적적이라면 회사 입장에서는 배당금을 반드시 지급할 '의무'가 없기 때문에 배당으로 본다.

(2) 자본으로 분류하는 상환우선주: 무조건 배당

자본로 분류하는 상환우선주(발행자 임의 상환)는 배당금이 누적적인지, 비누적적인지 관계없이 배당금을 배당으로 본다.

사례

(주)한국은 20X1년 1월 1일에 상환우선주 100주(주당 액면금액 ₩5,000, 연 배당률 6%)를 발행하였다. (주)한국은 보유자의 청구에 따라 상환우선주를 20X3년 12월 31일에 주당 ₩6,000에 의무적으로 상환해야 한다. 배당금은 매년 말 지급하며, (주)한국은 20X1년 12월 31일에 배당금 ₩30,000을 지급하였다. 다음 각 상황에 따른 20X1년도 회계처리를 하시오. (단, 상환우선주 발행 시 유효이자율은 연 10%이며, 이자율 10%, 3년간 ₩1의 현가계수 및 연금현가계수는 각각 0.75, 2.5라 가정한다.)

상황 1. 상환우선주가 누적적 우선주인 경우
상황 2. 상환우선주가 비누적적 우선주인 경우
상황 3. 문제의 가정과 달리, (주)한국이 발행한 상환우선주의 상환 여부를 결정할 수 있는 조건으로 상환
　　　　우선주를 액면발행한 경우

부채로 분류하는 상환우선주는 부채로 보는 부분의 현재가치가 발행금액이 되며, 매년 말 부채를 유효이자율 상각한다.

상황1. 의무상환 & 누적적 상환우선주: 상환금액, 배당금 모두 부채

상환금액: 100주 × @6,000 = 600,000

배당금: 100주 × @5,000 × 6% = 30,000

발행금액: 600,000 × 0.75 + 30,000 × 2.5 = 525,000

X1초	(차)	현금	525,000	(대)	부채	525,000
X1말	(차)	이자비용	52,500	(대)	부채	52,500
	(차)	부채	30,000	(대)	현금	30,000

상황2. 의무상환 & 비누적적 상환우선주: 상환금액만 부채

발행금액: 600,000 × 0.75 = 450,000

X1초	(차)	현금	450,000	(대)	부채	450,000
X1말	(차)	이자비용	45,000	(대)	부채	45,000
	(차)	미처분이익잉여금	30,000	(대)	현금	30,000

배당금을 이자의 지급이 아닌 배당으로 보기 때문에 배당 지급 시 이익잉여금을 감소시킨다.

상황3. 임의 상환: 자본

발행금액 = 우선주 자본금 = 5,000 × 100주 = 500,000

– 상환우선주를 액면발행하였으므로 발행금액이 우선주 자본금과 일치한다.

X1초	(차)	현금	500,000	(대)	우선주자본금	500,000
X1말	(차)	미처분이익잉여금	30,000	(대)	현금	30,000

예제

01 (주)대한은 20X1년 1월 1일에 상환우선주 200주(1주당 액면금액 ₩500)를 공정가치로 발행하였다. 동 상환우선주와 관련된 자료는 다음과 같다.

- (주)대한은 상환우선주를 20X2년 12월 31일에 1주당 ₩600에 의무적으로 상환해야 한다.
- 상환우선주의 배당률은 액면금액기준 연 3%이며, 배당은 매년 말에 지급한다. 배당이 지급되지 않는 경우에는 상환금액에 가산하여 지급한다.
- 20X1년 1월 1일 현재 상환우선주에 적용되는 유효이자율은 연 6%이며, 그 현가계수는 아래 표와 같다.

기간 \ 할인율	6%	
	단일금액 ₩1의 현재가치	정상연금 ₩1의 현재가치
2년	0.8900	1.8334

- 20X1년 말에 (주)대한은 동 상환우선주의 보유자에게 배당을 결의하고 지급하였다.

(주)대한이 동 상환우선주와 관련하여 20X1년 포괄손익계산서 상 이자비용으로 인식해야 할 금액은 얼마인가? (단, 단수차이로 인해 오차가 있다면 가장 근사치를 선택한다.) 2021.CPA

① ₩0 ② ₩3,000 ③ ₩3,600
④ ₩6,408 ⑤ ₩6,738

⊙ 해설

상환금액: 200주 × @600 = 120,000
배당금: 200주 × @500 × 3% = 3,000

발행금액: 120,000 × 0.89 + 3,000 × 1.8334 = 112,300
 – 상환우선주는 의무적으로 상환해야 하며, 우선주가 누적적(배당이 지급되지 않는 경우 가산하여 지급)이므로 배당액은 발행금액에 포함되며, 배당 지급 시 이자비용으로 처리한다.

X1년도 이자비용: 112,300 × 6% = 6,738

X1초	현금	112,300	부채	112,300
X1말	이자비용	6,738	부채	3,738
			현금	3,000

🔲 ⑤

02 (주)리비는 20X1년 1월 1일 다음과 같이 두 종류의 비참가적 우선주를 발행하였으며, 이 시점의 적절한 할인율은 연 5%이다.

- A우선주 : 주당 액면금액은 ₩5,000이고 연 배당률이 3%인 누적적 우선주 100주 발행. (주)리비는 동 우선주를 상환할 수 있는 권리를 가짐.
- B우선주 : 주당 액면금액은 ₩5,000이고 연 배당률이 4%인 비누적적 우선주 100주 발행. (주)리비는 20X5년 1월 1일 주당 ₩5,000에 동 우선주를 의무적으로 상환해야 함.

기간	5% 기간말 단일금액 ₩1의 현재가치	5% 정상연금 ₩1의 현재가치
4	0.8227	3.5460

20X1년도에는 배당가능이익이 부족하여 우선주에 대해 배당을 하지 못했으나, 20X2년도에는 배당을 현금으로 전액 지급하였다. (단, 해당연도 배당금은 매 연도말에 지급된다고 가정한다.)

위의 두 종류 우선주와 관련하여 20X1년도와 20X2년도의 당기순이익에 미치는 영향의 합계액은 얼마인가? (단, 차입원가는 모두 당기비용으로 인식하며, 법인세효과는 고려하지 않는다. 또한 계산결과 단수차이로 인해 답안과 오차가 있는 경우 근사치를 선택한다.)

2013. CPA

① ₩72,164 감소   ② ₩62,164 감소   ③ ₩57,164 감소
④ ₩42,164 감소   ⑤ 영향없음

⊙ 해설

당기순이익에 미치는 영향: **42,164 감소**
— 당기순이익에 미치는 영향은 B 우선주의 이자비용 밖에 없다.

(1) A 우선주: (주)리비가 상환할 수 있는 권리를 가지므로 자본으로 분류한다. 배당 지급 시 이익잉여금의 감소로 처리한다. 당기순이익에 미치는 영향이 없다.

(2) B 우선주: 의무적으로 상환해야 하므로 부채로 분류한다. 우선주가 비누적적이므로 배당액은 발행금액에 포함되지 않으며, 배당 지급 시 이자비용이 아닌 이익잉여금의 감소로 처리한다.
① 발행금액: $500,000 \times 0.8227 = 411,350$
② 이자비용: $20,568 + 21,596 = 42,164$
    — X1년도: $411,350 \times 5\% = 20,568$
    — X2년도: $411,350 \times 1.05 \times 5\% = 21,596$

|회계처리|

X1초	현금	발행가액	우선주자본금	500,000
			주식발행초과금	XXX
	현금	411,350	부채	411,350
X1말	이자비용	20,568	부채	20,568
X2말	이자비용	21,596	부채	21,596
	미처분이익잉여금	30,000	현금(A)	30,000
	미처분이익잉여금	20,000	현금(B)	20,000

— A 우선주는 발행가액을 제시하지 않았으므로 발행 시 회계처리를 할 수 없다.

X2년 말 배당금
— A우선주: $5,000 \times 100주 \times 3\% \times 2(누적적) = 30,000$
— B우선주: $5,000 \times 100주 \times 4\%(비누적적) = 20,000$

답 ④

Memo

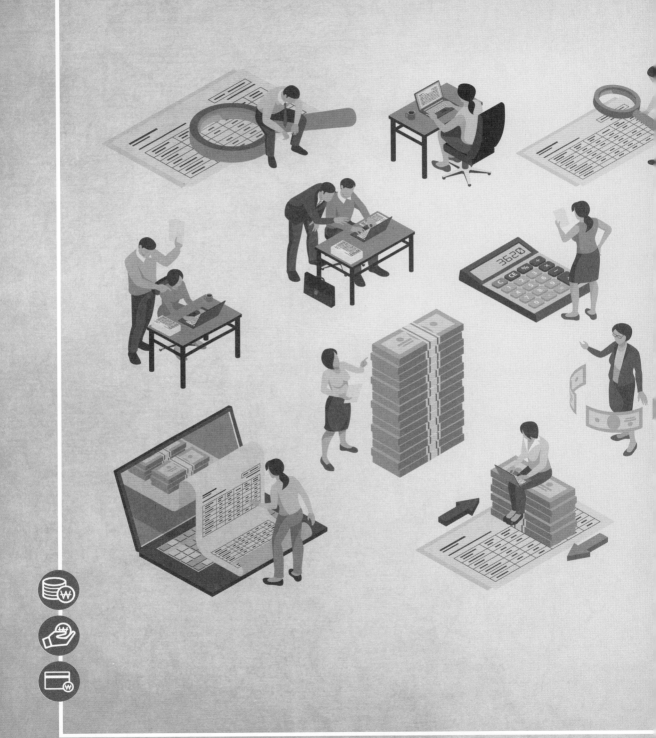

C·H·A·P·T·E·R

12

수익

CHAPTER 12 수익

0 수익의 의의

1. 수익의 정의

수익은 자산의 유입 또는 가치 증가나 부채의 감소 형태로 자본의 증가를 가져오는, 특정 회계기간에 생긴 경제적 효익의 증가로서, 지분참여자의 출연과 관련된 것은 제외한다. 지분참여자의 출연이란, 주주의 출자를 의미한다. 주주가 출자 시 대변에 자본금, 주발초가 계상되지, 수익이 계상되지 않는다.

광의의 수익에는 협의의 수익과 차익이 모두 포함된다. 협의의 수익이란 광의의 수익 중 기업의 통상적인 활동에서 생기는 것을 말하며, 차익은 기업의 정상영업활동이나 그 이외의 활동에서 발생할 수 있다. 예를 들어, 제조업 회사에서 유형자산 처분은 정상영업활동은 아니다. 이때 발생하는 유형자산처분이익은 차익에 해당하지만, 광의의 수익에 포함한다. 차익도 본질적으로는 '자본의 증가를 가져오는, 특정 회계기간에 생긴 경제적 효익의 증가'라는 수익의 정의를 충족시키기 때문이다.

2. 고객

고객이란 기업의 통상적인 활동의 산출물을 대가와 교환하여 획득하기로 그 기업과 계약한 당사자를 말한다. 계약상대방이 기업의 산출물을 취득하기 위해서가 아니라 활동이나 과정(예: 협업약정에 따른 자산 개발)에 참여하기 위해 계약하였고, 그 계약 당사자들이 그 활동이나 과정에서 생기는 위험과 효익을 공유한다면, 그 계약상대방은 고객이 아니다. 쉽게 말해서, 기업의 산출물을 취득하기 위해서가 아니라, 기업의 활동을 같이 하기 위해서 계약한 것이므로 동업자로 이해하면 된다.

3. 수익 인식 5단계: 계의산배수

> 1단계 – 계약의 식별
> 2단계 – 수행의무의 식별
> 3단계 – 거래가격의 산정
> 4단계 – 거래가격의 배분
> 5단계 – 수익인식

고객과의 계약에서 생기는 수익은 위의 5단계를 거쳐 인식한다. 수익인식의 5단계는 2차 서술형 문제로 출제될 수 있다. 한 글자씩 따서 '계의산배수'라고 외우자. 회계사 2차 시험의 경쟁률이 약 3:1인데, '거의3배수'를 연상하면서 외우면 '계의산배수'를 쉽게 떠올릴 수 있을 것이다.

1 1단계-계약의 식별

1. 계약의 식별 조건

다음 기준을 모두 충족하는 때에만 고객과의 계약으로 회계처리한다. 하나의 기준이라도 충족하지 못한다면 계약으로 회계처리할 수 없다. 예를 들어, 나머지 조건을 다 충족하더라도 상업적 실질이 없다면 계약으로 회계처리할 수 없다.

계약 승인 및 의무 확약	계약 당사자들이 계약을 (서면으로, 구두로, 그 밖의 사업 관행에 따라) 승인하고 각자의 의무를 수행하기로 확약한다.
권리 식별	각 당사자의 권리를 식별할 수 있다.
지급조건 식별	이전할 재화나 용역의 지급조건을 식별할 수 있다.
상업적 실질	계약에 상업적 실질이 있다.
회수가능성	이전할 재화나 용역에 대한 대가의 회수 가능성이 높다.

2. 계약: 서면으로만 체결해야 하는 것은 아님

계약은 둘 이상의 당사자 사이에 집행 가능한 권리와 의무가 생기게 하는 합의이다. 계약은 서면으로, 구두로, 기업의 사업 관행에 따라 암묵적으로 체결할 수 있다. 계약의 형식은 법적인 문제이다. 회계에서는 계약의 형식을 따지지 않는다. 계약을 반드시 서면으로만 체결해야 한다고 나오면 틀린 문장이다.

3. 계약이 존재하지 않는다고 보는 경우

계약의 각 당사자가 전혀 수행되지 않은 계약에 대해 상대방에게 보상하지 않고 종료할 수 있는 일방적이고 집행 가능한 권리를 갖는다면, 그 계약은 존재하지 않는다고 본다. 다음의 기준을 모두 충족한다면, 계약은 전혀 수행되지 않은 것이다.

(1) 기업이 약속한 재화나 용역을 아직 고객에게 이전하지 않았다.
(2) 기업이 약속한 재화나 용역에 대하여 어떤 대가도 아직 받지 않았고 아직 받을 권리도 없다.

쉽게 말해서, 고객에게 무언가를 해주거나, 고객으로부터 돈을 받지 않았다면 계약으로 보지 않는다.

4. 계약의 식별 조건을 충족하지 못하는 경우

고객에게서 대가를 받았지만 계약의 식별 조건을 충족하지 못하는 경우에는 고객에게서 받은 대가는 환불되지 않는 경우에만 받은 대가를 수익으로 인식한다. 고객에게서 받은 대가가 환불되지 않거나 계약의 식별 조건이 나중에 충족되기 전까지는 고객에게서 받은 대가를 부채로 인식한다. 인식된 부채는 계약과 관련된 사실 및 상황에 따라, 재화나 용역을 미래에 이전해야 하는 의무나 받은 대가를 환불해야 하는 의무를 나타낸다. 이 모든 경우에 그 부채는 고객에게서 받은 대가로 측정한다.

5. 계약의 결합

다음 기준 중 하나 이상을 충족한다면, 같은 고객과 동시에 또는 가까운 시기에 체결한 둘 이상의 계약을 결합하여 단일 계약으로 회계처리한다.

> (1) 복수의 계약을 하나의 상업적 목적으로 일괄 협상한다.
> (2) 한 계약에서 지급하는 대가(금액)는 다른 계약의 가격이나 수행에 따라 달라진다.
> (3) 복수의 계약에서 약속한 재화나 용역은 단일 수행의무(2단계 − 수행의무의 식별 참고)에 해당한다.

6. 회수가능성: 능력과 의도만 고려

대가의 회수 가능성이 높은지를 평가할 때에는 지급기일에 고객이 대가(금액)를 지급할 수 있는 능력과 지급할 의도만을 고려한다. 기업이 고객에게 가격할인(price concessions)을 제공할 수 있기 때문에 대가가 변동될 수 있다면, 기업이 받을 권리를 갖게 될 대가는 계약에 표시된 가격보다 적을 수 있다.

2 2단계-수행의무의 식별

1. 수행의무의 정의

수행의무란 고객과의 계약에서 다음의 어느 하나를 고객에게 이전하기로 한 각 약속을 말한다.

> (1) 구별되는 재화나 용역 (또는 재화나 용역의 묶음)
> (2) 실질적으로 서로 같고 고객에게 이전하는 방식도 같은 일련의 구별되는 재화나 용역

2. 고객과의 계약으로 한 약속

(1) 의제의무: 수행의무 O

일반적으로 고객과의 계약에는 기업이 고객에게 이전하기로 약속하는 재화나 용역을 분명히 기재한다. 그러나 고객과의 계약에서 식별되는 수행의무는 계약에 분명히 기재한 재화나 용역에만 한정되지 않을 수 있다.

계약에 분명히 기재하지 않은 '의제의무'도 수행의무에 포함된다고 기억하자. 충당부채의 요건인 현재의무와 마찬가지로 수행의무도 의제의무를 포함한다.

(2) 준비활동: 수행의무 X ★중요!

계약을 이행하기 위해 해야 하지만 고객에게 재화나 용역을 이전하는 활동이 아니라면 그 활동은 수행의무에 포함되지 않는다.

가령, 김수석의 강의 준비는 수행의무에 포함되지 않는다. 강의 준비만 마친 상태에서 실제 강의를 듣지 않고 학생이 환불을 했다고 치자. 상식적으로 강의를 듣지 않았기 때문에 전액을 환불해주는 것이 맞다. 만약 강의 준비가 수행의무에 포함된다면, 학생은 강의 준비에 대한 대가를 제외하고 환불을 받는 문제가 생긴다. 고객이 실제로 기업으로부터 재화나 용역을 이전받아야 대가를 지급하므로 준비활동은 수행의무로 보지 않는다.

3. 구별되는 재화나 용역

하나의 계약은 고객에게 재화나 용역을 이전하는 여러 약속을 포함한다. 그 재화나 용역들이 구별된다면 약속은 수행의무이고 별도로 회계처리한다.

(1) 구별되는 수행의무 (여러 개)	(2) 구별되지 않는 수행의무 (한 개)
① 그 자체로, 혹은 다른 자원과 함께하여 효익을 얻을 수 있다. ② 계약 내에서 별도로 식별할 수 있다.	① 통합, 결합산출물 ② 고객맞춤화 ③ 상호의존도, 상호관련성이 매우 높다

(1) 재화나 용역이 구별되는 경우

다음 기준을 모두 충족한다면 고객에게 약속한 재화나 용역은 구별되는 것이며, 수행의무를 여러 개로 본다.

① 고객이 재화나 용역 그 자체로, 혹은 다른 자원과 함께하여 효익을 얻을 수 있다.

가령, 김수석이 강의와 모의고사를 세트로 팔고 있으며, 김수석의 모의고사는 그 자체로도 활용할 수 있고, 다른 강사의 강의와도 호환된다고 하자. 이 경우 모의고사는 강의와 구별되는 수행의무로 분류한다.

② 약속을 계약 내의 다른 약속과 별도로 식별해 낼 수 있다

기준서 자체에서도 '별도로 식별할 수 있다'고 얘기하므로 구별되는 것으로 기억하자.

(2) 재화나 용역이 구별되지 않는 경우

고객에게 재화나 용역을 이전하기로 하는 둘 이상의 약속을 별도로 식별해 낼 수 없음을 나타내는 요소에는 다음이 포함되지만, 이에 한정되지는 않는다. 약속한 재화나 용역이 구별되지 않는다면, 구별되는 재화나 용역의 묶음을 식별할 수 있을 때까지 그 재화나 용역을 약속한 다른 재화나 용역과 결합한다. 그렇게 함으로써 기업이 계약에서 약속한 재화나 용역 모두를 단일 수행의무로 회계처리하는 결과를 가져올 것이다.

① 기업은 다른 재화나 용역을 통합하는 용역(결합산출물)을 제공한다.

결합산출물의 예로 햄버거를 들 수 있다. 햄버거에는 빵과 패티가 들어있다. 하지만 우리는 햄버거를 하나의 재화로 보고 햄버거값을 지불하지, 빵과 패티를 각각의 재화로 보지 않는다. 이런 결합산출물은 하나의 수행의무로 본다.

② 다른 재화나 용역을 유의적으로 변형 또는 고객 맞춤화한다.

고객 맞춤화의 예로 맞춤 정장을 들 수 있다. 맞춤 정장은 고객의 치수에 맞게 제작한 것이기 때문에 주문한 고객에게만 가치가 있을 뿐, 자켓 따로, 바지 따로 팔 수 없다. 따라서 고객 맞춤화한 재화는 하나의 수행의무로 본다.

③ 해당 재화나 용역은 상호의존도나 상호관련성이 매우 높다.

우리는 신발을 살 때 항상 양쪽을 같이 사지, 오른쪽 신발과 왼쪽 신발을 따로 사지 않는다. 다. 이처럼 상호의존도나 상호관련성이 높은 재화는 하나의 수행의무로 본다. 강의와 모의고사처럼 따로 효익을 얻을 수 있는 경우와 반대되는 사례이다.

3 3단계-거래가격의 산정

1. 거래가격에 제삼자를 대신해서 회수한 금액은 제외한다. ★중요!

거래가격은 고객에게 약속한 재화나 용역을 이전하고 그 대가로 기업이 받을 권리를 갖게 될 것으로 예상하는 금액이며, 제삼자를 대신해서 회수한 금액은 제외(not 포함)한다. 거래가격을 산정하기 위해서는 계약 조건과 기업의 사업 관행을 참고한다.

2. 변동대가 ★중요!

(1) 변동대가의 정의

고객과의 계약에서 약속한 대가는 고정금액, 변동금액 또는 둘 다를 포함할 수 있다. 대가(금액)는 할인(discount), 리베이트, 환불, 공제(credits), 가격할인(price concessions), 장려금(incentives), 성과보너스, 위약금이나 그 밖의 비슷한 항목 때문에 변동될 수 있다. 기업이 대가를 받을 권리가 미래 사건의 발생 여부에 달려있는 경우에도 약속한 대가는 변동될 수 있다. 예를 들면 반품권을 부여하여 제품을 판매하거나 특정 단계에 도달해야 고정금액의 성과보너스를 주기로 약속한 경우에 대가(금액)는 변동될 것이다.

(2) 변동대가 추정 방법

계약에서 약속한 대가에 변동금액이 포함된 경우에 고객에게 약속한 재화나 용역을 이전하고 그 대가로 받을 권리를 갖게 될 금액을 추정한다. 변동대가(금액)는 다음 중에서 기업이 받을 권리를 갖게 될 대가(금액)를 더 잘 예측할 것으로 예상하는 방법을 사용하여 추정한다. 기업이 받을 권리를 갖게 될 변동대가(금액)에 미치는 불확실성의 영향을 추정할 때에는 그 계약 전체에 하나의 방법을 일관되게 적용한다.

① 특성이 비슷한 계약이 많은 경우	기댓값
② 가능한 결과치가 두 가지뿐일 경우	가능성이 가장 높은 금액

3. 변동대가 추정치의 제약

(1) 변동대가 추정치의 제약은 거래가격에서 제외

위의 방법으로 변동대가를 추정하지만 불확실성이 너무 높아 추정이 불가능할 수 있다. 이 경우 수행의무를 이행할 때, 그 수행의무에 배분된 거래가격(변동대가 추정치 중 제약받는 금액은 제외)을 수익으로 인식한다. 변동대가 추정치 중 제약받는 금액은 거래가격에 포함하지 않고, 제외한다는 것을 주의하자.

(2) 변동대가와 관련된 불확실성 해소 시 거래가격에 포함하는 금액

변동대가와 관련된 불확실성이 해소될 때, 이미 인식한 누적 수익 금액 중 유의적인 부분을 되돌리지 않을 가능성이 '매우 높은' 정도까지만 거래가격에 포함한다. 쉽게 말해서, 어떤 경우에도 수익으로 볼 가능성이 매우 높은 부분까지만 거래가격에 포함하라는 뜻이다.

(3) 변동대가와 관련된 불확실성 평가

변동대가와 관련된 불확실성이 나중에 해소될 때, 이미 인식한 누적 수익 금액 중 유의적인 부분을 되돌리지 않을 가능성이 매우 높을지를 평가할 때는 수익의 환원 가능성 및 크기를 모두 고려한다. 수익 환원 가능성을 높이거나 그 크기를 크게 할 수 있는 요인에는 다음 항목이 포함되나 이에 한정되지는 않는다.

---

① 대가(금액)가 기업의 영향력이 미치지 못하는 요인에 매우 민감하다. 그 요인에는 시장의 변동성, 제삼자의 판단이나 행동, 날씨 상황, 약속한 재화나 용역의 높은 진부화 위험이 포함될 수 있다.
② 대가(금액)에 대한 불확실성이 장기간 해소되지 않을 것으로 예상된다.
③ 비슷한 유형의 계약에 대한 기업의 경험(또는 그 밖의 증거)이 제한적이거나, 그 경험(또는 그 밖의 증거)은 제한된 예측치만 제공한다.
④ 폭넓게 가격할인(price concessions)을 제공하거나, 비슷한 상황에 있는 비슷한 계약의 지급조건을 변경하는 관행이 있다.
⑤ 계약에서 생길 수 있는 대가가 다수이고 그 범위도 넓다.

---

4. 유의적인 금융요소

(1) 고객에게 재화나 용역을 이전하면서 유의적인 금융 효익이 제공되는 경우: 화폐의 시간가치를 반영하여 대가를 조정

고객에게 재화나 용역을 이전하면서 유의적인 금융 효익이 고객이나 기업에 제공되는 경우에는 화폐의 시간가치가 미치는 영향을 반영하여 약속된 대가(금액)를 조정한다. 유의적인 금융요소를 반영하여 약속한 대가(금액)를 조정하는 목적은 약속한 재화나 용역을 고객에게 이전할 때 그 고객이 그 재화나 용역 대금을 현금으로 결제했다면 지급하였을 가격을 반영하는 금액(현금판매가격)으로 수익을 인식하기 위해서이다.

(2) 유의적인 금융요소를 반영하기 위해 사용하는 할인율

① 계약 개시시점에 기업과 고객이 별도 금융거래를 한다면 반영하게 될 할인율

유의적인 금융요소를 반영하여 약속한 대가(금액)를 조정할 때에는 계약 개시시점에 기업과 고객이 별도 금융거래를 한다면 반영하게 될 할인율을 사용한다. 이 할인율은 고객이나 기업이 제공하는 담보나 보증뿐만 아니라 계약에 따라 금융을 제공받는 당사자의 신용 특성도 반영할 것이다.

② 계약 개시 후에는 할인율을 새로 수정하지 않음

계약 개시 후에는 이자율이나 그 밖의 상황이 달라져도(예: 고객의 신용위험 평가의 변동) 그 할인율을 새로 수정하지 않는다. 최초 계약 시점의 이자율을 계속해서 사용하지, 그 이후에 고객의 신용도 변동 등으로 인해 이자율이 달라지더라도 바뀐 이자율을 사용하지 않는다는 뜻이다. 사채 유효이자율법 상각 시 후속 이자율 변동을 반영하지 않고 최초에 사용한 유효이자율을 계속 사용하는 것과 같은 원리이다.

(3) 유의적인 금융요소가 없는 경우

고객과의 계약에 다음 요인 중 어느 하나라도 존재한다면 유의적인 금융요소가 없을 것이다.

> ① 고객이 재화나 용역의 대가를 선급하였고 그 재화나 용역의 이전 시점은 고객의 재량에 따른다.
> ② 고객이 약속한 대가 중 상당한 금액이 변동될 수 있으며 그 대가의 금액과 시기는 고객이나 기업이 실질적으로 통제할 수 없는 미래 사건의 발생 여부에 따라 달라진다(예: 대가가 판매기준 로열티인 경우).
> ③ 약속한 대가와 재화나 용역의 현금판매가격 간의 차이가 고객이나 기업에 대한 금융제공 외의 이유로 생기며, 그 금액 차이는 그 차이가 나는 이유에 따라 달라진다. 예를 들면 지급조건을 이용하여 계약상 의무의 일부나 전부를 적절히 완료하지 못하는 계약 상대방에게서 기업이나 고객을 보호할 수 있다.

(4) 기업이 재화나 용역 이전 시점과 대가 지급 시점 간의 기간이 1년 이내라면: 유의적인 금융요소를 반영하지 않는 실무적 간편법 사용 가능

용역 이전 시점과 대가 지급 시점 간의 기간이 1년 이내라면 현재가치를 하더라도 큰 차이가 없기 때문에 할인하지 않는 간편법을 써도 된다.

5. 비현금 대가: 공정가치 측정 ★중요

고객이 현금 외의 형태로 대가를 지급하는 경우 비현금 대가를 공정가치로 측정한다.

(1) 비현금 대가의 공정가치를 합리적으로 추정할 수 없는 경우

비현금 대가의 공정가치를 합리적으로 추정할 수 없는 경우에는, 그 대가와 교환하여 고객에게 약속한 재화나 용역의 개별 판매가격을 참조하여 간접적으로 그 대가를 측정한다. 고객으로부터 받은 비현금 대가를 추정할 수 없는 경우, 고객에게 지급하는 재화나 용역의 가격을 이용하여 간접적으로 측정하겠다는 뜻이다.

(2) 비현금 대가의 공정가치 변동

비현금 대가의 공정가치는 대가의 형태 때문에 변동될 수 있다. 고객이 약속한 비현금 대가의 공정가치가 대가의 형태만이 아닌 이유로 변동된다면, 변동대가 추정치의 제약 규정을 적용한다. 예를 들어, 기업이 재화나 용역의 대가로 고객에게서 주식을 받는다고 가정하자. 이때, 주식의 공정 가치는 기업의 성과에 따라 달라질 수 있다. 이처럼, 기업의 성과는 주식의 형태와 무관하기 때문 에 비현금 대가의 공정가치가 대가의 형태만이 아닌 이유로 변동할 수 있다. 이 경우 변동대가 추 정치 중 제약받는 금액은 제외하고 거래가격을 산정한다.

6. 고객에게 지급할 대가

일반적으로는 기업이 고객에게 재화나 용역을 제공하고, 고객이 기업에게 대가를 지급한다. 고객 에게 지급할 대가는 반대로 기업이 고객에게 지급하는 대가를 의미한다.

(1) 고객에게 지급할 대가의 범위: 현금, 쿠폰 및 상품권 포함

고객에게 지급할 대가에는 기업이 고객에게 지급하거나 지급할 것으로 예상하는 현금 금액을 포 함한다. 기업이 고객에게 지급할 대가에는 고객이 기업에 갚아야 할 금액에 적용될 수 있는 공제 나 그 밖의 항목(예: 쿠폰이나 상품권)도 포함된다.

(2) 고객에게 지급할 대가의 회계처리

기업에게 이전하는 재화나 용역의 대가 X		거래가격에서 차감
기업에게 이전하는 재화나 용역의 대가 O		다른 공급자에게 구매한 것처럼
	FV 초과	거래가격에서 차감
	FV 추정 X	

① 고객에게 지급할 대가가 고객이 기업에게 이전하는 구별되는 재화나 용역의 대가로 지급하는 것이 아니라면: **거래가격에서 차감**
기업이 별도로 받은 것 없이 고객에게 그냥 준 것이기 때문에 리베이트로 보아 거래가격에서 차감 한다.

② 고객에게 지급할 대가가 고객에게서 받은 구별되는 재화나 용역에 대한 지급이라면: 다른 공급자에게 서 구매한 경우와 같은 방법으로 회계처리
기업이 고객에게 그냥 준 것이 아니라, 별도로 받은 것에 대한 대가로 준 것이기 때문에 이를 별도 거래로 본다. 이를 기준서에서는 '다른 공급자에게서 구매한 경우와 같은 방법으로 회계처리한다' 고 표현한다.

③ 고객에게 지급할 대가가 고객에게서 받은 구별되는 재화나 용역의 공정가치를 초과한다면 : 그 초과 액을 **거래가격에서 차감**
기업이 별도로 받은 것에 대한 대가를 고객에게 지급하지만, 받은 것에 비해 너무 많이 줬다면 이 또한 리베이트로 보아 거래가격에서 차감한다.

④ 고객에게서 받은 재화나 용역의 공정가치를 합리적으로 추정할 수 없다면: **거래가격에서 차감**

고객으로부터 받은 것의 가치를 알 수 없으므로, ①과 같이 고객에게 지급할 대가 전액을 거래가격에서 차감하여 회계처리한다.

예제

01 (주)대한은 상업용 로봇을 제작하여 고객에게 판매한다. 20X1년 9월 1일에 (주)대한은 청소용역업체인 (주)민국에게 청소로봇 1대를 ₩600,000에 판매하고, (주)민국으로부터 2개월 간 청소용역을 제공받는 계약을 체결하였다. (주)대한은 (주)민국의 청소용역에 대한 대가로 ₩50,000을 지급하기로 하였다. (주)대한은 20X1년 10월 1일 청소로봇 1대를 (주)민국에게 인도하고 현금 ₩600,000을 수취하였으며, (주)민국으로부터 20X1년 10월 1일부터 2개월 간 청소용역을 제공받고 현금 ₩50,000을 지급하였다. 다음의 독립적인 2가지 상황(상황 1, 상황 2)에서 상기 거래로 인해 (주)대한이 20X1년도에 인식할 수익은 각각 얼마인가?

2022. CPA

| (상황 1) (주)민국이 (주)대한에 제공한 청소용역의 공정가치가 ₩40,000인 경우 |
| (상황 2) (주)민국이 (주)대한에 제공한 청소용역의 공정가치를 합리적으로 추정할 수 없는 경우 |

	(상황 1)	(상황 2)
①	₩590,000	₩550,000
②	₩590,000	₩600,000
③	₩560,000	₩550,000
④	₩560,000	₩600,000
⑤	₩600,000	₩600,000

해설

상황 1.
(주)대한이 고객인 (주)민국에게 지급한 대가 50,000은 고객으로부터 받은 청소용역에 대한 대가이긴 하지만 공정가치인 40,000을 초과하므로 공정가치 초과분(50,000 − 40,000)을 리베이트로 보고 수익에서 차감한다.
수익 = 600,000 − (50,000 − 40,000) = 590,000

상황 2.
고객에게서 받은 재화나 용역의 공정가치를 합리적으로 추정할 수 없으므로, 고객에게 지급할 대가 전액을 거래가격에서 차감하여 회계처리한다.
수익 = 600,000 − 50,000 = 550,000

답 ①

4 4단계-거래가격의 배분

거래가격을 배분하는 목적은 기업이 고객에게 약속한 재화나 용역을 이전하고 그 대가로 받을 권리를 갖게 될 금액을 나타내는 금액으로 각 수행의무에 거래가격을 배분하는 것이다.

1. 거래가격의 배분 기준: 상대적 개별 판매가격

거래가격 배분의 목적에 맞게, 거래가격은 상대적 개별 판매가격을 기준으로 계약에서 식별된 각 수행의무에 배분한다. 개별 판매가격은 기업이 약속한 재화나 용역을 고객에게 별도로 판매할 경우의 가격이다.

개별 판매가격을 직접 관측할 수 없다면, 배분 목적에 맞게 거래가격이 배분되도록 개별 판매가격을 추정한다. 개별 판매가격을 추정할 때, 합리적인 범위에서 구할 수 있는 모든 정보를 고려한다. 이때, 관측 가능한 투입변수들을 최대한 사용하고 비슷한 상황에서는 추정방법을 일관되게 적용한다.

2. 개별 판매가격 추정방법

재화나 용역의 개별 판매가격을 적절하게 추정하는 방법에는 다음이 포함되지만 이에 한정되지는 않는다. 중요한 내용은 아니므로, 추정방법의 이름을 읽었을 때 어떤 방법인지 떠오를 수 있을 정도면 된다.

> (1) 시장평가 조정 접근법: 재화와 용역을 판매하는 시장의 가격을 추정
> (2) 예상원가 이윤 가산 접근법: 예상원가를 예측하고, 적정 이윤을 더함
> (3) 잔여접근법: 총 거래가격에서 다른 재화나 용역의 개별 판매가격을 차감하여 추정

3. 할인액의 배분 ★중요!

(1) 기업이 재화나 용역의 묶음을 보통 따로 판매하고 & 그 묶음의 할인액이 계약의 전체 할인액과 같은 경우: 할인액을 일부 수행의무들에만 배분

(2) 할인액 전체가 일부 수행의무에만 관련된다는 증거가 없는 경우: 할인액을 모든 수행의무에 배분

사례

(주)김수석은 보통 제품 A,B,C를 개별 판매하는데, 개별 판매가격은 다음과 같다.

	개별 판매가격
A	₩100
B	50
C	30
계	₩180

(주)김수석은 ₩150에 제품 A,B,C를 판매하기로 고객과 계약을 체결하였다. 각 상황에 맞추어 제품 A,B,C에 배분될 거래가격을 구하시오.

상황 1. (주)김수석은 보통 제품 A와 B를 함께 ₩120에 판매한다.

상황 2. (주)김수석은 보통 제품 A와 B를 함께 판매하지 않는다.

답

상황 1. A: 80, B: 40, C: 30

		제품별 배부액
A	120 ⟨	120 × 100/150 = 80
B		120 × 50/150 = 40
C		30
계		150

1) 기업이 재화나 용역의 묶음(A&B)을 보통 따로 판매하고
2) 그 묶음의 할인액(100 + 50 − 120 = 30)이 계약의 전체 할인액(180 − 150 = 30)과 일치
   → 할인액을 일부 수행의무(A&B)들에만 배분한다.

상황 2. A: 83, B: 42, C: 25

	제품별 배부액
A	150 × 100/180 = 83
B	150 × 50/180 = 42
C	150 × 30/180 = 25
계	150

할인액 전체가 일부 수행의무에만 관련된다는 증거가 없는 경우 할인액을 모든 수행의무에 배분한다.

4. 거래가격의 변동 ★중요!

각 보고기간 말의 상황과 보고기간의 상황 변동을 충실하게 표현하기 위하여 보고기간 말마다 추정 거래가격을 새로 수정한다(변동대가 추정치가 제약되는지를 다시 평가하는 것을 포함). 거래가격의 후속 변동은 계약 개시시점과 같은 기준으로 계약상 수행의무에 배분한다. 따라서 계약을 개시한 후의 개별 판매가격 변동을 반영하기 위해 거래가격을 다시 배분하지는 않는다.

사례

(주)김수석은 A, B, C를 묶어서 ₩100에 판매하였다. 각 제품의 개별 판매가격은 다음과 같다. 아래 각 물음에 답하시오. 각 물음은 독립적이다.

	개별 판매가격
A	75
B	45
C	30

물음 1. 각 제품에 배분되는 거래가격을 구하시오.

물음 2. 계약 이후에 개별 판매가격이 다음과 같이 변경되었을 때, 각 제품에 배분되는 거래가격을 구하시오.

	개별 판매가격
A	70
B	50
C	40

물음 3. 계약체결 이후, 개별 판매가격의 상승으로 인해 총 거래가격을 ₩200으로 인상하기로 합의하였다. 최초 계약 시점과 가격 상승 이후 개별 판매가격이 각각 다음과 같을 때, 가격 상승 이후 각 제품에 배분되는 거래가격을 구하시오.

	개별 판매가격	가격 상승 이후 개별 판매가격
A	75	120
B	45	105
C	30	75

답

물음 1. 수행의무가 여러 개인 경우, 거래가격을 상대적 개별 판매가격을 기준으로 각 제품에 배분한다.

	배분된 거래가격
A	$100 \times 75/150 = 50$
B	$100 \times 45/150 = 30$
C	$100 \times 30/150 = 20$

물음 2.

계약 개시 후의 개별 판매가격 변동을 반영하기 위해 재배분하지 않으므로, 각 제품에 배분되는 거래가격은 불변이다. (A: 50, B: 30, C: 20)

물음 3.

거래가격의 후속 변동은 계약 개시시점과 같은 기준으로 배분한다. 각 제품의 개별 판매가격이 변경되었지만, 거래가격 배분은 계약 개시시점의 개별 판매가격 비율로 이루어진다.

	배분된 거래가격
A	$200 \times 75/150 = 100$
B	$200 \times 45/150 = 60$
C	$200 \times 30/150 = 40$

5 5단계-수익의 인식

1. 수익 인식 시점: 자산을 이전할 때

고객에게 약속한 재화나 용역, 즉 자산을 이전하여 수행의무를 이행할 때 또는 기간에 걸쳐 이행하는 대로 수익을 인식한다. 자산은 고객이 그 자산을 통제할 때 이전된다. 즉, 고객이 재화나 용역을 통제할 때 수익을 인식한다.

2. 기간에 걸쳐 이행 vs 한 시점에 이행 ★중요!

식별한 각 수행의무를 다음 기준에 따라 기간에 걸쳐 이행하는지 또는 한 시점에 이행하는지를 계약 개시시점에 판단한다. 수행의무가 기간에 걸쳐 이행되지 않는다면, 그 수행의무는 한 시점에 이행되는 것이다. 기간에 걸쳐 이행되는지 여부를 먼저 검토한 뒤, 그렇지 않으면 한 시점에 이행되는 것으로 본다. 여러 기간에 걸쳐 수익을 인식하는 것은 어렵기 때문에 기간에 걸쳐 이행하는 것이 아니면 수익을 한 시점에 전부 인식하기 위함이다.

(1) 기간에 걸쳐 이행: 조금씩 넘어감	(2) 한 시점에 이행: 이미 고객의 자산
'완료한 부분에 대해 지급청구권O'	'현재 지급청구권O'
'기업이 수행하는 대로 고객이 통제' '기업이 수행하는 대로 효익을 얻음'	'위험과 보상은 고객에게' '고객이 자산 인수'

다음의 기준서 문장들을 읽어보면 뉘앙스의 차이가 극명하게 느껴질 것이다. 기준서 문장을 외우려고 하지 말고, 문장을 보았을 때 '기간에 걸쳐'인지, '한 시점에'인지 구분할 수 있으면 된다.

(1) 기간에 걸쳐 이행하는 수행의무

다음 기준 중 어느 하나를 충족하면, 기간에 걸쳐 수행의무를 이행하는 것이고 기간에 걸쳐 수익을 인식한다.

> ① 기업이 수행하여 만든 자산이 기업 자체에는 대체 용도가 없고, 지금까지 수행을 완료한 부분에 대해 집행 가능한 지급청구권이 기업에 있다.
> ② 기업이 수행하여 만들어지거나 가치가 높아지는 대로 고객이 통제하는 자산(예: 재공품)을 기업이 만들거나 그 자산 가치를 높인다.
> ③ 고객은 기업이 수행하는 대로 기업의 수행에서 제공하는 효익을 동시에 얻고 소비한다

① 기업의 대체 용도 유무 판단
기업이 자산을 만들거나 그 가치를 높이는 동안에 그 자산을 다른 용도로 쉽게 전환하는 데에 계

약상 제약이 있거나, 완료된 상태의 자산을 쉽게 다른 용도로 전환하는 데에 실무상 제한이 있다면, 기업이 수행하여 만든 그 자산은 그 기업에는 대체 용도가 없는 것이다.

자산이 기업에 대체 용도가 있는지는 계약 개시시점에 판단한다. 계약을 개시한 다음에는 계약 당사자들이 수행의무를 실질적으로 변경하지 않는 한, 자산이 기업에 대체 용도가 있는지를 다시 판단하지 않는다.

② 집행 가능한 지급청구권이 기업에 있는지 판단

지금까지 수행을 완료한 부분에 대해 집행 가능한 지급청구권이 기업에 있는지를 판단할 때에는 계약에 적용되는 법률뿐만 아니라 계약 조건도 고려한다. 지금까지 수행을 완료한 부분에 대한 지급청구권이 고정금액에 대한 권리일 필요는 없다. 그러나 기업이 약속대로 수행하지 못했기 때문이 아니라 그 밖의 사유로 고객이나 다른 당사자가 계약을 종료한다면 적어도 지금까지 수행을 완료한 부분에 대한 보상 금액을 받을 권리가 계약기간에는 언제든지 있어야 한다.

(2) 한 시점에 이행하는 수행의무

수행의무가 기간에 걸쳐 이행되지 않는다면, 그 수행의무는 한 시점에 이행되는 것이다. 다음과 같은 통제 이전의 지표에 해당된다면, 수행의무는 한 시점에 이행되는 것이다.

> ① 기업은 자산에 대해 현재 지급청구권이 있다.
> ② 자산의 소유에 따른 유의적인 위험과 보상이 고객에게 있다.
> ③ 기업이 자산의 물리적 점유를 이전하였다.
> ④ 고객이 자산을 인수하였다.
> ⑤ 고객에게 자산의 법적 소유권이 있다.

3. 수행의무의 진행률을 측정함

기간에 걸쳐 이행하는 수행의무 각각에 대해, 그 수행의무 완료까지의 진행률을 측정하여 기간에 걸쳐 수익을 인식한다. 진행률을 측정하는 목적은 고객에게 약속한 재화나 용역에 대한 통제를 이전(기업의 수행의무 이행)하는 과정에서 기업의 수행 정도를 나타내기 위한 것이다.

기간에 걸쳐 이행하는 각 수행의무에는 하나의 진행률 측정방법을 적용하며 비슷한 상황에서의 비슷한 수행의무에는 그 방법을 일관되게 적용한다. 기간에 걸쳐 이행하는 수행의무의 진행률은 보고기간 말마다 다시 측정한다.

적절한 진행률 측정방법에는 산출법과 투입법이 포함된다. 적절한 진행률 측정방법을 결정할 때, 고객에게 이전하기로 약속한 재화나 용역의 특성을 고려한다. 진행률 측정방법을 적용할 때, 고객에게 통제를 이전하지 않은 재화나 용역은 진행률 측정에서 제외한다. 이와 반대로, 수행의무를 이행할 때 고객에게 통제를 이전하는 재화나 용역은 모두 진행률 측정에 포함한다.

예제

02 기업회계기준서 제1115호 '고객과의 계약에서 생기는 수익'에 대한 다음 설명 중 옳지 않은 것은?

2022. CPA

① 일반적으로 고객과의 계약에는 기업이 고객에게 이전하기로 약속하는 재화나 용역을 분명히 기재한다. 그러나 고객과의 계약에서 식별되는 수행의무는 계약에 분명히 기재한 재화나 용역에만 한정되지 않을 수 있다.

② 계약을 이행하기 위해 해야 하지만 고객에게 재화나 용역을 이전하는 활동이 아니라면 그 활동은 수행의무에 포함되지 않는다.

③ 고객이 약속한 대가(판매대가) 중 상당한 금액이 변동될 수 있으며 그 대가의 금액과 시기가 고객이나 기업이 실질적으로 통제할 수 없는 미래 사건의 발생 여부에 따라 달라진다면 판매대가에 유의적인 금융요소는 없는 것으로 본다.

④ 적절한 진행률 측정방법에는 산출법과 투입법이 포함된다. 진행률 측정방법을 적용할 때, 고객에게 통제를 이전하지 않은 재화나 용역은 진행률 측정에서 제외하는 반면, 수행의무를 이행할 때 고객에게 통제를 이전하는 재화나 용역은 모두 진행률 측정에 포함한다.

⑤ 수익은 한 시점에 이행하는 수행의무 또는 기간에 걸쳐 이행하는 수행의무로 구분한다. 이러한 구분을 위해 먼저 통제 이전 지표에 의해 한 시점에 이행하는 수행의무인지를 판단하고, 이에 해당하지 않는다면 그 수행의무는 기간에 걸쳐 이행되는 것으로 본다.

⊙ 해설

먼저 통제 이전 지표에 의해 기간에 걸쳐 이행되는 수행의무인지를 판단하고, 이에 해당하지 않는다면 그 수행의무는 한 시점에 이행하는 수행의무로 본다.

답 ⑤

03 수익의 인식에 관한 설명으로 옳지 않은 것은? 2020. CTA

① 거래가격은 고객에게 약속한 재화나 용역을 이전하고 그 대가로 기업이 받을 권리를 갖게 될 것으로 예상하는 금액이며, 제삼자를 대신해서 회수한 금액(예: 일부 판매세)은 제외한다.

② 약속한 재화나 용역이 구별되지 않는다면, 구별되는 재화나 용역의 묶음을 식별할 수 있을 때까지 그 재화나 용역을 약속한 다른 재화나 용역과 결합한다.

③ 변동대가(금액)는 기댓값 또는 가능성이 가장 높은 금액 중에서 고객이 받을 권리를 갖게 될 대가(금액)를 더 잘 예측할 것으로 예상하는 방법을 사용하여 추정한다.

④ 계약의 각 당사자가 전혀 수행되지 않은 계약에 대해 상대방(들)에게 보상하지 않고 종료할 수 있는 일방적이고 집행 가능한 권리를 갖는다면, 그 계약은 존재하지 않는다고 본다.

⑤ 계약을 개시한 다음에는 계약 당사자들이 수행의무를 실질적으로 변경하는 계약변경을 승인하지 않는 한, 자산이 기업에 대체 용도가 있는지를 다시 판단하지 않는다.

> **▶해설**
> 변동대가(금액)는 둘 중 **기업이 받을 권리**를 갖게 될 대가(금액)를 더 잘 예측할 것으로 예상하는 방법을 사용하여 추정한다. 변동대가는 고객이 기업에게 지급하는 것이므로, 기업이 받을 권리를 갖는다.
>
> 답 ③

04 기업회계기준서 제1115호 '고객과의 계약에서 생기는 수익'에 대한 다음 설명 중 옳지 않은 것은?

2021. CPA

① 유형자산의 처분은 계약상대방이 기업회계기준서 제1115호에서 정의하고 있는 고객에 해당되지 않기 때문에 유형자산 처분손익에 포함되는 대가(금액)를 산정함에 있어 처분유형에 관계없이 동 기준서의 거래가격 산정에 관한 요구사항을 적용할 수 없다.

② 기업이 수행하여 만든 자산이 기업 자체에는 대체 용도가 없고, 지금까지 수행을 완료한 부분에 대해 집행 가능한 지급청구권이 기업에 있다면, 기업은 재화나 용역에 대한 통제를 기간에 걸쳐 이전하므로, 기간에 걸쳐 수행의무를 이행하는 것이고 기간에 걸쳐 수익을 인식한다.

③ 고객이 약속한 대가 중 상당한 금액이 변동될 수 있으며 그 대가의 금액과 시기는 고객이나 기업이 실질적으로 통제할 수 없는 미래 사건의 발생 여부에 따라 달라진다면, 그 계약에는 유의적인 금융요소가 없을 것이다.

④ 고객이 현금 외의 형태로 대가를 약속한 계약의 경우에 거래가격을 산정하기 위하여 비현금 대가(또는 비현금 대가의 약속)를 공정가치로 측정한다.

⑤ 고객에게 지급할 대가가 고객에게서 받은 구별되는 재화나 용역의 공정가치를 초과한다면, 그 초과액을 거래가격에서 차감하여 회계처리한다.

해설

고객이란 기업의 통상적인 활동의 산출물을 대가와 교환하여 획득하기로 그 기업과 계약한 당사자를 말한다. 계약상대방이 기업의 산출물을 취득하기 위해서가 아니라 활동이나 과정에 참여하기 위해 계약하였고, 그 계약 당사자들이 그 활동이나 과정에서 생기는 위험과 효익을 공유한다면, 그 계약상대방은 고객이 아니다. 유형자산의 처분 시 계약상대방도 기업의 산출물을 취득하기 때문에 수익 기준서에서 정의하고 있는 고객에 해당한다. (X)

답 ①

계약변경이란 계약의 범위나 계약가격의 변경을 말한다. 기존 계약이 완벽하게 이행되지 않은 상태에서 계약의 범위를 확장 시킬 때 1) 이미 이전한 부분(기존), 2) 아직 이전하지 않은 부분(잔여), 3) 계약변경으로 추가된 부분(추가)을 처리하는 방법을 기억해야 한다.

개별 판매가격을 반영	별도 계약에 해당하지 않는 경우	
	기존과는 구별되는 경우	기존과도 구별되지 않는 경우
기존 잔여 / 추가	기존 잔여 / 추가	기존 잔여 추가
별도 계약으로	기존 계약을 종료하고 새로운 계약을 체결한 것처럼	기존 계약의 일부인 것처럼 (누적효과 일괄조정기준)

1. 별도 계약으로 보는 경우: '개별 판매가격' 반영

다음 두 조건을 모두 충족하는 경우에 계약변경은 별도 계약으로 회계처리한다.

> (1) 구별되는 약속한 재화나 용역이 추가되어 계약의 범위가 확장된다.
> (2) 계약가격이 추가로 약속한 재화나 용역의 개별 판매가격을 반영하여 적절히 상승한다.

2. 계약변경이 별도 계약에 해당하지 않는 경우

별도 계약으로 회계처리하는 계약변경이 아니라면, 나머지 약속한 재화나 용역을 다음 중 하나의 방법으로 회계처리한다.

(1) 나머지 재화나 용역이 그 전에 이전한 재화나 용역과 구별되는 경우:
기존 계약을 종료하고 새로운 계약을 체결한 것처럼 회계처리

이 경우 '기존'을 제외한 '잔여'와 '추가'를 새로운 계약으로 본다. 따라서 매출액 계산 시에는 '잔여'와 '추가'의 단위당 가격을 평균하여 판매량을 곱해야 한다. 사례를 참고하자.

(2) 나머지 재화나 용역이 그 전에 이전한 재화나 용역과 구별되지 않는 경우:
기존 계약의 일부인 것처럼 회계처리

이 경우 '기존', '잔여', '추가' 전부를 하나의 계약으로 보므로, 계약변경의 효과를 나누지 않고 한 번에 인식한다. 계약변경이 거래가격과 수행의무의 진행률에 미치는 영향은 계약변경일에 수익을 조정하여 인식한다. 이를 기준서에서는 '누적효과 일괄조정기준으로 조정한다.'라고 표현한다.

사례

기업은 제품 120개를 고객에게 12,000원(개당 100원)에 판매하기로 약속하였다. 제품은 6개월에 걸쳐 고객에게 이전된다. 기업은 각 제품에 대한 통제를 한 시점에 이전한다. 기업이 제품 60개에 대한 통제를 고객에게 이전한 다음에, 추가로 제품 30개(총 150개의 동일한 제품)를 고객에게 납품하기로 계약을 변경하였다. 추가 제품 30개는 최초 계약에 포함되지 않았으며, 계약변경 시점에 제품의 개별 판매가격은 개당 95원이다. 각 상황은 독립적이다.

상황 1. 계약을 변경할 때, 원래 제품과 구별되는 추가 제품 30개에 대한 계약변경의 가격은 추가 금액 2,850원이며 개당 95원이다.

→ 제품 30개를 추가하는 계약변경은 원래 제품과 구별되며, 개별 판매가격(개당 95원)을 반영하므로, 별도 계약으로 본다. 기업은 원래 계약의 제품 120개에 개당 100원씩 수익을 인식하고, 새로운 계약의 제품 30개에 개당 95원씩 수익을 인식한다.

상황 2. 추가 제품 30개를 구매하는 협상을 진행하면서, 양 당사자는 처음에 개당 80원에 합의하였다. 그러나 고객은 이전받은 최초 제품 60개에 그 인도된 제품 특유의 사소한 결함이 있음을 알게 된다. 기업은 그 제품의 낮은 질에 대한 보상으로 고객에게 개당 15원씩 일부 공제를 약속하였다. 기업과 고객은 기업이 추가 제품 30개에 부과하는 가격에서 900원(공제 15원 × 제품 60개)을 공제하기로 합의하였다. 따라서 계약변경에서는 추가 제품 30개의 가격을 1,500원, 즉 개당 50원으로 정하였다.

→ 변경시점에 기업은 900원을 최초에 이전한 제품 60개에 대한 수익에서 차감하여 인식한다. 추가 제품 30개의 판매를 회계처리할 때 기업은 개당 80원의 협상가격이 추가 제품의 개별 판매가격(95원)을 반영하지 않았다. 따라서 계약변경은 별도 계약에 해당하지 않는다. 인도할 나머지 제품이 이미 이전한 제품과 구별되기 때문에 기업은 계약변경을 원래 계약이 종료되고 새로운 계약이 체결된 것으로 회계처리한다.
따라서 나머지 제품 각각의 수익으로 인식하는 금액은 평균 93.33원{[(100원 × 원래 계약에서 아직 이전하지 않은 제품 60개) + (80원 × 계약변경에 따라 이전할 제품 30개)] ÷ 나머지 제품 90개}이다.

05 20X1년 10월 1일에 (주)대한은 제품 120개를 고객에게 개당 ₩1,000에 판매하기로 약속하였다. 제품은 6개월에 걸쳐 고객에게 이전되며, 각 제품에 대한 통제는 한 시점에 이전된다. (주)대한은 20X1년 10월 31일에 제품 50개에 대한 통제를 고객에게 이전한 후, 추가로 제품 30개를 개당 ₩800에 고객에게 납품하기로 계약을 변경하였다. 추가된 제품 30개는 구별되는 재화에 해당하며, 최초 계약에 포함되지 않았다. 20X1년 11월 1일부터 20X1년 12월 31일까지 기존 계약수량 중 40개와 추가 계약수량 중 20개에 대한 통제를 고객에게 이전하였다. 계약을 변경할 때, 추가 제품의 가격(₩800/개)이 (1)<u>계약변경 시점의 개별 판매가격을 반영하여 책정된 경우</u>와 (2)<u>계약변경 시점의 개별 판매가격을 반영하지 않은 경우</u>, (주)대한이 20X1년도 포괄손익계산서에 인식할 수익은 각각 얼마인가? 단, 계약변경일에 아직 이전되지 않은 약속한 제품은 계약변경일 전에 이전한 제품과 구별된다. 2023. CPA

	(1)	(2)
①	₩16,000	₩18,800
②	₩90,000	₩87,600
③	₩90,000	₩106,400
④	₩106,000	₩87,600
⑤	₩106,000	₩106,400

해설

(1) 개별 판매가격을 반영하는 경우 (별도계약으로)

구분	기존	잔여	추가
수량	50개	70개	30개
단가	@1,000	@1,000	@800

X1년 수익: 90개 × @1,000 + 20개 × @800 = **106,000**

(2) 개별 판매가격을 반영하지 않은 경우 (기존계약을 종료하고 새로운 계약을 체결한 것처럼)

구분	기존	잔여	추가
수량	50개	70개	30개
단가	@1,000	(70개 × @1,000 + 30개 × @800)/100개 = @940	

X1년 수익: 50개 × @1,000 + 60개 × @940 = **106,400**

답 ⑤

06 20X1년 1월 1일 (주)세무는 제품 200개를 고객에게 1년에 걸쳐 개당 ₩1,000에 판매하기로 약속하였다. 각 제품에 대한 통제는 한 시점에 이전된다. (주)세무는 20X1년 4월 1일 동일한 제품 100개를 개당 ₩800에 고객에게 추가 납품하기로 계약을 변경하였으며, 동 시점까지 기존 계약 수량 200개 가운데 30개에 대한 통제를 고객에게 이전하였다. 추가된 제품은 구별되는 재화에 해당하며, 추가 제품의 계약금액은 개별 판매가격을 반영하지 않는다. 20X1년 4월 1일부터 6월 30일까지 기존 계약 수량 중 58개와 추가 계약 수량 중 50개의 통제를 고객에게 이전하였다. 동 거래와 관련하여 (주)세무가 20X1년 1월 1일부터 6월 30일 사이에 인식할 총수익은?

2019. CTA

① ₩100,000   ② ₩100,800   ③ ₩118,000

④ ₩128,000   ⑤ ₩130,000

▶ **해설**

구분	기존	잔여	추가
수량	30개	170개	100개
단가	@1,000	@925.9	@925.9

추가 제품의 계약금액이 개별 판매가격을 반영하지 않으므로 잔여가 기존과 구분되는지 여부를 판단해야 한다. 기준서에서 본 사례는 기존과 잔여는 구분되는 것으로 보았으므로, 기존계약을 종료하고 새로운 계약을 체결한 것처럼 처리해야 한다.

잔여와 추가 물량의 단가: (170개 × @1,000 + 100개 × @800)/270개 = 925.9

X1.1.1~X1.6.30 수익: 30개 × @1,000 + 108개 × @925.9 = 130,000

답 ⑤

사례

기업(건설회사)은 1백만원의 약속된 대가로 고객에게 고객 소유의 토지에 상업용 건물을 건설해주고, 그 건물을 24개월 이내에 완성할 경우에는 200,000원의 보너스를 받는 계약을 체결하였다. 고객은 건물을 건설하는 동안 통제하므로, 기업은 약속된 재화와 용역의 묶음을 기간에 걸쳐 이행하는 단일 수행의무로 회계처리한다. 계약 개시시점에 기업은 다음과 같이 예상한다.

거래가격	1,000,000
예상원가	700,000
예상이익(30%)	300,000

건물의 완공은 날씨와 규제 승인을 포함하여 기업의 영향력이 미치지 못하는 요인에 매우 민감하다. 그리고 기업은 비슷한 유형의 계약에 대한 경험도 적다. 계약 개시시점에 기업은 거래가격에서 보너스 200,000원을 제외한다. 이미 인식한 누적 수익 금액 중 유의적인 부분을 되돌리지 않을 가능성이 매우 높다고 결론지을 수 없기 때문이다.

기업은 발생원가에 기초한 투입측정법이 수행의무의 적절한 진행률이 된다고 판단한다. 1차 연도 말에 기업은 총 예상원가(700,000원) 대비 지금까지 든 원가(420,000원)를 기초로 수행의무의 60%를 이행하였다. 기업은 변동대가를 다시 평가하고 그 금액이 아직 제약을 받는다고 결론짓는다. 따라서 1차 연도에 인식한 누적 수익과 누적 원가는 다음과 같다.

수익	600,000
원가	420,000
총이익	180,000

2차 연도 1분기에 계약 당사자들이 건물의 평면도를 바꾸는 계약변경에 합의하였다. 결과적으로 고정대가는 150,000원, 예상원가는 120,000원 증액되었다. 변경 후 잠재적 총 대가는 1,350,000원(고정대가 1,150,000원 + 완성보너스 200,000원)이다. 그리고 보너스 200,000원의 획득 허용 기간이 원래 계약 개시시점부터 30개월로 6개월 연장되었다. 계약변경일에 기업은 경험과 수행할 나머지 업무(이는 주로 건물 안에서 수행되며 날씨 상황에 구애받지 않는다)를 고려할 때 거래가격에 보너스를 포함하더라도 이미 인식한 누적 수익 금액 중 유의적인 부분을 되돌리지 않을 가능성이 매우 높다고 결론짓고, 거래가격에 200,000원을 포함하였다. 계약변경을 판단할 때 기업은 변경계약에 따라 제공할 나머지 재화와 용역이 계약변경일 전에 이전한 재화와 용역과 구별되지 않는다고 결론짓는다. 즉 이 계약은 여전히 단일 수행의무이다.

따라서 기업은 계약변경을 원래 계약의 일부인 것처럼 회계처리한다. 기업은 진행률을 새로 수정하고 수행의무의 51.2%(실제 발생원가 420,000원 ÷ 총 예상원가 820,000원)를 이행했다고 추정한다. 기업은 계약변경일에 누적효과 일괄조정으로 91,200원[(51.2% × 변경된 거래가격 1,350,000원) − 지금까지 인식한 수익 600,000원]의 추가 수익을 인식한다.

3. 계약변경 말문제 출제사항

(1) 계약변경: 서면으로만 승인되어야 하는 것은 아님!

계약변경은 서면으로, 구두 합의로, 기업의 사업 관행에서 암묵적으로 승인될 수 있다. 계약 당사자들이 계약변경을 승인하지 않았다면, 계약변경의 승인을 받을 때까지는 기존 계약에 이 기준서를 계속 적용한다.

(2) 계약변경은 다툼이 있거나, 가격 변경이 결정되지 않더라도 존재할 수 있다.

계약 당사자들끼리 계약변경 범위나 가격(또는 둘 다)에 다툼이 있거나, 당사자들이 계약 범위의 변경을 승인하였지만 아직 이에 상응하는 가격 변경을 결정하지 않았더라도, 계약변경은 존재할 수 있다. 계약변경으로 신설되거나 변경되는 권리와 의무를 집행할 수 있는지를 판단할 때에는 계약 조건과 그 밖의 증거를 포함하여 관련 사실 및 상황을 모두 고려한다. 계약 당사자들이 계약 범위의 변경을 승인하였으나 아직 이에 상응하는 가격 변경을 결정하지 않은 경우에 계약변경으로 생기는 거래가격의 변경은 변동대가 추정과 변동대가 추정치의 제약에 따라 추정한다.

07 (주)대한은 (주)민국 소유의 토지에 건물을 건설하기로 (주)민국과 계약을 체결하였다. 그 계약의 내용 및 추가정보는 다음과 같다.

> • (주)민국은 계약 개시일부터 30일 이내에 (주)대한이 토지에 접근할 수 있게 한다.
> • 해당 토지에 (주)대한의 접근이 지연된다면(불가항력적인 사유 포함), 지연의 직접적인 결과로 들인 실제원가에 상당하는 보상을 (주)대한이 받을 권리가 있다.
> • 계약 개시 후에 생긴 그 지역의 폭풍 피해 때문에 (주)대한은 계약 개시 후 120일이 지나도록 해당 토지에 접근하지 못하였다.
> • (주)대한은 청구의 법적 기준을 검토하고, 관련 계약 조건을 기초로 집행할 수 있는 권리가 있다고 판단하였다.
> • (주)대한은 계약변경에 따라 (주)민국에게 재화나 용역을 추가로 제공하지 않고 계약변경 후에도 나머지 재화와 용역 모두는 구별되지 않으며 단일 수행의무를 구성한다고 판단하였다.
> • (주)대한은 계약 조건에 따라 지연의 결과로 들인 특정 직접원가를 제시할 수 있으며, 청구를 준비하고 있다.
> • (주)민국은 (주)대한의 청구에 처음에는 동의하지 않았다.

계약변경과 관련하여 상기 거래에 대한 다음 설명 중 옳지 않은 것은?   2019. CPA

① 계약변경은 서면이나 구두 합의, 또는 기업의 사업 관행에서 암묵적으로 승인될 수 있다.

② (주)대한과 (주)민국이 계약변경 범위에 다툼이 있더라도, 계약변경은 존재할 수 있다.

③ (주)대한과 (주)민국이 계약 범위의 변경을 승인하였지만 아직 이에 상응하는 가격 변경을 결정하지 않았다면, 계약변경은 존재할 수 없다.

④ (주)대한과 (주)민국은 계약변경으로 신설되거나 변경되는 권리와 의무를 집행할 수 있는지를 판단할 때에는 계약 조건과 그 밖의 증거를 포함하여 관련 사실 및 상황을 모두 고려한다.

⑤ (주)대한은 계약변경에 대해 거래가격과 수행의무의 진행률을 새로 수정하여 그 계약변경은 기존 계약의 일부인 것처럼 회계처리한다.

해설

②, ③ 계약 당사자들끼리 계약변경 범위나 가격(또는 둘 다)에 다툼이 있거나, 당사자들이 계약 범위의 변경을 승인하였지만 아직 이에 상응하는 가격 변경을 결정하지 않았더라도, 계약변경은 존재할 수 있다.

답 ③

7 수취채권, 계약자산 및 계약부채 ★중요!

1. 수취채권: 돈 받기로 한 날 못 받은 돈 (≒매출채권)

수취채권은 대가를 받을 무조건적인 권리를 의미한다. 대가를 받을 수 있는 권리는 재화를 이전할 때가 아닌, 현금을 받기로 한 날에 발생하므로, 계약상 약정일이 도래하면 수취채권을 계상한다.

2. 계약자산: 돈 받기로 한 날 전에 물건 먼저 보낸 것

계약자산은 재화나 용역을 이전하고 고객에게서 대가를 받을 권리를 의미한다. 재화를 이전하여 수익은 인식했는데 계약상 약정일이 도래하지 않아 '대가를 받을 무조건적인 권리'가 없어서 수취채권을 못 잡을 때 인식하는 자산이다.

3. 수익: 재화를 이전할 때 인식

앞서 수익의 5단계에서 설명했듯이, 수익은 재화를 이전할 때 인식한다. 현금을 수령할 때 수익을 인식하지 않도록 주의하자.

4. 계약부채: 자산 인식했는데, 재화를 이전하기 전이라 수익 인식 못 할 때 인식

계약부채는 기업이 고객에게서 이미 받은 대가(현금), 또는 지급기일이 된 대가(수취채권)에 상응하여 고객에게 재화나 용역을 이전하여야 하는 기업의 의무를 의미한다. 현금을 받았거나, 약정일이 도래하여 수취채권을 잡았는데 재화를 이전하기 전이어서 수익을 인식하지 못할 때 계상하는 부채이다. 이후에 재화를 이전하면 계약부채를 제거하고 수익을 인식한다.

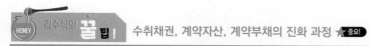

차변	대변
계약자산 ↓ 수취채권 ↓ 현금	계약부채 ↓ 수익

자산과 부채는 시점에 따라 위와 같이 변화한다. 시간이 지남에 따라 계정이 '진화'한다고 이해하면 쉽게 기억할 수 있다. 돈 받기로 한 날 전에 자산을 보내면 계약자산을 계상한 뒤, 돈 받기로 한 날이 도래하면 수취채권이 되고, 돈을 받으면 현금이 유입된다. 재화를 이전하기 전에 자산을 잡으면 계약부채를 계상한 뒤, 재화를 이전하면 수익을 인식한다.

	재화 이전하기 전: 계약부채	재화 이전한 후: 수익
약정일 이전: 계약자산	—	계약자산 / 수익
약정일 도래: 수취채권	수취채권 / 계약부채	수취채권 / 수익
현금 수령: 현금	현금 / 계약부채	현금 / 수익

위 계정과목 변화를 회계처리로 표시하면 위와 같다. 2 × 3 = 6가지 경우가 있는데, 각 상황에 맞는 계정을 위에서 하나, 왼쪽에서 하나를 고르면 회계처리가 된다. 아래 표의 왼쪽 제일 상단은 회계처리가 없는데, 약정일 이전에 재화도 이전하지 않았다면 아무런 거래가 없기 때문이다.

위 표는 '재화를 이전하기 전 현금을 수령했다면 현금 / 계약부채로 회계처리한다.'와 같이 읽으면 된다. 만약 재화를 이전하기 전 현금을 수령한 뒤, 나중에 재화를 이전하면
'계약부채 / 수익'을 추가하여 '현금 / 수익'으로 만들어야 한다.

사례

1. 기업은 20X9년 3월 31일에 고객에게 제품을 이전하는 취소 불가능 계약을 20X9년 1월 1일에 체결한다. 계약에 따라 고객은 20X9년 1월 31일에 대가 1,000원을 미리 지급하여야 한다. 고객은 20X9년 3월 1일에 대가를 지급한다. 기업은 20X9년 3월 31일에 제품을 이전한다.

|회계처리|

X9.1.31	수취채권	1,000	계약부채	1,000
X9.3.1	현금	1,000	수취채권	1,000
X9.3.31	계약부채	1,000	수익	1,000

20X9년 1월 31일이 대가(금액)의 지급기일이다. 이는 기업이 대가를 받을 무조건적인 권리를 갖기 때문에 수취채권으로 인식한다. 20X9년 3월 1일에 현금을 수취했으므로 수취채권을 제거하고 현금을 계상하며, 제품을 이전한 20X9년 3월 31일에 계약부채를 제거하고 수익을 인식한다.

사례

2. 기업은 고객에게 제품 A와 B를 이전하고 그 대가로 1,000원을 받기로 20X8년 1월 1일에 계약을 체결하였다. 계약에서는 제품 A를 먼저 인도하도록 요구하고, 제품 A의 인도 대가는 제품 B의 인도를 조건으로 한다고 기재되어 있다. 다시 말하면, 대가 1,000원은 기업이 고객에게 제품 A와 B 모두를 이전한 다음에만 받을 권리가 생긴다. 따라서 기업은 제품 A와 제품 B 모두를 고객에게 이전할 때까지 대가를 받을 무조건적인 권리(수취채권)가 없다.
기업은 제품 A와 B를 이전하기로 한 약속을 수행의무로 식별하고, 제품의 상대적 개별 판매가격에 기초하여 제품 A에 대한 수행의무에 400원을, 제품 B에 대한 수행의무에 600원을 배분한다. 한편, 기업은 20X8년 1월 10일에 제품 A를, 20X8년 1월 20일에 제품 B를 인도하고 20X8년 1월 30일에 대가 1,000원을 수령하였다.

|회계처리|

X8.1.10	계약자산	400	수익	400
X8.1.20	수취채권	600	수익	600
	수취채권	400	계약자산	400
X8.1.30	현금	1,000	수취채권	1,000

X8.1.10: 제품 A를 인도하였으므로 400의 매출을 인식한다. 하지만 제품 A에 대한 대가는 제품 B까지 모두 인도한 이후에 받을 권리가 생기므로 수취채권이 아닌 계약자산을 인식한다.

X8.1.20: 제품 B를 인도하였으므로 600의 매출을 인식한다. 이제 제품 B까지 모두 인도하였으므로 수취채권을 인식하며, 제품 A에 대한 계약자산도 수취채권으로 재분류한다.

X8.1.30: 현금을 모두 수령하였으므로 수취채권을 제거하고 현금을 계상한다.

3. 기업은 제품을 개당 150원에 이전하기로 20X9년 1월 1일에 고객과 계약을 체결하였다. 고객이 1년 이내에 제품을 1백만 개 이상 구매할 경우에는 계약에 따라 개당 가격을 소급하여 125원으로 낮추어야 한다. 기업은 계약 개시시점에 고객이 임계치인 제품 1백만 개 조건을 충족할 것이고 따라서 거래가격이 제품 개당 125원으로 추정된다고 결론짓는다. 기업은 20X9년 1월 10일에 제품 100개를 고객에게 처음 운송할 때 다음과 같이 인식한다.

|회계처리|

X9.1.10	수취채권	15,000	수익	12,500
			계약부채	2,500

수취채권: 1백만 개 조건을 충족하기 전까지는 제품 개당 150원을 지급받을 권리가 생긴다. 따라서 기업은 가격 감액을 소급 적용(제품 1백만 개를 운송한 후)하기 전까지, 개당 150원의 대가를 받을 무조건적 권리(수취채권)가 있다.

계약부채: 제품에 대해 개당 150원의 대가를 받지만, 150원 중 25원은 미래에 환불될 것으로 예상한다. 따라서 2,500원(= 25원 × 100개)은 계약부채(환불부채)로 인식하고, 나머지 12,500원만 수익으로 인식한다.

예 제

01 (주)세무는 고객에게 제품을 이전하기로 한 약속을 수행의무로 식별하고, 제품을 고객에게 이전할 때 각각의 수행의무에 대한 수익을 인식하고 있다. (주)세무는 (주)한국에게 제품A와 제품B를 이전하기로 하는 계약을 20X1년 12월 1일에 체결하였고, 동 계약에 따라 받기로 한 대가는 총 ₩10,000이다. 동 계약에 따르면, 제품A를 먼저 인도한 후 제품B를 나중에 인도하기로 하였지만, 대가 ₩10,000은 모든 제품(제품A와 제품B)을 인도한 이후에만 받을 권리가 생긴다. (주)세무는 20X1년 12월 15일에 제품A를 인도하였고, 제품B에 대한 인도는 20X2년 1월 10일에 이루어졌으며, 20X2년 1월 15일에 대가 ₩10,000을 수령하였다. (주)세무는 제품A를 개별적으로 판매할 경우 ₩8,000에 판매하고 있지만, 제품B는 판매경험 및 유사제품에 대한 시장정보가 없어 개별판매가격을 알지 못한다. 따라서 잔여접근법으로 거래가격을 배분하기로 한다. (주)세무의 상기거래에 관한 설명으로 옳지 않은 것은? (단, 제시된 거래의 효과만을 반영하기로 한다.)   2022. CTA

① 20X1년 말 (주)세무의 재무상태표에 표시할 수취채권의 금액은 영(0)이다.

② 20X1년 말 (주)세무의 재무상태표에 표시할 계약자산의 금액은 ₩8,000이다.

③ (주)세무가 20X1년도 포괄손익계산서에 수익으로 인식할 금액은 ₩8,000이다.

④ 20X1년 말 (주)세무의 재무상태표에 표시할 계약부채는 없다.

⑤ (주)세무의 20X2년 1월 10일 회계처리로 인하여 계약자산은 ₩2,000 증가한다.

X1.12.25	계약자산	8,000	매출	8,000
X2.1.10	수취채권	2,000	매출	2,000
	수취채권	8,000	계약자산	8,000
X2.1.15	현금	10,000	수취채권	10,000

(1) 거래가격의 배분

A: 8,000, B: 2,000

원칙적으로 수행의무가 두 개 이상인 경우 상대적 개별 판매가격을 기준으로 거래가격을 배분한다. 하지만 잔여접근법으로 거래가격을 배분하기로 하며, A의 개별 판매가격만 제시되어 있으므로, B에 배분되는 거래가격은 2,000(= 10,000 − 8,000)이다.

(2) X1.12.25

제품 A를 인도하였으므로 8,000의 매출을 인식한다. 하지만 제품 A에 대한 대가는 제품 B까지 모두 인도한 이후에 받을 권리가 생기므로 수취채권이 아닌 계약자산을 인식한다.

(3) X2.1.10

제품 B를 인도하였으므로 2,000의 매출을 인식한다. 이제 제품 B까지 모두 인도하였으므로 수취채권을 인식하며, 제품 A에 대한 계약자산도 수취채권으로 재분류한다.

(4) X2.1.15

현금을 모두 수령하였으므로 수취채권을 제거하고 현금을 계상한다.

(5) 정답 찾기

① X1년에는 수취채권이 표시되지 않는다.

② X1년 말 계약자산은 8,000이다.

③ X1년 수익은 8,000이다.

④ X1년 말 계약부채는 표시되지 않는다.

⑤ (주)세무의 20X2년 1월 10일 회계처리로 인하여 계약자산은 ₩8,000 감소한다.

답 ⑤

02 다음은 (주)대한의 20X1년과 20X2년의 수취채권, 계약자산, 계약부채에 대한 거래이다.

- (주)대한은 고객에게 제품을 이전하기로 한 약속을 수행의무로 식별하고, 제품을 고객에게 이전할 때 각 수행의무에 대한 수익을 인식한다.
- (주)대한은 20X2년 1월 31일에 (주)민국에게 제품A를 이전하는 취소 불가능 계약을 20X1년 10월 1일에 체결하였다. 계약에 따라 (주)민국은 20X1년 11월 30일에 대가 ₩1,000 전액을 미리 지급하여야 하나 ₩300만 지급하였고, 20X2년 1월 15일에 잔액 ₩700을 지급하였다. (주)대한은 20X2년 1월 31일에 제품A를 (주)민국에게 이전하였다.
- (주)대한은 (주)만세에게 제품B와 제품C를 이전하고 그 대가로 ₩1,000을 받기로 20X1년 10월 1일에 계약을 체결하였다. 계약에서는 제품B를 먼저 인도하도록 요구하고, 제품B의 인도 대가는 제품C의 인도를 조건으로 한다고 기재되어 있다. (주)대한은 제품의 상대적 개별 판매가격에 기초하여 제품B에 대한 수행의무에 ₩400을, 제품C에 대한 수행의무에 ₩600을 배분한다. (주)대한은 (주)만세에게 20X1년 11월 30일에 제품B를, 20X2년 1월 31일에 제품C를 각각 이전하였다.

상기 거래에 대하여, 20X1년 12월 31일 현재 (주)대한의 수취채권, 계약자산, 계약부채 금액은 각각 얼마인가? (단, 기초잔액은 없는 것으로 가정한다.) 2019. CPA

	수취채권	계약자산	계약부채
①	₩0	₩400	₩0
②	₩400	₩0	₩0
③	₩700	₩400	₩1,000
④	₩1,000	₩400	₩1,000
⑤	₩1,100	₩0	₩1,000

☞ 해설

수취채권: 700(A)
계약자산: 400(B)
계약부채: 1,000(A)

(1) 제품A

X1.11.30	수취채권 현금	1,000 300	계약부채 수취채권	1,000 300
X2.1.15	현금	700	수취채권	700
X2.1.31	계약부채	1,000	매출	1,000

X1.11.30: 현금을 지급해야 하는 약정일이므로 수취채권 1,000을 계상한다. 이 중 300은 현금을 받았으므로
　　　　　수취채권을 제거한다.
X2.1.15: 현금을 수령하였으므로 수취채권을 제거한다.
X2.1.31: 제품을 이전하였으므로 계약부채를 제거하고 수익을 인식한다.

(2) 제품B, C

X1.11.30	계약자산(B)	400	수익	400
X2.1.31	수취채권	1,000	계약자산(B) 매출(C)	400 600

X1.11.30: 제품 B를 이전하였으므로 수익을 인식한다. 하지만 제품 C를 이전해야 대가를 수취할 권리가 생기므
　　　　　로 수취채권이 아닌 계약자산을 계상한다.
X2.1.31: 제품 C를 이전했으므로 B에 대한 대가를 받을 수 있는 권리가 생겼다. 400의 계약자산을 수취채권으
　　　　　로 돌리며, 제품 C를 이전했으므로 600의 매출을 인식한다.

답 ③

8 재매입 약정 ★중요!

재매입약정은 자산을 판매하고, 그 자산을 다시 사기로 약속하거나 다시 살 수 있는 선택권을 갖는 계약이다. 재매입약정은 일반적으로 세 가지 형태로 나타난다.

> (1) 선도: 자산을 다시 사야 하는 기업의 의무
> (2) 콜옵션: 자산을 다시 살 수 있는 기업의 권리
> (3) 풋옵션: 고객이 요청하면 자산을 다시 사야 하는 기업의 의무

재매입 가격		원래 판매가격보다	
		높은 금액	낮은 금액
(1) 기업이 선도 or CALL 보유		금융약정	리스
(2) 고객이 PUT 보유		높은 금액	낮은 금액
행사할 유인	유의적	금융약정	리스
	유의적X	반품가능판매	

1. 기업이 선도나 콜옵션을 갖는 경우

기업이 자산을 다시 사야 하는 의무(선도)나 권리(콜)가 있다면, 자산은 기업에게 다시 돌아올 수 있다. 따라서 고객은 자산을 통제하지 못하고, 기업은 수익을 인식하지 못한다. 따라서 그 계약을 다음 중 어느 하나로 회계처리한다.

(1) 원래 판매가격보다 높은 금액으로 재매입: 금융약정 (=차입거래) ★중요!

기업이 자산을 원래 판매가격 이상의 금액으로 다시 살 수 있거나(콜옵션) 다시 사야 하는 경우(선도), 판매 시에는 현금을 받고 나중에 더 큰 금액을 지급해야 하므로 사실상 자산을 담보로 맡기고 차입한 것과 같다. 기준서에서는 '금융약정'이라는 용어를 쓰는데 차입거래를 의미한다.

최초 판매 시	현금	판매금액	부채	판매금액
판매~행사 전	이자비용	재매입가격 − 판매금액	부채	재매입가격 − 판매금액
옵션 포기 시	부채	재매입가격	매출	재매입가격
	매출원가	원가	재고자산	원가
옵션 행사 시	부채	재매입가격	현금	재매입가격

① 판매 시~행사 전

차입한 것으로 보므로, 판매가 이루어졌더라도 현금으로 받은 판매금액을 금융부채로 계상한다. 이후, 원래 판매가격과 재매입가격의 차이는 이자비용으로 인식하면서 부채를 재매입가격으로 증가시킨다.

② 행사 시점에 옵션 포기 시

옵션 행사 시점에 옵션을 행사하지 않고 포기하면 재고자산에 대한 통제가 고객에게 이전되므로 매출이 이루어진다. 따라서 매출과 매출원가를 인식하면서, 부채를 제거한다. 이자비용을 인식하면서 부채를 재매입가격까지 키워놨기 때문에 이때 인식하는 매출액은 현금 수령액이 아닌 재매입가격이 된다.

③ 행사 시점에 옵션 행사 시

옵션을 행사하면 매출은 취소되며, 재매입가격만큼 현금을 지급하면서 부채를 제거한다.

(2) 원래 판매가격보다 낮은 금액으로 재매입: 리스

기업이 자산을 원래 판매가격보다는 낮은 금액으로 다시 살 수 있거나 다시 사야 하는 경우 이용료를 받고 자산을 잠시 빌려준 것(리스)이나 마찬가지이다.

2. 고객이 풋옵션을 갖는 경우

고객이 요청하면 기업이 원래 판매가격보다 낮은 가격으로 자산을 다시 사야 하는 의무(풋옵션)가 있는 경우에 계약 개시시점에 고객이 그 권리를 행사할 경제적 유인이 유의적인지를 고려한다.

(1) 유의적인 경우: 금융 약정 or 리스

행사 가능성이 유의적이라면 자산은 기업에게 다시 돌아올 것이므로 고객은 자산을 통제하지 못한다. 따라서 1. 기업이 선도나 콜옵션을 갖는 경우와 같은 방식으로 금융 약정 또는 리스로 처리한다.

(2) 유의적이지 않은 경우: 반품가능판매

행사 가능성이 유의적이지 않다면 자산은 기업에게 다시 돌아오지 않을 것이므로 고객은 자산을 통제하며, 기업은 수익을 인식한다. 다만, 고객이 (행사 가능성이 유의적이진 않지만) 자산을 처분할 수도 있으므로 반품가능판매로 본다.

> ※주의 **기업이 콜옵션을 갖는 경우 반품가능판매 없음!**
>
> 기업이 콜옵션을 갖는 경우에는 반품가능판매로 보지 않는다는 것을 기억하자. 상식적으로 반품은 고객이 하는 것이지, 기업이 반품하지는 않기 때문이다. 기업의 요구에 따라 재구매하는 것을 반품으로 보지 않는다.

01 12월 결산법인 (주)서울은 20X1년 12월 1일 고객에게 A제품을 ₩50,000(원가 ₩40,000)에 인도하고 현금을 수령하였으며, (주)서울은 20X2년 3월 31일에 동 A제품을 고객으로부터 ₩58,000에 재매입할 수 있는 콜옵션을 보유하고 있다. 20X2년 3월 31일 A제품의 시장가치는 20X1년 12월 1일 예상과 동일한 ₩56,000이며, (주)서울은 20X2년 3월 31일 콜옵션을 행사하지 않았다. 동 거래에 대한 설명으로 가장 옳은 것은? 2020. 서울시 7급

① (주)서울은 20X1년 12월 1일 해당거래를 리스계약으로 회계처리 한다.
② (주)서울은 20X1년 12월 31일 해당거래로 인식할 이자비용은 없다.
③ (주)서울은 20X1년 12월 1일 해당거래로 인식할 매출액은 ₩50,000이다.
④ (주)서울은 20X2년 3월 31일 해당거래로 인식할 매출액은 ₩58,000이다.

해설

① 콜옵션의 행사가격(58,000)이 원래 판매가격(50,000)보다 크므로, 금융약정으로 회계처리한다. (X)
② 20X1년 12월 31일 이자비용: $(58,000 - 50,000) \times 1/4 = 2,000$ (X)
 － X1.12.1~X2.3.31까지 4달간 차입한 것으로 보고 이자비용을 월할 계산한다.
③ 금융약정으로 회계처리하므로, 20X1년 12월 1일에 현금을 수령하더라도 매출액을 인식하지 않는다. (X)
④ 콜옵션을 행사하지 않았으므로, 콜옵션이 소멸되면서 부채가 제거되고, 매출을 인식한다. 이자비용을 인식하면서 부채를 58,000으로 증가시켰으므로 20X2년 3월 31일 매출액은 ₩58,000이다. (O)
참고로, 3월 31일의 예상 시장가치 56,000은 문제 풀이 시 고려하지 않는다.

|(주)세무의 회계처리|

X1.12.1	현금	50,000	부채	50,000
X1.12.31	이자비용	2,000	부채	2,000
X2.3.31	이자비용	6,000	부채	6,000
X2.3.31	부채	58,000	매출	58,000
	매출원가	40,000	재고자산	40,000

|(주)한국의 회계처리|

X1.1.1	금융자산	200,000	현금	200,000

답 ④

02 (주)세무는 20X1년 1월 1일 (주)한국에게 원가 ₩100,000의 제품을 ₩200,000에 현금 판매하였다. 판매계약에는 20X1년 6월 30일 이전에 (주)한국이 요구할 경우 (주)세무가 판매한 제품을 ₩210,000에 재매입해야 하는 풋옵션이 포함된다. 풋옵션이 행사될 유인은 판매시점에서 유의적일 것으로 판단하였으나 실제로 20X1년 6월 30일까지 풋옵션이 행사되지 않은 채 권리가 소멸하였다. 동 거래에 관한 설명으로 옳지 않은 것은? (단, 20X1년 1월 1일 기준으로 재매입일 예상 시장가치는 ₩210,000 미만이다.) 2019. CTA

① 20X1년 1월 1일 (주)한국은 제품의 취득을 인식하지 못한다.
② 20X1년 1월 1일 (주)한국은 금융자산을 인식한다.
③ 20X1년 1월 1일 (주)세무는 금융부채 ₩200,000을 인식한다.
④ 20X1년 6월 30일 (주)세무는 이자비용 ₩10,000을 인식한다.
⑤ 20X1년 6월 30일 (주)세무는 매출액 ₩200,000을 인식한다.

해설

①~③ 고객이 풋옵션을 보유하는 상황에서 풋옵션을 행사할 유인이 유의적이고, 풋옵션의 행사가격(210,000)이 원래 판매가격(200,000)보다 크므로, 금융약정으로 회계처리한다. 따라서 금융자산(현금)과 금융부채를 인식한다.

④ 20X1년 6월 30일 이자비용: 210,000 − 200,000 = 10,000

⑤ 풋옵션을 행사하지 않았으므로, 콜옵션이 소멸되면서 부채가 제거되고, 매출을 인식한다. 이자비용을 인식하면서 부채를 210,000으로 증가시켰으므로 20X1년 6월 30일 매출액은 210,000이다. (X)

|회계처리|

X1.1.1	현금	200,000	부채	200,000
X1.6.30	이자비용	10,000	부채	10,000
X1.6.30	부채 매출원가	210,000 100,000	매출 재고자산	210,000 100,000

답 ⑤

9 반품가능판매 ★중요!

판매 시	현금	총 판매 수량 × 매가	환불부채	예상 반품 수량 × 매가
			매출	예상 매출 수량 × 매가
	회수권	예상 반품 수량 × 원가	재고자산	총 판매 수량 × 원가
	매출원가	예상 매출 수량 × 원가		
반품 시	환불부채	잡은 거 전부 제거	현금	반품 수량 × 매가
			매출	추가 매출 수량 × 매가
	재고자산	반품 수량 × 원가	회수권	잡은 거 전부 제거
	매출원가	추가 매출 수량 × 원가		

STEP 1 판매 시

반품권이 있는 제품의 이전을 회계처리하기 위하여, 다음 사항을 모두 인식한다.

(1) 수익: 기업이 받을 권리를 갖게 될 것으로 예상하는 대가
(2) 환불부채
(3) 회수권: 고객에게서 제품을 회수할 기업의 권리에 대한 자산

1. 현금 수령액의 안분

고객에게서 받은 대가의 일부나 전부를 고객에게 환불할 것으로 예상하는 경우, 받은 금액 중 기업이 권리를 가지지 못할 것으로 예상하는 부분은 고객에게 제품을 이전할 때 수익으로 인식하지 않고 환불부채로 인식한다.

판매 시에는 판매 수량 전체에 대해서 현금을 수령할 것이다. 이 중 반품이 예상되는 수량만큼은 환불부채를 계상하고, 나머지는 매출로 인식한다.

2. 재고자산의 안분

판매 시 재고자산의 통제는 고객에게 이전되므로 기업은 총 판매 수량만큼 재고자산을 제거한다. 이 중 반품이 예상되는 수량은 '회수권(반환제품회수권)'이라는 자산으로 계상하고, 나머지는 매출원가로 계상한다. 회수권은 고객이 반품하였을 때 기업이 재화를 회수할 수 있는 권리를 나타내는 별개의 자산을 의미한다. 회수권은 환불부채와 상계하지 않고 각각 자산과 부채로 구분하여 표시한다.

1. 환불부채의 제거

판매 시에 설정한 환불부채는 반품 시점이 도래하였을 때 전부 제거한다. 이때 반품 수량만큼은 환불을 해주어야 하므로 현금을 감소시킨다. 반품되지 않은 수량은 그대로 매출이 이루어진 것이므로 매출을 인식한다.

2. 회수권의 제거

판매 시에 설정한 회수권은 반품 시점이 도래하였을 때 전부 제거한다. 이때 반품 수량만큼은 재고를 돌려받으므로 재고자산을 증가시킨다. 반품되지 않은 수량은 그대로 매출이 이루어진 것이므로 매출원가로 인식한다.

 환불부채와 회수권의 제거 요약 ★중요!

판매 시	반품 시	
	반품 O	반품 X
환불부채	현금 감소	매출
회수권	재고자산	매출원가

판매 시 계상한 환불부채와 회수권이 반품 여부에 따라 각각 어느 계정으로 제거되는지 요약한 것이다. 중요한 내용이니 반드시 기억하자.

재고자산을 돌려받을 때 회수권을 제거하고 재고자산을 계상한다. 그런데 돌려받은 재고자산은 고객이 사용하다가 돌려받은 것이므로 새것이 아니다. 따라서 돌려받은 자산의 가치는 최초에 판매할 때의 가치보다 떨어져 있을 것이며, 이를 판매용으로 다시 복구하기 위해서 기업은 비용을 투입해야 한다. 이 비용을 판매자는 다음과 같이 처리한다.

판매시	회수권	예상 반품 수량 × (원가 − 단위당 예상 비용)	재고자산	총 판매 수량 × 원가
	비용	예상 반품 수량 × 단위당 예상 비용		
	매출원가	예상 매출 수량 × 원가		
반품 시	재고자산	반품된 자산의 실제 가치	회수권	잡은 거 전부 제거
			현금	실제 지출액
		PL XXX		

1. 판매 시: 회수권을 감소시키면서 비용 인식

반환 시 예상되는 비용이 있다면 이후에 받을 수 있는 자산의 가치가 작으므로 회수권도 적게 잡는다. 회수권이 감소한 부분은 비용(매출원가 or 기타비용)으로 인식한다.

2. 실제 반품 시: 회수권, 실제 지출액과 반품받은 자산의 실제 가치의 차액은 PL로 인식

판매 시 계상한 회수권과 반품받은 자산의 실제 가치가 다를 수도 있다. 또한, 복구비용을 지출할 텐데 대차차액은 PL로 인식한다.

03 (주)세무는 20X1년 12월 31일 개당 원가 ₩150인 제품 100개를 개당 ₩200에 현금 판매하였다. (주)세무는 판매 후 30일 이내에 고객이 반품하면 전액 환불해주고 있다. 반품율은 5%로 추정되며, 반품제품 회수비용, 반품제품 가치하락 및 판매당일 반품은 없다. 동 거래에 대한 설명으로 옳지 않은 것은? 2019. CTA

① 20X1년 인식할 매출액은 ₩19,000이다.

② 20X1년 인식할 이익은 ₩4,750이다.

③ '환불이 발생할 경우 고객으로부터 제품을 회수할 권리'를 20X1년 말 자산으로 인식하며, 그 금액은 ₩750이다.

④ 동 거래의 거래가격은 변동대가에 해당하기 때문에 받을 권리를 갖게 될 금액을 추정하여 수익으로 인식한다.

⑤ 20X1년 말 인식할 부채는 ₩250이다.

해설

① 20X1년 매출액: 95개 × @200 = 19,000 (O)

② 20X1년 이익: 95개 × @(200 − 150) = 19,000(매출) − 14,250(매출원가) = 4,750 (O)

③ 회수권: 5개 × @150 = 750 (O)

④ 반품 여부에 따라 고객으로부터 수취할 수 있는 대가가 변동하므로, 거래가격은 변동대가이다. 변동대가는 받게 될 금액을 추정하여 수익으로 인식한다. (O)

⑤ 20X1년 말 부채: 5개 × @200 = 1,000 (X)

|회계처리|

판매 시	현금	20,000	환불부채	⑤1,000
			매출	①19,000
	회수권	③750	재고자산	15,000
	매출원가	②14,250		

만약 5개 중 3개를 반품하였다고 가정하면, 회계처리는 다음과 같다.

반품 시	환불부채	1,000	현금	600
			매출	400
	재고자산	450	회수권	750
	매출원가	300		

답 ⑤

04 (주)대한은 20X1년 말 고객이 구매 후 30일 내에 반품할 수 있는 조건으로 원가 ₩1,050,000의 정수기를 ₩1,500,000에 현금판매 하였다. (주)대한은 20X1년 말 과거 경험과 정수기 소매업계 상황에 기초하여 판매한 상품의 5%가 반품될 것으로 추정하였다. 또한 반품과 관련된 직접비용으로 반환금액의 3%가 발생한다. 이러한 반품조건의 판매가 (주)대한의 20X1년도 당기순이익에 미치는 영향은? 2013. CTA

① ₩415,250 증가   ② ₩417,500 증가   ③ ₩425,250 증가

④ ₩427,500 증가   ⑤ ₩450,000 증가

● 해설

X1년도 당기순이익: 1,425,000(매출) − 2,250(반품비용) − 997,500(매출원가) = **425,250 증가**

|회계처리|

X1말	현금	1,500,000	환불부채	75,000
			매출	1,425,000
	회수권	50,250	재고자산	1,050,000
	비용	2,250		
	매출원가	997,500		

계약부채(예상 반환금액): 1,500,000 × 5% = 75,000

회수권: 1,050,000 × 5% − 반품관련비용 = 50,250

 − 반품관련비용: 예상 반환금액 × 3% = 75,000 × 3% = 2,250

답 ③

10 고객충성제도

고객충성제도란, 고객이 재화나 용역을 구매하면 기업이 포인트 또는 마일리지를 부여하는 제도를 말한다. 고객충성제도를 운영하는 경우 회계처리는 다음과 같다. 참고로, '고객충성제도' 기준서에서는 '기업이 직접 보상'하는 경우와 '제3자가 보상'하는 경우로 나누어 서술하였으나, 개정 수익 기준서에서는 두 경우를 구분하지 않으므로 아래 내용만 기억하면 된다.

판매 시	현금	수령액	계약부채	수령액 × $\dfrac{\text{포인트의 개별 판매가격}}{\text{제품의 개별 판매가격 + 포인트의 개별 판매가격}}$	
			매출	XXX	
X1말	계약부채	XXX	(포인트) 매출	X1년 포인트 매출 누적액	
X2말	계약부채	XXX	(포인트) 매출	X2년 포인트 매출 누적액 − X1년 포인트 매출 누적액	

STEP 1 계약부채

포인트를 지급하는 판매는 수행의무가 재화와 포인트로 나뉜다. 이 경우 수행의무가 여러 개이므로 '개별 판매가격의 비율'을 이용하여 현금 수령액을 '재화에 대한 대가'와 '포인트에 대한 대가'로 나눈다. 이 중 포인트에 대한 대가는 판매 시에는 계약부채로 계상한 뒤, 포인트 사용 시 매출로 인식한다. 계약부채는 다음과 같이 계산한다.

$$\text{계약부채} = \text{수령액} \times \frac{\text{포인트의 개별 판매가격}}{\text{제품의 개별 판매가격 + 포인트의 개별 판매가격}}$$

STEP 2 매출=현금 수령액−계약부채

현금 수령액 중 계약부채를 제외한 금액은 판매 시에 매출로 인식한다.

STEP 3 X1년 포인트 매출=X1년 포인트 매출 누적액

$$\text{포인트 매출 누적액} = \text{최초 계약부채} \times \frac{\text{누적 포인트 사용액}}{\text{총 예상 포인트 사용액}}$$

포인트 매출 누적액은 최초 계약부채에 총 예상 포인트 사용액 중 누적 포인트 사용액에 해당하는 비율을 곱한 금액이다. X1년도는 첫 해이므로 매출 누적액이 X1년의 매출이 된다.

X2년도에도 Step 3와 같은 방식으로 X2년 포인트 매출 누적액을 구한다. X1년 포인트 매출 누적 액에서 증가한 부분을 X2년의 매출로 인식한다.

> **※ 주의** 총 예상 포인트 사용액이 바뀌더라도 최초 계약부채를 수정하지 않음!
>
> 총 예상 포인트 사용액은 추정치이므로, 시간이 지남에 따라 바뀔 수 있다. 하지만 최초에 인식한 계약부채 금액을 절대로 수정하지 않으며, 최초에 인식한 계약부채만 포인트 사용률에 따라 기간별로 포인트 매출로 인식한다.

예제

01 기업은 구매 10원당 고객충성포인트 1점을 고객에게 보상하는 고객충성제도를 운영한다. 각 포인트는 기업의 제품을 미래에 구매할 때 1원의 할인과 교환할 수 있다. 20X1년도에 고객은 제품을 100,000원에 구매하고 미래 구매에 교환할 수 있는 10,000포인트를 얻었다. 대가는 고정금액이고 구매한 제품의 개별 판매가격은 100,000원이다. 기업은 9,500 포인트가 교환될 것으로 예상한다. 기업은 교환될 가능성에 기초하여 포인트당 개별 판매가격을 0.95원(합계 9,500원)으로 추정한다.

20X1년도 말 현재 4,500포인트가 교환되었고 기업은 전체적으로 9,500포인트가 교환될 것으로 계속 예상한다. 20X2년도 말 현재 8,500포인트가 누적적으로 교환되었다. 기업은 교환될 포인트 추정치를 새로 수정하고, 이제 9,700포인트가 교환될 것으로 예상한다. 이러한 고객충성제도의 회계처리로 옳지 않은 것은? 기준서 사례 수정

① 20X1년 제품 매출액 ₩100,000을 매출시점에서는 제품에 대한 매출액과 포인트 매출액으로 분리하고 포인트 매출액에 대해서는 계약부채로 이연처리한다.

② 기업이 20X1년도에 인식할 수익은 ₩95,434이다.

③ 기업의 20X1년 말 계약부채 잔액은 ₩4,566이다.

④ 기업이 20X2년도에 인식할 수익은 ₩7,603이다.

⑤ 기업의 20X2년 말 계약부채 잔액은 ₩1,073이다.

Step 1. 계약부채: $100,000 \times 9,500/(100,000 + 9,500) = 8,676$

Step 2. 매출 = 현금 수령액 − 계약부채 = $100,000 − 8,676 = 91,324$

Step 3. X1년 포인트 매출 = X1년 포인트 매출 누적액 = 4,110
  − X2년 포인트 매출 누적액: $91,324 \times 4,500/9,500 = 4,110$

Step 4. X2년 포인트 매출 = X2년 포인트 매출 누적액 − X1년 포인트 매출 누적액 = 3,493
  − X2년 포인트 매출 누적액: $8,676 \times 8,500/9,700 = 7,603$
  − X2년 포인트 매출: $7,603 − 4,110 = 3,493$

|회계처리|

X1년 매출 시	현금	100,000	계약부채	8,676	
			매출	91,324	
X1년 말	계약부채	4,110	매출	4,110	⌐ 4,566
X2년 말	계약부채	3,493	매출	3,493	⌐ 1,073

② 20X1년도에 인식할 수익: $91,324 + 4,110 = 95,434$ (O)
③ 20X1년 말 계약부채 잔액: $8,676 − 4,110 = 4,566$ (O)
④ 20X2년도에 인식할 수익: 3,493 (X)
⑤ 20X2년 말 계약부채 잔액: $4,566 − 3,493 = 1,073$ (O)

🔲 ④

02 (주)세무는 고객이 구매한 금액 ₩2당 포인트 1점을 보상하는 고객충성제도를 운영하고 있으며, 각 포인트는 (주)세무의 제품을 구매할 때 ₩1의 할인과 교환할 수 있다. (주)세무가 고객에게 포인트를 제공하는 약속은 수행의무에 해당한다. 고객으로부터 수취한 대가는 고정금액이고, 고객이 구매한 제품의 개별 판매가격은 ₩1,000,000이다. 고객은 20X1년에 제품 ₩1,000,000을 구매하였으며, 미래에 제품 구매 시 사용할 수 있는 500,000포인트를 얻었다. (주)세무는 20X1년도에 고객에게 부여한 포인트 중 50%가 교환될 것으로 예상하여 포인트 당 개별 판매가격을 ₩0.5으로 추정하였다. 20X1년과 20X2년의 포인트에 대한 자료는 다음과 같다.

구분	20X1년	20X2년
교환된 포인트	180,000	252,000
전체적으로 교환이 예상되는 포인트	450,000	480,000

(주)세무가 20X2년 12월 31일 재무상태표에 보고해야 할 계약부채는? 2021. CTA

① ₩10,000 ② ₩20,000 ③ ₩30,000
④ ₩40,000 ⑤ ₩50,000

▶ **해설**

Step 1. 계약부채: 1,000,000 × 250,000/(1,000,000 + 250,000) = 200,000

Step 2. 매출 = 현금 수령액 − 계약부채 = 1,000,000 − 200,000 = 800,000

Step 3. X1년 포인트 매출 = X1년 포인트 매출 누적액 = 80,000
X1년 포인트 매출 (누적액): 200,000 × 180,000/450,000 = 80,000

Step 4. X2년 포인트 매출 = X2년 포인트 매출 누적액 − X1년 포인트 매출 누적액
X2년 포인트 매출 누적액: 200,000 × 432,000/480,000 = 180,000
X2년 포인트 매출: 180,000 − 80,000 = 100,000

X2년 말 계약부채 잔액: 200,000 − 80,000 − 100,000 = 20,000

빠른 풀이법 200,000 × (480,000 − 180,000 − 252,000)/480,000 = 20,000
— 문제에서 각 연도별 매출액이 아니라, X2년 말 계약부채 잔액을 물었기 때문에 매출 시 계약부채를 먼저 구한 뒤, X2년 말 '1 − 포인트 교환율'인 0.1을 곱하면 된다.

|회계처리|

X1년	현금	1,000,000	계약부채	200,000
매출 시			매출	800,000
X1년 말	계약부채	80,000	매출	80,000
X2년 말	계약부채	100,000	매출	100,000

답 ②

보증은 확신 유형의 보증과 용역 유형의 보증으로 나뉜다. 각 유형별로 수행의무 여부가 다르며, 이에 따라 거래가격 배분 여부가 결정된다.

구분	수행의무	거래가격 배분	처리 방법
확신 유형의 보증	X	X	보증비 XXX / 충당부채 XXX
용역 유형의 보증	O	O	현금 XXX / 계약부채 XXX

1. 확신 유형의 보증: 수행의무 X → 거래가격 배분 X, 수익 인식 X

매출 시	현금	XXX	매출	XXX
	제품보증비	XXX	제품보증충당부채	XXX
보증 시	제품보증충당부채	XXX	현금	XXX

관련 제품이 합의된 규격에 부합하므로 당사자들이 의도한 대로 작동할 것이라는 '확신'을 주는 보증을 확신 유형의 보증이라고 한다. 고객에게 보증을 별도로 구매할 수 있는 선택권이 없는 경우에는, 확신 유형의 보증으로 본다. 일상생활에서 제품 구입 시 별다른 대가를 지불하지 않아도 일정 기간 제공해주는 무상 보증이라고 생각하면 된다. 확신 유형의 보증은 수행의무가 아니므로 거래가격을 배분하지 않으며, 충당부채로 처리한다. 충당부채는 당기 매출과 관련된 추정 보증액으로 계상한다.

2. 용역 유형의 보증: 수행의무 O → 거래가격 배분 O, 수익 인식 O

매출 시	현금	XXX	매출	XXX
			계약부채	XXX
보증 시	계약부채	XXX	수익	XXX
	제품보증비	XXX	현금	XXX

합의된 규격에 부합한다는 '확신에 더하여' 고객에게 제공하는 용역을 용역 유형의 보증이라고 한다. 제품 구입 시 추가로 대가를 지급하고 받는 보증 서비스라고 생각하면 된다. 고객이 보증을 별도로 구매할 수 있는 선택권이 있다면(예: 보증에 대하여 별도로 가격을 정하거나 협상하기 때문), 그 보증은 구별되는 용역이다. 용역 유형의 보증은 구별되는 용역이므로, 별도의 수행의무이며, 거래가격을 배분한다. 매출 시에는 계약부채로 계상한 뒤 이후에 보증 용역을 실제로 제공할 때 수익으로 인식한다.

3. 확신 유형의 보증 vs 용역 유형의 보증 심화

보증이 합의된 규격에 제품이 부합한다는 확신에 더하여 고객에게 용역을 제공하는 것인지를 평가할 때, 다음과 같은 요소를 고려한다.

기준	수행의무	보증의 유형
① 법률에서 보증을 요구하는지	No	확신 유형의 보증
② 보증기간이 길수록	Yes	용역 유형의 보증
③ 제품이 합의된 규격에 부합한다는 확신을 주기 위해 기업이 정해진 업무를 수행할 필요가 있다면	No	확신 유형의 보증

한편, 제품이 손해를 끼치는 경우에 기업이 보상하도록 요구하는 법률 때문에 수행의무가 생기지는 않는다. 수행의무란 재화나 용역을 고객에게 이전하기로 한 각 약속을 말한다. 제품이 손해를 끼치는 경우에 기업이 보상을 하는 것이지, 기업이 무조건 보상을 하겠다고 약속한 것이 아니므로 수행의무로 보지 않는다. 대신, 예상 보상액에 대해서는 충당부채를 인식한다.

예제

01 20X1년 9월 1일에 (주)대한은 (주)민국에게 1년간의 하자보증조건으로 중장비 1대를 ₩500,000에 현금 판매하였다. 동 하자보증은 용역 유형의 보증에 해당한다. (주)대한은 1년간의 하자보증을 제공하지 않는 조건으로도 중장비를 판매하고 있으며, 이 경우 중장비의 개별 판매가격은 보증조건 없이 1대당 ₩481,000이며, 1년간의 하자보증용역의 개별 판매가격은 ₩39,000이다. (주)대한은 (주)민국에게 판매한 중장비 1대에 대한 하자보증으로 20X1년에 ₩10,000의 원가를 투입하였으며, 20X2년 8월 말까지 추가로 ₩20,000을 투입하여 하자보증을 완료할 계획이다. 상기 하자보증조건부판매와 관련하여 (주)대한이 20X1년에 인식할 총수익금액과 20X1년 말 재무상태표에 인식할 부채는 각각 얼마인가?

2021. CPA

	총수익	부채
①	₩475,000	₩25,000
②	₩475,000	₩20,000
③	₩462,500	₩37,500
④	₩462,500	₩20,000
⑤	₩500,000	₩0

▶ 해설

총 수익: 462,500 + 12,500 = **475,000**

X1년 말 부채 잔액: 37,500 − 12,500 = **25,000**

매출 시	현금	500,000	매출		462,500
			계약부채		37,500
보증 시	계약부채	12,500	(보증) 매출		12,500
	비용	10,000	현금		10,000

용역 유형의 보증이므로 보증에 대해 거래가격을 배분한 뒤, 보증 시에 매출로 인식한다.

계약부채: 500,000 × 39,000/(481,000 + 39,000) = 37,500
 ─ 총 판매대가를 개별 판매가격의 비율대로 안분한다.
매출: 500,000 − 37,500 = 462,500
계약부채 환입액(= 보증 매출): 37,500 × 10,000/30,000 = 12,500
 ─ 총 예상 보증비 중 투입된 보증비의 비율만큼 계약부채를 수익으로 인식한다.

답 ①

02 20X1년 9월 1일에 (주)대한은 (주)민국에게 1년간의 하자보증조건으로 중장비 1대를 ₩500,000에 현금 판매하였다. 동 하자보증은 확신 유형의 보증에 해당한다. (주)대한은 중장비 판매 시 중장비 1대에 대해 1년간 발생할 하자보증비를 합리적으로 추정한 결과, ₩30,000이 발생할 것이라고 판단하였다. (주)대한은 하자보증으로 20X1년에 ₩10,000의 원가를 투입하였으며, 20X2년 8월 말까지 추가로 ₩20,000을 투입하여 하자보증을 완료할 계획이다. 상기 하자보증조건부판매와 관련하여 (주)대한이 20X1년에 인식할 총수익금액과 20X1년 말 재무상태표에 인식할 부채는 각각 얼마인가? 2021. CPA 수정

	총수익	부채
①	₩475,000	₩25,000
②	₩475,000	₩20,000
③	₩462,500	₩37,500
④	₩462,500	₩20,000
⑤	₩500,000	₩20,000

⊙─해설

총 수익: 500,000
X1년 말 부채 잔액: 30,000 − 10,000 = 20,000

매출 시	현금	500,000	매출	500,000
	비용	30,000	충당부채	30,000
보증 시	충당부채	10,000	현금	10,000

 ⑤

12 본인-대리인

고객에게 재화나 용역을 제공하는 데에 다른 당사자가 관여할 때, 기업은 고객에게 약속한 정해진 각 재화나 용역에 대하여 본인인지 아니면 대리인인지를 판단한다.

1. 본인

(1) 인식 요건: 통제 O

고객에게 재화나 용역이 이전되기 전에 기업이 그 정해진 재화나 용역을 통제한다면 이 기업은 본인이다. 다음은 기업이 그 정해진 재화나 용역을 통제함(본인임)을 나타내는 지표의 사례이다.

> ① 정해진 재화나 용역을 제공하기로 하는 약속을 이행할 주된 책임(예: 재화나 용역을 고객의 규격에 맞출 주된 책임)이 이 기업에 있다.
> ② 정해진 재화나 용역이 고객에게 이전되기 전이나, 후에 재고위험이 이 기업에 있다(예: 고객에게 반품권이 있는 경우).
> ③ 정해진 재화나 용역의 가격 결정권이 기업에 있다.

(2) 총액으로 수익 인식

기업이 본인인 경우에 수행의무를 이행할 때(또는 이행하는 대로) 기업은 이전되는 정해진 재화나 용역과 교환하여 받을 권리를 갖게 될 것으로 예상하는 대가의 총액을 수익으로 인식한다.

2. 대리인

(1) 인식 요건: 통제 X

기업의 수행의무가 다른 당사자가 정해진 재화나 용역을 제공하도록 주선하는 것이라면 이 기업은 대리인이다. 기업이 대리인인 경우에 다른 당사자가 공급하는 정해진 재화나 용역이 고객에게 이전되기 전에 기업이 그 정해진 재화나 용역을 통제하지 않는다.

(2) 순액(or 보수나 수수료 금액)으로 수익 인식

기업이 대리인인 경우에는 수행의무를 이행할 때(또는 이행하는 대로), 이 기업은 다른 당사자가 그 정해진 재화나 용역을 제공하도록 주선하고 그 대가로 받을 권리를 갖게 될 것으로 예상하는 보수나 수수료 금액을 수익으로 인식한다. 기업의 보수나 수수료는 다른 당사자가 제공하기로 하는 재화나 용역과 교환하여 받은 대가 가운데 그 당사자에게 지급한 다음에 남는 순액일 수 있다.

예제

03 (주)대한은 게임기 제조기업이며 (주)민국은 게임기 판매전문회사이다. 20X1년 1월 1일 (주)대한은 (주)민국과 다음과 같이 새 게임기의 판매계약을 맺었다.

- (주)대한의 게임기 1대당 판매가격은 ₩110이며, (주)민국은 게임기 1대당 ₩110의 판매가격에서 ₩10의 판매수수료를 차감한 후 ₩100을 (주)대한에게 지급한다.
- (주)민국은 (주)대한에게 매년 최소 5,000대의 게임기 판매를 보장한다. 다만, (주)민국이 게임기 5,000대를 초과하여 판매한 경우에는 판매되지 않은 게임기를 (주)대한에게 반납할 수 있다.

(주)대한은 20X1년과 20X2년에 각각 게임기 7,000대와 8,000대를 (주)민국에게 인도하였고, (주)민국은 20X1년과 20X2년에 게임기 4,500대와 6,000대를 판매하였다. 동 거래에 대한 다음의 설명 중 옳지 않은 것은?   2017. CPA 수정

① (주)대한이 20X1년도에 인식할 수익은 ₩500,000이다.
② (주)민국이 20X1년도에 인식할 수익은 ₩495,000이다.
③ (주)대한이 20X2년도에 인식할 수익은 ₩610,000이다.
④ (주)민국이 20X2년도에 인식할 수익은 ₩650,000이다.
⑤ (주)민국은 매년 5,000대의 게임기를 통제하며, (주)민국은 이에 대해 본인이다.

▶ 해설

(1) ~5,000대: 민국은 본인

민국이 5,000대에 대해서는 판매를 보장하므로, 재고위험은 민국에게 있는 것이다. 민국이 본인이다.

(2) 5,000대~: 민국은 대리인

민국이 5,000대를 초과하여 판매한 경우에는 판매되지 않은 게임기를 대한에게 반납할 수 있으므로, 재고위험은 대한에게 있는 것이다. 대한이 본인이며, 민국은 대리인이다.

(3) 단위당 수익

	민국이 본인인 경우	민국이 대리인인 경우
대한	100	110(본인)
민국	110(본인)	10(대리인)

대한이나 민국이 본인인 경우 총액인 단위당 ₩110씩 수익을 인식한다. 반면, 민국이 대리인인 경우 순액으로 수익을 인식해야 하므로, 민국은 판매수수료 ₩10을 수익으로 인식한다. 민국이 본인인 경우 대한은 ₩110 중 ₩10의 판매수수료를 차감한 ₩100을 수령하므로 단위당 ₩100의 수익을 인식한다.

(4) 연도별 수익

	(주)대한	(주)민국
X1년	5,000대 × @100 = ①500,000	4,500대 × @110(본인) = ②495,000
X2년	5,000대 × @100 ＋1,000대 × @110(본인) = ③610,000	5,000대 × @110(본인) ＋1,000대 × @10(대리인) = ④560,000

🗒 ④

04 유통업을 영위하고 있는 (주)대한은 20X1년 1월 1일 제품A와 제품B를 생산하는 (주)민국과 각 제품에 대해 다음과 같은 조건의 판매 계약을 체결하였다.

〈제품A〉
- (주)대한은 제품A에 대해 매년 최소 200개의 판매를 보장하며, 이에 대해서는 재판매 여부에 관계 없이 (주)민국에게 매입대금을 지급한다. 다만, (주)대한이 200개를 초과하여 제품A를 판매한 경우 (주)대한은 판매되지 않은 제품A를 모두 조건 없이 (주)민국에게 반환할 수 있다.
- 고객에게 판매할 제품A의 판매가격은 (주)대한이 결정한다.
- (주)민국은 (주)대한에 제품A를 1개당 ₩1,350에 인도하며, (주)대한은 판매수수료 ₩150을 가산하여 1개당 ₩1,500에 고객에게 판매한다.

〈제품B〉
- (주)대한은 제품B에 대해 연간 최소 판매 수량을 보장하지 않으며, 매년 말까지 판매하지 못한 제품B를 모두 조건 없이 (주)민국에게 반환할 수 있다.
- 고객에게 판매할 제품B의 판매가격은 (주)민국이 결정한다.
- (주)대한은 인도 받은 제품B 중 제3자에게 판매한 부분에 대해서만 (주)민국에게 관련 대금을 지급한다.
- (주)민국은 고객에게 판매할 제품B의 판매가격을 1개당 ₩1,000으로 결정하였으며, (주)대한은 해당 판매가격에서 ₩50의 판매수수료를 차감한 금액을 (주)민국에게 지급한다.

(주)민국은 위 계약을 체결한 즉시 (주)대한에게 제품A 250개와 제품B 100개를 인도하였다. (주)대한이 20X1년에 제품A 150개와 제품B 80개를 판매하였을 경우 동 거래로 인해 (주)대한과 (주)민국이 20X1년도에 인식할 수익은 각각 얼마인가? 2022. CPA

	(주)대한	(주)민국
①	₩26,500	₩278,500
②	₩26,500	₩305,000
③	₩229,000	₩305,000
④	₩229,000	₩305,000
⑤	₩305,000	₩278,500

▶ 해설

1. 제품 A

(1) (주)대한

① ~200개: 대한은 본인

대한이 200개에 대해서는 판매를 보장하고, 재판매 여부에 관계없이 매입대금을 지급하므로 재고위험은 대한에게 있는 것이며, 대한이 본인이다.

② 200개 초과분: 대한은 대리인

대한이 모두 조건 없이 민국에게 반환할 수 있으므로 재고위험은 민국에게 있는 것이며, 대한은 대리인이다.

(3) 단위당 수익

	(주)민국의 수익	(주)대한의 수익
대한이 본인인 경우	1,350	1,500(본인)
대한이 대리인인 경우	1,500(본인)	150(대리인)

대한이나 민국이 본인인 경우 총액인 단위당 ₩1,500씩 수익을 인식한다. 반면, 대한이 대리인인 경우 순액으로 수익을 인식해야 하므로, 대한은 판매수수료 ₩150을 수익으로 인식한다.

대한이 본인인 경우 민국은 ₩1,500 중 ₩150의 판매수수료를 차감한 ₩1,350을 수령하므로 단위당 ₩1,350의 수익을 인식한다. 이 경우 일반적인 상거래라고 생각하면 된다. 민국이 1,350에 파는 제품을 대한이 취득하여 1,500에 판매하는 것이다.

2. 제품 B

(1) 본인 − 민국, 대리인 − 대한

대한의 보장 판매 수량 없이 모두 민국에게 반환할 수 있으므로 재고위험은 민국에게 있는 것이며, 가격 결정권이 민국에게 있으므로, 민국이 본인이다.

(2) 대한: 80개 × 50(대리인)

대한은 보장 판매 수량이 없으므로 판매량 80개에 대해 수익을 인식하며, 대리인이므로 판매수수료 50이 단위당 수익이 된다.

(3) 민국: 80개 × 1,000(본인)

민국도 보장 판매 수량이 없으므로 판매량 80개에 대해 수익을 인식하며, 본인이므로 고객에게 판매한 단위당 판매가격 1,000이 단위당 수익이 된다.

3. 총 수익

	(주)민국	(주)대한
제품 A	200개 × @1,350 = 270,000	150개 × @1,500(본인) = 225,000
제품 B	80개 × @1,000(본인) = 80,000	80개 × @50(대리인) = 4,000
수익 계	350,000	229,000

🗒 ④

13 계약원가

1. 계약체결 증분원가

계약체결 증분원가는 고객과 계약을 체결하기 위해 들인 원가로서 계약을 체결하지 않았다면 들지 않았을 원가이다(예: 판매수수료).

회수 예상	자산 (상각기간이 1년 이하: 비용)
계약 체결 여부와 무관하게 발생	비용 (고객에게 명백히 청구 가능: 자산)

(1) 계약체결 증분원가가 회수될 것으로 예상: 자산 (예외-비용)

고객과의 계약체결 증분원가가 회수될 것으로 예상된다면 이를 자산으로 인식한다. 계약체결 증분원가를 자산으로 인식하더라도 상각기간이 1년 이하라면 그 계약체결 증분원가는 발생시점에 비용으로 인식하는 실무적 간편법을 쓸 수 있다.

(2) 계약 체결 여부와 무관하게 드는 계약체결원가: 비용 (예외-자산)

계약 체결 여부와 무관하게 드는 계약체결원가는 계약 체결 여부와 관계없이 고객에게 그 원가를 명백히 청구할 수 있는 경우가 아니라면 발생시점에 비용으로 인식한다.

사례

1. 기업(컨설팅 용역 제공자)은 새로운 고객에게 컨설팅 용역을 제공하는 경쟁입찰에서 이겼다. 계약을 체결하기 위하여 다음과 같은 원가가 들었다.

	(단위: 원)
실사를 위한 외부 법률 수수료	15,000
제안서 제출을 위한 교통비	25,000
영업사원 수수료	10,000
총 발생원가	50,000

외부 법률 수수료와 교통비는 계약체결 여부와 관계없이 드는 비용이며, 고객에게 청구할 수 있지 않다. 영업사원 수수료는 계약을 체결하는 경우에만 지급한다. 이 경우 계약을 체결하기 위하여 발생한 원가 중 기업이 자산으로 인식해야 하는 금액을 구하시오.

📑 ₩10,000

(1) 외부 법률 수수료와 교통비

외부 법률 수수료와 교통비는 계약체결 여부와 관계없이 드는 비용이며, 고객에게 청구할 수 있지 않으므로 비용으로 인식한다.

(2) 영업사원 수수료

기업은 영업사원 수수료에서 생긴 계약체결 증분원가 10,000원을 자산으로 인식한다. 영업사원 수수료는 계약을 체결하는 경우에만 지급하며, 경쟁입찰에서 이겼으므로 컨설팅 용역에 대한 미래 수수료로 영업사원 수수료를 회수할 것으로 예상하기 때문이다.

사례

2. 20X1년 1월 1일에 (주)대한은 5년 동안 고객의 정보기술자료센터를 관리하는 용역계약을 체결하였다. 5년 이후에 계약을 1년 단위로 갱신할 수 있다. 평균 고객기간은 7년이다. 고객이 계약에 서명할 때에 (주)대한은 영업수수료 35,000원을 종업원에게 지급한다. 용역을 제공하기 전에, (주)대한은 고객의 시스템에 접근하는 기술플랫폼을 기업 내부에서 사용하기 위해 설계하고 구축한다. 이 플랫폼은 고객에게 이전하지 않으나 고객에게 용역을 제공하기 위해 사용할 것이다. 20X1년에 (주)대한이 비용으로 인식할 금액을 구하시오.

📑 ₩5,000

X1.1.1	자산	35,000	현금	35,000
X1.12.31	비용	5,000	자산	5,000

(1) 계약체결 증분원가: 자산으로 인식

기업은 영업수수료에 대한 계약체결 증분원가 35,000원을 자산으로 인식한다. 이는 기업이 제공할 용역에 대한 미래 수수료로 그 원가를 회수할 것으로 예상하기 때문이다.

(2) 상각 기간: 7년

계약기간은 5년이지만, 평균 고객기간은 7년이다. 따라서 기업은 자산으로 인식한 계약체결 증분원가(35,000)를 7년에 걸쳐 상각한다.

2. 계약이행원가

계약이행원가는 직접노무원가, 직접재료원가, 기업이 계약을 체결하였기 때문에 드는 원가 등을 의미한다. 계약이행원가는 다른 기준서의 적용범위에 포함되는지에 따라 다음과 같이 회계처리한다.

(1) 다른 기준서의 적용범위에 포함 O: 그 기준서에 따라 회계처리

고객과의 계약을 이행할 때 드는 원가가 다른 기준서의 적용범위(예: 재고자산, 유·무형자산)에 포함되는 경우에는 그 원가는 해당 기준서에 따라 회계처리한다.

(2) 다른 기준서의 적용범위에 포함 X: 조건부 자산화

고객과의 계약을 이행할 때 드는 원가가 다른 기준서의 적용범위에 포함되지 않는다면, 그 원가는 다음 기준을 모두 충족해야만 자산으로 인식한다.

① 원가가 계약이나 구체적으로 식별할 수 있는 예상 계약에 직접 관련된다
② 원가가 미래의 수행의무를 이행할 때 사용할 기업의 자원을 창출하거나 가치를 높인다.
③ 원가는 회수될 것으로 예상된다.

14 수익 인식의 다양한 사례 심화

다음 수익 인식 사례는 적용지침에 서술된 사례들로, 난이도는 어렵고 출제 빈도는 낮기 때문에 공격적으로 공부할 수험생은 대비하지 않아도 좋다. 막상 출제되더라도 정답률이 낮을 것이다.

1. 위탁약정

최종 고객에게 판매하기 위해 기업이 제품을 다른 당사자(예: 중개인이나 유통업자)에게 인도하는 경우에 그 다른 당사자가 그 시점에 제품을 통제하게 되었는지를 평가한다. 다른 당사자가 그 제품을 통제하지 못하는 경우에는 다른 당사자에게 인도한 제품을 위탁약정에 따라 보유하는 것이다. 따라서 인도된 제품이 위탁물로 보유된다면 제품을 다른 당사자에게 인도할 때 수익을 인식하지 않는다. 어떤 약정이 위탁약정이라는 지표에는 다음 사항이 포함되지만, 이에 한정되지는 않는다.

(1) 정해진 사건이 일어날 때까지(예: 중개인의 고객에게 자산을 판매하거나 정해진 기간이 만료될 때까지) 기업이 자산을 통제한다.
(2) 기업은 제품의 반환을 요구하거나 제품을 제삼자(예: 다른 중개인)에게 이전할 수 있다.
(3) 중개인은 제품에 대해 지급해야 하는 무조건적인 의무는 없다.

2. 미인도청구약정

미인도청구약정은 기업이 고객에게 제품의 대가를 청구하지만 미래 한 시점에 고객에게 이전할 때까지 기업이 제품을 물리적으로 점유하는 계약이다. 쉽게 말해서, 고객은 돈을 다 냈지만 제품을 가져가지 않고 기업이 이를 갖고 있는 계약이다.

미인도청구약정에서는 고객이 언제 제품을 통제하게 되는지를 파악한다. 고객이 미인도청구약정에서 제품을 통제하기 위해서는 다음 기준을 모두 충족하여야 한다.

① 미인도청구약정의 이유가 실질적이어야 한다(예: 고객이 그 약정을 요구하였다).
② 제품은 고객의 소유물로 구분하여 식별되어야 한다.
③ 고객에게 제품을 물리적으로 이전할 준비가 현재 되어 있어야 한다.
④ 기업이 제품을 사용할 능력을 가질 수 없거나 다른 고객에게 이를 넘길 능력을 가질 수 없다.

일부 계약에서는 기업이 제품을 물리적으로 점유하고 있더라도 고객이 제품을 통제할 수 있다. 그 경우에 비록 고객이 그 제품을 물리적으로 점유하는 권리를 행사하지 않기로 결정하였더라도, 고객은 제품의 사용을 지시하고 제품의 나머지 효익 대부분을 획득할 능력이 있다. 따라서 기업은 제품을 통제하지 않는다. 그 대신에 기업은 고객 자산을 보관하는 용역을 고객에게 제공한다. 이 경우 기업이 이행하는 수행의무는 제품과 보관용역이므로 거래가격을 각 수행의무에 배분한다.

예제

05 20X1년 1월 1일에 (주)대한은 특수프린터와 예비부품을 제작하여 판매하기로 (주)민국과 다음과 같이 계약을 체결하였다.

> • 특수프린터와 예비부품의 제작 소요기간은 2년이며, 특수프린터와 예비부품을 이전하는 약속은 서로 구별된다. 제작기간 중 제작을 완료한 부분에 대해 집행가능한 지급청구권이 (주)대한에는 없다.
> • 20X2년 12월 31일에 (주)민국은 계약조건에 따라 특수프린터와 예비부품을 검사한 후, 특수프린터는 (주)민국의 사업장으로 인수하고 예비부품은 (주)대한의 창고에 보관하도록 요청하였다.
> • (주)민국은 예비부품에 대한 법적 권리가 있고 그 부품은 (주)민국의 소유물로 식별될 수 있다.
> • (주)대한은 자기 창고의 별도 구역에 예비부품을 보관하고 그 부품은 (주)민국의 요청에 따라 즉시 운송 할 준비가 되어 있다.
> • (주)대한은 예비부품을 2년에서 4년까지 보유할 것으로 예상하고 있으며, (주)대한은 예비부품을 직접 사용하거나 다른 고객에게 넘길 능력은 없다.
> • (주)민국은 특수프린터를 인수한 20X2년 12월 31일에 계약상 대금을 전부 지급하였다.

상기 미인도청구약정에 관한 다음 설명 중 옳지 않은 것은?   2018. CPA

① (주)대한이 계약상 식별해야 하는 수행의무는 두 가지이다.

② 특수프린터에 대한 통제는 (주)민국이 물리적으로 점유하는 때인 20X2년 12월 31 일에 (주)민국에게 이전된다.

③ (주)대한은 예비부품에 대한 통제를 (주)민국에게 이전한 20X2년 12월 31일에 예 비부품 판매수익을 인식한다.

④ (주)대한이 예비부품을 물리적으로 점유하고 있더라도 (주)민국은 예비부품을 통제 할 수 있다.

⑤ (주)대한은 계약상 지급조건에 유의적인 금융요소가 포함되어 있는지를 고려해야 한다.

> **해설**
> (주)대한이 계약상 식별해야 하는 수행의무는 특수프린터, 예비부품 및 보관용역으로 세 가지이다.
> ② 특수프린터는 (주)민국이 사업장으로 인수하므로 20X2년 12월 31일에 (주)민국에게 이전된다.
> ④ 예비부품은 미인도청구약정에서 고객이 제품을 통제하는 다음 기준을 모두 충족하고 있다. 따라서 (주)민국은 예비부품을 통제할 수 있다.
>   1) 고객인 (주)민국이 (주)대한의 창고에 보관하도록 요청하였다.
>   2) 부품은 (주)민국의 소유물로 식별될 수 있다.
>   3) 부품은 (주)민국의 요청에 따라 즉시 운송할 준비가 되어 있다.
>   4) (주)대한은 예비부품을 직접 사용하거나 다른 고객에게 넘길 능력은 없다.
> ③ 20X2년 12월 31일에 고객인 (주)민국이 예비부품을 통제할 수 있으므로, (주)대한도 수익을 인식할 수 있다.
> ⑤ 보관용역을 제공하는 수행의무는 2년에서 4년간 용역이 제공되는 기간에 걸쳐 이행된다. 기업은 지급조건에 유의적인 금융요소가 포함되어 있는지 고려한다.
>
>   **답** ①

3. 고객이 행사하지 아니한 권리

(1) 선수금: 계약부채로 인식 후 수행의무 이행 시 수익으로 인식

고객에게서 선수금을 받은 경우에는 미래에 재화나 용역을 이전할 수행의무에 대한 선수금을 계약부채로 인식한다. 그 재화나 용역을 이전하고 따라서 수행의무를 이행할 때 계약부채를 제거하고 수익을 인식한다.

수령 시	현금	XXX	계약부채	XXX
수행의무 이행 시	계약부채	XXX	수익	XXX

(2) 환불받을 수 없는 선급금

고객이 환불받을 수 없는 선급금을 기업에 지급하면 고객은 미래에 재화나 용역을 받을 권리를 기업에서 얻게 된다. 그러나 고객은 자신의 계약상 권리를 모두 행사하지 않을 수 있다. 그 행사되지 않은 권리를 흔히 미행사 부분이라고 부른다.

① 기업이 미행사 금액을 받을 권리를 갖게 될 것으로 예상 O
기업이 계약부채 중 미행사 금액을 받을 권리를 갖게 될 것으로 예상된다면, 고객이 권리를 행사하는 방식에 따라 그 예상되는 미행사 금액을 수익으로 인식한다.

② 기업이 미행사 금액을 받을 권리를 갖게 될 것으로 예상 X
기업이 미행사 금액을 받을 권리를 갖게 될 것으로 예상되지 않는다면, 고객이 그 남은 권리를 행사할 가능성이 희박해질 때 예상되는 미행사 금액을 수익으로 인식한다. 기업이 미행사 금액을 받을 권리를 갖게 될 것으로 예상되는지를 판단하기 위해, 변동대가 추정치의 제약을 적용한다. 고객이 권리를 행사하지 아니한 대가를 다른 당사자(예: 미청구 자산에 관한 관련 법률에 따른 정부기관)에게 납부하도록 요구받는 경우에는 받은 대가를 수익이 아닌 부채로 인식한다.

예제

06   유통업을 영위하는 (주)대한은 20X1년 1월 1일에 액면금액 ₩10,000인 상품권 50매를 액면금액으로 발행하였다. 20X1년 1월 1일 이전까지 (주)대한이 상품권을 발행한 사실은 없으며, 이후 20X2년 1월 1일에 추가로 100매를 액면금액으로 발행하였다. (주)대한은 상품권 액면금액의 60% 이상 사용하고 남은 금액은 현금으로 반환하며, 상품권의 만기는 발행일로부터 1년이다. 만기까지 사용되지 않은 상품권은 만기 이후 1년 이내에는 90%의 현금으로 상환해줄 의무가 있으나, 1년이 경과하면 그 의무는 소멸한다. 20X1년도 발행 상품권 중 42매가 정상적으로 사용되었으며, 사용되지 않은 상품권 중 5매는 20X2년 중에 현금으로 상환되었고, 나머지 3매는 상환되지 않아 20X2년 12월 31일 현재 (주)대한의 의무는 소멸하였다. 한편, 20X2년도 발행 상품권은 20X2년 중에 90매가 정상적으로 사용되었다. 상품권 사용 시 상품권 잔액을 현금으로 반환한 금액은 다음과 같다.

구분	금액
20X1년도 발행분	₩31,000
20X2년도 발행분	₩77,000

(주)대한의 상품권에 대한 회계처리와 관련하여 20X2년도 포괄손익계산서에 인식할 수익은 얼마인가? 단, (주)대한은 고객의 미행사권리에 대한 대가를 다른 당사자에게 납부하도록 요구받지 않는다고 가정한다.

2023. CPA

① ₩823,000   ② ₩833,000   ③ ₩850,000
④ ₩858,000   ⑤ ₩860,000

해설

상품권 1매당 상황별 수익 인식 금액

사용 시	만기 경과 시(1년 경과 시)	의무 소멸 시(2년 경과 시)
액면금액 − 반환금액	액면금액 × 10% = 1,000	액면금액 × 90% = 9,000

	X1년	X2년
X1년 발행분	42매 사용 / 8매 만기 경과 $42 \times 10,000 - 31,000$ $+ 8$매 $\times 1,000 = 397,000$	5매 상환 / 3매 소멸 3매 $\times 9,000 = 27,000$
X2년 발행분		90매 사용 / 10매 만기 경과 $90 \times 10,000 - 77,000$ $+ 10$매 $\times 1,000 = 833,000$
수익 계	397,000	860,000

|회계처리|

(1) X1년 발행분

X1.1.1	현금	500,000	부채	500,000
X1년중	부채	420,000	현금	31,000
			수익	389,000
X1.12.31	부채	8,000	수익	8,000
X2년중	부채	45,000	현금	45,000
X2.12.31	부채	27,000	수익	27,000

(2) X2년 발행분

X2.1.1	현금	1,000,000	부채	1,000,000
X2년중	부채	900,000	현금	77,000
			수익	823,000
X2.12.31	부채	10,000	수익	10,000

 ⑤

4. 환불되지 않는 선수수수료

어떤 계약에서는 기업은 환불되지 않는 선수수수료를 계약 개시시점이나 그와 가까운 시기에 고객에게 부과한다. (예 헬스클럽 회원계약 가입수수료, 통신계약의 가입수수료) 이러한 계약에서 수행의무를 식별하기 위해 수수료가 약속한 재화나 용역의 이전에 관련되는지를 판단한다.

환불되지 않는 선수수수료가	사례	별도 수행의무	수익 인식 방법
미래 재화나 용역에 대한 선수금인 경우	가입비	X	미래 재화나 용역을 제공할 때 수익 인식 (예 발생주의)
재화나 용역에 관련된 경우	다른 재화의 할인권	O	재화나 용역 제공 시 수익 인식

(1) 환불되지 않는 선수수수료가 미래 재화나 용역에 대한 선수금인 경우: 수행의무 X

많은 경우에 환불되지 않는 선수수수료가 계약 개시시점이나 그와 가까운 시기에 기업이 계약을 이행하기 위하여 착수해야 하는 활동에 관련되더라도, 그 활동으로 고객에게 약속한 재화나 용역이 이전되지는 않는다. 오히려 선수수수료는 미래 재화나 용역에 대한 선수금이므로, 그 미래 재화나 용역을 제공할 때 수익으로 인식한다.

(2) 환불되지 않는 선수수수료가 재화나 용역에 관련된 경우: 수행의무 O

환불되지 않는 선수수수료가 재화나 용역에 관련된다면, 이 재화나 용역을 별도의 수행의무로 회계처리할지를 판단한다. 별도의 수행의무로 본다면 재화나 용역 제공 시 수익을 인식한다.

사례

(주)수석헬스클럽은 회원 1명당 회원계약 가입수수료로 ₩10,000, 연회비로 ₩200,000(= ₩100,000 × 2년)을 수령한다. 회원계약 가입수수료는 고객을 기업의 시스템과 프로세스에 고객을 설정하기 위한 수수료이며, 환불되지 않는다. 연회비는 2년간 헬스클럽을 제한 없이 이용하는 것에 대한 대가이다. 20X1년도에 (주)수석헬스클럽에 가입한 회원은 10명이다. 아래 각 물음에 답하시오. 각 물음은 독립적이다.

물음 1. (주)수석헬스클럽이 20X1년도에 인식할 수익을 구하시오.

물음 2. (주)수석헬스클럽은 회원계약 가입수수료를 납부하는 경우 2년간의 가입 기간 중 1회에 한하여 회원의 요청에 따라 운동보조제를 증정한다. 20X1년에 운동보조제를 수령한 회원은 6명이라고 할 때, (주)수석헬스클럽이 20X1년도에 인식할 수익을 구하시오.

답

물음 1. (10,000 + 200,000) × 10명 × 1/2 = 1,050,000

기업의 설정활동은 고객에게 재화나 용역을 이전하는 것이 아니므로, 수행의무를 생기게 하지 않는다. 따라서 가입수수료를 미래 용역(헬스클럽 이용)에 대한 선수금으로 보고, 헬스클럽 이용이 경과됨에 따라 수익으로 인식한다. 2년간 헬스클럽을 이용할 수 있는데 1년이 경과하였으므로 가입수수료와 연회비 중 절반을 수익으로 인식한다.

물음 2. 200,000 × 10명 × 1/2 + 10,000 × 6명 = 1,060,000

회원계약 가입수수료는 재화(운동보조제)와 관련되어 있으므로, 이를 별도의 수행의무로 본다. 따라서 운동보조제 수령 인원에 비례하여 수익을 인식한다.

5. 라이선스: 접근권 (기간에 걸쳐) vs 사용권 (한 시점에)

라이선스는 기업의 지적재산(소프트웨어, 특허권, 상표권 등)에 대한 고객의 권리를 말한다.

(1) 라이선스가 다른 재화나 용역과 구별되지 않는다면: 단일 수행의무로 회계처리

라이선스를 부여하는 약속이 그 밖에 약속한 재화나 용역과 계약에서 구별되지 않는다면, 라이선스를 부여하는 약속과 그 밖에 약속한 재화나 용역을 함께 단일 수행의무로 회계처리한다.

(2) 라이선스가 다른 재화나 용역과 구별된다면: 접근권 or 사용권인지 판단

라이선스를 부여하는 약속이 계약에서 그 밖에 약속한 재화나 용역과 구별되고, 따라서 라이선스를 부여하는 약속이 별도의 수행의무라면, 그 라이선스가 고객에게 한 시점에 이전되는지 아니면 기간에 걸쳐 이전되는지를 판단한다.

다음 기준을 모두 충족한다면, 라이선스를 부여하는 기업의 약속의 성격은 기업의 지적재산에 접근권을 제공하는 것이다. 다음 기준을 충족하지 못하면 사용권으로 본다.

---

① 고객이 권리를 갖는 지적재산에 유의적으로 영향을 미치는 활동을 기업이 할 것을 계약에서 요구하거나 고객이 합리적으로 예상한다
② 라이선스로 부여한 권리 때문에 고객은 식별되는 기업 활동의 긍정적 또는 부정적 영향에 직접 노출된다.
③ 그 활동이 행해짐에 따라 재화나 용역을 고객에게 이전하는 결과를 가져오지 않는다.

---

(3) 접근권과 사용권의 이행 시점

	구분	수행의무	사례
접근권	라이선스 기간 전체에 걸쳐 존재하는, 기업의 지적재산에 접근할 권리	기간에 걸쳐 이행	가입비
사용권	라이선스를 부여하는 시점에 존재하는, 기업의 지적재산을 사용할 권리	한 시점에 이행	매달 통신비

접근권은 통신사 이동 시 1회 납부하는 가입비, 사용권은 스마트폰 사용 시 매달 납부하는 통신비라고 생각하면 된다. 가입비(접근권)는 1회 납부 후 계속하여 사용할 수 있기 때문에 통신사는 이를 부채로 계상한 뒤 기간에 걸쳐 수익으로 인식한다. 반면, 통신비(사용권)는 납부 월에 해당하는 대가이므로 이를 수령한 시점에 수익으로 인식한다.

(4) 판매기준이나 사용기준 로열티: 수익 인식의 예외

판매기준이나 사용기준 로열티는 판매 및 사용 정도에 비례하여 수수료가 결정되는 로열티를 의미한다. 라이선스는 접근권 또는 사용권으로 구분하여 수익을 인식하지만, 라이선스를 제공하는 대가로 약속된 판매기준이나 사용기준 로열티는 불확실성이 높기 때문에 다음 중 **나중의 사건이 일어날 때 인식**한다.

---

① 후속 판매나 사용
② 판매기준 또는 사용기준 로열티의 일부나 전부가 배분된 수행의무를 이행함

예제

07 프랜차이즈를 운영하는 (주)세무가 20×1년 11월 초 고객과 체결한 계약과 관련된 정보가 다음과 같을 때, (주)세무가 20×1년도에 인식할 수익은? (단, 라이선스를 부여하기로 하는 것과 설비를 이전하기로 하는 것은 구별되며, 변동대가와 고정대가는 모두 개별 판매금액을 반영한 것이다.)

2023. CTA

- (주)세무는 계약일로부터 5년 동안 고객이 (주)세무의 상호를 사용하고 제품을 판매할 권리를 제공하는 프랜차이즈 라이선스를 부여하기로 하였으며, 라이선스에 추가하여 상점을 운영하기 위해 필요한 장비를 제공하기로 약속하였다.
- (주)세무는 라이선스를 부여하는 대가로 고객의 월 매출액 중 3%(변동대가)를 판매기준 로열티로 다음 달 15일에 수령하기로 하였다.
- (주)세무는 설비가 인도되는 시점에 설비의 대가로 ₩1,500,000(고정대가)을 받기로 하였다.
- 계약과 동시에 설비를 고객에게 이전하였으며, 고객의 20 × 1년 11월과 12월의 매출액은 각각 ₩7,000,000과 ₩8,000,000이다.

① ₩210,000　　　② ₩450,000　　　③ ₩500,000
④ ₩1,710,000　　　⑤ ₩1,950,000

해설

X1년도 수익: (1) + (2) = 1,950,000
(1) 설비: 1,500,000(고정대가)
　　─ 설비는 X1년도에 인도되었으므로 X1년도에 수익을 인식한다.
(2) 판매기준 로열티: (7,000,000 + 8,000,000) × 3% = 450,000
　　계약일부터 라이선스를 부여하였고, 고객이 11월과 12월에 (주)세무의 상호를 사용하여 제품을 판매하였으므로 11월 매출액분만 아니라 12월 매출액에 대해서도 로열티 수익을 인식해야 한다.

답 ⑤

6. 추가 재화나 용역에 대한 고객의 선택권

무료나 할인된 가격으로 추가 재화나 용역을 취득할 수 있는 고객의 선택권은 형태가 다양하다. (예 고객보상점수, 미래의 재화나 용역에 대한 할인)

계약에서 추가 재화나 용역을 취득할 수 있는 선택권을 고객에게 부여하고 그 선택권이 그 계약을 체결하지 않으면 받을 수 없는 중요한 권리를 고객에게 제공하는 경우에만 그 선택권은 계약에서 수행의무가 생기게 한다. (예 이 재화나 용역에 대해 그 지역이나 시장의 해당 고객층에게 일반적으로 제공하는 할인의 범위를 초과하는 할인)

선택권이 고객에게 중요한 권리를 제공한다면, 고객은 사실상 미래 재화나 용역의 대가를 기업에 미리 지급한 것이므로 기업은 그 미래 재화나 용역이 이전되거나 선택권이 만료될 때 수익을 인식한다.

기업은 고객에게 이전하는 재화나 용역과 고객에게 부여한 선택권의 상대적 개별 판매가격에 기초하여 거래가격을 배분한다. 추가 재화나 용역을 구매할 수 있는 고객의 선택권의 개별 판매가격을 직접 관측할 수 없다면 이를 추정한다. 그 추정에는 고객이 선택권을 행사할 때 받을 할인을 반영하되, (1) 고객이 선택권을 행사하지 않고도 받을 수 있는 할인액과 (2) 선택권이 행사될 가능성을 모두 조정한다.

예제

08 (주)세무는 제품 A를 ₩2,000에 판매하기로 계약을 체결하였으며, 이 계약의 일부로 앞으로 30일 이내에 ₩2,000 한도의 구매에 대해 30% 할인권을 고객에게 주었다. (주)세무는 계절 판촉활동을 위해 앞으로 30일 동안 모든 판매에 대해 10% 할인을 제공할 계획인데, 10% 할인은 30% 할인권에 추가하여 사용할 수 없다. (주)세무는 고객의 80%가 할인권을 사용하고 추가 제품을 평균 ₩1,500에 구매할 것이라고 추정하였을 때, 제품 판매 시 배분될 계약부채(할인권)는? (단, 제시된 거래의 효과만을 반영하기로 한다.) 2024. CTA

① ₩214 　　　　　② ₩240 　　　　　③ ₩305

④ ₩400 　　　　　⑤ ₩500

해설

(1) 할인권의 개별 판매가격: $1,500 \times (30\% - 10\%) \times 80\% = 240$
 － 고객이 선택권을 행사하지 않고도 받을 수 있는 할인액(10%)과 선택권이 행사될 가능성(80%)을 모두 조정한다.

(2) 계약부채(할인권): $2,000 \times 240/(2,000 + 240) = 214$

답 ①

15 건설계약

건설계약 기준서는 2018년 수익 기준서가 개정되면서 새로운 기준서에 편입되었으며, 더 이상 존재하지 않는 규정이다. 그런데 개정 수익 기준서에는 건설계약에 적용할 회계처리에 대한 명확한 언급이 되어 있지 않아 '건설계약에 대해 어떠한 방식으로 회계처리해야 하는가'에 대한 논란이 있다. 본서에서는 기존 건설계약에 따른 회계처리를 소개할 것이다.

건설계약이 수익 기준서 개정 전에는 굉장히 중요한 주제였으나, 수익 기준서 개정 후 회계사 시험보다는 세무사 시험 위주로 출제되면서 출제 빈도가 줄어들었다. 기준서가 개정되었음에도 불구하고 기존 건설계약 기준서의 용어가 여전히 등장하고 있기 때문에 본서에서는 기존 건설계약의 용어를 그대로 사용한다.

1. 건설계약-일반형

건설계약이란 자산의 건설을 위해 구체적으로 협의된 계약을 말한다. 건설계약의 경우 수행의무 완료까지의 진행률을 측정하여 기간에 걸쳐 수익을 인식한다. 진행률을 측정하여 기간에 걸쳐 수익을 인식하는 것을 '진행기준'이라고 부른다. 진행기준은 다음과 같이 수익을 인식한다.

	X1년	X2년
진행률 누적계약수익	누적발생원가/총예상원가 계약대금 × 진행률	누적발생원가/총예상원가 계약대금 × 진행률
계약수익 계약원가	X1년 누적계약수익 X1년 지출액	X2년 누적계약수익 − X1년 누적계약수익 X2년 지출액
공사손익	계약수익 − 계약원가	계약수익 − 계약원가

> **STEP 1** 진행률=누적발생원가/총예상원가 (단, 총예상원가=누적발생원가+추가예상원가)

진행률이란 건설의 진행 정도를 의미한다. 진행률은 건설에 소요되는 총예상원가 대비 현재까지 투입한 누적발생원가가 차지하는 비율로 계산한다. 이때, 총예상원가에 추가예상원가 뿐만 아니라 누적발생원가를 포함 시키는 것에 주의하자. 문제에서 총예상원가를 제시하지 않고, 당기발생원가와 추가예상원가로 나누어 제시했다면 전기까지의 누적발생원가까지 포함해서 진행률을 계산해야 한다.

STEP 2 누적계약수익=계약대금×진행률

건설계약은 진행률에 비례하여 수익을 인식한다. 따라서 전체 계약대금 중 진행률을 곱한 만큼 누적수익으로 인식한다.

STEP 3 계약수익=당기 누적계약수익-전기 누적계약수익

진행률은 예상원가의 변동에 따라 매년 변화하는데, 진행기준을 적용하면서 발생하는 모든 변동사항은 회계추정의 변경으로 보아 전진법을 적용한다. 따라서 누적계약수익을 계산한 뒤, 전기까지 인식한 누적계약수익을 차감하여 당기에 인식할 수익을 계산한다.

STEP 4 공사손익=계약수익-계약원가 (단, 계약원가=당기발생원가)

Step 3에서 계산한 계약수익만큼 수익으로 인식하고, 당기에 발생한 계약원가만큼 비용으로 인식한다. 따라서 당기의 공사손익은 계약수익에서 계약원가를 차감한 이익이 된다.

예제

01 다음은 (주)대한의 공사계약과 관련된 자료이다. 당해 공사는 20X1년 초에 시작되어 20X3년 말에 완성되었으며, 총계약금액은 ₩5,000,000이다. (주)대한은 건설 용역에 대한 통제가 기간에 걸쳐 이전되는 것으로 판단하였으며, 진행률은 발생원가에 기초한 투입법으로 측정한다.

구분	20X1년	20X2년	20X3년
당기발생원가	₩1,000,000	₩2,000,000	₩1,500,000
완성시까지 추가소요원가	₩3,000,000	₩1,000,000	—

(주)대한의 20X2년도 공사손익은 얼마인가? 2024. CPA

① ₩250,000 손실 ② ₩250,000 이익 ③ ₩500,000 이익
④ ₩1,750,000 이익 ⑤ ₩3,500,000 이익

◉ 해설

	X1년	X2년
진행률	$1,000,000/4,000,000 = 25\%$	$3,000,000/4,000,000 = 75\%$
누적계약수익	$5,000,000 \times 25\% = 1,250,000$	$5,000,000 \times 75\% = 3,750,000$
계약수익	1,250,000	2,500,000
계약원가	(1,000,000)	(2,000,000)
공사손익	250,000	500,000

STEP 5 회계처리

지출 시	계약원가	지출액	현금	지출액
기말	미성공사	수익	계약수익	수익
청구 시	공사미수금	청구액	진행청구액	청구액
수령 시	현금	수령액	공사미수금	수령액
공사 종료 시	진행청구액	계약금액	미성공사	계약금액

(1) 공사원가 지출 시

공사원가 지출 시 현금 지출액만큼 계약원가(비용)를 인식한다.

(2) 기말

표를 통해 계산한 계약수익만큼 미성공사(자산)를 인식한다.

(3) 대금 청구 시

대금 청구 시 청구액만큼 공사미수금을 설정하면서, 대변에 진행청구액을 설정한다.

(4) 대금 수령 시

대금 수령 시 공사미수금을 제거하면서 현금이 차변에 표시된다.

(5) 공사 종료 시

공사 종료 시 진행청구액과 미성공사를 상계한다.

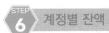 계정별 잔액

계정과목		누적 수익		누적 청구액		누적 수령액
미청구공사(초과청구공사)	=	미성공사	−	진행청구액		
공사미수금	=			진행청구액	−	누적 수령액
현금	=					누적 수령액
계		미성공사				

(1) 미성공사 및 진행청구액

$$미성공사 = \Sigma(발생원가 + 공사손익) = \Sigma(계약원가 + 공사손익) = \Sigma계약수익$$
$$진행청구액 = \Sigma대금\ 청구액$$

미성공사란 발생원가와 공사손익의 누적액이다. 그리고 발생원가는 계약원가와 일치한다. 그런데 공사손익은 계약수익에서 계약원가를 차감한 손익이므로, 미성공사는 계약수익의 누적액과 일치한다. 회계처리 시에도 매년 계약수익만큼 미성공사를 증가시킨다.
진행청구액은 대금 청구액의 누적액이다. 공사 종료 시까지 미성공사와 진행청구액을 감소시키지 않기 때문에 누적액이 그대로 계상된다.

(2) 미청구공사 및 초과청구공사 ★중요!

$$미청구공사 = 미성공사 - 진행청구액 = 누적수익 - 누적\ 청구액$$
$$단, 음수인\ 경우\ 초과청구공사$$

건설계약 문제에서 가장 많이 묻는 것이 미청구공사(또는 초과청구공사)이다. 미청구공사는 미성공사에서 진행청구액을 차감한 금액이다. 따라서 누적 계약수익에서 누적 청구액을 차감하면 미청구공사를 구할 수 있다. 만약 '누적 수익<누적 청구액'이어서 미청구공사가 음수인 경우 초과청구공사를 계상한다.

(3) 공사미수금

대금 청구 시 청구액만큼 공사미수금을 설정하고, 대금 수령 시 공사미수금을 제거하므로 공사미수금의 잔액은 누적청구액에서 누적수령액을 차감한 금액이다.

 미성공사=미청구공사+공사미수금+현금 수령액

위 표를 보게 되면 미청구공사 잔액, 공사미수금 잔액, 현금 수령액의 합은 미성공사 잔액과 일치한다. 문제에서는 주로 미청구공사를 묻는데, 만약 공사미수금도 묻는다면 위 표를 그려서 같이 구하면 된다. 마지막 줄에 현금 수령액까지 채우면 각 계정 잔액을 잘 구했는지 검산이 가능하다.

참고 개정된 수익 기준서에 따른 계정별 명칭

개정 전 건설계약 기준서	개정 후 수익 기준서
미청구공사	계약자산
초과청구공사	계약부채
공사미수금	수취채권

기준서의 개정 전, 후 계정과목을 대응하면 위 표와 같다. 개정된 수익 기준서에서는 '계약자산'과 '계약부채', '수취채권'이라는 용어를 사용하지만 재무상태표에서 그 항목에 대해 다른 표현을 사용하는 것을 금지하지 않는다. 따라서 개정 수익 기준서가 도입되었음에도 불구하고 출제진들은 건설계약 기준서에 따른 계정과목을 여전히 사용한다. 수험생은 건설계약 기준서에 따른 계정과목을 중심으로 공부하길 바란다.

예제

02 (주)대한은 20X1년 1월 1일에 댐건설을 위하여 정부와 건설계약(공사기간 3년, 도급금액 ₩12,000,000)을 체결하고, 계약금 ₩600,000을 수취하였다. (주)대한은 동 건설계약의 수익을 진행기준으로 인식하며, 발생한 누적계약원가를 기준으로 진행률을 계산한다. 동 건설계약과 관련된 연도별 자료가 다음과 같을 때 옳지 않은 것은?

2013. CTA

	20X1년	20X2년	20X3년
당기 실제 발생 계약원가	₩4,000,000	₩2,600,000	₩4,400,000
연도 말 예상 추가계약원가	6,000,000	4,400,000	—
공사대금 청구액(계약금 포함)	2,800,000	3,200,000	6,000,000
공사대금 회수액(계약금 포함)	2,600,000	3,000,000	6,400,000

① 20X2년도 공사손실은 ₩200,000이다.
② 20X3년도 계약수익은 ₩4,800,000이다.
③ 20X1년 말 계약자산(미청구공사) 금액은 ₩2,000,000이다.
④ 20X2년 말 미성공사 금액은 ₩7,200,000이다.
⑤ 20X1년 말 수취채권(공사미수금) 금액은 ₩800,000이다.

▶ 해설

(1) 연도별 공사손익

	X1년	X2년	X3년
진행률	4,000,000/10,000,000 = 40%	6,600,000/11,000,000 = 60%	11,000,000/11,000,000 = 100%
누적계약수익	12,000,000 × 40% = 4,800,000	12,000,000 × 60% = 7,200,000	12,000,000 × 100% = 12,000,000
계약수익	4,800,000	2,400,000	②4,800,000
계약원가	4,000,000	2,600,000	4,400,000
공사손익	800,000	①(200,000)	400,000

(2) 계정별 잔액
1) X1년 말

계정과목	누적 수익		누적 청구액		누적 수령액		잔액
미청구공사	4,800,000	—	2,800,000			=	③2,000,000
공사미수금			2,800,000	—	2,600,000	=	⑤200,000
현금					2,600,000	=	2,600,000
계	4,800,000					=	4,800,000

▶ 해설

2) X2년 말

계정과목	누적 수익	누적 청구액	누적 수령액		잔액
미청구공사	7,200,000	− 6,000,000		=	1,200,000
공사미수금		6,000,000	− 5,600,000	=	400,000
현금				=	5,600,000
계	④7,200,000			=	7,200,000

|회계처리|

X1년	계약원가	4,000,000	현금	4,000,000
	미성공사	4,800,000	계약수익	4,800,000
	공사미수금	2,800,000	진행청구액	2,800,000
	현금	2,600,000	공사미수금	2,600,000
X2년	계약원가	2,600,000	현금	2,600,000
	미성공사	2,400,000	계약수익	2,400,000
	공사미수금	3,200,000	진행청구액	3,200,000
	현금	3,000,000	공사미수금	3,000,000
X3년	계약원가	4,400,000	현금	4,400,000
	미성공사	4,800,000	계약수익	4,800,000
	공사미수금	6,000,000	진행청구액	6,000,000
	현금	6,400,000	공사미수금	6,400,000
	진행청구액	12,000,000	미성공사	12,000,000

계약금을 수취하였지만, 대금 청구액 및 회수액에 계약금이 포함되어 있으므로 계약금 수취 회계처리를 분리하지 않고, 대금 청구 및 현금 회수 회계처리에 포함하여 표시하였다.

답 ⑤

03 (주)대한은 20X0년 1월 1일 ₩20,000,000에 댐을 건설하는 정액계약을 정부와 체결하였다. 20X0년 1월 1일 시점에 추정한 계약원가는 ₩18,000,000이었으며, 이 추정에는 변함이 없다. 다음 자료를 이용하여 (주)대한이 20X1년도 포괄손익계산서에 계상할 공사손익과 20X1년 말 재무상태표에 계상할 미청구공사(또는 초과청구공사)금액을 계산하면 각각 얼마인가? (단, 동 공사는 20X2년 12월 31일에 완공되었다. 또한 (주)대한은 동 건설계약과 관련하여 진행기준으로 수익과 비용을 인식하며, 진행률은 발생한 누적계약원가를 추정총계약원가로 나눈 비율로 계산한다.) 2012.CTA수정

	20X0년	20X1년
누적발생계약원가	₩5,400,000	₩15,300,000
당기대금청구액	5,000,000	12,800,000
당기대금회수액	4,000,000	10,000,000

① 공사이익 ₩1,100,000, 미청구공사 ₩800,000
② 공사이익 ₩1,100,000, 초과청구공사 ₩800,000
③ 공사이익 ₩1,700,000, 미청구공사 ₩800,000
④ 공사이익 ₩1,700,000, 초과청구공사 ₩800,000
⑤ 공사이익 ₩2,000,000, 미청구공사 ₩1,000,000

⊙ 해설

(1) 연도별 공사손익

	X0년	X1년
진행률	5,400,000/18,000,000 = 30%	15,300,000/18,000,000 = 85%
누적계약수익	20,000,000 × 30% = 6,000,000	20,000,000 × 85% = 17,000,000
계약수익	6,000,000	11,000,000
계약원가	5,400,000	9,900,000
공사손익	600,000	1,100,000

X1년 계약원가: 15,300,000 − 5,400,000 = 9,900,000

(2) X1년말 계정별 잔액

계정과목	누적 수익		누적 청구액		누적 수령액		잔액
미청구공사	17,000,000	−	17,800,000			=	(800,000)
공사미수금			17,800,000	−	14,000,000	=	3,800,000
현금					14,000,000	=	14,000,000
계	17,000,000						17,000,000

미청구공사가 음수이므로 초과 청구한 상황이다. 따라서 초과청구공사 800,000이다.

답 ②

2. 손실이 예상되는 경우

건설 중에 예상총계약원가가 상승하여 계약대금을 초과할 것으로 예상되는 경우, 계약에서 손실이 발생할 것이다. 이처럼 손실이 예상되는 경우 실제로 손실이 발생할 때가 아니라, 손실을 예상한 해에 미리 비용을 인식한다. 따라서 손실이 예상되면 다음과 같이 공사손익을 인식한다.

	X1년	X2년(손실 예상)	**총금액**
진행률	누적발생원가/총예상원가	누적발생원가/총예상원가	
누적계약수익	계약대금 × 진행률	계약대금 × 진행률	
계약수익	X1년 누적계약수익	X2년 누적계약수익 − X1년 누적계약수익	총 계약금액
계약원가	X1년 지출액	③계약수익 − X2년 공사손실	총 계약원가
공사손익	X1년 공사이익	②예상손실 − X1년 공사이익	①예상손실

 STEP 1 예상손실=총 계약원가-총 계약금액

총 계약원가가 총 계약금액보다 커지는 경우에는 예상손실을 계산한다.

STEP 2 X2년 공사손실=예상손실-X1년 공사이익 ★중요!

전체 예상손실에서 X1년도에 인식한 공사이익을 차감하면, 예상손실보다 더 큰 음수가 나올 것이다. 그 금액을 X2년도에 전부 손실로 인식한다. 미래의 손실을 예상한 시점에 미리 비용으로 인식한 것이다. (손실부담계약에 해당하므로)

STEP 3 계약원가=계약수익-공사손실

원래는 '공사손익 = 계약수익 − 계약원가'의 방식으로 구하지만, 손실이 예상되는 경우에는 공사손실을 먼저 구한 뒤, 계약수익을 차감하여 계약원가를 구하자. 계약원가는 공사손실보다 더 큰 음수로 계산될 것이다.

참고 계약원가 = 당기 공사 지출액 + 손실충당부채

> 손실충당부채 = 예상손실 × (1 − 진행률)

일반적으로 계약원가는 당기 공사 지출액과 일치한다. 하지만 손실이 예상되는 경우에는 그렇지 않다. 이는 충당부채에서 배운 '손실부담계약'에 따른 규정이다. 계약 이행 시 손실이 예상되므로, 이에 대해 충당부채를 설정하는 것이다. 진행률에 해당하는 계약수익과 계약원가는 이미 인식하였으므로, 예상되는 손실 중 남은 진행률에 대한 부분을 미리 충당부채로 인식하면서 손실도 인식하는 것이다. 손실충당부채 잔액을 따로 묻는 것이 아니라면 손실충당부채를 구할 필요는 없으며, 계약원가는 '계약수익 − 공사손실'의 방식으로 구하자.

STEP 4 손실이 예상된 다음 해의 공사손익=총 계약원가 변동액

손실이 예상된 해에는 손실충당부채를 설정했기 때문에, 다음 해에는 공사손익을 계산할 때 손실충당부채의 증감을 고려해야 한다. 따라서 원칙적으로는 계약원가는 '당기 공사 지출액 + 손실충당부채 증감액'으로 구해야 하나, 결과적으로 총 계약원가 변동액으로 구하는 것과 같다.

04 (주)서울은 20X1년 1월 1일 갑(甲)시로부터 도서관 건설계약을 수주하였다. 동 건설계약과 관련된 자료는 〈보기〉와 같으며, 발생원가에 기초하여 진행률을 계산할 경우, 20X2년 (주) 서울이 인식할 공사손익은?

2021. 서울시 7급

〈보기〉

- 계약금 : ₩2,000,000
- 공사기간 : 20X1년 1월 1일~20X3년 12월 31일
- 공사원가

구분	20X1년	20X2년	20X3년
총공사예정원가	₩1,800,000	₩2,100,000	₩2,100,000
당기공사원가	₩540,000	₩720,000	₩840,000

① ₩100,000 공사손실 ② ₩120,000 공사손실

③ ₩140,000 공사손실 ④ ₩160,000 공사손실

해설

	X1년	X2년(손실 예상)	총금액
진행률	540/1,800 = 30%	1,260/2,100 = 60%	
누적계약수익	2,000,000 × 30% = 600,000	2,000,000 × 60% = 1,200,000	
계약수익	600,000	600,000	2,000,000
계약원가	540,000	③760,000	2,100,000
계약손익	60,000	②(160,000)	①(100,000)

X2년의 손익만 물었기 때문에 X2년의 진행률, 계약수익은 계산할 필요가 없다.

별해 계약원가 = 당기 공사 지출액 + 손실충당부채

X2년 말 손실충당부채: 100,000 × (1 − 60%) = 40,000

계약원가 = 720,000 + 40,000 = 760,000

답 ④

05 (주)국세는 20X1년 1월 1일에 서울시로부터 계약금액 ₩7,000,000인 축구경기장 건설 계약을 수주하였다. 동 공사는 20X3년 말에 완공되었으며, 동 건설계약과 관련된 자료는 다음과 같다.

	X1년	X2년	X3년
총공사계약원가	₩6,000,000	₩7,500,000	₩7,300,000
당기발생원가	1,500,000	4,500,000	1,300,000
계약대금청구	2,000,000	2,500,000	2,500,000
계약대금회수	1,800,000	2,500,000	2,700,000

동 건설계약과 관련하여 진행기준으로 수익을 인식하는 (주)국세가 20X2년도 포괄손익계산서에 인식할 손실은 얼마인가? (단, 주어진 자료에서 구할 수 있는 진행률을 사용하여 계산한다.)

2010. CTA 수정

① ₩100,000   ② ₩250,000   ③ ₩500,000
④ ₩650,000   ⑤ ₩750,000

해설

	X1년	X2년(손실 예상)	총금액
진행률	1,500,000/6,000,000 = 25%	6,000,000/7,500,000 = 80%	
누적계약수익	7,000,000 × 25% = 1,750,000	7,000,000 × 80% = 5,600,000	
계약수익	1,750,000	3,850,000	7,000,000
계약원가	1,500,000	③4,600,000	7,500,000
공사손익	250,000	②(750,000)	①(500,000)

X2년의 손익만 물었기 때문에 X2년의 진행률 및 계약수익은 계산할 필요가 없다.

별해 계약원가 = 당기 공사 지출액 + 손실충당부채
X2년 말 손실충당부채: 500,000 × (1 − 80%) = 100,000
계약원가 = 4,500,000 + 100,000 = 4,600,000

참고 X3년의 공사손익

	X3년
진행률	7,300,000/7,300,000 = 100%
누적계약수익	7,000,000 × 100% = 7,000,000
계약수익	1,400,000
계약원가	②1,200,000
공사손익	①200,000

X3년에는 총공사계약원가가 7,300,000으로 X2년에 예측한 것에 비해 200,000이 감소하였다. 따라서 X3년 공사이익은 200,000이 된다. 계약수익에서 공사이익을 차감하면 계약원가는 1,200,000이다.
검산해보면, 연도별 계약원가의 합은 7,300,000(= 1,500,000 + 4,600,000 + 1,200,000)이 되는데, 이는 총 실제 발생공사원가와 일치한다.

별해 계약원가 = 당기 공사 지출액 + 손실충당부채 증감액
계약원가 = 1,300,000 − 100,000 = 1,200,000

X2년 말에 손실충당부채가 있었으나, X3년 말에는 공사가 종료되었으므로 더 이상 손실충당부채가 계상되면 안된다. 따라서 X2년 말에 계상되었던 손실충당부채 100,000을 전부 환입하면서, 계약원가를 감소시킨다.

답 ⑤

3. 계약금액의 변경

계약변경이 별도 계약에 해당하지 않고, 나머지 재화나 용역이 그 전에 이전한 재화나 용역과 구별되지 않는 경우 기존 계약의 일부인 것처럼 회계처리한다고 했었다. 건설계약의 계약변경은 이 경우에 해당된다. 건설을 진행하다가 계약금액이 변경되는 경우 이를 기존 계약의 일부로 보고, 계약금액 변동분을 따로 처리하는 것이 아니라, 변경 전 계약금액과 같이 처리한다. 계약금액 변경 시 회계추정의 변경으로 보고, 전진법을 적용하여 변경된 계약금액을 변경 시점부터 반영해주면 된다.

예제

06 다음은 (주)대한이 2011년 수주하여 2013년 완공한 건설공사에 관한 자료이다.

구분	2011	2012	2013
당기발생계약원가	₩20억	₩40억	₩60억
총계약원가추정액	80억	100억	120억
계약대금청구	30억	40억	50억
계약대금회수	20억	30억	70억

이 건설계약의 최초 계약금액은 ₩100억이었으나, 2012년 중 설계변경과 건설원가 상승으로 인해 계약금액이 ₩120억으로 변경되었다. (주)대한이 2012년에 인식할 계약손익은? (단, 진행률은 누적발생계약원가를 총계약원가추정액으로 나누어 계산한다) 2013. 국가직 7급

① ₩5억 손실 　　　　　　　② ₩3억 손실
③ ₩3억 이익 　　　　　　　④ ₩7억 이익

▶●▶ 해설

(단위: 억)

	2011	2012	2013
진행률 누적계약수익	20/80 = 25% 100 × 25% = 25	60/100 = 60% 120 × 60% = 72	120/120 = 100% 120 × 100% = 120
계약수익 계약원가	25 20	72 − 25 = 47 40	120 − 72 = 48 60
계약이익	5	7	(12)

계약금액의 변경은 변경 시점인 2012년부터 반영하면 된다. 2011년의 손익을 건드리지 않는 것에 주의하자.

目 ④

07 (주)한국건설은 20X1년초에 (주)대한과 교량건설을 위한 건설계약을 발주금액 ₩10,000,000에 체결하였다. 총 공사기간은 계약일로부터 3년인데, 20X2년도에 공사내용의 일부 변경에 따른 계약원가 추가 발생으로 건설계약금액을 ₩2,000,000 증가시키는 것으로 합의하였다. 동 건설계약과 관련된 연도별 자료는 다음과 같다.

구 분	20X1년	20X2년	20X3년
실제 계약원가 발생액	₩2,400,000	₩4,950,000	₩3,150,000
연도말 예상 추가계약원가	5,600,000	3,150,000	
계약대금 청구액	2,500,000	5,500,000	4,000,000
계약대금 회수액	2,500,000	5,500,000	4,000,000

(주)한국건설이 진행률을 누적발생계약원가에 기초하여 계산한다고 할 때, 동 건설계약과 관련하여 (주)한국건설이 20X2년말 재무상태표상 인식할 미청구공사(초과청구공사)금액은 얼마인가?

2014. CPA

① 미청구공사 ₩100,000 ② 미청구공사 ₩400,000
③ 미청구공사 ₩500,000 ④ 초과청구공사 ₩100,000
⑤ 초과청구공사 ₩400,000

▶ **해설**

(1) 연도별 공사손익

	X1년	X2년
진행률	2,400,000/8,000,000 = 30%	7,350,000/10,500,000 = 70%
누적계약수익	10,000,000 × 30% = 3,000,000	12,000,000 × 70% = 8,400,000
계약수익	3,000,000	5,400,000
계약원가	2,400,000	4,950,000
계약손익	600,000	450,000

(2) X2년말 계정별 잔액

계정과목	누적 수익		누적 청구액		누적 수령액		잔액
미청구공사	8,400,000	−	8,000,000			=	400,000
공사미수금			8,000,000	−	8,000,000	=	−
현금					8,000,000	=	8,000,000
계	8,400,000					=	8,400,000

답 ②

4. 진행률을 합리적으로 측정할 수 없는 경우

(1) 원가의 회수 가능성이 높은 경우: 회수가능한 범위 내에서만 수익 인식

진행률을 합리적으로 측정할 수 없는 경우 신뢰성 있게 계약수익을 인식할 수 없다. 이 경우 이미 투입한 원가 중 회수가능한 범위 내에서만 수익을 인식한다.

(2) 원가의 회수 가능성이 높지 않은 경우: 수익 인식 X, 투입한 원가만큼 비용만 인식

만약 투입한 원가의 회수가능성이 높지 않다면 수익을 인식하지 않고, 투입한 원가만큼 비용만 인식한다.

(3) 진행률을 다시 합리적으로 추정 가능한 경우: 진행률 적용 (전진법)

이후에 진행률을 다시 합리적으로 추정 가능한 경우에는 기존 회계처리를 건드리지 않은 채로, 정상적으로 진행률을 적용하여 계약수익과 계약원가를 인식하면 된다. 진행률의 추정 가능성 변동은 회계 추정의 변경으로 보아 전진법을 적용하기 때문이다.

예제

08 (주)세무는 20X1년 초 (주)한국과 건설계약(공사기간 3년, 계약금액 ₩600,000)을 체결하였다. (주)세무의 건설용역에 대한 통제는 기간에 걸쳐 이전된다. (주)세무는 발생원가에 기초한 투입법으로 진행률을 측정한다. 건설계약과 관련된 자료는 다음과 같다. (주)세무의 20X2년도 공사이익은? *2021. CTA*

- 20X1년 말 공사완료시까지의 추가소요원가를 추정할 수 없어 합리적으로 진행률을 측정할 수 없었으나, 20X1년 말 현재 이미 발생한 원가 ₩120,000은 모두 회수할 수 있다고 판단하였다.
- 20X2년 말 공사완료시까지 추가소요원가를 ₩200,000으로 추정하였다.
- 연도별 당기발생 공사원가는 다음과 같다.

구분	20X1년	20X2년	20X3년
당기발생 공사원가	₩120,000	₩180,000	₩200,000

① ₩0　② ₩40,000　③ ₩60,000　④ ₩120,000　⑤ ₩180,000

해설

	X1년	X2년
진행률	?	300,000/500,000 = 60%
누적계약수익	120,000	600,000 × 60% = 360,000
계약수익	120,000	240,000
계약원가	120,000	180,000
공사손익	0	60,000

답 ③

09 (주)세무는 20X1년 초 (주)한국과 건설계약(공사기간 4년, 계약금액 ₩2,000,000)을 체결하였으며, 관련 자료는 다음과 같다.

	20X1년	20X2년	20X3년	20X4년
누적발생계약원가	₩280,000	₩960,000	₩1,280,000	₩1,600,000
추정총계약원가	1,400,000	1,600,000	1,600,000	1,600,000

(주)세무는 20X1년에 건설계약의 결과를 신뢰성 있게 추정하였으나, 20X2년 초부터 시작된 (주)한국의 재무상태 악화로 20X2년에 건설계약의 결과를 신뢰성 있게 추정할 수 없게 되었고 계약금액 중 보험에 가입된 ₩800,000만 회수할 수 있다고 판단하였다. 하지만 20X3년 초 (주)한국의 재무상태가 다시 정상화됨에 따라 계약금액 전액을 회수할 수 있다면, (주)세무가 20X1년, 20X2년 및 20X3년에 인식할 공사손익은? (단, (주)세무는 진행기준으로 수익을 인식하고 진행률은 누적발생계약원가를 추정총계약원가로 나눈 비율로 측정한다.)

2017. CTA

	20X1년	20X2년	20X3년
①	₩120,000 이익	₩280,000 손실	₩480,000 이익
②	₩120,000 이익	₩120,000 손실	₩320,000 이익
③	₩120,000 이익	₩0	₩200,000 이익
④	₩120,000 이익	₩120,000 이익	₩80,000 이익
⑤	₩0	₩0	₩320,000 이익

해설

	X1년	X2년	X3년
진행률	280,000/1,400,000 = 20%	?	1,280,000/1,600,000 = 80%
누적계약수익	2,000,000 × 20% = 400,000	800,000	2,000,000 × 80% = 1,600,000
계약수익	400,000	400,000	800,000
계약원가	280,000	680,000	320,000
계약손익	120,000	(280,000)	480,000

계약원가 = 당기 누적발생계약원가 — 전기 누적발생계약원가
- X2년: 960,000 — 280,000 = 680,000
- X3년: 1,280,000 — 960,000 = 320,000

답 ①

5. 미사용원가

진행률을 누적발생계약원가 기준으로 결정하는 경우에는 수행한 공사를 반영하는 계약원가만 누적발생원가에 포함한다. 원가는 발생했지만 사용하지 않은 원가에 대해서는 진행률의 분자에 오는 누적발생원가에 포함시키지 않는다. 미사용원가의 예는 다음과 같다.

---

① 현장에 인도되었거나 계약상 사용을 위해 준비되었지만 아직 계약공사를 위해 설치, 사용 또는 적용이 되지 않은 재료의 원가와 같은 계약상 미래 활동과 관련된 계약원가. 단, 재료가 계약을 위해 별도로 제작된 경우는 제외한다.

② 하도급계약에 따라 수행될 공사에 대해 하도급자에게 선급한 금액

---

① 재료를 구입하였지만, 아직 실제로 투입하지 않은 경우 재료의 원가는 진행률 산정 시 포함하지 아니한다. 회계는 발생주의를 기반으로 하므로, 돈을 썼다고 비용처리하지는 않기 때문이다. 만약 쓴 돈을 전부 진행률 산정 시 포함하면, 회사가 미래에 사용할 재료를 미리 구입하여 진행률을 부풀려 계약수익을 크게 인식할 수 있다. 단, 재료가 계약을 위해 별도로 제작된 경우에는 실제로 투입하지 않았더라도 진행률 산정 시 포함한다.

② 또한, 하도급계약을 체결하고 하도급자에게 선급한 금액도 공사를 수행하기 전에 미리 지급한 돈이므로 진행률 산정 시 포함하지 않는다.

예제

10 (주)하늘은 20X1년 1월 1일 도청과 댐을 건설하는 도급계약(총도급금액 ₩10,000,000, 추정 계약원가 ₩9,000,000, 건설소요기간 3년)을 체결하였다. 동 도급계약상 도청은 건설시작 이전에 주요 설계구조를 지정할 수 있으며, 건설진행 중에도 주요 구조변경을 지정할 수 있는 등 건설계약의 정의를 충족한다. 동 도급계약과 관련하여 20X1년 말에 (주)하늘이 추정한 계약원가는 ₩9,200,000으로 증가하였으며, 20X2년 말에 계약원가를 검토한 결과 추가로 ₩300,000만큼 증가할 것으로 추정되었다. (주)하늘은 동 도급계약의 결과를 신뢰성 있게 추정할 수 있으므로 진행기준으로 수익을 인식하고 있으며, 진행률은 누적계약발생원가를 추정총계약원가로 나눈 비율로 적용하고 있다. 동 도급계약만 존재한다고 가정할 경우 (주)하늘의 20X2년 말 현재 재무상태표에 표시되는 미청구공사 또는 초과청구공사의 잔액은 얼마인가? 법인세 효과는 고려하지 않는다.

	20X1년도	20X2년도
당기원가발생액	₩2,760,000	₩5,030,000(*)
당기대금청구액	2,800,000	5,300,000
당기대금회수액	2,400,000	4,800,000

(*) 20X2년 말에 발생한 원가에는 계약상 20X3년도 공사에 사용하기 위해 준비되었지만 아직 사용되지 않은 ₩380,000만큼의 방열자재가 포함되어 있다. (단, 방열자재는 동 계약을 위해 별도로 제작된 것은 아니다.)

2011. CPA

① 미청구공사 ₩100,000   ② 초과청구공사 ₩100,000
③ 미청구공사 ₩300,000   ④ 초과청구공사 ₩300,000
⑤ 미청구공사 ₩500,000

▶ **해설**

(1) 연도별 공사손익

	X1년	X2년
진행률	2,760,000/9,200,000 = 30%	7,410,000/9,500,000 = 78%
누적계약수익	10,000,000 × 30% = 3,000,000	10,000,000 × 78% = 7,800,000
계약수익	3,000,000	4,800,000
계약원가	2,760,000	4,650,000
계약손익	240,000	150,000

X2년도 누적발생원가: 2,760,000 + 5,030,000 − 380,000 = 7,410,000
 − X2년도 발생원가 중 380,000은 사용되지 않았으므로 진행률 계산 시 포함하지 않으며, 계약원가에도 포함하지 않는다.

(2) X2년말 계정별 잔액

계정과목	누적 수익		누적 청구액		누적 수령액		잔액
미청구공사	7,800,000	−	8,100,000			=	(300,000)
공사미수금			8,100,000	−	7,200,000	=	900,000
현금					7,200,000	=	7,200,000
계	7,800,000					=	7,800,000

미청구공사가 음수이므로, 초과청구공사가 300,000으로 표시된다.

답 ④

6. 기업의 수행 정도를 나타내지 못하는 원가

진행률을 측정하는 목적에 따라, 고객에게 재화나 용역에 대한 통제를 이전하는 과정에서 기업의 수행 정도를 나타내지 못하는 투입물의 영향은 투입법에서 제외한다. 예를 들면 원가기준 투입법을 사용할 때, 다음 상황에서는 진행률 측정에 조정이 필요할 수 있다.

---

(1) 발생원가가 기업이 수행의무를 이행할 때 그 진척도에 이바지하지 않는 경우
계약가격에 반영되지 않았고 기업의 수행상 유의적인 비효율 때문에 든 원가(예: 수행의무를 이행하기 위해 들였으나 예상 밖으로 낭비된 재료원가, 노무원가, 그 밖의 자원의 원가)에 기초하여 수익을 인식하지 않는다.
(2) 발생원가가 기업이 수행의무를 이행할 때 그 진척도에 비례하지 않는 경우
발생원가의 범위까지만 수익을 인식한다.

'(2) 발생원가가 기업이 수행의무를 이행할 때 그 진척도에 비례하지 않는' 경우에 진척도에 비례하지 않은 발생원가는 진행률 계산 시 분자, 분모 모두에 포함시키지 않는다. 실제로 발생 시 비용처리하고, 그 비용만큼만 수익을 인식하여 진척도에 비례하지 않은 부분에 대해서는 이익을 인식하지 않는다.

예제

11 기업은 총 대가 5백만원에 3층 건물을 개조하고 새 엘리베이터를 설치하기로 20X2년 11월에 고객과 계약하였다. 엘리베이터 설치를 포함하여 약속된 개조 용역은 기간에 걸쳐 이행하는 단일 수행의무이다. 총 예상원가는 엘리베이터 1.5백만원을 포함하여 4백만원이다. 기업은 엘리베이터에 대한 통제를 고객에게 이전하기 전에 획득하기 때문에 본인으로서 행동한다고 판단한다.

기업은 수행의무의 진행률 측정에 발생원가에 기초한 투입법을 사용한다. 기업은 엘리베이터를 조달하기 위해 들인 원가가 수행의무를 이행할 때 기업의 진행률에 비례적이지 않다고 판단한다. 엘리베이터가 20X3년 6월까지 설치되지 않더라도, 20X2년 12월에 현장으로 인도될 때 고객은 엘리베이터를 통제한다. 20X2년 12월 31일 현재 엘리베이터를 제외한 발생원가가 500,000원이라고 할 때, 기업이 20X2년에 인식할 이익은? _기준서 사례 수정_

① ₩200,000　　　　　② ₩500,000　　　　　③ ₩1,700,000
④ ₩2,000,000　　　　⑤ ₩2,200,000

해설

	X2년
진행률	500,000/2,500,000 = 20%
누적계약수익	3,500,000 × 20% = 700,000
계약수익	700,000 + 1,500,000 = 2,200,000
계약원가	500,000 + 1,500,000 = 2,000,000
계약손익	200,000

예상원가는 엘리베이터 원가 1,500,000와 그 이외의 원가 2,500,000으로 구성된다. 엘리베이터 원가가 진행률에 비례적이지 않다고 판단하였으므로, 엘리베이터 원가를 제외하여 진행률을 조정한다. 따라서 진행률은 500,000/2,500,000 = 20%가 된다. 또한, 기업은 엘리베이터 이전에 따른 수익을 엘리베이터 조달원가와 동일한 금액(1,500,000)으로 인식한다.

답 ①

7. 진행률을 원가 이외의 기준으로 측정하는 경우 심화

지금까지는 진행률을 발생원가에 비례하여 측정하였는데, 원가 이외의 기준(시간, 완성도 등)으로 측정하는 것도 가능하다. 원가 이외의 기준으로 진행률을 측정하는 경우 다음과 같은 차이가 있다.

	원가기준	원가 이외의 기준
진행률	누적발생원가/총예상원가	누적기준/총예상기준
누적계약원가	누적지출액	총계약원가 × 진행률
계약원가	당기 누적계약원가 − 전기 누적계약원가	
	= 당기 발생원가	≠당기 발생원가
미성공사	Σ(발생원가 + 공사손익)	
	= Σ계약수익	≠ Σ계약수익

(1) 진행률 및 계약원가

진행률을 원가 이외의 기준으로 계산하는 경우에는 문제에서 제시한 기준으로 진행률을 구하면 된다. 이 진행률을 바탕으로 계약수익과 계약원가를 계산하면 된다. 계약수익은 계산 방식이 달라지지 않지만, 계약원가는 계산 방식이 달라진다. 기존에는 당기 지출액을 계약원가로 인식했는데, 계약원가도 계약수익과 마찬가지로 당기 누적계약원가를 구한 뒤, 전기 누적계약원가를 차감하는 방식으로 구한다. 원래는 원가기준의 경우에도 누적계약원가를 구한 뒤, 전기 누적계약원가를 차감하는 방식으로 계약원가를 구해야 하나, 결과적으로 당기 지출액과 일치하기 때문에 당기 지출액을 계약원가로 인식했던 것이다.

(2) 미성공사

미성공사는 '발생원가(쓴돈) + 공사손익'의 누적액이다. 원가기준의 경우 발생원가가 계약원가와 일치하므로, 결과적으로 미성공사를 계약수익의 누적액으로 구하면 된다. 하지만 원가 이외의 기준의 경우 발생원가와 계약원가가 일치하지 않으므로, 미성공사를 계약수익의 누적액으로 구할 수 없다. 원칙대로 '발생원가 + 공사손익'의 누적액의 방식으로 미성공사를 구해야 한다.

12 (주)희망건설은 20X1년초에 (주)미래도로공사와 도로건설을 위한 계약을 체결하였다. 총
계약금액은 ₩10,000,000이며 건설기간은 3년(총계약 도로 길이: 1,000km)이다. (주)
희망건설은 동 계약의 결과를 신뢰성 있게 추정할 수 있으므로 진행기준에 따라 수익과 비
용을 인식하며, 진행률은 계약 공사의 물리적 완성비율(완성된 도로 길이/총계약 도로 길
이)로 측정한다. 동 계약과 관련된 연도별 자료는 다음과 같다.

구분	20X1년도	20X2년도	20X3년도
실제 계약원가 발생액	₩2,550,000	₩3,750,000	₩3,200,000
추정총계약원가	₩8,500,000	₩9,000,000	₩9,500,000
당기완성 도로 길이	400km	500km	100km
총계약 도로 길이	1,000km	1,000km	1,000km
계약대금 청구액	₩3,000,000	₩4,000,000	₩3,000,000
계약대금 회수액	₩3,000,000	₩4,000,000	₩3,000,000

상기 계약과 관련하여 (주)희망건설의 20X2년말 현재 재무상태표에 표시되는 미청구공사
(초과청구공사)의 잔액은 얼마인가?

2016. CPA

① ₩200,000　　　　　　② ₩(200,000)　　　　　　③ ₩2,000,000
④ ₩(2,000,000)　　　　　⑤ ₩0

▶ 해설

(1) 연도별 공사손익

	X1년	X2년
진행률	400/1,000 = 40%	900/1,000 = 90%
누적계약수익	10,000,000 × 40% = 4,000,000	10,000,000 × 90% = 9,000,000
계약수익	4,000,000	5,000,000
누적계약원가	8,500,000 × 40% = 3,400,000	9,000,000 × 90% = 8,100,000
계약원가	3,400,000	4,700,000
계약손익	600,000	300,000

(2) X2년말 계정별 잔액

계정과목	누적 수익		누적 청구액		누적 수령액		잔액
미청구공사	7,200,000	−	7,000,000			=	200,000
공사미수금			7,000,000	−	7,000,000	=	
현금					7,000,000	=	7,000,000
계	7,200,000					=	7,200,000

미성공사: Σ(발생원가 + 공사손익) = 2,550,000 + 3,750,000 + 600,000 + 300,000 = 7,200,000

|회계처리|

X1년	미성공사	2,550,000	현금	2,550,000
	계약원가	3,400,000	미성공사	3,400,000
	미성공사	4,000,000	계약수익	4,000,000
	공사미수금	3,000,000	진행청구액	3,000,000
	현금	3,000,000	공사미수금	3,000,000
X2년	미성공사	3,750,000	현금	3,750,000
	계약원가	4,700,000	미성공사	4,700,000
	미성공사	5,000,000	계약수익	5,000,000
	공사미수금	4,000,000	진행청구액	4,000,000
	현금	4,000,000	공사미수금	4,000,000

원칙적으로는 본 회계처리처럼 현금 지출 시 미성공사로 표시한 뒤 계약원가(비용)와 상계하는 것이 맞다. 그동안 원가기준에서는 현금 지출액과 계약원가가 같으므로 '계약원가 / 현금'으로 회계처리한 것뿐이다.

답 ①

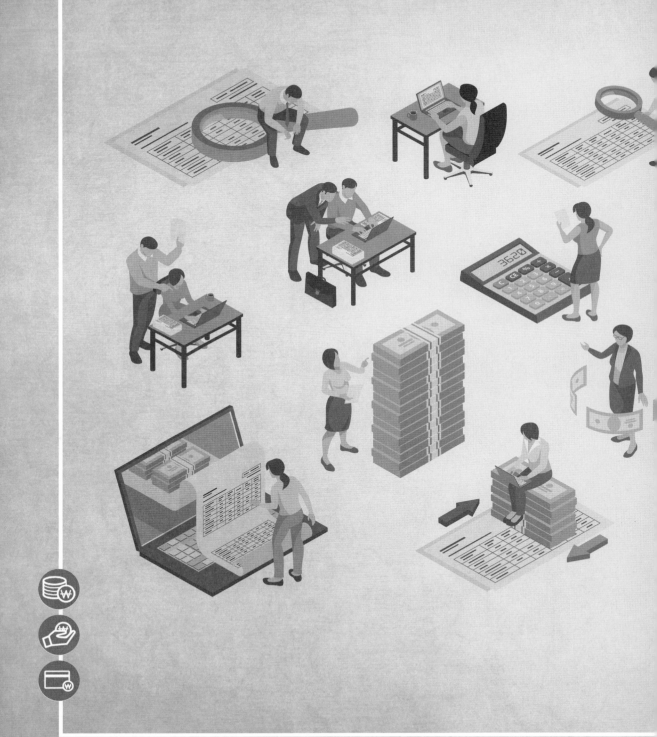

13

주식기준보상

CHAPTER 13 주식기준보상

주식기준보상이란, 기업이 재화나 용역을 제공받는 대가로 기업의 지분상품(주식 혹은 주식선택권)을 이전하거나, 지분상품의 가격에 기초하여 결정되는 금액의 현금을 이전하는 것을 의미한다. 주식기준보상은 기업이 재화나 용역을 제공받는 대가로 지급하는 것의 형태에 따라 주식결제형, 현금결제형, 선택형으로 나뉜다.

1 주식결제형 주식기준보상

주식결제형 주식기준보상이란, 기업이 재화나 용역을 제공받는 대가로 기업의 지분상품(주식 혹은 주식선택권)을 이전하는 주식기준보상거래를 의미한다. 주식결제형 주식기준보상 문제에서는 주로 기업이 주식선택권을 지급할 것이다. 주식선택권(Stock Option)은 일종의 콜옵션으로, 주식선택권을 부여받은 종업원은 가득 기간(기업이 설정한 기간) 동안 근무할 경우 행사가격을 납입하고 기업의 주식을 취득할 수 있는 권리가 생긴다. 주식결제형 주식기준보상을 부여한 기업은 비용과 주식선택권을 다음과 같이 계산한다.

1. 주식결제형 주식기준보상 계산식

	명수	×개수	×금액	×1/n	=누적액	비용
X1	재직 예상인원	개수	부여일의 FV	1/3	A	A
X2	재직 예상인원	개수	부여일의 FV	2/3	B	B − A
X3	재직 예상인원	개수	부여일의 FV	3/3	C	C − B

STEP 1 명수 (재직 예상인원)

가득 기간을 채우지 못하고 퇴사한 인원은 주식선택권을 부여받지 못하므로, 가득 시점에 재직할 것으로 예상하는 인원을 기재한다. 재직 예상인원은 다음과 같이 구한다.

최초 재직 인원			
− 전기까지 누적 퇴사	− 당기 퇴사	− 차기부터 예상 퇴사	**재직 예상인원**
− 당기까지 누적 퇴사		− 차기부터 예상 퇴사	**재직 예상인원**
− 가득 기간 총 예상 퇴사			**재직 예상인원**

문제에서 자료를 다양한 방식으로 제시할 수 있으므로 문제마다 재직 예상인원을 계산하는 식이 달라질 수 있다. 따라서 위 공식을 외우기보다는 '가득 시점에 재직할 것으로 예상하는 인원'을 쓴 다고 기억하자.

이때, 예상을 하는 시점은 '매기 말'이다. 가득 기간이 3년이라면, 'X1말, X2말'에 예상하는 'X3 말' 재직 인원을 대입해야 한다. 'X1초'에 예상하는 재직 인원을 대입하지 않도록 주의하자.

STEP 2 개수

1인당 부여한 주식선택권 개수를 쓴다.

STEP 3 금액

주식결제형 주식기준보상은 부여일의 공정가치로 평가한다. 공정가치 변동을 인식하지 않으므로, 이후의 공정가치가 문제에 제시되더라도 무시하면 된다. '부여일'이므로 X1년 초의 공정가치를 사용해야 한다. X1년 말 공정가치를 사용하지 않도록 주의하자.

STEP 4 1/n

주식선택권 가득에 필요한 연수를 '1/n, 2/n, 3/n …'과 같은 방식으로 채우면 된다. 대부분 가득 기간이 3년으로 출제되므로 첫해에는 1/3, 두 번째 해에는 2/3, 마지막 해에는 3/3을 채우자.

STEP 5 누적액 (주식선택권 기말 잔액)

Step 4까지 4가지 금액을 전부 곱하면 그해의 주식선택권 기말 잔액을 계산할 수 있다.

STEP 6 비용 (주식보상비용)

Step 5에서 구한 당기 누적액에서 전기 누적액을 차감하면 당기에 인식할 주식보상비용이 계산된다. 첫해에는 전기 누적액이 없으므로 당기 누적액이 곧 당기 비용이 되고, 두 번째 해부터 전기 누적액을 차감하면 된다.

주식보상비용(PL)	XXX	주식선택권(자본조정)	XXX

주식선택권을 부여한 회사는 주식선택권 계상 시 당기비용 항목인 주식보상비용을 인식한다. 주식선택권은 자본 중에서 자본조정 항목에 해당한다.

예제

01 (주)대한은 20X1년 1월 1일 종업원 100명에게 각각 1,000개의 주식선택권을 부여하였다. 동 주식선택권은 종업원이 앞으로 3년 동안 회사에 근무해야 가득된다. 20X1년 1월 1일 현재 (주)대한이 부여한 주식선택권의 단위당 공정가치는 ₩360이며, 각 연도말 퇴직 종업원 수는 다음과 같다.

연 도	실제 퇴직자수	추가퇴직 예상자 수
20X1년말	10명	20명
20X2년말	15명	13명
20X3년말	8명	—

주식선택권 부여일 이후 주가가 지속적으로 하락하여 (주)대한의 20X2년 12월 31일 주식선택권의 공정가치는 단위당 ₩250이 되었다. 동 주식기준보상과 관련하여 (주)대한이 인식할 20X2년 포괄손익계산서상 주식보상비용은 얼마인가? (단, 계산방식에 따라 단수차이로 인해 오차가 있는 경우, 가장 근사치를 선택한다.)   2014. CPA

① ₩1,933,333   ② ₩5,166,667
③ ₩6,480,000   ④ ₩6,672,000
⑤ ₩8,400,000

⊙ 해설

	명수	×개수	×금액	×1/n	=누적액	비용
X1	(100 − 10 − 20)	1,000	360	1/3	8,400,000	8,400,000
X2	(100 − 10 − 15 − 13)	1,000	360	2/3	14,880,000	**6,480,000**
X3	(100 − 10 − 15 − 8)	1,000	360	3/3	24,120,000	9,240,000

부여일의 공정가치인 360을 사용하며, 이후 주식선택권의 공정가치가 변화하더라도 반영하지 않는다.

답 ③

02 (주)한국은 20X1년 초 50명의 종업원에게 2년 용역제공조건의 주식선택권을 각각 200 개씩 부여하였다. 부여일 현재 주식선택권의 단위당 공정가치는 ₩2,000으로 추정되었으며, 10%의 종업원이 2년 이내에 퇴사하여 주식선택권을 상실할 것으로 예상하였다. 20X1년 중 4명이 퇴사하였으며, 20X1년 말에 (주)한국은 20X2년 말까지 추가로 퇴사할 것으로 추정되는 종업원의 수를 2명으로 변경하였다. 20X2년 중 실제로 3명이 퇴사하였다. 따라서 20X2년 말 현재 주식선택권을 상실한 종업원은 총 7명이 되었으며, 총 43명의 종업원에 대한 주식선택권(8,600개)이 가득되었다. 동 주식선택권과 관련하여 20X1년도와 20X2년도에 인식할 당기비용은? (단, 주식기준보상거래에서 종업원으로부터 제공받은 용역은 자산의 인식요건을 충족하지 못하였다.)

2015. CTA

	20X1년	20X2년
①	₩8,600,000	₩8,800,000
②	₩8,600,000	₩9,000,000
③	₩8,800,000	₩8,400,000
④	₩8,800,000	₩8,600,000
⑤	₩9,000,000	₩8,400,000

해설

	명수	× 개수	× 금액	× 1/n	= 누적액	비용
X1	(50 − 4 − 2)	200	2,000	1/2	8,800,000	8,800,000
X2	(50 − 4 − 3)	200	2,000	2/2	17,200,000	8,400,000

주식보상비용은 매 기말에 계산하는 것이다. 따라서 퇴사자 수도 부여일이 아닌 기말에 계산한 수를 대입해야 한다.

답 ③

2. 행사 시 회계처리

주식선택권을 가득하여 행사한 경우 회계처리는 다음과 같다. 1주 기준의 회계처리이므로 문제를 풀 때는 주식 수를 곱해서 회계처리해야 한다. 본서에서 주식선택권은 편의상 SO(Stock Option) 이라고 쓰겠다.

(1) 신주 발행 시				(2) 구주(자기주식) 지급 시			
현금	①행사가	자본금	③액면가	현금	①행사가	자기주식	③자기주식 BV
				SO	②부여일의 FV		
SO	②부여일의 FV	주발초	④XXX				
					자기주식처분손익 ④XXX		

① 주식선택권은 '주식을 살 수 있는' 권리(콜옵션)이므로 행사가만큼 현금이 납입된다.
② 주식결제형 SO는 부여일의 FV로 평가하였으므로, 장부에 부여일의 FV로 달려있다. 따라서 행사 시 부여일의 FV만큼 SO를 제거하게 된다.
③ 자본금 or 자기주식
(1) 신주 발행 시: 행사한 주식 수만큼 신주를 발행하므로, 액면가만큼 자본금이 증가한다.
(2) 구주 지급 시: 기존에 보유하던 주식을 지급하므로, 자기주식 BV만큼 감소시킨다.
④ ①~③까지 한 뒤, 대차를 맞추면 된다. 신주 발행 시는 주발초로 맞춘다. 구주 지급 시에는 현금을 받고 자기주식을 처분한 것이나 마찬가지이므로 자기주식처분손익으로 맞춘다.

 **주식결제형 주식선택권으로 인한 자본 증가액=현금 수령액**

> 주식결제형 문제에서 자본 증가액을 묻는다면, 현금 수령액으로 답하면 된다. 주식선택권 부여 시 회계처리가 '비용 / 주식선택권'이므로 자본에 미치는 영향이 없고, 위의 주식선택권 행사 시 회계처리를 보더라도 현금을 제외한 모든 계정이 자본 계정이다. 따라서 **자본 증가액이 현금 수령액과 일치한다.**

예제

03 (주)한국은 20X1년 1월 1일 현재 근무하고 있는 임직원 10명에게 20X3년 12월 31일까지 의무적으로 근무하는 것을 조건으로 각각 주식선택권 10개씩을 부여하였다. 20X1년 1월 1일 현재 (주)한국이 부여한 주식선택권의 단위당 공정가치는 ₩1,000이다. 부여된 주식선택권의 행사가격은 단위당 ₩15,000이고, 동 주식의 주당 액면금액은 ₩10,000이다. 각 연도말 주식선택권의 단위당 공정가치는 다음과 같다.

20X1년말	20X2년말	20X3년말
₩1,000	₩1,200	₩1,500

주식선택권 부여일 현재 임직원 중 10%가 3년 이내에 퇴사하여 주식선택권을 상실할 것으로 추정하였으나, 각 연도말의 임직원 추정 퇴사비율 및 실제 퇴사비율은 다음과 같다.

20X1년말	20X2년말	20X3년말
16%(추정)	16%(추정)	13%(실제)

가득기간 종료 후인 20X3년말에 주식선택권 50개의 권리가 행사되어 (주)한국은 보유하고 있던 자기주식(취득원가 ₩700,000)을 교부하였다. 주식선택권의 회계처리가 (주)한국의 20X3년 당기순이익과 자본총계에 미치는 영향은 각각 얼마인가? 2015. CPA

	당기순이익	자본총계
①	₩31,000 감소	₩750,000 증가
②	₩31,000 감소	₩781,000 증가
③	₩31,000 감소	₩850,000 증가
④	₩63,300 감소	₩750,000 증가
⑤	₩63,300 감소	₩813,300 증가

⊙ 해설

당기순이익: 31,000 감소

	명수	× 개수	× 금액	× 1/n	= 누적액	비용
X1	10명 × 84%	10	1,000	1/3	28,000	28,000
X2	10명 × 84%	10	1,000	2/3	56,000	28,000
X3	10명 × 87%	10	1,000	3/3	87,000	31,000

|X3말 회계처리|

비용	31,000	SO	31,000
현금	750,000	자기주식	700,000
SO	50,000	자처익	100,000

현금 수령액: 50개 × @15,000 = 750,000
SO 감소액: 50개 × @1,000 = 50,000
자본총계: (−)31,000 + 31,000 + 700,000 − 50,000 + 100,000 = **750,000 증가**
 ─ 회계처리 상 현금을 제외한 모든 계정은 자본 계정이므로, 자본에 미치는 영향은 현금 수령액과 일치한다.

🔒 ①

04 (주)세무는 20X3년 1월 1일 종업원 40명에게 1인당 주식선택권 40개씩 부여하였다. 동 주식선택권은 종업원이 향후 3년 동안 (주)세무에 근무해야 가득된다. 20X3년 1월 1일 현재 주식선택권의 단위당 공정가치는 ₩300으로 추정되었으며, 행사가격은 단위당 ₩600이다. 각 연도말 주식선택권의 공정가치와 퇴직 종업원수는 다음과 같다.

연도 말	주식선택권 단위당 공정가치	실제퇴직자	추가 퇴직 예상자
20X3	₩300	2명	6명
20X4	400	4	2
20X5	500	1	—

20X6년 초에 가득된 주식선택권의 50%가 행사되어 (주)세무가 주식(단위당 액면금액 ₩500)을 교부하였다면, 주식선택권 행사로 인해 증가되는 자본은?

2016. CTA

① ₩66,000 ② ₩198,000 ③ ₩264,000
④ ₩330,000 ⑤ ₩396,000

⊙ 해설

	명수	× 개수	× 금액	× 1/n	= 누적액	비용
X3	(40 − 2 − 6)	40	300	1/3	128,000	128,000
X4	(40 − 2 − 4 − 2)	40	300	2/3	256,000	128,000
X5	(40 − 2 − 4 − 1)	40	300	3/3	396,000	140,000

|X6초 회계처리|

현금	396,000	자본금	330,000
SO	198,000	주발초	264,000

- 주식보상비용은 X5말에 인식하므로, X6초에는 비용을 인식하지 않는다.

현금 수령액: 33명 × 40개 × 50% × @600 = 396,000
SO 감소액: 396,000 × 50% = 198,000
- X5말 주식선택권 잔액 396,000 중 50%가 행사되었으므로 198,000을 제거한다.

자본총계: 330,000 − 198,000 + 264,000 = 396,000 증가
- 회계처리 상 현금을 제외한 모든 계정은 자본 계정이므로, 자본에 미치는 영향은 현금 수령액과 일치한다.

답 ⑤

2 현금결제형 주식기준보상

주식결제형은 '주식을 살 수 있는' 권리를 의미하지만, 현금결제형은 '행사 시점의 주식의 공정가치와 행사가격의 차이를 현금으로 받을 수 있는' 권리를 의미한다. 따라서 현금결제형 주식기준보상은 '주가차액보상권'이라고도 부른다.

1. 현금결제형 주식기준보상 계산식

	명수	×개수	×금액	×1/n	=누적액	비용
X1	재직 예상인원	개수	X1말 FV	1/3	A	A
X2	재직 예상인원	개수	X2말 FV	2/3	B	B − A
X3	가득 인원	개수	X3말 FV	3/3	C	C − B
	(가득 인원 − X3 행사 인원)	개수	X3말 FV	−	D	(환입)
X4	(가득 인원 − X3 행사 인원)	개수	X4말 FV	−	E	E − D
	(가득 인원 − X3, X4 행사 인원)	개수	X4말 FV	−	F	(환입)

STEP 1 명수 (재직 예상인원)

재직 예상인원은 주식결제형과 같은 방식으로 계산하면 된다. 단, 현금결제형은 가득 이후에도 계속해서 평가하므로 가득 이후의 인원도 계속해서 계산한다. X3년말 가득 가정 시, X3년에는 X3년에 행사한 인원을 빼고 남은 인원을 적고, X4년에는 X4년에 행사한 인원까지 뺀 인원을 적자.

STEP 2 개수

1인당 부여한 주가차액보상권 개수를 쓴다.

STEP 3 금액

현금결제형은 부채가 결제될 때까지 매기 말 주가차액보상권의 공정가치(not 주식의 공정가치)로 평가한다. 부여일의 공정가치로 평가한 뒤, 공정가치 변동을 인식하지 않는 주식결제형과 다르다. 주가차액보상권은 주식의 공정가치만큼이 아니라, 주식의 공정가치와 행사가격의 차이만큼 현금을 받으므로, 주식의 공정가치가 아닌 별도의 금액으로 평가된다.

STEP 4 1/n

주식결제형과 같은 방식으로 채우면 된다. 가득 이후에는 1(= 3/3)이므로 비워두면 된다.

STEP 5 누적액 (부채 기말 잔액)

Step 4까지 4가지 금액을 전부 곱하면 그해의 주가차액보상권 기말 잔액을 계산할 수 있다.

STEP 6 비용 (주식보상비용)

(1) 가득 전
Step 5에서 구한 당기 누적액에서 전기 누적액을 차감하면 당기의 주식보상비용이 계산된다.

주식보상비용(PL)	XXX	장기미지급비용(부채)	XXX

주가차액보상권을 부여한 회사는 나중에 현금을 지급해야 할 의무가 있으므로 주가차액보상권을 부채로 계상한다. 김수석은 장기미지급비용을 썼는데, 부채라고만 표시해도 된다.

(2) 가득 이후
현금결제형은 가득 이후에도 매기 말 공정가치로 평가하므로 주식보상비용이 발생한다. 당기까지 행사한 누적 인원을 차감한 인원으로 부채 잔액(D)을 계산한 뒤, 차기에는 공정가치만 바꿔서 부채 잔액(E)을 다시 계산한다. 이 두 금액의 차이(E − D)를 비용으로 인식한다.

2. 행사 시 회계처리 ★중요!

주가차액보상권을 가득하여 행사한 경우 회계처리는 다음과 같다. 부채는 FV로 계상하지만, 현금은 내재가치만큼 지급한다는 것을 반드시 기억하자.

현금결제형			
장기미지급비용	②주가차액보상권의 FV	현금	①내재가치
		주식보상비용	③XXX

① 현금결제형 행사 시 '내재가치'만큼 현금을 지급한다. 내재가치는 다음과 같이 계산한다.

> 내재가치 = 주식의 공정가치 − 행사가격

'주가차액보상권'이라는 의미에 맞게, 주가와 행사가격의 '차액'을 지급한다.

② 현금결제형은 매기말 FV로 평가하였으므로, 장부상 FV로 표시되어있다. 따라서 행사 시 FV만큼 부채(장기미지급비용)를 제거하게 된다.

③ 대차차액은 보상비용(PL)으로 인식하면 된다. 일반적으로 FV가 내재가치보다 크므로, 주식보상비용(환입)이 대변에 계상될 것이다.

행사하는 해의 비용=FV 평가 시 보상비용-행사 시 보상비용환입 ⭐중요!

현금결제형 주식기준보상에서 가장 중요하고, 까다로운 질문은 행사하는 해의 비용이다. 행사하는 해에는 기말 공정가치 평가와 행사가 있으므로 두 개의 보상비용을 합치면 된다. FV 평가 시 발생하는 보상비용은 Step 6에서 설명한 비용(E − D)을 의미한다. 행사 시 보상비용은 주로 음수(환입)이므로, 이를 차감하면 된다.

예제

01 (주)세무는 20X1년 1월 1일 종업원 100명에게 각각 현금결제형 주가차액보상권 10개씩 부여하였다. 주가차액보상권은 3년간 종업원이 용역을 제공하는 조건으로 부여되었으며, 주가차액보상권과 관련된 자료는 다음과 같다. (주)세무가 20X3년도에 인식할 당기비용은? 2021.CTA

- 20X1년 실제퇴사자는 10명이며, 미래 예상퇴사자는 15명이다.
- 20X2년 실제퇴사자는 12명이며, 미래 예상퇴사자는 8명이다.
- 20X3년 실제퇴사자는 5명이며, 주가차액보상권 최종 가득자는 73명이다.
- 20X3년 말 주가차액보상권을 행사한 종업원 수는 28명이다.
- 매 연도말 주가차액보상권에 대한 현금지급액과 공정가치는 다음과 같다.

연도	현금지급액	공정가치
20X1	−	₩1,000
20X2	−	1,260
20X3	₩1,200	1,400

① ₩56,000   ② ₩378,000   ③ ₩434,000

④ ₩490,000   ⑤ ₩498,000

	명수	× 개수	× 금액	× 1/n	= 누적액	비용
X1	(100 − 10 − 15)	10	1,000	1/3	250,000	250,000
X2	(100 − 10 − 12 − 8)	10	1,260	2/3	588,000	338,000
X3	(100 − 10 − 12 − 5)	10	1,400	3/3	1,022,000	434,000
	(73 − 28)	10	1,400		630,000	(56,000)

X3년말 회계처리〉

비용	434,000	부채	434,000
부채	392,000	현금	336,000
		비용	56,000

현금 지급액: 28명 × 10개 × @1,200 = 336,000
X3년도 비용: 434,000 − 56,000 = 378,000

답 ②

02   (주)대한은 20X8년 1월 1일에 판매직 종업원 100명에게 각각 현금결제형 주가차액보상권 100개씩을 부여하고, 2년의 용역제공조건을 부과하였다. 연도별 판매직 종업원의 실제 퇴사인원 및 추정 퇴사인원은 다음과 같다.

> • 20X8년도: 실제 퇴사인원은 6명이며, 20X9년도에는 추가로 4명이 퇴사할 것으로 추정하였다.
> • 20X9년도: 실제 퇴사인원은 7명이며, 20X9년도 말 시점의 계속근무자는 주가차액보상권을 모두 가득하였다.

매 회계연도 말에 현금결제형 주가차액보상권의 공정가치와 20×9년에 행사된 현금결제형 주가차액보상권 현금지급액의 내역은 다음과 같다.

구 분	공정가치/개	현금지급액(내재가치)/개
20X8년	₩400	—
20X9년	₩420	₩410

20X9년 12월 31일에 종업원 50명이 주가차액보상권을 행사하였을 때, 20X9년도에 인식해야 할 보상비용은 얼마인가?

2011. CTA

① ₩902,000   ② ₩1,800,000   ③ ₩1,804,000
④ ₩2,050,000   ⑤ ₩3,604,000

해설

	명수	×개수	×금액	×1/n	=누적액	비용
X8	(100 − 6 − 4)	100	400	1/2	1,800,000	1,800,000
X9	(100 − 6 − 7)	100	420	2/2	3,654,000	1,854,000
	(100 − 6 − 7 − 50)	100	420		1,554,000	(50,000)

X9년말 회계처리〉

비용	1,854,000	부채	1,854,000
부채	2,100,000	현금	2,050,000
		비용	50,000

현금 지급액: 50명 × 100개 × @410 = 2,050,000
X3년도 비용: 1,854,000 − 50,000 = 1,804,000

답 ③

3 가득조건

가득조건이란 주식기준보상에 따라 상대방이 지분상품 또는 현금을 획득할 수 있는 조건을 말한다. 가득조건은 용역제공조건과 성과조건으로 나뉜다. 용역제공조건이란 상대방이 특정기간동안 용역을 제공할 경우 지분상품 또는 현금을 획득할 수 있는 조건을 의미한다. 성과조건은 상대방이 특정기간동안 용역을 제공하는 것에 추가로 특정 성과목표를 달성해야 지분상품 또는 현금을 획득할 수 있는 조건을 의미한다. 성과조건은 시장조건과 비시장조건으로 나뉜다.

가득조건		설명
용역제공조건		근무기간 채우면 가득
성과조건	시장조건	목표주가 달성하면 가득
	비시장조건	주가 이외의 조건 달성하면 가득

1. 시장조건(=주가조건): 조건을 달성하더라도 계산식 수정 X

시장조건은 주가가 목표치에 달성해야 주식선택권을 행사할 수 있는 조건을 의미한다. 쉽게 말해 '주가조건'이라고 생각하면 된다. 주식선택권 계산 시 곱하는 4개의 요소 가운데 명수를 제외한 개수, 금액, 가득 기간이 주가에 따라 바뀐다면 시장조건에 해당한다. 가령, 주가가 어느 정도 이상이 되면 부여하는 주식선택권 개수가 상승하거나, 행사가격을 낮춰주거나, 가득 기간을 단축해 줄 수 있다.

하지만 이러한 시장조건이 부여된 경우에는 이후에 주가 변동을 반영하지 않는다. 왜냐하면 부여일의 공정가치에 미래 상황의 변화 가능성까지 반영되어 있기 때문이다. 따라서 퇴사자를 반영하면서 명수만 수정하고, 일반적인 주식결제형 주식기준보상과 같은 방식으로 계산하면 된다.

2. 비시장조건: 조건을 달성하면 계산식 수정 O

비시장조건은 시장조건이 아닌 나머지 조건을 의미한다. 주가가 아닌 다른 목표치(예 이익, 판매량, 매출액 등)를 달성해야 주식선택권을 행사할 수 있는 조건은 비시장조건이다. 아직 기출문제는 비시장조건만 출제되었기 때문에 비시장조건 위주로 공부하자.

시장조건과 달리 비시장조건이 부여된 경우에는 미래 상황의 변화를 반영한다. 예제 4번을 보면 시장점유율에 따라 가득기간이 2년이 될수도, 3년이 될수도, 아예 못 받을 수도 있다. 이러한 비시장조건은 향후 상황 변화를 개수, 금액, 가득 기간에 반영한다.

(1) 비시장조건 사례-행사가를 좌우하는 비시장조건을 부여한 경우

예제 5번을 보면 연평균 판매량에 따라 행사가격이 달라진다. 연평균 판매량은 주가가 아니므로 비시장조건에 해당하며, 변화를 반영한다. 이처럼 비시장조건에 따라 행사가격이 달라지는 경우, 변동된 행사가에 대응되는 '부여일의 공정가치'로 수정한다. 주식결제형 주식선택권은 부여일의 공정가치로 평가하기 때문이다.

혹자는 다음과 같은 의문을 가질 수 있다. '주식결제형은 공정가치 변동을 인식하지 않는다고 했는데, 이렇게 되면 금액이 바뀌는 것 아닌가?' 결론부터 말하자면, 행사가의 변동을 인식하는 것은 공정가치 변동이 아니다. 행사가만 바뀔 뿐 여전히 '부여일의' 공정가치를 사용하는 것이기 때문이다.

예 제 시장조건

01 기업은 20X1년도 초에 고위 임원 10명에게 3년간 근무할 것을 조건으로 주식선택권을 1인당 1,000개씩 부여하였다. 그러나 20X1년도 초에 50원인 기업의 주가가 20X3년도 말에 65원 이상으로 상승하지 않는다면 이 주식선택권은 행사될 수 없다. 20X3년도 말에 기업의 주가가 65원 이상이 되면 이 임원은 주식선택권을 다음 4년 동안 즉, 20×7년도 말까지 언제든지 행사할 수 있다.

기업은 주식선택권의 공정가치를 측정할 때 이항모형을 적용하며, 모형 내에서 20X3년도 말에 기업의 주가가 65원 이상이 될 가능성(즉, 주식선택권이 행사가능하게 될 가능성)과 그렇지 못할 가능성(즉, 주식선택권이 상실될 가능성)을 고려한다. 기업은 이러한 시장조건이 부과된 주식선택권의 공정가치를 단위당 24원으로 예상한다. 한편, 각 연도말 기업의 주가와 퇴직 종업원수는 다음과 같다.

연도 말	주가	실제퇴직자	추가 퇴직 예상자
20X1	₩55	1명	1명
20X2	70	—	2명
20X3	60	1명	—

20X3년도 말 기업의 주가가 60원이 됨에 따라 주식선택권은 행사될 수 없다고 할 때, 동 주식기준보상과 관련하여 기업이 20X3년도 포괄손익계산서상에 인식할 보상비용(환입)은 얼마인가?

기준서 사례 수정

① 보상비용 ₩48,000   ② 보상비용 ₩56,000
③ 보상비용 ₩80,000   ④ 보상비용환입 ₩112,000
⑤ 보상비용환입 ₩120,000

◉ 해설

	명수	× 개수	× 금액	× 1/n	= 누적액	비용
X1	(10 − 1 − 1)	1,000	24	1/3	64,000	64,000
X2	(10 − 1 − 2)	1,000	24	2/3	112,000	48,000
X3	(10 − 1 − 1)	1,000	24	3/3	192,000	80,000

(1) 시장조건 vs 비시장조건

문제에 제시된 주가는 시장조건이므로 목표주가 달성여부는 중요하지 않다. 목표주가가 달성되지 못할 가능성은 이미 부여일에 주식선택권의 공정가치를 추정할 때 고려되었기 때문이다. 따라서 실제 주가와 무관하게 X3년 말까지 재직 중인 종업원에 대해서는 보상비용을 인식해야 한다.

(2) 근무조건

시장조건과는 달리 용역제공조건은 부여일에 주식선택권의 공정가치를 추정할 때 고려하지 않기 때문에 예상 재직인원의 변동은 고려해야 한다.

답 ③

02 기업은 20X1년도 초에 고위 임원 10명에게 각각 존속 기간이 10년인 주식선택권 1,000개를 부여하였다. 이 주식선택권은 해당 임원이 주가목표가 달성될 때까지 계속하여 근무한다면 기업의 주가가 50원에서 70원으로 상승할 때 가득되며 즉시 행사가능하게 될 것이다.

기업은 부여한 주식선택권의 공정가치를 측정할 때 이항모형을 적용하여 측정하며, 모형 내에서 주식선택권이 존속하는 10년 동안 목표주가가 달성될 가능성과 그렇지 못할 가능성을 고려한다. 기업은 부여일에 주식선택권의 공정가치를 단위당 25원으로 추정한다. 또 옵션가격결정모형 적용결과 목표주가가 20X5년도 말에 달성될 가능성이 가장 높다는 결론을 도출하였다. 또 기업은 2명의 임원이 20X5년도 말까지 퇴사할 것으로 추정하고, 따라서 20X5년도 말에 8,000개(1,000개×8명)의 주식선택권이 가득될 것으로 추정하였다. 20X1년도부터 20X4년도까지, 20X5년도 말까지 총 2명이 퇴사할 것이라는 추정에는 변함이 없다. 그러나, 20X3년도, 20X4년도 및 20X5년도에 각 1명씩 총 3명이 퇴사하였다. 주가목표는 실제로 20X6년도에 달성되었다. 20X6년도 말에 주가목표가 달성되기 전에 1명의 임원이 추가로 퇴사하였다. 동 주식기준보상과 관련하여 기업이 20X5년도 포괄손익계산서상에 인식할 보상비용(환입)은 얼마인가?

기준서 사례 수정

① (₩14,167)   ② ₩15,000   ③ ₩25,000

④ ₩40,000   ⑤ ₩60,000

해설

	명수	×개수	×금액	×1/n	=누적액	비용
X1	(10 − 2)	1,000	25	1/5	40,000	
X2	(10 − 2)	1,000	25	2/5	80,000	
X3	(10 − 2)	1,000	25	3/5	120,000	
X4	(10 − 2)	1,000	25	4/5	160,000	
X5	(10 − 3)	1,000	25	5/5	175,000	15,000

(1) 시장조건 vs 비시장조건
문제에 제시된 주가는 시장조건이므로 주가목표 달성여부는 중요하지 않다. 따라서 주가목표가 실제로는 20X6년도에 달성되었더라도 20X5년까지 5년에 걸쳐 보상비용을 인식해야 한다.

(2) 20X6년도의 퇴사자
20X6년도에 추가로 임원 1명이 퇴사하였음에도 불구하고 이미 5년의 기대가득기간을 채웠기 때문에 어떠한 조정도 하지 않는다.

답 ②

예제 비시장조건 – 개수 변경

03 A기업은 20X1년도 초에 판매부서 종업원 100명에게 각각 주식선택권을 부여하였다. 주식선택권은 종업원이 계속 근무하면서 특정 제품의 판매고가 매년 최소 5%만큼 증가하면 20X3년도 말에 가득된다. 연평균 제품판매고 증가율에 따라 각 종업원이 받게 되는 주식선택권 수량은 다음과 같다.

연평균 제품판매고 증가율	종업원 1인당 받게되는 주식선택권 수량
5%~10%	100개
10%~15%	200개
15%~	300개

부여일에 A기업은 주식선택권의 단위당 공정가치를 20원으로 추정하였다. 또한 A기업은 부여일부터 3년 동안 제품판매고가 연평균 10% 내지 15% 증가하여 20X3년도말까지 종업원 1인당 200개의 주식선택권이 가득될 것으로 추정하였다. 또한, 기업은 가중평균된 확률에 기초하여 20X3년도 말이 되기 전에 20%의 종업원이 퇴사할 것으로 추정하였다. 20X1년도말까지 7명이 퇴사하였고, 기업은 여전히 20X3년도 말까지 총 20명이 퇴사할 것으로 예상하였다. 따라서 기업은 80명의 종업원이 3년의 기간 동안 계속 근무할 것으로

예상하였다. 제품판매는 12% 증가하였으며 기업은 이 증가율이 다음 2개년에도 계속될 것으로 추정하였다.

20X2년도말까지 5명이 추가로 퇴사하여 총 퇴사자는 12명이 되었다. 기업은 20X3년도에 3명만이 더 퇴사할 것으로 예상하고 따라서 3년의 기간 동안 총 15명이 퇴사하여 85명의 종업원이 남을 것으로 예상하였다. 제품판매는 18% 증가하여 2년간 연평균 증가율이 15%에 달하였다. 기업은 3년의 기간 동안 제품판매가 연평균 15% 이상 증가하여 20X3년도 말에는 종업원 1인당 300개의 주식선택권을 받을 것으로 예상하였다.

20X3년도말까지 추가로 2명이 퇴사하여 3년의 기간 동안 총 14명이 퇴사하였으며 86명이 남아 있다. 기업의 판매는 3년 동안 연평균 16% 증가하였다. 따라서 86명의 종업원이 1인당 300개의 주식선택권을 받는다. 동 주식선택권과 관련하여 20X2년도와 20X3년도에 인식할 당기비용은?

기준서 사례 수정

	20X2년	20X3년
①	₩106,667	₩233,333
②	₩106,667	₩340,000
③	₩233,333	₩106,667
④	₩233,333	₩176,000
⑤	₩340,000	₩176,000

해설

	명수	×개수	×금액	×1/n	=누적액	비용
X1	(100 − 20)	200	20	1/3	106,667	106,667
X2	(100 − 15)	300	20	2/3	340,000	233,333
X3	(100 − 14)	300	20	3/3	516,000	176,000

문제에 제시된 '연평균 제품판매고 증가율'이라는 조건은 주가가 아니므로 비시장조건에 해당한다. 따라서 연평균 제품판매고 증가율의 변화에 따른 주식선택권 개수 변화를 반영한다.

 ④

예제 비시장조건 - 가득일 변경

04 (주)한국은 20X1년 1월 1일 종업원 100명에게 각각 주식결제형 주식선택권 10개를 부여하였으며, 부여한 주식선택권의 단위당 공정가치는 ₩3,000이다. 이 권리들은 연평균 시장점유율에 따라 가득시점 및 가득여부가 결정되며, 조건은 다음과 같다.

연평균 시장점유율	가득일
10%이상	20X2년말
7%이상에서 10%미만	20X3년말
7%미만	가득되지 않음

20X1년의 시장점유율은 11%이었으며, 20X2년에도 동일한 시장점유율을 유지할 것으로 예상하였다. 20X2년의 시장점유율은 8%이었으며, 20X3년에도 8%로 예상하였다. 20X1년말 현재 6명이 퇴사하였으며, 20X3년말까지 매년 6명씩 퇴사할 것으로 예측된다. 실제 퇴직자수도 예측과 일치하였다.

(주)한국이 주식선택권과 관련하여 20X2년도 포괄손익계산서에 인식할 비용은? 2017. CPA

① ₩320,000   ② ₩440,000   ③ ₩1,320,000
④ ₩1,440,000   ⑤ ₩1,640,000

해설

	명수	× 개수	× 금액	× 1/n	= 누적액	비용
X1	(100 − 12)	10	3,000	1/2	1,320,000	1,320,000
X2	(100 − 18)	10	3,000	2/3	1,640,000	320,000
X3	(100 − 18)	10	3,000	3/3		

(1) 시장조건 vs 비시장조건
문제에 제시된 '연평균 시장점유율'이라는 조건은 주가가 아니므로 비시장조건에 해당한다. 따라서 연평균 시장점유율의 변화를 반영한다.

(2) X1년도
X1년의 시장점유율이 11%였으며, X2년도 동일한 시장점유율을 예상하므로 연평균 시장점유율은 11%이며, 가득일은 X2년말이 된다. 따라서 가득 기간은 2년이 되며, 예상 재직인원도 2년간의 퇴사자인 12명만 빼야 한다.

(3) X2년도
X2년도에 시장점유율이 하락하며 연평균 시장점유율 10%을 달성하지 못했다. 대신 연평균 시장점유율 9%(= (11 + 8 + 8)/3)이 예상되기 때문에 가득 기간은 3년이 된다. 가득 기간 3년 가운데 2년이 경과하였으므로 2/3을 곱하며, 예상 재직인원은 3년간의 퇴사자인 18명을 뺀다

답 ①

05 (주)백두는 20X1년 1월 1일에 판매부서 직원 20명에게 2년 용역제공조건의 주식선택권을 1인당 1,000개씩 부여하였다. 주식선택권의 행사가격은 단위당 ₩1,000이나, 만약 2년 동안 연평균 판매량이 15% 이상 증가하면 행사가격은 단위당 ₩800으로 인하된다.

부여일 현재 주식선택권의 단위당 공정가치는 행사가격이 단위당 ₩1,000일 경우에는 ₩500으로, 행사가격이 단위당 ₩800일 경우에는 ₩600으로 추정되었다. 20X1년의 판매량이 18% 증가하여 연평균 판매량 증가율은 달성가능할 것으로 예측되었다. 그러나 20X2년의 판매량 증가율이 6%에 그쳐 2년간 판매량은 연평균 12% 증가하였다.

한편 20X1년초에 (주)백두는 20X2년말까지 총 5명이 퇴직할 것으로 예상하였고 이러한 예상에는 변동이 없었으나, 실제로는 20X1년에 1명, 20X2년에 3명이 퇴직하여 총 4명이 퇴사하였다. 동 주식기준보상과 관련하여 (주)백두가 20X2년도 포괄손익계산서상에 인식할 보상비용은 얼마인가?

2013. CPA

① ₩3,500,000   ② ₩3,800,000   ③ ₩4,000,000

④ ₩4,500,000   ⑤ ₩5,100,000

해설

	명수	×개수	×금액	×1/n	=누적액	비용
X1	(20 − 5)	1,000	600	1/2	4,500,000	4,500,000
X2	(20 − 4)	1,000	500	2/2	8,000,000	3,500,000

(1) 시장조건 vs 비시장조건

문제에 제시된 '연평균 판매량'이라는 조건은 주가가 아니므로 비시장조건에 해당한다. 따라서 연평균 판매량의 변화를 반영한다.

(2) X1년도

명수: X1년초에 X2년말까지 총 5명이 퇴직할 것으로 예상하였고, 이러한 예상에는 변동이 없었으므로 X1년 말에는 5명을 차감한다.

금액: X1년에는 연평균 판매량 증가율을 달성가능할 것으로 예측하므로, 행사가격은 800이며, 이때 '부여일의 공정가치'는 600이다.

(3) X2년도

명수: X2년말까지 실제로 4명이 퇴사하였으므로 4명을 차감한다.

금액: X2년에는 연평균 판매량 증가율을 달성하지 못하였으므로, 행사가격은 1,000이며, 이때 '부여일의 공정가치'는 500이다. 행사가격이 바뀌더라도 주식결제형 주식선택권은 원칙대로 '부여일(X1년초)의 공정가치'로 평가한다는 원칙을 기억하자.

답 ①

4 조건 변경

회사는 최초에 주식선택권을 부여한 이후에 행사가격, 행사수량 및 가득기간 등 주식선택권의 조건을 변경할 수 있다. 주식선택권의 조건 변경은 종업원에게 '유리한' 조건 변경만 인식한다. 따라서 종업원에게 불리한 조건 변경이 발생하면 조건 변경이 없는 것으로 본다. 종업원에게 '불리한' 조건 변경을 인정하면 회사가 비용을 줄이기 위해 의도적으로 조건을 불리하게 변경할 수 있기 때문이다.

1. 행사가격의 변동

	명수	×개수	×금액	×1/n	=누적액	비용
X1	재직 예상인원	개수	부여일의 FV	1/3	A	A
X2	재직 예상인원	개수	부여일의 FV	2/3	B	B + C − A
	재직 예상인원	개수	증분공정가치	1/2	C	
X3	재직 예상인원	개수	부여일의 FV	3/3	D	D + E − (B + C)
	재직 예상인원	개수	증분공정가치	2/2	E	

STEP 1 조건변경일의 증분공정가치

증분공정가치 = 조건 변경 후 주식선택권의 FV − 조건 변경 전 주식선택권의 FV

종업원에게 유리하게 회사가 행사가격을 낮춰주었다면, 주식선택권의 공정가치가 상승했을 것이다. '조건변경일 현재' 조건변경으로 인한 주식선택권의 공정가치 증가액(증분공정가치)을 계산한다. 조건변경이 반영된 공정가치에서 조건변경이 반영되지 않은 공정가치를 차감하면 된다. 두 공정가치 모두 조건변경일의 공정가치를 의미한다.

STEP 2 증분공정가치를 '전진적으로' 인식

Step 1에서 계산한 증분공정가치를 조건변경일부터 남은 기간에 걸쳐 '전진적으로' 인식한다. 회계추정의 변경이므로 이미 인식한 주식보상비용을 수정하지 않고, 그 이후에 반영한다.

가득 조건이 3년인 주식선택권에 대해 1년 경과 후 조건을 변경하였다면, 부여일의 공정가치만큼은 1/3, 2/3, 3/3을 계속 곱하면 된다. 증분공정가치는 X2년부터 남은 2년에 나누어 1/2, 2/2를 곱하면 된다.

STEP 3 누적액 및 비용

유리한 조건변경 시 계산식이 둘로 나뉘기 때문에 두 식을 더한 것이 누적액이 된다. X2년말에는 B + C가, X3년말에는 D + E가 주식선택권 잔액이다. 이 기말 잔액에서 기초 잔액을 차감하면 비용이 된다.

예제

01 (주)바다는 2007년 1월 1일 종업원 400명에게 각각 주식선택권 200개를 부여하고, 3년의 용역제공조건을 부과하였다. (주)바다는 주식선택권의 단위당 공정가치를 ₩200으로 추정하였다. 그런데 주식선택권 부여일 이후 지속적으로 주가가 하락하여 (주)바다는 2007년 12월 31일 행사가격을 하향 조정하고, 이로부터 당초 주식선택권의 공정가치를 단위당 ₩80원으로, 조정된 주식선택권의 공정가치를 단위당 ₩120으로 추정하였다. 각 연도말까지 실제로 퇴사한 누적 종업원 수와 가득기간 종료일까지 추가로 퇴사할 것으로 예상되는 종업원 수는 다음과 같다.

연도	누적 실제 퇴사자 수	추가로 예상되는 퇴사자 수
2007	30명	55명
2008	55명	33명
2009	90명	—

3년 동안 계속 근무한 종업원은 2009년 12월 31일에 주식선택권을 가득하였다. (주)바다가 2008년과 2009년에 인식해야 할 보상원가는 각각 얼마인가? 2008. CPA

	2008년	2009년
①	₩4,200,000	₩5,100,000
②	₩4,200,000	₩5,312,000
③	₩5,368,000	₩5,312,000
④	₩5,368,000	₩5,468,000
⑤	₩5,368,000	₩5,100,000

▶ **해설**

	명수	× 개수	× 금액	× 1/n	= 누적액	비용
07	(400 − 30 − 55)	200	200	1/3	4,200,000	4,200,000
08	(400 − 55 − 33)	200	200	2/3	8,320,000	5,368,000
	(400 − 55 − 33)	200	(120 − 80)	1/2	1,248,000	
09	(400 − 90)	200	200	3/3	12,400,000	5,312,000
	(400 − 90)	200	(120 − 80)	2/2	2,480,000	

(1) 08년도

종업원에게 행사가격을 낮춰주는 조건 변경이 발생하였다. 종업원은 주식을 더 싼 가격에 매입할 수 있으므로 종업원에게 '유리한' 조건 변경이다. 따라서 조건 변경을 반영해야 한다.

조건 변경 시 주식선택권의 공정가치의 증가분을 잔여기간에 나누어 비용으로 인식하면 된다. 따라서 08년도 원래 계산식에서 금액만 수정하고, 잔여기간이 2년이므로 1/2를 곱하면 된다.

08년도 비용: (8,320,000 − 4,200,000) + 1,248,000 = 5,368,000

(2) 09년도

08년도의 계산식에서 명수만 수정하고, 1/n 자리의 분자만 1씩 키우면 된다.

09년도 비용: (12,400,000 − 8,320,000) + (2,480,000 − 1,248,000) = 5,312,000

답 ③

02 (주)세무는 20X1년 1월 1일 현재 근무 중인 임직원 300명에게 20X4년 12월 31일까지 의무적으로 근무할 것을 조건으로 임직원 1명당 주식선택권 10개씩을 부여하였다. 주식선택권 부여일 현재 동 주식선택권의 단위당 공정가치는 ₩200이다. 동 주식선택권은 20X5년 1월 1일부터 행사할 수 있다. 20X2년 1월 1일 (주)세무는 주가가 크게 하락하여 주식선택권의 행사가격을 조정하였다. 이러한 조정으로 주식선택권의 단위당 공정가치는 ₩20 증가하였다. (주)세무는 20X1년 말까지 상기 주식선택권을 부여받은 종업원 중 20%가 퇴사할 것으로 예상하여, 주식선택권의 가득률을 80%로 추정하였으나, 20X2년 말에는 향후 2년 내 퇴사율을 10%로 예상함에 따라 주식선택권의 가득률을 90%로 추정하였다. 부여한 주식선택권과 관련하여 (주)세무가 20X2년에 인식할 주식보상비용은?　　　2022. CTA

① ₩120,000　　　　　② ₩150,000　　　　　③ ₩168,000
④ ₩240,000　　　　　⑤ ₩270,000

▶해설

	명수	× 개수	× 금액	× 1/n	= 누적액	비용
X1	300 × 80%	10	200	1/4	120,000	120,000
X2	300 × 90%	10	200	2/4	270,000	168,000
	300 × 90%	10	20	1/3	18,000	

③

2. 행사수량의 변동

(1) 행사수량의 증가

주식선택권 행사수량의 증가는 종업원에게 유리한 조건 변경이다. 따라서 행사수량 증가분을 조건변경일부터 남은 기간동안 전진적으로 인식한다.

(2) 행사수량의 감소 심화

주식선택권 행사수량의 감소는 종업원에게 '불리한' 조건 변경이다. 원칙적으로 주식선택권의 조건 변경은 종업원에게 '유리한' 조건 변경만 인식하고, 불리한 조건 변경이 발생하면 조건 변경이 없는 것으로 본다. 하지만 예외적으로 행사수량을 감소시키는 조건 변경은 주식선택권의 일부가 취소된 것으로 보아 즉시 가득되었다고 보고, 부여일의 공정가치로 증가시킨다. 이때는 조건변경일에 가득하였다고 보므로 연수 계산 시 1(= n/n)을 곱한다.

여기서 명수 계산 시 주의할 것은, 조건변경일까지 퇴사한 사람만 차감한다는 것이다. 원래 명수 계산 시에는 가득일까지 발생할 예상 퇴사자까지 차감하지만, 조건변경일에 가득되었다고 본다면 조건변경일에 남아있는 사람에게 지급한다고 보고 조건변경일까지 퇴사한 사람만 차감한다.

예제

03 (주)대한은 20X1년 1월 1일 종업원 100명에게 각각 10개의 주식선택권을 부여하였다. 동 주식선택권은 종업원이 앞으로 3년 동안 회사에 근무해야 가득된다. 20X1년 1월 1일 현재 (주)대한이 부여한 주식선택권의 단위당 공정가치는 ₩360이며, 각 연도말 퇴직 종업원 수는 다음과 같다.

구분	실제 퇴직자 수	추가퇴직 예상자 수
20X1년말	10명	20명
20X2년말	15명	13명
20X3년말	13명	—

주식선택권 부여일 이후 주가가 지속적으로 하락하여 (주)대한의 20X2년 12월 31일 주식선택권의 단위당 공정가치는 ₩250이 되었다. 동 주식기준보상과 관련하여 (주)대한이 (A)20X2년말 종업원에게 부여하였던 주식선택권의 수를 10개에서 9개로 변경하였다고 가정할 때 20X2년도에 인식할 주식보상비용과 (B)20X2년말 종업원에게 부여하였던 주식선택권의 수를 10개에서 12개로 변경하였다고 가정할 때 20X3년도에 인식할 주식보상비용은 각각 얼마인가? (단, 단수차이로 인해 오차가 있다면 가장 근사치를 선택한다.) 2018. CPA 수정

	주식선택권의 수를 10개에서 9개로 변경하였다고 가정할 때 20X2년도에 인식할 주식보상비용(A)	주식선택권의 수를 10개에서 12개로 변경하였다고 가정할 때 20X3년도에 인식할 주식보상비용(B)
①	₩64,800	₩89,900
②	₩64,800	₩105,400
③	₩76,920	₩119,040
④	₩76,920	₩105,400
⑤	₩78,520	₩119,040

(A) 76,920

	명수	× 개수	× 금액	× 1/n	= 누적액	비용
X1	(100 − 10 − 20)	10	360	1/3	84,000	84,000
X2	(100 − 10 − 15 − 13)	9	360	2/3	133,920	76,920
	(100 − 10 − 15)	1	360	1/1	27,000	

행사수량 감소분은 X2년말에 즉시 가득되었다고 보므로 X2년 말까지 퇴직자만 차감하며, 연수 계산 시 1/1을 곱한다.

(B) 105,400

	명수	× 개수	× 금액	× 1/n	= 누적액	비용
X1	(100 − 10 − 20)	10	360	1/3	84,000	84,000
X2	(100 − 10 − 15 − 13)	10	360	2/3	148,800	64,800
X3	(100 − 10 − 15 − 13)	10	360	3/3	223,200	105,400
	(100 − 10 − 15 − 13)	2	250	1/1	31,000	

행사수량 증가는 X2년말에 이루어졌는데, 이를 남은 기간 동안 전진적으로 인식하면 X3년말에 전부 인식한다. X2년말에 잔여 가득기간이 1년만 남았기 때문이다.
주식선택권의 수를 늘려줬을 때에는 조건변경일에 새로 주식선택권을 부여한 것으로 보아 변경일의 공정가치로 평가한다. 따라서 360이 아닌 250으로 평가해야 한다.

답 ④

5 선택형 주식기준보상

주식기준보상은 주식결제형과 현금결제형로 나뉘는데, 둘 중 선택이 가능한 형태도 있다. 이를 본
서에서는 '선택형 주식기준보상'이라고 부르겠다. 이 선택권을 종업원이 가질 수도 있고, 기업이
가질 수도 있는데, 누가 선택권을 갖느냐에 따라 처리 방법이 다르다.

1. 거래상대방(종업원)이 결제방식을 선택할 수 있는 경우

STEP 1 총 가치 분석

	명수	×개수	×금액	=가치
부채	명수	개수	부여일의 주가	②XXX
자본				③XXX
총 가치	명수	개수	부여일 주식선택권의 공정가치	①XXX

① 총 가치(주식 결제 가정) = 주식 결제 시 받는 주식 수 × 부여일 주식선택권의 공정가치
② 부채의 가치(현금 결제 가정) = 현금 결제 시 받는 주식 수 × 부여일의 주가
③ 자본의 가치 = 총 가치 − 부채의 가치

종업원이 결제방식을 선택할 수 있는 경우 주식으로 결제할 수도 있고, 현금으로 결제할 수도 있
으므로, 자본요소와 부채요소가 포함된 복합금융상품을 부여한 것으로 본다. 선택형 주식기준보
상의 ①총 가치는 주식결제를 가정하고 계산한다. 이 중 현금 결제 가정 시의 가치는 ②부채로 계
상하고, 나머지를 ③자본으로 본다.
선택형 주식기준보상은 주식을 지급하거나, 주가에 해당하는 현금을 지급하므로, 행사가격이 없
다. 따라서 부채를 주가차액보상권의 공정가치가 아니라, 주가로 평가한다.

STEP 2 매 기말

X1말	비용	③자본/3	SO	③자본/3
	비용	X1말 부채	부채	X1말 부채
X2말	비용	③자본/3	SO	③자본/3
	비용	X2말 부채 − X1말 부채	부채	X2말 부채 − X1말 부채

(1) SO(자본) 증가

주식선택권 중 자본에 해당하는 부분은 Step 1에서 계산한 ③자본 금액을 가득 기간에 나누어 정액으로 늘린다. 주식선택권은 '부여일의 공정가치'로 계상하여 공정가치의 후속 변동을 반영하지 않기 때문이다. 가득 기간이 3년이라고 가정할 때 매년 1/3씩 비용을 계상하면서 주식선택권을 늘리면 된다.

(2) 부채 평가

$$\text{X1년말 부채} = \text{명수} \times \text{개수} \times \text{X1말 FV} \times 1/3$$
$$\text{X2년말 부채} = \text{명수} \times \text{개수} \times \text{X2말 FV} \times 2/3$$
$$\text{X2년도 비용} = \text{X2년말 부채} - \text{X1년말 부채}$$

앞에서 설명했듯이, 현금결제형은 매기 말 공정가치로 평가한다. 가득 기간이 3년이라고 가정할 때 기말 부채는 위와 같이 계산하며, X2년에는 부채의 증가분을 비용으로 인식한다.

STEP 3 행사 시

현금 결제 시 (선택 분개)	부채 (SO	결제 시 주식의 FV 자본	현금 자본요소	결제 시 주식의 FV 자본)
주식 결제 시	부채 SO	행사가 느낌 자본	자본금 주발초	액면가 XXX

(1) 현금 결제 시: 비용 없음

현금 결제 시에는 부채의 장부금액을 제거하고 현금을 지급한다. 선택형 주식기준보상은 행사가격이 없으므로, 부채도 주식의 공정가치로 평가하고, 현금도 주식의 공정가치만큼 지급한다. 따라서 부채의 장부금액과 현금 지급액의 차이가 없으며, 일반적인 현금결제형 주식기준보상과 달리 행사 시 인식할 비용이 없다.

현금 결제 시 기존에 인식한 주식선택권은 의미가 없어지므로, 자본요소로 대체할 수 있다. 선택회계처리이므로 생략해도 된다.

(2) 주식 결제 시: 현금 자리에 부채가 옴

선택형 주식선택권을 주식 결제 시에는 주식결제형 행사 시와 매우 유사하다. 주식결제형은 현금이 행사가격만큼 납입되므로 행사가와 SO의 합을 자본금과 주발초로 계상한다. 선택형은 현금이 납입되지 않지만, 향후 현금을 지급할 의무가 사라지므로 부채를 제거한다. 주식결제형 행사 시 현금 자리에 부채가 온다고 생각하면 쉽게 기억할 수 있다.

예제

01 (주)고구려는 20X1년 1월 1일 종업원에게 가상주식 1,000주(주식 1,000주에 상당하는 현금을 지급받을 권리)와 주식 1,400주를 선택할 수 있는 권리를 부여하고 3년의 용역제공조건을 부과하였다. 종업원이 주식 1,400주를 제공받는 결제방식을 선택하는 경우에는 주식을 가득일 이후 3년간 보유하여야 하는 제한이 있다. 부여일에 (주)고구려의 주가는 주당 ₩400이다. (주)고구려는 부여일 이후 3년 동안 배당금을 지급할 것으로 예상하지 않는다. (주)고구려는 가득 이후 양도제한의 효과를 고려할 때 주식 1,400주를 제공받는 결제방식의 부여일 현재 공정가치가 주당 ₩360이라고 추정하였다. 부여일에 추정된 상기 복합금융상품 내 자본요소의 공정가치는 얼마인가?   2016. CPA

① ₩104,000   ② ₩360,000   ③ ₩400,000
④ ₩504,000   ⑤ ₩560,000

➡ 해설

	명수	× 개수	× 금액	= 가치
부채		1,000	400	400,000
자본				**104,000**
총 가치		1,400	360	504,000

참고로, X1년말 주가가 주당 420이라고 가정하면 회계처리는 다음과 같다.

X1말	비용	34,667	SO	34,667
	비용	140,000	부채	140,000

SO 증가액: 104,000/3 = 34,667
X1년말 부채: 1,000 × 420 × 1/3 = 140,000

SO는 매년 34,667씩 비용을 인식하여 X3년말에 104,000가 될 것이고, 부채는 매년 말 평가를 통해 X3년말에 '1,000주 × X3년 말 공정가치'가 될 것이다.

답 ①

2. 기업이 결제방식을 선택할 수 있는 경우

> 〈자산, 부채 안분 없이 둘 중 하나로 〉
> 현금 지급 의무 O: 현금결제형으로 회계처리
> 현금 지급 의무 X: 주식결제형으로 회계처리

기업이 결제방식을 선택할 수 있는 경우 현금을 지급해야 할 현재의무가 있다면 현금결제형으로 본다. 현금을 지급해야 할 현재의무가 없다면 주식결제형으로 본다. 종업원이 선택할 수 있는 경우처럼 자산과 부채로 나누는 것이 아니라 둘 중 하나로 계상한다는 것을 주의하자.

예제

02 (주)대한은 20X1년 초에 기업이 결제방식을 선택할 수 있는 주식기준보상을 종업원에게 부여하였다. (주)대한은 결제방식으로 가상주식 1,000주(주식 1,000주에 상당하는 현금을 지급) 또는 주식 1,200주를 선택할 수 있고, 각 권리는 종업원이 2년 동안 근무할 것을 조건으로 한다. 또한 종업원이 주식 1,200주를 제공받는 경우에는 주식을 가득일 이후 2년 동안 보유하여야 하는 제한이 있다. (주)대한은 부여일 이후 2년 동안 배당금을 지급할 것으로 예상하지 않으며, 부여일과 보고기간 말에 추정한 주식결제방식의 주당 공정가치와 주당 시가는 다음과 같다.

구분	20X1년 초	20X1년 말
주식 1,200주 결제방식의 주당 공정가치	₩400	₩480
주당 시가	₩450	₩520

종업원 주식기준보상약정과 관련하여 (A)현금을 지급해야 하는 현재의무가 (주)대한에게 있는 경우와 (B)현금을 지급해야 하는 현재의무가 (주)대한에게 없는 경우, 20X1년도에 (주)대한이 인식할 주식보상비용은 각각 얼마인가? (단, 주식기준보상약정을 체결한 종업원 모두가 20X2년 말까지 근무할 것으로 예측하였고, 이 예측은 실현되었다고 가정한다.) 2019. CPA

	(A)	(B)
①	₩225,000	₩240,000
②	₩225,000	₩288,000
③	₩260,000	₩240,000
④	₩260,000	₩288,000
⑤	₩275,000	₩288,000

⊙ **해설**

A: 현금결제형

	명수	× 개수	× 금액	× 1/n	= 누적액	비용
X1		1,000	520	1/2	260,000	260,000

현금결제형 가정 시 매년 말 공정가치로 평가해야 하므로 520으로 평가한다.

B: 주식결제형

	명수	× 개수	× 금액	× 1/n	= 누적액	비용
X1		1,200	400	1/2	240,000	240,000

주식결제형 가정 시 부여일의 공정가치로 평가해야 하므로 400으로 평가한다.
현금결제 시 주식 수(1,000주)와 주식결제 시 주식 수(1,200주)가 다르므로 유의하자.

답 ③

6 주식기준보상의 중도 청산

종업원에게 부여한 주식선택권을 중도에 청산하는 경우 회계처리는 다음과 같다.

잔여 비용	주식보상비용	잔여 비용	주식선택권	잔여 비용
	주식선택권	가득 시 SO 잔액	현금	지급액
청산	자본	청산일의 FV − 가득 시 SO 잔액		
	주식보상비용	XXX		

STEP 1 청산 전 SO 잔액 구하기

청산일까지 주식결제형 계산 식을 이용하여 주식선택권을 인식한다. 이렇게 계산된 주식선택권 잔액을 '청산 전 SO 잔액'이라고 부르겠다.

STEP 2 잔여 비용 인식하면서 가득 시 SO 잔액으로 키우기

가득 시 SO 잔액 = (총인원 − 청산일까지 퇴사한 인원) × 개수 × 부여일의 FV × n/n
잔여비용 = 가득 시 SO 잔액 − 청산 전 SO 잔액

중도 청산 시 종업원은 현금을 받으므로, 사실상 청산일에 가득된 것이나 마찬가지이다. 따라서 청산일부터 당초 가득일까지 남은 기간에 대한 비용을 한 번에 인식하면서 주식선택권 잔액을 '가득 시 SO 잔액'으로 키운다. 이때는 청산일에 가득하였다고 보므로 연수 계산 시 1(= n/n)을 곱한다. 여기서 명수 계산 시 주의할 것은, 청산일까지 퇴사한 사람만 차감한다는 것이다. 원래 명수 계산 시에는 가득일까지의 예상 퇴사자를 차감하지만, 중도 청산 시에는 청산일에 남아 있는 사람 모두에게 대가를 지급하므로, 청산일까지 퇴사자만 차감한다.

STEP 3 청산손실 계산

(1) 자본 = 청산일의 SO 공정가치 − 가득 시 SO 잔액
(2) 비용 = 현금 지급액 − 청산일의 SO 공정가치 (≥0)
  − '지급액≤청산일의 SO 공정가치'이면 비용은 0

중도 청산 시 청산손실은 자본과 비용으로 나뉜다. 청산일의 SO 공정가치가 가득 시 SO 잔액을 초과하는 부분은 자본으로 인식한다. 추가적으로, 현금 지급액이 청산일의 SO 공정가치를 초과하는 부분은 비용으로 인식한다. 지급액이 청산일의 SO 공정가치보다 작거나 같으면 비용은 발생하지 않는다.

STEP 4 중도 청산 시 총 비용=잔여 비용+청산 비용

중도 청산 시 두 가지 비용이 발생한다. Step 2에서 잔여 비용이 발생하고, Step 3에서 청산 비용이 발생한다. 이 둘을 더하면 중도 청산 시 발생하는 총 비용이 계산된다.

STEP 5 중도 청산으로 인해 자본에 미치는 영향: 현금 지급액만큼 감소!

위 '잔여비용'과 '청산' 회계처리를 보면, 현금 지급액을 제외하고 전부 자본 계정이다. (비용도 결국엔 이익잉여금이 되므로 자본 계정이다.) 따라서 중도 청산 시 자본은 현금 지급액만큼 감소한다.

  김수석의 핵심 콕! SO 중도청산 VS CB 조기상환

〈SO 중도청산〉	〈CB 조기상환〉	
비용	자본	
	전환권대가	총지급액
자본	비용	FV
가득 시 SO 잔액	CB 장부금액	

SO 중도청산: FV까지 자본, 나머지는 비용
CB 조기상환: FV까지 비용, 나머지는 자본

앞서 전환사채의 조기상환에 대해 배웠다. 전환사채의 조기상환과 주식선택권의 중도청산 둘 다 상환 or 청산손실을 비용과 자본으로 나누어 인식한다는 공통점이 있다. 하지만 비용과 자본을 인식하는 순서가 다르다.

SO 중도청산 시 앞에서 설명했듯 청산일의 SO 공정가치와 가득 시 SO 잔액의 차액을 자본으로 인식하고, 공정가치보다 추가로 지급한 부분을 비용으로 인식한다.

반면 CB 조기상환 시 사채의 공정가치까지는 비용으로 인식하고, 공정가치보다 추가로 지급한 부분 중 전환권대가를 초과하는 부분을 자본으로 인식한다. 기억이 안 나는 수험생은 전환사채의 조기상환을 참고하자.

04 (주)대전은 20X1년 1월 1일에 종업원 6,000명에게 주식선택권을 100개씩 부여하였다. 동 주식선택권은 종업원이 앞으로 3년 간 용역을 제공할 경우 가득된다. 20X1년 1월 1일 현재 (주)대전이 부여한 주식선택권의 단위당 공정가치는 ₩10이며, 각 연도 말 주식선택권의 단위당 공정가치는 다음과 같다.

20X1년 12월 31일	20X2년 12월 31일	20X3년 12월 31일
₩12	₩16	₩23

(주)대전은 주식선택권을 부여받은 종업원 중 퇴사할 종업원은 없다고 추정하였다. 20X3년 1월 1일에 (주)대전은 종업원과의 협의 하에 주식선택권을 단위당 현금 ₩20에 중도청산하였다. 중도청산일까지 퇴사한 종업원은 없다. 20X3년 1월 1일에 (주)대전의 주식선택권의 중도청산과 관련하여 발생한 비용과 자본에 미치는 영향은 얼마인가? (단, 동 주식선택권의 20X2년 12월 31일과 20X3년 1월 1일의 공정가치는 같다고 가정한다.) 2010. CPA

	비용에 미치는 영향	자본에 미치는 영향
①	₩4,400,000 증가	₩4,400,000 감소
②	₩4,400,000 증가	₩12,000,000 감소
③	₩6,000,000 증가	₩12,000,000 감소
④	₩6,000,000 감소	₩12,000,000 증가
⑤	₩9,600,000 증가	₩9,600,000 증가

⊙►해설

Step 1. 청산 전 SO 잔액 구하기: 4,000,000

	명수	× 개수	× 금액	× 1/n	= 누적액	비용
X1	6,000	100	10	1/3	2,000,000	2,000,000
X2	6,000	100	10	2/3	4,000,000	2,000,000

Step 2. 잔여 비용 인식하면서 가득 시 SO 잔액으로 키우기

잔여 비용	주식보상비용(잔여 비용)	2,000,000	주식선택권	2,000,000
	주식선택권	6,000,000	현금	12,000,000
청산	자본	3,600,000		
	주식보상비용(청산 비용)	2,400,000		

가득 시 SO 잔액: $6,000 \times 100 \times 10 \times 3/3 = 6,000,000$
잔여 비용: $6,000,000 - 4,000,000 = 2,000,000$

Step 3. 청산손실 계산
주식선택권 공정가치: $6,000명 \times 100개 \times @16 = 9,600,000$

자본: $9,600,000 - 6,000,000 = 3,600,000$
청산 비용: $12,000,000 - 9,600,000 = 2,400,000$
 ─ 현금 지급액: $6,000명 \times 100개 \times @20 = 12,000,000$

Step 4. 중도 청산 시 총 비용 = 잔여 비용 + 청산 비용
 $= 2,000,000 + 2,400,000 = 4,400,000$

Step 5. 중도 청산으로 인해 자본에 미치는 영향 = 현금 지급액 = 12,000,000 감소

답 ②

05 (주)대한은 20X1년 1월 1일 종업원 100명에게 각각 3년의 용역제공조건으로 1인당 주식결제형 주식선택권 100개를 부여하였다. (주)대한은 20X3년 중에 종업원과 합의하여 주식선택권 전량을 현금 ₩700/개에 중도청산 하였다. 시점별 주식선택권의 단위당 공정가치는 다음과 같다.

부여일	중도청산일
₩600	₩660

(주)대한의 주식기준보상거래가 20X3년도 당기순이익에 미치는 영향은 얼마인가? 단, 종업원의 중도퇴사는 고려하지 않는다.

2024. CPA

① ₩400,000 감소　　　　② ₩1,000,000 감소　　　　③ ₩2,000,000 감소
④ ₩2,400,000 감소　　　　⑤ ₩3,000,000 감소

▶ **해설**

1. 청산 전 SO 잔액: 4,000,000

	명수	× 개수	× 금액	× 1/n	= 누적액	비용
X1	100	100	600	1/3	2,000,000	2,000,000
X2	100	100	600	2/3	4,000,000	2,000,000

2. 잔여 비용: 6,000,000 − 4,000,000 = 2,000,000
 − 가득 시 SO 잔액: 100 × 100 × 600 × **3/3** = 6,000,000

3. 청산비용: 7,000,000 − 6,600,000 = 400,000
 − 현금 지급액: 100명 × 100개 × @700 = 7,000,000
 − 주식선택권 공정가치: 100명 × 100개 × @660 = 6,600,000

4. 중도 청산 시 당기순이익 = (−)2,000,000(잔여비용) − 400,000(청산비용) = (−)2,400,000 감소

|회계처리|

잔여 비용	주식보상비용(잔여 비용)	2,000,000	주식선택권	2,000,000
청산	주식선택권	6,000,000	현금	7,000,000
	자본	600,000		
	주식보상비용(청산 비용)	400,000		

− 자본요소 감소액: 6,600,000 − 6,000,000 = 600,000

답 ④

7 주식기준보상 말문제 출제사항

1. 인식

(1) 주식결제형: 자본의 증가, 현금결제형: 부채의 증가

주식기준보상거래에서 제공받는 재화나 용역은 그 재화나 용역을 제공받는 날에 인식한다. 주식결제형 주식기준보상거래로 재화나 용역을 제공받는 경우에는 그에 상응한 자본의 증가를 인식하고, 현금결제형 주식기준보상거래로 재화나 용역을 제공받는 경우에는 그에 상응한 부채의 증가를 인식한다.

(2) 자산의 인식요건을 충족하지 못한 주식기준보상: 비용으로 인식

주식기준보상거래에서 제공받는 재화나 용역이 자산의 인식요건을 충족하지 못할 때에는 비용으로 인식한다. 예를 들어, 종업원으로부터 제공받은 근무용역이 자산의 인식요건을 충족하지 못할 때에는 비용(주식보상비용)으로 인식한다.

2. 주식선택권의 측정 ★중요!

	일자	금액
(1) 원칙	받는 날	1순위: 받는 것의 공정가치 2순위: 준 것(SO)의 공정가치
(2) 종업원	준 날	준 것(SO)의 공정가치

(1) 주식선택권의 평가: 받는 날 받는 것의 공정가치

주식결제형 주식기준보상거래의 경우, 자본(주식선택권)의 증가를 제공받는 날 기준 제공받는 재화나 용역의 공정가치로 직접 측정한다. 그러나 제공받는 재화나 용역의 공정가치를 신뢰성 있게 추정할 수 없다면, 부여한 지분상품(준 것)의 공정가치에 기초하여 간접 측정한다.

(2) 예외 – 종업원에게 부여한 주식선택권: 준 날 준 것의 공정가치로 측정

종업원 및 유사용역제공자로부터 제공받는 용역은 공정가치를 일반적으로 신뢰성 있게 측정할 수 없다. 종업원의 근무용역은 시장에서 거래되는 것이 아니므로 공정가치를 신뢰성 있게 측정하기 어렵다. 따라서 종업원 및 유사용역제공자와의 거래에서는 부여일(준 날) 기준 부여한 지분상품(준 것)의 공정가치에 기초하여 측정한다. 지금까지 배운 모든 주식기준보상 계산문제는 종업원에게 부여한 것인데, 이 규정 때문에 주식결제형은 부여일의 공정가치로 계상한 뒤, 후속 공정가치 변동을 인식하지 않았다.

3. 부여한 지분상품의 공정가치 결정

(1) 시장가격을 구할 수 있는 경우: 시장가격

부여한 지분상품의 공정가치에 기초하여 거래를 측정하는 때에는, 시장가격을 구할 수 있다면 시장가격을 기초로 하되 지분상품의 부여조건을 고려하여 측정기준일 현재 공정가치를 측정한다.

(2) 시장가격을 구할 수 없는 경우: 가치평가기법 사용

만일 시장가격을 구할 수 없다면 가치평가기법을 사용하여 부여한 지분상품의 공정가치를 추정하며, 이때 가치평가기법은 합리적 판단력과 거래의사가 있는 독립된 당사자 사이의 거래에서 측정기준일 현재 지분상품 가격이 얼마인지를 추정하는 가치평가기법이어야 한다. 이 가치평가기법은 일반적으로 인정된 금융상품 가치평가방법과 일관되어야 하며 합리적 판단력과 거래의사가 있는 시장참여자가 가격을 결정할 때 고려할 모든 요소와 가정을 포함하여야 한다.

(3) 재부여특성: 고려 X

부여한 주식선택권의 공정가치를 측정기준일에 추정할 때, 그 주식선택권에 재부여특성이 있다면 재부여 특성은 고려하지 아니한다. 그 대신 사후적으로 주식선택권을 재부여할 때 그 재부여주식선택권을 새로운 주식선택권으로 회계처리한다.

4. 부여 즉시 가득 조건: 즉시 비용/자본 인식

일반적으로 주식선택권은 용역을 일정 기간 제공해야 하는 '가득기간'이 있다. 따라서 가득기간동안 주식보상비용을 나누어 인식한다. 만약 가득기간 없이 지분상품이 부여되자마자 가득된다면, 기업은 제공받은 용역(비용) 전부를 부여일에 인식하고 그에 상응하여 자본(주식선택권)의 증가를 인식한다.

5. 주식기준보상의 권리 소멸 시

주식결제형	주식선택권	XXX	자본	XXX	(생략 가능)
현금결제형	장기미지급비용	XXX	주식보상비용환입	XXX	

(1) 주식결제형

주식결제형 주식기준보상은 주식선택권을 부여일의 공정가치로 평가하고, 공정가치를 재측정하지 않으므로, 가득 이후에는 자본(주식선택권)을 수정하지 않는다. 따라서 가득 이후에는 행사 시 회계처리만 하고, 추가 회계처리는 없다.

가득된 주식선택권이 이후에 상실되거나 행사되지 않은 경우에도 주식선택권 및 주식보상비용을 환입하지 않는다. 다만, 주식선택권을 다른 자본 계정으로 대체하는 것은 금지하지 않는다. 이는 자본 내에서의 대체이므로 생략하고 주식선택권을 그대로 재무상태표에 계상해도 된다.

(2) 현금결제형

현금결제형은 부채로 계상하므로 권리 소멸 시 부채를 제거하면서 비용을 환입한다.

01 주식결제형 주식기준보상에 대한 다음의 설명 중 옳지 않은 것은? 2016. CPA

① 종업원 및 유사용역제공자와의 주식기준보상거래에서는 기업이 거래상대방에게서 재화나 용역을 제공받는 날을 측정기준일로 한다.

② 제공받는 재화나 용역의 공정가치를 신뢰성 있게 추정할 수 있다면, 제공받는 재화나 용역과 그에 상응하는 자본의 증가를 제공받는 재화나 용역의 공정가치로 직접 측정한다.

③ 제공받는 재화나 용역의 공정가치를 신뢰성 있게 추정할 수 없다면, 제공받는 재화나 용역과 그에 상응하는 자본의 증가는 부여한 지분상품의 공정가치에 기초하여 간접 측정한다.

④ 가득된 지분상품이 추후 상실되거나 주식선택권이 행사되지 않은 경우에도 종업원에게서 제공받은 근무용역에 대해 인식한 금액을 환입하지 아니한다.

⑤ 시장조건이 있는 지분상품을 부여한 경우에는 그러한 시장조건이 달성되는지 여부와 관계없이 다른 모든 가득조건을 충족하는 거래상대방으로부터 제공받는 재화나 용역을 인식한다.

▶ 해설

종업원과의 주식기준보상거래는 준 날, 준 것의 공정가치로 측정한다. 제공받는 날이 아닌 부여일을 기준으로 측정한다.

🔖 ①

02 기업회계기준서 제1102호 '주식기준보상'에 대한 설명이다. 다음 설명 중 옳지 않은 것은?

2020. CPA

① 주식결제형 주식기준보상거래에서 가득된 지분상품이 추후 상실되거나 주식선택권이 행사되지 않은 경우에도 종업원에게서 제공받은 근무용역에 대해 인식한 금액을 환입하지 아니한다. 그러나 자본계정 간 대체 곧, 한 자본계정에서 다른 자본계정으로 대체하는 것을 금지하지 않는다.

② 주식결제형 주식기준보상거래에서 지분상품이 부여되자마자 가득된다면 거래상대방은 지분상품에 대한 무조건적 권리를 획득하려고 특정기간에 용역을 제공할 의무가 없다. 이때 반증이 없는 한, 지분상품의 대가에 해당하는 용역을 거래상대방에게서 이미 제공받은 것으로 보아 기업은 제공받은 용역 전부를 부여일에 인식하고 그에 상응하여 자본의 증가를 인식한다.

③ 현금결제형 주식기준보상거래의 경우에 제공받는 재화나 용역과 그 대가로 부담하는 부채를 부채의 공정가치로 측정하며, 부채가 결제될 때까지 매 보고기간 말과 결제일에 부채의 공정가치를 재측정하지 않는다.

④ 기업이 거래상대방에게 주식기준보상거래를 현금이나 지분상품발행으로 결제받을 수 있는 선택권을 부여한 경우에는 부채요소(거래상대방의 현금결제요구권)와 자본요소(거래상대방의 지분상품결제요구권)가 포함된 복합금융상품을 부여한 것으로 본다.

⑤ 기업이 현금결제방식이나 주식결제방식을 선택할 수 있는 주식기준보상거래에서 기업이 현금을 지급해야 하는 현재 의무가 있으면 현금결제형 주식기준보상거래로 보아 회계처리한다.

해설

현금결제형 주식기준보상거래에서 부채는 부여일과 부채가 결제될 때까지 매 보고기간 말과 결제일에 주가차액보상권의 공정가치로 측정한다.

달 ③

Memo

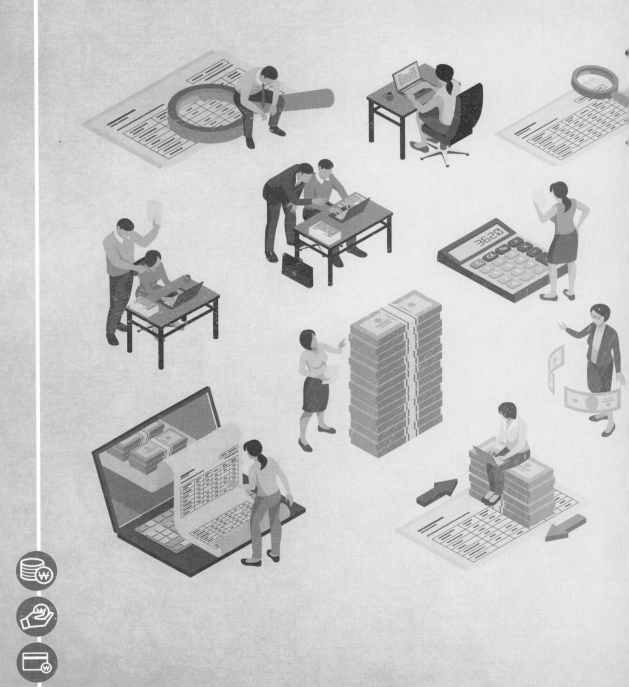

C·H·A·P·T·E·R

14

주당순이익

CHAPTER

14

주당순이익

주당순이익(EPS, Earning Per Share)이란 순이익 중 주식 1주에 귀속되는 금액을 의미한다. 문제에 따라 '주당이익'으로 부르기도 한다. 주당순이익은 기본주당(순)이익과 희석주당(순)이익으로 구분된다.

1 기본주당순이익

기본 EPS = 보통주 귀속 당기순이익/가중평균유통보통주식수
(보통주 귀속 당기순이익 = NI − 우선주 배당금)

기본주당순이익은 '보통주'에 귀속되는 당기순이익 중 보통주 1주에 귀속되는 금액이다. 보통주 1주당 이익을 의미하므로 분자, 분모 모두 보통주 관련 수치를 대입한다. 분자인 보통주 귀속 당기순이익이란 당기순이익 중 보통주주의 몫을 의미하며, 당기순이익에서 우선주 배당금을 차감한 금액이다. 분모인 가중평균유통보통주식수란 해당 기간에 유통된 보통주 주식 수를 가중평균한 것을 의미한다.

1. 가중평균유통보통주식수(n)

EPS를 구하기 위해서는 가중평균유통보통주식수를 구하는 것이 관건이다. 본서에서는 줄여서 n이라고 표현하겠다. n은 다음 표를 그려서 구한다.

	기초 1.1	유상증자 3.1	자기주식 취득 7.1	자기주식 처분 9.1	계
주식수 무상증자 등 가중평균	XXX × 1.1 × 12/12	XXX × 1.1 × 10/12	(XXX) × 1.1 × 6/12	XXX × 4/12	
계	XXX	XXX	(XXX)	XXX	n

유통주식수 = 발행주식수 − 자기주식 수

유통주식수는 시장에서 거래되는 주식수를 의미한다. 자기주식은 회사가 보유하는 주식이므로 유통주식수에서 제외한다. 따라서 유통주식수는 발행주식수에서 자기주식 수를 차감하여 계산한다.

(1) 기초 유통주식수 기재

1.1을 적은 뒤, 문제에 제시된 기초 유통주식수를 그 아래에 적는다.

(2) 유상증자: 유통주식수 증가

유상증자를 하면 발행주식수가 증가하므로 유통주식수도 증가한다. 증자일을 쓴 뒤, 그 아래에 증자 주식 수를 양수로 적는다.

(3) 자기주식 거래

① 자기주식 취득: 유통주식수 감소
자기주식을 취득하면 시장에서 유통되는 주식수가 감소한다. 자기주식 취득일을 쓴 뒤, 그 아래에 취득 주식 수를 음수로 적는다.

② 자기주식 처분(= 자기주식 재발행): 유통주식수 증가
자기주식을 처분하면 시장에서 유통되는 주식수가 증가한다. 자기주식 처분일을 쓴 뒤, 그 아래에 취득 주식 수를 양수로 적는다.

③ 자기주식 소각: 유통주식수 불변
자기주식 '소각' 시에는 회사가 보유하는 주식을 없앤 것이므로 시장에서 유통되는 주식수에 미치는 영향이 없다.

(4) 전환우선주, 전환사채: 전환일에 유통주식수 증가

전환우선주 및 전환사채의 전환으로 발행되는 보통주는 전환일부터 유통보통주식수에 포함한다. 이때 전환으로 발행되는 보통주는 다음과 같이 계산한다.

> 전환우선주 전환으로 발행되는 보통주
> = 전환된 우선주/보통주 1주로 전환하기 위해 필요한 우선주 주식 수
> 전환사채 전환으로 발행되는 보통주
> = 전환사채 액면금액/보통주 1주로 전환하기 위해 필요한 전환사채 액면금액 × 전환비율

STEP 2 자본이 불변인 자본거래: 소급적용

자본이 불변인 자본거래가 발생하는 경우 소급적용을 한다. 자본이 불변인 자본거래에는 무상증자, 주식배당, 주식분할, 주식병합이 있다. 소급적용이란 자본거래가 실제보다 과거에 발생한 것으로 보는 것을 의미한다. 문제를 풀 때는 자본거래 이전에 발생한 주식 변동에 주식 변동비율을 곱하면 된다. 예를 들어 8.1에 10% 무상증자를 했다면 8.1 이전에 발생한 주식 수 변동(기초 주식수 포함)에 전부 1.1을 곱하면 된다.

STEP 3 n(가중평균유통보통주식수) 구하기

유통보통주식수의 변동이 있다면 각 주식은 유통된 기간이 다르므로, 유통일수 비율로 가중평균 해야 한다. 따라서 Step 2까지 주식변동을 기재한 뒤, 월할 가중평균해서 n을 구하면 된다. 예를 들어, 기초 주식은 12/12를 곱하고, 7.1 주식 수 변동에는 6/12를 곱하면 된다.

> **계산기 사용법** M + 로 메모리에 넣어놓고, 12는 맨 마지막에 나누자!
> n을 구하는 표를 보면 마지막 월할 가중평균 시 전부 월수/12를 곱해야 한다. 매번 12를 나누면 불편하니, 월수까지만 곱하고 M + 한 뒤, 마지막에 MR을 누른 뒤 12로 나누자.

김수석의 Why? 자본이 불변인 자본거래를 소급적용하는 이유: EPS 과대표시 방지

> 자본이 불변인 자본거래는 현금의 유출입이 없기 때문에 회사 입장에서는 언제 실시하든 상관이 없다. 회사는 EPS를 과대표시하고 싶은 유인이 있기 때문에 자본이 불변인 자본거래를 할 것이라면 기말에 가깝게 실시하려고 할 것이다. Step 3에서 월할 가중평균을 하면 기말에 실시할수록 n이 작아져 EPS는 커지기 때문이다. 따라서 회사가 자본이 불변인 자본거래의 시기를 조정하여 EPS를 과대표시하는 것을 방지하기 위하여 소급적용하는 것이다.

01 (주)세무의 20X1년 초 유통보통주식수는 15,000주였다. 20X1년 중 보통주식수의 변동 내역이 다음과 같다면, 20X1년도 기본주당이익 계산을 위한 가중평균유통보통주식수는? (단, 가중평균유통보통주식수는 월할계산한다.)   2017. CTA

- 2월 1일: 유상증자(발행가격: 공정가치) 20%
- 7월 1일: 주식배당 10%
- 9월 1일: 자기주식 취득 1,800주
- 10월 1일: 자기주식 소각 600주
- 11월 1일: 자기주식 재발행 900주

① 17,750주   ② 18,050주   ③ 18,200주
④ 18,925주   ⑤ 19,075주

해설

	1.1	2.1	9.1	11.1	계
	15,000	3,000	(1,800)	900	
주식배당	× 1.1	× 1.1			
가중평균	× 12/12	× 11/12	× 4/12	× 2/12	
	16,500	3,025	(600)	150	19,075

자기주식 소각 시에는 유통주식수에 변동이 없다.

답 ⑤

2. 공정가치 미만 유상증자 ★중요!

공정가치 미만 유상증자의 경우, 증자 주식 수 중 일부를 무상증자로 보며, 무상증자로 보는 주식 수를 기존 주식과 유상증자로 보는 주식 수에 비례 배분한다. 대부분 문제에서는 유상증자의 발행가액이 공정가치보다 작으므로, 유상증자가 제시된 경우 발행가액이 공정가치보다 작은지 반드시 따져보자.

STEP 1 공정가치 미만 유상증자 시 무상증자로 보는 주식 수

공정가치 미만 유상증자 시 가장 먼저 할 일은 증자 주식 수 중 무상증자로 보는 주식 수를 계산하는 것이다.

> 유상증자로 보는 주식 수 = 증자 주식 수 × 발행가액/공정가치
> 무상증자로 보는 주식 수 = 증자 주식 수 − 유상증자로 보는 주식 수
> = 증자 주식 수 × (공정가치 − 발행가액)/공정가치

例 공정가치 ₩5,000인 주식 100주를 주당 ₩4,000에 발행한 경우
① 총 발행가액: 100주 × @4,000 = 400,000
② 유상증자로 보는 주식 수: 400,000/5,000 = 80주
③ 무상증자로 보는 주식 수: 100주 − 80주 = 20주
시가로 발행했다면 80주밖에 발행하지 못했을 것이다. 나머지 20주는 대가를 받지 않고 증자한 것이나 마찬가지이므로, 무상증자로 본다.
④ 100주 × (5,000 − 4,000)/5,000 = 20주
어차피 유상증자로 보는 주식 수도 구해야 하므로, 유상증자로 보는 주식 수를 먼저 구한 뒤, 증자 주식 수에서 차감하여 무상증자로 보는 주식 수를 구해도 되고, ④번 공식을 이용하여 무상증자로 보는 주식 수를 바로 구해도 된다. 잠시 후에 배울 희석주당순이익에서 ④번 공식이 등장하기 때문에 ④번 공식을 외우는 것을 추천한다.

STEP 2 무상증자율

> 무상증자율 = 무상증자로 보는 주식 수/(유상증자 전 주식 수 + 유상증자로 보는 주식 수)

공정가치 미만 유상증자 시 무상증자로 보는 주식 수는 유상증자 전에 있던 주식과 유상증자로 보는 주식 수에 비례 배분해야 한다. 유상증자 전에 있던 주식뿐만 아니라 유상증자로 보는 주식 수에도 무상증자 주식을 배분해야 한다는 것을 주의하자. 무상증자로 보는 주식 수를 비례 배분 시위와 같이 '무상증자율'을 계산해서 일괄적으로 곱하는 것이 편하다.

> **참고** 권리락 (주가)
>
> 기존의 공정가치보다 낮게 유상증자하면 전반적인 주가는 하락한다. 이를 '권리락'이라고 부르며, 하락 후의 주가를 '권리락 주가'라고 한다. 문제를 푸는데 굳이 알아야 하는 개념은 아니므로 이해가 되지 않는다면 넘어가자.

예제

02 (주)대한의 20X1년 1월 1일 유통보통주식수는 24,000주이며, 20X1년도 중 보통주식수의 변동내역은 다음과 같았다.

일 자	보통주식수 변동내역
3월 1일	유상증자를 통해 12,000주 발행
5월 1일	자기주식 6,000주 취득
9월 1일	자기주식 3,000주 재발행
10월 1일	자기주식 1,000주 재발행

한편, 20X1년 3월 1일 유상증자시 주당 발행가격은 ₩1,000으로서 권리락 직전일의 종가인 주당 ₩1,500보다 현저히 낮았다. (주)대한의 20X1년도 기본주당순이익계산을 위한 가중평균유통보통주식수는? (단, 가중평균유통보통주식수는 월할계산한다.) 2013. CTA

① 31,250주   ② 31,750주   ③ 32,250주

④ 32,750주   ⑤ 33,250주

> **⊙ 해설**
>
> | | 1.1 | 3.1 | 5.1 | 9.1 | 10.1 | 계 |
> |---|---|---|---|---|---|---|
> | | 24,000 | 8,000 | (6,000) | 3,000 | 1,000 | |
> | 무상증자 | × 1.125 | × 1.125 | | | | |
> | 가중평균 | × 12/12 | × 10/12 | × 8/12 | × 4/12 | × 3/12 | |
> | | 27,000 | 7,500 | (4,000) | 1,000 | 250 | 31,750 |
>
> 유상증자로 보는 주식 수: 12,000 × 1,000/1,500 = 8,000주
> 무상증자로 보는 주식 수: 12,000 − 8,000 = 4,000주
> = 12,000주 × (1,500 − 1,000)/1,500 = 4,000주
>
> 무상증자율: 4,000/(24,000 + 8,000) = 12.5%
> → 기초 주식수와 유상증자로 보는 주식 수에 각각 1.125를 곱한다.
>
> 답 ②

03 20X1년 1월 1일 현재 (주)대한의 보통주 발행주식수는 7,000주(1주당 액면금액 ₩500)이며, 이 중 600주는 자기주식이고, 전환우선주(누적적) 발행주식수는 900주(1주당 액면금액 ₩200, 연 배당률 20%, 3주당 보통주 1주로 전환 가능)이다.

> • 3월 1일 유상증자를 실시하여 보통주 2,000주가 증가하였다. 유상증자 시 1주당 발행금액은 ₩2,000이고 유상증자 직전 1주당 공정가치는 ₩2,500이다.
> • 7월 1일 전년도에 발행한 전환사채(액면금액 ₩500,000, 액면금액 ₩500당 1주의 보통주로 전환) 중 25%가 보통주로 전환되었다.
> • 10월 1일 전환우선주 600주가 보통주로 전환되었다.

(주)대한이 20X1년 당기순이익으로 ₩2,334,600을 보고한 경우 20X1년도 기본주당이익은 얼마인가? (단, 기중에 전환된 전환우선주에 대해서는 우선주배당금을 지급하지 않는다. 가중평균유통보통주식수는 월할 계산하되, 잠재적보통주(전환사채, 전환우선주)에 대해서는 실제 전환일을 기준으로 한다.) 2022. CPA

① ₩220   ② ₩240   ③ ₩260
④ ₩280   ⑤ ₩300

▶ 해설

(1) n = 8,395

	1.1	3.1	7.1	10.1	계
무상증자 가중평균	6,400 × 1.05 × 12/12	1,600 × 1.05 × 10/12	250 × 6/12	200 × 3/12	
	6,720	1,400	125	50	8,295

기초유통보통주식수: 7,000 − 600(자기주식) = 6,400주

유상증자로 보는 주식 수: 2,000 × 2,000/2,500 = 1,600주
무상증자로 보는 주식 수: 2,000 − 1,600 = 400주
무상증자율 = 400/(6,400 + 1,600) = 5%

전환사채 전환으로 발행하는 보통주식수: 500,000/500 × 25% = 250주

전환우선주 전환으로 발행하는 보통주식수: 600주/3주 = 200주
 ─ 전환우선주 3주당 보통주 1주로 전환된다.

(2) 우선주 배당금: (900주 − 600주) × @200 × 20% = 12,000
    기중 전환된 전환우선주에 대해서는 우선주배당금을 지급하지 않는다.

(3) EPS: (2,334,600 − 12,000)/8,295 = **280**

🔖 ④

3. 우선주배당금

(1) 누적적 우선주와 비누적적 우선주: 누적적, 비누적적 모두 1년치만 차감

기본주당이익을 계산할 때 보통주에 귀속되는 금액은 당기순손익에서 자본으로 분류된 우선주에 대한 세후 우선주 배당금, 우선주 상환 시 발생한 차액 및 유사한 효과를 조정한 금액이다. 당기순손익에서 차감할 세후 우선주 배당금은 다음과 같다.

> ① 당해 회계기간과 관련하여 '배당결의된' 비누적적 우선주에 대한 세후 배당금
> ② '배당결의 여부와 관계없이' 당해 회계기간과 관련한 누적적 우선주에 대한 세후배당금

누적적 우선주는 특정 연도에 배당을 지급하지 않은 경우 이를 누적하여 나중에 같이 지급하는 우선주를 의미한다. 배당결의 여부와 관계없이 당기와 관련된 배당금을 차감하므로, 1)당기에 배당을 지급하지 않았건, 2)누적된 배당을 올해 같이 지급했건 상관없이 1년치 배당금만 차감한다. 따라서 전기 이전의 기간과 관련하여 당기에 지급되거나 결의된 누적적 우선주 배당금은 제외한다. 결과적으로 우선주가 누적적이든, 비누적적이든 1년치 배당금만 차감한다고 기억하면 된다.

기준서에서는 '세후' 우선주 배당금을 차감한다고 되어 있는데, 배당은 이익잉여금(세후 이익인 당기순이익의 누적액)을 재원으로 지급하므로, 당연히 세후 금액이다. '세후'라는 표현은 신경 쓰지 않아도 된다.

(2) 기중에 발행한 우선주

> ① 기산일이 기초: 1년치 배당금 전부 지급
> ② 배당의 기산일은 납입일이며, 무상신주 등은 원구주를 따른다: 우선주 배당금 월할상각

기중에 우선주를 발행한 경우 우선주에 대해서 1년치 배당금을 줄 수도 있고, 발행일부터 월할상각한 배당금만 지급할 수도 있다. 이는 문제의 가정에 따라 달라진다.

배당의 기산일이 기초라면 기중에 발행되었더라도 기초부터 존재한 우선주로 보고 1년치 배당금을 전부 지급한다. 만약 배당의 기산일이 납입일이면 납입일부터 월할상각한 배당금만 지급한다.

예제

04 (주)세무의 20X1년도 주당이익 계산과 관련된 자료는 다음과 같다. (주)세무의 20X1년도 기본주당순이익은?   2022. CTA

- (주)세무의 20X1년 초 유통보통주식수는 800주이며, 우선주는 모두 비참가적, 비누적적 우선주이다.
- (주)세무는 20X1년 4월 1일 유상증자를 실시하여 보통주 300주를 추가발행하였다. 동 유상증자시 발행금액은 1주당 ₩1,000이었으나, 유상증자 전일의 보통주 종가는 1주당 ₩1,500이었다.
- (주)세무는 20X1년 10월 1일 보통주(자기주식) 60주를 취득하여 20X1년 말까지 보유하고 있다.
- 20X1년도 우선주에 대하여 지급하기로 결의된 배당금은 ₩50,000이다.
- (주)세무의 20X1년도 당기순이익은 ₩575,300이다.
- 가중평균유통보통주식수는 월할계산하고, 유상증자의 경우 발행금액 전액이 발행일에 납입완료되었다.

① ₩495   ② ₩498   ③ ₩500
④ ₩505   ⑤ ₩510

해설

(1) n = 1,030

	1.1	4.1	10.1	계
	800	200	(60)	
무상증자	× 1.1	× 1.1		
가중평균	× 12/12	× 9/12	× 3/12	
	880	165	(15)	1,030

유상증자로 보는 주식 수: 300 × 1,000/1,500 = 200주
무상증자로 보는 주식 수: 300 − 200 = 100주
= 300주 × (1,500 − 1,000)/1,500 = 100주
무상증자율 = 100/(800 + 200) = 10%

(2) EPS: (575,300 − 50,000)/1,030 = **510**
우선주가 비누적적이므로 당기에 결의된 배당금을 차감한다.

답 ⑤

05 (주)대한은 보통주와 우선주 두 종류의 주식을 보유하고 있다. 우선주는 배당률 7%의 누적적·비참가적 주식으로 20×0년 말 시점에 연체배당금 ₩700,000이 있다. (주)대한은 20X1년도 이익에 대해서도 배당을 실시하지 않았다. 20X1년 초의 주식수는 모두 유통주식수이다. 유상신주의 배당기산일은 납입한 때이며, 무상신주의 배당기산일은 원래의 구주에 따른다. 20X1년 7월 1일 유상증자는 공정가치로 실시되었다. (주)대한의 20X1년도 당기순이익은 ₩5,170,000이며 자본금(주당액면 ₩5,000) 변동내역이 다음과 같을 때 주당순이익은 얼마인가? (단, 가중평균유통보통주식수와 배당금은 월할 계산한다. 계산금액은 소수점 첫째자리에서 반올림하며, 이 경우 단수차이로 인해 약간의 오차가 있으면 가장 근사치를 선택한다.)

구　　분	보통주자본금		우선주자본금	
기초(1월 1일)	10,000주	₩50,000,000	1,000주	₩5,000,000
기중				
7월 1일 유상증자(납입) 25%	2,500주	12,500,000	250주	1,250,000
8월 1일 무상증자 6%	750주	3,750,000	75주	375,000
11월 1일 자기주식 구입	(300)주	(1,500,000)	—	—
기말(12월 31일)	12,950주	₩64,750,000	1,325주	₩6,625,000

① ₩206　　　　　　② ₩300　　　　　　③ ₩385
④ ₩400　　　　　　⑤ ₩406

해설

(1) n = 11,875

	1.1	7.1	11.1	계
무상증자 가중평균	10,000 ×1.06 ×12/12	2,500 ×1.06 ×6/12	(300) ×2/12	
	10,600	1,325	(50)	11,875

(2) 우선주 배당금: 1,192.5주 × @5,000 × 7% = 417,375

	1.1	7.1	계
무상증자 가중평균	1,000 ×1.06 ×12/12	250 ×1.06 ×6/12	
	1,060	132.5	1,192.5

유상신주의 배당기산일은 납입한 때이며, 무상신주의 배당기산일은 원래의 구주에 따른다. 따라서 유상주는 발행일을 이용하여 월할 평균하고, 무상주는 소급적용한다.
우선주는 누적적이고, 연체배당금이 있지만 당기 배당금만 계산한다.

(3) EPS: (5,170,000 − 417,375)/11,875 = **400**

답 ④

2 희석주당순이익

희석주당순이익(희석 EPS)은 잠재적 보통주가 있을 때 최대한으로 '낮아질 수 있는' EPS를 의미한다. 잠재적 보통주란 현재 보통주는 아니지만, 보통주가 될 수 있는 가능성이 있는 전환우선주, 전환사채, 신주인수권, 신주인수권부사채, 주식선택권 등을 의미한다. 희석 EPS는 다음과 같이 계산한다. 기본 EPS식의 분자, 분모에 조정 사항이 가산된 형태이다.

$$희석\ EPS = \frac{NI - 우선주\ 배당금 + 조정\ 사항}{n + 조정\ 사항}$$

|잠재적 보통주로 인한 분자, 분모 조정 사항| ★중요!

	분모	분자
전환우선주	기초(or 발행일) 전환 가정 (전환가정법)	전환 가정시 안 주는 배당금
전환사채		이자비용 × (1 − t)
신주인수권	권리 행사 시 증가 주식 수 × (평균시가 − 행사가)/평균시가 (자기주식법)	ZERO(0)
신주인수권부사채		'할증금' 상각액 × (1 − t) or 0

(t = 법인세율)

잠재적 보통주로 인해 분자와 분모에 가산하는 금액은 '실제로는 보통주가 아니지만, 보통주가 되었다고 가정했을 때' 증가하는 보통주 귀속 당기순이익과 증가하는 n이다.

1. 전환우선주 및 전환사채

(1) 분모 조정 사항: 전환가정법

전환우선주와 CB는 우선주 혹은 사채가 보통주로 전환한다. 실제로는 전환이 이루어지지 않았지만, 희석 EPS 계산 시에는 전환이 이루어졌다고 가정한다. (전환가정법) 따라서 기초부터 있었다면 기초에 전환하였다고 가정하고, 기중에 발행했다면 발행하자마자 전환하였다고 가정하여 전환우선주나 CB로 전환할 수 있는 보통주만큼 분모를 증가시킨다.

기출문제에서 '전환사채는 기말전환으로 회계처리하였다'라는 문장을 볼 수 있을 텐데, 이 문장은 무시하자. EPS는 전환일을 기준으로 계산하므로, 회계처리를 어떻게 했는지는 EPS 계산에 영향을 미치지 않는다.

(2) 분자 조정 사항

① 전환우선주: 전환 가정 시 안 주는 배당금

기본 EPS 계산 시 NI에서 우선주 배당금을 차감한 금액이 분자가 된다. 전환우선주는 전환 시 보통주가 되기 때문에 전환했다고 가정하면 우선주 배당금을 받을 수 없다. 따라서 전환 가정 시 안 주는 우선주 배당금을 분자에 가산한다.

② CB: 이자비용×(1−t)

전환사채는 보통주로 전환 시 사채가 없어진다. 사채가 없어지므로 사채로 인해 인식할 이자비용만큼 비용이 감소한다. EPS 문제에서는 법인세율(t)을 제시하므로 세후이자비용(= 이자비용 × (1 − t))을 분자에 가산하면 된다.

예제

01 (주)세무의 20X1년 초 유통보통주식수는 2,000주이다. (주)세무는 20X1년 4월 1일 처음 전환사채(액면금액 ₩50,000, 전환가격 ₩100)를 발행하였고, 동 전환사채는 당기 중 전환되지 않았다. 20X1년 당기순이익이 ₩1,500,000, 전환사채 이자비용은 ₩120,000, 법인세율이 20%일 때, 희석주당이익은? (단, 계산에 필요한 기간은 월 단위로 한다.) 2018. CTA

① ₩632   ② ₩638   ③ ₩672
④ ₩750   ⑤ ₩798

해설

(1) n = 2,000 (변동 없음)

(2) 희석 EPS: 672

	분자	분모	EPS	희석여부
기본	1,500,000	2,000	750	
전환사채	120,000 × 0.8 = 96,000	50,000/100 × 9/12 = 375	256	O
희석 EPS	1,596,000	2,375	672	

전환사채 이자비용은 발행 시점부터 인식된 비용이므로, 이미 9개월치 이자비용이다. 또 9/12를 곱하지 않도록 주의하자.

🔲 ③

02 (주)문경의 20X1년도 주당이익산출과 관련된 자료는 다음과 같다.

> (1) 20X1년 1월 1일 현재 유통보통주식수는 15,000주(주당 액면금액 ₩1,000)이며, 우선주는 없다.
> (2) 20X1년 7월 1일에 자기주식 1,800주를 취득하여 20X1년 12월 31일 현재 보유하고 있다.
> (3) 20X1년 1월 1일에 전환사채(액면금액 ₩500,000, 3년 후 일시상환)를 액면발행하였다. 동 사채의 액면이자율은 연 8%(매년 말 이자지급)이며, 전환사채 발행시 동일조건을 가진 일반사채의 유효이자율은 연 10%이다. 동 전환사채는 만기까지 언제든지 사채액면 ₩1,000당 보통주 1주로 전환가능하다. 20X1년 12월 31일까지 동 전환사채에 대하여 전환청구는 없었다.
> (4) 가중평균은 월할로 계산한다.

20X1년도 (주)문경의 기본주당순이익이 ₩328이라면 희석주당순이익은 얼마인가? (단, 법인세율은 20%로 가정한다. 현가계수는 아래 표를 이용하라. 또한 계산금액은 소수점 첫째자리에서 반올림하며, 단수차이로 인해 약간의 오차가 있으면 가장 근사치를 선택한다.)

2011. CPA

현가계수표

기 간 \ 할인율	기간 말 단일금액 ₩1의 현재가치		정상연금 ₩1의 현재가치	
	8%	10%	8%	10%
1	0.9259	0.9091	0.9259	0.9091
2	0.8573	0.8264	1.7833	1.7355
3	0.7938	0.7513	2.5771	2.4868

① ₩313 ② ₩316 ③ ₩319
④ ₩322 ⑤ ₩325

⊙ **해설**

(1) n = 14,100

	1.1	7.1	계
가중평균	15,000 ×12/12	(1,800) ×6/12	
	15,000	(900)	14,100

(2) 잠재적 보통주가 EPS에 미치는 영향

	분자	분모	EPS	희석여부
기본 전환사채	4,624,800 47,512 × 0.8 = 38,010	14,100 500	328 76	O
	4,662,810	14,600	319	

(당기순이익 − 우선주배당금)/n = 328

→ 당기순이익 − 우선주배당금 = 14,100 × 328 = 4,624,800

(3) 전환사채가 EPS에 미치는 영향

① 발행가액 분석

부채   500,000 × 0.7513 + 40,000 × 2.4868   = ①475,122

자본   ③24,878

계   ②500,000

② 전환사채 이자비용: 475,122 × 10% = 47,512

③ 분모 증가분

500,000/1,000 × 12/12 = 500

－ 1.1에 발행하였으므로 12/12를 곱한다.

답 ③

예제

03 (주)대한의 20X1년도 당기순이익은 ₩15,260,000이며, 주당이익과 관련된 자료는 다음과 같다.

- 20X1년 1월 1일 현재 유통보통주식수는 30,000주(주당 액면금액 ₩1,500)이며, 유통우선주식수는 20,000주(주당 액면금액 ₩5,000, 배당률 5%)이다. 우선주는 누적적우선주이며, 전년도에 지급하지 못한 우선주배당금을 함께 지급하기로 결의하였다.
- 20X1년 7월 1일에 보통주 2,000주를 공정가치로 유상증자하였으며, 9월 1일에 3,200주를 무상증자하였다.
- 20X1년 10월 1일에 전년도에 발행한 전환사채 액면금액 ₩1,000,000 중 20%가 보통주로 전환되었으며, 전환가격은 ₩500이다. 20X1년도 포괄손익계산서에 계상된 전환사채의 이자비용은 ₩171,000이며, 세율은 20%이다.

(주)대한의 20X1년도 희석주당이익은 얼마인가? 단, 가중평균유통주식수는 월할로 계산하며, 단수차이로 인해 오차가 있다면 가장 근사치를 선택한다. 2023. CPA **심화**

① ₩149   ② ₩166   ③ ₩193
④ ₩288   ⑤ ₩296

▶ **해설**

(1) n = 34,200

	1.1	7.1	10.1	계
무상증자 가중평균	30,000 × 1.1 × 12/12	2,000 × 1.1 × 6/12	400 × 3/12	
	33,000	1,100	100	34,200

전환사채 전환 시 발행주식 수: 1,000,000/500 × 20% = 400주

(2) 우선주 배당금: 20,000주 × 5,000 × 5% = 5,000,000

(3) 잠재적 보통주가 EPS에 미치는 영향

	분자	분모	EPS	희석여부
기본	10,260,000	34,200	300	
전환사채	171,000 × 0.8 = 136,800	1,900[1]	72	O
	10,396,800	36,100	288	

1,000,000/500 − 400 × 3/12 = 1,900주

— 전환사채는 전년도에 발행했으므로 가장 빠르게 전환하면 기초에 2,000주를 전환했을 것인데, 실제로 400주를 10.1에 전환했으므로 100주를 차감한다.

답 ④

2. 신주인수권, BW

신주인수권, BW, SO의 의미는 각각 다음과 같다.

> ① 신주인수권: 행사가격을 납입하고 주식을 살 수 있는 권리 (= 콜옵션)
> ② 신주인수권부사채(BW): 신주인수권이 '붙어있는(附, 붙을 부)' 사채

(1) 분모 조정 사항: 자기주식법

위 세 가지 모두 현금을 납입하고 주식을 살 수 있는 권리(신주인수권)를 내포하고 있다. 따라서 권리를 행사하였다고 가정한다면 현금이 납입되어야 한다. 하지만 권리 행사는 가정일 뿐, 실제로 현금이 납입된 것은 아니기 때문에, 행사를 하여 납입된 현금으로 시장에서 시가로 자기주식을 샀다고 가정한다. (자기주식법) 따라서 분모에 가산하는 주식 수를 식으로 표현하면 다음과 같다.

> 분모에 가산하는 주식 수
> = 권리 행사 시 증가 주식 수 − 시가로 구입한 주식 수 ⋯ ①
> = 권리 행사 시 증가 주식 수 − 현금 유입액/평균시가 ⋯ ②
> = 권리 행사 시 증가 주식 수 − 권리 행사 시 증가 주식 수 × 행사가/평균시가 ⋯ ③
> = 권리 행사 시 증가 주식 수 × (평균시가 − 행사가)/평균시가 ⋯ ④
>
> ① 미행사한 잠재적 보통주의 권리를 행사할 경우 주식 수가 증가하지만, 권리 행사 시 현금 유입액만큼 주식을 다시 사들인다고 가정하므로 시가로 구입한다고 가정한 주식만큼 n이 감소한다.
> ② 희석 eps 계산 시 현금 유입액으로 1년 내내 고르게 주식을 샀다고 가정하므로 '시가로 구입한 주식 수' 자리를 '현금 유입액/평균시가'로 바꿔 쓸 수 있다.
> ③ 주식 1주를 행사할 때마다 행사가격만큼 현금이 유입되므로, 현금유입액을 '권리 행사 시 증가 주식 수 × 행사가'로 바꿔 쓸 수 있다.
> ④ 권리 행사 시 증가 주식 수를 앞으로 빼면 ④번식으로 정리할 수 있다.

김수석의 핵심콕! 신주인수권, BW, SO vs 공정가치 미만 유상증자

신주인수권, BW, SO 존재 시 희석 EPS 분모에 가산할 주식 수	공정가치 미만 유상증자 시 무상증자로 보는 주식 수
권리 행사 시 증가 주식 수 × (평균시가 − 행사가)/평균시가	증자 주식 수 × (공정가치 − 발행가액)/공정가치

신주인수권, BW, SO 존재 시 희석 EPS 분모에 가산할 주식 수는 공정가치 미만 유상증자 시 무상증자로 보는 주식 수와 식이 비슷하다. 평균시가 및 공정가치가 분모와 분자에 온다는 것을 기억하자. 이 가격들이 실제로 시장에서 거래되는 가격이므로 이를 기준으로 계산한다고 기억하면 식을 헷갈리지 않을 것이다.

(2) 분자 조정 사항

① 신주인수권: ZERO(0)

신주인수권(콜옵션)은 행사하더라도 현금이 납입되면서 자본금, 주발초가 증가할 뿐 회사의 비용과 무관하다. 따라서 분자에서 조정할 금액은 없다.

② BW: '할증금' 상각액×(1-t) or 0

BW에서 배웠듯, BW는 신주인수권을 행사하더라도 사채가 사라지지 않는다. 사라지는 것은 상환할증금 뿐이다. 따라서 행사 시 할증금 상각액에 $(1-t)$를 곱한 만큼 비용이 줄기 때문에, 할증금 상각액 $\times (1-t)$을 분자에 가산한다. 하지만 대부분의 1차 문제에서는 '상환할증금 미지급조건' BW를 제시한다. 상환할증금 미지급조건이라면 할증금이 없으므로 분자에 가산할 금액은 없다.

예제

04 다음은 (주)대한의 20X1년도 주당이익과 관련한 자료이다.

- 20X1년 중 보통주 변동내용은 다음과 같다. 7월 1일 유상증자는 주주우선배정 신주발행에 해당하며, 유상증자 전일의 보통주 공정가치는 주당 ₩800이고, 유상증자 시점의 발행가액은 주당 ₩500이다.

일자	변동내용	유통주식수
20X1. 1. 1.	전기 이월	1,000주
20X1. 7. 1.	유상증자 400주	1,400주

- 20X1년초 신주인수권 800개를 부여하였는데, 동 신주인수권 1개로 보통주 1주를 인수할 수 있다. 신주인수권의 개당 행사가격은 ₩600이고, 20X1년 중 (주)대한이 발행한 보통주식의 평균주가는 주당 ₩750이다.
- 20X1년도 당기순이익으로 ₩919,800을 보고하였다.

(주)대한의 20X1년도 희석주당순이익은 얼마인가? (단, 가중평균유통주식수는 월할 계산한다.)

2018. CPA

① ₩600   ② ₩648   ③ ₩657   ④ ₩669   ⑤ ₩730

◉▶ 해설

(1) n = 1,260

	1.1	7.1	계
	1,000	250	
무상증자	× 1.12	× 1.12	
가중평균	× 12/12	× 6/12	
	1,120	140	1,260

유상증자로 보는 주식 수: 400주 × 500/800 = 250주
무상증자로 보는 주식 수: 400 − 250 = 150주
무상증자율 = 150/(1,000 + 250) = 12%

(2) 희석 EPS: 700

	분자	분모	EPS	희석여부
기본	919,800	1,260	730	
신주인수권	0	160[1]	0	O
희석 EPS	919,800	1,420	648	

[1]800 × (750 − 600)/750 = 160주

답 ②

05 20X1년 1월 1일 현재 (주)대한의 유통보통주식수는 200,000주(1주당 액면금액 ₩1,000)이며, 자기주식과 우선주는 없다. (주)대한은 20X1년 1월 1일에 주식매입권 30,000개(20X3년 말까지 행사가능)를 발행하였으며, 주식매입권 1개가 행사되면 보통주 1주가 발행된다. 주식매입권의 행사가격은 1개당 ₩20,000이며, 20X1년 보통주의 평균 시장가격은 1주당 ₩25,000이다. 20X1년 10월 1일에 동 주식매입권 20,000개가 행사되었다. (주)대한이 20X1년 당기순이익으로 ₩205,000,000을 보고한 경우 20X1년 희석주당이익은 얼마인가? (단, 가중평균유통보통주식수는 월할로 계산하며, 단수차이로 인해 오차가 있다면 가장 근사치를 선택한다.)

2021. CPA

① ₩960 ② ₩972 ③ ₩976
④ ₩982 ⑤ ₩987

▶ 해설

(1) n = 205,000

가중평균	1.1	10.1	계
	200,000 × 12/12	20,000 × 3/12	
	200,000	5,000	205,000

주식매입권은 행사가격을 납입하고 주식을 발행받으므로 신주인수권(콜옵션)에 해당한다.

(2) 잠재적 보통주가 EPS에 미치는 영향

	분자	분모	EPS	희석여부
기본	205,000,000	205,000	1,000	
신주인수권	0	5,000[1]	0	O
	205,000,000	210,000	976	

$(30,000 - 20,000 \times 3/12) \times (25,000 - 20,000)/25,000 = 5,000$

– 희석 EPS 계산 시 신주인수권은 1.1에 행사되었다고 가정한다. 30,000개가 1.1에 행사되었다고 가정하는데, 20,000개는 실제로 10.1에 행사되었으므로, 3/12를 곱해서 차감한 뒤 행사가격 및 시장가격을 고려한다.

답 ③

06 20X1년 초 현재 (주)대한이 기발행한 보통주 10,000주(주당 액면금액 ₩100)가 유통 중에 있으며, 자기주식과 우선주는 없다. 20X1년 중에 발생한 거래는 다음과 같다.

- 20X1년 1월 1일에 발행된 상환할증금 미지급조건의 신주인수권부사채의 액면금액은 ₩1,000,000이고, 행사비율은 사채액면금액의 100%로 사채액면 ₩500당 보통주 1주(주당 액면금액 ₩100)를 인수할 수 있다. 20X1년도 포괄손익계산서의 신주인수권부사채 관련 이자비용은 ₩45,000이며, 법인세율은 20%이다. 한편 20X1년 (주)대한의 보통주 평균시장가격은 주당 ₩800이며, 20X1년 중에 행사된 신주인수권은 없다.
- 20X1년 3월 1일에 보통주 3,000주의 유상증자(기존의 모든 주주에게 부여되는 주주우선배정 신주발행)를 실시하였는데, 유상증자 직전의 보통주 공정가치는 주당 ₩3,000이고, 유상증자 시점의 발행가액은 주당 ₩2,500이다.
- 20X1년 7월 1일에 취득한 자기주식 500주 중 300주를 3개월이 경과한 10월 1일에 시장에서 처분하였다.

(주)대한이 20X1년도 당기순이익으로 ₩4,000,000을 보고한 경우, 20X1년도 희석주당이익은 얼마인가? (단, 가중평균유통보통주식수는 월할로 계산하며, 단수차이로 인해 오차가 있다면 가장 근사치를 선택한다.) 2020. CPA

① ₩298   ② ₩304   ③ ₩315   ④ ₩323   ⑤ ₩330

▶ 해설

(1) n = 12,392

	1.1	3.1	7.1	10.1	계
유상증자 가중평균	10,000 × 1.04 × 12/12	2,500 × 1.04 × 10/12	(500) × 6/12	300 × 3/12	
	10,400	2,167	(250)	75	12,392

유상증자로 보는 주식 수 = 3,000 × 2,500/3,000 = 2,500주
무상증자로 보는 주식 수 = 3,000 − 2,500 = 500주
무상증자율: 500/(10,000 + 2,500) = 0.04

(2) 잠재적 보통주가 EPS에 미치는 영향

	분자	분모	EPS	희석여부
기본 BW	4,000,000 0	12,392 750	323 0	O
	4,000,000	13,142	304	

① BW 분자: 상환할증금 미지급조건이므로 분자에서 조정할 금액은 없다.
② BW 분모: 1,000,000/500 × (800 − 500)/800 = 750
　─ 행사가: 사채 액면 ₩500당 보통주 1주를 지급하고, 행사비율이 사채액면금액의 100%이므로, 보통주 1주를 인수하기 위한 행사가는 500 × 100% = 500이다.

답 ②

	분자	분모	EPS	희석여부
기본	2,000,000	10,000	200	
신주인수권	0	100	0	O
BW	2,000,000	10,100	198	
	1,400,000	10,000	140	O
전환우선주	3,400,000	20,100	169(희석 EPS)	
	720,000	750	960	X

기본 EPS의 분자와 분모를 적고, 기본 EPS(200)를 계산한다. 그 밑에 잠재적 보통주의 분자, 분모 조정사항을 적는다. 조정 사항을 더한 분자, 분모를 계산하여 희석 EPS를 구한다. 이때 잠재적보통주가 여러 개라면 다음 사항을 주의하자.

1. 잠재적보통주가 여러 개일 때 희석 순서: 희석효과가 가장 큰 것부터

잠재적보통주가 여러 개일 때에는 희석효과가 가장 큰 잠재적보통주부터 희석한다. 위 사례에서는 '신주인수권〉BW〉전환우선주'의 순서로 희석한다. 각 잠재적보통주의 EPS효과(= 분자/분모)를 계산하여 가장 작은 잠재적보통주부터 희석하면 된다.

2. 반희석 효과 발생 시 희석 중단 ★중요!

만약 계속해서 희석하다가 반희석 효과가 발생하면 더 이상 희석을 하지 않는다. 위 사례에서 마지막 전환우선주까지 희석하게 되면 희석 EPS는 198(= 4,120,000/20,850)이 되어 전환우선주를 희석하기 전의 EPS인 169보다 커진다. 따라서 희석 EPS는 169이다.

 김수석의 Why? 희석과 반희석에 대한 이해

> 희석은 '술에 물을 타는 것'으로 이해하면 쉽다. 김수석이 술자리에서 보드카(40도)를 받았는데 너무 도수가 세서 다른 걸 타서 도수를 '최대한' 낮추려는 상황이라고 가정하자. 테이블에 있는 건 소주(20도), 맥주(5도), 사이다(0도)이다.
> 여기서 가장 먼저 탈 것은 당연히 사이다이다. 사이다를 타서 도수가 30도까지 내려갔다고 하자. 여기서 도수를 더 낮추려면 그 다음으로 도수가 낮은 맥주를 타야 한다. 맥주를 탔더니 도수가 15도가 되었다. 여기에 소주를 더 타면 도수가 올라가게 된다. 따라서 김수석은 소주를 타지 않고 그냥 마신다. 여기서 소주가 보여주는 것이 '반희석 효과'이다. 희석 EPS는 잠재적 보통주의 행사로 '가장 낮아질 수 있는 EPS'를 의미한다. 따라서 희석효과가 가장 큰(= 도수가 가장 낮은) 잠재적 보통주부터 반영하다가, 반희석효과가 발생하는 순간 그만 타는 것이다.

 신주인수권이 있다면 무조건 신주인수권부터 탈 것!

신주인수권은 관련 비용이 없기 때문에 분자에서 조정할 것이 없다. 따라서 신주인수권의 '분자/분모'는 무조건 0이다. 신주인수권은 사이다라고 생각하고, 무조건 1순위로 타면 된다. 마찬가지로, 상환할증금 미지급조건의 신주인수권부사채가 등장한다면 분자 조정사항이 없으므로 1순위로 타자.

 희석EPS를 계산해보지 않고도 희석효과를 판단하는 방법

	분자	분모	EPS	희석여부
기본	A	B	X	X > Y : O
잠재적 보통주	C	D	Y	X < Y : X
	A + C	B + D	Z	

기본 EPS를 'A/B = X'라고 해보자. 여기에 잠재적 보통주의 효과를 반영하면 희석 EPS가 '(A + C)/(B + D) = Z'가 된다고 하자. 우리는 굳이 Z를 계산해보지 않고도 'C/D = Y'를 먼저 계산해보면 희석효과를 판단할 수 있다. 'Y<X'이면 희석이 되므로 반영해야 하고, 'Y>X'이면 반희석 효과가 발생하여 반영하면 안 된다. 이유가 궁금하다면 유튜브에 '가비의 리'를 검색해보자.

07 다음은 (주)한국의 20X2년도 주당이익과 관련된 자료이다.

- 당기순이익은 ₩21,384이고, 기초의 유통보통주식수는 100주이며 기중 변동은 없었다.
- 20X1년초 전환사채를 발행하였으며, 전환권을 행사하면 보통주 20주로 전환이 가능하다. 20X2년도 포괄손익계산서의 전환사채 관련 이자비용은 ₩5,250이며, 법인세율은 20%이다. 20X2년말까지 행사된 전환권은 없다.
- 20X1년초 신주인수권 20개를 발행하였으며, 신주인수권 1개당 보통주 1주의 취득(행사가격 ₩3,000)이 가능하다. 20X2년 중의 보통주 평균시가는 주당 ₩5,000이다.

20X2년도 (주)한국의 포괄손익계산서상 희석주당이익은? (단, 가중평균유통보통주식수는 월할로 계산하며, 단수차이로 인해 오차가 있다면 가장 근사치를 선택한다.) 2017. CPA

① ₩178   ② ₩183   ③ ₩198

④ ₩200   ⑤ ₩208

해설

(1) n = 100 (기초부터 변동 없음)

(2) 희석 EPS: 198

	분자	분모	EPS	희석여부
기본	21,384	100	214	
신주인수권	0	8[1]	0	O
	21,384	108	198	
전환사채	5,250 × 0.8 = 4,200	20	210	X

[1]신주인수권 분모 조정 사항: 20 × (5,000 − 3,000)/5,000 = 8

전환사채의 EPS(210)가 전환사채를 희석하기 전의 EPS(198)보다 더 크므로 반희석 효과가 생긴다. 신주인수권까지만 타야 된다. 전환사채까지 희석하게 되면 EPS는 200(= 25,584/128)으로 198보다 더 커진다. 굳이 200을 계산해보지 않고도 전환사채의 분자, 분모 조정 사항만 이용해도 희석여부를 판단할 수 있다.

답 ③

3. 주당이익과 계속영업이익 (심화)

(1) 희석효과의 검토: 계속영업이익 기준으로 희석 여부 판단

잠재적보통주는 보통주로 전환된다고 가정할 경우 주당계속영업이익을 감소시키거나 주당계속 영업손실을 증가시킬 수 있는 경우에만 희석성 잠재적보통주로 취급한다. 잠재적보통주가 희석 효과를 가지는지는 '계속영업손익'에 대한 희석효과 유무로 판단한다는 뜻이다.

위 문장을 보면 '지금까지 계속영업손익이 아닌 당기순이익을 기준으로 문제를 풀지 않았나?'하 는 의문이 들 것이다. 다음 포괄손익계산서 예시를 보자. 당기순이익은 계속영업이익과 중단사업 이익의 합이다. 계속영업과 관련된 이익은 세전으로 표시한 뒤 관련된 법인세비용을 차감하여 세 후이익을 보여주지만, 중단영업과 관련된 이익은 바로 세후이익을 보여준다. 계산문제에서는 중 단영업손익에 대한 언급이 없었으므로 계속영업이익이 당기순이익과 같다고 가정하고, 당기순이 익을 기준으로 희석 여부를 판단한 것이다. 계속영업이익에 대한 언급이 있다면 계속영업이익을 기준으로 희석 여부를 판단해야 한다.

포괄손익계산서 예시	비고
매출액 (매출원가)	
매출총이익 (판관비)	
영업이익 영업외손익	
법인세비용차감전순이익 (법인세비용)	계속영업의 세전 이익 계속영업 관련 법인세
계속영업이익 중단영업이익	계속영업의 세후 이익 중단영업의 세후 이익
당기순이익(NI) 기타포괄이익(OCI)	
총포괄이익(CI)	

(2) 주당계속영업이익

> 기본주당계속영업이익 = 보통주 계속영업이익/n
> 희석주당계속영업이익 = (보통주 계속영업이익 + 조정사항)/(n + 조정사항)
> (단, 보통주 계속영업이익 = 계속영업이익 − 우선주 배당금)

지금까지는 당기순이익을 기준으로 주당순이익을 계산하였는데, 계속영업이익을 기준으로 계산 하는 주당계속영업이익도 있다. 계산식은 주당순이익과 동일하되, 당기순이익 자리에 계속영업 이익을 대입하면 된다. 이때에도 희석 여부는 계속영업손익을 기준으로 판단하면 된다.

예제

08 (주)한국의 20X1년 기초 유통보통주식수는 1,000주이며, 보통주 계속영업이익은 ₩840,000 이다. 20X1년 변동내역은 다음과 같다. (주)한국의 20X1년 희석주당계속영업이익은? (단, 가중 평균주식수는 월할계산한다.)

2015. CTA

> (1) 4월 1일 유상증자를 실시하여 보통주 200주를 발행하였으며, 주당 발행금액은 시장가치와 동일하다.
> (2) 10월 1일 신주인수권부사채의 신주인수권이 모두 행사되어 보통주 120주를 발행 교부하였다. 신주 인수권부사채는 당기 4월 1일 액면상환조건으로 발행되었으며, 행사가격은 주당 ₩6,000이다.
> (3) 보통주 평균시장가격은 주당 ₩9,000이다.

① ₩662   ② ₩672   ③ ₩690
④ ₩700   ⑤ ₩712

해설

(1) n = 1,180

	1.1	4.1	10.1	계
가중평균	1,000 × 12/12	200 × 9/12	120 × 3/12	
	1,000	150	30	1,180

(2) 희석주당계속영업이익: 700

	분자	분모	EPS	희석여부
기본 BW	840,000 0	1,180 20[1]	712 0	O
희석 EPS	840,000	1,200	700	

[1](120주 × 9/12 − 120 × 3/12) × (9,000 − 6,000)/9,000 = 20주

  − 4.1에 발행하였으므로 4.1에 전부 행사되었다고 가정하나, 실제로는 10.1에 행사되었으므로 3/12를 곱한 만큼 차감한다.

目 ④

4 조건부발행보통주 (심화)

1. 기본주당이익

조건부발행보통주란, 특정 조건이 충족된 경우에 발행하게 되는 보통주를 말한다. 조건부발행보통주는 모든 필요조건이 충족된 날에 발행된 것으로 보아 기본주당이익을 계산하기 위한 보통주 식수에 포함한다.

(1) 일정기간이 경과한 후 보통주를 발행하기로 한 계약: 조건부발행보통주 X

단순히 일정기간이 경과한 후 보통주를 발행하기로 하는 계약 등의 경우 기간의 경과에는 불확실성이 없으므로 조건부발행보통주로 보지 아니한다.

(2) 조건부로 재매입할 수 있는 보통주: 재매입가능성이 없어질 때까지는 보통주 X

조건부로 재매입할 수 있는 보통주를 발행한 경우 이에 대한 재매입가능성이 없어질 때까지는 보통주로 간주하지 아니하고, 기본주당이익을 계산하기 위한 보통주식수에 포함하지 아니한다.

2. 희석주당이익

기본주당이익을 계산할 때와 마찬가지로 희석주당이익을 계산할 때에도 조건부발행보통주는 그 조건이 충족된 상태라면 이미 발행되어 유통되고 있는 것으로 보아 희석주당이익을 계산하기 위한 보통주식수에 포함한다. 조건부발행보통주는 그 회계기간 초부터 포함한다. 쉽게 말해서, 희석주당이익 계산 시에는 조건부발행보통주를 기초에 조건을 충족했다고 가정하라는 뜻이다. 조건이 충족된 상태라면 기초부터 충족된 날까지는 잠재적보통주로 보고, 충족된 날부터 기말까지는 보통주로 본다. 반면, 조건이 충족되지 않은 상태라면 기초부터 기말까지 전부 잠재적보통주로 본다.
만약 조건이 충족되지 않은 상태일 경우 조건부발행보통주는 그 회계기간 말이 조건기간의 만료일이라면 발행할 보통주식수만큼 희석주당이익을 계산하기 위한 보통주식수의 계산에 포함한다.

09 20X1년 1월 1일 현재 (주)대한의 유통보통주식수는 100,000주이며, 20X0년 4분기에 실시했던 사업결합과 관련하여 다음 조건에 따라 보통주를 추가로 발행하기로 합의하였다.

> · 20X1년 중에 새로 개점하는 영업점 1개당 보통주 5,000주를 개점일에 발행

(주)대한은 20X1년 5월 1일과 9월 1일에 각각 1개의 영업점을 실제로 개점하였다. (주)대한의 보통주에 귀속되는 당기순이익이 ₩42,000,000일 때, (주)대한의 20X1년도 희석주당이익은 얼마인가? 단, 가중평균유통주식수는 월할로 계산하며, 단수차이로 인해 오차가 있다면 가장 근사치를 선택한다.

2024. CPA

① ₩382   ② ₩386   ③ ₩390
④ ₩396   ⑤ ₩400

▶ **해설**

(1) n = 105,000

	1.1	5.1	9.1
기초 가중평균	100,000 × 12/12	5,000 × 8/12	5,000 × 4/12
	100,000	3,333	1,667

(2) 희석 eps = 382

	분자	분모	eps
기본	42,000,000	105,000	400
영업점	0	5,000[1]	
희석	42,000,000	110,000	382

[1] 5,000 × 4/12 + 5,000 × 8/12 = 5,000
- 조건부발행보통주는 그 조건이 충족된 상태라면 회계기간 초부터 포함한다.

간편법〉 희석 eps의 분모
희석 eps 계산 시에는 영업점을 기초에 개점했다고 보므로, 분모는 110,000(= 100,000 + 5,000 × 2개)이 된다.
→희석 eps: 42,000,000/110,000 = 382

답 ④

10 (주)김수석의 20X1년 초의 유통보통주식수는 1,000,000주이다. 최근의 사업결합과 관련하여 다음의 조건에 따라 보통주를 추가로 발행하기로 합의하였다면, (주)김수석의 20X1년도 기본주당순이익과 희석주당순이익은? 기준서 사례 수정

- 20X1년에 새로 개점하는 영업점 1개당 보통주 5,000주 발행
- 20X1년과 20X2년의 연평균 당기순이익이 2,000,000원을 초과하는 경우 매초과액 1,000원에 대하여 보통주 1,000주 발행
- 이 기간 동안 개점한 영업점: 20X1년 5월 1일에 1개, 20X1년 9월 1일에 1개
- 20X1년도 당기순이익: 2,900,000원

	기본주당순이익	희석주당순이익
①	₩1.53	₩2.85
②	₩1.53	₩2.89
③	₩2.85	₩1.52
④	₩2.89	₩1.52
⑤	₩2.89	₩2.85

해설

1. 기본주당순이익: 2,900,000/1,005,000 = 2.89
(1) n = 1,005,000

	1.1	5.1	9.1	계
가중평균	1,000,000 × 12/12	5,000 × 8/12	5,000 × 4/12	
	1,000,000	3,333	1,667	1,005,000

① 영업점 개설 조건
   영업점 개설 조건은 개설일에 발행된 것으로 보아 보통주식수에 포함한다.
② 당기순이익 조건
   당기순이익 조건은 X2년 당기순이익을 알아야 조건의 충족여부를 알 수 있으므로 X1년에는 조건을 충족하지 못한 상황이다.

2. 희석주당순이익: 2,900,000/(1,005,000 + 905,000) = 1.52
(1) 분자 조정 사항: 없음
   잠재적보통주가 보통주가 되었다고 가정하더라도 보통주 귀속 당기순이익에는 영향이 없다.

(2) 분모 조정 사항: ① + ② = 905,000주
① 영업점 개설 조건: 5,000 × 4/12 + 5,000 × 8/12 = 5,000주
   영업점이 실제로는 기중에 개설되었지만, 기초에 개설되었다고 가정하고 기초부터 개설일까지가중평균한다.
② 당기순이익 조건: 900,000주
   희석주당순이익 계산 시에는 조건기간 만료일을 X1년 말로 보고 계산한다. 이 경우 X1년도 당기순이익이 900,000원이 초과하므로 900,000주를 전부 포함시킨다.

답 ④

5 | 주당순이익 말문제 출제사항

1. 우선주 배당금

(1) 할증배당우선주

할증배당우선주란 할증배당을 하는 우선주로, 배당을 많이 주는 우선주라고 생각하면 된다. 할증 배당우선주의 할인(or 할증)발행차금 상각액은 유효이자율 상각을 통해 우선주배당금에 가산(or 차감)한다. 할증배당우선주의 상각액은 배당으로 보아 이자비용이 아니라 이익잉여금에 직접 가 감한다.

① 할인 발행: 할인발행차금 상각액은 우선주배당금에 **가산**

발행 시	현금	XXX	우선주자본금	XXX
	할인발행차금	XXX		
상각 시	이익잉여금	XXX	할인발행차금	XXX

할증배당우선주의 할인 발행 후 유효이자율 상각 시 할인발행차금을 상각하면서 이익잉여금을 감 소시킨다. 원래 배당 지급 시에는 이익잉여금이 감소하므로 할인발행차금 상각액을 배당금으로 보 아 우선주배당금에 가산한다.

참고로 '할증'배당우선주도 '할인'발행이 가능한데, 할증'배당'이라는 것은 배당을 많이 준다는 것이 지, 할증'발행'을 의미하지는 않기 때문이다. 배당률보다 유효이자율이 높다면 할인발행하게 된다.

② 할증 발행: 할증발행차금 상각액은 우선주배당금에 **차감**

발행 시	현금	XXX	우선주자본금	XXX
			할증발행차금	XXX
상각 시	할증발행차금	XXX	이익잉여금	XXX

할증배당우선주의 할증 발행 후 유효이자율 상각 시 할증발행차금을 상각하면서 이익잉여금을 증가시킨다. 일반적인 배당 지급과 반대로 이익잉여금이 증가하므로 할증발행차금 상각액을 우 선주배당금에서 차감한다.

(2) **우선주 재매입: BV보다 더 준 금액은 우선주 배당금** ⭐중요!

우선주 재매입 시 주주에게 우선주의 '장부금액'보다 더 준 금액은 우선주 배당금으로 본다. 장부 금액은 주주가 최초에 납입한 금액인데, 재매입 시 그보다 더 많이 지급했다면 초과 부분은 사실 상 배당이기 때문이다.

① 우선주 재매입 대가 〉 우선주 BV: 보통주 NI에서 차감

우선주를 재매입할 때 우선주 주주에게 지급한 대가의 공정가치가 우선주의 장부금액을 초과하는 부분은 우선주 주주에 대한 이익배분으로서 이익잉여금에서 차감한다. 이 금액은 지배기업의 보통주에 귀속되는 당기순손익을 계산할 때 차감한다.

② 우선주 재매입 대가 〈 우선주 BV: 보통주 NI에 가산

우선주의 장부금액이 우선주의 매입을 위하여 지급하는 대가의 공정가치를 초과하는 경우 그 차액을 지배기업의 보통주에 귀속되는 당기순손익을 계산할 때 가산한다.

(3) 부채로 분류되는 상환우선주

일정 조건을 충족하는 상환우선주는 부채로 분류한다. 부채로 분류 시 상환우선주에 대한 배당금은 이자비용으로 처리하므로 이미 당기순이익 계산 시 차감되어 있다. 따라서 상환우선주의 우선주배당금은 당기순이익에서 또 차감하면 안 된다.

(4) 전환우선주의 유도 전환: 보통주NI에서 차감

전환우선주 발행기업이 처음의 전환조건보다 유리한 조건을 제시하거나 추가적인 대가를 지급하여 조기 전환을 유도하는 경우가 있다. 이 경우 처음의 전환조건에 따라 발행될 보통주의 공정가치를 초과하여 지급하는 보통주나 그 밖의 대가의 공정가치는 전환우선주에 대한 이익배분으로 보아 기본주당이익을 계산할 때 지배기업의 보통주에 귀속되는 당기순손익에서 차감한다.

2. 무상증자 등 자원의 변동이 없는 자본거래: 과거 EPS도 소급 재작성

상응하는 자원의 변동 없이 유통보통주식수를 변동시키는 사건을 반영하여 당해 기간 및 비교표시되는 모든 기간의 가중평균유통보통주식수를 조정한다. 다만, 잠재적보통주의 전환은 제외한다.

무상증자와 같이 자원의 변동이 없는 자본거래가 발생한 경우 계산문제에서 해당 자본거래 이전에 있던 주식 수에 전부 주식 증가비율 (예 10% 무상증자 시 1.1)을 곱했었다. 이처럼 소급 적용은 당기뿐만 아니라 비교표시되는 모든 기간에 똑같이 적용된다. 따라서 무상증자 등이 발생하면 과거 EPS도 소급 재작성해야 한다.

3. 유통보통주식수의 변동 시점

(1) 사업결합 이전대가: 취득일

사업결합 이전대가의 일부로 발행된 보통주의 경우 취득일을 가중평균유통보통주식수를 산정하는 기산일로 한다. 왜냐하면 사업 취득일부터 사업결합의 효력이 발생하기 때문이다.

(2) 보통주로 반드시 전환해야 하는 전환금융상품: 계약체결 시점

보통주로 반드시 전환하여야 하는 전환금융상품은 계약체결 시점부터 기본주당이익을 계산하기 위한 보통주식수에 포함한다.

4. 매입옵션: 반희석효과 → 희석EPS 계산 시 포함 X ⭐중요!

매입옵션은 기업이 자신의 보통주에 기초하여 매입한 옵션(풋옵션, 콜옵션)을 의미한다. 기업이 보유하는 매입옵션은 반희석효과가 있으므로 희석EPS 계산 시 포함하지 않는다. 예를 들어, 주식의 시가가 ₩8,000인 상황에서 행사가가 ₩5,000인 신주인수권 160개를 기업이 보유하고 있다고 하자. 회사가 신주인수권을 행사했다면 ₩800,000(＝₩5,000*160개)의 현금을 옵션 매도자에게 지급하고, 옵션 매도자로부터 160주의 주식을 취득했을 것이다. 하지만 실제로 현금이 지급한 것은 아니므로 ₩800,000의 자기주식을 시가로 100주(＝₩800,000/₩8,000)처분했다고 가정한다. 이 경우 유통보통주식수는 60주(＝160주 − 100주) 감소한다. 이처럼, 매입옵션의 행사를 가정하면 n이 감소하므로 반희석 효과가 발생한다. 이유는 중요하지 않으므로 결론만 외우자.

예제

01 기업회계기준서 제1033호 '주당이익'에 대한 다음 설명 중 옳지 않은 것은?   2019. CPA

① 기본주당이익 정보의 목적은 회계기간의 경영성과에 대한 지배기업의 보통주 1주당 지분의 측정치를 제공하는 것이다.

② 기업이 공개매수 방식으로 우선주를 재매입할 때 우선주의 장부금액이 우선주의 매입을 위하여 지급하는 대가의 공정가치를 초과하는 경우 그 차액을 지배기업의 보통주에 귀속되는 당기순손익을 계산할 때 차감한다.

③ 가중평균유통보통주식수를 산정하기 위한 보통주유통일수 계산의 기산일은 통상 주식발행의 대가를 받을 권리가 발생하는 시점이다. 채무상품의 전환으로 인하여 보통주를 발행하는 경우 최종이자발생일의 다음날이 보통주유통일수를 계산하는 기산일이다.

④ 조건부로 재매입할 수 있는 보통주를 발행한 경우 이에 대한 재매입가능성이 없어질 때까지는 보통주로 간주하지 아니하고, 기본주당이익을 계산하기 위한 보통주식수에 포함하지 아니한다.

⑤ 잠재적보통주는 보통주로 전환된다고 가정할 경우 주당계속영업이익을 감소시키거나 주당계속영업손실을 증가시킬 수 있는 경우에만 희석성 잠재적보통주로 취급한다.

⊙ 해설

기업이 공개매수 방식으로 우선주를 재매입할 때 우선주 주주에게 지급한 대가의 공정가치가 우선주의 장부금액을 초과하는 부분은 지배기업의 보통주에 귀속되는 당기순손익을 계산할 때 차감한다.

③번은 지엽적인 문장이므로 넘어가자. 맞는 문장이다.

目 ②

02 기업회계기준서 제1033호 '주당이익'에 대한 다음 설명 중 옳지 않은 것은? 2024. CPA

① 희석주당이익 계산시 희석성 잠재적보통주는 회계기간의 기초에 전환된 것으로 보되 당기에 발행된 것은 그 발행일에 전환된 것으로 본다.

② 당기 회계기간과 관련한 누적적 우선주에 대한 세후배당금은 배당결의 여부와 관계없이 보통주에 귀속되는 당기순손익에서 차감한다.

③ 희석주당이익을 계산할 때 희석효과가 있는 옵션이나 주식매입권은 행사된 것으로 가정한다. 이 경우 권리행사에서 예상되는 현금유입액은 보통주를 보고기간 말의 시장가격으로 발행하여 유입된 것으로 가정한다.

④ 유통되는 보통주식수나 잠재적보통주식수가 자본금전입, 무상증자, 주식분할로 증가하였거나 주식병합으로 감소하였다면, 비교표시하는 모든 기본주당이익과 희석주당이익을 소급하여 수정한다.

⑤ 행사가격이 주식의 공정가치보다 작은 기존주주에 대한 주주우선배정 신주발행은 무상증자 요소를 수반한다.

⊙ 해설

희석주당이익을 계산할 때 희석효과가 있는 옵션이나 주식매입권은 행사된 것으로 가정한다. 이 경우 권리행사에서 예상되는 현금유입액은 보통주를 회계기간의 평균시장가격으로 발행하여 유입된 것으로 가정한다.

탑 ③

03 주당이익 계산과 관련된 다음의 설명 중 옳은 것은? 2012. CPA

① 기업이 자신의 보통주에 기초한 풋옵션이나 콜옵션을 매입한 경우 반희석 효과가 있으므로 희석주당이익의 계산에 포함하지 아니한다.

② 기본주당이익 계산을 위한 가중평균유통보통주식수 산정시 당기중에 유상증자와 주식분할로 증가된 보통주식은 그 발행일을 기산일로 하여 유통보통주식수를 계산한다.

③ 희석주당이익 계산시 당기중에 발행된 잠재적보통주는 보고기간 초부터 희석주당 계산식의 분모에 포함한다.

④ 지배기업의 보통주에 귀속되는 당기순이익 계산시 비지배지분에 귀속되는 순이익이나 우선주 배당금은 가산한다.

⑤ 기업이 여러 종류의 잠재적보통주를 발행한 경우에는 특정 잠재적보통주가 희석효과를 가지는 지 판별하기 위해 모든 잠재적보통주를 고려하며, 기본주당이익에 대한 희석효과가 가장 작은 잠재적보통주부터 순차적으로 고려하여 희석주당이익을 계산한다.

▶ **해설**

① 매입옵션은 반희석 효과가 발생하므로 희석 EPS 계산 시 고려하지 않는다. (O)

② 주식분할은 자본 변동이 없으므로 발행일이 아닌 소급 적용하여 n을 계산한다. (X)

③ 당기 중에 발행된 잠재적보통주는 '발행일부터' 분모에 포함한다. (X)

④ 지배기업의 보통주에 귀속되는 당기순이익 계산시 비지배지분에 귀속되는 순이익이나 우선주 배당금은 차감한다. 비지배지분은 고급회계에서 배울 것이므로 지금은 넘어가자. (X)

⑤ 희석효과가 가장 '큰' 잠재적보통주부터 순차적으로 고려한다. (X)

 ①

C·H·A·P·T·E·R

15

회계변경 및 오류수정

CHAPTER 15

회계변경 및 오류수정

1 회계변경 및 오류수정

구분		처리방법	사례
회계변경	회계추정의 변경	전진법	감가상각요소의 변경
	회계정책의 변경	소급법	원가흐름의 가정(재고) 변경
오류수정	자동조정오류		발생주의 회계처리, 재고 오류
	비자동조정오류		감가상각 오류

본 장은 '회계변경'과 '오류수정' 두 주제로 이루어져 있다. 회계변경은 회계추정의 변경과 회계정책의 변경으로 나뉘며, 오류수정은 자동조정오류와 비자동조정오류로 나뉜다.

1. 회계추정의 변경: 전진법

회계추정의 변경은 이전에 추정했던 사항들이 새로운 정보나 상황에 따라 변경되는 것을 말한다. 회계추정의 변경은 전진법을 적용한다. 전진법이란 과거의 회계처리는 손대지 않은 채로 변경하는 기간과 그 이후 기간에 변경사항을 반영하는 것이다. 대표적인 예로 감가상각요소(취득원가, 내용연수, 잔존가치, 상각방법)의 변경이 있다. '2장 유형자산'에서 감가상각의 변경에 대해 배운 바 있다. 감가상각요소가 변경되었을 때 과거의 감가상각을 전혀 수정하지 않았다. 이것이 전진법이다. 본 장에서 구체적인 설명은 생략한다.

2. 회계정책의 변경: 소급법

회계정책이란, 기업이 재무제표를 작성·표시하기 위하여 적용하는 구체적인 원칙, 근거, 관습, 규칙 및 관행을 의미한다. 회계정책의 변경은 기업이 적용하던 회계정책을 바꾸는 것을 의미한다. 회계정책의 변경은 원칙적으로 소급법을 적용한다. 소급법이란 새로운 회계정책을 처음부터 적용한 것처럼 과거의 재무제표를 재작성하는 것을 의미한다. 회계정책의 변경에는 재고자산 원가흐름의 가정 변경, 유·무형자산 측정기준의 변경, 투자부동산 측정기준의 변경이 있다. 구체적인 소급법 풀이법은 예제를 통해 설명하며, 소급법 풀이법을 이해하기 위해 필요한 개념을 먼저 설명한다.

2 소급법 풀이법

1. 기말 자산과 당기순이익은 비례

재고자산 (당기)

기초	매출원가 ↓
매입	기말 ↑

당기순이익은 기말 자산과 비례한다. 위 재고자산 T계정을 보자. 기말 재고가 원래보다 증가했다고 치자. 원가흐름의 가정을 바꿨을 수도 있고, 기말 재고의 금액이 과소 평가된 오류를 수정했을 수도 있다. 원인이 무엇이든 관계없이 기말 재고자산이 증가하면 매출원가가 감소한다.

기초 재고자산과 매입은 고정이기 때문에 기말 재고자산의 변화는 전부 매출원가에 반영된다. 기초 재고자산은 전기말 재고자산에서 이월되는 금액이므로 고정이며, 매입액은 실제로 현금을 지급하면서 사온 금액이므로 기말 재고자산의 변동과 무관하다.

기말 재고자산 증가로 인해 매출원가가 감소하면 매출원가는 비용이므로 당기순이익은 증가한다. 따라서 당기순이익은 기말 자산과 비례한다.

2. 기말 자산과 차기 당기순이익은 반비례

재고자산 (당기)   재고자산 (차기)

기초	매출원가		기초 ↑	매출원가 ↑
매입	기말 ↑	↗	매입	기말

당기말 재고자산은 차기초 재고자산과 같다. 당기말(＝차기초) 재고자산이 증가하면 차기 매출원가가 증가한다.

기말 재고자산과 매입은 고정이기 때문에 기초 재고자산의 변화는 전부 매출원가에 반영된다. 기초 재고자산은 1년 안에 전부 팔린다고 가정하므로 기초 재고자산의 변동이 기말 재고자산에 미치는 영향은 없으며, 매입액은 실제로 현금을 지급하면서 사온 금액이므로 기초 재고자산의 변동과 무관하다.

당기말(＝차기초) 재고자산 증가로 인해 차기 매출원가가 증가하면 매출원가는 비용이므로 차기 당기순이익은 감소한다. 따라서 차기 당기순이익은 기말 자산과 반비례한다.

지금까지 살펴본 기말 자산의 변동이 당기와 차기에 미치는 영향을 요약하면 다음과 같다. 다음 내용을 문제 풀이에 적용하는 방법은 사례를 통해 설명한다.

	재고자산	매출원가	당기순이익
당기	기말 재고자산 증가	감소	증가
차기	기초 재고자산 증가	증가	감소

※주의 재고자산 변동과 매출은 무관!

기말 재고자산의 금액이 변동할 때 매출도 같이 변동한다고 오해하는 수험생들이 많다. 기말 재고자산의 금액이 바뀌더라도 매출이 달라지는 것은 아니다. 우리가 하고 있는 작업은 실제 재고자산은 건드리지 않으면서, 재고자산의 '금액만' 바꾸는 것이다. 예를 들어 기말 재고가 100개가 있다고 하자. 100개의 재고가 그동안 선입선출법으로 봤을 때는 ₩10,000이었는데, 평균법으로 원가흐름의 가정을 변경하면서 ₩20,000으로 금액이 바뀐 것이다. 매출이 줄어서 재고가 증가한 것이 아니라, 재고를 '계산하는 방법이 달라져서' 재고가 증가한 것이다. 실제 재고는 여전히 100개로 고정이다. 앞으로 배울 재고자산의 평가 오류도 마찬가지이다. 매입액 누락이든, 단순 계산 착오이든 기타 다양한 이유로 기말 재고자산의 금액에 오류가 있을 수 있는데 이를 수정할 때에는 재고자산 금액만 바뀔 뿐, 매출이 변동하는 것은 아니다.

사례

(주)대경은 20X2년도에 재고자산평가방법을 선입선출법에서 평균법으로 변경하였다. 그 결과 20X2년도의 기초재고자산과 기말재고자산이 각각 ₩22,000과 ₩18,000만큼 감소하였다. 이러한 회계정책변경은 한국채택국제회계기준에 의할 때 인정된다. 만일 회계정책변경을 하지 않았다면 (주)대경의 20X2년 당기순이익은 ₩160,000이고, 20X2년 12월 31일 현재 이익잉여금은 ₩540,000이 된다. 회계정책변경 후 (주)대경의 20X2년 당기순이익과 20X2년 12월 31일 현재 이익잉여금을 계산하면 각각 얼마인가? 단, 법인세 효과는 고려하지 않는다. 2014. CPA 수정

	당기순이익	이익잉여금
①	₩120,000	₩522,000
②	₩156,000	₩558,000
③	₩156,000	₩602,000
④	₩164,000	₩522,000
⑤	₩200,000	₩602,000

STEP 1 손익은 기말 자산 변동과 동일

	X1	X2	X3
X1	(22,000)		
X2		(18,000)	

위 손익 변동표는 연도별 '당기순이익'의 변동을 표시한 것이다. 제일 윗줄에 가로로 적은 것은 손익이 '영향을 받는' 연도(결과)를 표시한 것이고, 왼쪽에 세로로 적은 것은 재고자산의 변동이 '발생한' 연도(원인)를 표시한 것이다.

당기순이익은 기말 자산과 비례하므로 기말 자산 변동액을 적어주면 된다. 선입선출법에서 평균법으로 변경하면서 X1말(= X2초) 재고는 22,000 감소하고, X2말 재고는 18,000 감소한다. 기말 자산과 당기순이익은 비례하므로, X1년도 당기순이익은 22,000 감소하고, X2년도 당기순이익은 18,000 감소한다. 이를 위 표와 같이 적는다.

STEP 2 변동액은 부호만 반대로 다음 해에 적기

X1년말 재고 감소는 X2년 매출원가를 감소시켜, X2년 당기순이익 증가로 이어진다. 즉, 기말 자산 변동액은 차기의 당기순이익과 반비례한다. 따라서 전기의 변동액을 금액은 그대로, 부호만 반대로 다음 해에 적으면 된다. Step 1에서 그린 표에 다음과 같이 금액을 추가하면 된다.

	X1	X2	X3
X1	(22,000)	22,000	
X2		(18,000)	18,000

STEP 3 요구사항 구하기 ★중요!

이제 표를 다 그렸으니, 답을 구할 차례이다. 주로 묻는 사항은 당기순이익, 매출원가, 이익잉여금이다. 변동액만 묻는 경우도 있고, 조정 전 금액을 제시하면서 조정 후 금액을 구하는 경우도 있다. 표에 표시된 것은 '변동액'이다. 조정 후 금액을 물었다면 변동액에 조정 전 금액을 더해야 한다.

| 연도별 변동액 |

	X1	X2	X3
당기순이익	(−) 22,000	(+) 4,000	(+) 18,000
매출원가	(+) 22,000	(−) 4,000	(−) 18,000
기말 이익잉여금	(−) 22,000	(−) 22,000 + 4,000 = (−) 18,000	(−) 22,000 + 4,000 + 18,000 = 0

1. 당기순이익: 해당 연도만 세로로 더하기

예제에서 X2년도의 당기순이익을 물었으므로, X2 아래에 있는 조정 사항을 전부 더하면 X2년 당기순이익 변동분을 구할 수 있다. 22,000 − 18,000 = 4,000 증가이다.

2. 매출원가: 당기순이익의 부호만 반대로

매출원가와 당기순이익은 반비례하므로, 당기순이익을 부호만 반대로 뒤집어주면 매출원가에 미치는 영향을 계산할 수 있다.

3. 이익잉여금: Σ당기순이익 ★중요!

	X1	X2	X3
X1	(22,000)	22,000	
X2		(18,000)	18,000
	X3 기초 이잉		X3 당기순이익
	X3 기말 이잉		

이익잉여금은 당기순이익의 누적액이다. X3년초(= X2년말) 이익잉여금 변동액은 X2년까지 변동액을 전부 더하면 된다. 마찬가지로, X3말 이익잉여금 변동액은 X3년까지 변동액을 전부 더하면 된다. 이익잉여금은 시점이 언제이냐에 따라 누적해야 하는 기간이 달라지므로 '몇 년도 말의' 이잉을 물었는지 주의하자.

수정 후 X2년 NI: 160,000 + 4,000 = 164,000
수정 후 X2말 이잉: 540,000 − 18,000 = 522,000

🔲 ④

01 (주)관세는 20X3년부터 재고자산 단가결정방법을 총평균법에서 선입선출법으로 변경하였다. 이러한 변경은 자발적 회계정책변경에 해당하며 정당한 회계변경이다. 관련 자료는 다음과 같다.

구 분	20X1년	20X2년
기말 재고자산		
선입선출법	₩4,800	₩5,600
총평균법	₩4,500	₩5,000
당기순이익(총평균법)	₩20,000	₩25,000

20X2년과 20X3년을 비교하는 형식으로 포괄손익계산서를 작성할 경우 (주)관세의 20X2년도 당기순이익은? (단, 회계정책변경의 소급효과를 모두 결정할 수 있다고 가정한다.) 2017. 관세사

① ₩24,100   ② ₩24,700   ③ ₩25,300
④ ₩25,900   ⑤ ₩26,100

해설

	X1	X2
변경 전 NI	20,000	25,000
X1 재고	300	(300)
X2 재고		600
변경 후 NI	20,300	25,300

답 ③

02 (주)세무는 20X1년 설립이후 재고자산 단위원가 결정방법으로 가중평균법을 사용하여 왔다. 그러나 선입선출법이 보다 목적적합하고 신뢰성있는 정보를 제공할 수 있다고 판단하여, 20X4년 초에 단위원가 결정방법을 선입선출법으로 변경하였다. (주)세무가 재고자산 단위원가 결정방법을 선입선출법으로 변경하는 경우, 다음 자료를 이용하여 20X4년도 재무제표에 비교정보로 공시될 20X3년 매출원가와 20X3년 기말이익잉여금은? 2016. CTA

	20X1년	20X2년	20X3년
가중평균법적용 기말재고자산 선입선출법적용 기말재고자산	₩10,000 12,000	₩11,000 14,000	₩12,000 16,000
회계정책 변경 전 매출원가 회계정책 변경 전 기말이익잉여금	₩50,000 100,000	₩60,000 300,000	₩70,000 600,000

	매출원가	기말이익잉여금
①	₩61,000	₩607,000
②	₩61,000	₩604,000
③	₩69,000	₩599,000
④	₩69,000	₩604,000
⑤	₩71,000	₩599,000

해설

	20X1년	20X2년	20X3년
X1년 X2년 X3년	2,000	(2,000) 3,000	(3,000) 4,000
	X3 기초 이잉: 3,000 증가		NI: 1,000 증가
	X3 기말 이잉: 4,000 증가		

당기순이익에 미치는 영향: 1,000 증가
→ 매출원가에 미치는 영향: 1,000 감소 (부호만 반대로)
X3년말 이익잉여금에 미치는 영향: 4,000 증가

수정 후 매출원가: 70,000 − 1,000 = 69,000
수정 후 이익잉여금: 600,000 + 4,000 = 604,000

답 ④

3 | 유·무형자산 및 투자부동산의 평가모형 변경

유·무형자산 및 투자부동산의 평가모형 변경은 회계정책 변경에 해당한다. 평가모형은 장부상에 자산을 어떻게 표시할 것을 의미하므로 회계정책이다. 정책변경은 원칙적으로 소급법을 적용해야 하나, 평가모형 변경에 대해서는 전진법을 적용하는 예외가 있다.

Before	After	처리	비고
유·무형 원가모형	유·무형 재평가모형	전진법	소급법 면제 (혜택)
유·무형 재평가모형	유·무형 원가모형	소급법	소급법 적용 (원칙)
투부 원가모형	투부 공정가치모형		

1. 유·무형자산 원가모형 → 유·무형자산 재평가모형: 소급법 면제 (혜택)

유·무형자산에 대해 원가모형을 적용하다가 최초로 재평가모형을 적용하는 경우 소급법을 면제해주고 있다. 회계정책의 변경에 해당하므로 원칙적으로는 소급법을 적용해야 하나, 재평가모형이 더욱 신뢰성 있는 방법이기에, 재평가모형을 장려하기 위해 기준서에서 혜택을 준 것으로 기억하자.

2. 유·무형자산 재평가모형 → 유·무형자산 원가모형
& 투자부동산 원가모형 → 공정가치 모형 : 소급법 적용 (원칙)

1번 규정만 예외적으로 소급법을 면제해주는 것이지, 나머지 평가모형의 변경은 원칙대로 소급법을 적용한다. 재평가모형에서 원가모형으로 가는 경우에는 오히려 정보의 신뢰성이 저해되기 때문에 혜택을 주지 않으며, 회사가 투자부동산을 보유하는 경우는 많지 않기 때문에 투자부동산에 대해 공정가치 모형을 적용하는 경우에도 혜택을 주지 않았다고 생각하자.

> **※ 주의** 평가모형 변경(소급법) VS 계정 재분류(전진법)
>
> 유·무형자산 및 투자부동산의 평가모형 변경을 '3장 투자부동산'에서 배운 투자부동산의 계정 재분류와 헷갈리지 않도록 주의하자. 계정 재분류는 부동산의 '사용 목적'이 바뀔 때 그에 따라 '계정과목'을 바꾸는 것을 의미한다. 이는 상황이 바뀐 것이므로 회계추정의 변경으로 보며, 과거 재무제표를 수정하지 않고 전진법을 적용한다.
>
> 반면 평가모형 변경은 바뀌는 것이 없는데 회사의 판단에 따라 장부상에 자산을 표시하는 방법을 바꾼 것이므로 회계정책의 변경으로 보아, 원칙적으로 소급법을 적용한다.

예제

01   (주)서울은 20X1년 1월 1일 건물을 ₩100,000에 취득하고 투자부동산으로 분류한 후 원가모형을 적용하여 회계처리하였다. 동 투자부동산의 내용연수는 5년이고, 감가상각이 필요한 경우 잔존가치 없이 정액법으로 상각한다. 동 투자부동산의 20X1년 말과 20X2년 말 공정가치는 각각 ₩110,000과 ₩80,000이었다. 20X3년 초 (주)서울은 동 투자부동산에 대해 공정가치모형을 적용하여 매년 재평가하는 것으로 회계정책을 변경하여, 20X3년도 말의 재무상태표에 비교표시되는 20X2년도 말 이익잉여금(20X3년도의 기초 이익잉여금)을 ₩50,000으로 보고하였다. (주)서울이 전기재무제표를 소급 재작성하여야 할 항목은 제시된 자료 이외에는 없다고 가정한다. (주)서울이 회계정책 변경 전 20X2년도 말 재무상태표에 보고한 이익잉여금은? (단, 회계정책의 변경은 정당한 변경으로 간주한다.)   2022. 서울시 7급

① ₩20,000   ② ₩30,000
③ ₩50,000   ④ ₩70,000

●➤ 해설

유형자산의 재평가모형 최초 도입과 달리, 투자부동산에 대해서 원가모형을 적용하다가 공정가치모형을 적용하는 경우에는 소급법의 면제를 적용받지 못한다. 따라서 원칙적으로 소급법을 적용해야 한다.

	X1	X2
감가비 부인 평가손익 인식	20,000 10,000	20,000 (30,000)
	X2년 말 이익잉여금 20,000 증가	

(1) 감가상각비: (100,000 − 0)/5 = 20,000

(2) 공정가치 평가손익
    X1년: 110,000 − 100,000 = 10,000 이익
    X2년: 80,000 − 110,000 = (−)30,000 손실

(3) 변경 전 X2년 말 이익잉여금: 50,000 − 20,000 = 30,000

답 ②

02 (주)대한은 20X1년 초 건물을 ₩1,000,000에 취득하여 투자부동산으로 분류하고 원가모형을 적용하여 정액법으로 감가상각(내용연수 10년, 잔존가치 ₩0)하였다. 그러나 20X2년에 (주)대한은 공정가치모형이 보다 더 신뢰성 있고 목적적합한 정보를 제공하는 것으로 판단하여, 동 건물에 대하여 공정가치모형을 적용하기로 하였다. 동 건물 이외의 투자부동산은 없으며, 원가모형 적용 시 20X1년 말 이익잉여금은 ₩300,000이었다. 건물의 공정가치가 다음과 같은 경우, 동 건물의 회계처리와 관련된 설명 중 옳지 않은 것은? (단, 이익잉여금 처분은 없다고 가정한다.) 2019. CPA

구분	20X1년 말	20X2년 말
건물의 공정가치	₩950,000	₩880,000

① 20X2년 말 재무상태표에 표시되는 투자부동산 금액은 ₩880,000이다.

② 20X2년도 포괄손익계산서에 표시되는 투자부동산평가손실 금액은 ₩70,000이다.

③ 20X2년 재무제표에 비교 표시되는 20X1년 말 재무상태표상 투자부동산 금액은 ₩950,000이다.

④ 20X2년 재무제표에 비교 표시되는 20X1년도 포괄손익계산서상 감가상각비 금액은 ₩100,000이다.

⑤ 20X2년 재무제표에 비교 표시되는 20X1년 말 재무상태표상 이익잉여금 금액은 ₩350,000이다.

해설

	20X1년	20X2년
감가비 부인	100,000	
평가손익 인식	(50,000)	(70,000)
	X1말 이잉: 50,000 증가	NI: (70,000) 감소
	X2말 이잉: (20,000) 감소	

(1) 감가상각비: (1,000,000 − 0)/10 = 100,000

(2) 공정가치 평가손익
  X1년: 950,000 − 1,000,000 = (−)50,000 손실
  X2년: 880,000 − 950,000 = (−)70,000 손실

① X2말 투부 잔액: 880,000
② X2년 평가손익: 70,000 손실
③ X1말 투부 잔액: 950,000 (소급 적용)
④ 소급 적용하므로 공정가치모형을 적용하며, 감가상각비는 표시되지 않는다. (X)
⑤ X1말 이잉: 300,000 + 100,000(감가비 부인) − 50,000(평가손실 인식) = 350,000
  − 이익잉여금은 NI의 누적액이다. X1년 NI가 50,000 증가하므로 이잉도 50,000 증가한다.

답 ④

4 자동조정오류

구분		처리방법	오류 사례
오류수정	자동조정오류	소급법	재고자산 오류, 발생주의 오류
	비자동조정오류		감가상각자산 오류, 사채 오류

오류수정은 별다른 수정분개 없이도 오류가 자동으로 수정되는지 여부에 따라 자동조정오류와 비자동조정오류로 구분된다. 자동조정오류는 2년이 지나면 수정분개를 하지 않아도 알아서 오류가 조정된다. 자동조정오류로는 재고자산의 오류와 발생주의 오류에 대해 다룰 것이다.

반면, 비자동조정오류는 별도로 수정분개를 하지 않으면 오류가 수정되지 않는다. 비자동조정오류로는 감가상각자산의 오류와 사채의 오류에 대해 다룰 것이다.

1. 재고자산의 오류수정

원가흐름의 가정 변경과 자동조정오류는 문제 풀이 방법이 일치하므로 두 개념을 동일한 것으로 이해해도 무방하다. 재고자산의 평가 오류는 정책변경에서 배운 재고자산 원가 흐름의 가정 변경과 동일하게 풀면 된다.

예제

01 (주)감평은 20X1년 기말재고자산을 ₩50,000만큼 과소계상하였고, 20X2년 기말재고자산을 ₩30,000만큼 과대계상하였음을 20X2년 말 장부마감 전에 발견하였다. 20X2년 오류수정 전 당기순이익이 ₩200,000이라면, 오류수정 후 당기순이익은? 2016. 감평사

① ₩120,000 　　　　② ₩170,000 　　　　③ ₩230,000
④ ₩250,000 　　　　⑤ ₩280,000

▶ 해설

	X1	X2
변경 전 NI		200,000
X1 재고	50,000	(50,000)
X2 재고		(30,000)
계		120,000

X1년 말 재고를 50,000만큼 과소계상하였으므로 X1년도 이익을 50,000만큼 증가시켜야 한다.
X2년 말 재고를 30,000 과대계상하였으므로 X2년도 이익을 30,000만큼 감소시켜야 한다.
X1년도 이익 50,000 증가분은 X2년도 이익을 50,000 감소시킨다.

답 ①

02 (주)대한의 회계감사인은 20X2년도 재무제표에 대한 감사과정에서 20X1년 말 재고자산 금액이 ₩10,000만큼 과대계상되어 있음을 발견하였으며, 이는 중요한 오류에 해당한다. 동 재고자산의 과대계상 오류가 수정되지 않은 (주)대한의 20X1년과 20X2년의 손익은 다음과 같다.

구분	20X1년	20X2년
수익	₩150,000	₩170,000
비용	90,000	40,000
당기순이익	₩60,000	₩130,000

한편, 20X2년 말 재고자산 금액은 정확하게 계상되어 있으며, (주)대한의 20X1년 초 이익잉여금은 ₩150,000이다. 상기 재고자산 오류를 수정하여 비교재무제표를 작성할 경우, (주)대한의 20X1년 말과 20X2년 말의 이익잉여금은 각각 얼마인가? 2022. CPA

	20X1년 말	20X2년 말
①	₩200,000	₩330,000
②	₩200,000	₩340,000
③	₩210,000	₩330,000
④	₩210,000	₩340,000
⑤	₩220,000	₩340,000

▶ 해설

	X1	X2
X1	(10,000)	10,000
	기초 이잉	NI
	기말 이잉	

기초 이잉: 10,000 감소
기말 이잉: 불변

	20X1년 말	20X2년 말
수정 전 이익잉여금 오류 수정으로 인한 증감	150,000 + 60,000 = 210,000 (10,000)	210,000 + 130,000 = 340,000 −
수정 후 이익잉여금	200,000	340,000

답 ②

2. 발생주의 오류수정

선수수익, 미수수익, 선급비용, 미지급비용 등의 이연항목들을 발생주의에 따라 인식하지 않고, 현금주의 등으로 손익을 인식한 경우 오류가 발생한다.

(1) 기말 자산과 당기순이익은 비례, 차기 당기순이익은 반비례

선급비용 (당기)					선급비용 (차기)			
기초	비용	↓			기초	↑	비용	↑
지출	기말	↑	↗		지출		기말	

앞에서 기말 재고자산은 당기순이익과 비례하고, 차기 당기순이익과 반비례한다는 결론을 도출하였다. 이는 재고자산에만 적용되는 것이 아니라, 다른 자산에도 똑같이 적용된다. 선급비용 T계정을 이용하여 설명할 것이며, 이는 자산인 미수수익도 똑같이 적용된다. 선급비용 T계정은 '기초 + 지출 = 비용 + 기말'의 형태로 작성할 수 있다. 기초 선급비용에 현금 지출액만큼 선급비용이 증가하지만, 비용만큼 선급비용이 감소하여 기말 잔액이 남는다.

|수정분개| 회사가 차기 비용을 현금으로 지급하면서 비용처리한 경우

당기	선급비용	XXX	비용	XXX
차기	비용	XXX	선급비용	XXX

만약 회사가 차기 비용을 현금으로 지급하면서 비용처리하였다면 기말 선급비용이 과소계상된다. 이 경우 수정분개를 통해 기말 선급비용을 증가시키면서 비용을 감소시키고, 당기순이익은 증가한다.

당기말 선급비용은 차기초 선급비용과 같다. 당기말(= 차기초) 선급비용이 증가하면 차기 비용이 증가한다. 차기에 비용을 인식하지 않았으므로 선급비용을 제거하면서 차기에 비용을 인식한다.

발생주의 오류는 수익과 비용을 인식하는 시기의 차이인데, 문제에 언급이 없다면 수익, 비용의 인식 시점 차이가 '1년'이라고 본다. 쉽게 말해서, 작년 손익이 아니면 올해 손익이고, 올해 손익이 아니면 내년 손익이라는 얘기이다. 올해 손익이 2년 뒤 손익에 영향을 미치지 않는다.

예를 들어 일상생활에서 보험료, 임차료, 이자 등을 낼 때 1년 치 혹은 그보다 짧은 기간의 비용을 내지, 2년 치 혹은 그 이상의 비용을 한꺼번에 내는 경우는 잘 없다. 한 번에 내는 비용이 수년 치에 해당하는 금액이라면 문제에서 자세히 설명해줄 것이다. 문제에 언급이 없다면 선수/미수수익, 선급/미지급비용을 그 다음 해에 제거하면서 수익이나 비용을 인식하면 된다.

지금까지 살펴본 기말 자산의 변동이 당기와 차기에 미치는 영향을 요약하면 다음과 같다.

	자산(선급비용, 미수수익)	비용	수익	당기순이익
당기	기말 자산 증가	감소	증가	증가
차기	기초 자산 증가	증가	감소	감소

(2) 기말 부채와 당기순이익은 반비례, 차기 당기순이익은 비례: 자산과 반대

미지급비용 (차기)			
지급	기초	↑	
기말	비용	↓	

미지급비용 (당기)			
지급	기초		
기말	↑	비용	↑

같은 원리로 부채가 당기순이익에 미치는 영향도 분석할 수 있다. 이번에는 부채이므로 기초가 원장 대변에 오고, 기말이 원장 차변에 온다. 따라서 오른쪽에 당기 원장을, 왼쪽에 차기 원장을 배치하였으므로 헷갈리지 말자.

|수정분개| 회사가 당기 비용을 차기에 지급하면서 비용처리한 경우

당기	비용	XXX	미지급비용	XXX
차기	미지급비용	XXX	비용	XXX

만약 회사가 차기에 지급하는 당기 이자를 차기에 현금 지급 시 비용처리하였다고 가정하자. 당기말 미지급비용은 과소계상되며, 수정분개를 통해 기말 미지급비용을 증가시키면서 비용을 증가시키므로, 당기순이익은 감소한다.

한편, 당기말 부채는 차기초 부채와 같다. 차기초 부채가 증가하면 차기 비용은 감소하여 차기 당기순이익은 증가한다. 차기에 비용을 인식하였는데 이는 차기 비용이 아니므로 미지급비용을 제거하면서 비용을 감소시켜야 한다.

따라서 기말 부채와 당기순이익은 반비례하고, 기말 부채와 차기 당기순이익은 비례한다. 자산과 반대라고 생각하면 된다.

	부채(미지급비용, 선수수익)	비용	수익	당기순이익
당기	기말 부채 증가	증가	감소	감소
차기	기초 부채 증가	감소	증가	증가

(3) 발생주의 오류수정-손익 변동표 작성법

선수수익, 미수수익, 선급비용, 미지급비용 등의 발생주의 오류는 자동조정오류로 다음 기에 바로 조정된다. 발생주의 오류가 존재하는 경우 앞서 배웠던 소급법과 동일하게 당기 변동분을 차기에 부호만 반대로 적으면 된다. 방금 다룬 선급비용과 미지급비용의 손익변동표를 그리면 다음과 같다.

	당기	차기
선급비용	XXX	(XXX)
미지급비용	(XXX)	XXX

당기말 선급비용이 과소계상되어 있으므로 이를 증가시키면 당기 이익은 증가하고, 차기 이익은 감소한다. 당기말 미지급비용이 과소계상되어 있으므로 이를 증가시키면 당기 이익은 감소하고, 차기 이익은 증가한다.

예제

01 (주)한국의 2012년 12월 31일 수정전시산표와 추가적 정보는 다음과 같다. 수정분개로 옳은 것은?

2013. 관세직 9급

〈수정전시산표〉

계정과목	잔액
매출채권	₩200,000
선수수익	₩60,000
선급임차료	₩120,000
선급보험료	₩24,000

〈추가적 정보〉

ㄱ. 2012년 12월 31일을 기준으로 선수수익의 3분의 1에 해당하는 용역을 제공하였다.
ㄴ. 2012년 9월 1일 1년분의 보험료를 지급하고, 선급보험료로 회계처리하였다.
ㄷ. 대금이 회수되지 않은 용역제공분 ₩6,000에 대하여 회계처리하지 않았다.
ㄹ. 6개월분의 선급임차료에 대한 거래는 2012년 10월 1일에 발생하였다.

		차변	대변
①	ㄱ:	(차) 선수수익 ₩20,000	(대) 매출원가 ₩20,000
②	ㄴ:	(차) 선급보험료 ₩8,000	(대) 보험료 ₩8,000
③	ㄷ:	(차) 현금 ₩6,000	(대) 용역매출 ₩6,000
④	ㄹ:	(차) 임차료 ₩60,000	(대) 선급임차료 ₩60,000

해설

|올바른 회계처리|

①	(차)	선수수익	20,000	(대)	수익	20,000
②	(차)	보험료	8,000	(대)	선급보험료	8,000
③	(차)	미수수익	6,000	(대)	수익	6,000
④	(차)	임차료	60,000	(대)	선급임차료	60,000

① 선수수익 중 1/3은 용역을 제공하였으므로 매출원가가 아닌 수익을 인식해야 한다.

② 보험료를 전부 자산화한 뒤 비용처리하지 않았으므로 선급보험료를 감소시켜야 한다. 대차를 바꾸면 된다.

③ 아직 회수되지 않은 용역제공분에 대해서는 현금을 계상할 수 없으며, 미수수익을 계상해야 한다.

답 ④

※ 주의 당기순이익(NI) vs 법인세비용차감전순이익(EBT)

포괄손익계산서 예시
매출액 (매출원가)
매출총이익 (판관비)
영업이익 영업외손익
법인세비용차감전순이익(EBT) (법인세비용)
당기순이익(NI) 기타포괄이익(OCI)
총포괄이익(CI)

법인세비용차감전순이익은 말 그대로 법인세비용을 차감하기 전 이익으로, 당기순이익에 법인세비용을 가산한 금액을 말한다. 회계학 문제에서 법인세비용차감전순이익을 묻는 경우가 있는데, 당기순이익을 묻는 문제라고 생각하면 된다. EBT와 NI의 차이는 법인세비용인데, 법인세회계 문제가 아니라면 일반적으로 법인세비용은 없기 때문이다.

원칙적으로는 이익(= 수익 − 비용)이 증가하면 '세전이익'이 증가하고, 세전이익에 세율을 곱한 만큼은 법인세비용이 증가하여 당기순이익은 '세전이익 × (1 − 법인세율)'만큼 증가한다. 하지만 대부분의 회계학 문제에서는 법인세가 없는 상황에서 이익에 미치는 영향을 묻고 싶기 때문에, 법인세비용을 차감하기 전 이익인 EBT를 묻는 것이다. EBT를 묻는 것은 출제상의 표현 기법일 뿐 문제 풀이에 영향을 주지 않으므로, 수험생은 신경 쓸 필요 없이 당기순이익에 미치는 영향을 구하면 된다.

예제

02 (주)감평의 20X1년도 회계오류 수정 전 법인세비용차감전순이익은 ₩500,000이다. 오류 수정과 관련된 자료는 다음과 같다. 회계오류 수정 후 (주)감평의 20X1년도 법인세비용차 감전순이익은?

2019. 감평사

	20X0년	20X1년
기말재고자산 과대(과소)계상	₩12,000 과소	₩5,000 과대
선급비용을 당기비용으로 처리	₩4,000	₩3,000

① ₩476,000   ② ₩482,000   ③ ₩486,000

④ ₩488,000   ⑤ ₩492,000

해설

	X0	X1
변경 전 EBT		500,000
X0 재고	12,000	(12,000)
X1 재고		(5,000)
X0 선급비용	4,000	(4,000)
X1 선급비용		3,000
계		482,000

|선급비용 수정분개|

X0년	(차)	선급비용	4,000	(대)	비용	4,000
X1년	(차)	비용	4,000	(대)	선급비용	4,000
	(차)	선급비용	3,000	(대)	비용	3,000

X0년의 선급비용은 X1년의 비용을 미리 지급한 것이다. (문제에 언급이 없을 경우 선급/미지급비용, 선수/미수 수익은 바로 다음 해에 제거된다.) 따라서 X1년에 선급비용 4,000을 제거하면서 비용을 인식해야 한다. 추가로, X1년에도 선급비용 3,000을 비용으로 처리하였으므로 비용을 부인하면서 선급비용을 인식해야 한다.

目 ②

(4) 오류가 이익에 미치는 영향

대부분의 문제는 '오류를 수정할 경우' 이익에 미치는 영향을 묻는다. 하지만 문제에서 '오류가' 이익에 미치는 영향을 물을 수도 있는데, 이 경우에도 손익 변동표는 똑같이 그리자. 우리는 현재 상태에서 오류를 수정하는 방향으로 손익 변동표를 그리고, 마지막에 손익 변동표를 해석할 때에만 부호를 반대로 생각하면 된다.

예를 들어, 손익 변동표에 '10,000'이 적히면 오류를 수정하여 당기순이익을 10,000 증가시킨다는 것을 의미한다. 왜 오류를 수정하여 당기순이익을 10,000 증가시켰을까? 오류로 인해 당기순이익이 10,000 적기 때문이다. 따라서 '10,000 과소계상'이라고 답하면 된다. 문제의 요구사항이 오류라고 해서 손익 변동표를 그릴 때부터 반대로 그리면 그리는 과정에서 너무 헷갈리기 때문에 손익 변동표는 똑같이 그리고, 마지막에 답 고를 때에만 부호를 반대로 생각하자.

예제

03 다음은 20X1년 1월 1일에 설립된 (주)한국에 대한 자료이다. 20X2년도 회계감사를 진행하면서 (주)한국은 감사인으로부터 다음과 같은 사항을 보고받았다.

	20X1년 말	20X2년도 말
재고자산	₩10,000 과대	₩20,000 과소
선급비용	₩5,000 과소	₩8,000 과대
선수수익	₩9,000 과대	₩11,000 과소

이러한 오류가 20X1년과 20X2년의 당기순이익에 미친 영향은 얼마인가?

	20X1년	20X2년
①	₩6,000 과대계상	₩13,000 과대계상
②	₩1,000 과대계상	₩8,000 과대계상
③	₩4,000 과소계상	₩8,000 과대계상
④	₩4,000 과소계상	₩3,000 과대계상

●▶해설

	21	22
재고자산 — X1	(10,000)	10,000
재고자산 — X2		20,000
선급비용 — X1	5,000	(5,000)
선급비용 — X2		(8,000)
선수수익 — X1	9,000	(9,000)
선수수익 — X2		(11,000)
수정이 미치는 영향	4,000	(3,000)

수정사항을 반영하면 당기순이익은 X1년과 X2년에 각각 4,000 증가, 3,000 감소하므로, 오류가 미치는 영향은 4,000 과소계상 및 3,000 과대계상이다.

目 ④

(5) 발생주의 오류수정 회계처리

사례

(주)김수석은 20X1년 7월 1일 1년치 이자 ₩20,000을 현금으로 받고 전액 20X1년 수익으로 인식하였다. (주)김수석이 위 오류를 20X1년 말 장부마감 전에 발견하였을 경우와, 20X2년 말 장부마감 전에 발견하였을 경우 각각 오류수정 회계처리를 하시오.

|X1년도 발견 시 손익 변동표|

X1(당기)
(10,000)

|X2년도 발견 시 손익 변동표|

X1	X2(당기)
(10,000)	10,000

1년치 이자 20,000 중 절반인 10,000은 X2년도 수익이므로, X1년도 수익에서 부인하여, X2년도 수익으로 인식해야 한다. X1년에 오류를 발견한 경우에는 X1년도만 손익 변동표를 작성하고, X2년에 오류를 발견한 경우에는 X2년도까지 손익 변동표를 작성한다.

① 이익잉여금: 당기순이익의 누적액

이익잉여금은 당기순이익의 누적액이다. 이때, 회계처리에 표시되는 이익잉여금은 기초 이익잉여금을 의미한다. 기말 이익잉여금은 기초 이익잉여금과 당기순이익의 합이다. 오류수정 회계처리 시에는 아직 그 해의 장부가 마감되기 전이므로, 당기순이익이 기말 이익잉여금으로 누적되기 전 상태이다. 따라서 손익 변동표 상의 '기초 이익잉여금'의 변동을 회계처리로 옮긴다. X1년 기초 이익잉여금에 미치는 영향은 없고, X2년 기초 이익잉여금은 10,000 감소한다.

② 수익, 비용: 당기 아래에 기록된 금액

당기 아래에 쓰여있는 금액들은 아직 이익잉여금으로 마감되기 전이므로, 당기의 수익과 비용에 영향을 미친다. 오류와 관련된 수익 또는 비용을 조정하면 된다. X1년도 발견 시에는 X1년 이익이 10,000 감소하므로, 이자수익을 10,000 감소시키면 된다. X2년도 발견 시에는 X2년 이익이 10,000 증가하므로, 이자수익을 10,000 증가시키면 된다.

③ 자산, 부채: 수익, 비용의 누적액

자산, 부채는 변동분을 의미하는 수익, 비용과 달리 누적액을 의미한다. 연도별로 인식한 수익, 비용의 누적액을 관련된 자산 또는 부채에 반영하면 된다. 사례에서는 현금을 미리 받았으므로 관련 있는 자산, 부채는 선수수익이다. 따라서 수익, 비용의 누적액을 선수수익에 반영하면 된다. X1년에는 수익 누적액이 10,000 감소이므로, 선수수익(부채)을 10,000 증가시키고, X2년에는 수익 누적액이 0이므로, 선수수익의 증감은 없다.

|계정별 증감|

	기초 이익잉여금	이자수익	기말 선수수익(부채)
X1년 말 발견 시	불변	10,000 감소	10,000 증가
X2년 말 발견 시	10,000 감소	10,000 증가	불변

|오류수정 회계처리|

X1년 말 발견 시	이자수익	10,000	선수수익	10,000
X2년 말 발견 시	이익잉여금	10,000	이자수익	10,000

예제

04 12월 말 결산법인인 (주)한국은 당기와 전기금액을 비교표시하는 형태로 재무제표를 작성하고 있다. (주)한국은 2011년 급여 ₩20,000에 대한 회계처리를 누락하고, 2011년도 결산이 마무리 된 후인 2012년 6월 30일에 급여를 지급하여 비용으로 계상하였다. (주)한국이 2012년 11월 1일에 이러한 오류를 발견하였다면, 전기오류수정을 위한 회계처리로 옳은 것은?

2012. 국가직 9급

① (차변) 급 여　　　　　₩20,000　(대변) 현 금　　　　　₩20,000
② (차변) 이익잉여금　　₩20,000　(대변) 급 여　　　　　₩20,000
③ (차변) 급 여　　　　　₩20,000　(대변) 이익잉여금　　₩20,000
④ (차변) 미지급급여　　₩20,000　(대변) 급 여　　　　　₩20,000

해설

11	12(당기)
(20,000)	20,000
기초 이잉	NI

12년 6월 30일에 급여 지급 후에 오류를 발견하였으므로, 12년도 급여(비용)를 부인해야 한다.

|계정별 증감|

기초 이익잉여금	급여(비용)	기말 미지급급여(부채)
20,000 감소	20,000 감소	불변

|오류수정 회계처리|

이익잉여금	20,000	급여	20,000

답 ②

05 (주)세무는 20X1년 10월 1일 3년치 영업용 건물 관련 화재보험료 ₩1,200,000을 선급하고 전액 20X1년 비용으로 인식하였다. 동 오류는 20X2년 말 장부마감 전에 발견되어 수정되었다. (주)세무의 오류수정 회계처리가 20X2년 재무제표에 미친 영향으로 옳은 것은? (단, 보험료는 매 기간 균등하게 발생하고, 모든 오류는 중요한 것으로 간주한다.) 2019. CTA

① 전기이월이익잉여금이 ₩1,100,000 증가한다.
② 당기 비용이 ₩700,000 발생한다.
③ 기말 이익잉여금이 ₩400,000 증가한다.
④ 기말 자산항목이 ₩400,000 증가한다.
⑤ 기말 순자산이 ₩300,000 증가한다.

해설

X1	X2
1,100,000	(400,000)
기초 이잉	NI
기말 이잉 700,000	

1,100,000의 비용을 X1년도에 부인한 뒤, X2년에 400,000을 비용으로 인식한다.
 － X1년도 비용: 1,200,000 × 3개월/36개월 = 100,000
 － X2년도 비용: 1,200,000 × 12개월/36개월 = 400,000

|계정별 증감|

기초 이익잉여금	보험료(비용)	기말 선급비용(자산)
1,100,000 증가	400,000 증가	700,000 증가

|오류수정 회계처리|

X2말	비용	400,000	이익잉여금	1,100,000
	선급보험료	700,000		

① 전기이월이익잉여금(= 기초 이익잉여금): ₩1,100,000 증가 (O)
② 당기 비용: ₩400,000 발생 (X)
③ 기말 이익잉여금: ₩700,000 증가 (X)
④ 기말 자산: ₩700,000 증가 (X)
⑤ 기말 순자산(= 자본): ₩700,000 증가 (X)
 － 동 오류와 관련된 자본 항목은 이익잉여금밖에 없으므로, 기말 이익잉여금의 변동으로 답하면 된다.

답 ①

5   비자동조정오류

1. 감가상각자산 오류

비자동조정오류란 자동조정오류와 달리 오류를 수정하지 않으면 자동으로 조정되지 않는 오류를 말한다. 비자동조정오류는 주로 감가상각과 관련하여 출제된다. 자본적지출을 비용으로 처리한 경우, 혹은 수익적지출을 유형자산의 장부금액에 가산한 뒤 상각한 경우가 주로 출제된다. 비자동조정오류도 자동조정오류와 마찬가지로 표를 그려서 연도별 손익에 미치는 영향을 파악해서 회계처리한다. 참고로, 앞으로 배울 고급회계 중 연결회계에서 공정가치 평가차액, 내부거래 제거 시 유형자산의 차이를 조정하는 것과 같은 방식으로 푼다.

> **사례**
>
> (주)김수석은 X1년 1월 1일 기계장치에 대한 ₩10,000의 지출을 현금으로 지급하였다. 기계장치의 잔존내용연수는 4년, 잔존가치는 ₩0, 감가상각방법은 정액법이다. ₩10,000의 지출에 대해서 회사가 다음과 같이 처리한 뒤 오류를 X3년말에 발견하였다면, 각 상황에 해당하는 오류수정분개를 하시오.
>
> 상황 1. ₩10,000이 자본적지출이지만 지출 시 수선비로 계상한 경우
> 상황 2. ₩10,000이 수익적지출이지만 지출 시 기계장치의 장부금액에 가산한 뒤 감가상각한 경우

구분		올바른	회사	수정분개
상황 1 자본적 지출	지출 시	자산	비용	비용 부인
	감가상각	O	X	감가상각비 인식
상황 2 수익적 지출	지출 시	비용	자산	비용 인식
	감가상각	X	O	감가상각비 부인

		X1	X2	X3	X4
상황1	올바른	(2,500)	(2,500)	(2,500)	(2,500)
	수정 전	(10,000)	—	—	—
	(1)자산화	10,000			
	(2)감가상각	(2,500)	(2,500)	(2,500)	(2,500)
상황2	올바른	(10,000)	—	—	—
	수정 전	(2,500)	(2,500)	(2,500)	(2,500)
	(1)비용화	(10,000)			
	(2)감가상각	2,500	2,500	2,500	2,500

정책변경, 자동조정오류, 비자동조정오류 모두 손익변동표를 먼저 그리는 것은 동일하다. 다만, 앞서 배운 정책변경과 자동조정오류는 손익이 바로 다음 기에 부호만 반대로 상쇄되면서 오류를 조정하지 않더라도 2년 후에는 오류가 자동으로 조정된다. 하지만 비자동조정오류는 다음 기가 아니라 해당 자산·부채가 제거될 때 완전히 조정된다.

사례의 경우 오류를 직접 조정하지 않으면 기계장치의 내용연수가 4년이므로 4년이 지난 X5년부터 오류가 자동으로 조정된다. 따라서 내용연수 이전에 오류 사항을 발견한 경우 수정분개를 통해 직접 조정해주어야 한다. 이러한 이유로 '비자동'조정오류라고 부르는 것이다.

(1) **지출 시점: 자산화 or 비용화하기**

유형자산과 관련된 지출이 발생했을 때 자본적지출이라면 자산으로 계상하고, 수익적지출이라면 비용으로 계상해야 한다.

① 상황 1: 자본적지출을 비용으로 계상했기 때문에 비용을 부인하면서 자산으로 계상해야 한다. 자산화를 통해 X1년 이익은 10,000 증가한다.

② 상황 2: 수익적지출을 자산으로 계상했기 때문에 자산을 감소시키면서 비용으로 계상해야 한다. 비용화를 통해 X1년 이익은 10,000 감소한다.

(2) 지출 이후: 감가상각비 조정

지출 이후에는 매년 감가상각비를 조정해야 한다. 자본적지출이라면 감가상각비를 인식해야 되고, 수익적지출이라면 감가상각비를 인식하면 안 된다.

① 상황 1: 매년 감가상각비를 인식하지 않고 지출 시 전부 비용으로 인식했기 때문에 매년 감가상각비를 인식해주어야 한다. 매년 인식할 감가상각비는 2,500(= 10,000/4)이다.

② 상황 2: 감가상각비를 인식하면 안되는데 감가상각비를 인식했기 때문에 매년 감가상각비를 부인해주어야 한다. 매년 부인할 감가상각비는 2,500(= 10,000/4)이다.

 김수석의 **꿀팁!** 감가상각비 조정 시 잔존가치 심화

다음 내용은 잔존가치가 0이 아닌 경우 감가상각비 조정액이 어떻게 되는지 궁금해하는 수험생을 위해 설명해놓은 것인데, 감가상각자산의 오류 문제는 잔존가치를 0으로 제시할 가능성이 크기 때문에, 궁금하지 않은 수험생은 다음 내용을 읽지 말고 넘어가자. 내용이 복잡하기 때문에 더 헷갈릴 가능성이 있다.

감가상각 대상	자본적 지출/수익적 지출	자산의 취득원가
잔존가치 고려	X	O
감가상각비 조정액	추가 지출액/내용연수	(취득원가 − 잔존가치)/내용연수

본 사례처럼 자본적 지출/수익적 지출의 처리방법에 오류가 있는 경우에는 잔존가치를 무시하자. 추가 지출 금액에 대해서만 차이가 있는 것이므로, 나머지 감가상각액에는 차이가 없다. 사례에서 수정하는 오류는 ₩10,000에 대한 감가상각비이지, 기계장치 전체의 감가상각비가 아니다. 기계장치의 잔존가치가 0이든, 0이 아닌 ₩10,000을 제외한 나머지 부분에 대한 감가상각비는 올바르게 표시되어 있으므로, 잔존가치를 신경 쓸 필요가 없다.

반면, 감가상각자산을 아예 상각하지 않은 경우나, 비용 처리해야 할 지출을 자산화한 뒤 상각을 한 경우에는 감가상각비 전체를 인식하거나, 전체를 부인해야 한다. 예를 들어, 기계장치 취득 후 감가상각비를 전혀 인식하지 않았다면 제대로 감가상각비를 인식해주어야 하므로, '(취득원가 − 잔존가치)/내용연수'의 방식으로 감가상각비를 계산한다. 또한, 비용 처리할 지출을 기계장치로 자산화한 뒤 상각을 했다면 회사가 인식한 감가상각비를 부인해야 한다. 회사가 인식한 감가상각비도 '(취득원가 − 잔존가치)/내용연수'의 방식으로 계산했을 것이므로, 잔존가치를 고려해야 한다.

 재고자산 vs 유형자산

	재고자산 (자동조정오류)	유형자산 (비자동조정오류)
자산 제거 시점	구입 후 1년 뒤	내용연수 말
전년 말 자산과 당기 초 자산이	일치	불일치

재고자산의 오류수정과 유형자산의 오류수정은 두 가지 측면에서 차이가 있다. 첫째, 재고자산 오류는 자동조정오류에 해당하지만, 유형자산 오류는 비자동조정오류에 해당한다. 재고자산은 구입 후 1년 뒤에 처분하기 때문에 1년만 지나면 오류수정분개 없이도 알아서 오류가 '자동으로' 조정된다. 따라서 재고자산 오류는 자동조정오류에 해당한다.

반면, 유형자산은 처분하기 위한 자산이 아니라, 사용하기 위한 자산이다. 유형자산은 내용연수가 지나야 상각을 통해 제거되므로 내용연수가 지나기 전에는 오류수정분개 없이 오류가 자동으로 조정되지 않는다. 따라서 유형자산 오류는 비자동조정오류에 해당한다.

둘째, 재고자산은 전년 말 자산이 당기 초 자산이 되지만, 유형자산은 전년 말 자산과 당기 초 자산이 다르다. 재고자산은 X0년에 지출이 발생한 것이기 때문에 X1년 초 재고가 X0년 말 재고가 된다. 따라서 X1년초 재고자산에 오류가 있을 때 X0년 매출원가에도 영향을 미친다.

반면, 유형자산은 X1년에 관련 지출이 발생하기 때문에 X0년 말 유형자산 장부금액과 X1년 초 장부금액이 다르며, X1년 지출의 회계처리 오류가 X0년 감가상각비에 영향을 미치지 않는다. 따라서 유형자산의 경우 X1년초에 오류가 있다고 해서 X0년의 손익을 수정하지 않는다.

STEP 2 금액 효과 구하기

		X1	X2	X3	
상황1	(1)자산화	10,000			→ 기계장치
	(2)감가상각	(2,500)	(2,500)	(2,500)	→ 감가상각누계액
		기초 이익잉여금		당기손익	

		X1	X2	X3	
상황2	(1)비용화	(10,000)			→ 기계장치
	(2)감가상각	2,500	2,500	2,500	→ 감가상각누계액
		기초 이익잉여금		당기손익	

(1) 이익잉여금: 당기순이익의 누적액

당기순이익이나 이익잉여금을 묻는다면 앞서 소급법 풀이법에서 배운대로 답하면 된다. 당기순이익은 해당 연도만 세로로 더하면 되고, 이익잉여금은 당기순이익의 누적액이다.

		X1	X2	X3
상황1	당기순이익에 미치는 영향	7,500	(2,500)	(2,500)
	기말 이익잉여금에 미치는 영향	7,500	5,000	2,500
상황2	당기순이익에 미치는 영향	(7,500)	2,500	2,500
	기말 이익잉여금에 미치는 영향	(7,500)	(5,000)	(2,500)

(2) 감가상각비: '감가상각' 항목 오른쪽, 당기 아래에 기록된 금액.

감가상각비는 '감가상각' 항목 오른편, 당기 아래에 기록된 금액으로 답하면 된다. 이때 자산화/비용화 오른편에 있는 변동분은 무시한다. 상황 1은 매년 감가상각비를 2,500씩 증가시키며, 상황 2는 매년 감가상각비를 2,500씩 감소시킨다.

(3) 감가상각누계액: 감가상각비의 누적액

감가상각누계액은 감가상각비의 누적액이다. 연도별로 인식한 감가상각비를 누적으로 더하면 된다.

		X1	X2	X3
상황1	감가상각비에 미치는 영향	2,500	2,500	2,500
	기말 감가상각누계액에 미치는 영향	2,500	5,000	7,500
상황2	감가상각비에 미치는 영향	(2,500)	(2,500)	(2,500)
	기말 감가상각누계액에 미치는 영향	(2,500)	(5,000)	(7,500)

(4) 손익변동표의 부호 해석 방법 ★중요!

그대로	반대로
자산: 재고자산, 기계장치	부채: 감누, 미지급비용
수익	비용: 매출원가, 감가비
당기순이익, 이익잉여금	

손익변동표에 표시된 금액에는 양수도 있고, 음수도 있다. 이 금액을 가로로도 읽고, 세로로도 읽으면서 다양한 계정과목의 증감을 분석할 것이다. 이때, 손익변동표에 표시된 금액 그대로 반영하는 경우도 있고, 부호를 반대로 반영하는 경우도 있다.

손익변동표는 '이익(= 수익 − 비용)'을 기준으로 표시한 표라는 것을 기억하면 부호를 헷갈리지 않을 것이다. 이익과 비례하는 자산, 자본, 수익은 부호를 그대로 반영하지만, 이익과 반비례하는 부채, 비용은 부호를 반대로 반영해야 한다. 예를 들어, 손익변동표에 표시된 '2,500'은 당기순이익과 이익잉여금의 2,500 증가를 의미하지만, 감가상각비와 감가상각누계액의 2,500 감소를 의미한다.

STEP 3 회계처리

위에서 구한 금액에 미치는 영향을 묻는 문제도 출제되지만, 비자동조정오류에서는 회계처리를 묻는 문제가 많이 출제된다. 위에서 구한 개별 금액들을 분개로 옮기기만 하면 된다.

이때, 이익잉여금을 주의하자. X3년도 회계처리 시에는 아직 X3년도 손익이 마감되기 전이다. 회계처리에 표시되는 이익잉여금은 기초 이익잉여금을 의미한다. 손익 변동표에서 '기초 이익잉여금'에 해당하는 금액으로 회계처리하면 된다.

X3년말 수정분개〉

| 상황1 | ① 기계장치 | 10,000 | ② 감가상각누계액 | 7,500 |
| | ③ 감가상각비 | 2,500 | ④ 이익잉여금 | 5,000 |

① X1년 자산화로 인한 기계장치 증가이다.

② X3년말 감가상각누계액은 7,500 증가한다.

③ 손익변동표에서 X3 아래에 있는 당기손익 항목은 감가상각비뿐이다. 감가상각비를 2,500 인식한다.

④ X2년까지 변동분의 누적액을 모두 더하면 5,000이다. 이익잉여금을 5,000 증가시키면 대차가 일치하면서 수정분개가 완료된다.

| 상황2 | ② 감가상각누계액 | 7,500 | ① 기계장치 | 10,000 |
| | ④ 이익잉여금 | 5,000 | ③ 감가상각비 | 2,500 |

① X1년 비용화로 인한 기계장치 감소이다.

② X3년말 감가상각누계액은 7,500 감소한다.

③ 손익변동표에서 X3 아래에 있는 당기손익 항목은 감가상각비뿐이다. 감가상각비를 2,500 부인한다.

④ X2년까지 변동분의 누적액을 모두 더하면 (5,000)이다. 이익잉여금을 5,000 감소시키면 대차가 일치하면서 수정분개가 완료된다.

예제

01 20X2년 말 (주)대한의 외부감사인은 수리비의 회계처리 오류를 발견하였다. 동 오류의 금액은 중요하다. 20X1년 1월 1일 본사 건물 수리비 ₩500,000이 발생하였고, (주)대한은 이를 건물의 장부금액에 가산하였으나 동 수리비는 발생연도의 비용으로 회계처리 하는 것이 타당하다. 20X1년 1월 1일 현재 건물의 잔존내용연수는 10년, 잔존가치는 ₩0이며, 정액법으로 감가상각한다. (주)대한의 오류수정 전 부분재무상태표는 다음과 같다.

구분	20X0년 말	20X1년 말	20X2년 말
건물	₩5,000,000	₩5,500,000	₩5,500,000
감가상각누계액	(2,500,000)	(2,800,000)	(3,100,000)
장부금액	2,500,000	2,700,000	2,400,000

상기 오류수정으로 인해 (주)대한의 20X2년 말 순자산 장부금액은 얼마나 변동되는가? 2020. CPA

① ₩400,000 감소 ② ₩450,000 감소 ③ ₩500,000 감소
④ ₩420,000 감소 ⑤ ₩50,000 증가

|손익 변동표|

	X1	X2
유형자산	(500,000)	
감누	50,000	50,000
	기초 이잉 (450,000)	NI 50,000
	기말 이잉 (400,000)	

X2년 말 순자산에 미치는 효과는 X2년 말 자본(= 기말 이잉)에 미치는 영향과 일치하므로 400,000 감소이다. 건물은 500,000 감소하면서, 감누는 100,000 감소한다.

1. 지출 시점: 자산화 검토
회사는 수리비를 장부금액에 가산하였으나, 비용처리하는 것이 타당하므로 X1년도에 비용 500,000을 인식하면서 유형자산을 줄인다.

2. 매년 말: 감가상각하기
회사는 500,000을 장부금액에 가산한 뒤, 10년 정액법이므로 매년 500,000/10 = 50,000씩 감가상각을 추가로 인식했을 것이다. 따라서 매년 50,000씩 감가상각비를 부인한다.

X2년도 수정분개〉

감가상각누계액	② 100,000	건물	① 500,000
이익잉여금	④ 450,000	감가상각비	③ 50,000

① X1년 자산화 부인으로 인한 건물 감소를 표시한다.
② 오류수정으로 인해 X2년말 감가상각누계액은 100,000 감소한다.
③ 손익변동표에서 X2 아래에 있는 당기손익 항목은 감가상각비분이다. 감가상각비를 50,000 부인한다.
④ X1년까지 변동분의 누적액을 모두 더하면 (450,000)이다. 이익잉여금을 450,000 감소시키면 대차가 일치하면서 수정분개가 끝난다.

🖹 ①

02 (주)국세는 20X2년도 재무제표를 감사받던 중 몇 가지 오류사항을 지적받았다. 다음 오류사항들을 20X2년도 재무제표에 수정·반영할 경우, 전기이월이익잉여금과 당기순이익에 미치는 영향은? (단, 오류사항은 모두 중요한 오류로 간주한다. 건물에 대해서는 원가모형을 적용하며, 감가상각은 월할계산한다. 또한 20X2년도 장부는 마감되지 않았다고 가정한다.) 2012. CTA

- 20X1년 1월 1일에 본사 건물을 ₩1,000,000(잔존가치 ₩0, 정액법 상각)에 취득하였는데 감가상각에 대한 회계처리를 한 번도 하지 않았다. 20X2년 말 현재 동 건물의 잔존내용연수는 8년이다.
- 20X1년 7월 1일에 동 건물의 미래효익을 증가시키는 냉난방설비를 부착하기 위한 지출 ₩190,000이 발생하였는데, 이를 수선비로 처리하였다.
- 20X1년 4월 1일에 가입한 정기예금의 이자수령 약정일은 매년 3월 31일이다. (주)국세는 20X1년 말과 20X2년 말에 정기예금에 대한 미수이자 ₩50,000을 계상하지 않고, 실제 이자를 받은 이자수령일에 수익으로 인식하는 회계처리를 하였다.

	전기이월이익잉여금	당기순이익
①	₩130,000 증가	₩120,000 감소
②	₩140,000 증가	₩120,000 감소
③	₩140,000 감소	₩145,000 감소
④	₩130,000 증가	₩120,000 증가
⑤	₩140,000 감소	₩120,000 증가

● 해설

	X1	X2
건물	(100,000)	(100,000)
자본적지출	190,000 (10,000)	(20,000)
미수이자	50,000	(50,000) 50,000
	기초 이잉 130,000	NI (120,000)
	기말 이잉 10,000	

건물의 내용연수: 8년 + 2년 = 10년 (∵ X2년 말 잔존내용연수가 8년이므로)
자본적 지출은 7.1에 발생하였으므로 X1년에는 10,000(= 190,000 × 0.5/9.5)을 환입한다.
참고로, 건물의 취득원가에 대한 감가상각비 조정 시에는 잔존가치를 고려하고, 냉난방설비 지출에 대한 감가상각비 조정 시에는 잔존가치를 고려하지 않는다. 어차피 잔존가치가 0이므로 문제 풀이 시 잔존가치를 고려하지 않았더라도 상관은 없었다.

답 ①

03 (주)한국은 20X2년도 재무제표 작성 중에 다음과 같은 오류를 발견하였다.

> (1) 20X1년 기말재고자산을 ₩20,000 과대평가하였으며, 20X2년 기말재고자산을 ₩6,000 과소평가하였다.
> (2) 20X1년 미지급급여를 ₩3,000 과소계상하였으며, 20X2년 미지급급여를 ₩2,000 과대계상하였다.
> (3) 20X1년 초 ₩20,000에 취득한 유형자산을 취득시 전액 비용으로 처리하였다. 유형자산은 내용연수 5년, 잔존가치 ₩0, 정액법으로 감가상각한다.
> (4) 매년 무형자산 상각비를 ₩1,000 누락하였다.

20X2년의 장부가 아직 마감되지 않았다면, 이러한 오류수정으로 인해 (주)한국의 20X2년도 당기순이익과 20X2년 기말이익잉여금은 각각 얼마나 증가하는가? (단, 오류사항은 모두 중요한 오류로 간주하며, 실무적으로 적용할 수 있는 범위 내에 있다. 유형자산에 대해서는 원가모형을 적용한다.)

2015. CTA

	당기순이익	기말이익잉여금
①	₩20,000	₩19,000
②	₩26,000	₩18,000
③	₩26,000	₩19,000
④	₩27,000	₩18,000
⑤	₩27,000	₩19,000

해설

	X1	X2
재고자산	(20,000)	20,000 6,000
미지급급여	(3,000)	3,000 2,000
유형자산	20,000 (4,000)	(4,000)
무형자산상각비	(1,000)	(1,000)
	기초 이잉 (8,000)	NI 26,000
	기말 이잉 18,000	

무형자산 상각비 누락은 그냥 연도별로 상각비를 인식하기만 하면 된다.
당기순이익은 '수익 – 비용'이다. 무형자산상각비는 비용이다. 따라서 문제에서 제시한 연도별 무형자산상각비만큼 차감하면 끝이다.
반면, 재고자산, 유형자산, 미지급비용은 자산 혹은 부채이다. 따라서 자산, 부채가 각 연도별 수익이나 비용에 미치는 영향을 분석해야 한다. 자산, 부채는 위 손익변동표와 같이 2년 이상의 손익에 영향을 미친다.

답 ②

2. 사채의 오류

발생주의 계정과목(미지급비용, 선급비용, 미수수익, 선수수익)은 전부 자동조정오류에 해당하지만, 사채의 할인(할증)발행차금 상각액 오류는 사채의 만기가 지나야 제거되므로 비자동조정오류에 해당한다. 미지급이자의 오류는 자동조정오류이므로 당기에 비용을 수정하고, 차기에 금액은 그대로 부호만 반대로 부인하면 되지만, 사채할인(할증)발행차금 상각액의 차이는 비자동조정오류이므로 회사의 이자비용과 올바른 이자비용을 계산하여 그 차이 부분만을 조정해주어야 한다. 예제를 참고하자.

예제

※ 다음의 자료를 이용하여 예제 1번과 예제 2번에 답하시오.
다음은 유통업을 영위하고 있는 (주)갑의 회계감사인이 20X1년도 재무제표에 대한 감사과정에서 발견한 사항이다. (주)갑의 회계변경은 타당한 것으로 간주하고, 회계정책의 적용효과가 중요하며, 오류가 발견된 경우 중요한 오류로 본다. 차입원가를 자본화할 적격자산은 없고, 법인세효과는 고려하지 않는다. 또한 계산결과 단수차이로 인해 답안과 오차가 있는 경우 근사치를 선택한다.

- (주)갑은 20X0년 1월 1일에 액면금액이 ₩10,000이고, 이자율이 연 10%인 3년 만기의 사채를 ₩9,520에 발행하였다. 이자지급일은 매년 말이고, 유효이자율법으로 사채할인발행차금을 상각하며, 사채발행시점의 유효이자율은 연 12%이다. (주)갑은 20X0년도와 20X1년도의 포괄손익계산서에 위 사채와 관련된 이자비용을 각각 ₩1,000씩 인식하였다.
- (주)갑은 20X1년초에 재고자산 단위원가 결정방법을 선입선출법에서 가중평균법으로 변경하였다. (주)갑은 기초와 기말 재고자산금액으로 각각 ₩1,500과 ₩1,100을 적용하여 20X1년의 매출원가를 계상하였다. 선입선출법과 가중평균법에 의한 재고자산 금액은 다음과 같다.

	20X0년초	20X0년말	20X1년말
선입선출법	₩1,000	₩1,500	₩1,400
가중평균법	900	1,700	1,100

01 위의 사항이 재무제표에 적정하게 반영될 경우 비교 표시되는 20X0년말 (주)갑의 재무상태표에 계상될 이익잉여금에 미치는 영향은 얼마인가?

2013. CPA

① ₩342 감소   ② ₩101 감소   ③ ₩42 감소

④ ₩58 증가   ⑤ ₩200 증가

02 위의 사항이 재무제표에 적정하게 반영될 경우 (주)갑의 20X1년도 포괄손익계산서의 당기순이익은 얼마나 감소하는가?

2013. CPA

① ₩101   ② ₩159   ③ ₩359

④ ₩401   ⑤ ₩459

▶ **해설**

X0말 이잉에 미치는 영향: 58 증가

X1년 NI에 미치는 영향: 359 감소

	W9	X0	X1
이자비용 W9 X0	(100)	(142) 100 200	(159) (200)
조정 사항	X0말 이잉 58		X1 NI (359)

1. 사할차 상각액

회사가 액면이자만큼만 이자비용을 인식했으므로, 사할차 상각액만큼 추가로 이자비용을 인식해주어야 한다. 문제에 제시된 '아지율이 연 10%'라는 것은 액면이자율을 의미한다. 문제에서 유효이자율을 따로 줬기 때문에 액면이자율이라는 것을 파악할 수 있었는데, 문제에서 자세한 언급 없이 사채의 이자율을 그냥 주는 경우에도 액면이자율을 의미한다.

— X0년도 사할차 상각액: $9,520 \times 12\% - 1,000 = 142$

— X1년도 사할차 상각액: $(9,520 + 142) \times 12\% - 1,000 = 142 \times 1.12 = 159$

2. 재고자산 정책변경

선입선출법에서 가중평균법으로 변경하였으므로 재고자산의 차액을 반영하면 된다. 이때, X1년말 금액은 조정하지 않는다. 이미 X1년 기말 재고자산을 1,100으로 적용하여 매출원가를 계상했기 때문이다. 회사가 이미 정책변경 후의 금액으로 처리했으므로 추가로 조정해주면 안 된다.

📖 1. ④ 2. ③

03 (주)세무는 20X1년 초 사채(액면금액 ₩100,000, 만기 3년, 매 연말 이자지급 표시이자율 5%)를 ₩87,565에 발행하였으며, 유효이자율은 10%이다. 20X2년 말 사채관련 이자비용 회계처리를 한 후 장부마감 전에 20X1년과 20X2년에 사채할인발행차금을 유효이자율법이 아닌 정액법으로 상각하였다는 것을 발견하였을 때, 20X2년 수정분개로 옳은 것은? 2017.CTA

기간	단일금액 ₩1의 현재가치		정상연금 ₩1의 현재가치	
	5%	10%	5%	10%
1	0.95238	0.90909	0.95238	0.90909
2	0.90703	0.82645	1.85941	1.73554
3	0.86384	0.75131	2.72325	2.48685

	(차변)		(대변)	
①	사채할인발행차금	401	이자비용	401
②	사채할인발행차금	401	이자비용	13
			이익잉여금	388
③	사채할인발행차금	401	이익잉여금	401
④	이자비용	401	사채할인발행차금	401
⑤	이자비용	13	사채할인발행차금	401
	이익잉여금	388		

▶ 해설

(1) 정액법에 의한 사채할인발행차금 상각액 : $(100,000 - 87,565)/3 = 4,145$

– 사채할인발행차금의 정액법 상각은 말 그대로 사채할인발행차금을 매년 같은 금액만큼 상각하는 방법을 말한다. 따라서 사채할인발행차금을 만기로 나누면 연도별 상각액을 구할 수 있다.

(2) 유효이자율 상각표

	유효이자(10%)	액면이자(5%)	상각액	장부금액
X0				87,565
X1	8,757	5,000	3,757	91,322
X2	9,132	5,000	4,132	95,454

(3) 연도별 이자비용 수정

X1	X2
388	13
기초 이잉 388	NI 13

X1년: $3,757 - 4,145 = (-)388$ 감소
X2년: $4,132 - 4,145 = (-)13$ 감소

이자비용을 감소시키므로 연도별 당기순이익은 증가한다. 수정 시점이 X2년이므로 X1년 이자비용은 이익잉여금으로 마감되어 있는 상태이다. 따라서 이익잉여금으로 수정해야 한다.

(4) 수정분개

사채할인발행차금	388	이익잉여금	388
사채할인발행차금	13	이자비용	13

답 ②

6 회계변경 및 오류수정 말문제 출제사항

1. 회계추정의 변경

(1) 전진법 적용

회계추정의 변경효과는 다음의 회계기간의 당기손익에 포함하여 전진적으로 인식한다.

> ① 변경이 발생한 기간에만 영향을 미치는 경우에는 변경이 발생한 기간
> ② 변경이 발생한 기간과 미래기간에 모두 영향을 미치는 경우에는 변경이 발생한 기간과 미래 기간

추정변경이 발생한 기간에만 영향을 미칠 수도 있고, 미래기간에도 영향을 미칠 수도 있다. 예를 들어 대손에 대한 추정의 변경은 당기손익에만 영향을 미치므로 변경의 효과가 당기에 인식된다. 그러나 감가상각자산의 추정내용연수의 변경 또는 감가상각자산에 내재된 미래경제적효익의 기대소비 형태의 변경은 당기의 감가상각비뿐만 아니라 그 자산의 잔존 내용연수동안 미래기간의 감가상각비에 영향을 미친다. 위의 두 경우 모두 당기에 미치는 변경의 효과는 당기손익으로 인식하며, 미래기간에 영향을 미치는 변경의 효과는 해당 미래기간의 손익으로 인식한다.

회계추정의 변경이 자산 및 부채의 장부금액을 변경하거나 자본의 구성요소에 관련되는 경우, 회계추정을 변경한 기간에 관련 자산, 부채 또는 자본 구성요소의 장부금액을 조정하여 회계추정의 변경효과를 인식한다.

(2) 합리적 추정은 신뢰성 손상 X

합리적 추정을 사용하는 것은 재무제표 작성의 필수적인 과정이며 재무제표의 신뢰성을 손상시키지 않는다.

2. 회계정책의 변경

(1) 회계정책의 일관성

한국채택국제회계기준에서 특정 범주별로 서로 다른 회계정책을 적용하도록 규정하거나 허용하는 경우를 제외하고는 유사한 거래, 기타 사건 및 상황에는 동일한 회계정책을 선택하여 일관성 있게 적용한다. 만약 한국채택국제회계기준에서 범주별로 서로 다른 회계정책을 적용하도록 규정하거나 허용하는 경우, 각 범주에 대하여 선택한 회계정책을 일관성 있게 적용한다.

(2) 회계정책의 변경을 할 수 있는 경우

기업은 다음 중 하나의 경우에 회계정책을 변경할 수 있다.

> ① 한국채택국제회계기준에서 회계정책의 변경을 요구하는 경우
> ② 회계정책의 변경을 반영한 재무제표가 거래, 기타 사건 또는 상황이 재무상태, 재무성과 또는 현금흐름에 미치는 영향에 대하여 신뢰성 있고 더 목적적합한 정보를 제공하는 경우

① 회계기준에서 시키거나, ② 더 목적적합한 정보를 제공하는 경우 회계정책을 변경할 수 있다고 기억하자.

(3) 회계정책의 변경에 해당하지 않는 사항 ★중요!

다음의 경우는 회계정책 변경에 해당하지 않는다.

> ① 과거에 발생한 거래와 실질이 다른 거래에 대하여 다른 회계정책을 적용하는 경우
> ② 과거에 발생하지 않았거나 발생하였어도 중요하지 않았던 거래에 대하여 새로운 회계정책을 적용하는 경우
> ③ 잘못된 회계원칙을 일반적으로 인정된 회계원칙으로 변경하는 경우 (Non - GAAP → GAAP): 오류수정

요약하면 ①과거와 다른 거래, ②과거에 발생하지 않은 거래에 새로운 정책을 적용하는 것은 정책변경이 아니라는 것이다. 변경이라는 것은 기존의 것을 '바꾸는' 것인데, 과거에 없던 거래에 새로운 정책을 적용하는 것이므로 변경이 아니라고 이해하면 된다.

③ 잘못된 회계원칙을 일반적으로 인정된 회계원칙으로 변경하는 것은 잘못된 것을 바로 잡는 것이므로 회계정책의 변경이 아니라 오류수정에 해당한다. 예를 들어, 재고자산의 원가흐름의 가정을 후입선출법에서 선입선출법으로 변경하는 것은 오류수정으로 본다.

3. 정책변경 vs 추정변경 사례

정책변경	추정변경
재고자산의 원가흐름 가정 변경 (FIFO↔평균법) 투자부동산 측정기준 변경 (FV모형↔원가모형) 유·무형자산 측정기준 변경 (재평가모형↔원가모형)	대손의 추정 변경 재고자산 진부화에 대한 판단 변경 금융자산이나 금융부채의 공정가치 변경 감가상각의 변경 (잔존가치, 내용연수 또는 상각방법) 품질보증의무(충당부채)의 추정 변경
애매하면: 추정의 변경으로 본다	

(1) 정책변경: 측정기준의 변경

측정기준의 변경은 회계정책의 변경에 해당한다. 측정기준은 평가모형이라고 이해하면 된다. 어느 기준으로 측정하는지 결정하는 것이 평가모형이기 때문이다. 평가모형은 회사가 임의로 정하는 것이다. 이를 바꾸는 것은 정책의 변경이며, 회사가 바꾼 것이므로 원칙적으로 소급법을 적용한다.

(2) 추정변경: 회사가 '정하는 것'이 아니라 상황에 따라 '변경되는 것'

회계추정의 변경은 이전에 추정했던 사항들이 새로운 정보나 상황에 따라 변경되는 것을 말한다. 대표적인 추정변경 사례로는 감가상각요소(취득원가, 내용연수, 잔존가치, 상각방법)의 변경이 있다. 감가상각요소는 회사가 정하는 것이 아니라 경제적 사용 정도를 합리적으로 '추정'하는 것이다. 대손의 추정 변경, 재고 진부화 판단 변경, 금융자산/부채의 공정가치 변경 등도 회사가 '정하는 것'이 아니라 상황에 따라 '변경되는 것'이다. 추정의 변경은 회사가 통제할 수 없는 것이므로 과거의 추정도 그 당시에는 합리적인 추정으로 보아 수정하지 않고, 전진법을 적용한다.

(3) 정책변경과 추정변경을 구분하는 것이 어려운 경우에는 추정변경으로 본다. ★중요!

회계정책의 변경과 회계추정의 변경을 구분하는 것이 어려운 경우 이를 추정의 변경으로 본다. 구분이 어려울 때마다 회계정책의 변경으로 보게 되면 재무제표를 소급 재작성해야 하는 번거로움이 있기 때문에 추정의 변경으로 보아 전진법을 적용한다.

이와 비슷한 내용으로, 무형자산에서 연구단계와 개발단계를 구분하는 것이 어려운 경우 연구단계로 본다는 것을 배운 바 있다. 두 내용 모두 중요한 내용이니 반드시 기억하자.

예제

01 다음 회계변경 중 그 성격이 다른 하나는?   2016. 서울시 7급

① 감가상각방법을 정액법에서 정률법으로 변경
② 금융자산에 대한 대손가능성 추정의 변경
③ 재고자산의 단가결정방법을 선입선출법에서 평균법으로 변경
④ 재고자산의 진부화에 대한 판단 변경

▶ 해설

재고자산의 원가흐름의 가정 변경은 정책변경에 해당한다. 나머지는 전부 회계추정의 변경에 해당한다.

답 ③

4. 소급법: 회계정책의 변경 및 오류수정

(1) 소급법 적용

회계정책의 변경	오류수정
회계정책의 변경은 특정기간에 미치는 영향이나 누적효과를 실무적으로 결정할 수 없는 경우를 제외하고는 소급적용한다.	중요한 전기오류는 특정기간에 미치는 오류의 영향이나 오류의 누적효과를 실무적으로 결정할 수 없는 경우를 제외하고는 소급재작성에 의하여 수정한다.

회계정책의 변경 및 오류수정 모두 소급법을 적용한다. 표현이 약간 다르지만, 같은 문장으로 보아도 무방하다.

① 회계정책의 변경
회계정책의 변경을 소급적용하는 경우, 비교표시되는 가장 이른 과거기간의 영향 받는 자본의 각 구성요소의 기초 금액과 비교표시되는 각 과거기간의 공시되는 그 밖의 대응 금액을 새로운 회계정책이 처음부터 적용된 것처럼 조정한다.

② 오류수정: 발견된 기간의 당기손익으로 보고 X 중요!
전기오류의 수정은 오류가 발견된 기간의 당기손익으로 보고하지 않는다. 따라서 과거 재무자료의 요약을 포함한 과거기간의 정보는 실무적으로 적용할 수 있는 최대한 앞선 기간까지 소급재작성한다. 오류가 발견된 경우 오류가 포함된 과거기간의 손익을 수정하여 이익잉여금에 반영하므로 발견된 기간의 손익에 반영하는 것이 아니다.

③ '중요한' 전기오류는 소급법 적용
중요한 오류란 재무제표 이용자의 경제적 의사결정에 영향을 미치는 오류를 말한다. 기준서에서는 '중요한' 오류에 대해서 소급재작성한다고 언급할 뿐, 중요하지 않은 오류에 대한 언급이 없다. '중요한 전기오류는 소급재작성한다'는 표현이 등장했을 때 틀린 문장으로 고르지 않도록 주의하자.

(2) 소급적용의 제한: 적용가능한 때까지 소급적용

회계정책의 변경과 오류수정은 모두 소급법 적용에 제한이 있는 경우 적용 가능한 가장 이른 기간까지 소급적용한다. 다음 표는 문장은 기준서 원문을 정리해놓은 것이다. 모두 '소급 적용하되, 못하겠으면 할 수 있을 때까지 최대한 해봐라'라고 규정하고 있다.

	회계정책의 변경	오류수정
과거기간	비교표시되는 하나 이상의 과거기간의 비교정보에 대해 특정기간에 미치는 회계정책 변경의 영향을 실무적으로 결정할 수 없는 경우, 실무적으로 소급적용할 수 있는 가장 이른 회계기간의 자산 및 부채의 기초장부금액에 새로운 회계정책을 적용하고, 그에 따라 변동하는 자본 구성요소의 기초금액을 조정한다. 실무적으로 적용할 수 있는 가장 이른 회계기간은 당기일 수도 있다.	비교표시되는 하나 이상의 과거기간의 비교정보에 대해 특정기간에 미치는 오류의 영향을 실무적으로 결정할 수 없는 경우, 실무적으로 소급재작성할 수 있는 가장 이른 회계기간의 자산, 부채 및 자본의 기초금액을 재작성한다(실무적으로 소급재작성할 수 있는 가장 이른 회계기간은 당기일 수도 있음).
당기 기초 시점	당기 기초시점에 과거기간 전체에 대한 새로운 회계정책 적용의 누적효과를 실무적으로 결정할 수 없는 경우, 실무적으로 적용할 수 있는 가장 이른 날부터 새로운 회계정책을 전진적용하여 비교정보를 재작성한다.	당기 기초시점에 과거기간 전체에 대한 오류의 누적효과를 실무적으로 결정할 수 없는 경우, 실무적으로 적용할 수 있는 가장 이른 날부터 전진적으로 오류를 수정하여 비교정보를 재작성한다.

예를 들어, 기업이 20X3년에 회계정책을 변경하거나, 20X1년 이전에 발생한 오류를 20X3년에 발견하였다고 가정하자. 이 경우 비교 공시되는 20X1년, 20X2년의 재무제표도 소급 재작성해야 한다. 그런데 회계정책의 변경이나 오류수정이 20X1년과 20X2년에 각각 미치는 영향을 결정할 수 없어서, 실무적으로 소급적용할 수 있는 가장 이른 회계기간이 20X3년이라면 소급효과를 20X3년 초에 반영하여 20X3년의 재무제표를 작성한다.

그러나 20X3년 초에도 소급효과를 결정할 수 없다면, 20X3년 초에는 회계정책 변경이나 오류수정 효과를 반영하지 않은 금액으로 재무제표를 작성한 뒤, 실무적으로 적용할 수 있는 가장 이른 날부터 소급효과를 적용한다.

01 회계정책, 회계추정의 변경 및 오류에 대한 다음 설명 중 옳지 않은 것은? 2018. CPA

① 전기오류의 수정은 오류가 발견된 기간의 당기손익으로 보고한다.

② 전기오류는 특정기간에 미치는 오류의 영향이나 오류의 누적효과를 실무적으로 결정할 수 없는 경우를 제외하고는 소급재작성에 의하여 수정한다.

③ 회계정책의 변경과 회계추정의 변경을 구분하는 것이 어려운 경우에는 회계추정의 변경으로 본다.

④ 당기 기초시점에 과거기간 전체에 대한 새로운 회계정책 적용의 누적효과를 실무적으로 결정할 수 없는 경우, 실무적으로 적용할 수 있는 가장 이른 날부터 새로운 회계정책을 전진적용하여 비교정보를 재작성한다.

⑤ 과거에 발생하였지만 중요하지 않았던 거래, 기타 사건 또는 상황에 대하여 새로운 회계정책을 적용하는 경우는 회계정책의 변경에 해당하지 않는다.

해설

전기오류 수정손익은 이익잉여금으로 보고하여 오류가 발견된 기간이 아닌 오류가 발생한 시점의 손익으로 보고한다.

답 ①

02 '회계정책, 회계추정의 변경 및 오류'에 관한 설명으로 옳지 않은 것은? 2011. CTA

① 한국채택국제회계기준에서 특정 범주별로 서로 다른 회계정책을 적용하도록 규정하거나 허용하는 경우를 제외하고는 유사한 거래, 기타 사건 및 상황에는 동일한 회계정책을 선택하여 일관성 있게 적용한다.

② 종전에는 발생하지 않았거나 발생하더라도 금액이 중요하지 않았기 때문에 품질보증비용을 지출연도의 비용으로 처리하다가, 취급하는 품목에 변화가 생겨 품질보증비용의 금액이 커지고 중요하게 되었기 때문에 충당부채를 인식하는 회계처리를 적용하기로 한 경우, 이는 회계정책의 변경에 해당하지 아니한다.

③ 택배회사의 직원 출퇴근용버스를 새로 구입하여 운영하기로 한 경우, 이 버스에 적용될 감가상각 방법을 택배회사가 이미 보유하고 있는 배달용트럭에 대한 감가상각 방법과 달리 적용하는 경우는 이를 회계정책의 변경으로 본다.

④ 회계정책의 변경을 반영한 재무제표가 거래, 기타 사건 또는 상황이 재무상태, 재무성과 또는 현금흐름에 미치는 영향에 대하여 신뢰성있고 더 목적적합한 정보를 제공하는 경우에는 회계정책을 변경할 수 있다.

⑤ 중요한 전기오류는 특정기간에 미치는 오류의 영향이나 오류의 누적효과를 실무적으로 결정할 수 없는 경우를 제외하고는 소급재작성에 의하여 수정한다.

⊙▶ 해설

과거에 발생한 거래와 실질이 다른 거래, 기타 사건 또는 상황에 대하여 다른 회계정책을 적용하는 경우 회계정책의 변경에 해당하지 아니한다.
출퇴근용버스의 감가상각과 배달용트럭의 감가상각과은 다른 거래이므로 다른 회계정책을 적용하더라도 회계정책의 변경에 해당하지 않는다.

 ③

C·H·A·P·T·E·R

16

법인세회계

CHAPTER 16 법인세회계

1 법인세법의 기초

법인세회계를 배우기 위해서는 법인세법의 기본적인 이론을 알아야 한다. 하지만 많은 학생이 세법을 배우기 전에 중급회계를 먼저 배우므로 본서에서 간단한 법인세법 이론에 대해서 먼저 다룰 것이다. 세법을 배운 학생들은 바로 [2] 법인세회계로 넘어가도 된다.

1. 세무조정

익금은 법인세법에 따라 계산된 수익을, 손금은 법인세법에 따라 계산된 비용을 의미한다. 회계기준과 법인세법은 규정이 다르기 때문에 익금은 회계상의 수익과, 손금은 회계상의 비용과 다르다. 따라서 수익과 비용을 각각 익금과 손금으로 전환하여 회계상의 당기순이익을 법인세법상의 이익인 각 사업연도 소득금액으로 조정해주어야 하는데, 이를 세무조정(T/A, Tax Adjustment)이라고 부른다. 세무조정은 다음과 같이 크게 4가지로 구성된다.

	회계기준	세법	당기순이익에
① 익금산입	수익 X	익금 O	가산
② 익금불산입	수익 O	익금 X	차감
③ 손금산입	비용 X	손금 O	차감
④ 손금불산입	비용 O	손금 X	가산

위 4가지 세무조정은 다시 둘로 구분할 수 있는데, 과세소득을 증가시키는 세무조정과 과세소득을 감소시키는 세무조정으로 나뉜다. 익금산입과 손금불산입은 같은 말이고, 손금산입과 익금불산입은 같은 말이다. 세무조정 시에는 '이익'이 중요하지, 익금과 손금의 정확한 금액을 구할 필요가 없으므로 어느 표현을 쓰든 상관이 없다. 예를 들어, 손금을 줄이는 것은 손금불산입이지만, 익금산입이라고 해도 된다.

당기순이익
＋ 익금산입 & 손금불산입 － 손금산입 & 익금불산입
각 사업연도 소득금액

2. 소득처분

소득처분이란 세무조정이 발생한 이유를 말한다. 자산·부채에 차이가 있다면 유보로, 자본에 차이가 있다면 기타로, 법인 외부로 유출된 차이가 있다면 사외유출로 처리한다.

(1) 유보

유보란 장부상의 자산, 부채와 세법상의 자산, 부채 사이에 차이가 있을 경우 발생하는 소득처분이다. 자산이 과소계상되거나 부채가 과대계상된 경우에는 유보를, 자산이 과대계상되거나 부채가 과소계상된 경우에는 △유보(마이너스 유보)를 설정한다.

유보 또는 △유보는 당기 이후 언젠가는 반드시 반대의 세무조정과 소득처분이 발생되어 소멸된다. 이를 유보의 추인이라고 부른다. 유보는 회계기준과 세법의 차이가 있을 때 존재하므로, 차이가 있는 자산 또는 부채가 제거될 때 남은 유보를 전부 추인하게 된다.

유보는 이처럼 미래에 추인해야 하므로 별도의 장부에 기록해놓아야 하는데, 자본금과 적립금 조정명세서(을)에 유보의 변동내역과 기말잔액을 기록한다. 편의상 줄여서 '자적을표'라고 부를 것이다.

① 발생주의

회계는 발생주의를 중심으로 하나, 법인세법은 현금주의를 중심으로 과세를 한다. 과세를 하려면 소득이 발생했어야 하는데, 아직 발생하지 않은 소득에 대해 과세를 한다면 납세자는 세부담 능력이 없을 것이기 때문이다. 따라서 회사가 수행한 발생주의 회계처리는 세무조정을 통해 제거하고, 실제로 현금흐름이 발생할 때 수익이나 비용을 인식한다.

예를 들어, 20X1년말에 미수이자(20X2년에 수령) ₩100,000이 발생했다고 가정하자. 이 경우 회사는 20X1년말 다음과 같이 회계처리를 한다.

미수이자	100,000	이자수익	100,000

하지만 세법에서는 이자수익을 20X1년에 인식하는 것이 아니라, 실제로 수령하는 20X2년에 인식한다. 따라서 20X1년과 20X2년의 세무조정은 다음과 같다.

20X1년	손금산입 100,000 △유보
20X2년	손금불산입 100,000 유보

20X1년에 미수이자(자산)를 제거하면서 수익을 100,000 제거한 뒤, 20X2년에 유보를 추인하면서 수익을 100,000 인식한다.

② 감가상각비

회계에서는 회사가 선택한 감가상각방법(정액법, 연수합계법 등)에 해당하는 공식을 이용하여 계산된 감가상각비를 그대로 인식하지만, 세법에서는 감가상각비의 한도가 있다. 회사가 감가상각비를 과도하게 인식할 경우 세부담을 감소시킬 유인이 있기 때문이다. 따라서 감가상각비 한도초과분은 '손금불산입 유보'로 감가상각비에서 부인한 뒤, 이후에 감가상각비 한도가 남을 때 '손금산입 △유보'로 추인한다.

예를 들어, 20X1년도 기계장치의 감가상각비 한도초과액은 ₩50,000이고, 동 초과액 중 ₩20,000은 20X2년에 소멸되고, 20X3년에 기계장치를 처분할 것으로 예상된다면 20X1년부터 20X3년까지 세무조정은 다음과 같다.

20X1년	손금불산입 50,000 유보
20X2년	손금산입 20,000 △유보
20X3년	손금산입 30,000 △유보

기계장치를 처분할 때에는 남은 유보를 전부 추인해야 하므로 30,000의 유보를 손금산입으로 제거한다.

③ 대손충당금

대손충당금도 감가상각비와 마찬가지로 세법상의 한도가 있다. 대손충당금의 한도초과분은 '손금불산입 유보'로 대손충당금을 감소시킨 뒤, 이후에 대손충당금의 한도가 남거나, 관련 채권을 제거할 때 '손금산입 △유보'로 추인한다.

예를 들어, 20X1년 말 회사가 설정해놓은 대손충당금이 ₩100,000이고, 세법상 대손충당금의 한도는 ₩80,000이라면 20X1년 세무조정은 다음과 같다.

20X1년	손금불산입 20,000 유보

④ 건설자금이자(=차입원가 자본화)

회계기준에서는 적격자산의 취득과 관련된 차입원가(= 이자비용)는 적격자산의 취득원가에 가산한다. 하지만 세법에서는 차입원가 자본화를 인정하지 않는다. 세법에서는 이자비용을 지급하였으므로 이를 손금으로 본다. 따라서 회사가 이자비용을 자산화한 금액을 '손금산입 △유보' 처리한 뒤, 해당 자산을 상각하면서 추인한다.

예를 들어, 20X1년 말 회사가 적격자산 취득 시 지출한 이자비용 ₩100,000을 건설중인 자산의 장부금액에 가산하였다면 20X1년 세무조정은 다음과 같다. 이후에 적격자산을 상각하면서 유보를 추인하면 된다.

20X1년	손금산입 100,000 △유보

⑤ FVPL 금융자산 평가손익

회계기준에서는 AC금융자산을 제외한 금융자산을 매년 말 공정가치로 평가하지만, 세법에서는 금융자산의 공정가치 평가를 인정하지 않는다. FVPL 금융자산의 평가손익은 당기손익(PL)으로 인식하므로 유보 또는 △유보로 조정하면 된다.

예를 들어, 회사가 20X1년 중에 ₩1,000,000에 취득한 지분상품을 20X1년 말에 공정가치인 ₩1,100,000으로 평가하였다면 20X1년 세무조정은 다음과 같다.

20X1년	손금산입 100,000 △유보

(2) 기타사외유출

사외유출은 익금산입이나 손금불산입으로 세무조정한 금액이 기업 외부로 유출된 것이 분명한 경우에 행하는 소득처분이다. 사외유출에는 배당, 상여, 기타소득, 기타사외유출이 있으나, 법인세회계에서는 기타사외유출만 출제되므로 본서에서는 기타사외유출만 다룬다. 다음 비용들은 세무조정 시 기타사외유출로 처분한다.

① 법인세비용

상식적으로 생각을 해볼 때, 세금을 세전이익에서 계산하지, 세후이익에서 계산하지 않는다. 법인세회계를 통해 정확한 법인세비용을 계산하는 것이기 때문에, 아직 세후이익(당기순이익)은 알 수도 없다. 따라서 세무조정은 당기순이익에서 법인세비용을 부인한 법인세비용차감전순이익에서 시작한다. 회사가 계상한 법인세비용은 기타사외유출로 부인한다.

예를 들어, 회사가 20X1년 법인세비용이 ₩100,000이라면 20X1년 세무조정은 다음과 같다.

20X1년	손금불산입 100,000 기타사외유출

> **참고** 실무의 법인세회계 절차
>
> 법인세비용은 세무조정을 해야 정확히 계산되는데, 세무조정 전에 법인세비용이 있고, 세무조정을 통해 법인세비용을 손금불산입으로 부인한다는 것이 의아하게 느껴질 수 있을 것이다. 원칙적으로 재무제표 작성은 회사가 해야하므로, 회사는 감사를 받기 전에 법인세비용을 대충이라도 계산해서 재무제표에 표시한다. 그 후 회계법인의 감사팀이 먼저 투입되어 법인세회계가 반영되지 않은 재무제표를 작성한다. 그리고 회계법인의 택스팀이 감사 후반부에 투입되어 세무조정을 실시하는데, 회사가 계상해놓은 법인세비용을 부인하는 것에서 시작하여 나머지 세무조정을 완료한 후 감사팀에 전달한다. 감사팀은 마지막으로 이 세무조정을 바탕으로 법인세 관련 자산, 부채를 조정하는 회계처리를 추가하여 재무제표를 확정한다. 세무조정을 통해 부인하는 법인세비용은 '회사가 대충 계산한 금액'이라고 생각하면 된다.

② 벌금 및 과태료

벌금 및 과태료는 회계기준에서는 비용으로 처리하지만, 이를 세법상 손금으로 인정할 경우 법인세부담이 감소한다. 벌금 및 과태료는 징벌적인 성격을 띠는데, 이로 인해 세 부담이 감소하는 것은 바람직하지 않으므로, 이를 세법에서는 손금으로 보지 않는다.

예를 들어, 회사의 20X1년도 포괄손익계산서에 계상된 벌금과 과태료가 ₩100,000이라면 20X1년 세무조정은 다음과 같다.

20X1년	손금불산입 100,000 기타사외유출

③ 기부금 및 접대비

기부금 및 접대비는 감가상각비와 마찬가지로 세법상의 한도가 있다. 감가상각비를 부인할 경우 상각자산의 장부금액에 차이가 발생하므로 유보로 처분하였으나, 기부금이나 접대비는 관련 자산이 없으므로 유보가 아닌 기타사외유출로 처분한다.

예를 들어, 회사의 20X1년도 포괄손익계산서에 계상된 접대비가 ₩200,000, 세법상 접대비의 한도가 ₩100,000이라면 20X1년 세무조정은 다음과 같다.

20X1년	손금불산입 100,000 기타사외유출

(3) 기타

기타는 세무조정한 금액이 유보나 사외유출에 해당하지 않는 경우 행하는 소득처분이다. 기타는 장부상의 자본과 세법상의 자본 사이에 차이가 있을 경우 주로 발생한다.

① 자기주식처분손익

자기주식처분손익은 회계기준에서 자본 항목으로 분류한다. 자기주식처분이익은 자본잉여금으로 자기주식처분손실은 자본조정으로 분류한다. 반면, 세법에서는 자기주식처분손익도 이익 혹은 손실로 보아 과세소득에 반영한다. 따라서 자기주식처분이익은 '익금산입 기타', 자기주식처분손실은 '손금산입 기타' 세무조정을 통해 과세소득에 반영한다.

예를 들어, 20X1년에 회사가 발행한 보통주 1주를 ₩5,000에 취득한 뒤, ₩7,000에 매각하였다면 20X1년 세무조정은 다음과 같다.

20X1년	익금산입 2,000 기타

② 재평가잉여금

재평가모형 적용으로 인한 유형자산 평가 시에는 다음과 같이 2줄 세무조정이 발생한다.

장부상 회계처리	유형자산	10,000	재평가잉여금	10,000

+

익입 10,000 기타	재평가잉여금	10,000	PL	10,000
손입 10,000 △유보	PL	10,000	유형자산	10,000

||

세법상 회계처리	— 회계처리 없음 —

회사가 재평가모형에 따른 평가증을 인식하더라도 세법에서는 재평가모형에 따른 평가증을 인정하지 않는다. 따라서 회계처리 자체를 없애야 하는데, FVPL 금융자산의 평가손익과 달리 재평가잉여금은 기타포괄손익(자본)이므로, 재평가잉여금을 먼저 '익금산입 기타'를 통해 PL로 조정해야 한다. 그 후에 '손금산입 △유보'를 통해 PL을 제거하면서 유형자산 평가증을 취소한다. 기타는 이후에 추인되지 않지만, 유형자산의 감소로 인해 생긴 △유보는 미래에 유형자산을 감가상각하거나 처분하는 시점에 추인된다.

③ FVOCI 금융자산 평가손익

FVOCI 금융자산 평가 시에도 유형자산 재평가와 같이 2줄 세무조정이 발생한다. 재평가잉여금은 평가이익일 때에만 계상되지만, FVOCI 금융자산 평가손익은 평가손실일 때에도 계상되므로 이번에는 평가손실일 때 세무조정을 해보자.

장부상 회계처리	평가손실(OCI)	10,000	금융자산	10,000

+

손입 10,000 기타	PL	10,000	평가손실(OCI)	10,000
익입 10,000 유보	금융자산	10,000	PL	10,000

||

세법상 회계처리	— 회계처리 없음 —

회계기준에서는 FVOCI 금융자산을 매년 말 공정가치로 평가하지만, 세법에서는 금융자산의 공정가치 평가를 인정하지 않는다. 따라서 장부상의 회계처리를 없애야 하는데, 평가손실을 OCI로 인식하였으므로 이를 '손금산입 기타'를 통해 PL로 대체한 뒤, '익금산입 유보'를 통해 PL를 제거하면서 금융자산 평가감을 취소한다. 금융자산의 증가로 인해 생긴 유보는 미래에 금융자산을 다시 평가하거나 처분하는 시점에 추인된다.

 주요 세무조정 요약

다음은 법인세회계에서 등장하는 주요 세무조정을 요약한 것이다. 세무조정을 기억해야 회계학 문제를 풀 수 있으므로 반드시 외우자.

소득처분	사례	세무조정
유보	발생주의	현금주의로 전환
	감가상각비, 대손충당금	한도 초과 시: 손不 한도초과액 유보 한도 미달 시: 손入 추인액 △유보
	건설자금이자	손入 이자비용 △유보
	FVPL 금융자산	손不 평가손실 유보 or 손入 평가이익 △유보
기타사외유출	법인세비용	손不 법인세비용 기타사외유출
	기부금, 접대비	손不 한도초과액 기타사외유출
	벌금 및 과태료	손不 벌금 및 과태료 기타사외유출
기타	자기주식처분손익	익入 자기주식처분이익 기타 or 손入 자기주식처분손실 기타
	재평가잉여금	익入 재평가잉여금 기타 & 손入 유형자산 △유보
	FVOCI 금융자산 평가손익	익入 평가이익 기타 & 손入 금융자산 △유보 or 손入 평가손실 기타 & 익入 금융자산 유보

3. 법인세 계산구조

당기순이익 **+법인세비용 손금불산입**	I/S상 이익
법인세비용차감전순이익 **+익금산입 & 손금불산입** **−손금산입 & 익금불산입**	
각 사업연도 소득금액 **−이월결손금** **−비과세소득** **−소득공제**	법인세법 상 이익
과세표준×세율	
산출세액 **기납부세액**	총 납부할 세액 이미 납부한 세액
차감납부할세액	추가로 납부할 세액

회계기준에 따라 계산된 이익은 포괄손익계산서 상의 당기순이익이다. 당기순이익에 세무조정을 반영하여 계산된 법인세법 상의 이익이 각 사업연도 소득금액이 된다. 세무조정에는 법인세비용 손금불산입이 포함된다. 각 사업연도 소득금액에 이월결손금, 비과세소득, 소득공제를 차감하여 과세표준을 구한 뒤, 세율을 곱하면 산출세액이 계산된다. 이 중 중간예납세액과 같이 이미 납부한 세액이 있다면 차감 후 차감납부할세액만 납부하면 된다. 어차피 세법에서 외워야 하므로 지금 외우자.

2 법인세회계

지금까지는 법인세법 내용이었고, 이제부터 법인세와 관련된 회계 내용을 다룰 것이다. 법인세회계란, 회계이익과 과세소득 간의 차이를 고려하여 법인세비용을 인식하고, 법인세 관련 자산, 부채를 계상하는 회계처리를 의미한다.

1. 회계이익, 과세소득

(1) 회계이익

회계이익이란 회계기준에 의해 계산된 법인세비용차감전순이익(EBT)을 의미한다. 법인세 세무조정 시 법인세비용을 기타사외유출로 손금불산입하고 EBT에서 시작하므로, 회계이익은 당기순이익이 아닌 법인세비용차감전순이익이다. 문제에서도 당기순이익이 아닌 법인세비용차감전순이익을 제시할 것이다.

(2) 과세소득(=각 사업연도 소득금액)

과세소득이란 회계이익에 세무조정을 반영하여 법인세법에 따라 계산된 이익을 의미한다. 법인세법의 각 사업연도 소득금액에 대응되는 금액이다.

2. 일시적 차이와 영구적 차이

회계기준과 법인세법의 규정 차이는 크게 둘로 나뉜다. 하나는 법인세법에서 회계상의 손익을 아예 인정하지 않는 차이이고, 나머지는 법인세법에서도 인정은 하되, 손익 인식 시점의 차이가 있는 것이다.

(1) 영구적 차이 (기타사외유출)

법인세법에서 회계상의 손익을 아예 인정하지 않는 경우에는 손익을 부인하고 '기타사외유출'로 기록한다. 기타사외유출은 유보와 달리 미래에도 인정하지 않기 때문에 회계기준에서는 영구적 차이라고 부른다. 영구적 차이에는 벌금 및 과태료, 기부금 및 접대비 등이 있다.

(2) 일시적 차이 (유보): 발생주의, 감가상각비

법인세법에서도 회계상의 손익을 인정은 하지만, 손익 인식 시점에 차이가 있는 경우에는 손익을 부인하고 '유보'로 기록한 뒤, 법인세법상 인식 시점이 도래했을 때 유보를 제거한다. 유보는 법인세법에서도 손익을 인정하긴 하지만 손익 인식 시점에서 차이가 나는 것이므로 회계기준에서는 일시적 차이라고 부른다.

일시적 차이에는 가산할 일시적 차이와 차감할 일시적 차이가 있다. 가산할 일시적 차이는 당기의 과세소득을 차감하고, 미래의 과세소득에 가산할 차이를 의미한다. 반면, 차감할 일시적 차이는 당기의 과세소득을 가산하고, 미래의 과세소득에 차감할 차이를 의미한다.

'~할' 일시적 차이의 손익 조정 시점

	당기 과세소득	차기 과세소득
가산할 일시적 차이	↓	↑ (가산할)
차감할 일시적 차이	↑	↓ (차감할)

회계기준에서는 일시적 차이를 '~할' 일시적 차이로 서술하고 있다. 미래형으로 서술하고 있기 때문에 '가산할'과 '차감할'이 미래 시점에 대한 언급이라는 것에 유의하자. 유보는 당기와 미래의 손익 효과가 반대이므로, 당기 이익을 명칭에 기재된 것과 반대로 조정해주어야 한다.

3. 이연법인세회계

이연법인세회계란 일시적차이로 인한 세금효과를 이연법인세자산과 이연법인세부채로 인식하고 그 손익 효과를 법인세비용에 반영하는 것을 의미한다. 일시적차이는 미래의 과세소득에 영향을 미치지만, 당기의 세무조정으로 인해 발생한 것이므로 발생주의에 따라 그를 자산 혹은 부채로 계상하여 당기손익에 반영해야 한다.

(1) 이연법인세부채=가산할 일시적차이×소멸 시점의 세율

가산할 일시적차이는 향후 과세소득을 증가시켜 법인세를 증가시키므로 부채의 성격을 띤다. 따라서 가산할 일시적차이에 '소멸 시점의' 세율을 곱해 부채로 계상한다.

(2) 이연법인세자산=차감할 일시적차이×소멸 시점의 세율

차감할 일시적차이는 향후 과세소득을 감소시켜 법인세를 감소시키므로 자산의 성격을 띤다. 따라서 차감할 일시적차이에 '소멸 시점의' 세율을 곱해 자산으로 계상한다.

(3) 이연법인세자산의 자산성 검토

이연법인세자산은 이연법인세부채와 달리 자산성이 인정될 때에만 자산으로 인식한다. 문제에서 '이연법인세자산은 미래 과세소득의 발생가능성이 높다.', '이연법인세자산은 인식요건을 충족한다.'와 같은 조건을 달아줄 것이다. 원칙적으로 이연법인세자산은 이런 조건이 있을 때에만 인식할 수 있다.

3 법인세회계 풀이법

법인세회계는 다음의 순서대로 풀이를 진행한다. 법인세회계는 바로 사례로 문제 풀이법을 설명한다. 법인세 회계는 구조가 복잡해서 숙달되는 데 시간이 오래 걸리니, 사례를 많이 반복해서 쉽게 문제를 풀 수 있도록 만들자.

사례

다음은 (주)대한의 법인세와 관련된 자료이다.

- 20X2년 세무조정내역

법인세비용차감전순이익	₩1,500,000
세무조정항목 :	
전기 감가상각비 한도초과	(90,000)
과세소득	₩1,410,000

- 세무조정항목은 모두 일시적차이에 해당하고, 이연법인세자산의 실현가능성은 거의 확실하다.
- 20X1년말 이연법인세자산과 이연법인세부채는 각각 ₩65,000과 ₩25,000이다.
- 20X2년 법인세율은 25%이고, 20X3년과 20X4년 이후의 세율은 각각 20%와 18%로 20X2년말에 입법화되었다.
- 20X2년말 현재 미소멸 일시적차이의 소멸시기는 아래와 같다.
  감가상각비 한도초과와 토지 건설자금이자는 전기로부터 이월된 금액이다.

일시적차이	20X2년말 잔액	소멸시기
감가상각비 한도초과	₩170,000	20X3년 ₩90,000 소멸 20X4년 ₩80,000 소멸
토지 건설자금이자	(100,000)	20X4년 이후 전액 소멸

(주)대한의 20X2년도 포괄손익계산서에 인식할 법인세비용은?   2018. CPA

① ₩335,000   ② ₩338,100   ③ ₩352,500
④ ₩366,900   ⑤ ₩378,100

연도별 세율 및 EBT 적기

	X2(25%)	X3(20%)	X4~(18%)
EBT	1,500,000		

1. 연도별 세율 표시

문제에서 X2년도 법인세비용을 물었기 때문에, 당기는 X2년이다. 문제에서 X3년, X4년 이후의 세율까지 제시해주었으므로 위처럼 연도 옆에 괄호로 세율을 적자. X4년 이후는 쭉 18%이므로 'X4~'라고 적었다. 세율이 바뀌면 반드시 그 해는 구분해서 적어야 한다. 만약 세율이 전혀 바뀌지 않는다면 '당기'와 '차기~'로만 구분하면 된다.

2. EBT(법인세차감전순이익) 적기

세무조정은 법인세비용차감전순이익(EBT)에서 출발한다. 문제에서도 당기순이익이 아닌 EBT제시했다. EBT를 당기 아래에 적자.

 세무조정

	X2(25%)	X3(20%)	X4~(18%)
EBT	1,500,000		
감가비 한도초과 건설자금이자	(90,000)	(90,000)	(80,000) 100,000

1. 당기 세무조정

세무조정은 문제에서 시키는대로 하면 된다. X2년에 전기 감가비 한도초과로 손금산입 90,000이 발생하였으므로 X2 아래에 (90,000)을 적는다.

2. 당기 말 유보 추인

X2년말 감가비 유보 잔액은 170,000인데, X3년에 90,000이, X4년에 80,000이 손금산입으로 추인된다. 따라서 X3과 X4 아래에 각각 (90,000)과 (80,000)을 적는다. (X2년말 유보 잔액이 170,000이므로, X2년초 유보 잔액은 260,000이었다는 것을 유추할 수 있다)
건설자금이자는 전기로부터 이월된 △유보가 100,000인데, X4년 이후 전액 소멸되므로 X4 아래에 100,000을 적는다.

STEP 3 과세소득과 법인세부담액 계산

	X2(25%)	X3(20%)	X4~(18%)
EBT	1,500,000		
감가비 건설자금이자	(90,000)	(90,000)	(80,000) 100,000
과세소득	1,410,000		
법인세부담액	352,500		

> 과세소득 = EBT±세무조정
> 법인세부담액 = 과세소득 × 당기 세율

세무조정 사항을 EBT에 반영하여 과세소득을 계산한 뒤, 당기 세율을 곱해서 법인세부담액을 구한다. 법인세법에서는 각 사업연도 소득금액에 이월결손금, 비과세소득, 소득공제를 차감하여 과세표준을 구한 뒤, 세율을 곱하여 산출세액이 계산하는데, 회계학에서는 이월결손금, 비과세소득, 소득공제가 없다고 보면 된다. 예제의 법인세부담액은 1,410,000 × 25% = 352,500이다.

STEP 4 이연법인세 자산, 부채 계산

	X2(25%)	X3(20%)	X4~(18%)
EBT	1,500,000		
감가비 건설자금이자	(90,000)	(90,000)	(80,000) 100,000
과세소득	1,410,000		
법인세부담액	352,500	(18,000)	(14,400) 18,000

> (1) 이연법인세부채 = 가산할 일시적차이 × 소멸 시점의 세율 = 100,000 × 18% = 18,000
> (2) 이연법인세자산 = 차감할 일시적차이 × 소멸 시점의 세율 = 90,000 × 20% + 80,000 × 18% = 32,400

가산할 일시적차이(△유보)는 익금산입으로 미래 과세소득을 증가시켜 법인세를 증가시키므로 부채의 성격을 띈다. 따라서 가산할 일시적차이에 '소멸 시점의' 세율을 곱해 이연법인세부채로 계상한다.

차감할 일시적차이(유보)는 향후 손금산입으로 과세소득을 감소시켜 법인세를 감소시키므로 자산의 성격을 띈다. 따라서 차감할 일시적차이에 '소멸 시점의' 세율을 곱해 이연법인세자산으로 계상한다.

여기서 주의할 점은 표의 양수가 부채, 음수가 자산이라는 것이다. 이익이 클수록 법인세가 증가하기 때문이다.

STEP 5 법인세비용 계산 및 회계처리

1. 기초 제거	이연법인세부채	기초 부채	이연법인세자산	기초 자산
2. 기말 계상	이연법인세자산	기말 자산	이연법인세부채	기말 부채
3. 당기 부채&비용	법인세비용	XXX	당기법인세부채	법인세부담액

1. 기초 이연법인세 자산, 부채 제거

우리가 Step 4에서 계산한 이연법인세 자산, 부채는 '기말' 자산, 부채이다. 따라서 문제에 제시된 기초 이연법인세 자산, 부채를 제거한다.

'당기에 설립한', '당기 초에 영업을 시작한': 기초 이연법인세 자산, 부채 0!

문제에서 '당기에 설립한', '당기 초에 영업을 시작한'이라는 키워드가 등장하면 기초 자산, 부채가 없다는 뜻이다. 이 경우 기초 자산, 부채를 제거할 필요 없이, 기말 이연법인세 자산, 부채만 계상하면 된다. 위 표현은 다른 재무회계 문제나 원가회계에서도 자주 등장하는 표현이므로 알아두자.

2. 기말 이연법인세 자산, 부채 계상

기초 이연법인세 자산, 부채를 전부 제거하였으므로, Step 4에서 계산한 기말 이연법인세 자산, 부채를 계상하자. 이때, 이연법인세자산, 부채는 회계기준에서 정의하는 조건이 충족되면 서로 상계할 수 있다. 상계 여부와 관계없이 법인세비용은 같으므로 법인세비용을 묻는 문제에서는 상계 여부를 신경 쓸 필요 없다. 이연법인세자산, 부채를 묻는 문제에서만 상계 여부를 신경 쓰면 된다. 상계 조건은 본장 후반부 말문제 내용에서 다룰 것이다.

3. 당기법인세부채 설정 및 법인세비용 인식

Step 3에서 계산한 법인세부담액을 미지급법인세 혹은 당기법인세부채로 계상한다. 계정과목은 중요하지 않다. 본서에서는 '당기법인세부채'라는 표현을 쓰겠다. 마지막으로 법인세비용으로 대차차액을 맞춰주면 회계처리가 끝난다. 이연법인세자산, 부채는 미래에 납부할 세금과 관련이 있지만 올해 세무조정으로 인해 발생한 자산, 부채이므로 올해의 비용에 반영하는 것이다.

예제의 회계처리는 다음과 같으며, 예제에서 묻고 있는 법인세비용은 378,100이다.

1. 기초 제거	이연법인세부채	25,000	이연법인세자산	65,000
2. 기말 계상	이연법인세자산	32,400	이연법인세부채	18,000
3. 당기 부채&비용	법인세비용	378,100	당기법인세부채	352,500

법인세 회계가 구조가 복잡해서 숙달되는 데 시간이 오래 걸린다. 예제의 표와 회계처리를 반복적으로 그려서 문제 풀이 속도를 빠르게 만들자.

 ⑤

예제

01 (주)세무의 20X2년도 법인세 관련 자료가 다음과 같을 때, 20X2년도 법인세비용은? 2022. CTA

- 20X2년도 법인세비용차감전순이익 ₩500,000
- 세무조정사항
  - 전기 감가상각비 한도초과액 ₩(80,000)
  - 접대비한도초과액 ₩130,000
- 감가상각비 한도초과액은 전기 이전 발생한 일시적차이의 소멸분이고, 접대비 한도초과액은 일시적차이가 아니다.
- 20X2년 말 미소멸 일시적차이(전기 감가상각비 한도초과액)는 ₩160,000이고, 20X3년과 20X4년에 각각 ₩80,000씩 소멸될 것으로 예상된다.
- 20X1년 말 이연법인세자산은 ₩48,000이고, 이연법인세부채는 없다.
- 차감할 일시적차이가 사용될 수 있는 과세소득의 발생가능성은 매우 높다.
- 적용될 법인세율은 매년 20%로 일정하고, 언급된 사항 이외의 세무조정 사항은 없다.

① ₩94,000　　② ₩110,000　　③ ₩126,000
④ ₩132,000　　⑤ ₩148,000

해설

	X2(20%)	X3(20%)	X4~(20%)
EBT 감가상각비 접대비	500,000 (80,000) 130,000	(80,000)	(80,000)
과세소득	550,000		
법인세부담액	110,000	(16,000)	(16,000)

1. 기초 제거	이연법인세부채	—	이연법인세자산	48,000
2. 기말 계상	이연법인세자산	32,000	이연법인세부채	—
3. 당기 부채&비용	법인세비용	126,000	당기법인세부채	110,000

차감할 일시적차이가 사용될 수 있는 과세소득의 발생가능성은 매우 높으므로, 이연법인세자산을 전부 인식한다.

답 ③

02 20X1년 초에 설립된 (주)세무의 20X1년도 포괄손익계산서상 법인세비용차감전순이익은 ₩700,000이고, 법인세율은 20%이다. 당기 법인세부담액을 계산하기 위한 세무조정사항 및 이연법인세자산(부채) 자료가 다음과 같을 때, 20X1년도 법인세비용은? _{2020. CTA}

> - 20X1년도에 당기손익 – 공정가치측정금융자산평가손실로 ₩100,000을 인식하였으며, 동 금융자산은 20X2년에 처분한다.
> - 20X1년 세법상 손금한도를 초과하여 지출한 접대비는 ₩100,000이다.
> - 20X1년 정기예금(만기 20X2년)에서 발생한 이자 ₩20,000을 미수수익으로 인식하였다.
> - 20X2년 법인세율은 18%로 예상된다.
> - 일시적 차이가 사용될 수 있는 미래 과세소득의 발생가능성은 높다.

① ₩158,000   ② ₩161,600   ③ ₩176,000
④ ₩179,600   ⑤ ₩190,400

▶해설

	X1(20%)	X2(18%)
EBT	700,000	
FVPL 금융자산	100,000	(100,000)
접대비	100,000	
미수이자	(20,000)	20,000
과세소득	880,000	
법인세부담액	176,000	(18,000) 3,600

(1) FVPL 금융자산

세법에서는 금융자산의 평가를 인정하지 않으므로, X1년도에는 손不 유보 세무조정이 발생하며, X2년도에 손入 △유보 세무조정이 발생하며 유보가 추인된다.

(2) 미수이자

세법에서는 이자수익을 현금주의로 인식하므로 미수이자는 인정하지 않으며, 이후에 실제로 이자를 수령할 때 수익으로 인식한다.

1. 기초 제거	이연법인세부채	—	이연법인세자산	—
2. 기말 계상	이연법인세자산	18,000	이연법인세부채	3,600
3. 당기 부채&비용	법인세비용	161,600	당기법인세부채	176,000

20X1년 초에 설립되었으므로 기초 이연법인세자산, 부채는 없다.
일시적 차이가 사용될 수 있는 미래 과세소득의 발생가능성은 높으므로, 이연법인세자산을 전부 인식한다.

답 ②

4 중간예납세액

법인세법에 따르면 회계기간이 6개월을 초과하는 기업은 당해 회계기간 개시일로부터 6개월간을 중간예납기간으로 하여 당해 회계연도에 납부할 세액의 일부(중간예납세액)를 납부하도록 하고 있다.

(1) 중간예납세액 납부 시

중간예납세액은 아직 1년치 법인세비용이 확정되지 않은 상태에서 먼저 납부하는 것이므로, 일종의 선급비용에 해당한다. 따라서 중간예납세액은 당기법인세자산이라는 자산으로 처리한다. 중간예납세액이 ₩100,000이라면 중간예납 시 회계처리는 다음과 같다.

당기법인세자산	100,000	현금	100,000

(2) 기말

① 법인세부담액 > 중간예납세액

법인세부담액은 1년간의 소득과 관련하여 납부할 법인세 총액이다. 그런데 기중에 납부한 중간예납세액이 있다면 그만큼 납부를 하지 않아도 되므로, 당기법인세부채는 '법인세부담액 – 중간예납세액'이 된다. 당기의 법인세부담액이 ₩150,000, 중간예납세액이 ₩100,000이라면 기말 회계처리는 다음과 같다.

법인세비용	150,000	당기법인세자산	100,000
		당기법인세부채	50,000

당기에 납부할 법인세는 총 ₩150,000이지만, 이미 납부한 부분에 ₩100,000에 대해서는 추가로 납부할 필요가 없으므로 기말 당기법인세부채는 법인세부담액에서 중간예납세액을 차감한 ₩50,000이 된다. 한편, 중간예납세액이 있더라도 법인세비용에 미치는 영향은 없다. 중간예납세액은 선급비용의 성격을 띄는데, 법인세를 미리 냈을 뿐 부담해야 할 법인세 총액은 같기 때문이다.

② 법인세부담액 < 중간예납세액

한편, 중간예납세액이 법인세부담액보다 더 클 수도 있는데, 과거에 이미 납부한 금액이 그 기간동안 납부하여야 할 금액을 초과하였다면 그 초과금액은 자산으로 인식한다. 당기의 법인세부담액이 ₩50,000, 중간예납세액이 ₩100,000이라면 기말 회계처리는 다음과 같다. 당기법인세자산 ₩100,000 중 ₩50,000만 비용화되므로 기말에 당기법인세자산이 ₩50,000만큼 남는다.

법인세비용	50,000	당기법인세자산	50,000

03 다음은 (주)세무의 법인세 관련 자료이다.

- 20X1년도 각사업연도사업소득에 대한 법인세부담액은 ₩70,000이며, 20X1년 중 당기 법인세 관련 원천징수·중간예납으로 ₩30,000을 현금으로 지급하여 당기법인세자산 차변에 기입하였다. 나머지 ₩40,000은 20X2년 3월 말에 관련 세법규정을 준수하여 납부한다.
- 세무조정에 따른 유보 처분액(일시적차이)의 증감내용을 나타내는 20X1년도 자본금과적립금조정명세서(을)는 다음과 같다.

구분	기초잔액	당기중 증감		기말잔액
		감소	증가	
매출채권 손실충당금	₩90,000	₩18,000	₩13,000	₩85,000
정기예금 미수이자	△50,000		△10,000	△60,000
건물 감가상각누계액	120,000		30,000	150,000
당기손익 – 공정가치측정금융자산			△5,000	△5,000
합계	₩160,000	₩18,000	₩28,000	₩170,000

- 이연법인세자산의 실현가능성은 거의 확실하며, 20X0년 말과 20X1년 말 미사용 세무상결손금과 세액공제는 없다.
- 연도별 법인세율은 20%로 일정하다.

20X1년도 포괄손익계산서에 표시할 법인세비용은? (단, 제시된 사항 외에 세무조정사항은 없으며, 자본금과적립금조정명세서(을)에 나타난 △는 (−)유보를 나타낸다.) 2019. CTA

① ₩28,000 　　　　② ₩36,000 　　　　③ ₩38,000

④ ₩68,000 　　　　⑤ ₩102,000

🔹 해설

	X1(20%)	X2~(20%)
EBT	?	
일시적차이	10,000	(235,000) 65,000
과세소득	?	
법인세부담액	70,000	(47,000) 13,000

기초 유보 대비 기말 유보가 10,000 증가하였으므로 과세소득도 10,000 증가한다.

1. 기초 제거	이연법인세부채	10,000	이연법인세자산	42,000
2. 기말 계상	이연법인세자산	47,000	이연법인세부채	13,000
3. 당기 부채&비용	법인세비용	68,000	당기법인세자산	30,000
			당기법인세부채	40,000

기초 이연법인세부채: 50,000 × 20% = 10,000
기초 이연법인세자산: 210,000 × 20% = 42,000
법인세부담액 70,000 중 기중에 30,000을 납부하였으므로, 당기법인세부채는 40,000이다.

 ④

5 법인세회계–자산성 검토

1. 유보는 자산이다

이연법인세자산은 당기에 손不 유보 처분이 발생할 때 생긴다. 차기 이후에 손入 △유보로 추인되면서 미래 과세소득을 줄이기 때문이다.

2. 이연법인세자산의 인식 조건

기준서에서는 보수주의로 인해 이연법인세자산에 대해서 '자산성이 인정될 때에만' 자산으로 계상할 것을 규정하고 있다.

미래에 과세소득이 양수일 때에는 법인세를 납부해야 하지만, 과세소득이 음수가 되었을 때는 법인세를 환급해주지 않기 때문에 △유보를 할만큼 충분한 소득이 확보될 때에만 이연법인세자산을 인정한다.

지금까지 풀었던 예제를 보면, '차감할 일시적차이가 사용될 수 있는 과세소득의 발생가능성은 매우 높다.', '이연법인세자산의 실현가능성은 거의 확실하며'와 같은 표현이 등장한다. 이연법인세자산은 전액 인정된다는 뜻이다. 이 단서가 있었기 때문에 자산의 한도를 고려하지 않고 부채와 같은 방식으로 계산할 수 있었다. 만약 위와 같은 문장이 제시되지 않는다면, 자산으로 인정하는 유보는 다음 금액을 한도로 한다.

> 자산으로 인정하는 유보 = 미래의 예상 EBT + 미래의 손不 유보 추인액

문제에서 미래에 예상되는 EBT를 제시해줄 것이다. 만약 △유보가 존재해 미래에 손不 유보로 추인된다면 미래의 과세소득은 EBT에서 유보만큼 추가로 증가할 것이다. 따라서 EBT와 손不 유보 추인액의 합이 미래에 손入할 수 있는 한도이다. 이 금액만큼만 이연법인세자산으로 계상해야 한다.

예제

04 다음은 20X1년초 설립한 (주)한국의 20X1년도 법인세와 관련된 내용이다.

법인세비용차감전순이익	₩5,700,000
세무조정항목:	
감가상각비 한도초과	300,000
연구및인력개발준비금	(600,000)
과세소득	₩5,400,000

- 연구및인력개발준비금은 20X2년부터 3년간 매년 ₩200,000씩 소멸하며, 감가상각비 한도초과는 20X4년에 소멸한다.
- 향후 과세소득(일시적차이 조정 전)은 경기침체로 20X2년부터 20X4년까지 매년 ₩50,000으로 예상된다. 단, 20X5년도부터 과세소득은 없을 것으로 예상된다.
- 연도별 법인세율은 20%로 일정하다.

(주)한국이 20X1년도 포괄손익계산서에 인식할 법인세비용은?   2017. CPA

① ₩1,080,000   ② ₩1,140,000   ③ ₩1,150,000
④ ₩1,180,000   ⑤ ₩1,200,000

	X1(20%)	X2(20%)	X3(20%)	X4(20%)
EBT 감가비 준비금	5,700,000 300,000 (600,000)	50,000 200,000	50,000 200,000	50,000 (300,000) 200,000
과세소득	5,400,000	200,000	200,000	(250,000) 200,000
법인세부담액	1,080,000	40,000	40,000	(50,000) 40,000

(1) 기말 이연법인세자산, 부채
 - 부채: 200,000 × 20% × 3 = 120,000
 - 자산: 250,000 × 20% = 50,000

감가비 한도초과는 X4년에 소멸한다. 하지만 X4년도에 EBT는 50,000으로 예상되며, 유보 추인액은 200,000이므로, 손入할 수 있는 최대 금액은 250,000이다. 따라서 유보는 총 300,000이지만 250,000에 대해서만 이연법인세자산을 인정한다.

연도별 EBT 50,000는 X1년 현재 아직 발생하지 않은 이익으로, X2년부터 X4년의 '당기법인세부채'에 반영될 금액이다. X1년 말 '이연'법인세자산, 부채는 X1년 말 존재하는 일시적차이에 해당하는 금액이다. X2년~X4년의 EBT 50,000은 아직 발생하지 않은 이익이므로, X1년 말 부채로 인식하지 않는다. 따라서 X2년~X4년에 제거될 가산할 일시적 차이와 관련하여 인식하는 이연법인세부채는 각각 200,000 × 20% = 40,000이다.

(2) 기초 이연법인세자산, 부채: 0
 - 당기 초에 설립하였으므로 0이다.

1. 기초 제거	이연법인세부채	—	이연법인세자산	—
2. 기말 계상	이연법인세자산	50,000	이연법인세부채	120,000
3. 당기 부채&비용	법인세비용	1,150,000	당기법인세부채	1,080,000

📋 ③

6 법인세회계-기타 세무조정

기타 세무조정이 발생하는 자기주식처분손익 및 기타포괄손익에 대해 다룰 것이다.

STEP 1 기타 세무조정

1. 자기주식처분손익

	X1(30%)
EBT 자처익 자처손	XXX XXX* (XXX)*
과세소득	XXX
법인세부담액	XXX

회계에서는 자기주식처분손익을 자본거래로 인한 손익이므로 자본잉여금 혹은 자본조정으로 본다. 하지만 세법에서는 자기주식처분손익을 자산 처분 손익으로 보아 과세소득에 포함시킨다. 따라서 자기주식처분이익은 '익금산입 기타', 자기주식처분손실은 '손금산입 기타' 세무조정이 발생한다. 문제에 제시된 자기주식처분손익 금액은 세무조정으로 반영하고, 숫자 옆에 *(별표)를 작게 표시해두자.

2. 기타포괄손익: 재평가잉여금 및 FVOCI 금융자산(주식) 평가손익

	X1(30%)	X2(30%)
EBT 재평가잉여금 토지	XXX 20,000* (20,000)	 20,000
과세소득	XXX	
법인세부담액	XXX	

재평가모형 적용으로 인한 유형자산 평가 및 FVOCI 금융자산(주식) 평가 시에는 2줄 세무조정이 발생한다. 가령 회사가 '토지 20,000 / 재평가잉여금 20,000'을 계상했다면 세법에서는 재평가모형에 따른 평가증을 인정하지 않으므로 '손入 토지 20,000 △유보', '익入 재평가잉여금 20,000 기타' 세무조정이 발생한다. 따라서 당기 EBT 아래에 20,000과 (20,000)을 적는다. 이때, 재평가잉여금 금액 옆에 *(별표)를 작게 표시해두자. 회계처리할 때 필요하다.

> **참고** FVOCI 금융자산(채권)의 평가손익 **심화**
>
> 재평가잉여금과 FVOCI 금융자산(주식)의 평가손익은 재분류 조정 대상이 아니므로 법인세회계에서 처리방법이 똑같다. 반면, FVOCI 금융자산(채권)의 평가손익은 재분류 조정 대상이므로 처리방법이 조금은 다르다.
>
> 하지만 채권과 주식의 처리방법이 달라지는 것은 극히 예외적인 상황이며, 대부분 문제는 재평가잉여금이나 FVOCI 금융자산(주식)의 평가손익으로 출제하는 편이다. 따라서 본서에서 FVOCI 금융자산(채권)의 평가손익의 처리방법은 생략한다. 만약 문제에서 채권이 출제되면 주식과 같은 방식으로 풀자.

STEP 2 기타 세무조정 회계처리

1. 기초 제거	이연법인세부채	기초 부채	이연법인세자산	기초 자산
2. 기말 계상	이연법인세자산	기말 자산	이연법인세부채	기말 부채
3. 당기 부채&비용	법인세비용	XXX	당기법인세부채	법인세부담액
4. 기타 세무조정	법인세비용	XXX	자처손	발생액 × 당기 세율
	자처익	발생액 × 당기 세율	법인세비용	XXX
	OCI	발생액 × 미래 세율	법인세비용	XXX

기타 세무조정이 있는 경우 '3. 당기 부채&비용'까지는 배운 대로 회계처리하고, 마지막으로 '4. 기타 세무조정' 회계처리를 추가하면 된다. 이것 때문에 기타 세무조정에 해당하는 숫자 옆에 *(별표)를 작게 표시하라고 한 것이다. 별표를 하지 않으면 3번 회계처리까지만 하고 끝내는 실수를 범할 가능성이 크기 때문이다. 4번 회계처리는 자기주식처분손익 및 기타포괄손익에서 발생한 법인세효과는 발생 원천에서 조정해주는 회계처리이다.

기준서에 따르면, '당기손익 이외로 인식되는 항목과 관련된 당기법인세와 이연법인세는 당기손익 이외의 항목으로 인식된다.' "내가 싼 X는 내가 치운다."라고 기억하면 쉽게 이해될 것이다. 이를 조정하지 않으면 자본으로 인한 법인세효과가 법인세비용(PL)에 반영되기 때문이다. 법인세비용과 상계할 금액은 다음과 같이 계산한다.

1. 자기주식처분손익: 자기주식처분손익×당기 세율

자기주식처분손익은 유보 없이 당기법인세에만 영향을 주므로, 자기주식처분손익에 당기 세율을 곱한 금액을 법인세비용과 상계한다.

2. OCI: OCI 발생액×미래 세율

재평가잉여금이 20,000 발생했다고 가정할 때, 당기에는 2줄 세무조정으로 인해 당기법인세부채
에 미치는 영향은 없다. 하지만 유보는 추인되면서 미래 과세소득이 증가한다. 따라서 OCI 발생
액에 미래 세율을 곱한 금액을 법인세비용과 상계한다.

1~3번 회계처리	(차) 법인세비용	(대) 이연법인세부채
⊕		
4번 회계처리	(차) OCI	(대) 법인세비용
↓		
올바른 회계처리	(차) OCI	(대) 이연법인세부채

올바른 회계처리는 이연법인세부채가 OCI 때문에 발생했으므로 OCI를 줄이면서 이연법인세부
채를 계상해야 한다. 하지만 3번 회계처리까지만 하면 대차차액을 전부 법인세비용으로 맞추므
로, 이연법인세부채가 전부 법인세비용의 증가로 이어진다. 따라서 4번 회계처리를 추가해서 법
인세비용을 OCI와 상계해야만 올바른 회계처리가 될 수 있다.

 회계처리로 자본을 제거하기: 원래 자본이 계상된 곳과 반대쪽으로!

기타 세무조정으로 인한 법인세효과를 줄일 때 법인세비용을 차변에 계상할지, 대변에 계상할지 많이 헷
갈릴 것이다. '법인세는 마찰력이다.'라고 생각하면 쉬울 것이다. 마찰력이란 움직임을 방해하는 힘을
말한다. 예를 들어 20%의 마찰력이 있다면 100의 힘을 주더라도 80밖에 움직이지 못한다. 법인세가 이
러한 마찰력의 역할을 한다. 세율이 20%인 상황에서 이익이 발생하면 이익이 20% 감소하고, 손실이 발
생하면 손실이 20% 감소한다.

법인세가 있다면 당기 중에 발생한 자기주식처분손익과 기타포괄손익의 일부가 감소한다. 따라서 원래
회계처리에서 자본이 계상된 곳과 반대쪽으로 계상하면서 법인세비용과 상계하면 된다.

기중	현금	처분가액	자기주식	BV
	자처손	발생액		
상계	법인세비용	XXX	자처손	발생액 × 당기 세율
기중	현금	처분가액	자기주식	BV
			자처익	발생액
상계	자처익	발생액 × 당기 세율	법인세비용	XXX
기중	자산	발생액	OCI	발생액
상계	OCI	발생액 × 미래 세율	법인세비용	XXX

자본이 손실이었다면 (자처손) 회계처리할 때 차변에 계상했을 것이므로, 반대로 대변에 계상하면서 법인
세비용을 늘리면 된다.

자본이 이익이었다면 (자처익, 재평가잉여금) 회계처리할 때 대변에 계상했을 것이므로, 반대로 차변에
계상하면서 법인세비용을 줄이면 된다.

예제

01 다음 자료는 (주)한국의 20X2년도 법인세와 관련된 내용이다.

> - 20X1년말 현재 일시적차이 :
>   미수이자   ₩(100,000)
> - 20X2년도 법인세비용차감전순이익   1,000,000
> - 20X2년도 세무조정 사항 :
>   미수이자   (20,000)
>   접대비한도초과   15,000
>   자기주식처분이익   100,000
> - 연도별 법인세율은 20%로 일정하다.

(주)한국의 20X2년도 포괄손익계산서에 인식할 법인세비용은 얼마인가? (단, 일시적차이에 사용될 수 있는 과세소득의 발생가능성은 높으며, 20X1년말과 20X2년말 각 연도의 미사용 세무상결손금과 세액공제는 없다.)

2015. CPA

① ₩199,000   ② ₩203,000   ③ ₩219,000

④ ₩223,000   ⑤ ₩243,000

⊙ 해설

	X2(20%)	X3~(20%)
EBT	1,000,000	
미수이자	(20,000)	120,000
접대비	15,000	
자기주식처분이익	100,000*	
과세소득	1,095,000	
법인세부담액	219,000	24,000

기초 일시적차이가 (100,000)이었는데, X2년에 (20,000)이 추가로 발생하였으므로, 기말 일시적차이는 (120,000)이다. 따라서 X3년도부터 120,000의 익금산입이 발생한다.

1. 기초 제거	이연법인세부채	20,000	이연법인세자산	—
2. 기말 계상	이연법인세자산	—	이연법인세부채	24,000
3. 당기 부채&비용	법인세비용	223,000	당기법인세부채	219,000
4. 기타 세무조정	자기주식처분이익	20,000	법인세비용	20,000

법인세비용: 223,000 − 20,000 = **203,000**

기초 이연법인세부채: 100,000 × 20% = 20,000

법인세비용 상계액
 − 자기주식처분이익: 100,000 × 20% = 20,000

답 ②

02 아래 자료는 (주)한국의 20X1년도 법인세와 관련된 거래내용이다.

> (가) 20X1년도 (주)한국의 접대비 한도초과액은 ₩300,000이다.
> (나) (주)한국은 20X1년 6월 7일에 ₩35,000에 취득한 자기주식을 20X1년 9월 4일에 ₩60,000에 처분했다.
> (다) (주)한국이 20X1년 9월 7일 사옥을 건설하기 위하여 ₩70,000에 취득한 토지의 20X1년 12월 31일 현재 공정가치는 ₩80,000이다. (주)한국은 유형자산에 대하여 재평가모형을 적용하고 있으나, 세법에서는 이를 인정하지 않는다.

(주)한국의 20X1년도 법인세비용차감전순이익은 ₩3,000,000이다. 당기 과세소득에 적용될 법인세율은 30%이고, 향후에도 세율이 일정하다면 (주)한국이 20X1년도 포괄손익계산서에 인식할 법인세비용과 20X1년 말 재무상태표에 계상될 이연법인세 자산·부채는 각각 얼마인가? (단, (주)한국의 향후 과세소득은 20X1년과 동일한 수준이며, 전기이월 일시적차이는 없다고 가정한다.)

2010. CPA

	법인세비용	이연법인세자산·부채
①	₩900,000	이연법인세자산 ₩3,000
②	₩973,500	이연법인세자산 ₩4,500
③	₩973,500	이연법인세부채 ₩3,000
④	₩990,000	이연법인세자산 ₩4,500
⑤	₩990,000	이연법인세부채 ₩3,000

해설

	X1(30%)	X2~(30%)
EBT	3,000,000	
접대비	300,000	
자처익	25,000*	
토지 유보	(10,000)	10,000
토지 OCI	10,000*	
과세소득	3,325,000	10,000
법인세부담액	997,500	3,000

기초 이연법인세: 0 (전기이월 일시적차이는 없다고 가정)

기말 이연법인세
 ─ 부채: 10,000 × 30% = 3,000

1. 기초 제거	이연법인세부채	─	이연법인세자산	─
2. 기말 계상	이연법인세자산	─	이연법인세부채	3,000
3. 당기 부채&비용	법인세비용	1,000,500	당기법인세부채	997,500
4. 기타 세무조정	자기주식처분이익	7,500	법인세비용	7,500
	재평가잉여금	3,000	법인세비용	3,000

법인세비용: 1,000,500 ─ 7,500 ─ 3,000 = 990,000

법인세비용 상계액
 ─ 자기주식처분이익: 10,000 × 30% = 3,000
 ─ 재평가잉여금(OCI): 10,000 × 30% = 3,000

자처익과 재평가잉여금 둘 다 이익이므로 기중에 대변에 계상했을 것이다. 따라서 법인세비용과 상계 시 차변에 계상하면서 법인세비용을 줄여야 한다.

답 ⑤

03 아래 자료는 (주)한국의 20X1년도 법인세와 관련된 거래 내용이다.

- 20X1년말 접대비 한도초과액은 ₩30,000이다.
- 20X1년말 재고자산평가손실은 ₩10,000이다.
- 20X1년말 기타포괄손익 − 공정가치측정금융자산평가손실 ₩250,000을 기타포괄손익으로 인식하였다. 동 기타포괄손익 − 공정가치측정금융자산평가손실은 20X3년도에 소멸된다고 가정한다.
- 20X1년도 법인세비용차감전순이익은 ₩1,000,000이다.
- 20X1년까지 법인세율이 30%이었으나, 20X1년말에 세법개정으로 인하여 20X2년 과세소득 분부터 적용할 세율은 20%로 미래에도 동일한 세율이 유지된다.

(주)한국의 20X1년도 포괄손익계산서에 계산할 법인세비용은 얼마인가? (단, 일시적차이에 사용될 수 있는 과세소득의 발생가능성은 높으며, 전기이월 일시적차이는 없는 것으로 가정한다.)

2014. CPA 수정

① ₩260,000　　　　② ₩310,000　　　　③ ₩335,000

④ ₩360,000　　　　⑤ ₩385,000

▶● **해설**

	X1(30%)	X2~(20%)
EBT	1,000,000	
접대비	30,000	
재고자산평가손실	10,000	(10,000)
금융자산	250,000	(250,000)
OCI	(250,000)*	
과세소득	1,040,000	
법인세부담액	312,000	(52,000)

X2년부터 적용할 세율이 20%이므로, X3년도에 소멸되는 일시적차이도 X2~ 아래에 적었다.

1. 기초 제거	이연법인세부채	—	이연법인세자산	—
2. 기말 계상	이연법인세자산	52,000	이연법인세부채	
3. 당기 부채&비용	법인세비용	260,000	당기법인세부채	312,000
4. 기타 세무조정	법인세비용	50,000	금융자산평가손실(OCI)	50,000

법인세비용: 260,000 + 50,000 = **310,000**

법인세비용 상계액
 − FVOCI 금융자산 평가손실: 250,000 × 20% = 50,000
 − 금융자산평가손실은 기중에 차변에 계상했을 것이므로 상계 시 대변에 계상하면서 법인세비용을 늘린다.

🔳 ②

1. 세무기준액

(1) 자산의 세무기준액=기업에 유입될 과세대상 경제적효익-세무상 차감액

자산의 세무기준액은 자산의 장부금액이 회수될 때 기업에 유입될 과세대상 경제적효익에서 세무상 차감될 금액을 말한다. 만약 그러한 경제적효익이 과세대상이 아니라면, 자산의 세무기준액은 장부금액과 일치한다.

(2) 부채의 세무기준액=장부금액-세무상 공제액

부채의 세무기준액은 장부금액에서 미래 회계기간에 당해 부채와 관련하여 세무상 공제될 금액을 차감한 금액이다. 수익을 미리 받은 경우, 이로 인한 부채의 세무기준액은 당해 장부금액에서 미래 회계기간에 과세되지 않을 수익을 차감한 금액이다.

> **사례**
>
> 미수이자의 장부금액이 100원이다. 관련 이자수익은 현금기준으로 과세된다.
> → 미수이자의 세무기준액은 영(0)이다.
> 선수이자의 장부금액이 100원이다. 관련 이자수익은 현금기준으로 이미 과세되었다.
> → 선수이자의 세무기준액은 영(0)이다.

 세무기준액은 차감한 금액임

> 자산과 부채의 세무기준액 모두 세무상 차감액 또는 공제액을 뺀 금액이다. 세무기준액이 말문제에서 나오면 기준서 문장이 그대로 나올 것이므로 세무상 금액을 '차감'했는지를 확인하자.

2. 당기법인세부채와 당기법인세자산

당기 및 과거기간에 대한 당기법인세 중 납부되지 않은 부분을 부채(당기법인세부채)로 인식한다. 만일 과거기간에 이미 납부한 금액이 그 기간 동안 납부하여야 할 금액을 초과하였다면 그 초과금액은 자산(당기법인세자산)으로 인식한다.

3. 이연법인세자산, 부채의 인식

(1) 이연법인세부채

모든 가산할 일시적차이에 대하여 이연법인세부채를 인식한다. 다만, 다음의 경우에 발생하는 이연법인세부채는 인식하지 아니한다.

---

① 영업권을 최초로 인식할 때
② 자산 또는 부채가 최초로 인식되는 거래가
　(가) 사업결합거래가 아니고,
　(나) 거래 당시 회계이익이나 과세소득(세무상결손금)에 영향을 미치지 아니하는 거래

---

①번 예외는 고급회계에서 자세히 다룰 것이며, ②번 예외는 기억하지 않아도 된다.

(2) 이연법인세자산

차감할 일시적차이가 사용될 수 있는 과세소득의 발생가능성이 높은 경우에, 모든 차감할 일시적차이에 대하여 이연법인세자산을 인식한다.

(3) 결손금 및 세액공제

미사용 세무상결손금과 세액공제가 사용될 수 있는 미래 과세소득의 발생가능성이 높은 경우 그 범위 안에서 이월된 미사용 세무상결손금과 세액공제에 대하여 이연법인세자산을 인식한다.
일반적으로 회계학 문제에서는 이월결손금, 비과세소득, 세액공제가 없다고 가정하고 문제를 풀었다. 실제로 계산문제에서는 거의 등장하지 않고, 말문제로만 등장하는데 결손금과 세액공제도 미래 법인세부담액을 감소시키므로 이연법인세자산을 인식한다. 유보와 마찬가지로 자산성이 인정될 때에만, 즉 미래 과세소득의 발생가능성이 높은 경우 이연법인세자산을 인식한다.

(4) 이연법인세자산의 자산성 재검토: 매년 유동적임

이연법인세자산의 장부금액은 매 보고기간말에 검토한다. 이연법인세자산의 일부 또는 전부에 대한 혜택이 사용되기에 충분한 과세소득이 발생할 가능성이 더 이상 높지 않다면 이연법인세자산의 장부금액을 감액시킨다. 감액된 금액은 사용되기에 충분한 과세소득이 발생할 가능성이 높아지면 그 범위 내에서 환입한다.
이연법인세자산은 이연법인세부채와 달리 보수주의로 인해 '자산성이 인정될 때에만' 자산으로 계상한다. 이 자산성은 매년 달라질 수 있다. 자산성이 인정되어서 자산으로 계상했더라도, 이후에 자산성이 인정되지 않는다면 법인세비용을 인식하면서 자산을 제거한다. 반대로, 자산성이 인정되지 않아 자산을 계상하지 않다가, 이후에 자산성이 인정된다면 법인세비용을 환입하면서 자산을 계상한다.

4. 법인세자산, 부채의 상계 조건: 상계권리와 의도가 있음

> 기업이 법적으로 상계권리를 갖고 있으며, 순액으로 결제하거나, 자산을 실현하는 동시에 부채를 결제할 의도가 있는 경우에만 당기법인세자산, 부채를 상계한다.

'당기'법인세자산, 부채와 '이연'법인세자산, 부채의 상계 조건은 조금 다르지만, 의미가 거의 비슷하다. 위 규정은 '당기'법인세 자산, 부채 상계 조건인데, 이 내용만 기억해도 문제를 푸는 데 지장이 없다. '권리와 의도가 있는 경우에만' 상계할 수 있다는 것만 기억하자.

5. 이연법인세자산, 부채의 표시 ★중요!

> (1) 기업이 재무상태표에 유동자산과 비유동자산, 그리고 유동부채와 비유동부채로 구분하여 표시하는 경우, 이연법인세자산(부채)은 유동자산(부채)으로 분류하지 아니한다.
> (2) 이연법인세자산, 부채는 할인하지 아니한다.

기준서에 따르면, 이연법인세자산, 부채는 실현 시점을 통제할 수 없다. 따라서 유동항목이 아닌 비유동항목으로 분류하며, 현재가치 평가도 하지 않는다.

6. 세율

(1) 이연법인세자산, 부채에 적용할 세율

이연법인세자산과 부채는 보고기간말까지 제정되었거나 실질적으로 제정된 세율(및 세법)에 근거하여 당해 자산이 실현되거나 부채가 결제될 회계기간에 적용될 것으로 기대되는 세율을 사용하여 측정한다.

(2) 누진세율 적용 시: 평균세율(not 한계세율)로 계산

누진세율 적용 시에는 일시적 차이가 소멸되는 기간의 평균세율로 이연법인세 자산, 부채를 계산한다.

예제

01 기업회계기준서 제1012호 '법인세'에 대한 다음 설명 중 옳지 않은 것은?   2019. CPA

① 미사용 세무상결손금과 세액공제가 사용될 수 있는 미래 과세소득의 발생가능성이 높은 경우 그 범위 안에서 이월된 미사용 세무상결손금과 세액공제에 대하여 이연법인세자산을 인식한다.

② 부채의 세무기준액은 장부금액에서 미래 회계기간에 당해 부채와 관련하여 세무상 공제될 금액을 차감한 금액이다. 수익을 미리 받은 경우, 이로 인한 부채의 세무기준액은 당해 장부금액에서 미래 회계기간에 과세되지 않을 수익을 차감한 금액이다.

③ 이연법인세 자산과 부채의 장부금액은 관련된 일시적차이의 금액에 변동이 없는 경우에도 세율이나 세법의 변경, 예상되는 자산의 회수 방식 변경, 이연법인세자산의 회수가능성 재검토로 인하여 변경될 수 있다.

④ 과세대상수익의 수준에 따라 적용되는 세율이 다른 경우에는 일시적차이가 소멸될 것으로 예상되는 기간의 과세소득(세무상결손금)에 적용될 것으로 기대되는 평균세율을 사용하여 이연법인세 자산과 부채를 측정한다.

⑤ 당기에 취득하여 보유중인 토지에 재평가모형을 적용하여 토지의 장부금액이 세무기준액보다 높은 경우에는 이연법인세부채를 인식하며, 이로 인한 이연법인세효과는 당기손익으로 인식한다.

해설

기타포괄손익으로 발생한 이연법인세효과는 **기타포괄손익**으로 인식한다.

① 미래 과세소득의 발생가능성이 높은 경우(= 자산성이 있는 경우) 그 범위 내에서 이연법인세자산을 인식한다.

② 선수수익을 예로 들면, 회계상으로는 부채로 보지만, 세법상으로는 부채로 보지 않는다. 또한, 미래에 회계상으로 선수수익을 제거하면서 수익을 인식하더라도 이를 세법상으로 수익으로 보지 않는다. 따라서 부채의 세무기준액은 장부금액에서 미래에 세무상 공제될 금액을 차감한 금액이다. '세무상 공제될 금액'이라는 표현은 '손입' 세무조정을 통해 과세소득에서 차감할 금액을 뜻한다.

③ 이연법인세자산은 일시적차이의 변동이 없더라도 재검토로 인해 변경될 수 있다.

④ 누진세율이 적용되는 경우 '평균'세율로 이연법인세자산, 부채를 계산한다.

답 ⑤

02 기업회계기준서 제1012호 '법인세'에 대한 다음 설명 중 옳지 않은 것은? 2020. CPA

① 이연법인세자산은 차감할 일시적차이, 미사용 세무상결손금의 이월액, 미사용 세액 공제 등의 이월액과 관련하여 미래 회계기간에 회수될 수 있는 법인세 금액이다.

② 자산의 세무기준액은 자산의 장부금액이 회수될 때 기업에 유입될 과세대상 경제적 효익에서 세무상 차감될 금액을 말하며, 부채의 세무기준액은 장부금액에서 미래 회계기간에 당해 부채와 관련하여 세무상 공제될 금액을 차감한 금액이다.

③ 당기 및 과거기간에 대한 당기법인세 중 납부되지 않은 부분을 부채로 인식한다. 만일 과거기간에 이미 납부한 금액이 그 기간동안 납부하여야 할 금액을 초과하였다면 그 초과금액은 자산으로 인식한다.

④ 매 보고기간말에 인식되지 않은 이연법인세자산에 대하여 재검토하며, 미래 과세소득에 의해 이연법인세자산이 회수될 가능성이 높아진 범위까지 과거 인식되지 않은 이연법인세자산을 인식한다.

⑤ 당기법인세자산과 부채는 기업이 인식된 금액에 대한 법적으로 집행가능한 상계권리를 가지고 있는 경우 또는 순액으로 결제하거나, 자산을 실현하고 부채를 결제할 의도가 있는 경우에 상계한다.

⊙ 해설

상계 권리를 갖고 있고 'and' 의도가 있어야 상계한다. 'or' 이 아니다.

답 ⑤

03 법인세회계에 관한 설명으로 옳지 않은 것은? 2023. CTA

① 자산의 세무기준액은 자산의 장부금액이 회수될 때 기업에 유입될 과세대상 경제적 효익에 세무상 가산될 금액을 말한다.

② 과거기간에 이미 납부한 법인세 금액이 그 기간 동안 납부하여야 할 금액을 초과하였다면 그 초과금액은 자산으로 인식한다.

③ 사업결합에서 발생한 영업권을 최초로 인식하는 경우에는 이연법인세부채를 인식하지 않는다.

④ 이연법인세자산의 일부 또는 전부에 대한 혜택이 사용되기에 충분한 과세소득이 발생할 가능성이 더 이상 높지 않다면 이연법인세자산의 장부금액을 감액시킨다.

⑤ 이연법인세 자산과 부채는 현재가치로 할인하지 않는다.

⊙ 해설

자산의 세무기준액은 자산의 장부금액이 회수될 때 기업에 유입될 과세대상 경제적효익에서 세무상 차감될 금액을 말한다.

답 ①

8 법인세회계-전환사채 심화

전환사채가 포함된 경우의 법인세회계는 출제 빈도가 낮으므로 1차 수험생은 대비하지 않아도 좋다.

1. 전환사채 발행 시 세무조정

전환사채의 경우 발행가액(주로 액면발행하므로 액면금액과 같다고 가정)을 부채와 자본으로 분리하여 인식하지만, 법인세법에서는 전환사채의 자본을 인정하지 않고, 발행가액을 전부 부채로 본다. 따라서 전환사채를 액면발행한다면 다음과 같은 세무조정이 발생한다.

장부상 회계처리	현금	액면금액	부채	부채요소
			자본	자본요소

+

익입 기타	자본	자본요소	PL	자본요소
손입 △유보	PL	자본요소	부채	자본요소

⇓

세법상 회계처리	현금	액면금액	부채	액면금액

세법에서는 전환사채와 관련하여 자본요소에 해당하는 부분을 인정하지 않으므로 '익입 기타'세무조정을 통해 전환권대가를 PL로 전환한다. 또한, 세법에서는 부채를 액면금액으로 보기 때문에 '손입 △유보' 세무조정을 통해 전환권대가 금액만큼 부채 금액을 늘린다.

2. 유효이자율 상각 시 세무조정

회계기준에서는 부채를 현재가치로 표시하지만, 세법에서는 부채를 액면금액으로 보았다. 이로 인해 회계기준에 따른 이자비용은 유효이자이지만, 세법상 이자비용은 액면이자가 된다. 따라서 상각액에 해당하는 이자비용을 '손불 유보' 세무조정을 통해 제거한다. 발행 시 발생한 △유보를 추인하는 것이다.

장부상 회계처리	이자비용	유효이자	현금	액면이자
			부채	상각액

+

손불 유보	부채	상각액	이자비용	상각액

⇓

세법상 회계처리	이자비용	액면이자	현금	액면이자

3. 기말 이연법인세부채=(자본요소−상각액)×미래세율

	X1	X2~
EBT 전환권대가 부채 부채	XXX 자본요소* (자본요소) 상각액	 상각액
과세소득	XXX	
법인세부담액	XXX	

부채에 대한 세무조정에서 발생한 △유보로 인해 기말 이연법인세부채가 계상된다. 자본요소만큼 △유보가 발생했지만 상각액만큼 유보를 추인하였으므로, 가산할 일시적 차이(△유보 잔액)는 '자본요소 − 상각액'이 된다. 따라서 기말 이연법인세부채는 '자본요소 − 상각액'에 일시적 차이가 제거될 시점의 세율을 곱한 금액이 된다.

4. 법인세 관련 회계처리

1. 기초 제거	이연법인세부채	기초 부채	이연법인세자산		기초 자산
2. 기말 계상	이연법인세자산	기말 자산	이연법인세부채		기말 부채
3. 당기 부채&비용	법인세비용	XXX	당기법인세부채		법인세부담액
4. 기타 세무조정	전환권대가	자본요소 × 미래세율	법인세비용		자본요소 × 미래세율

전환권대가로 인해 기타 세무조정이 발생했으므로, 3번 회계처리까지는 똑같이 회계처리하고, 4번 회계처리를 추가하면 된다. 전환권대가와 법인세비용을 상계할 금액은 자본요소에 일시적 차이가 제거될 시점의 세율을 곱한 금액이다. 기말에 상각액만큼 △유보를 추인하긴 했지만, 근본적으로 전환권대가로 인해 자본요소만큼 △유보가 발생하였으므로, 이에 대한 법인세비용은 전환권대가가 부담한다. 기말 이연법인세부채를 계산할 때에는 자본요소에서 상각액을 차감하지만, 전환권대가 상계액을 계산할 때에는 상각액을 차감하지 않는다는 점을 주의하자.

예제

01 (주)대박은 20X1년 1월 1일 다음과 같은 조건의 전환사채를 발행하였다.

- 액면금액 및 발행금액 : ₩50,000,000
- (전환권이 없는 동일조건) 일반사채의 유효이자율 : 연 9%
- 액면이자율 : 연 7%
- 이자지급방법 : 매년 말 현금지급
- 만기(상환기일) : 20X3.12.31(상환기일에 액면금액 일시상환)
- 전환청구기간 : 사채발행일 이후 1개월 경과일로부터 상환기일 30일전까지
- 전환조건 : 사채발행금액 ₩1,000,000당 주식 100주로 전환가능

전환사채와 관련하여 세법에서는 자본요소에 해당하는 부분을 인정하지 않으며, 당기 과세소득에 적용될 법인세율은 40%로 향후에도 세율의 변동은 없을 것으로 예상된다. 동 전환사채의 세무조정으로 인해 발생하는 이연법인세자산·부채와 관련된 법인세비용(이자비용 중 현금으로 지급되는 부분으로 인해 발생하는 법인세 효과는 제외)이 (주)대박의 20X1년도 포괄손익계산서상 당기순이익에 미치는 영향은 얼마인가? (단, 당기 및 차기 이후 차감할 일시적차이에 사용될 수 있는 과세소득의 발생가능성은 높으며, 전기이월 일시적차이는 없는 것으로 가정한다. 현가계수는 아래 표를 이용하라. 또한 소수점 첫째자리에서 반올림하며, 단수차이로 인해 약간의 오차가 있으면 가장 근사치를 선택한다.) 2011. CPA

현가계수표

할인율 기 간	기간 말 단일금액 ₩1의 현재가치		정상연금 ₩1의 현재가치	
	7%	9%	7%	9%
3	0.8163	0.7722	2.6243	2.5313

① 영향없음　　　　　② ₩308,904 증가　　　　　③ ₩308,904 감소

④ ₩703,276 증가　　　　　⑤ ₩703,276 감소

▶ **해설**

1. 전환사채 발행가액 분석

부채	$50,000,000 \times 0.7722 + 3,500,000 \times 2.5313$	= ①47,469,550
자본		③2,530,450
계		②50,000,000

2. 전환사채 회계처리 및 세무조정

(1) X1년초

장부상 회계처리	현금	50,000,000	부채	47,469,550
			자본	2,530,450

⊕

익入 기타	자본	2,530,450	P̶L̶	2̶,̶5̶3̶0̶,̶4̶5̶0̶
손入 △유보	P̶L̶	2̶,̶5̶3̶0̶,̶4̶5̶0̶	부채	2,530,450

⇓

세법상 회계처리	현금	50,000,000	부채	50,000,000

세무조정: 익入 전환권대가 2,530,450 기타 & 손入 전환사채 2,530,450 △유보

(2) X1년말

장부상 회계처리	이자비용	4,272,260	현금	3,500,000
			부채	772,260

⊕

손不 유보	부채	772,260	이자비용	772,260

⇓

세법상 회계처리	이자비용	3,500,000	현금	3,500,000

세무조정: 손不 전환사채 772,260 유보

3. 기말 이연법인세자산, 부채

	X1(40%)	X2~(40%)
EBT 전환권대가 부채 부채	? 2,530,450* (2,530,450) 772,260	 1,758,190
과세소득	?	1,758,190
법인세부담액	?	703,276

기말 이연법인세부채: 1,758,190 × 40% = 703,276

— 기초에 △유보 2,530,450을 설정하였지만, 기말에 772,260을 추인하였으므로 1,758,190에 대해 이연법인세부채를 인식한다.

4. 법인세 관련 회계처리

1. 기초 제거	이연법인세부채	—	이연법인세자산	—
2. 기말 계상	이연법인세자산	—	이연법인세부채	703,276
3. 당기 부채&비용	법인세비용	703,276	당기법인세부채	—
4. 기타 세무조정	전환권대가	1,012,180	법인세비용	1,012,180

이연법인세자산·부채와 관련된 법인세비용이 20X1년도 당기순이익에 미치는 영향
: (−)703,276 + 1,012,180 = 308,904 증가

전환권대가로 인한 이연법인세부채 발생분 1,012,180(= 2,530,450 × 40%)은 전환권대가가 부담한다. 문제에서 '이연법인세자산·부채'의 당기순이익 효과만 물었으므로, 당기법인세부채는 무시한다.

目 ②

예제

02 다음은 기업회계기준서 제1012호 '법인세'와 관련된 내용이다. 이에 대한 설명으로 옳은 것은?

2022. CPA

① 복합금융상품(예: 전환사채)의 발행자가 해당 금융상품의 부채요소와 자본요소를 각각 부채와 자본으로 분류하였다면, 그러한 자본요소의 최초 인식 금액에 대한 법인세효과(이연법인세)는 자본요소의 장부금액에 직접 반영한다.

② 과세대상수익의 수준에 따라 적용되는 세율이 다른 경우에는 일시적차이가 소멸될 것으로 예상되는 기간의 과세소득(세무상결손금)에 적용될 것으로 기대되는 한계세율을 사용하여 이연법인세 자산과 부채를 측정한다.

③ 일시적차이는 포괄손익계산서 상 법인세비용차감전순이익과 과세당국이 제정한 법규에 따라 납부할 법인세를 산출하는 대상이 되는 이익 즉, 과세소득 간의 차이를 말한다.

④ 재평가모형을 적용하고 있는 유형자산과 관련된 재평가잉여금은 법인세효과를 차감한 후의 금액으로 기타포괄손익에 표시하고 법인세효과는 이연법인세자산으로 인식한다.

⑤ 이연법인세 자산과 부채는 장기성 채권과 채무이기 때문에 각 일시적차이의 소멸시점을 상세히 추정하여 신뢰성 있게 현재가치로 할인한다.

▶ 해설

전환사채의 자본요소(전환권대가)에 대한 법인세효과는 전환권대가에서 감소시킨다. 따라서 자본요소의 장부금액에 직접 반영한다는 표현이 맞는 말이다.

② 과세대상수익의 수준에 따라 적용되는 세율이 다른 경우에는 일시적차이가 소멸될 것으로 예상되는 기간의 과세소득(세무상결손금)에 적용될 것으로 기대되는 **평균세율**을 사용하여 이연법인세 자산과 부채를 측정한다.

③ 법인세비용차감전순이익과 과세소득 간의 차이에는 일시적차이 뿐만 아니라 영구적차이도 포함된다.

④ 유형자산의 재평가잉여금과 관련된 법인세효과는 이연법인세**부채**로 인식한다. '손입 △유보' 세무조정으로 인해 이연법인세'**부채**'가 발생한다.

⑤ 이연법인세 자산과 부채는 **할인하지 아니한다.**

답 ①

C·H·A·P·T·E·R

17

현금흐름표

CHAPTER

17 현금흐름표

1 현금흐름표의 의의

1. 현금흐름의 종류

현금흐름표란 일정 회계기간 동안 기업의 현금 유입과 유출에 관한 정보를 제공하는 재무제표이다. 현금흐름표는 다음과 같이 '기초 현금 + 현금흐름 = 기말 현금'의 형태로 표시되며, 회계기간 동안 발생한 현금흐름을 영업활동, 투자활동 및 재무활동으로 분류하여 보고한다.

현금흐름표

X1.1.1~X1.12.31	(주)김수석
Ⅰ 영업활동 현금흐름	1,000,000
Ⅱ 투자활동 현금흐름	2,000,000
Ⅲ 재무활동 현금흐름	3,000,000
Ⅳ 현금의 증감	6,000,000
Ⅴ 기초의 현금	1,500,000
Ⅵ 기말의 현금	7,500,000

각 현금흐름이 어느 활동에 해당하는지 기억해야 한다. 하지만 기준서에서 나열하고 있는 현금흐름의 예 원문은 복잡하므로 다음의 요약된 표를 이용하여 먼저 이해를 한 뒤 기준서 원문을 읽는다면 더 수월하게 기억할 수 있을 것이다.

영업활동 현금흐름	투자활동 현금흐름	재무활동 현금흐름
재화의 구입/판매 종업원 관련 지출 법인세의 납부/환급 단기매매목적 계약	유·무형자산, 금융자산의 취득/처분 선급금, 대여금 지급/회수 파생상품 관련 현금흐름	증자 자기주식 거래 사채 및 차입금의 발행/상환 리스부채 상환

(1) 영업활동 현금흐름

영업활동 현금흐름은 일반적으로 당기순손익의 결정에 영향을 미치는 거래나 그 밖의 사건의 결과로 발생한다. 영업활동은 기업의 주요 수익창출활동, 그리고 투자활동이나 재무활동이 아닌 기타의 활동을 말한다. 영업활동은 주로 제품의 생산과 판매활동, 상품과 용역의 구매와 판매활동 및 관리활동을 포함한다. 영업활동 현금흐름의 예는 다음과 같다.

① 재화의 판매와 용역 제공에 따른 현금유입
② 재화와 용역의 구입에 따른 현금유출
③ 로열티, 수수료, 중개료 및 기타수익에 따른 현금유입
④ 종업원과 관련하여 직·간접으로 발생하는 현금유출
⑤ 보험회사의 경우 수입보험료, 보험금, 연금 및 기타 급부금과 관련된 현금유입과 현금유출
⑥ 법인세의 납부 또는 환급 (재무활동과 투자활동에 명백히 관련되는 것은 제외)
⑦ 단기매매목적으로 보유하는 계약에서 발생하는 현금유입과 현금유출

김수석의 Why ? 단기매매증권이 영업활동인 이유

나머지 금융자산의 취득, 처분은 투자활동 현금흐름에 해당하지만 단기매매목적으로 보유하는 계약(단기 매매증권)에서 발생하는 현금흐름은 영업활동 현금흐름으로 분류한다. 왜 단기매매증권만 영업활동으로 볼까? 기준서에서는 다음과 같이 기술하고 있다.

"기업은 단기매매목적으로 유가증권이나 대출채권을 보유할 수 있으며, 이때 유가증권이나 대출채권은 판매를 목적으로 취득한 재고자산과 유사하다. 따라서 단기매매목적으로 보유하는 유가증권의 취득과 판 매에 따른 현금흐름은 영업활동으로 분류한다."

금융자산을 단기매매목적으로 보유한다면 재고자산과 동일하다고 보는 것이 기준서의 관점이다. 금융자 산 기준서의 개정으로 단기매매증권은 FVPL 금융자산으로 바뀌었지만, 현금흐름표 기준서에는 그대로 남아있다. 문제에서는 단기매매증권 대신 FVPL 금융자산으로 제시할 가능성이 높다.

(2) 투자활동 현금흐름

투자활동은 장기성 자산 및 현금성자산에 속하지 않는 기타 투자자산의 취득과 처분을 말한다. 투 자활동은 유·무형자산, 다른 기업의 지분상품이나 채무상품 등의 취득과 처분활동, 제3자에 대한 대여 및 회수활동 등을 포함한다. 투자활동 현금흐름의 예는 다음과 같다.

① 유형자산, 무형자산 및 기타 장기성 자산의 취득, 처분에 따른 현금유출입.
   (현금유출에는 자본화된 개발원가와 자가건설 유형자산에 관련된 지출 포함)
② 다른 기업의 지분상품이나 채무상품 및 공동기업 투자지분의 취득, 처분에 따른 현금유출입(현금성자산으로 간주되는 상품이나 단기매매목적으로 보유하는 상품의 취득, 처분에 따른 유출입은 제외)
③ 제3자에 대한 선급금 및 대여금 지급 및 회수
   (금융회사의 현금 선지급과 대출채권 제외)
④ 선물계약, 선도계약, 옵션계약 및 스왑계약에 따른 현금유출입
   (단기매매목적으로 계약을 보유하거나 현금유출이 재무활동으로 분류되는 경우는 제외)

(3) 재무활동 현금흐름

재무활동은 기업의 납입자본과 차입금의 크기 및 구성내용에 변동을 가져오는 활동을 말한다. 재무활동은 자본과 차입금의 조달, 환급 및 상환에 관한 활동을 포함한다. 재무활동 현금흐름의 예는 다음과 같다.

---

① 주식이나 기타 지분상품의 발행에 따른 현금유입
② 주식의 취득이나 상환에 따른 소유주에 대한 현금유출
③ 담보·무담보부사채 및 어음의 발행과 기타 장·단기차입에 따른 현금유입
④ 차입금의 상환에 따른 현금유출
⑤ 리스이용자의 리스부채 상환에 따른 현금유출

---

(4) 법인세로 인한 현금흐름: 비영업에 명백히 관련되지 않는 한 영업

법인세로 인한 현금흐름은 별도로 공시하며, 재무활동과 투자활동에 명백히 관련되지 않는 한 영업활동 현금흐름으로 분류한다.

법인세로 인한 현금흐름이 재무나 투자에 명백히 관련되면 비영업활동으로 분류하지만, 대부분의 문제는 '법인세납부는 영업활동으로 분류한다.'라는 단서를 제시해주므로, 법인세는 일반적으로 영업활동이라고 기억하면 된다.

(5) 이자와 배당금의 수취 및 지급: 출제진 마음대로

이자와 배당금의 수취 및 지급에 따른 현금흐름은 각각 별도로 공시한다. 각 현금흐름은 매 기간 일관성 있게 영업활동, 투자활동 또는 재무활동으로 분류한다.

IFRS에서는 위 네 가지 현금흐름을 특정 활동으로 한정하지 않고, '매기간 일관성 있게 분류하면 된다.'라고만 언급하고 있다. 따라서 위 현금흐름의 분류 방법은 문제에서 제시할 것이다. 문제는 주로 영업활동으로 분류하며, 이자지급 및 배당금의 지급은 자금을 조달하는 원가이므로 재무활동으로, 이자수입 및 배당금수입은 투자자산에 대한 수익이므로 투자활동으로 분류할 수도 있다.

01 현금흐름표는 회계기간 동안 발생한 현금흐름을 영업활동, 투자활동 및 재무활동으로 분류하여 보고한다. 다음 중 현금흐름의 분류가 다른 것은? 2010. CTA 수정

① 리스이용자의 리스부채 상환에 따른 현금유출

② 판매목적으로 보유하는 재고자산을 제조하거나 취득하기 위한 현금유출

③ 보험회사의 경우 보험금과 관련된 현금유출

④ 기업이 보유한 특허권을 일정기간 사용하도록 하고 받은 수수료 관련 현금유입

⑤ 단기매매목적으로 보유하는 계약에서 발생한 현금유입

해설

①번만 재무활동 현금흐름에 해당하며, 나머지는 모두 영업활동 현금흐름에 해당한다.

답 ①

02 다음 중 현금흐름표상 투자활동 현금흐름으로만 구성된 것은 무엇인가? 2016. 계리사 수정

ㄱ 종업원과 관련하여 직·간접적으로 발생하는 현금유출
ㄴ 단기매매목적의 계약에서 발생하는 현금의 유·출입
ㄷ 제3자에 대한 선급금 및 대여금의 회수 또는 지급에 따른 현금의 유·출입(금융회사의 현금 선지급과 대출채권 제외)
ㄹ 주식 등의 지분상품 발행에 따른 현금의 유입
ㅁ 어음의 발행 및 장·단기차입에 따른 현금의 유입
ㅂ 유형자산의 취득 및 처분에 따른 현금의 유·출입
ㅅ 타기업 지분상품의 취득·처분에 따른 현금의 유·출입(현금성자산, 단기매매금융자산 제외)
ㅇ 재무·투자활동과 관련 없는 법인세 납부 및 환급에 따른 현금의 유·출입
ㅈ 리스이용자의 리스부채 상환에 따른 현금의 유출
ㅊ 차입금의 상환에 따른 현금의 유출

① ㄱ, ㄷ, ㅇ   ② ㄷ, ㅂ, ㅅ

③ ㄷ, ㅅ, ㅈ   ④ ㅅ, ㅇ, ㅊ

해설

각 현금흐름을 활동별로 구분하면 다음과 같다.

ㄱ, ㄴ, ㅇ: 영업

ㄷ, ㅂ, ㅅ: 투자

ㄹ, ㅁ, ㅈ, ㅊ: 재무

답 ②

2. 현금흐름에 대한 이해: 자산은 반대로, 부채는 그대로

다음은 현금흐름을 구하는 기본 원리로, 현금흐름표 전 범위에서 반복적으로 쓰일 것이므로 반드시 이해하자.

---

① B/S 식: 자산 = 부채 + 자본
② 증감으로 표현: △자산 = △부채 + △자본
③ 자산에서 현금만 분리: △현금 + △자산 = △부채 + △자본
④ △자본을 NI로 대체: △현금 + △자산 = △부채 + NI
⑤ 현금만 남기고 반대로: △현금 = NI − △자산 + △부채

---

① 재무상태표 항등식을 쓴 것이다.
② 재무상태표 항등식을 증감으로 표현한 것이다. △(델타)는 증감액(= 기말 − 기초)을 의미한다.
③ 우리는 현금흐름이 알고 싶으므로 자산에서 현금만 분리한다. 이제부터 자산은 현금을 제외한 나머지 자산을 의미한다.
④ △자본을 NI로 대체한 식이다. 일반적으로 현금흐름표 문제에서는 자본거래가 없다고 가정하며, 자본은 당기순이익으로 인해서만 변동한다.
⑤ 우리는 현금흐름이 알고 싶으므로 현금만 남기고 나머지를 반대로 넘긴다.

위 식을 보면 현금흐름을 구하기 위해서는 당기순이익에서 자산 증감액은 차감하고, 부채 증감액은 가산해야 한다. 이를 본서에서는 '자산은 반대로, 부채는 그대로'라고 표현하겠다. 직관적으로 설명하면, 자산이 증가하면 그만큼 돈을 미리 줬거나(선급비용), 받을 돈을 못 받아서(미수수익) 현금이 감소했다는 것이고, 부채가 증가하면 지출을 미뤘거나(미지급비용), 돈을 먼저 받아서 (선수수익) 현금도 증가했다는 뜻이다.

본 교재에서는 설명의 편의상 ' = '을 기준으로 왼쪽(현금흐름)을 차변, 오른쪽(NI − △자산 + △부채)을 대변이라고 부를 것이다. 대차평균의 원리를 지키면서 대차를 채우면 문제를 풀 수 있다. 또한, 본 장에서 현금흐름을 줄여서 'CF (Cash Flow)'라고 표시할 것이다. 영업활동현금흐름을 '영업CF', 재무활동현금흐름을 '재무CF' 등으로 표시할 것이다.

2 영업활동 현금흐름-직접법

현금흐름	=	NI	−	△자산	+	△부채
영업활동 현금흐름	=	영업 손익	−	△영업 자산	+	△영업 부채

방금 배운 현금흐름 공식에 '영업'과 관련된 손익과 자산, 부채만 대입하면 영업활동 현금흐름을 계산할 수 있다.

STEP 1 활동과 관련된 손익을 적는다.

현금흐름을 구하는 것이므로, 손익을 적을 땐 수익은 (+)로, 비용은 (−)로 적는다.

STEP 2 활동과 관련된 자산, 부채의 증감을 적는다.

앞서 배운 것처럼, 기초와 기말 잔액을 비교하여 자산, 부채의 증감을 적는다. 이때, 자산 증감액은 부호를 반대로, 부채 증감액은 그대로 적는다.

STEP 3 현금흐름을 구한다.

손익과 자산, 부채 증감을 모두 적었으므로 다 더해서 현금흐름을 구한다. 계산 결과 현금흐름이 (+)로 나오면 유입, (−)로 나오면 유출을 뜻한다. 이때, 자산 증감액은 표에 적을 때 부호를 반대로 적었으므로 그냥 표에 적은 숫자를 전부 다 더하면 된다. △영업 자산 앞에 '-'가 붙어있다고 해서 빼면 안 된다.

 **Why?** 이연 항목들의 자산/부채 구분 방법: 계정의 의미를 생각해보자!

	의미	구분
미수수익	안 받은 돈	자산(반대로)
선수수익	먼저 받은 돈	부채(그대로)
미지급비용	안 준 돈	
선급비용	먼저 준 돈	자산(반대로)

현금흐름표 문제에서는 계정과목이 자산인지, 부채인지 구분하는 것이 매우 중요하다. 하지만 막상 계정을 보면 바로바로 떠오르지 않는 때가 많다. 이때는 위 표에 적힌 계정의 의미를 생각해보자. 자산인지, 부채인지 쉽게 생각할 수 있을 것이다. '미'는 안 한 것, '선'은 먼저 한 것, '수'는 받은 것, '급'은 준 것을 뜻한다.

1. 고객 및 공급자에 대한 현금흐름

직접법은 항목별 현금흐름을 계산한 뒤, 전체 영업활동 현금흐름을 계산하는 방법이다. 항목별 현금흐름을 구하기 위해서 분석할 계정과목이 무엇인지 외워야 한다.

(1) 고객으로부터 유입된 현금

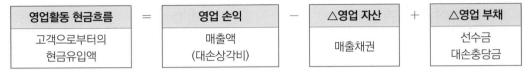

고객으로부터의 현금유입액이란 매출을 통해 고객으로부터 유입된 현금흐름을 뜻한다. 주요 계정으로는 매출액, 매출채권과 선수금, 대손상각비(＝매출채권 손상차손)와 대손충당금(＝손실충당금)이 있다.

고객으로부터의 현금유입액은 매출로부터 발생하는데, 아직 받지 않은 돈은 매출채권으로 표시하므로 매출채권의 증감을 반영해야 한다. 한편, 판매 후 나중에 받는 돈은 매출채권으로 표시하지만, 판매 전에 먼저 받는 돈은 선수금으로 표시하므로 선수금의 증감도 반영해야 한다.

매출채권이 회수되지 못하는 경우 현금흐름이 감소하므로, 대손상각비와 대손충당금도 반영해야 한다. 대손상각비는 비용 항목으로 표시하고, 대손충당금은 부채 항목으로 표시하면 된다. 대손충당금은 자산의 차감적 평가 계정이지만 문제 풀이 시 부채로 표시하는 것이 쉽다. 대손충당금은 매출채권을 감소시키는 계정이므로 문제에서 대손충당금을 음수로 제시할 수 있는데, 이 경우에도 대손충당금을 양수인 부채로 보자. 예를 들어 기초 대손충당금(20,000), 기말 대손충당금(30,000)이라면, 대손충당금이 10,000 증가하였다고 보아 직접법 공식에 10,000을 그대로 대입하자.

예제

01 (주)감평의 20X1년도 매출 및 매출채권 관련 자료는 다음과 같다. 20X1년 고객으로부터의 현금유입액은? (단, 매출은 전부 외상으로 이루어진다.)

2016. 감평사

[재무상태표 관련 자료]

	20X1년 1월 1일	20X1년 12월 31일
매출채권	₩110,000	₩150,000
대손충당금	3,000	5,000

[포괄손익계산서 관련 자료]

매출액 ₩860,000
대손상각비 6,000

① ₩812,000　　　　② ₩816,000　　　　③ ₩854,000
④ ₩890,000　　　　⑤ ₩892,000

해설

	현금흐름	=	영업 손익	−	△영업 자산	+	△영업 부채
고객	816,000		860,000 매출액 (6,000) 대손상각비		(40,000) 매출채권		2,000 대손충당금

답 ②

(2) 공급자에 대한 현금유출

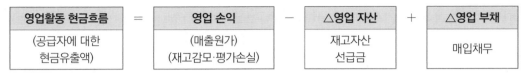

영업활동 현금흐름	=	영업 손익	−	△영업 자산	+	△영업 부채
(공급자에 대한 현금유출액)		(매출원가) (재고감모·평가손실)		재고자산 선급금		매입채무

공급자에 대한 현금유출액이란 매입을 통해 공급자에게 유출된 현금흐름을 뜻한다. 주요 계정으로는 매출원가, 재고자산, 매입채무와 선급금이 있다.

공급자에 대한 현금유입액은 재고자산 매입으로부터 발생하므로 재고자산의 증감을 반영해야 하는데, 아직 지급하지 않은 돈은 매입채무로 표시하므로 매입채무의 증감도 반영해야 한다. 한편, 매입 후 나중에 지급하는 돈은 매입채무로 표시하지만, 매입 전에 먼저 지급하는 돈은 선급금으로 표시하므로 선급금의 증감도 반영해야 한다.

재고자산 매입액 중에 기말에 남지 않은 부분은 비용화된다. 따라서 재고자산 관련 비용도 현금유출액 계산 시 가산해야 한다. 재고자산 관련 비용에는 매출원가, 재고자산감모손실, 재고자산평가손실이 있다.

(3) 외환차이, 외화환산손익: 손익이 발생한 계정과 관련 있는 현금흐름에 반영

직접법으로 현금흐름을 계산할 때에는 해당 현금흐름과 관련이 있는 손익 및 자산/부채의 증감을 반영하면 된다. 문제에서 외환차이, 외화환산손익 등 환율 변동으로 인한 손익을 제시할텐데, 손익이 발생한 계정과 관련 있는 현금흐름에 반영하면 된다. 매출채권에서 발생한 손익은 고객으로부터의 현금유입액 계산 시, 재고자산이나 매입채무에서 발생한 손익은 공급자에 대한 현금유출액 계산 시 반영하면 된다.

> **참고** 외상매출금과 외상매입금: 매출채권과 매입채무
>
> 매출채권 = 받을어음 + 외상매출금
> 매입채무 = 지급어음 + 외상매입금
>
> 재고의 외상 거래 시 매출채권 및 매입채무를 계상한다. 이때 어음을 주고받는다면 매출채권과 매입채무를 받을어음과 지급어음으로 표시한다. 받을어음은 나중에 돈을 받을 어음을 의미하며, 매출채권에 해당한다. 지급어음은 나중에 돈을 지급할 어음을 의미하며, 매입채무에 해당한다. 한편, 외상 거래 시 어음을 주고받지 않는다면 외상매출금 및 외상매입금으로 표시한다. 현금흐름표에서 외상매출금이나 외상매입금이 등장한다면 각각 매출채권, 매입채무와 동의어라고 생각하고 문제를 풀면 된다.

예제

02 (주)세무의 20X1년도 재무제표의 상품매매와 관련된 자료이다. 20X1년도 (주)세무의 상품매입과 관련된 현금유출액은?

2016. CTA

기초매출채권	₩40,000	기말매출채권	₩50,000
기초상품재고액	30,000	기말상품재고액	28,000
기초매입채무	19,000	기말매입채무	20,000
기초선수금	20,000	기말선수금	15,000
기초선급금	10,000	기말선급금	5,000
매출액	400,000	매출원가	240,000
환율변동이익*	4,000		

* 환율변동이익은 매입채무에 포함된 외화외상매입금에서만 발생함

① ₩222,000   ② ₩228,000   ③ ₩236,000
④ ₩240,000   ⑤ ₩248,000

해설

	현금흐름	=	영업 손익	−	△영업 자산	+	△영업 부채
공급자	(228,000)		(240,000) 매출원가 4,000 환율변동이익		2,000 상품 5,000 선급금		1,000 매입채무

目 ②

03 다음의 자료를 이용하여 (주)대한의 20X1년도 매출액과 매출원가를 구하면 각각 얼마인가? 2022. CPA

- (주)대한의 20X1년도 현금흐름표 상 '고객으로부터 유입된 현금'과 '공급자에 대한 현금유출'은 각각 ₩730,000과 ₩580,000이다.
- (주)대한의 재무상태표에 표시된 매출채권, 매출채권 관련 손실충당금, 재고자산, 매입채무의 금액은 각각 다음과 같다.

구분	20X1년 초	20X1년 말
매출채권	₩150,000	₩115,000
(손실충당금)	(40,000)	(30,000)
재고자산	200,000	230,000
매입채무	90,000	110,000

- 20X1년도 포괄손익계산서에 매출채권 관련 외환차익과 매입채무 관련 외환차익이 각각 ₩200,000과 ₩300,000으로 계상되어 있다.
- 20X1년도 포괄손익계산서에 매출채권에 대한 손상차손 ₩20,000과 기타비용(영업외비용)으로 표시된 재고자산감모손실 ₩15,000이 각각 계상되어 있다.

	매출액	매출원가
①	₩525,000	₩855,000
②	₩525,000	₩645,000
③	₩545,000	₩855,000
④	₩545,000	₩645,000
⑤	₩725,000	₩555,000

해설

	현금흐름	=	영업 손익	−	△영업 자산	+	△영업 부채
고객	730,000		200,000 외환차익 (20,000) 손상차손 525,000 매출액		35,000 매출채권		(10,000) 손실충당금
공급자	(580,000)		300,000 외환차익 (15,000) 감모손실 (855,000) 매출원가		(30,000) 재고자산		20,000 매입채무

답 ①

2. 영업비용으로 인한 현금유출액

영업활동 현금흐름	=	영업 손익	−	△영업 자산	+	△영업 부채
(영업비용으로 인한 현금유출액)		(영업비용)		선급비용		미지급비용

영업비용으로 인한 현금유출액은 기본적인 직접법 공식에 각 계정을 대입하면 된다. 자산에는 선급비용, 부채에는 미지급비용이 있다.

예제

04 다음은 (주)감평의 20X1년도 재무제표의 일부 자료이다.

(1) 재무상태표의 일부 자료

계정과목	기초잔액	기말잔액
매출채권(순액)	₩140	₩210
선급영업비용	25	10
미지급영업비용	30	50

(2) 포괄손익계산서의 일부 자료

매출액	₩410
영업비용	150

위 자료에 기초한 20X1년도 (주)감평의 고객으로부터 유입된 현금흐름과 영업비용으로 유출된 현금흐름은?

2022. 감평사

	고객으로부터 유입된 현금흐름	영업비용으로 유출된 현금흐름
①	₩335	₩155
②	₩340	₩115
③	₩340	₩145
④	₩350	₩115
⑤	₩350	₩155

해설

	현금흐름	=	영업 손익	−	△영업 자산	+	△영업 부채
고객	340		410 매출액		(70) 매출채권		
영업비용	(115)		(150) 영업비용		15 선급영업비용		20 미지급영업비용

②

3. 종업원에 대한 현금유출액

영업활동 현금흐름	=	영업 손익	−	△영업 자산	+	△영업 부채
(종업원에 대한 현금유출액)		(급여) (퇴직급여) 재측정요소		선급급여 사외적립자산		미지급급여 확정급여채무

종업원에 대한 현금유출액도 일종의 비용으로 인한 현금유출액이므로, 영업비용으로 인한 현금 유출액과 같은 방식으로 계산하면 된다. 비용(급여)에서 선급비용의 증감을 빼고, 미지급비용의 증감을 더하면 된다. 종업원에 대한 현금유출액 계산 시에는 두 가지를 주의하자.

(1) 확정급여제도

확정급여제도는 종업원의 퇴직금과 관련된 제도이다. 따라서 확정급여제도와 관련한 계정이 있다면 종업원에 대한 현금유출액 계산 시 반영해야 한다. 퇴직급여는 관련 비용으로, 사외적립자산과 확정급여채무는 각각 자산과 부채로 반영하면 된다.

주의할 것은 재측정요소(OCI)인데, 재측정요소는 사외적립자산과 확정급여채무의 증감에 영향을 미치므로 손익으로 반영해주면 된다. 지금까지 'CF = NI − △자산 + △부채' 공식을 이용하였는데, 원칙적으로 NI 자리에는 △자본이 와야 한다. 기타포괄손익도 자본에 영향을 미치므로, 손익에 포함될 수 있다.

(2) 주식기준보상 _{심화}

종업원에 대한 현금유출액 계산 시 주식보상비용도 종업원과 관련된 비용이므로 문제에서 같이 제시할 수 있는데, 주식결제형이냐, 현금결제형이냐에 따라 주식보상비용의 반영 여부가 달라진다.

① 주식결제형 주식기준보상: 재무활동

매기 말	주식보상비용	XXX	주식선택권	XXX
행사 시	현금	행사가	자본금	액면가
	주식선택권	부여일의 FV	주발초	XXX

주식결제형 주식기준보상은 현금을 수령하고 주식을 발행하므로 일종의 유상증자나 마찬가지이다. 따라서 주식결제형 주식기준보상으로 인한 현금유입은 재무활동 현금흐름으로 표시한다. 영업활동 현금흐름 계산 시 주식보상비용과 주식선택권은 반영하면 안 된다.

② 현금결제형 주식기준보상: 영업활동

매기 말	주식보상비용	XXX	장기미지급비용	XXX
행사 시	장기미지급비용	FV	현금	내재가치
			주식보상비용	XXX

현금결제형 주식기준보상은 가득 조건을 충족했을 때 종업원에게 현금을 지급하므로 일종의 상여금이나 마찬가지이다. 따라서 현금결제형 주식기준보상으로 인한 현금유출은 영업활동 현금흐름으로 표시한다. 영업활동 현금흐름 계산 시 주식보상비용과 장기미지급비용의 증감은 반영해야 한다.

예제

05 다음은 20X1년도 현금흐름표를 작성하기 위한 자료의 일부이다. 다음 자료에 근거하여 20X1년도 직접법에 의한 종업원에 대한 현금유출액을 구하면 얼마인가?

• 20X1년도 포괄손익계산서 자료
  ─ 급여: ₩100,000
  ─ 퇴직급여: ₩30,000
  ─ 재측정요소: ₩2,000

• 20X1년 말 재무상태표 자료

구분	20X1년 1월 1일	20X1년 12월 31일
선급급여	₩10,000	₩15,000
미지급급여	20,000	10,000
확정급여채무	5,000	7,000
사외적립자산	4,000	5,000

---

① ₩141,000 ② ₩142,000 ③ ₩144,000
④ ₩145,000 ⑤ ₩150,000

해설

	현금흐름	=	영업 손익	−	△영업 자산	+	△영업 부채
종업원	(142,000)		(100,000) 급여 (30,000) 퇴직급여 2,000 재측정요소		(5,000) 선급급여 (1,000) 사외적립자산		(10,000) 미지급급여 2,000 확정급여채무

目 ②

06 (주)바다의 재무담당자는 20X1년도 영업활동 유형별로 현금의 흐름내역을 살펴보고자 한다. 다음에 제시된 (주)바다의 20X1년도 재무제표의 일부 자료에 근거하여 20X1년도 직접법에 의한 영업활동현금흐름상 공급자에 대한 현금유출액과 종업원에 대한 현금유출액을 구하면 얼마인가? (단, 주식보상비용은 당기 중 부여한 주식결제형 주식기준보상거래에 따른 용역의 대가로 모두 급여에 포함되어 있으며, 외화환산이익은 모두 외화매입채무의 기말환산과 관련하여 발생하였다.)

2011. CPA

Ⅰ. 포괄손익계산서	
계정과목	금 액
매출액	₩6,000,000
매출원가	(3,200,000)
급여	(1,200,000)
감가상각비	(890,000)
대손상각비	(120,000)
유형자산처분이익	570,000
외화환산이익	320,000
이자비용	(450,000)
재고자산감모손실	(250,000)
법인세비용	(180,000)
당기순이익	₩600,000

Ⅱ. 간접법에 의한 영업활동현금흐름	
당기순이익	₩600,000
주식보상비용	140,000
이자비용	450,000
감가상각비	890,000
유형자산처분이익	(570,000)
법인세비용	180,000
매출채권(순액)의 증가	(890,000)
선급금의 증가	(120,000)
선급급여의 감소	210,000
재고자산의 감소	390,000
매입채무의 증가	430,000
미지급급여의 감소	(170,000)
영업에서 창출된 현금	₩1,540,000
이자지급	(420,000)
법인세납부	(80,000)
영업활동순현금흐름	₩1,040,000

	공급자에 대한 현금유출액	종업원에 대한 현금유출액
①	₩2,180,000	₩1,160,000
②	₩2,430,000	₩1,020,000
③	₩2,430,000	₩1,160,000
④	₩2,500,000	₩1,020,000
⑤	₩2,500,000	₩1,160,000

● **해설**

	현금흐름	=	영업 손익	−	△영업 자산	+	△영업 부채
공급자	(2,430,000)		(3,200,000) 매출원가 320,000 외화환산이익 (250,000) 감모손실		(120,000) 선급금 390,000 재고자산		430,000 매입채무
종업원	(1,020,000)		(1,060,000) 급여		210,000 선급급여		(170,000) 미지급급여

주식보상비용은 주식결제형 주식기준보상에서 발생한 것이므로, 종업원에 대한 현금유출액 계산 시 반영하면 안 된다. 그런데 주식보상비용이 급여에 포함되어 있으므로, 주식보상비용을 제외한 급여 1,060,000을 반영한다.

답 ②

4. 이자 지급액

이자 지급액 계산 시에는 사채발행차금의 상각액을 처리하는 것이 굉장히 어렵다. 이때 각 금액을 양수로 적을 건지, 음수로 적을 건지가 중요하지, 자산 밑에 적을지, 부채 밑에 적을지는 전혀 중요하지 않다. 부호만 정확하면 되며, 적는 위치는 이해하기 편한 대로 적자.

현금흐름	=	NI	−	△자산	+	△부채
(이자지급액)		(이자비용)		선급이자 사채할인발행차금 상각액		미지급이자 (사채할증발행차금 상각액)

유효이자율 상각 시 이자비용은 유효이자만큼 인식한다. 하지만 이자지급액은 액면이자만큼 발생한다. 따라서 유효이자와 액면이자의 차이인 사채 상각액은 이자손익에 가감해야 한다.
① 사채할인발행차금: 자산(=사채의 감소), 상각액은 양수로
사채할인발행차금은 사채를 감소시키는 역할을 하므로 자산으로 본다. 사채할인발행차금 상각액은 영업자산의 감소로 보아 이자 지급액 계산 시 더해야 한다.

② 사채할증발행차금: 부채(=사채의 증가), 상각액은 음수로
사채할증발행차금은 사채를 증가시키는 역할을 하므로 부채로 본다. 사채할증발행차금 상각액은 영업부채의 감소로 보아 이자 지급액 계산 시 빼야 한다.

예를 들어, 유효이자가 ₩80,000인데 액면이자가 ₩50,000인 경우와 ₩100,000인 경우 회계처리는 다음과 같다. (유효이자가 액면이자보다 크다면 할인발행한 것이므로 사채할인발행차금을, 유효이자가 액면이자보다 작다면 할증발행한 것이므로 사채할증발행차금을 상각한다.)

이자비용	80,000	현금	50,000
		사채할인발행차금	30,000
이자비용	80,000	현금	100,000
사채할증발행차금	20,000		

위 상황에서 이자지급액을 구하면 다음과 같다. 사채할인발행차금 상각액 30,000이 있다면 영업자산이 30,000 감소한 것이므로 양수로 표시하고, 사채할증발행차금 상각액 20,000이 있다면 영업부채가 20,000 감소한 것이므로 음수로 표시한다.

영업활동 현금흐름	=	영업 손익	−	△영업 자산	+	△영업 부채
(50,000)		(80,000)		30,000		
(100,000)		(80,000)				(20,000)

 이자비용 및 사채발행차금 상각액 처리방법 중요!

구분	이자비용	사채발행차금 상각액
	영업비용	영업 자산/부채
①영업CF − 직접법 (이자지급액)	반영	반영
②영업CF − 간접법	무시	반영
③영창현	부인	무시

기준서에 따르면, 이자의 수취 및 지급에 따른 현금흐름은 매 기간 일관성 있게 영업활동, 투자활동 또는 재무활동으로 분류하면 된다. 대부분 문제에서는 이자의 수취 및 지급을 영업활동으로 구분한다. 이 구분법에 따르면, 각 현금흐름 계산 시 사채할인/할증발행차금 상각액을 위와 같이 처리하면 된다.

① 영업CF − 직접법: 이자의 지급을 영업활동으로 구분하므로 이자비용은 영업비용에, 사채발행차금 상각액은 영업 자산/부채에 해당한다. 따라서 직접법으로 영업CF 계산 시 이자비용과 상각액을 모두 반영하면 된다.

② 영업CF − 간접법: 간접법에서는 NI에서 비영업손익을 부인하는데, 이자비용이 영업손익이므로 부인하지 않고 무시하면 된다. 상각액은 직접법과 똑같이 반영하면 된다.

③ 영창현: 영창현 계산 시에는 이자수취액 및 이자지급액을 따로 직접법으로 표시하므로 이자 관련 현금흐름을 '비영업활동처럼' 본다. 따라서 NI에서 이자비용을 부인하고, 상각액은 무시한다.

예제

07 다음은 (주)대한의 20X1년도 이자지급과 관련된 자료이다.

> • 포괄손익계산서에 인식된 이자비용 ₩20,000에는 사채할인발행차금 상각액 ₩2,000이 포함되어 있다.
> • 재무상태표에 인식된 이자 관련 계정과목의 기초 및 기말잔액은 다음과 같다.

계정과목	기초잔액	기말잔액
미지급이자	₩2,300	₩3,300
선급이자	₩1,000	₩1,300

(주)대한의 20X1년도 이자지급으로 인한 현금유출액은 얼마인가?   2014. CTA

① ₩16,300   ② ₩17,300   ③ ₩18,700

④ ₩21,300   ⑤ ₩22,700

해설

	현금흐름	=	영업 손익	−	△영업 자산	+	△영업 부채
이자 지급액	(17,300)		(20,000) 이자비용		(300) 선급이자 2,000 사채할인발행차금 상각액		1,000 미지급이자

답 ②

08 다음은 (주)대한의 재무상태표에 표시된 두 종류의 상각후원가(AC)로 측정하는 금융부채(A사채, B사채)와 관련된 계정의 장부금액이다. 상기 금융부채 외에 (주)대한이 보유한 이자발생 부채는 없으며, (주)대한은 20X1년 포괄손익계산서 상 당기손익으로 이자비용 ₩48,191을 인식하였다. 이자지급을 영업활동으로 분류할 경우, (주)대한이 20X1년 현금흐름표의 영업활동현금흐름에 표시할 이자지급액은 얼마인가? (단, 당기 중 사채의 추가발행·상환·출자전환 및 차입금의 신규차입은 없었으며, 차입원가의 자본화는 고려하지 않는다.) 2021. CPA

구분	20X1년 1월 1일	20X1년 12월 31일
미지급이자	₩10,000	₩15,000
A사채(순액)	94,996	97,345
B사채(순액)	110,692	107,334

① ₩42,182   ② ₩43,192   ③ ₩44,200

④ ₩45,843   ⑤ ₩49,200

해설

	현금흐름	=	영업 손익	−	△영업 자산	+	△영업 부채
이자지급액	(44,200)		(48,191) 이자비용		2,349 사채할인발행차금 상각액(A)		5,000 미지급이자 (3,358) 사채할증발행차금 상각액(B)

추가발행·상환·출자전환 및 차입금의 신규차입이 없었으므로, 사채의 장부금액(순액) 변화는 전부 사채할인/할증발행차금 상각으로 인한 것으로 보아야 한다.

답 ③

5. 법인세납부액

영업활동 현금흐름	=	영업 손익	−	△영업 자산	+	△영업 부채
(법인세납부액)		(법인세비용)		이연법인세자산		이연법인세부채 당기법인세부채

법인세납부액은 법인세로 인한 현금 유출액을 말한다. 법인세납부액도 직접법 공식을 이용하여 계산할 수 있다. 법인세비용에 이연법인세자산의 증감을 빼고, 이연/당기법인세부채의 증감을 더하면 된다.

예제

09 다음은 (주)대한의 20X1년도 법인세납부와 관련된 자료이다.

- 포괄손익계산서에 인식된 법인세비용은 ₩100,000이다.
- 재무상태표에 인식된 법인세 관련 계정과목의 기초 및 기말잔액은 다음과 같다.

계정과목	기초잔액	기말잔액
이연법인세자산	₩10,000	₩5,000
이연법인세부채	₩2,000	₩4,000
당기법인세부채	₩6,000	₩3,000

(주)대한의 20X1년도 법인세의 납부로 인한 현금유출액은 얼마인가?   2014. CTA 수정

① ₩90,000   ② ₩94,000   ③ ₩95,000
④ ₩96,000   ⑤ ₩100,000

⊙ 해설

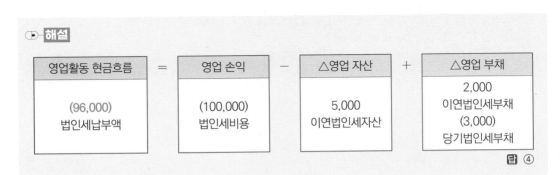

영업활동 현금흐름	=	영업 손익	−	△영업 자산	+	△영업 부채
(96,000) 법인세납부액		(100,000) 법인세비용		5,000 이연법인세자산		2,000 이연법인세부채 (3,000) 당기법인세부채

답 ④

3 영업활동 현금흐름-간접법 ★중요!

1. 간접법 풀이법

지금까지는 직접법으로 영업활동 현금흐름을 계산하는 방식을 배웠다. 하지만 일반적으로는 영업손익을 바로 구하기보다는 당기순이익에서 출발해서 영업이 아닌 투자, 재무손익을 제거해서 영업손익을 구한다. 이를 간접법이라고 부른다. 위 간접법 식을 다음과 같이 도식화할 수 있다.

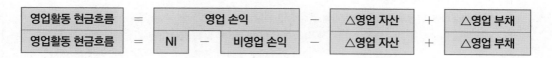

영업활동 현금흐름	=	영업 손익		−	△영업 자산	+	△영업 부채
영업활동 현금흐름	=	NI	− 비영업 손익	−	△영업 자산	+	△영업 부채

STEP 1 투자, 재무 I/S 계정 부인

당기순이익에는 영업 뿐만 아니라 투자, 재무 손익도 포함되어 있으므로 영업 현금흐름을 구하기 위해서는 투자, 재무 손익을 부인해야 한다. 문제에서 손익계정이 보이면 영업인지, 비영업인지 구분한 뒤, 비영업인 경우 비용이면 가산해주어야 하고, 이익이면 차감해야 한다.

STEP 2 영업관련 B/S 계정 증감: 자산은 반대로, 부채는 그대로

재무상태표 계정의 증감을 반영하는 것은 앞에서 배운 대로 자산은 반대로, 부채는 그대로 하면 된다. 다만, 손익 계정은 '비영업' 항목들을 제거하는 것이지만, 반대로 재무상태표 계정은 '영업' 항목들을 인식하는 것이라는 점을 유의하자.

> ※주의 **자본거래 손익과 기타포괄손익은 무시할 것!**
>
> 영업현금흐름을 구하기 위해서는 투자와 재무의 'I/S'계정만 부인한다. 당기순이익에 포함되어 있지만 영업 관련 손익이 아니므로 부인해서 영업 관련 손익만 남기는 것이다. 자기주식처분손익, 감자차손익 등의 자본거래 손익과 재평가잉여금, FVOCI금융자산 평가손익 등의 기타포괄손익은 애초에 당기순이익에 포함되어 있지 않으므로 부인하면 안 된다. 문제에서 제시하더라도 없는 것으로 보고 무시하면 된다.

 영업활동 현금흐름 직접법 vs 간접법

	간접법을 사용하는 경우	직접법을 사용하는 경우
문제에 등장하는 현금흐름	'영업활동' 현금흐름	'특정' 현금흐름

영업활동 현금흐름을 구하는 방식에는 직접법과 간접법 두 가지가 있다. 이론상으로는 어느 방식으로 풀어도 영업활동 현금흐름을 구할 수 있는데, 문제를 풀 때는 문제별로 풀어야 하는 방식이 정해져 있다. 문제에 등장하는 현금흐름으로 풀이법을 결정하면 된다.

문제에서 영업활동 현금흐름을 제시하거나, 영업활동 현금흐름을 묻는다면 간접법으로 푸는 문제이다. 반면, 문제에서 고객으로부터의 현금유입액, 공급자에 대한 현금유출액 등 '특정' 현금흐름을 제시하거나 묻는다면 직접법으로 푸는 문제이다. 물론 직접법으로도 영업활동 현금흐름 총액을 구할 수 있지만, 회계학 문제에서는 특정 현금흐름을 구할 때에만 직접법을 사용한다.

2. 계정별 활동 구분

문제에 계정과목이 등장했을 때 영업 계정인지, 비영업 계정인지 반드시 숙지해야 한다. 다음은 주로 출제되는 계정과목을 나열한 것이다. 비영업손익과 영업 자산, 부채에 어떤 계정이 있는지 제대로 기억하자. 영업손익과 비영업 자산, 부채는 문제에 제시되더라도 무시하면 된다.

	영업활동	투자활동	재무활동
I/S 항목	매출액, 매출원가 대손상각비(= 매출채권손상차손) 급여 등 영업비용	감가상각비, 무형자산상각비 유형자산손상차손 유형·금융자산처분손익	사채상환손익
B/S 항목	매출채권, 대손충당금 매입채무, 재고자산 선수금, 선급금 단기매매증권(= FVPL금융자산) 법인세 자산, 부채	토지, 건물, 기계장치 등 유형자산, 무형자산 금융자산, 대여금	납입자본, 자기주식 장단기차입금, 사채

(1) 손상차손

유형자산손상차손은 유형자산에서 발생한 비용이므로 비영업비용이지만, 매출채권손상차손은 대손상각비와 동의어로, 매출채권에서 발생한 비용으로 영업비용에 해당한다.

(2) 선수수익, 선급비용, 미수수익, 미지급비용

계정	활동	계정	활동	영업 대응 계정
선수수익	영업	선수금	영업	N/A
선급비용		선급금		
미수수익		미수금	비영업	매출채권
미지급비용		미지급금		매입채무

표의 왼편에 있는 네 가지 항목들은 전부 영업활동으로 분류한다. 왼쪽 항목들은 계정과목이 전부 '~비용' 혹은 '~수익'으로 끝난다. 손익을 인식하면서 발생한 계정이라는 뜻이다. 이 손익은 이자, 보험료, 급여, 임차료 등 영업손익에 해당하므로 전부 영업활동으로 분류한다.

(3) 선수금, 선급금, 미수금, 미지급금: 선영업, 미비영업

앞서 배웠던 고객으로부터 현금유입액과 공급자에 대한 현금유출액 계산 시 선수금과 선급금을 반영하였다. 선수금과 선급금은 주로 재고자산 거래 시 발생하므로 영업 자산, 부채로 보면 된다. 반면 미수금과 미지급금은 비영업 자산, 부채로 본다. 미수금과 미지급금은 재고자산 이외의 유·무형자산이나 금융자산과 같은 투자자산 거래 시 발생한다. 예를 들어, 유형자산을 외상으로 처분 시 매출채권이 아니라 미수금을 계상하며, 유형자산을 외상으로 구입 시 매입채무가 아니라 미지급금을 계상한다. 이처럼 미수금과 미지급금은 재고와 무관한 거래 시 발생하므로 비영업 활동으로 분류한다. 선으로 시작하는 계정과 구분하기 위하여 '선영업, 미비영업'으로 외우자.

예제

01 다음은 (주)세무의 20X1년도 간접법에 의한 현금흐름표를 작성하기 위한 자료의 일부이다.

- 20X1년도 포괄손익계산서 자료
  - 당기순이익: ₩500,000
  - 매출채권손상차손: ₩9,000
  - 상각후원가측정금융자산처분손실: ₩3,500
  - 유형자산처분손실: ₩50,000
  - 법인세비용: ₩60,000
  - 감가상각비: ₩40,000
  - 사채상환이익: ₩5,000

- 20X1년 말 재무상태표 자료

구분	20X1년 1월 1일	20X1년 12월 31일
매출채권(순액)	₩120,000	₩90,000
재고자산(순액)	80,000	97,000
매입채무	65,000	78,000
유형자산(순액)	3,000,000	2,760,000
당기법인세부채	40,000	38,000
이연법인세부채	55,000	70,000

20X1년도 현금흐름표상 영업활동순현금흐름은? (단, 법인세납부는 영업활동으로 분류한다.)

2019. CTA

① ₩627,500   ② ₩640,500   ③ ₩649,500

④ ₩687,500   ⑤ ₩877,000

해설

영업CF	=	NI	−	비영업 손익	−	△영업 자산	+	△영업 부채
627,500		500,000		3,500 금융자산처분손실 50,000 유형자산처분손실 40,000 감가상각비 (5,000) 사채상환이익		30,000 매출채권 (17,000) 재고자산		13,000 매입채무 (2,000) 당기법인세부채 15,000 이연법인세부채

법인세납부는 영업활동으로 분류하므로, 법인세비용은 부인하지 않고, 법인세부채의 증감은 그대로 반영한다.

目 ①

02 (주)세무의 20X1년도 현금흐름표를 작성하기 위한 자료는 다음과 같다. (주)세무가 20X1년도 현금흐름표에 보고할 영업활동순현금유입액은?

2022. CTA 수정

- 법인세비용차감전순이익 : ₩1,000,000
- 법인세비용 : ₩120,000 (20X1년 중 법인세납부액과 동일)
- 이자비용 : ₩30,000 (모두 사채의 이자비용이며, 사채할인발행차금 상각액을 포함함)
- 감가상각비: ₩50,000
- 유형자산처분이익: ₩40,000
- 자산과 부채의 증감

계정과목	기초금액	기말금액
매출채권	₩200,000	₩210,000
재고자산	280,000	315,000
건 물	1,200,000	1,150,000
건물감가상각누계액	(380,000)	(370,000)
사 채	300,000	300,000
사채할인발행차금	(15,000)	(10,000)

- 20X1년 중 사채의 발행 및 상환은 없었다.
- (주)세무는 간접법을 사용하여 영업활동현금흐름을 산출하며, 이자지급 및 법인세납부는 영업활동으로 구분한다.

① ₩850,000 　　② ₩880,000 　　③ ₩890,000
④ ₩930,000 　　⑤ ₩970,000

▶ **해설**

영업CF	=	NI	−	비영업 손익	−	△영업 자산	+	△영업 부채
850,000		880,000[1]		50,000 감가비 (40,000) 유형자산처분이익		(10,000) 매출채권 (35,000) 재고자산 5,000 사할차[2]		

[1]NI: 1,000,000(EBT) − 120,000(법인세비용) = 880,000
[2]사할차 상각액: 사할차 상각액은 영업자산의 감소이므로 더한다.

답 ①

※ 주의 문제에 제시된 투자·재무활동 현금흐름은 무시

영업활동 현금흐름을 간접법으로 계산할 때에는 당기순이익에서 '비영업손익'을 제거하고, '영업 자산·부채'의 증감을 반영한다. 영업활동 현금흐름을 간접법으로 계산하는 문제에 기계장치의 취득, 유상증자, 배당금 지급, 차입금 차입/상환 등과 같은 투자·재무활동 현금흐름이 제시될 수 있다. 이들은 '현금흐름'이지, 비영업손익이나 영업 자산·부채가 아니므로, 간접법 공식으로 문제 풀이 시 무시해야 한다.

예제

03 다음 자료를 이용할 경우 20X1년도 현금흐름표에 계상될 영업활동순현금흐름은 얼마인가? (단, 배당금 지급은 재무활동으로 분류한다.)

2012. CTA

• 당기순이익	₩250,000
• 감가상각비	₩40,000
• 사채상환이익	₩35,000
• 기타포괄손익 – 공정가치측정금융자산처분손실	₩20,000
• 배당금지급	₩80,000
• 유상증자	₩110,000

• 자산 및 부채 계정잔액의 일부

	20X1년 1월 1일	20X1년 12월 31일
매출채권(순액)	₩50,000	₩70,000
단기대여금	110,000	130,000
유형자산(순액)	135,000	95,000
매입채무	40,000	30,000
미지급비용	30,000	45,000

① ₩260,000 유입   ② ₩265,000 유입   ③ ₩270,000 유입

④ ₩275,000 유입   ⑤ ₩290,000 유입

해설

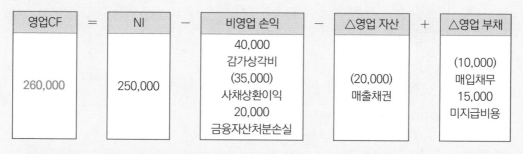

영업CF	=	NI	−	비영업 손익	−	△영업 자산	+	△영업 부채
260,000		250,000		40,000 감가상각비 (35,000) 사채상환이익 20,000 금융자산처분손실		(20,000) 매출채권		(10,000) 매입채무 15,000 미지급비용

FVOCI 금융자산 '처분'손실은 당기손익 항목이므로 NI에서 제거해야 한다. 참고로, 금융자산이 지분상품인 경우 처분손익은 처분부대비용을 의미하며, 채무상품인 경우 '처분가액 – AC'을 의미한다.

배당금지급과 유상증자는 현금흐름으로, 비영업손익, 영업자산, 영업부채 어느 곳에도 해당하지 않으므로 문제 풀이에 반영하지 않는다.

답 ①

4 영업에서 창출된 현금 ★중요!

영업활동 현금흐름을 표시하는 방법은 두 가지가 있다. 첫 번째는 지금까지 푼 것처럼 간접법으로 영업활동 현금흐름을 계산하는 방법이다. 두 번째는 현금흐름표에 영업에서 창출된 현금을 표시한 뒤, 그 밑에 영업활동 현금흐름을 보여주는 방법이다.

'영업에서 창출된 현금'이란 영업활동 현금흐름 중 4가지 현금흐름(이자수취, 이자지급, 배당금수취, 법인세납부)을 제외한 현금흐름을 의미한다. 편의상 본서에서는 영창현이라고 부르겠다.

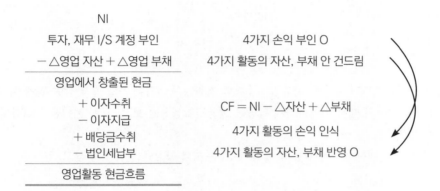

1. 영업에서 창출된 현금 vs 영업활동 현금흐름 ★중요!

4가지 활동의	영창현	+직접법	=영업활동 현금흐름
관련 손익	부인 O	인식	무시
자산, 부채 증감	무시	반영 O	반영 O

(1) 영업활동 현금흐름-간접법: 4가지 현금흐름을 영업활동으로 처리!

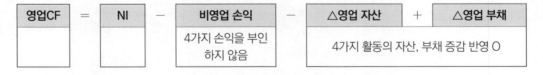

대부분 문제에서는 4가지 현금흐름을 영업활동으로 처리한다. 따라서 관련 손익(이자수익, 이자비용, 배당금수익, 법인세비용)을 부인하지 않고, 관련 자산은 반대로, 관련 부채는 그대로 반영해서 영업활동 현금흐름을 계산한다.

(2) 영업활동 현금흐름–영창현 표시법: 4가지 현금흐름을 비영업활동처럼 처리!

	=	NI	−	비영업 손익	−	△영업 자산	+	△영업 부채
영업에서 창출된 현금	=	NI		투자, 재무 손익 + 아래 4개 손익		아래 자산, 부채를 제외한 영업 자산, 부채		
+ 이자수취	=			이자수익		미수이자		선수이자
− 이자지급	=			이자비용		선급이자		미지급이자
+ 배당금수취	=			배당금수익		미수배당금		
− 법인세납부	=			법인세비용		선급법인세 이연법인세자산		당기법인세부채 이연법인세부채
=영업CF								

영창현 계산 시에는 4가지 활동을 비영업활동처럼 처리한다. 4가지 활동을 영창현 밑에 따로 직접법으로 표시할 것이기 때문이다. 4가지 활동을 비영업활동으로 보고, 관련 손익을 부인한다. 부인된 손익은 직접법으로 반영한다.

또한, 영창현 계산 시에는 4가지 활동의 관련 자산, 부채의 증감을 반영하지 않고, 영창현 아래에 직접법으로 반영한다.

2. 영업에서 창출된 현금 풀이법: 4가지 활동을 '비영업활동인 것처럼' 처리 ★중요!

STEP 1 투자, 재무 I/S 계정 부인: 4가지 활동 손익 부인

NI에 투자, 재무 손익 계정을 부인하는데, 4가지 활동과 관련된 손익도 비영업손익으로 보고 같이 부인한다.

STEP 2 영업 관련 B/S 계정 증감: 자산은 반대로, 부채는 그대로

영업 관련 계정의 증감을 자산은 반대로, 부채는 그대로 반영하는데, 4가지 활동과 관련된 계정은 비영업 자산, 부채로 보고 건드리지 않는다.

직접법 표시

Step 1에서 4가지 활동의 손익을 부인했고, Step 2에서 관련 자산, 부채의 증감을 건드리지 않았으므로, 이를 직접법으로 계산한다. 직접법은 앞에서 배운대로 'CF = 손익 − △자산 + △부채'으로 계산하면 된다. 활동별 계정과목은 다음과 같다.

현금흐름	=	손익	−	△자산	+	△부채
이자수취		이자수익		미수이자		선수이자
이자지급		이자비용		선급이자		미지급이자
배당금수취		배당금수익		미수배당		
법인세납부		법인세비용		선급법인세 이연법인세자산		당기법인세부채 이연법인세부채

 영업활동 현금흐름 계산 시 EBT에 대한 이해 ★중요!

(1) 간접법: NI에서 출발
(2) 영창현: EBT에서 출발

간접법으로 영업활동 현금흐름을 계산하기 위해서는 NI에서 출발해야 한다. 일반적으로 법인세비용은 영업활동으로 보기 때문에 법인세비용을 부인하지 않는다. 따라서 문제에서 EBT를 제시해주었더라도 법인세비용을 차감해서 NI를 구한 뒤, 문제풀이를 시작해야 한다.

반면, 영창현은 NI에서 4가지 활동의 손익을 부인하며, 이 손익에는 법인세비용도 포함되어 있다. 영창현을 구하기 위해서는 법인세비용을 부인해야 하므로, 영창현 문제에서는 주로 NI보다 법인세비용차감전순이익(EBT)을 제시해준다. 따라서 영창현 문제에서 NI를 제시해주면 우리가 법인세비용을 부인하면 되고, EBT를 제시해주면 EBT에서 출발하고 법인세비용을 무시하면 된다.

	=	손익	−	비영업 손익	−	△영업 자산	+	△영업 부채
영업에서 창출된 현금	=	NI		투자, 재무 손익 이자수익, 비용 배당금수익 + 법인세비용		4가지 활동과 관련된 자산, 부채를 제외한 영업 자산, 부채		
	=	EBT		투자, 재무 손익 이자수익, 비용 배당금수익				

예제

01 (주)대한의 20X1년도 현금흐름표상 영업에서 창출된 현금(영업으로부터 창출된 현금)은 ₩100,000이다. 다음에 제시된 자료를 이용하여 계산한 (주)대한의 20X1년도 포괄손익계산서상 법인세비용차감전순이익은 얼마인가? (단, 이자와 배당금 수취, 이자지급 및 법인세납부는 영업활동으로 분류한다.)

2019. CPA

• 감가상각비	₩2,000	• 미지급이자 감소	₩1,500
• 유형자산처분이익	1,000	• 재고자산(순액) 증가	3,000
• 이자비용	5,000	• 매입채무 증가	4,000
• 법인세비용	4,000	• 매출채권(순액) 증가	2,500
• 재고자산평가손실	500	• 미수배당금 감소	1,000
• 배당금수익	1,500	• 미지급법인세 감소	2,000

① ₩90,000 ② ₩96,500 ③ ₩97,000
④ ₩97,500 ⑤ ₩99,000

해설

영창현	=	EBT	−	비영업 손익	−	△영업 자산	+	△영업 부채
100,000		97,000		2,000 감가비 (1,000) 유형자산처분이익 5,000 이자비용 (1,500) 배당금수익		(3,000) 재고자산 (2,500) 매출채권		4,000 매입채무

답 ③

02 (주)한국의 20X1년도 현금흐름표상 영업에서 창출된 현금(영업으로부터 창출된 현금)이 ₩100,000이고 영업활동 현금흐름은 ₩89,000이다. 다음에 제시된 자료를 이용하여 (주)한국의 20X1년도 포괄손익계산서상 법인세비용차감전순이익을 구하면 얼마인가? 2010. CPA
(단, 이자지급 및 법인세납부는 영업활동으로 분류한다.)

<20X1년도 (주)한국의 재무자료>

이자비용	₩2,000	감가상각비	₩1,000
유형자산처분손실	3,000	사채상환이익	2,000
법인세비용	7,000	미지급이자의 증가	1,000
재고자산(순액)의 증가	3,000	매출채권(순액)의 증가	2,000
매입채무의 증가	3,000	미지급법인세의 감소	3,000

① ₩91,000　　　　② ₩98,000　　　　③ ₩101,000
④ ₩103,000　　　　⑤ ₩105,000

해설

	CF	=	EBT	−	비영업 손익	−	△영업 자산	+	△영업 부채
영창현	100,000		98,000		2,000 이자비용 3,000 처분손실 1,000 감가상각비 (2,000) 사채상환이익		(3,000) 재고자산 (2,000) 매출채권		3,000 매입채무
법인세납부	(10,000)				(7,000) 법인세비용				(3,000) 미지급법인세
이자지급	(1,000)				(2,000) 이자비용				1,000 미지급이자
영업CF	89,000								

영업에서 창출된 현금을 제시하고, EBT를 물었으므로 법인세납부액과 이자지급액은 적지 않아도 된다. 영업에서 창출된 현금과 영업활동 현금흐름의 차이를 참고하라고 적어놓았다.

답 ②

03 다음 자료는 (주)코리아의 20X0년말과 20X1년말 재무상태표와 20X1년 포괄손익계산서 및 현금흐름표에서 발췌한 회계자료의 일부이다. (주)코리아는 이자의 지급을 영업활동으로 분류하고 있다. 다음의 자료만을 이용할 때 20X1년도 '법인세비용차감전순이익' 및 '영업에서 창출된 현금'을 계산하면 각각 얼마인가?

2015. CPA

(1) 감가상각비	₩40,000
(2) 유형자산처분손실	20,000
(3) 이자비용	25,000
(4) 법인세비용	30,000
(5) 미지급법인세의 감소액	5,000
(6) 이연법인세부채의 증가액	10,000
(7) 이자지급액	25,000
(8) 매출채권의 증가액	15,000
(9) 대손충당금의 증가액	5,000
(10) 재고자산의 감소액	4,000
(11) 매입채무의 감소액	6,000
(12) 영업활동순현금흐름	200,000

	법인세비용차감전순이익	영업에서 창출된 현금
①	₩177,000	₩250,000
②	₩172,000	₩245,000
③	₩225,000	₩192,000
④	₩167,000	₩240,000
⑤	₩172,000	₩220,000

▶ 해설

	CF	=	EBT	−	비영업 손익	−	△영업 자산	+	△영업 부채
영창현	②250,000		③177,000		40,000 감가비 20,000 유형처분손실 25,000 이자비용		(15,000) 매출채권 4,000 재고자산		5,000 대손충당금 (6,000) 매입채무
이자지급	(25,000)				(25,000) 이자비용				
법인세납부	①(25,000)				(30,000) 법인세비용				(5,000) 미지급법인세 10,000 이연법인세부채
영업CF	200,000								

①법인세납부를 먼저 계산하여 영업활동현금흐름에서 ②영창현을 구한 뒤, ③EBT를 제일 마지막에 구하는 문제였다.

이자지급액은 문제에서 제시해주었기 때문에 구하지 않고 직접 대입하였다.

답 ①

5 투자활동 및 재무활동 현금흐름 심화

투자활동 및 재무활동 현금흐름은 1차 시험에 거의 출제되지 않는 지엽적인 주제이다. 그런데 투자활동과 재무활동 현금흐름 문제를 제대로 풀기 위해서는 모든 거래의 회계처리를 통해 현금 변동을 구해야 한다. 출제 가능성도 낮은 주제에 시간을 많이 쓰는 것은 비효율적이라고 판단하여, 본서에서는 간편법만 설명하고 넘어갈 것이다. 회계처리를 통해 푸는 문제는 연습서를 참고하자.

1. 유형자산 관련 현금흐름

현금흐름	=	관련 손익	−	△관련 자산	+	△관련 부채
유형자산 관련 순현금흐름		(감가상각비) 유형자산처분손익		유형자산 미수금		감가상각누계액 미지급금

유형자산 관련 현금흐름이 출제되면, 앞서 배운 영업활동 현금흐름의 직접법과 동일한 방법을 이용할 것이다. 어느 활동이나 현금을 구하는 논리가 동일하기 때문이다. 관련 손익에 자산 증감은 반대로, 부채 증감은 그대로 더하면 현금흐름을 구할 수 있다.

직접법 공식은 모든 투자활동 현금흐름 문제에 적용 가능한 완벽한 풀이법은 아니지만 훨씬 빨리 풀 수 있다. 이 방법으로 못 푸는 문제는 회계처리를 해서 풀어야 한다. 회계처리를 해야 한다면 어차피 제한된 시간 안에 풀 수 없으므로 과감하게 제끼자.

> STEP
> 1 관련 손익 채우기

유형자산과 관련된 손익계정을 적는다. 유형자산 관련 손익에는 감가상각비와 유형자산처분손익이 대응된다.

> STEP
> 2 자산, 부채 증감

손익에 자산 증감액은 반대로, 부채 증감액은 그대로 가산하면 순현금흐름을 구할 수 있다. 자산, 부채 관련해서 2가지를 유의하자.

(1) 감누는 부채로, 장부금액은 자산으로
감누는 자산의 차감적 평가 계정인데, 편의상 부채로 보자. 직접법 계산 시 대손충당금을 부채로 표시하는 것과 같은 원리이다.
'장부금액'은 유형자산의 취득원가에서 감가상각누계액을 차감한 순액을 의미한다. 문제에서 장부금액이 제시되면 (이미 감누는 차감되었으므로) 감누를 고려하지 말고 자산으로 처리하면 된다.

(2) 미수금, 미지급금

대부분의 거래는 현금 거래로 제시될 것이다. 하지만 간혹 외상 거래가 출제되는 경우가 있다. 이 경우 미수금, 미지급금도 고려해서 현금흐름을 구해야 한다.

가령, 유형자산을 외상으로 판매하였다면 유형자산은 감소하지만 현금흐름은 0이어서 등식이 깨진다. 미수금 증가분을 고려해주어야만 자산 변화가 없어서 현금흐름이 0이 된다.

 현금흐름

(1) 순현금흐름

Step 2까지 마치면 순현금흐름을 구할 수 있다. 문제에서 '순현금흐름'만 묻는다면 대변에 손익과 자산, 부채의 증감을 대입하여 순현금흐름만 계산하면 된다.

(2) 개별 현금흐름: 취득원가, 처분가액

재무나 투자활동은 현금흐름이 여러 개로 구성될 수 있다. 유형자산의 경우 취득과 처분 시 현금흐름이 각각 발생한다. 문제에서 현금흐름 전체가 아닌 '특정' 현금흐름(예 취득원가, 처분가액)만 묻는다면 대변을 먼저 마무리해서 ①순현금흐름을 구하고, ②문제 제시된 일부 현금흐름을 먼저 대입한 뒤, ③나머지 현금흐름을 채워 넣어서 순현금흐름을 맞추자.

01 (주)세무의 기계장치와 관련된 내역은 다음과 같다. 기계장치는 원가모형을 적용한다.

계정과목	기초금액	기말금액
기계장치	₩400,000	₩410,000
감가상각누계액	55,000	65,000

한편, 당기 중에 기계장치를 ₩100,000에 취득하였으며, 포괄손익계산서에는 기계장치 처분이익 ₩10,000과 감가상각비(기계장치) ₩40,000이 보고되었다. 당기 중 취득 및 처분거래는 모두 현금거래이다. (주)세무의 당기 중 기계장치 관련 거래가 현금흐름표상 투자활동 현금흐름에 미치는 순효과는?

2024. CTA

① 현금유출 ₩30,000

② 현금유출 ₩60,000

③ 현금유출 ₩70,000

④ 현금유입 ₩30,000

⑤ 현금유입 ₩70,000

▶ 해설

	CF	=	관련 손익	−	△관련 자산	+	△관련 부채
투자활동	(30,000)		10,000 처분이익 (40,000) 감가상각비		(10,000) 기계장치		10,000 감누

답 ①

02 (주)성복유통은 당기 중에 건물을 현금 ₩1,280,000에 처분하였다. 당기 포괄손익계산서에 보고된 감가상각비와 건물처분이익은 각각 ₩400,000, ₩530,000이다. 아래의 추가 자료를 이용하여 투자활동으로 인한 현금흐름(순액)과 당기 중에 취득한 건물의 취득원가를 계산하면 얼마인가? (단, 다른 투자활동 거래는 없다.) 2011. 계리사 수정

계정과목	전기말	당기말
건 물	₩4,000,000	₩4,600,000
감가상각누계액	(1,500,000)	(1,750,000)

	투자활동 순현금흐름	건물의 취득원가
①	₩200,000 유출	₩1,300,000
②	₩220,000 유입	₩1,400,000
③	₩220,000 유출	₩1,400,000
④	₩220,000 유출	₩1,500,000
⑤	₩240,000 유입	₩1,500,000

해설

(1) 투자활동 현금흐름: 220,000 유출

현금흐름	=	NI	−	△자산	+	△부채
(220,000)		(400,000) 감가상각비 530,000 처분이익		(600,000) 건물		250,000 감누

(2) 건물의 취득원가: 1,500,000

현금흐름	=	NI	−	△자산	+	△부채
(1,500,000) 1,280,000		(400,000) 감가상각비 530,000 처분이익		(600,000) 건물		250,000 감누
(220,000)	=	(220,000)				

투자활동 현금흐름이 (220,000)인데, 처분으로 인한 유입이 1,280,000만큼 있으므로, 취득으로 인한 유출이 1,500,000이다.

답 ④

2. 유형자산 관련 현금흐름-감가상각비가 제시되지 않은 경우

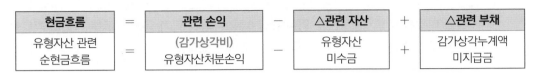

현금흐름	=	관련 손익	−	△관련 자산	+	△관련 부채
유형자산 관련 순현금흐름	=	(감가상각비) 유형자산처분손익	−	유형자산 미수금	+	감가상각누계액 미지급금

유형자산 관련 현금흐름을 구하기 위해서는 대변을 마무리해야 하는데, 이때 감가상각비가 반드시 필요하다. 유형자산 관련 현금흐름 문제가 나온다면 감가상각비를 찾는 습관을 기르자. 만약 문제에 없다면 우리가 직접 구해야 한다. 이 경우에는 다음 공식을 이용하여 감가상각비를 구하여 대변을 완성하자.

> 기초 감가상각누계액 + 감가상각비 − 처분 자산의 감가상각누계액 = 기말 감가상각누계액

예 제

03 다음은 (주)한국의 당기 현금흐름표를 작성하기 위한 자료이다.

계정과목	전기말 잔액	당기말 잔액
건물	₩62	₩88
감가상각누계액 − 건물	(24)	(18)

(주)한국은 취득원가가 ₩16인 건물을 당기 중에 ₩8에 처분하였으며, 이 건물의 처분시점 장부금액은 ₩4이었다. (주)한국의 당기 현금흐름표에 표시될 투자활동 현금흐름(순액)은 얼마인가?

2014. 계리사 수정

① 순유입 ₩8   ② 순유출 ₩22

③ 순유출 ₩34   ④ 순유출 ₩44

▶ 해설

(1) 유형자산처분손익: 8 − 4 = 4 이익

(2) 감가상각비: 6

24(기초 감누) + 감가비 − 12(처분 자산의 감누) = 18(기말 감누)

− 처분 자산의 감누: 16 − 4 = 12

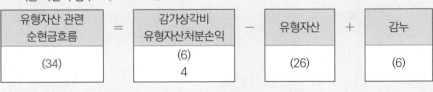

유형자산 관련 순현금흐름	=	감가상각비 유형자산처분손익	−	유형자산	+	감누
(34)	=	(6) 4	−	(26)	+	(6)

답 ③

04 다음은 (주)한국의 기계장치 장부금액 자료이다.

	2014년 기말	2015년 기말
기계장치	₩11,000,000	₩12,500,000
감가상각누계액	(₩4,000,000)	(₩4,500,000)

(주)한국은 2015년 초에 장부금액 ₩1,500,000(취득원가 ₩2,500,000, 감가상각누계액 ₩1,000,000)인 기계장치를 ₩400,000에 처분하였다. 2015년에 취득한 기계장치의 취득원가와 2015년에 인식한 감가상각비는? (단, 기계장치에 대해 원가모형을 적용한다)

2016. 지방직 9급

	취득원가	감가상각비
①	₩3,000,000	₩500,000
②	₩3,000,000	₩1,500,000
③	₩4,000,000	₩1,500,000
④	₩4,000,000	₩2,000,000

해설

유형자산 관련 순현금흐름	=	감가상각비 유형자산처분손익	−	유형자산	+	감누
400,000 처분 (4,000,000) 취득		(1,500,000) (1,100,000)		(1,500,000)		500,000
(3,600,000)	=	(3,600,000)				

(1) 유형자산처분손익: 400,000 − 1,500,000 = (−)1,100,000 손실
(2) 감가상각비 = 1,500,000
    4,000,000 + 감가상각비 − 1,000,000 = 4,500,000
(3) 취득원가
    감가상각비를 채워 넣어 대변을 계산하면 투자 CF가 (−)3,600,000으로 계산된다. 따라서 기계장치의 취득원가는 4,000,000이다.

目 ③

3. 자산, 부채의 증감을 알 수 없는 경우: 문제에 제시된 현금흐름 바로 이용

자산, 부채의 증감을 제시하지 않고 거래내용만 제공하는 문제는 우리가 지금까지 이용했던 현금흐름 공식을 이용할 수 없다. 따라서 표를 그리지 않고 문제에 제시된 취득가액, 처분가액 등의 자료를 이용하여 현금흐름을 바로 계산한다.

예제

05 (주)한국은 취득원가 ₩70,000의 토지를 2017년 중 현금 ₩100,000을 받고 처분하였다. 또한 2017년 중 새로운 토지를 ₩90,000에 구입하면서 구입대금 중 ₩30,000은 현금으로 지급하고 나머지 ₩60,000은 미지급금으로 계상하였다. (주)한국의 2017년 현금흐름표상 투자활동 순현금흐름은? 2018. 관세직 9급

① ₩10,000 ② ₩40,000
③ ₩70,000 ④ ₩100,000

▷ 해설

투자활동 현금흐름: 100,000 – 30,000 = 70,000
– 100,000 유입과 30,000 유출이 발생하였으므로 현금흐름은 70,000이다.

탑 ③

06 (주)세무의 현금흐름표 작성을 위한 20X1년 자료가 다음과 같을 때, (주)세무의 20X1년도 투자활동순현금흐름과 재무활동순현금흐름은? (단, (주)세무는 이자의 지급, 이자 및 배당금의 수입은 영업활동으로, 배당금의 지급은 재무활동으로 분류하고 있다.) *2017. CTA*

- 유상증자로 ₩250,000, 장기차입금으로 ₩300,000을 조달하였다.
- 20X1년 초 매출채권 잔액은 ₩300,000이었고, 여기에 대손충당금 잔액이 ₩20,000 설정되어 있다. 20X1년 말 매출채권 잔액은 ₩500,000이며, 대손추정을 통하여 기말 대손충당금 잔액이 ₩50,000으로 증가하였다.
- 20X0년 경영성과에 대해 20X1년 3월 주주총회 결의를 통해 주주들에게 배당금으로 ₩200,000을 지급하였다.
- 기초와 기말의 법인세 부채는 각각 ₩300,000과 ₩400,000이었다.
- 당기에 유형자산을 총원가 ₩1,500,000에 취득하였으며, 이 중에서 ₩900,000은 금융리스로 취득하였다. 나머지 ₩600,000은 현금으로 지급하였다. 금융리스부채의 상환은 20X2년 초부터 이루어진다.
- 취득원가가 ₩800,000이고 감가상각누계액이 ₩500,000인 공장 설비를 현금매각하고, 유형자산처분이익 ₩100,000을 인식하였다.

	투자활동순현금흐름	재무활동순현금흐름
①	₩200,000 유출	₩350,000 유입
②	₩200,000 유출	₩550,000 유입
③	₩400,000 유입	₩200,000 유출
④	₩600,000 유출	₩350,000 유입
⑤	₩600,000 유출	₩550,000 유입

▶ 해설

(1) 투자활동현금흐름

유형자산 취득	(600,000)
공장 설비 처분	400,000
계	(200,000)

유형자산 취득 시 600,000만 지급하였고, 금융리스부채 900,000의 상환은 20X2년부터 이루어지므로, 20X1년 현금흐름에 반영되지 않는다.

(2) 재무활동현금흐름

유상증자	250,000
장기차입금 차입	300,000
배당금 지급	(200,000)
계	350,000

배당금의 지급은 재무활동으로 분류하고 있으므로 배당금 지급액을 재무활동현금흐름에 반영해야 한다.

답 ①

6 현금흐름표 말문제 출제사항

1. 현금 및 현금성자산

현금이란 보유 현금과 요구불예금을 의미하며, 현금성자산이란 유동성이 매우 높은 단기 투자자산으로서 확정된 금액의 현금으로 전환이 용이하고 가치변동의 위험이 경미한 자산을 의미한다. 투자자산은 일반적으로 만기일이 단기에 도래하는 경우(예를 들어, 취득일로부터 만기일이 3개월 이내인 경우)에만 현금성자산으로 분류된다. 지분상품은 현금성자산에서 제외한다. 다만 상환일이 정해져 있고 취득일로부터 상환일까지의 기간이 단기인 우선주와 같이 실질적인 현금성자산인 경우에는 예외로 한다.

2. 직접법 vs 간접법: 직접법이 미래현금흐름 추정에 보다 유용한 정보를 제공

영업활동 현금흐름은 총현금유입과 총현금유출을 주요 항목별로 구분하여 표시하는 방법(직접법) 또는 당기순손익에 당기순손익 조정항목을 가감하여 표시하는 방법(간접법) 중 하나의 방법으로 보고한다.

영업활동 현금흐름을 보고하는 경우에는 직접법을 사용할 것을 권장한다. 직접법을 적용하여 표시한 현금흐름은 간접법에 의한 현금흐름에서는 파악할 수 없는 정보를 제공하며, 미래현금흐름을 추정하는 데 보다 유용한 정보를 제공한다. 간접법은 당기순이익에서 출발해서 비영업손익을 제거하는 식으로 영업손익을 구한다. 따라서 영업손익이 어떻게 구성되어 있는지 알기 어렵다. 반면 직접법은 영업손익을 직접 보여주기 때문에 미래현금흐름 추정에 보다 유용하다.

3. 총액 및 순액 표시

(1) 원칙: 총액

투자활동과 재무활동에서 발생하는 총현금유입과 총현금유출은 주요 항목별로 구분하여 총액으로 표시한다.

(2) 예외: 순액

다음의 영업활동, 투자활동 또는 재무활동에서 발생하는 현금흐름은 순증감액으로 보고할 수 있다.

① 현금흐름이 기업의 활동이 아닌 고객의 활동을 반영하는 경우로서 고객을 대리함에 따라 발생하는 현금유입과 현금유출

기업이 본인이 아닌 대리인이므로, 현금흐름을 순액으로 표시할 수 있게 한 것이다.

② 회전율이 높고 금액이 크며 만기가 짧은 항목과 관련된 현금유입과 현금유출

하루에도 수많은 입출금이 발생하는 금융기관(은행)의 경우에는 모든 현금흐름을 현금흐름표에

보고하면 다른 현금흐름이 묻힌다. 은행의 주 영업활동인 대출 및 상환, 투자활동, 재무활동 등이 있더라도 일반 예금자의 입출금이 워낙 압도적인 규모이기 때문에 묻힐 수밖에 없다. 따라서 이런 현금흐름의 경우 총액이 아닌 순액으로 보고할 수 있게 규정하고 있다.

4. 외화현금흐름: 환율변동효과는 영업, 투자 및 재무활동 현금흐름과 구분하여 별도로 표시

외화로 표시된 현금및현금성자산의 환율변동효과는 기초와 기말의 현금및현금성자산을 조정하기 위해 현금흐름표에 보고한다. 이 금액은 영업활동, 투자활동 및 재무활동 현금흐름과 구분하여 별도로 표시한다. 외화로 표시된 현금및현금성자산은 환율 변화 시 가치가 변동하므로 현금의 증감이 발생한다. 하지만 이는 현금 스스로 발생한 것이므로, 다른 활동에 포함되지 않는다. 따라서 이를 다음과 같이 다른 활동과 구분하여 표시한다.

이처럼 외화로 표시된 현금및현금성자산에서 발생한 환율변동효과는 별도로 표시할 것이므로, 간접법 계산 시 환율변동효과를 비영업손익으로 보고 당기순이익에서 부인해야 한다.

현금흐름표

X1.1.1~X1.12.31	(주)김수석
Ⅰ 영업활동 현금흐름	A
Ⅱ 투자활동 현금흐름	B
Ⅲ 재무활동 현금흐름	C
Ⅳ 현금및현금성자산의 환율변동효과	D
Ⅴ 현금의 증감	A+B+C+D
Ⅵ 기초의 현금	E
Ⅶ 기말의 현금	A+B+C+D+E

5. 비현금거래: 현표에서 제외, 주석 공시

현금및현금성자산의 사용을 수반하지 않는 투자활동과 재무활동 거래는 현금흐름표에서 제외한다. 그러한 거래는 투자활동과 재무활동에 대하여 모든 목적적합한 정보를 제공할 수 있도록 재무제표의 다른 부분에 공시한다.

현금흐름을 수반하지 않는 거래는 현금흐름표에 표시되지 않는다. 따라서 현금흐름표만 봐서는 해당 거래들을 파악할 수 없다. 이를 방지하기 위해 현금흐름을 수반하지 않는 투자, 재무 거래는 주석으로 공시하도록 규정하고 있다. 주석에 공시하는 거래로는 부채 인수나 리스로 인한 자산 취득이나 출자전환 등이 있다. 규정만 기억하면 되며, 사례를 기억할 필요는 없다.

부채 인수 OR 리스로 인한 자산 취득	자산	XXX	부채	XXX
출자전환	부채	XXX	자본	XXX

예제

01 현금흐름표에 관한 설명으로 옳지 않은 것은? 2021. CTA

① 영업활동 현금흐름은 일반적으로 당기순손익의 결정에 영향을 미치는 거래나 그 밖의 사건의 결과로 발생한다.

② 법인세로 인한 현금흐름은 별도로 공시하며, 재무활동과 투자활동에 명백히 관련되지 않는 한 영업활동 현금흐름으로 분류한다.

③ 현금및현금성자산의 사용을 수반하지 않는 투자활동과 재무활동 거래는 현금흐름 표에서 제외한다.

④ 이자와 배당금의 수취 및 지급에 따른 현금흐름은 각각 별도로 공시한다. 각 현금흐름은 매 기간 일관성 있게 영업활동, 투자활동 또는 재무활동으로 분류한다.

⑤ 단기매매목적으로 보유하는 유가증권의 취득과 판매에 따른 현금흐름은 투자활동으로 분류한다.

해설

단기매매목적으로 보유하는 유가증권의 취득과 판매에 따른 현금흐름은 **영업활동**으로 분류한다.

답 ⑤

02 현금흐름표에 관한 설명으로 옳지 않은 것은?

① 이자와 차입금을 함께 상환하는 경우, 이자지급은 영업활동으로 분류될 수 있고 원금상환은 재무활동으로 분류된다.

② 회전율이 높고 금액이 크며 만기가 짧은 항목과 관련된 재무활동에서 발생하는 현금흐름은 순증감액으로 보고할 수 있다.

③ 타인에게 임대할 목적으로 보유하다가 후속적으로 판매목적으로 보유하는 자산을 제조하거나 취득하기 위한 현금 지급액은 영업활동 현금흐름이다.

④ 지분상품은 현금성자산에서 제외하므로 상환일이 정해져 있고 취득일로부터 상환일까지의 기간이 3개월 이내인 우선주의 경우에도 현금성자산에서 제외한다.

⑤ 간접법보다 직접법을 적용하는 것이 미래현금흐름을 추정하는 데 보다 유용한 정보를 제공하므로 영업활동 현금흐름을 보고하는 경우에는 직접법을 사용할 것을 권장한다.

⊙ 해설

투자자산은 취득일로부터 만기일이 3개월 이내인 경우에만 현금성자산으로 분류된다. 취득일로부터 상환일까지의 기간이 3개월 이내인 상환우선주는 현금성자산으로 분류한다.

③ 예를 들어 렌트카 회사의 경우 '차량을 임대하다가 처분하는 것'까지가 영업활동이다. 차량의 임대가 종료되어 판매 목적으로 전용(轉用)하는 경우 유형자산을 재고자산으로 대체한다. 렌트카 회사 입장에서 차량은 유형자산이지만 재고자산의 성격도 띄므로 차량과 관련된 현금흐름은 영업활동 현금흐름이다. 반면, 택시 회사의 경우 차량을 직접 사용하므로 차량과 관련된 현금흐름이 투자활동 현금흐름에 해당한다.

📋 ④

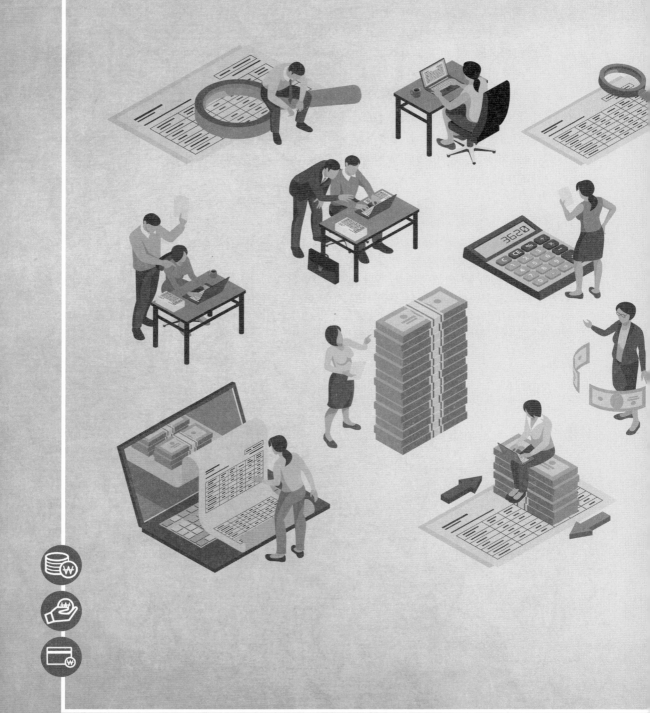

C·H·A·P·T·E·R

18

현금 및 매출채권

CHAPTER 18 현금 및 매출채권

본 장에서는 현금및현금성 자산 계산방법, 은행계정조정표, 매출채권과 관련된 회계처리 등을 배울 것이다. 본 장에서 다루는 내용은 세무사 시험에 가끔 출제되며, 회계사 시험에는 거의 출제되지 않는다. 회계사 수험생들은 본 장의 내용을 완벽히 소화하기보다는, 가볍게만 보고 넘어가자.

1 현금 및 현금성자산

현금이란 보유 현금과 요구불예금을 의미하며, 현금성자산이란 유동성이 매우 높은 단기 투자자산으로서 확정된 금액의 현금으로 전환이 용이하고 가치변동의 위험이 경미한 자산을 의미한다. 현금성자산은 투자나 다른 목적이 아닌 단기의 현금수요를 충족하기 위한 목적으로 보유한다. 투자자산이 현금성자산으로 분류되기 위해서는 확정된 금액의 현금으로 전환이 용이하고, 가치변동의 위험이 경미해야 한다.

문제에서는 다양한 항목을 제시한 뒤, 현금 및 현금성자산이 얼마인지 물어본다. 다음 표를 암기하여 현금 및 현금성자산을 계산하면 된다.

현금성 자산: 즉시 현금화 가능	현금성이 아닌 항목: (즉시) 현금화 불가
통화, 전도금, 보통예금, 당좌예금	적금, 당좌차월, 당좌개설보증금
타인발행수표, 자기앞수표	어음, 선일자수표
우편환, 송금환	우표, 수입인지
배당금지급통지표, 기일이 도래한 채권이자표	직원가불금, 차용증서
양도성예금증서, 환매채, 국공채, 상환우선주 : 취득일로부터 만기일이 3개월 이내인 경우 현금성 자산	

1. 보유 현금

보유 현금은 통화(지폐, 동전)를 의미한다. 전도금은 지점이 보유하는 현금으로 보유 현금에 해당한다.

2. 예금, 적금: 예금은 현금 O, 적금은 현금 X

보통예금과 당좌예금 등의 예금은 입출금이 자유로워 언제든지 인출이 가능하므로 현금성자산이다. 반면 적금은 만기가 길어 바로 현금화할 수 없으므로 현금성자산이 아니다.

3. 당좌차월 및 당좌개설보증금: 현금 X

당좌차월은 당좌예금이 (−)부의 잔액일 때 명칭인데, 이는 차입금이다. 마이너스 통장을 떠올리면 쉽게 이해할 수 있다. 이는 회사의 자산이 아닌 부채이다.

당좌개설보증금은 당좌예금 개설 시 보증금으로 예치하는 것인데, 이는 당좌예금 해지 시에만 인출 가능하므로 만기가 길어 현금성자산이 아니다.

4. 수표 및 어음: 수표는 현금 O, 어음은 현금 X (예외−선일자수표: 현금 X)

수표는 바로 현금화할 수 있으므로 현금성자산으로 분류하는 반면, 어음은 일정 기한이 도래해야 현금화할 수 있으므로 현금성자산이 아니며, 매출채권으로 분류한다.

선일자수표는 수표의 예외로, 어음과 같이 현금성자산이 아닌 매출채권으로 분류한다. 선일자수표란 발행일에 미래 일자를 써놓은 수표를 말한다. 원래 수표는 발행 즉시 현금화 가능한데, 발행일을 미래 일자로 기입하면 그 날짜가 도래하기 전에는 수표가 유효하지 않다. 해당 발행일이 도래해야 현금화가 가능하므로 선일자수표는 현금성자산이 아니다.

5. 우편환, 송금환: 현금 O

환이란 멀리 떨어진 지역에 현금을 수송하는 증서이다. 환을 이용하면 거액의 현금을 운반하는 불편함을 감수할 필요 없이, 환만 보내면 된다. 가령, 서울에서 부산으로 1억을 송금하고 싶다면 우체국에서 1억을 주고 환을 구입한다. 그리고 부산으로 환을 보내면 환을 받은 사람이 부산에 있는 우체국에 환을 제시하면 현금을 받을 수 있다. 우편환과 송금환은 수표와 유사하게 우체국에 제시하면 현금을 수령할 수 있으므로, 현금성자산으로 분류한다.

6. 우표, 수입인지: 현금 X (선급비용)

우표와 수입인지는 비용을 미리 지불한 것으로 현금성자산이 아닌 선급비용에 해당한다. 우체국에 우표를 주면 편지를 배송해주는 것이지, 현금을 주는 것이 아니다.

예를 들어, 훈련소에서 편지를 보내기 위해 우표를 사용한다고 하자. 원래 편지를 보내기 위해서는 우체국에서 우편비용을 지불해야 한다. 하지만 훈련소에서는 우체국에 갈 수 없기 때문에 우표를 사 들고 입대를 하고, 훈련소에서 편지에 우표를 붙이면 편지를 배송해준다. 수입인지도 마찬가지이다. 수수료를 낼 때는 현금으로 내야 하나, 미리 인지를 사두고 필요할 때마다 사용하는 것이다.

7. 배당금지급통지표, 기일이 도래한 채권이자표: 현금 O

배당금지급통지표와 기일이 도래한 채권이자표는 제시하면 배당금이나 이자를 바로 현금으로 받을 수 있으므로 현금성항목이다.

8. 직원가불금, 차용증서: 현금 X

직원에게 월급을 가불해주거나, 돈을 빌려주어 차용증을 보유하는 경우 현금이 아닌 대여금(투자자산)이다.

9. 단기 투자자산: 취득일로부터 만기일이 3개월 이내인 경우 현금 O

양도성예금증서, 환매조건부채권(환매채), 국공채 등 투자자산은 일반적으로 만기일이 단기에 도래하는 경우(취득일로부터 만기일이 3개월 이내인 경우)에만 현금성자산으로 분류된다.

지분상품은 현금성자산에서 제외한다. 다만 상환일이 정해져 있고 취득일로부터 상환일까지의 기간이 단기인 상환우선주와 같이 실질적인 현금성자산인 경우에는 예외로 한다.

여기서 '취득 당시' 만기가 3개월 이내라는 점이 중요하다. 취득 당시에는 만기가 길었으나, 시간이 지남에 따라 결산일 현재(12월 31일) 만기가 3개월 이내인 경우에는 현금성자산으로 분류하지 않는다.

예제

01 다음은 20X1년 12월 31일 결산 시 (주)한국이 보유하고 있는 자산항목이다.

• 지폐와 주화	₩18,000
• 보통예금	25,000
• 배당금지급통지표	20,000
• 수입인지	15,000
• 양도성예금증서(취득 20X1년 1월 1일, 만기 20X2년 2월 1일)	13,000
• 타인발행수표	10,000
• 국채(취득 20X1년 6월 1일, 만기 20X2년 1월 15일)	20,000
• 선일자수표(발행일 20X2년 1월 5일)	50,000
• 당좌차월	30,000

20X1년 말 (주)한국의 재무상태표상 표시될 현금및현금성 자산은 얼마인가?

① ₩53,000 　　　　　　② ₩73,000

③ ₩106,000 　　　　　　④ ₩156,000

▶ 해설

지폐와 주화	18,000
보통예금	25,000
배당금지급통지표	20,000
타인발행수표	10,000
계	73,000

양도성예금증서, 국채는 모두 '취득일로부터' 잔존만기가 3개월 이상이므로 현금성자산에 해당하지 않는다.

답 ②

02 다음은 서울회사의 20X3년 12월 31일 결산일 현재의 현금 및 예금 등의 내역이다. 이 자료를 이용하여 현금및현금성자산으로 보고해야 할 금액을 구하시오. 2003. CTA

> - 지폐와 동전: ₩30,000
> - 수입인지: ₩10,000
> - 당좌개설보증금: ₩80,000
> - 당좌차월: ₩50,000
> - 타인발행수표: ₩30,000
> - 배당금지급통지표: ₩20,000
> - 만기가 2개월 이내인 국공채 (20X3년 12월 1일 취득): ₩150,000
> - 양도성 예금증서 (120일 만기): ₩500,000
> - 기일이 도래한 공채이자표: ₩10,000
> - 선일자수표: ₩200,000
> - 환매채 (20X3년 11월 1일 취득한 90일 환매조건): ₩300,000
> - 정기적금 (2년후 만기도래): ₩400,000
> - 정기적금 (1년 이내 만기도래): ₩300,000

① ₩540,000   ② ₩550,000   ③ ₩740,000
④ ₩750,000   ⑤ ₩1,240,000

▶ 해설

지폐와 동전	30,000
타인발행수표	30,000
배당금지급통지표	20,000
국공채	150,000
공채이자표	10,000
환매채	300,000
계	540,000

적금은 만기가 2년 후에 도래하든, 1년 이내에 도래하든 현금성자산으로 분류하지 않는다.

답 ①

2 은행계정조정표

은행계정조정표란, 회사가 계산한 당좌예금 잔액과 은행이 계산한 당좌예금 잔액이 일치하지 않을 때, 그 차이를 조정하여 정확한 잔액을 찾아내는 표이다. 표는 양측 잔액에서 출발하여 조정 사항을 반영해 올바른 금액을 구하는 형태이지만, 회사 혹은 은행측 잔액을 하나만 제시한 뒤, 다른측의 잔액을 구하는 형태의 문제도 자주 출제되었다. 아래 내용들이 조정 사항이며, 실제 문제에서는 용어가 조금씩 다르게 출제될 수도 있다.

1. 회사측 조정 사항

조정 사항	내용	회사 잔액에서
미통지예금	회사계좌에 입금되었으나 회사가 기록하지 않음	가산
받을어음 추심	어음을 회수하였으나 회사는 이를 누락함	가산
부도수표	회사 보유 수표가 부도처리되었으나 회사가 누락함	차감
은행수수료	은행수수료를 회사가 누락함	차감
이자손익	이자수익, 이자비용을 회사가 누락함	조정
회사측 오류	거래 금액을 잘못 기재함	조정

2. 은행측 조정 사항

조정 사항	내용	은행 잔액에서
미기입예금 (마감후 입금)	회사가 입금한 내역을 은행이 누락함	가산
기발행미인출수표 (미지급수표)	회사가 발행한 수표가 은행에서 출금되지 않음	차감
은행 측 오류	다른 회사의 거래를 본 회사의 거래로 잘못 반영함	조정

3. 조정 전 금액과 조정 후 금액의 명칭

	회사	은행
조정 전 금액	회사 측 당좌예금 잔액 (주)한국의 당좌예금 잔액 (주)한국의 수정 전 당좌예금 잔액 당좌예금 장부상 잔액 당좌예금계정 장부가액	은행계정명세서상의 잔액 예금잔액증명서상 당좌예금 잔액 은행 측 잔액증명서 은행계산서의 당좌예금 잔액
조정 후 금액	정확한 당좌예금 잔액, 정확한 당좌예금계정의 잔액	

은행계정조정표에서는 문제에 제시한 금액과 문제에서 묻고 있는 금액이 조정 전 금액인지, 조정 후 금액인지 정확히 파악해야 한다. 조정 전 금액과 조정 후 금액이 문제에서 표현되는 방식이 일관되지 않으므로, 기출문제에 등장한 표현을 기억할 필요가 있다.

'회사 측', '(주)한국의', '장부상' 당좌예금의 잔액은 회사가 장부상에 계상한 당좌예금 잔액을 뜻하므로 회사가 계산한 회사측 조정 전 금액을 의미한다. 반면, '은행계정명세서', '예금잔액증명서', '은행계산서'는 예금 잔액이 얼마인지 은행에서 증명해주는 서류를 의미한다. 이들은 은행에서 계산한 금액이므로, 은행측 조정 전 금액을 의미한다.

마지막으로, '정확한'이라는 표현이 등장하면 조정 후 금액을 의미한다. 회사측과 은행측 모두 조정 전 금액은 정확하지 않은 금액이기 때문이다.

> **※주의** 은행 측 잔액은 은행의 돈이 아니라 회사의 돈임!
>
> 은행계정조정표는 '회사의 당좌예금 잔액'에 대해서 회사가 계산한 금액과 은행이 계산한 금액에 차이가 발생하여 이를 조정하는 표이다. 회사 측 잔액도 회사 돈, 은행 측 잔액도 회사 돈이다. 은행이 회사의 계좌에 돈을 잘못 입금하거나, 잘못 인출하였을 경우 은행의 오류이므로 '은행 측 잔액'을 조정해야지, 회사 측 잔액을 조정하면 안 된다.

예제

01 20X1년 말 (주)관세의 장부상 당좌예금계정 잔액은 ₩18,000으로 은행측 당좌예금 거래명세서 잔액과 불일치하였다. 다음의 불일치 원인을 조정하기 전 20X1년 말 은행측 당좌예금 거래명세서 잔액은?

2022. 관세사

> • 기중 발행되었으나 미인출된 수표 ₩2,000이 있다.
> • 기중 당좌거래 관련 은행수수료 ₩800이 차감되었으나 (주)관세의 장부에는 반영되지 않았다.
> • 기중 거래처에 대한 어음상 매출채권 ₩6,000이 추심·입금되었으나 (주)관세는 통지 받지 못하였다.
> • 기중 당좌예입한 수표 ₩1,500이 부도 처리되었으나 (주)관세는 통지 받지 못하였다.

① ₩18,700   ② ₩21,700   ③ ₩22,500
④ ₩23,700   ⑤ ₩24,500

● 해설

	회사		은행
조정 전	18,000	조정 전	23,700
은행수수료	(800)	기발행미인출수표	(2,000)
받을어음 추심	6,000		
부도수표	(1,500)		
조정 후	21,700	조정 후	21,700

답 ④

02   (주)국세는 20X1년 12월 31일 자금담당직원이 회사자금을 횡령하고 잠적한 사건이 발생하였다. 12월 31일 현재 회사 장부상 당좌예금계정 잔액을 검토한 결과 ₩106,000이었으며, 은행측 당좌예금계정 잔액을 조회한 결과 ₩70,000으로 확인되었다. 회사측 잔액과 은행측 잔액이 차이가 나는 이유는 다음과 같다고 할 경우 자금담당직원이 회사에서 횡령한 것으로 추정할 수 있는 금액은 얼마인가?

2012. CTA

• 은행미기입예금	₩60,000
• 은행수수료	₩10,000
• 기발행 미인출수표	₩50,000
• 미통지입금	₩46,000
• 타사발행수표를 (주)국세의 당좌예금 계좌에서 차감한 금액	₩22,000

① ₩22,000   ② ₩26,000   ③ ₩32,000

④ ₩36,000   ⑤ ₩40,000

● 해설

	회사			은행
조정 전	106,000		조정 전	70,000
은행수수료	(10,000)		미기입예금	60,000
미통지입금	46,000		기발행미인출수표	(50,000)
횡령액	(40,000)		은행 측 오류	22,000
조정 후	102,000		조정 후	102,000

(1) 미통지입금

문제에 '은행미기입예금'이 등장했으므로, '미통지입금'은 회사 측 조정 사항일 것이다. 미통지입금도 은행 측 조정 사항으로 보면 미기입예금과 같은 개념이 되기 때문이다. 출제진이 같은 개념을 다른 용어로 표시하지는 않았을 것이다. 미통지입금은 입금되었는데 은행이 회사에 통지하지 않아 회사 측 잔액이 과소계상되어 있는 금액을 의미한다.

(2) 타사발행수표를 (주)국세 계좌에서 차감한 금액

타사가 발행한 수표를 받은 사람이 은행에 와서 현금으로 바꾸어갈 때 은행은 (주)국세가 발행한 수표인 줄 알고 (주)국세 계좌에서 차감했다면 '은행이 계산한' (주)국세의 계좌 잔액이 과소 계상되어 있을 것이다. 따라서 은행 측 잔액을 증가시켜야 한다.

(3) 횡령액

회사 측 조정 사항들을 전부 반영한다면 142,000이 남아야 한다. 하지만 조정 후 올바른 금액은 102,000이므로 횡령액은 40,000이라는 것을 알 수 있다. 자금담당직원이 횡령액인 40,000만큼 당좌예금계정 잔액(회사측 잔액)을 과대 계상한 상황이다.

🔳 ⑤

03 20X1년 말 (주)세무와 관련된 자료는 다음과 같다. 20X1년 말 (주)세무의 재무상태표에 표시해야 하는 현금및현금성자산은? (단, 사용이 제한된 것은 없다.) 2016. CTA

(1) (주)세무의 실사 및 조회자료

- 소액현금: ₩100,000
- 지급기일이 도래한 공채이자표: ₩200,000
- 수입인지: ₩100,000
- 양도성예금증서(만기 20X2년 5월 31일): ₩200,000
- 타인발행당좌수표: ₩100,000
- 우표: ₩100,000
- 차용증서: ₩300,000
- 은행이 발급한 당좌예금잔액증명서 금액: ₩700,000

(2) (주)세무와 은행 간 당좌예금잔액 차이 원인

- 은행이 (주)세무에 통보하지 않은 매출채권 추심액: ₩50,000
- 은행이 (주)세무에 통보하지 않은 은행수수료: ₩100,000
- (주)세무가 당해연도 발행했지만 은행에서 미인출된 수표: ₩200,000
- 마감시간 후 입금으로 인한 은행미기입예금: ₩300,000

① ₩1,050,000   ② ₩1,200,000   ③ ₩1,300,000

④ ₩1,350,000   ⑤ ₩1,400,000

⊙ 해설

(1) 기말 현금및현금성자산

소액현금	100,000
공채이자표	200,000
타인발행당좌수표	100,000
당좌예금	800,000
계	1,200,000

(2) 정확한 당좌예금 잔액: 800,000

	회사		은행
조정 전	850,000	조정 전	700,000
매출채권 추심	50,000	기발행미인출수표	(200,000)
은행수수료	(100,000)	미기입예금	300,000
조정 후	800,000	조정 후	800,000

은행에서 계산한 당좌예금은 700,000이지만 은행계정 조정 후 금액은 800,000이므로, 재무상태표에는 800,000으로 표시해야 한다.

문제에서 묻지는 않았지만, 회사 측 조정 전 금액은 850,000으로 계산할 수 있다.

답 ②

3 대손

대손이란, 채권 중 회수불가능액을 추정하여 채권을 감소시키는 것을 뜻한다. 대손이 발생한 경우 대손상각비를 인식하는 동시에 대손충당금을 설정한다. 대손충당금은 채권의 차감적 평가계정으로, 유형자산의 감가상각누계액과 동일한 역할을 한다. 가령, 기말 매출채권이 1,000,000인데 900,000만 회수 가능할 것이라고 예상하면 회수 불가능하다고 예상하는 100,000을 다음과 같이 대손충당금으로 설정한다.

	재무상태표
매출채권	1,000,000
대손충당금	(100,000)
	900,000

1. 회수불능(=대손 확정, 손상차손): 대손충당금 감소

회수하지 못할 것으로 예상하여 대손충당금을 설정한 매출채권이 실제로 회수 불가능해진 경우에는 대손충당금과 매출채권을 상계한다. 만약 상계할 대손충당금 잔액이 부족한 경우에는 다음과 같이 부족분을 대손상각비로 인식한다. 만약 대손충당금이 100,000인 상태에서 각각 80,000과 120,000의 매출채권이 대손 확정된 경우 회계처리는 다음과 같다.

(1) 80,000 대손 확정	대손충당금	80,000	매출채권	80,000
(2) 120,000 대손 확정	대손충당금 대손상각비	100,000 20,000	매출채권	120,000

2. 대손 채권의 회수: 대손충당금 증가

(차) 현금　　　　　　　　　ⅩⅩⅩ　(대) 대손충당금　　　　　　　ⅩⅩⅩ

회수불능이라고 판단하여 매출채권과 대손충당금을 상계한 채권이 예상과 달리 회수되는 경우가 있다. 이때에는 현금 수령액을 대손상각비의 감소로 인식하는 것이 아니라, 현금 수령액만큼 대손충당금을 증가시킨다.

 대손 채권 회수 시 대손충당금을 증가시키는 이유: 관행

많은 학생들이 왜 대손 채권 회수 시 대손충당금을 증가시키고, 대손상각비의 감소로 인식하지 않는지 궁금해한다. 결론부터 말하자면, 그렇게 해도 상관은 없다. 다만, 회계학에서는 그동안 관행적으로 대손 채권 회수 시 대손충당금 증가시켰다. 출제진도 이 회계처리를 염두에 두고 문제를 출제하므로, 우리도 대손충당금을 증가시켜야 한다. 문제 풀이에서 이유는 중요하지 않으므로, 회계처리만 외우자.

3. 기초, 기말 대손충당금 잔액

기초, 기말 대손충당금 잔액을 문제에서 직접 제시하면 바로 표에 쓰면 되지만, 그렇지 않은 경우에는 우리가 구해야 한다. 문제에서 제시한 자료에 따라 대손충당금 계산 방식은 다음과 같이 달라진다.

(1) 추정 현금흐름이 제시된 경우	매출채권 − 추정 현금흐름
(2) 손실률이 제시된 경우	Σ매출채권 금액 × 손실률

(1) 추정 현금흐름이 제시된 경우

매출채권 중 추정 현금흐름을 제외한 부분은 못 받을 것으로 예상하는 금액이다. 따라서 매출채권에서 추정 현금흐름을 차감한 금액이 대손충당금 잔액이 된다.

(2) 손실률이 제시된 경우

문제에서 매출채권별 손실률을 제시해준다면 각 매출채권 금액에 손실률을 곱한 금액이 대손충당금 잔액이 된다. 가령, 매출채권 금액이 100,000인데 손실률이 10%라면, 못 받을 것으로 예상하는 금액은 10,000(= 100,000 × 10%)이며, 대손충당금 잔액은 10,000이 된다.
회수불능과 대손 채권 회수 회계처리를 통해 남은 대손충당금 잔액(설정 전 잔액)과 기말 대손충당금 잔액(기대신용손실)을 비교하여 대손충당금 금액을 조정해주어야 한다.

4. 대손충당금 설정

기초 대손충당금에 기중 회계처리를 반영한 설정 전 잔액(= 기초 대손충당금 − 회수불능액 + 대손 채권 회수액)을 기말 대손충당금으로 만들어주어야 한다. 일반적으로는 설정 전 잔액이 적으므로 대손상각비를 인식하면서 대손충당금을 증가시키지만, 반대의 경우 대손충당금환입을 인식하면서 대손충당금을 감소시킨다.

(1) 기말 대손충당금 잔액〉설정 전 잔액: 대손충당금 증가

  (차) 대손상각비   X X X   (대) 대손충당금   X X X

(2) 기말 대손충당금 잔액〈설정 전 잔액: 대손충당금 감소

  (차) 대손충당금   X X X   (대) 대손충당금환입   X X X

예제

01   (주)서울의 매출채권과 관련된 다음의 자료를 이용하여 2017년의 대손상각비를 구하면 얼마인가?

2017. 서울시 9급

- 2017년 초의 매출채권 잔액은 ₩1,000,000이고, 대손충당금 잔액은 ₩40,000이다.
- 2017년 4월에 회수불가능 매출채권 ₩30,000을 대손처리하였다.
- 2016년에 대손처리하였던 매출채권 ₩15,000을 2017년 7월에 현금으로 회수하였다.
- 2017년 말의 매출채권 잔액은 ₩900,000이며, 이 중에서 5%는 미래에 회수가 불가능한 것으로 추정된다.

① ₩0   ② ₩15,000

③ ₩20,000   ④ ₩35,000

해설

|회계처리|

차변		대변		대손충당금 잔액
대손충당금	30,000	매출채권	30,000	10,000
현금	15,000	대손충당금	15,000	25,000
대손상각비	20,000	대손충당금	20,000	45,000

기말 대손충당금: 900,000 × 5% = 45,000

답 ③

02 (주)한국은 2016년 10월 1일 거래처의 파산으로 매출채권 ₩2,000을 회수할 수 없게 되었으며, 대손에 대한 회계처리는 충당금설정법을 적용하고 있다. 2015년과 2016년의 매출채권 관련 자료가 다음과 같을 때, 2016년 12월 31일 대손충당금 설정에 대한 분개로 옳은 것은? (단, 2015년 초 대손충당금 잔액은 없으며, 미래현금흐름 추정액의 명목금액과 현재가치의 차이는 중요하지 않다.) 2016. 국가직 7급

구분	2015년 말	2016년 말
매출채권	₩100,000	₩120,000
추정 미래현금흐름	₩96,000	₩118,900

	차변	대변
①	대손상각비 ₩900	대손충당금 ₩900
②	대손상각비 ₩1,100	대손충당금 ₩1,100
③	대손충당금 ₩900	대손충당금환입 ₩900
④	대손충당금 ₩1,100	대손충당금환입 ₩1,100

해설

|회계처리|

차변		대변		대손충당금 잔액
대손충당금	2,000	매출채권	2,000	2,000
대손충당금	900	대손충당금환입	900	1,100

기초 대손충당금: 100,000 − 96,000 = 4,000
기말 대손충당금: 120,000 − 118,900 = 1,100

답 ③

4 어음의 할인

1. 어음의 할인 구조

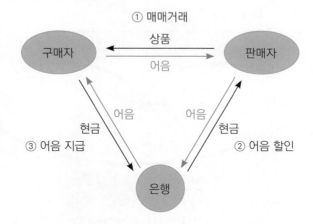

① 매매 거래: 외상거래의 경우 판매대금을 어음으로 받기도 한다. 판매자 입장에서 이 어음을 보유하면 나중에 현금을 '받을' 수 있으므로, '받을어음'이라고 부른다. 받을어음은 매출채권의 한 종류라고 생각하면 된다.

② 어음 할인: 어음은 지급일까지 기다려야 돈을 받을 수 있으므로 판매자가 빨리 돈을 받고 싶다면 어음을 은행에 양도하고 그 대가를 미리 받는다. 은행은 판매자에게 돈을 빨리 지급하는 대신에 판매자에게 이자를 차감한 금액을 지급한다. 이를 어음의 '할인'이라고 부른다.

③ 어음 지급: 어음을 양도받은 은행은 만기까지 기다린 후 구매자에게 어음을 지급하여 원금과 이자를 받는다.

우리가 다룰 내용은 '② 어음 할인'이다. 할인 시 판매자가 받는 1) 현금 수령액, 보유기간 동안 발생한 2) 이자수익과 할인 시 3) 어음의 처분손실을 계산할 수 있어야 한다.

2. 어음 할인 시 현금 수령액

> (1) 만기 수령액 = 어음의 액면가액 × (1 + 어음 이자율 × 만기월수/12)
> (2) 어음 할인 시 현금 수령액 = 만기 수령액 − 만기 수령액 × 은행 이자율 × 잔여월수/12
>   = 만기 수령액 × (1 − 은행 이자율 × 잔여월수/12)

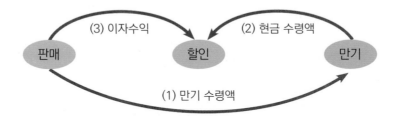

(1) 만기 수령액

어음을 할인하지 않고 만기까지 보유한다면 어음의 액면가액과 함께 이자를 수령할 수 있다. 어음 자체의 이자율이 있기 때문에 어음 이자율에 판매 시점부터 만기까지의 월수를 곱하면 이자를 구할 수 있다.

(2) 어음 할인 시 현금 수령액

은행은 판매자에게 돈을 빨리 지급하는 대신, 할인 시점부터 만기까지 잔여 월수에 대해서 은행의 이자율로 계산한 이자를 차감한 금액만 지급한다.

 **Why?** 어음 할인 시 현금 수령액 현재가치

> 위 현금 수령액 계산식을 잘 이해하였다면 이 설명은 오히려 혼란을 불러일으킬 수 있으니, 읽지 않길 바란다.
> 현재가치는 원칙적으로 '현금흐름 ÷ (1 + 이자율)'의 방식으로 계산한다. 하지만 어음의 할인은 '현금흐름 × (1 − 이자율)'의 방식으로 계산한다. 둘을 계산해보면 후자의 방식이 더 작게 계산된다. 어음 할인 시 은행의 현금 지급액을 작게 만들기 위해 관행적으로 후자의 방식을 사용하는 것이다. 만기 이후의 선이자를 차감하는 개념으로 이해하면 된다.

3. 어음 할인 시 회계처리

(차) 현금	수령액	(대) 받을어음	액면가액
매출채권처분손실	XXX	이자수익	액면가액 × 이자율 × 월수/12

(1) 이자수익=어음 액면가액×어음 이자율×보유월수/12

어음 보유자가 어음을 할인할 때까지 보유하는 동안 이자수익이 발생한다.

(2) 매출채권처분손실=어음 액면가액+이자수익−현금 수령액

이자수익만큼 어음의 가치가 상승하므로, 어음 보유자는 현금 수령액과 '받을어음의 액면가액 + 이자수익'의 차이만큼 처분손익을 인식한다. 어음의 이자율보다 은행의 할인율이 높기 때문에 어음 할인 시에는 일반적으로 처분손실이 계상된다.

예제

01 (주)한국은 20X1년 4월 1일에 상품을 판매하고 그 대가로 3개월 만기, 액면이자율 6%, 액면 ₩50,000의 약속어음을 받았다. 한 달 뒤인 5월 1일에 대한캐피탈에 할인(할인율 12%)하였다. 이 받을어음의 할인이 제거요건을 충족한다고 가정할 때 (주)한국이 20X1년 5월 1일에 인식할 금융자산처분손실 금액은?

2012. 계리사

① ₩485 ② ₩495
③ ₩505 ④ ₩515

해설

어음의 만기 수령액: 50,000 × (1 + 6% × 3/12) = 50,750
현금 수령액: 50,750 × (1 − 12% × 2/12) = 49,735

이자수익: 50,000 × 6% × 1/12 = 250
처분손실: 50,000 + 250 − 49,735 = 515

참고 회계처리

(차)	현금	49,735	(대)	받을어음	50,000
	매출채권처분손실	515		이자수익	250

답 ④

02 (주)한국은 2011년 3월 1일에 상품판매대금 ₩400,000을 만기 3개월의 어음(액면이자율 연 9%)으로 수령하였다. (주)한국은 5월 1일에 대한은행에서 연 12% 이자율로 동 어음을 할인하였다. 이 받을어음의 할인이 금융자산 제거조건을 충족할 때, (주)한국이 행할 회계처리는? (단, 이자는 월할 계산한다)   2013. 국가직 7급

① (차변) 현금   ₩404,910   (대변) 매출채권   ₩400,000
　　　　금융자산처분손실   ₩1,090   이자수익   ₩6,000

② (차변) 현금   ₩404,800   (대변) 매출채권   ₩400,000
　　　　금융자산처분손실   ₩1,200   이자수익   ₩6,000

③ (차변) 현금   ₩404,800   (대변) 매출채권   ₩400,000
　　　　금융자산처분손실   ₩3,000   이자수익   ₩9,000

④ (차변) 현금   ₩402,000   (대변) 매출채권   ₩400,000
　　　　금융자산처분손실   ₩2,000   이자수익   ₩4,000

▶ 해설

어음의 만기 수령액: $400,000 \times (1 + 9\% \times 3/12) = 409,000$
어음 할인 시 현금 수령액 $= 409,000 \times (1 - 12\% \times 1/12) = 404,910$

이자수익: $400,000 \times 9\% \times 2/12 = 6,000$
처분손실: $400,000 + 6,000 - 404,910 = 1,090$

답 ①

03 (주)세무는 (주)한국에 상품을 판매한 대가로 이자부약속어음(액면가액 ₩160,000, 5개월 만기, 표시이자 연 9%)을 받고, 이 어음을 2개월간 보유한 후 은행에서 할인하여 ₩161,518을 수령하였다. 동 어음할인 거래는 금융자산의 제거요건을 충족한다. 이 어음 거래에 적용된 연간 할인율은? (단, 이자는 월할 계산한다.) 2018. CTA

① 10.2%　　　　　　② 10.4%　　　　　　③ 10.5%
④ 10.6%　　　　　　⑤ 10.8%

▶**해설**

만기 수령액: $160{,}000 \times (1 + 9\% \times 5/12) = 166{,}000$
현금 수령액: $166{,}000 \times (1 - \text{할인율} \times 3/12) = 161{,}518$
→ 할인율 $= 10.8\%$

目 ⑤

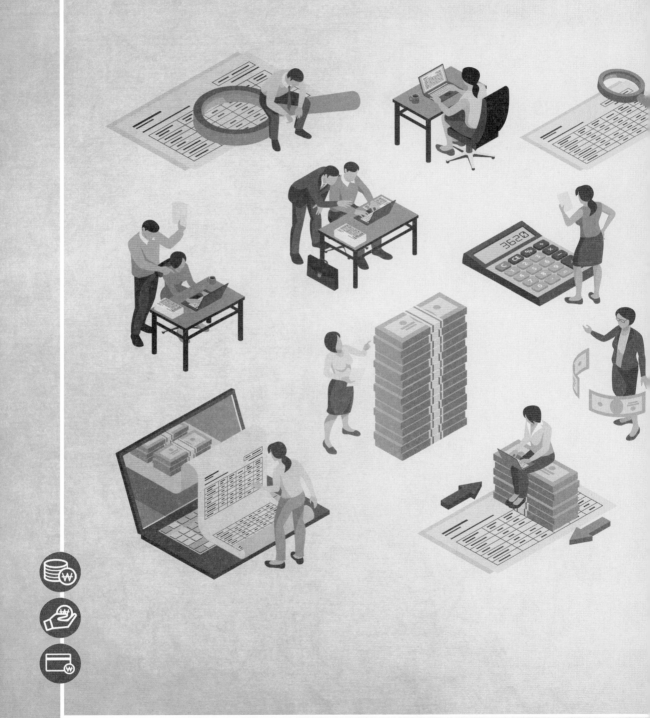

C·H·A·P·T·E·R

19

재무제표 표시

CHAPTER

19

재무제표 표시

'재무제표 표시' 기준서는 세무사 1차 시험에는 평균적으로 1년에 1문제 정도 출제되는 중요 주제이다. 회계사 1차 시험에서도 과거에는 1년에 1문제 정도 출제되었지만, 최근 들어 출제 빈도가 낮아졌다. 세무사 수험생들은 본 장을 자세히 공부해야 하지만, 회계사 수험생들은 가볍게 읽어보고 넘어갈 것을 추천한다.

1 재무제표

1. 재무제표의 목적

재무제표는 기업의 재무상태와 재무성과를 체계적으로 표현한 것이다. 재무제표의 목적은 광범위한 정보이용자의 경제적 의사결정에 유용한 기업의 재무상태, 재무성과와 재무상태변동에 관한 정보를 제공하는 것이다. 또한 재무제표는 위탁받은 자원에 대한 경영진의 수탁책임 결과도 보여준다. 이러한 목적을 충족하기 위하여 재무제표는 다음과 같은 기업 정보를 제공한다.

① 자산
② 부채
③ 자본
④ 차익(gains)과 차손을 포함한 광의의 수익(income)과 비용
⑤ 소유주로서의 자격을 행사하는 소유주에 의한 출자와 소유주에 대한 배분
⑥ 현금흐름

이러한 정보는 주석에서 제공되는 정보와 함께 재무제표이용자가 기업의 미래현금흐름, 특히 그 시기와 확실성을 예측하는 데 도움을 준다.

2. 전체 재무제표

전체 재무제표는 다음을 모두 포함하여야 한다. 각각의 재무제표는 전체 재무제표에서 동등한 (not 상이한) 비중으로 표시한다.

> ① 기말 재무상태표
> ② 기간 포괄손익계산서
> ③ 기간 자본변동표
> ④ 기간 현금흐름표
> ⑤ 주석(유의적인 회계정책 및 그 밖의 설명으로 구성)
> ⑥ 회계정책을 소급하여 적용하거나, 재무제표의 항목을 소급하여 재작성 또는 재분류하는 경우 가장 이른 비교기간의 기초 재무상태표

3. 재무제표의 식별

(1) 재무제표는 명확하게 구분되고 식별되어야 함

재무제표는 동일한 문서에 포함되어 함께 공표되는 그 밖의 정보와 명확하게 구분되고 식별되어야 한다. 각 재무제표와 주석은 명확하게 식별되어야 한다.

(2) K-IFRS의 적용범위: 오직 재무제표 (그 밖의 정보는 반드시 적용 X)

한국채택국제회계기준은 오직 재무제표에만 적용하며 연차보고서, 감독기구 제출서류 또는 다른 문서에 표시되는 그 밖의 정보에 반드시 적용하여야 하는 것은 아니다. 따라서 한국채택국제회계기준을 준수하여 작성된 정보와 한국채택국제회계기준에서 요구하지 않지만 유용한 그 밖의 정보를 재무제표이용자가 구분할 수 있는 것이 중요하다.

(3) 천 단위나 백만 단위 표시: 이해가능성 제고

흔히 재무제표의 표시통화를 천 단위나 백만 단위로 표시할 때 더욱 이해가능성이 제고될 수 있다. 이러한 표시는 금액 단위를 공시하고 중요한 정보가 누락되지 않는 경우에 허용될 수 있다.

2 일반사항

1. 공정한 표시와 한국채택국제회계기준의 준수

재무제표는 기업의 재무상태, 재무성과 및 현금흐름을 공정하게 표시해야 한다. 한국채택국제회계기준에 따라 작성된 재무제표는 공정하게 표시된 재무제표로 본다. 한국채택국제회계기준을 준수하여 재무제표를 작성하는 기업은 그러한 준수 사실을 주석에 명시적이고 제한없이 기재한다.

2. 부적절한 회계정책 ★중요

부적절한 회계정책은 이에 대하여 공시나 주석 또는 보충 자료를 통해 설명하더라도 정당화될 수 없다.

3. 한국채택국제회계기준의 일탈

극히 드문 상황으로서 한국채택국제회계기준의 요구사항을 준수하는 것이 오히려 '개념체계'에서 정하고 있는 재무제표의 목적과 상충되어 재무제표이용자의 오해를 유발할 수 있다고 경영진이 결론을 내리는 경우에는, 관련 감독체계가 이러한 요구사항으로부터의 일탈을 의무화하거나 금지하지 않는다면, 요구사항을 달리 적용한다.

4. 계속기업

(1) 재무제표 작성의 기본전제

경영진은 재무제표를 작성할 때 계속기업으로서의 존속가능성을 평가해야 한다. 경영진이 기업을 청산하거나 경영활동을 중단할 의도를 가지고 있지 않거나, 청산 또는 경영활동의 중단 외에 다른 현실적 대안이 없는 경우가 아니면 계속기업을 전제로 재무제표를 작성한다.

(2) 계속기업 가정 평가

계속기업의 가정이 적절한지의 여부를 평가할 때 경영진은 적어도 보고기간말로부터 향후 12개월 기간에 대하여 이용가능한 모든 정보를 고려한다. 기업이 상당 기간 계속 사업이익을 보고하였고, 보고기간말 현재 경영에 필요한 재무자원을 확보하고 있는 경우에는 자세한 분석이 없이도 계속기업을 전제로 한 회계처리가 적절하다는 결론을 내릴 수 있다. 예를 들어, 삼성전자의 경우 계속기업 가정이 당연히 충족된다. 이러한 기업의 경우 계속기업 가정 평가를 생략해도 된다는 뜻이다.

(3) 계속기업 관련 중요한 불확실성

계속기업으로서의 존속능력에 유의적인 의문이 제기될 수 있는 사건이나 상황과 관련된 중요한 불확실성을 알게 된 경우, 경영진은 그러한 불확실성을 공시하여야 한다. 재무제표가 계속기업의 기준하에 작성되지 않는 경우에는 그 사실과 함께 재무제표가 작성된 기준 및 그 기업을 계속기업으로 보지 않는 이유를 공시하여야 한다.

5. 발생기준 회계

기업은 현금흐름 정보를 제외하고는 발생기준 회계를 사용하여 재무제표를 작성한다. 현금흐름표는 현금기준으로 작성되지만, 나머지 재무제표는 발생기준으로 작성한다는 뜻이다.

6. 중요성과 통합표시

(1) 유사한 항목과 상이한 항목 ★중요!

유사한 항목은 중요성 분류에 따라 재무제표에 구분하여 표시한다. 상이한 성격이나 기능을 가진 항목은 구분하여 표시한다. 다만 중요하지 않은 항목은 성격이나 기능이 유사한 항목과 통합하여 표시할 수 있다.

(2) 재무제표와 주석의 중요성은 다를 수 있음

수많은 거래와 그 밖의 사건은 성격이나 기능에 따라 범주별로 통합되어 재무제표에 표시된다. 개별적으로 중요하지 않은 항목은 상기 재무제표나 주석의 다른 항목과 통합한다. 상기 재무제표에는 중요하지 않아 구분하여 표시하지 않은 항목이라도 주석에서는 구분 표시해야 할 만큼 충분히 중요할 수 있다.

(3) 중요하지 않은 정보는 공시할 필요 X

일부 한국채택국제회계기준에서는 재무제표(주석 포함)에 포함하도록 요구하는 정보를 명시하고 있다. 한국채택국제회계기준의 요구에 따라 공시되는 정보가 중요하지 않다면 그 공시를 제공할 필요는 없다.

7. 상계

(1) 원칙: 상계 X

자산과 부채, 그리고 수익과 비용은 구분하여 표시한다. 한국채택국제회계기준에서 요구하거나 허용하지 않는 한 자산과 부채 그리고 수익과 비용은 상계하지 아니한다.

(2) 상계에 해당하지 않는 사례: 재고자산평가충당금, 대손충당금 ★중요!

재고자산에 대한 재고자산평가충당금과 매출채권에 대한 대손충당금과 같은 평가충당금을 차감하여 관련 자산을 순액으로 측정하는 것은 상계표시에 해당하지 아니한다.

(3) 허용하는 상계

동일 거래에서 발생하는 수익과 관련비용의 상계표시가 거래나 그 밖의 사건의 실질을 반영한다면 그러한 거래의 결과는 상계하여 표시한다. 예를 들면 다음과 같다.

> ① 투자자산 및 영업용자산을 포함한 비유동자산의 처분손익은 처분대가에서 그 자산의 장부금액과 관련처분비용을 차감하여 표시한다.
> ② 충당부채와 관련된 지출을 제3자와의 계약관계(예: 공급자의 보증약정)에 따라 보전 받는 경우, 당해 지출과 보전받는 금액은 상계하여 표시할 수 있다.
> ③ 외환손익 또는 단기매매 금융상품에서 발생하는 손익과 같이 유사한 거래의 집합에서 발생하는 차익과 차손은 순액으로 표시한다. 그러나 그러한 차익과 차손이 중요한 경우에는 구분하여 표시한다.

①번 사례를 예로 들면, 장부금액이 ₩10,000인 토지를 ₩20,000에 처분하면서 처분수수료 ₩2,000이 발생하였다면 회계처리는 다음과 같다. 처분부대비용은 유형자산처분손익에서 차감하여 표시한다.

현금	20,000	토지	10,000
		유형자산처분이익	10,000
유형자산처분이익	2,000	현금	2,000

8. 보고빈도

(1) 적어도 1년마다 작성 (52주 보고기간 허용)

전체 재무제표(비교정보를 포함)는 적어도 1년마다 작성한다. 일반적으로 재무제표는 일관성 있게 1년 단위로 작성한다. 그러나 실무적인 이유로 어떤 기업은 예를 들어 52주의 보고기간을 선호한다. 이 기준서는 이러한 보고관행을 금지하지 않는다.

(2) 보고기간종료일을 변경하는 경우

보고기간종료일을 변경하여 재무제표의 보고기간이 1년을 초과하거나 미달하는 경우 재무제표 해당 기간뿐만 아니라 다음 사항을 추가로 공시한다.

> ① 보고기간이 1년을 초과하거나 미달하게 된 이유
> ② 재무제표에 표시된 금액이 완전하게 비교가능하지는 않다는 사실

9. 비교정보

(1) 금액에 대한 전기 비교정보 표시(서술형 정보 포함)

한국채택국제회계기준이 달리 허용하거나 요구하는 경우를 제외하고는 당기 재무제표에 보고되는 모든 금액에 대해 전기 비교정보를 표시한다. 당기 재무제표를 이해하는 데 목적적합하다면 서술형 정보의 경우에도 비교정보를 포함한다.

(2) 표시되는 비교정보

최소한, 두 개의 재무상태표와 두 개의 포괄손익계산서, 두 개의 별개 손익계산서(표시하는 경우), 두 개의 현금흐름표, 두 개의 자본변동표 그리고 관련 주석을 표시해야 한다.

(3) 표시나 분류 변경 시 비교금액도 재분류

재무제표 항목의 표시나 분류를 변경하는 경우 실무적으로 적용할 수 없는 것이 아니라면 비교금액도 재분류해야 한다.

10. 표시의 계속성

(1) 표시의 계속성의 예외

재무제표 항목의 표시와 분류는 다음의 경우를 제외하고는 매기 동일하여야 한다.

> ① 사업내용의 유의적인 변화나 재무제표를 검토한 결과 다른 표시나 분류방법이 더 적절한 것이 명백한 경우
> ② 한국채택국제회계기준에서 표시방법의 변경을 요구하는 경우

(2) 재무제표의 표시방법을 변경하는 경우

예를 들어, 유의적인 인수나 매각, 또는 재무제표의 표시에 대해 검토한 결과 재무제표를 다른 방법으로 표시할 필요가 있을 수 있다. 기업은 변경된 표시방법이 재무제표이용자에게 신뢰성 있고 더욱 목적적합한 정보를 제공하며, 변경된 구조가 지속적으로 유지될 가능성이 높아 비교가능성을 저해하지 않을 것으로 판단할 때에만 재무제표의 표시방법을 변경한다.

01 재무제표 표시에 관한 설명으로 옳은 것은?

2021. CTA

① 재무제표는 동일한 문서에 포함되어 함께 공표되는 그 밖의 정보와 명확하게 구분되고 식별되어야 한다.

② 각각의 재무제표는 전체 재무제표에서 중요성에 따라 상이한 비중으로 표시한다.

③ 상이한 성격이나 기능을 가진 항목은 구분하여 표시하므로 중요하지 않은 항목이라도 성격이나 기능이 유사한 항목과 통합하여 표시할 수 없다.

④ 동일 거래에서 발생하는 수익과 관련비용의 상계표시가 거래나 그 밖의 사건의 실질을 반영하더라도 그러한 거래의 결과는 상계하여 표시하지 않는다.

⑤ 공시나 주석 또는 보충 자료를 통해 충분히 설명한다면 부적절한 회계정책도 정당화될 수 있다.

해설

② 각각의 재무제표는 전체 재무제표에서 동등한 비중으로 표시한다.

③ 상이한 성격이나 기능을 가진 항목은 구분하여 표시한다. 다만 중요하지 않은 항목은 성격이나 기능이 유사한 항목과 통합하여 표시할 수 있다.

④ 동일 거래에서 발생하는 수익과 관련비용의 상계표시가 거래나 그 밖의 사건의 실질을 반영한다면 그러한 거래의 결과는 상계하여 표시한다.

⑤ 부적절한 회계정책은 이에 대하여 공시나 주석 또는 보충 자료를 통해 설명하더라도 정당화될 수 없다.

📖 ①

02 재무제표 표시에 관한 설명으로 옳지 않은 것은? 2014. CTA

① 재고자산에 대한 재고자산평가충당금과 매출채권에 대한 대손충당금과 같은 평가 충당금을 차감하여 관련 자산을 순액으로 측정하는 것은 상계표시에 해당한다.

② 중요하지 않은 정보일 경우 한국채택국제회계기준에서 요구하는 특정 공시를 제공할 필요는 없다.

③ 상이한 성격이나 기능을 가진 항목을 구분하여 표시하되, 중요하지 않은 항목은 성격이나 기능이 유사한 항목과 통합하여 표시할 수 있다.

④ 투자자산 및 영업용자산을 포함한 비유동자산의 처분손익은 처분대금에서 그 자산의 장부금액과 관련처분비용을 차감하여 표시한다.

⑤ 외환손익 또는 단기매매금융상품에서 발생하는 손익과 같이 유사한 거래의 집합에서 발생하는 차익과 차손은 순액으로 표시하되, 그러한 차익과 차손이 중요한 경우에는 구분하여 표시한다.

> **해설**
> 재고자산에 대한 재고자산평가충당금과 매출채권에 대한 대손충당금과 같은 평가충당금을 차감하여 관련 자산을 순액으로 측정하는 것은 상계표시에 해당하지 않는다.
>
> 답 ①

3 재무상태표

1. 재무상태표에 표시되는 정보

재무상태표에는 다음에 해당하는 금액을 나타내는 항목을 표시한다. 한국채택국제회계기준은 표시되어야 할 항목의 순서나 형식을 규정하지 아니한다. 기업의 재무상태를 이해하는 데 목적적합한 경우 재무상태표에 항목, 제목 및 중간합계를 추가하여 표시한다.

(1) 유형자산
(2) 투자부동산
(3) 무형자산
(4) 금융자산(단, (5), (8) 및 (9)를 제외)
(5) 지분법에 따라 회계처리하는 투자자산
(6) 기업회계기준서 제1041호 '농림어업'의 적용범위에 포함되는 생물자산
(7) 재고자산
(8) 매출채권 및 기타 채권
(9) 현금및현금성자산
(10) 기업회계기준서 제1105호 '매각예정비유동자산과 중단영업'에 따라 매각예정으로 분류된 자산과 매각예정으로 분류된 처분자산집단에 포함된 자산의 총계
(11) 매입채무 및 기타 채무
(12) 충당부채
(13) 금융부채(단, (11)과 (12) 제외)
(14) 기업회계기준서 제1012호 '법인세'에서 정의된 당기 법인세와 관련한 부채와 자산
(15) 기업회계기준서 제1012호에서 정의된 이연법인세부채 및 이연법인세자산
(16) 기업회계기준서 제1105호에 따라 매각예정으로 분류된 처분자산집단에 포함된 부채
(17) 자본에 표시된 비지배지분
(18) 지배기업의 소유주에게 귀속되는 납입자본과 적립금

2. 재무상태표 표시방법

(1) 유동성 순서 배열법 및 유동·비유동 배열법

재무상태표 표시방법에는 유동성 순서 배열법과 유동·비유동 배열법 두 가지가 있다. 유동성 순서 배열법이란 모든 자산과 부채를 유동성이 가장 높은 항목부터 유동성이 가장 낮은 항목까지 순서대로 배열하는 방법을 의미한다. 유동·비유동 배열법이란 자산, 부채를 유동 항목과 비유동 항목으로 구분하여 표시하는 것을 의미한다.

유동성 순서에 따른 표시방법이 신뢰성 있고 더욱 목적적합한 정보를 제공하는 경우를 제외하고는 유동자산과 비유동자산, 유동부채와 비유동부채로 재무상태표에 구분하여 표시한다.

(2) 이연법인세자산(부채): 유동 항목으로 분류 X ★중요!

기업이 재무상태표에 유동자산과 비유동자산, 그리고 유동부채와 비유동부채로 구분하여 표시하는 경우, 이연법인세자산(부채)은 유동자산(부채)으로 분류하지 아니한다.

3. 유동과 비유동의 구분 ★중요!

자산은 다음의 경우에 유동자산(부채)으로 분류한다. 그 밖의 모든 자산(부채)은 비유동자산(부채)으로 분류한다.

유동자산	유동부채
보고기간 후 12개월 이내 or 정상영업주기 내에 실현(결제)될 것으로 예상하거나, 정상영업주기 내에 판매하거나 소비할 의도가 있다.	
주로 단기매매 목적으로 보유하고 있다.	
현금이나 현금성자산으로서, 교환이나 부채 상환 목적으로의 사용에 대한 제한 기간이 보고기간 후 12개월 이상이 아니다.	보고기간 후 12개월 이상 부채의 결제를 연기할 수 있는 무조건의 권리를 가지고 있지 않다.

(1) 12개월 or 정상영업주기 이내에 실현(결제)될 것으로 예상

① 영업주기의 정의

영업주기는 영업활동을 위한 자산의 취득시점부터 그 자산이 현금이나 현금성자산으로 실현되는 시점까지 소요되는 기간이다. 기업의 정상영업주기가 명확하게 식별되지 않는 경우 그 주기는 12개월인 것으로 가정한다.

② 정상영업주기 내에 실현(결제)될 것으로 예상하면 유동자산 및 유동부채에 포함

유동자산은 보고기간 후 12개월 이내에 실현될 것으로 예상되지 않는 경우에도 재고자산과 매출채권과 같이 정상영업주기의 일부로서 판매, 소비 또는 실현되는 자산을 포함한다.

매입채무 그리고 종업원 및 그 밖의 영업원가에 대한 미지급비용과 같은 유동부채는 기업의 정상영업주기 내에 사용되는 운전자본의 일부이다. 이러한 항목은 보고기간 후 12개월 후에 결제일이 도래한다 하더라도 유동부채로 분류한다.

일반적으로 유동/비유동은 12개월을 기준으로 구분한다. 하지만 조선업이나 항공기업처럼 제작부터 판매에 장기간이 소요되는 업종은 영업주기가 기므로 12개월을 기준으로 구분하면 모든 매출채권과 매입채무도 비유동 항목으로 분류될 것이다. 따라서 이런 문제를 방지하기 위해 정상영업주기 혹은 12개월 이내에 실현될 것으로 예상된다면 유동항목으로 분류한다.

(2) 단기매매 목적으로 보유하는 자산, 부채

유동자산은 주로 단기매매목적으로 보유하고 있는 자산과 비유동금융자산의 유동성 대체 부분을 포함한다. 기타 유동부채는 정상영업주기 이내에 결제되지는 않지만 보고기간 후 12개월 이내에 결제일이 도래하거나 주로 단기매매목적으로 보유한다.

(3) 12개월 이상 부채의 결제를 연기할 수 있는 무조건의 권리를 가지고 있지 않은 부채

보수주의로 인해서, 12개월 이내에 결제를 할 수 있는 가능성이 조금이라도 있다면 유동부채로 분류한다. 보고기간 후 12개월 이상 결제를 연기할 수 있는 '무조건의' 권리를 갖고 있어야만 비유동부채로 분류할 수 있으며, 무조건의 권리를 가지고 있지 않으면 유동부채로 분류한다.

(4) 즉시 상환요구가 가능한 장기성 채무

① 만기 12개월 이상 연장 재량권이 존재하면 비유동부채, 재량권이 없다면 유동부채
기업이 기존의 대출계약조건에 따라 보고기간 후 적어도 12개월 이상 부채를 차환하거나 연장할 것으로 기대하고 있고, 그런 재량권이 있다면, 보고기간 후 12개월 이내에 만기가 도래한다 하더라도 비유동부채로 분류한다. 그러나 기업에게 부채의 차환이나 연장에 대한 재량권이 없다면(예를 들어, 차환약정이 없는 경우), 차환가능성을 고려하지 않고 유동부채로 분류한다.

② 대여자가 즉시 상환 요구할 수 있으면 상환 요구하지 않기로 약속해도 유동부채
보고기간말 이전에 장기차입약정을 위반했을 때 대여자가 즉시 상환을 요구할 수 있는 채무는 보고기간 후 재무제표 발행승인일 전에 채권자가 약정위반을 이유로 상환을 요구하지 않기로 합의하더라도 유동부채로 분류한다. 기업이 보고기간말 현재 그 시점으로부터 적어도 12개월 이상 결제를 연기할 수 있는 무조건적 권리를 가지고 있지 않기 때문이다.

③ 대여자가 즉시 상환 요구할 수 없다면 비유동부채
그러나 대여자가 보고기간말 이전에 보고기간 후 적어도 12개월 이상의 유예기간을 주는 데 합의하여 그 유예기간 내에 기업이 위반사항을 해소할 수 있고, 또 그 유예기간 동안에는 대여자가 즉시 상환을 요구할 수 없다면 그 부채는 비유동부채로 분류한다.

예제

03 유동자산과 유동부채에 대한 설명으로 옳지 않은 것은? 　　　2018. 국가직 7급

① 기업의 정상영업주기 내에 실현될 것으로 예상하거나, 정상영업주기 내에 판매하거나 소비할 의도가 있는 자산은 유동자산으로 분류한다.

② 보고기간 후 12개월 이내에 실현될 것으로 예상되는 자산은 유동자산으로 분류한다.

③ 보고기간 후 12개월 이상 부채의 결제를 연기할 수 있는 무조건의 권리를 가지고 있지 않은 부채는 유동부채로 분류한다.

④ 매입채무와 같이 기업의 정상영업주기 내에 사용되는 운전자본의 일부항목이라도 보고기간 후 12개월 후에 결제일이 도래할 경우 비유동부채로 분류한다.

> **해설**
>
> 정상영업주기 또는 12개월 이내에 실현된다면 유동 항목으로 분류한다. 12개월 후에 결제되더라도 정상영업주기 내라면 유동부채로 분류한다.
>
> 답 ④

04 재무제표 표시와 관련된 다음의 설명 중 옳지 않은 것은? 　　　2014. CPA

① 기업이 재무상태표에 유동자산과 비유동자산, 그리고 유동부채와 비유동부채로 구분하여 표시하는 경우, 이연법인세자산(부채)은 유동자산(부채)으로 분류하지 아니한다.

② 보고기간말 이전에 장기차입약정을 위반했을 때 대여자가 즉시 상환을 요구할 수 있는 채무는 보고기간 후 재무제표 발행승인일 전에 채권자가 약정위반을 이유로 상환을 요구하지 않기로 합의한다면 비유동부채로 분류한다.

③ 기업은 변경된 표시방법이 재무제표이용자에게 신뢰성 있고 더욱 목적적합한 정보를 제공하며, 변경된 구조가 지속적으로 유지될 가능성이 높아 비교가능성을 저해하지 않을 것으로 판단할 때에만 재무제표의 표시방법을 변경한다.

④ 극히 드문 상황으로서 한국채택국제회계기준의 요구사항을 준수하는 것이 오히려 '개념체계'에서 정하고 있는 재무제표의 목적과 상충되어 재무제표이용자의 오해를 유발할 수 있다고 경영진이 결론을 내리는 경우에는 관련 감독체계가 이러한 요구사항으로부터의 일탈을 의무화하거나 금지하지 않는다면, 한국채택국제회계기준의 요구사항을 달리 적용한다.

⑤ 기업이 기존의 대출계약조건에 따라 보고기간 후 적어도 12개월 이상 부채를 차환하거나 연장할 것으로 기대하고 있고, 그런 재량권이 있다면, 보고기간 후 12개월 이내에 만기가 도래한다 하더라도 비유동부채로 분류한다.

> **해설**
>
> 보고기간말 이전에 장기차입약정을 위반했을 때 대여자가 즉시 상환을 요구할 수 있는 채무는 보고기간 후 재무제표 발행승인일 전에 채권자가 약정위반을 이유로 상환을 요구하지 않기로 합의하더라도 유동부채로 분류한다.
>
> 답 ②

4 포괄손익계산서

1. 성격별 분류 vs 기능별 분류 ★중요

포괄손익계산서 상 비용을 표시하는 두 가지 방법으로 성격별 분류법과 기능별 분류법이 있다. 기업은 비용의 성격별 또는 기능별 분류방법 중에서 신뢰성 있고 더욱 목적적합한 정보를 제공할 수 있는 방법을 적용하여 당기손익으로 인식한 비용의 분석내용을 표시한다.

기능별 분류(=매출원가법)	성격별 분류
비용을 매출원가, 그리고 물류원가와 관리활동원가 등과 같이 기능별로 분류하는 방법	비용을 성격(예 원재료의 구입, 감가상각비, 급여 등)별로 표시하는 방법
더욱 목적적합한 정보를 제공	적용이 간단, 미래 현금흐름 예측에 용이
자의적인 판단 개입 → 기능별 분류 시 성격별 분류 정보를 추가로 주석에 공시	

(1) 성격별 분류법

성격별 분류법이란 비용을 그 성격(예 원재료의 구입, 감가상각비, 급여 등)별로 표시하는 방법을 말한다.

성격별 분류방법은 비용을 기능별 분류로 배분할 필요가 없기 때문에 적용이 간단하며, 비용을 배분하지 않고 있는 그대로 표시하므로 미래 현금흐름 예측에 용이하다.

(2) 기능별 분류법(=매출원가법)

기능별 분류법 또는 '매출원가'법이란, 비용을 매출원가, 그리고 물류원가와 관리활동원가 등과 같이 기능별로 분류하는 방법을 말한다. 이 방법에서는 적어도 매출원가를 다른 비용과 분리하여 공시한다.

이 방법은 성격별 분류보다 재무제표이용자에게 더욱 목적적합한 정보를 제공할 수 있지만 비용을 기능별로 배분하는데 자의적인 배분과 상당한 정도의 판단이 개입될 수 있다. 따라서 비용을 기능별로 분류하는 기업은 감가상각비, 기타 상각비와 종업원급여비용을 포함하여 비용의 성격에 대한 추가 정보를 공시한다.

2. 특별손익 표시 X ★중요

수익과 비용의 어느 항목도 당기손익과 기타포괄손익을 표시하는 보고서 또는 주석에 특별손익 항목으로 표시할 수 없다. 특별손익은 '주석에도' 표시할 수 없다는 것을 꼭 기억하자.

05 비용의 성격별 분류와 기능별 분류에 대한 설명으로 옳은 것은? 2018. 국가직 7급

① 비용의 성격별 분류는 기능별 분류보다 재무제표 이용자에게 더욱 목적적합한 정보를 제공할 수 있다.

② 비용의 성격별 분류는 기능별 분류보다 비용을 배분하는 데 자의성과 상당한 정도의 판단이 개입될 수 있다.

③ 비용을 성격별로 분류하는 경우 비용을 기능별 분류로 배분할 필요가 없기 때문에 적용이 간단할 수 있다.

④ 비용의 기능별 분류는 성격별 분류보다 미래현금흐름을 예측하는 데 더 유용하다.

> **해설**
> ① 기능별 분류가 더욱 목적적합한 정보를 제공한다.
> ② 기능별 분류가 비용 배분의 자의성과 판단이 개입된다.
> ④ 성격별 분류가 미래현금흐름 예측에 용이하다.
>
> **답** ③

06 재무제표 표시에 관한 설명으로 옳지 않은 것은? 2022. CTA

① 비용을 기능별로 분류하는 기업은 감가상각비, 기타 상각비와 종업원급여비용을 포함하여 비용의 성격에 대한 추가 정보를 공시한다.

② 수익과 비용의 어느 항목도 당기손익과 기타포괄손익을 표시하는 보고서 또는 주석에 특별손익 항목으로 표시할 수 없다.

③ 비용의 기능별 분류 정보가 비용의 성격에 대한 정보보다 미래현금흐름을 예측하는 데 유용하다.

④ 동일 거래에서 발생하는 수익과 관련비용의 상계표시가 거래나 그 밖의 사건의 실질을 반영한다면 그러한 거래의 결과는 상계하여 표시한다.

⑤ 기업이 재무상태표에 유동자산과 비유동자산, 그리고 유동부채와 비유동부채로 구분하여 표시하는 경우, 이연법인세자산(부채)은 유동자산(부채)으로 분류하지 아니한다.

> **해설**
> 비용의 성격에 대한 정보가 미래현금흐름을 예측하는 데 유용하다.
>
> **답** ③

07 기업회계기준서 제1001호 '재무제표 표시'에 대한 다음 설명 중 옳지 않은 것은? 2022. CPA

① 한국채택국제회계기준에서 요구하거나 허용하지 않는 한 자산과 부채 그리고 수익과 비용은 상계하지 아니한다.

② 계속기업의 가정이 적절한지의 여부를 평가할 때 기업이 상당 기간 계속 사업이익을 보고하였고 보고기간 말 현재 경영에 필요한 재무자원을 확보하고 있는 경우에도, 자세한 분석을 의무적으로 수행하여야 하며 이용가능한 모든 정보를 고려하여 계속기업을 전제로 한 회계처리가 적절하다는 결론을 내려야 한다.

③ 기업은 비용의 성격별 또는 기능별 분류방법 중에서 신뢰성 있고 더욱 목적적합한 정보를 제공할 수 있는 방법을 적용하여 당기손익으로 인식한 비용의 분석내용을 표시한다.

④ 유사한 항목은 중요성 분류에 따라 재무제표에 구분하여 표시하고, 상이한 성격이나 기능을 가진 항목은 구분하여 표시한다. 다만 중요하지 않은 항목은 성격이나 기능이 유사한 항목과 통합하여 표시할 수 있다.

⑤ 재무제표 항목의 표시나 분류를 변경하는 경우 실무적으로 적용할 수 없는 것이 아니라면 비교금액도 재분류해야 한다.

> **▶ 해설**
>
> 기업이 상당 기간 계속 사업이익을 보고하였고, 보고기간말 현재 경영에 필요한 재무자원을 확보하고 있는 경우에는 자세한 분석이 없이도 계속기업을 전제로 한 회계처리가 적절하다는 결론을 내릴 수 있다.
>
> 답 ②

3. 영업이익

(1) 영업이익=수익-매출원가-판매비와관리비 or 영업수익-영업비용

기업은 수익에서 매출원가 및 판매비와관리비(물류원가 등을 포함)를 차감한 영업이익(또는 영업손실)을 포괄손익계산서에 구분하여 표시한다. 다만 영업의 특수성을 고려할 필요가 있는 경우(예 매출원가를 구분하기 어려운 경우)나 비용을 성격별로 분류하는 경우 영업수익에서 영업비용을 차감한 영업이익(또는 영업손실)을 포괄손익계산서에 구분하여 표시할 수 있다.

영업이익은 회사의 영업과 관련된 수익에서 영업과 관련된 비용을 차감한 이익이라고 생각하면 된다. 이때, '영업과의 관련성'은 회사의 영업에 따라 달라지기 때문에 기준서에는 영업이익을 계산하는 방법에 관한 규정이 없다. 일반적으로 회계는 제조업을 가정하므로, 이자손익과 유형자산 및 금융자산처분손익은 영업외손익으로 분류하고 영업이익 계산 시 반영하지 않는다.

현금흐름표에서 이자손익은 주로 영업손익으로, 감가상각비는 비영업비용으로 분류하지만, 포괄손익계산서에서는 이자손익을 영업외손익으로, 감가상각비를 판관비로 분류한다. 재무제표별로 영업에 대한 관점이 다른 것이니, 왜 처리 방법이 다른 것인지 신경 쓰지 말고 그냥 외우자.

(2) 영업이익 산출 내역 공시

영업이익(또는 영업손실) 산출에 포함된 주요항목과 그 금액을 포괄손익계산서 본문에 표시하거나 주석으로 공시한다.

(3) 조정영업이익: 주석에 공시 가능 심화

영업이익(또는 영업손실)에 포함되지 않은 항목 중 기업의 영업성과를 반영하는 그 밖의 수익 또는 비용 항목이 있다면 이러한 항목을 추가하여 조정영업이익(또는 조정영업손실) 등의 명칭을 사용하여 주석(not 포괄손익계산서)으로 공시할 수 있다. 영업이익에 포함되지 않은 항목은 실제로는 영업손익이 아니므로, 포괄손익계산서 본문이 아닌 주석으로 공시할 수 있다. 참고로, 특별손익은 포괄손익계산서 또는 주석에도 표시할 수 없으니 주의하자.

예제

08   영업이익 공시에 관한 설명으로 옳지 않은 것은?   2013. CTA

① 한국채택국제회계기준은 포괄손익계산서의 본문에 영업이익을 구분하여 표시하도록 요구하고 있다.

② 비용을 기능별로 분류하는 기업은 수익에서 매출원가 및 판매비와 관리비(물류원가 등을 포함)를 차감하여 영업이익을 측정한다.

③ 금융회사와 같이 영업의 특수성으로 인해 매출원가를 구분하기 어려운 경우, 영업수익에서 영업비용을 차감하는 방식으로 영업이익을 측정할 수 있다.

④ 영업이익에는 포함되지 않았지만, 기업의 영업성과를 반영하는 그 밖의 수익 또는 비용항목이 있다면 영업이익에 이러한 항목을 가감한 금액을 조정영업이익 등의 명칭으로 포괄손익계산서 본문에 보고한다.

⑤ 영업이익 산출에 포함된 주요항목과 그 금액을 포괄손익계산서 본문에 표시하거나 주석으로 공시한다.

해설

영업이익(또는 영업손실)에 포함되지 않은 항목 중 기업의 영업성과를 반영하는 그 밖의 수익 또는 비용 항목이 있다면 이러한 항목을 추가하여 조정영업이익(또는 조정영업손실) 등의 명칭을 사용하여 주석으로 공시할 수 있다.

답 ④

09 (주)대한의 20X3년 말 회계자료는 다음과 같다.

매출액	₩300,000	매출원가	₩128,000
대손상각비*	4,000	급여	30,000
사채이자비용	2,000	감가상각비	3,000
임차료	20,000	유형자산처분이익	2,800
기타포괄손익 – 공정가치측정금융자산처분이익	5,000		

*대손상각비는 매출채권에서 발생한 것이다.

(주)대한이 20X3년도 기능별 포괄손익계산서에 보고할 영업이익은 얼마인가? 2014. CTA

① ₩113,000   ② ₩115,000   ③ ₩117,800

④ ₩120,000   ⑤ ₩120,800

해설

매출액	300,000
매출원가	(128,000)
매출총이익	172,000
대손상각비	(4,000)
급여	(30,000)
감가상각비	(3,000)
임차료	(20,000)
영업이익	115,000

이자비용, 유형자산처분이익 및 금융자산처분이익은 영업외손익에 해당한다.

참고로, FVOCI 금융자산 처분이익은 채무상품에서 발생한 처분이익을 의미한다. 지분상품은 처분 시 '평가손익'을 인식하기 때문이다. 채무상품은 처분이익을 당기손익으로 인식하므로 OCI가 아닌 영업외손익에 포함된다.

답 ②

4. 포괄손익계산서의 표시방법

해당 기간에 인식한 모든 수익과 비용 항목은 다음 중 한 가지 방법으로 표시한다. 기타포괄손익까지 하나의 표에 표시해도 되고, 당기순이익과 기타포괄손익 금액만 별개의 표로 표시해도 된다.

(1) 단일 포괄손익계산서

단일 포괄손익계산서	
수익	XXX
비용	(XXX)
NI(당기순이익)	XXX
OCI(기타포괄손익)	XXX
CI(총포괄손익)	XXX

(2) 두 개의 보고서: 당기손익 부분을 표시하는 별개의 손익계산서와 포괄손익을 표시하는 보고서

별개의 손익계산서		포괄손익을 표시하는 보고서	
수익	XXX	NI(당기순이익)	XXX
비용	(XXX)	OCI(기타포괄손익)	XXX
NI(당기순이익)	XXX	CI(총포괄손익)	XXX

5. 기타포괄손익

(1) 한 기간에 인식되는 모든 수익과 비용 항목은 한국채택국제회계기준이 달리 정하지 않는 한 당기손익으로 인식한다.

기타포괄손익은 K − IFRS에서 나열한 항목(잉지재부, 채해위)에 한정된다. 나머지 수익, 비용은 전부 당기손익(PL)으로 인식한다.

(2) 기타포괄손익과 관련된 법인세비용 공시

기타포괄손익의 항목(재분류조정 포함)과 관련한 법인세비용은 포괄손익계산서나 주석에 공시한다. 기타포괄손익의 항목은 다음 중 한 가지 방법으로 표시할 수 있다.

> ① 관련 법인세 효과를 차감한 순액으로 표시
> ② 기타포괄손익의 항목과 관련된 법인세 효과 반영 전 금액으로 표시하고, 각 항목들에 관련된 법인세 효과는 단일 금액으로 합산하여 표시

(3) 재분류조정 공시

재분류조정은 포괄손익계산서나 주석에 표시할 수 있다. 재분류조정을 주석에 표시하는 경우에는 관련 재분류조정을 반영한 후에 기타포괄손익(not 당기손익)의 항목을 표시한다.

(4) 기타포괄손익 공시 방법

기타포괄손익 부분에는 해당 기간의 금액을 표시하는 항목을 성격별로 분류하고, 다른 한국채택국제회계기준에 따라 다음의 집단으로 묶은 기타포괄손익의 항목을 표시한다.

> ① 후속적으로 당기손익으로 재분류되지 않는 항목
> ② 후속적으로 당기손익으로 재분류되는 항목

예제

10 다음 중 재무제표의 작성과 표시에 대한 설명으로 타당하지 <u>않은</u> 것은 어느 것인가?　2011. CPA

① 해당 기간에 인식한 모든 수익과 비용 항목은 (1) 별개의 손익계산서와 당기순손익에서 시작하여 기타포괄손익의 구성요소를 표시하는 보고서 또는 (2) 단일 포괄손익계산서 중 한 가지 방법으로 표시한다.

② 유동성 순서에 따른 표시방법을 적용할 경우에는 모든 자산과 부채를 유동성의 순서에 따라 표시한다.

③ 영업활동을 위한 자산의 취득시점부터 그 자산이 현금이나 현금성자산으로 실현되는 시점까지 소요되는 기간이 영업주기이다.

④ 매입채무 그리고 종업원 및 그 밖의 영업원가에 대한 미지급비용과 같은 기업의 정상영업주기 내에 사용되는 운전자본 항목은 보고기간 후 12개월 후에 결제일이 도래한다 하더라도 유동부채로 분류한다.

⑤ 비용의 기능에 대한 정보가 미래현금흐름을 예측하는 데 유용하기 때문에, 비용을 성격별로 분류하는 경우에는 비용의 기능에 대한 추가 정보를 공시하는 것이 필요하다.

⊙ 해설

비용의 성격에 대한 정보가 미래현금흐름을 예측하는 데 유용하기 때문에, 비용을 기능별로 분류하는 경우에는 성격별 정보에 대한 추가 공시가 필요하다.

답 ⑤

11 재무제표 표시에 관한 설명으로 옳은 것은? 2023. CTA

① 포괄손익계산서에 기타포괄손익의 항목은 관련 법인세 효과를 차감한 순액으로 표시할 수 있다.

② 한국채택국제회계기준은 재무제표 이외에도 연차보고서 및 감독기구 제출서류에 반드시 적용한다.

③ 서술형 정보의 경우에는 당기 재무제표를 이해하는 데 목적적합 하더라도 비교정보를 포함하지 않는다.

④ 재무상태표에 자산과 부채는 유동자산과 비유동자산, 그리고 유동부채와 비유동부채로 구분하여 표시하며, 유동성순서에 따른 표시방법은 허용하지 않는다.

⑤ 한국채택국제회계기준의 요구에 따라 공시되는 정보가 중요하지 않더라도 그 공시를 제공하여야 한다.

► 해설

② 재무제표 이외의 보고서는 한국채택국제회계기준의 적용범위에 해당하지 않는다. (X)

③ 당기 재무제표를 이해하는 데 목적적합하다면 서술형 정보의 경우에도 비교정보를 포함한다. (X)

④ 유동성 순서에 따른 표시방법이 신뢰성 있고 더욱 목적적합한 정보를 제공하는 경우를 제외하고는 유동자산과 비유동자산, 유동부채와 비유동부채로 재무상태표에 구분하여 표시한다. 즉, 유동성 순서에 따른 표시방법이 더 나은 경우에는 사용해도 되므로, 허용되지 않는 것은 아니다. (X)

⑤ 한국채택국제회계기준의 요구에 따라 공시되는 정보가 중요하지 않다면 그 공시를 제공할 필요는 없다. (X)

目 ①

5　주석

1. 주석이 제공하는 정보

주석은 다음의 정보를 제공한다.

> ① 재무제표 작성 근거와 구체적인 회계정책에 대한 정보
> ② 한국채택국제회계기준에서 요구하는 정보이지만 재무제표 어느 곳에도 표시되지 않는 정보
> ③ 재무제표 어느 곳에도 표시되지 않지만 재무제표를 이해하는 데 목적적합한 정보

2. 주석은 가능한 한 체계적인 방법으로 표시

주석은 실무적으로 적용 가능한 한 체계적인 방법으로 표시한다. 체계적인 방법을 결정할 때, 재무제표의 이해가능성과 비교가능성에 미치는 영향을 고려한다. 재무상태표, 포괄손익계산서, 자본변동표 및 현금흐름표에 표시된 개별 항목은 주석의 관련 정보와 상호 연결시켜 표시한다.

3. 회계정책의 공시

(1) 다음으로 구성된 유의적인 회계정책을 공시한다.

> ① 재무제표를 작성하는 데 사용한 측정기준
> ② 재무제표를 이해하는 데 목적적합한 그 밖의 회계정책

(2) 재무제표에 가장 유의적인 영향을 미친 경영진이 내린 판단은 공시 ★중요!

회계정책을 적용하는 과정에서 추정에 관련된 공시와는 별도로, 재무제표에 인식되는 금액에 가장 유의적인 영향을 미친 경영진이 내린 판단은 유의적인 회계정책 또는 기타 주석 사항과 함께 공시한다.

예제

12 재무제표 표시에 대한 다음의 설명 중 옳지 않은 것은?   2013. CPA

① 한국채택국제회계기준에서 요구하거나 허용하지 않는 경우 자산과 부채 그리고 수익과 비용은 상계하지 않는다. 따라서 재고자산평가충당금을 차감하여 재고자산을 순액으로 표시할 수 없다.

② 기타포괄손익의 항목은 이와 관련된 법인세효과 반영 전 금액으로 표시하고 각 항목들에 관련된 법인세효과는 단일금액으로 합산하여 표시할 수 있다.

③ 회계정책을 적용하는 과정에서 추정에 관련된 공시와는 별도로, 재무제표에 인식되는 금액에 유의적인 영향을 미친 경영진이 내린 판단을 유의적인 회계정책의 요약 또는 기타 주석 사항으로 공시한다.

④ 영업손익을 포괄손익계산서 본문에 구분하여 표시하여야 한다. 이 경우 영업손익은 영업의 특수성을 고려할 필요가 있는 경우나 비용을 성격별로 분류하는 경우를 제외하고는 수익에서 매출원가 및 판매비와관리비를 차감하여 산출한다.

⑤ 수익과 비용의 어떠한 항목도 포괄손익계산서, 별개의 손익계산서(표시하는 경우) 또는 주석에 특별손익 항목으로 표시할 수 없다.

ⓞ **해설**

재고자산평가충당금을 차감하여 재고자산을 순액으로 표시하는 것은 상계에 해당하지 않는다. 따라서 순액으로 표시할 수 있다.

目 ①

13 다음 중 재무제표 표시에 대한 설명으로 옳지 않은 것은? 2012. CPA

① 기업이 재무상태표에 유동자산과 비유동자산, 유동부채와 비유동부채로 구분하여 표시하는 경우, 이연법인세자산(부채)은 유동자산(부채)으로 분류한다.

② 기타포괄손익은 재평가잉여금의 변동, 해외사업장의 재무제표 환산으로 인한 손익, 기타포괄손익-공정가치측정금융자산의 재측정 손익, 현금흐름위험회피의 위험회피수단의 평가손익 중 효과적인 부분 등을 포함한다.

③ 유동자산에는 보고기간 후 12개월 이내에 실현될 것으로 예상되지 않는 경우에도 재고자산 및 매출채권과 같이 정상영업주기의 일부로서 판매, 소비 또는 실현되는 자산이 포함된다.

④ 재무제표가 계속기업의 가정하에 작성되지 않는 경우에는 그 사실과 함께 재무제표가 작성된 기준 및 그 기업을 계속기업으로 보지 않는 이유를 공시하여야 한다.

⑤ 회계정책을 적용하는 과정에서 추정에 관련된 공시와는 별도로, 재무제표에 인식되는 금액에 유의적인 영향을 미친 경영진이 내린 판단은 유의적인 회계정책의 요약 또는 기타 주석사항으로 공시한다.

⊙ 해설

이연법인세자산(부채)은 유동자산(부채)으로 분류하지 않는다.

답 ①

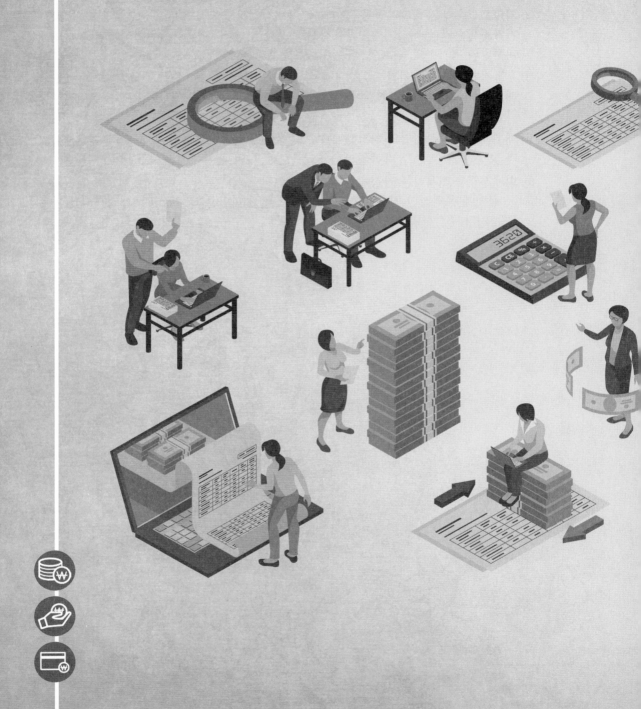

C·H·A·P·T·E·R

20

개념체계

CHAPTER 20 개념체계

1 개념체계 및 일반목적재무보고

1. 개념체계의 위상과 목적

(1) 개념체계의 목적

재무보고를 위한 개념체계는 일반목적재무보고의 목적과 개념을 서술한다. 개념체계의 목적은 다음과 같다.

> ① 한국회계기준위원회가 일관된 개념에 기반하여 한국채택국제회계기준을 제·개정하는 데 도움을 준다.
> ② 특정 거래나 다른 사건에 적용할 회계기준이 없거나 회계기준에서 회계정책 선택이 허용되는 경우에 재무제표 작성자가 일관된 회계정책을 개발하는 데 도움을 준다.
> ③ 모든 이해관계자가 회계기준을 이해하고 해석하는 데 도움을 준다.

(2) 개념체계의 한계: 회계기준 우선!

개념체계는 회계기준이 아니다. 따라서 개념체계의 어떠한 내용도 회계기준이나 회계기준의 요구사항에 우선하지 아니한다.

2. 일반목적재무보고

(1) 일반목적재무보고의 목적

일반목적재무보고의 목적은 현재 및 잠재적 투자자, 대여자와 그 밖의 채권자가 기업에 자원을 제공하는 것과 관련된 의사결정을 할 때 유용한 보고기업 재무정보를 제공하는 것이다.

(2) 일반목적재무보고서의 주요이용자

① 투자자, 대여자, 채권자: 정보 직접 요구 불가 → 주요이용자 O

많은 현재 및 잠재적 투자자, 대여자 및 그 밖의 채권자는 정보를 제공하도록 보고기업에 직접 요구할 수 없고, 그들이 필요로 하는 재무정보의 많은 부분을 일반목적재무보고서에 의존해야만 한다. 따라서 그들이 일반목적재무보고서의 대상이 되는 주요이용자이다.

② 규제기관, 일반대중: 주요이용자 X

그 밖의 당사자들, 예를 들어 규제기관 그리고(투자자, 대여자와 그 밖의 채권자가 아닌) 일반대중도 일반목적재무보고서가 유용하다고 여길 수 있다. 그렇더라도 일반목적재무보고서는 이러한 그 밖의 집단을 주요 대상으로 한 것이 아니다.

③ 경영진: 일반목적재무보고서에 의존 X

보고기업의 경영진도 해당 기업에 대한 재무정보에 관심이 있다. 그러나 경영진은 필요로 하는 재무정보를 내부에서 구할 수 있기 때문에 일반목적재무보고서에 의존할 필요가 없다.

3. 일반목적재무보고의 한계

(1) 모든 정보 제공 X

그러나 일반목적재무보고서는 현재 및 잠재적 투자자, 대여자와 그 밖의 채권자가 필요로 하는 모든 정보를 제공하지는 않으며 제공할 수도 없다.

(2) 보고기업의 가치를 보여주지 X (추정하는 데에는 도움 O)

일반목적재무보고서는 보고기업의 가치를 보여주기 위해 고안된 것이 아니다. 그러나 그것은 현재 및 잠재적 투자자, 대여자와 그 밖의 채권자가 보고기업의 가치를 추정하는 데 도움이 되는 정보를 제공한다.

(3) 정보이용자의 상충된 정보 수요

각 주요이용자의 정보수요 및 욕구는 다르고 상충되기도 한다. 회계기준위원회는 회계기준을 제정할 때 최대 다수의 주요이용자 수요를 충족하는 정보를 제공하기 위해 노력할 것이다.

(4) 상당 부분 추정 개입 ★중요!

재무보고서는 정확한 서술보다는 상당 부분 추정, 판단 및 모형에 근거한다. 개념체계는 그 추정, 판단 및 모형의 기초가 되는 개념을 정한다.

4. 일반목적재무보고서가 제공하는 정보: 재무제표

일반목적재무보고서는 보고기업의 재무상태에 관한 정보, 즉 기업의 경제적자원 및 보고기업에 대한 청구권에 관한 정보를 제공한다. 재무보고서는 보고기업의 경제적자원과 청구권을 변동시키는 거래와 그 밖의 사건의 영향에 대한 정보도 제공한다.

일반목적재무보고서가 제공하는 정보는 재무제표라고 생각하면 된다. 경제적자원 및 청구권과 그 변동, 그 밖의 사건에 대한 정보는 5가지 재무제표(재무상태표, 포괄손익계산서, 자본변동표, 현금흐름표 및 주석)에 대응된다.

예제

01 일반목적재무보고에 관한 설명으로 옳지 않은 것은?   2024. CTA

① 일반목적재무보고의 목적은 현재 및 잠재적 투자자, 대여자와 그 밖의 채권자가 기업에 자원을 제공하는 것과 관련된 의사결정을 할 때 유용한 보고기업 재무정보를 제공하는 것이다.

② 일반목적재무보고서는 보고기업의 가치를 보여주기 위해 고안된 것이 아니지만 현재 및 잠재적 투자자, 대여자와 그 밖의 채권자가 보고기업의 가치를 추정하는 데 도움이 되는 정보를 제공한다.

③ 한 기간의 보고기업의 재무성과에 투자자와 채권자에게서 직접 추가 자원을 획득한 것이 아닌 경제적자원 및 청구권의 변동이 반영된 정보는 기업의 과거 및 미래 순현금유입 창출 능력을 평가하는 데 유용하다.

④ 많은 현재 및 잠재적 투자자, 대여자 및 그 밖의 채권자는 정보를 제공하도록 보고기업에 직접 요구하고, 그들이 필요로 하는 재무정보의 많은 부분을 일반목적재무보고서에 의존하는 것은 아니다.

⑤ 재무보고서는 정확한 서술보다는 상당 부분 추정, 판단 및 모형에 근거한다.

해설

많은 현재 및 잠재적 투자자, 대여자 및 그 밖의 채권자는 정보를 제공하도록 보고기업에 직접 요구할 수 없고, 그들이 필요로 하는 재무정보의 많은 부분을 일반목적재무보고서에 의존해야만 한다.

目 ④

02 일반목적재무보고에 관한 설명으로 옳지 않은 것은? 2019. CTA

① 현재 및 잠재적 투자자, 대여자 및 기타채권자에 해당하지 않는 기타 당사자들(예를 들어, 감독당국)이 일반목적재무보고서가 유용하다고 여긴다면 이들도 일반목적재무보고의 주요 대상에 포함된다.

② 일반목적재무보고서는 현재 및 잠재적 투자자, 대여자 및 기타 채권자가 필요로 하는 모든 정보를 제공하지는 않으며 제공할 수도 없다. 그 정보이용자들은, 예를 들어, 일반 경제적 상황 및 기대, 정치적 사건과 정치 풍토, 산업 및 기업 전망과 같은 다른 원천에서 입수한 관련 정보를 고려할 필요가 있다.

③ 재무보고서는 정확한 서술보다는 상당 부분 추정, 판단 및 모형에 근거한다.

④ 일반목적재무보고서는 보고기업의 가치를 보여주기 위해 고안된 것이 아니다. 그러나 그것은 현재 및 잠재적 투자자, 대여자 및 기타 채권자가 보고기업의 가치를 추정하는 데 도움이 되는 정보를 제공한다.

⑤ 일반목적재무보고의 목적은 현재 및 잠재적 투자자, 대여자 및 기타 채권자가 기업에 자원을 제공하는 것에 대한 의사결정을 할 때 유용한 보고기업 재무정보를 제공하는 것이다. 그 의사결정은 지분상품 및 채무상품을 매수, 매도 또는 보유하는 것과 대여 및 기타 형태의 신용을 제공 또는 결제하는 것을 포함한다.

▶ 해설

규제기관 그리고(투자자, 대여자와 그 밖의 채권자가 아닌) 일반대중도 일반목적재무보고서가 유용하다고 여길 수 있다. 그렇더라도 일반목적재무보고서는 이러한 그 밖의 집단을 주요 대상으로 한 것이 아니다.

답 ①

2 유용한 재무정보의 질적 특성 ★중요!

유용한 재무정보의 질적특성은 재무보고서에 포함된 정보(재무정보)에 근거하여 보고기업에 대한 의사결정을 할 때 현재 및 잠재적 투자자, 대여자와 그 밖의 채권자에게 가장 유용할 정보의 유형을 식별하는 것이다. 유용한 재무정보의 질적특성은 그 밖의 방법으로 제공되는 재무정보 뿐만 아니라 재무제표에서 제공되는 재무정보에도 적용된다. (↔K − IFRS: 오직 재무제표에만 적용)

1. 질적 특성의 종류

재무정보가 유용하기 위해서는 목적적합해야 하고 나타내고자 하는 바를 충실하게 표현해야 한다. 재무정보가 비교가능하고, 검증가능하며, 적시성 있고, 이해가능한 경우 그 재무정보의 유용성은 보강된다.

 질적 특성의 종류: 목표, 비검적이

근본적 질적 특성	보강적 질적 특성
목적적합성 표현충실성	비교가능성 검증가능성 적시성 이해가능성

유용한 재무정보의 질적 특성은 근본적 질적특성과 보강적 질적특성으로 나뉘며, 근본적 질적특성은 다시 2개로, 보강적 질적특성은 4개로 나뉜다. 총 6개 특성의 앞글자를 따서 '목표, 비검적이'라고 외우자.

2. 근본적 질적 특성

근본적 질적특성은 목적적합성과 표현충실성이다.

(1) 목적적합성

목적적합한 재무정보는 이용자들의 의사결정에 차이가 나도록 할 수 있다. 재무정보에 예측가치, 확인가치 또는 이 둘 모두가 있다면 그 재무정보는 의사결정에 차이가 나도록 할 수 있다.

1) 예측가치

① 예측가치의 정의

이용자들이 미래 결과를 예측하기 위해 사용하는 절차의 투입요소로 재무정보가 사용될 수 있다면, 그 재무정보는 예측가치를 갖는다.

② 예측가치를 갖기 위해 예측치 또는 예상치일 필요 X

재무정보가 예측가치를 갖기 위해서 그 자체가 예측치 또는 예상치일 필요는 없다. 예측가치를 갖는 재무정보는 이용자들 자신이 예측하는 데 사용된다. 예를 들면, 기출문제는 과거 정보이지만 미래를 예측하는데 도움을 주므로 예측가치를 갖는다.

2) 확인가치

재무정보가 과거 평가에 대해 피드백을 제공한다면 확인가치를 갖는다.

3) 예측가치와 확인가치의 상호 연관성

재무정보의 예측가치와 확인가치는 상호 연관되어 있다. 예측가치를 갖는 정보는 확인가치도 갖는 경우가 많다. 예를 들어, 미래 연도 수익의 예측 근거로 사용될 수 있는 당해 연도 수익 정보를 과거 연도에 행한 당해 연도 수익 예측치와 비교할 수 있다. 그 비교 결과는 이용자가 그 과거 예측에 사용한 절차를 수정하고 개선하는 데 도움을 줄 수 있다.

4) 중요성

① 중요성의 정의: 기업 특유 측면의 목적적합성, 의사결정에 영향을 준다면 중요한 것

중요성은 개별 기업 재무보고서 관점에서 해당 정보와 관련된 항목의 성격이나 규모 또는 이 둘 다에 근거하여 해당 기업에 특유한 측면의 목적적합성을 의미한다. 특정 보고기업에 대한 재무정보를 제공하는 일반목적재무보고서에 정보를 누락하거나 잘못기재하거나 불분명하게 하여, 이를 기초로 내리는 주요 이용자들의 의사결정에 영향을 줄 것으로 합리적으로 예상할 수 있다면 그 정보는 중요한 것이다.

② 회계기준위원회는 중요성을 미리 결정 X

회계기준위원회는 중요성에 대한 획일적인 계량 임계치를 정하거나 특정한 상황에서 무엇이 중요한 것인지를 미리 결정할 수 없다.

(2) 표현충실성

재무보고서는 경제적 현상을 글과 숫자로 나타내는 것이다. 재무정보가 유용하기 위해서는 목적적합한 현상을 표현하는 것뿐만 아니라 나타내고자 하는 현상의 실질을 충실하게 표현해야 한다. 완벽한 표현충실성을 위해서 서술은 완전하고, 중립적이며, 오류가 없어야 할 것이다.

1) 완전한 서술

완전한 서술은 필요한 기술과 설명을 포함하여 이용자가 서술되는 현상을 이해하는 데 필요한 모든 정보를 포함하는 것이다.

2) 중립적 서술

① 중립적 서술: 편의가 없는 것

중립적 서술은 재무정보의 선택이나 표시에 편의가 없는 것이다. 중립적 서술은, 이용자들이 재무정보를 유리하게 또는 불리하게 받아들일 가능성을 높이기 위해 편파적이 되거나, 편중되거나, 강조되거나, 경시되거나 그 밖의 방식으로 조작되지 않는다.

② 중립적 정보≠영향력이 없는 정보 ★중요!

중립적 정보는 목적이 없거나 행동에 대한 영향력이 없는 정보를 의미하지 않는다. 오히려 목적적합한 재무정보는 정의상 이용자들의 의사결정에 차이가 나도록 할 수 있는 정보이다. 예를 들어, 운동 경기에서 심판의 중립적인 판정은 영향력이 없는 정보가 아니다. 오히려 심판이 중립적이어야 그의 판정이 유의미할 것이다.

3) 오류 없는 서술

오류가 없다는 것은 현상의 기술에 오류나 누락이 없고, 보고 정보를 생산하는 데 사용되는 절차의 선택과 적용 시 절차 상 오류가 없음을 의미한다.

① 오류가 없다≠모든 면에서 정확하다 ★중요!

오류가 없다는 것은 모든 면에서 완벽하게 정확하다는 것을 의미하지는 않는다. 예를 들어, '교통 규칙 준수'와 '교통사고 미발생'은 다른 얘기이다. 교통 규칙을 완벽하게 준수했음에도 불구하고 교통사고는 발생할 수 있다. 오류 없는 서술은 '규칙 준수'에 해당하는 개념이다. 회계와 관련된 규칙을 완벽히 이행했더라도 모든 면에서 정확하지는 않을 수 있다.

② 합리적인 추정치의 사용은 정보의 유용성을 저해 X

재무보고서의 화폐금액을 직접 관측할 수 없어 추정해야만 하는 경우에는 측정불확실성이 발생한다. 합리적인 추정치의 사용은 재무정보의 작성에 필수적인 부분이며, 추정이 명확하고 정확하게 기술되고 설명되는 한 정보의 유용성을 저해하지 않는다. 측정불확실성이 높은 수준이더라도 그러한 추정이 무조건 유용한 재무정보를 제공하지 못하는 것은 아니다.

(3) 근본적 질적특성의 적용: 목적적합성 & 표현충실성 모두 충족!

정보가 유용하기 위해서는 목적적합하고 나타내고자 하는 바를 충실하게 표현해야 한다. 목적적합하지 않은 현상에 대한 표현충실성과 목적적합한 현상에 대한 충실하지 못한 표현 모두 이용자들이 좋은 결정을 내리는 데 도움이 되지 않는다.

3. 보강적 질적 특성

비교가능성, 검증가능성, 적시성 및 이해가능성은 정보의 유용성을 보강시키는 질적특성이다.

(1) 비교가능성

비교가능성은 이용자들이 항목 간의 유사점과 차이점을 식별하고 이해할 수 있게 하는 질적특성이다. 다른 질적특성과 달리 비교가능성은 단 하나의 항목에 관련된 것이 아니다. 비교하려면 최소한 두 항목이 필요하다.

① 비교가능성≠일관성

일관성은 비교가능성과 관련은 되어 있지만 동일하지는 않다. 일관성은 한 보고기업 내에서 기간 간 또는 같은 기간 동안에 기업 간, 동일한 항목에 대해 동일한 방법을 적용하는 것을 말한다. 비교가능성은 목표이고 일관성은 그 목표를 달성하는 데 도움을 준다.

② 비교가능성≠통일성

비교가능성은 통일성이 아니다. 정보가 비교가능하기 위해서는 비슷한 것은 비슷하게 보여야 하고 다른 것은 다르게 보여야 한다. 정보를 통일하게 되면 다른 것도 비슷하게 보이므로 비교가능성이 저해된다.

③ 대체적인 회계처리방법 허용: 비교가능성↓ ★ 중요!

하나의 경제적 현상은 여러 가지 방법으로 충실하게 표현될 수 있으나, 동일한 경제적 현상에 대해 대체적인 회계처리방법을 허용하면 비교가능성이 감소한다. 회계처리가 다르므로 같은 현상이라는 것을 파악할 수 없기 때문이다.

(2) 검증가능성

검증가능성은 합리적인 판단력이 있고 독립적인 서로 다른 관찰자가 어떤 서술이 표현충실성에 있어, 비록 반드시 완전히 의견이 일치하지는 않더라도, 합의에 이를 수 있다는 것을 의미한다. 검증가능성은 정보가 나타내고자 하는 경제적 현상을 충실히 표현하는지를 이용자들이 확인하는 데 도움을 준다.

① 정보가 검증가능하기 위해 단일 점추정치이어야 할 필요 X

계량화된 정보가 검증가능하기 위해서 단일 점추정치이어야 할 필요는 없다. 가능한 금액의 범위 및 관련된 확률도 검증될 수 있다.

(3) 적시성

적시성은 의사결정에 영향을 미칠 수 있도록 의사결정자가 정보를 제때에 이용가능하게 하는 것을 의미한다.

① 오래된 정보: 일반적으로 유용성이 낮아짐 (일부 정보는 예외)

일반적으로 정보는 오래될수록 유용성이 낮아진다. 그러나 일부 정보는 보고기간 말 후에도 오랫동안 적시성이 있을 수 있다. 예를 들어, 일부 이용자들은 추세를 식별하고 평가할 필요가 있을 수 있기 때문이다.

(4) 이해가능성

정보를 명확하고 간결하게 분류하고, 특징지으며, 표시하는 것은 정보를 이해가능하게 한다.

① 이해하기 어려운 정보를 제외하면 안 됨

일부 현상은 본질적으로 복잡하여 이해하기 쉽지 않다. 그 현상에 대한 정보를 재무보고서에서 제외하면 그 재무보고서의 정보를 더 이해하기 쉽게 할 수 있다. 그러나 그 보고서는 불완전하여 잠재적으로 오도할 수 있다.

② 이해가능성은 회린이도 이해할 수 있어야 한다는 뜻이 아님 ★중요!

재무보고서는 사업활동과 경제활동에 대해 합리적인 지식이 있고, 부지런히 정보를 검토하고 분석하는 이용자들을 위해 작성된다. 때로는 박식하고 부지런한 이용자들도 복잡한 경제적 현상에 대한 정보를 이해하기 위해 자문가의 도움을 받는 것이 필요할 수 있다. 이해가능성이 재무정보의 질적 특성이라고 해서 회계를 모르는 회린이도 이해할 수 있게 작성해야 한다는 것은 아니다.

(5) 보강적 질적특성의 적용

① 보강적 질적특성의 의의: 근본적 특성이 같다면 보강적 특성이 높은 방법 사용

보강적 질적특성은 만일 어떤 두 가지 방법이 모두 현상에 대하여 동일하게 목적적합한 정보이고 동일하게 충실한 표현을 제공하는 것이라면 이 두 가지 방법 가운데 어느 방법을 그 현상의 서술에 사용해야 할지를 결정하는 데에도 도움을 줄 수 있다. 마치 월드컵 조별리그에서 승점이 같다면 골득실로 순위를 가리듯 근본적 특성이 우선이고, 근본적 특성이 같다면 보강적 특성이 높은 방법을 사용하라는 뜻이다.

② 근본적 질적 특성 미충족 시 보강적 질적 특성 의미 X

보강적 질적특성은 가능한 한 극대화되어야 한다. 그러나 보강적 질적특성은, 정보가 목적적합하지 않거나 나타내고자 하는 바를 충실하게 표현하지 않으면, 개별적으로든 집단적으로든 그 정보를 유용하게 할 수 없다.

③ 근본적 질적 특성 향상을 위해 보강적 질적 특성 희생 가능

보강적 질적특성을 적용하는 것은 어떤 규정된 순서를 따르지 않는 반복적인 과정이다. 때로는 하나의 보강적 질적특성이 다른 질적특성의 극대화를 위해 감소되어야 할 수도 있다. 예를 들어, 새로운 회계기준의 전진 적용으로 인한 비교가능성의 일시적 감소는 장기적으로 목적적합성이나 표현충실성을 향상시키기 위해 감수될 수도 있다. 적절한 공시는 비교가능성의 미비를 부분적으로 보완할 수 있다.

4. 유용한 재무보고에 대한 원가제약

원가는 재무보고로 제공될 수 있는 정보에 대한 포괄적 제약요인이다. 재무정보의 보고에는 원가가 소요되고, 해당 정보 보고의 효익이 그 원가를 정당화한다는 것이 중요하다. 재무정보 보고에는 원가가 소요되므로, 그 정보를 보고하면서 얻는 효익이 원가보다 커야 그 정보를 보고한다는 뜻이다.

예제

03 유용한 재무정보의 질적 특성에 관한 설명으로 옳지 않은 것은?　　　2022. CTA

① 재무보고서는 경제적 현상을 글과 숫자로 나타내는 것이다.

② 재무정보가 과거 평가에 대해 피드백을 제공한다면(과거 평가를 확인하거나 변경시킨다면) 확인가치를 갖는다.

③ 중립적 정보는 목적이 없거나 행동에 대한 영향력이 없는 정보를 의미한다.

④ 회계기준위원회는 중요성에 대한 획일적인 계량 임계치를 정하거나 특정한 상황에서 무엇이 중요한 것인지를 미리 결정할 수 없다.

⑤ 합리적인 추정치의 사용은 재무정보의 작성에 필수적인 부분이며, 추정이 명확하고 정확하게 기술되고 설명되는 한 정보의 유용성을 저해하지 않는다.

해설
중립적 정보는 목적이 없거나 행동에 대한 영향력이 없는 정보를 의미하지 않는다.

답 ③

04 유용한 재무정보의 질적특성에 관한 설명으로 옳지 않은 것은? 2020. CTA

① 재무정보가 예측가치를 갖기 위해서 그 자체가 예측치 또는 예상치일 필요는 없다.

② 하나의 경제적 현상은 여러 가지 방법으로 충실하게 표현될 수 있으나, 동일한 경제적 현상에 대해 대체적인 회계처리방법을 허용하면 비교가능성이 감소한다.

③ 목적적합하지 않은 현상에 대한 표현충실성과 목적적합한 현상에 대한 충실하지 못한 표현 모두 이용자들이 좋은 결정을 내리는 데 도움이 되지 않는다.

④ 회계기준위원회는 중요성에 대한 획일적인 계량 임계치를 정하거나 특정한 상황에서 무엇이 중요한 것인지를 미리 결정할 수 없다.

⑤ 보강적 질적특성은 정보가 목적적합하지 않거나 나타내고자 하는 바를 충실하게 표현하지 않더라도 그 정보를 유용하게 만들 수 있다.

> **해설**
> 보강적 질적특성은 정보가 목적적합하지 않거나 나타내고자 하는 바를 충실하게 표현하지 않더라도 그 정보를 유용하게 만들 수 없다.
>
> 답 ⑤

05 재무보고를 위한 개념체계에 관한 설명으로 옳지 않은 것은? 2015. CTA

① 중요성은 개별 기업 재무보고서 관점에서 해당 정보와 관련된 항목의 성격이나 규모 또는 이 둘 모두에 근거하여 해당 기업에 특유한 측면의 목적적합성을 의미한다.

② 재무보고를 위한 개념체계는 외부 이용자를 위한 재무보고의 기초가 되는 개념으로 한국채택국제회계기준이다.

③ 일반목적재무보고서는 보고기업의 가치를 보여주기 위해 고안된 것이 아니다. 그러나 그것은 현재 및 잠재적 투자자, 대여자 및 기타 채권자가 보고기업의 가치를 추정하는데 도움이 되는 정보를 제공한다.

④ 목적적합한 재무정보는 정보이용자의 의사결정에 차이가 나도록 할 수 있다.

⑤ 표현충실성은 모든 면에서 정확한 것을 의미하지는 않는다.

> **해설**
> 개념체계는 회계기준이 아니다.
>
> 답 ②

3 재무제표의 요소

개념체계에 정의된 재무제표 요소는 자산, 부채, 자본과 수익, 비용이다.

1. 자산

자산은 과거사건의 결과로 기업이 통제하는 현재의 경제적자원이다. 자산의 정의는 다음 세 가지 측면으로 설명된다.

> (1) 권리
> (2) 경제적효익을 창출할 잠재력
> (3) 통제

(1) **자산의 첫 번째 조건: 권리**

경제적효익을 창출할 잠재력을 지닌 권리는 다음을 포함하여 다양한 형태를 갖는다.

> ① 다른 당사자의 의무에 해당하는 권리
>   － 현금을 수취할 권리 예 매출채권
>   － 재화나 용역을 제공받을 권리 예 선급비용
> ② 다른 당사자의 의무에 해당하지 않는 권리
>   예 유형자산 또는 재고자산과 같은 물리적 대상에 대한 권리

1) 많은 권리들은 계약, 법률 또는 이와 유사한 수단에 의해 성립된다. 그러나 기업은 그 밖의 방법으로 도 권리를 획득할 수 있다. 예를 들면 다음과 같다.

> ① 공공의 영역(public domain)에 속하지 않는 노하우의 획득이나 창작
>   예 풀이법, 예술작품
> ② 실무 관행, 공개한 경영방침, 특정 성명(서)과 상충되는 방식으로 행동할 수 있는 실제 능력이 없기 때문에 발생하는 다른 당사자의 의무

2) 일부 재화나 용역(예 종업원이 제공한 용역)은 제공받는 즉시 소비된다. 이러한 재화나 용역으로 창 출된 경제적효익을 얻을 권리는 기업이 재화나 용역을 소비하기 전까지 일시적으로 존재한다.

3) 기업의 모든 권리가 그 기업의 자산이 되는 것은 아니다.

권리가 기업의 자산이 되기 위해서는, 해당 권리가 그 기업을 위해서 다른 당사자들이 이용가능한 경제적효익을 초과하는 경제적효익을 창출할 잠재력이 있고, 그 기업에 의해 통제되어야 한다. 모든 당사자들이 이용가능한 권리는 기업의 자산이 아니다. 예를 들어, 도로에 대한 공공권리는 누구나 똑같이 경제적효익을 누릴 수 있기 때문에 자산으로 인식하지 않는다.

4) 기업은 기업 스스로부터 경제적효익을 획득하는 권리를 가질 수는 없다.

① 기업이 발행한 후 재매입하여 보유하고 있는 채무상품이나 지분상품(예: 자기사채, 자기주식)은 기업의 경제적자원이 아니다.

기업이 발행한 주식(자기주식)을 재매입하는 경우 자산이 아닌 자본의 차감으로 본다. 또한, 사채를 발행한 뒤 사채를 재매입하면 기업이 스스로에게 이자와 액면금액을 갚아야 하는데, 이는 사실상 무의미하다. 따라서 자기사채를 금융자산으로 처리하는 것이 아니라, 사채의 상환으로 보아 사채를 제거한다.

② 만약 보고기업이 둘 이상의 법적 실체를 포함하는 경우, 그 법적 실체들 중 하나가 발행하고 다른 하나가 보유하고 있는 채무상품이나 지분상품은 그 보고기업의 경제적자원이 아니다.

(2) 자산의 두 번째 조건: 경제적효익을 창출할 잠재력

경제적자원은 경제적효익을 창출할 잠재력을 지닌 권리이다.

1) 잠재력이 있기 위해 권리가 경제적효익을 창출할 것이라고 확신하거나 그 가능성이 높아야 하는 것은 아니다. ★중요!

권리가 이미 존재하고, 적어도 하나의 상황에서 그 기업을 위해 다른 모든 당사자들에게 이용가능한 경제적효익을 초과하는 경제적효익을 창출할 수 있으면 된다. 경제적효익을 창출할 가능성이 낮더라도 권리가 경제적자원의 정의를 충족할 수 있고, 따라서 자산이 될 수 있다.

2) 경제적자원의 가치가 미래경제적효익을 창출할 현재의 잠재력에서 도출되지만, 경제적자원은 그 잠재력을 포함한 현재의 권리이며, 그 권리가 창출할 수 있는 미래경제적효익이 아니다.

예를 들어, 학생이 낸 수강료(선급비용)는 미래에 '강의를 들을 수 있는 권리'를 의미한다. 강의를 들으면 학생이 시험에 합격하여 월급을 벌 수 있지만, 선급비용(자산) 자체가 월급(미래경제적효익)을 의미하는 것은 아니다.

3) 지출의 발생과 자산의 취득은 밀접하게 관련되어 있으나 양자가 반드시 일치하는 것은 아니다.

기업이 현금을 지출한 경우 이를 반드시 자산으로 인식하는 것은 아니기 때문에 자산의 취득과 반드시 일치하는 것은 아니다.

(3) 자산의 세 번째 조건: 통제

기업은 경제적자원의 사용을 지시하고 그로부터 유입될 수 있는 경제적효익을 얻을 수 있는 현재의 능력이 있다면, 그 경제적자원을 통제한다.

1) 통제는 경제적자원을 기업에 결부시킨다.

통제의 존재 여부를 평가하는 것은 기업이 회계처리할 경제적자원을 식별하는 데 도움이 된다. 예를 들어, 기업은 부동산 전체의 소유권에서 발생하는 권리를 통제하지 않고, 부동산 지분에 비례하여 통제할 수 있다. 그러한 경우, 기업의 자산은 통제하고 있는 부동산의 지분이며, 통제하지 않는 부동산 전체의 소유권에서 발생하는 권리는 아니다.

2) 하나의 경제적자원에 대해서 둘 이상의 당사자가 통제할 수는 없다. 따라서 일방의 당사자가 경제적자원을 통제하면 다른 당사자는 그 자원을 통제하지 못한다.

'회계학에는 깐부가 없다.'라고 생각하면 위 문장을 쉽게 기억할 수 있을 것이다. '깐부끼리는 니꺼, 내꺼가 없는 거여~'라는 오징어게임의 대사에서 알 수 있듯, 깐부가 되면 하나의 자산을 둘 이상의 사람이 마음대로 쓸 수 있다. 하지만 회계학에서는 누군가가 자원을 통제하면 다른 사람은 그 자원을 통제할 수 없다. 따라서 회계학에는 깐부가 없다고 기억하자.

3) 기업은 경제적자원을 자신의 활동에 투입할 수 있는 권리가 있거나, 다른 당사자가 경제적자원을 그들의 활동에 투입하도록 허용할 권리가 있다면, 그 경제적자원의 사용을 지시할 수 있는 현재의 능력이 있다.

예를 들어, 김수석이 회계학 수업을 할 때 분필을 직접 투입할 수 있다면 김수석은 분필을 사용할 권리가 있는 것이다. 혹은, 다른 교수님이 수업을 하는데 분필을 빌려달라고 해서 김수석이 빌려줄 수 있다면, 김수석은 그 분필의 사용을 지시할 수 있는 능력이 있는 것이다.

4) 경제적자원의 통제는 일반적으로 법적 권리를 행사할 수 있는 능력에서 비롯된다. 그러나 통제는 경제적자원의 사용을 지시하고 이로부터 유입될 수 있는 효익을 얻을 수 있는 현재의 능력이 기업에게만 있도록 할 수 있는 경우에도 발생할 수 있다.

예를 들어, 기업이 펜을 만드는 특수 기술을 갖고 있지만, 이 기술을 특허로 등록하지 않아 법적 권리를 보호받지 못하는 상황이라고 하자. 만약 이 특수 기술이 너무 어려워서 다른 기업이 알더라도 따라 할 수 없다면, 이 기술은 해당 기업만 쓸 수 있기 때문에 법적 권리 없이도 통제할 수 있다.

5) 기업이 경제적자원을 통제하기 위해서는 해당 자원의 미래경제적효익이 다른 당사자가 아닌 그 기업에게 직접 또는 간접으로 유입되어야 한다.

경제적자원에 의해 창출되는 경제적효익의 유의적인 변동에 노출된다는 것은 기업이 해당 자원을 통제한다는 것을 나타낼 수도 있다. 그러나 그것은 통제가 존재하는지에 대한 전반적인 평가에서 고려해야 할 하나의 요소일 뿐이다.

6) 본인이 통제하는 경제적자원은 대리인의 자산이 아님

본인은 자신이 통제하는 재화를 판매하기 위해 대리인을 고용할 수 있다. 본인이 통제하는 경제적자원을 대리인이 관리하고 있는 경우, 그 경제적자원은 대리인의 자산이 아니다.

2. 부채

부채는 과거사건의 결과로 기업이 경제적자원을 이전해야 하는 현재의무이다. 부채가 존재하기 위해서는 다음의 세 가지 조건을 모두 충족하여야 한다.

> (1) 기업에게 의무가 있다.
> (2) 의무는 경제적자원을 이전하는 것이다.
> (3) 의무는 과거사건의 결과로 존재하는 현재의무이다.

(1) 부채의 첫 번째 조건: 의무

의무란 기업이 회피할 수 있는 실제 능력이 없는 책무나 책임을 말한다.

1) 의무를 이행할 대상인 당사자의 신원을 알 필요는 없다. (not 신원을 알아야 한다)

의무는 항상 다른 당사자에게 이행해야 한다. 다른 당사자는 사람이나 또 다른 기업, 사람들 또는 기업들의 집단, 사회 전반이 될 수 있다.

가령, 매입채무와 같은 부채는 매입대금을 지급해야 하는 상대방이 특정되어 있지만, 제품보증충당부채는 제품보증비용을 지출할 상대방이 특정되어 있지 않음에도 불구하고 부채로 인식한다.

2) 한 당사자가 경제적자원을 이전해야 하는 의무가 있는 경우, 다른 당사자는 그 경제적자원을 수취할 권리가 있다. 그러나 한 당사자가 부채를 인식하고 이를 특정 금액으로 측정해야 한다는 요구사항이 다른 당사자가 자산을 인식하거나 동일한 금액으로 측정해야 한다는 것을 의미하지는 않는다.

한 당사자가 부채를 인식했다고 해서 상대방이 반드시 자산을 인식해야 할 필요는 없다. 예를 들어, 기업이 제품보증충당부채를 인식했을 때 고객이 이에 대한 자산을 인식하지 않을 수 있다.

또한, 채무자의 부채가 기록된 금액이 채권자의 채권이 기록된 금액과 반드시 일치하지는 않을 수 있다. 예를 들어, 사채발행비가 존재하는 상황에서 사채를 발행했다고 하자. 사채의 발행자는 미래 현금지급액의 현재가치에서 사채발행비를 차감한 금액을 사채의 장부금액으로 계상한다. 사채발행비는 발행자가 부담하므로, 사채의 투자자는 미래현금유입액의 현재가치를 금융자산으로 계상했을 것이다. 이 경우 발행자가 계상한 부채의 장부금액과 투자자가 계상한 자산의 장부금액은 일치하지 않는다.

3) 모든 의무가 계약, 법률에 의해 성립되는 것은 아님

많은 의무가 계약, 법률 또는 이와 유사한 수단에 의해 성립되며, 당사자가 채무자에게 법적으로 집행할 수 있도록 한다. 그러나 기업이 실무 관행, 공개한 경영방침, 특정 성명(서)과 상충되는 방식으로 행동할 수 없는 경우, 기업의 그러한 실무 관행, 경영방침이나 성명(서)에서 의무가 발생할 수도 있다. 그러한 상황에서 발생하는 의무는 '의제의무'라고 부른다.

의제의무가 다른 주제에서도 등장하는데, 회계학의 모든 주제에서 의제의무를 포함한다는 것을 기억하자. 1)수익 기준서의 수행의무, 2)충당부채의 현재의무, 3)개념체계에서 부채의 의무 모두 의제의무를 포함한다고 기억하자.

4) 기업이 청산하는 것 외에는 이전을 회피할 수 없다면 반드시 그 의무를 져야 한다.

기업이 그 기업을 청산하거나 거래를 중단하는 것으로만 이전을 회피할 수 있고 그 외는 이전을 회피할 수 없다면, 기업의 재무제표가 계속기업 기준으로 작성되는 것이 적절하다는 결론은 그러한 이전을 회피할 수 있는 실제 능력이 없다는 결론도 내포하고 있다.

가령, 사람은 죽는 것 외에는 세금을 피할 수 없다고 가정하자. 이는 '세금을 절대로 피할 수 없다'는 것과 같은 말이다. 사람이 세금을 피하기 위해서 죽지는 않을 것이기 때문이다. 이 경우 사람이 살아있다는 결론(= 계속기업 가정)은 세금을 회피할 수 있는 능력이 없다는 결론을 내포한다.

(2) 부채의 두 번째 조건: 경제적자원의 이전

부채의 두 번째 조건은 경제적자원을 이전하는 것이 의무라는 것이다.

1) 경제적자원의 이전가능성이 낮더라도 의무가 부채의 정의를 충족할 수 있다.

의무에는 기업이 경제적자원을 다른 당사자에게 이전하도록 요구받게 될 잠재력이 있어야 한다. 그러한 잠재력이 존재하기 위해서는, 기업이 경제적자원의 이전을 요구받을 것이 확실하거나 그 가능성이 높아야 하는 것은 아니다.

예를 들어 불확실한 특정 미래사건이 발생할 경우에만 이전이 요구될 수도 있다. 의무가 이미 존재하고, 적어도 하나의 상황에서 기업이 경제적자원을 이전하도록 요구되기만 하면 된다.

김수석의 **핵심 콕!** 개념체계 상 자산, 부채 vs 충당부채, 우발부채, 우발자산

	IFRS		개념체계
	부채	**자산**	**자산, 부채**
유출입가능성이 높다	충당부채(B/S)	우발자산(주석)	정의 충족
유출입가능성이 높지 않다	우발부채(주석)	X	

개념체계 상의 자산, 부채와 충당부채, 우발부채, 우발자산의 인식 요건은 상충되는 부분이 있다. 개념체계에서는 가능성이 높지 않아도 자산, 부채의 정의를 충족하는 반면, 충당부채와 우발자산은 자원의 유출입가능성이 높아야 한다.

개념체계는 보다 넓은 범위를 서술하기 때문에 자산과 부채에 대한 포괄적인 얘기를 하는 것이다. 반면, '충당'부채와 '우발'자산은 여러 가지 자산과 부채 중 특정 항목에 해당하는 것이기 때문에 인식 기준이 높다. 이유는 중요하지 않다. 각 규정별로 인식 요건만 정확히 기억해서 답만 잘 맞히면 된다.

(3) 부채의 세 번째 조건: 과거사건으로 생긴 현재의무

1) 현재의무

현재의무는 다음 모두에 해당하는 경우에만 과거사건의 결과로 존재한다.

> ① 기업이 이미 경제적효익을 얻었거나 조치를 취했고,
> ② 그 결과로 기업이 이전하지 않아도 되었을 경제적자원을 이전해야 하거나 이전하게 될 수 있는 경우

기업이 얻은 경제적효익의 예에는 재화나 용역이 포함될 수 있다. 기업이 취한 조치의 예에는 특정 사업을 운영하거나 특정 시장에서 영업하는 것이 포함될 수 있다. 기업이 시간이 경과하면서 경제적효익을 얻거나 조치를 취하는 경우, 현재의무는 그 기간 동안 누적될 수 있다.

2) 법률제정 그 자체로는 현재의무 X

법률제정 그 자체만으로는 기업에 현재의무를 부여하기에 충분하지 않다. 새로운 법률이 제정되는 경우에는, 그 법률의 적용으로 경제적효익을 얻게 되거나 조치를 취한 결과로, 기업이 이전하지 않아도 되었을 경제적자원을 이전해야 하거나 이전하게 될 수도 있는 경우에만 현재의무가 발생한다. 예를 들어, '과속을 하면 10만원의 과태료를 부과한다.'라는 법률이 제정되었다고 치자. 이 법률이 제정되었다고 해서 기업이 현재의무를 지는 것은 아니다. 법률이 제정되었고, 기업이 과속까지 해야 현재의무를 진다. 과속이라는 사건까지 발생해야만 10만원을 이전해야 할 의무가 발생하기 때문이다.

3) 미래의 특정 시점까지 경제적자원의 이전이 집행될 수 없더라도 현재의무는 존재할 수 있다.

예를 들어, 2년 뒤에 매입대금을 지급하는 조건으로 토지를 매입하였다면, 2년 동안은 구매자가 대금을 지급하지 않을 것이며, 판매자도 대금 지급을 요구할 수 없다. 하지만 2년 뒤에 대금을 지급해야 하는 '현재의무'는 존재하므로, 장기미지급금을 부채로 계상한다.

4) 미이행계약: 부채 X

미이행계약은 계약당사자 모두가 자신의 의무를 전혀 수행하지 않았거나 계약당사자 모두가 동일한 정도로 자신의 의무를 부분적으로 수행한 계약이나 그 계약의 일부를 말한다.

기업이 이전하지 않아도 되었을 경제적자원을 이전하도록 요구받거나 요구받을 수 있게 하는 경제적 효익의 수취나 조치가 아직 없는 경우, 기업은 경제적자원을 이전해야 하는 현재의무가 없다.

'단순 계약은 회계상의 거래가 아니다'라는 것을 기억하자. 단순히 계약만 이루어져서는 자산, 부채를 인식하지 않으며, 당사자 일방이 계약상 의무를 이행해야 그 계약은 더 이상 미이행계약이 아니며, 거래로 인식하게 된다. 받은 것이 없으면 해줄 것도 없다는 뜻이다.

예를 들어, 기업이 종업원과 근로계약을 체결한 경우, 기업은 종업원의 용역을 제공받을 때까지 급여를 지급할 현재의무가 없다. 그전까지 계약은 미이행계약이며, 종업원이 근로 용역을 제공해야 기업은 급여를 지급할 현재의무를 지게 된다.

3. 자본

자본은 기업의 자산에서 모든 부채를 차감한 후의 잔여지분이다. 자본청구권은 기업의 자산에서 모든 부채를 차감한 후의 잔여지분에 대한 청구권이다. 즉, 부채의 정의에 부합하지 않는 기업에 대한 청구권이다. 그러한 청구권은 계약, 법률 또는 이와 유사한 수단에 의해 성립될 수 있다.

법률, 규제 또는 그 밖의 요구사항이 자본금 또는 이익잉여금과 같은 자본의 특정 구성요소에 영향을 미치는 경우가 있다. 예를 들어, 그러한 요구사항 중 일부는 분배 가능한 특정 준비금이 충분한 경우에만 자본청구권 보유자에게 분배를 허용한다.

4. 수익과 비용: 자본청구권 보유자의 출자 및 보유자에 대한 분배는 제외

수익은 자산의 증가 또는 부채의 감소로서 자본의 증가를 가져오며, 자본청구권 보유자의 출자와 관련된 것을 제외한다. 비용은 자산의 감소 또는 부채의 증가로서 자본의 감소를 가져오며, 자본청구권 보유자에 대한 분배와 관련된 것을 제외한다.

이러한 수익과 비용의 정의에 따라, 자본청구권 보유자로부터의 출자는 수익이 아니며 자본청구권 보유자에 대한 분배는 비용이 아니다.

예제

01 다음 중 경제적효익을 창출할 잠재력을 지닌 권리로 볼 수 없는 것은? 2022. 계리사

① 지적재산 사용권

② 리스제공자산의 잔존가치에서 효익을 얻을 권리

③ 기업이 발행한 후 재매입하여 보유하고 있는 자기주식

④ 유리한 조건으로 다른 당사자와 경제적자원을 교환할 권리

해설

기업은 기업 스스로부터 경제적효익을 획득하는 권리를 가질 수는 없다. 따라서 기업이 발행한 주식(자기주식)을 재매입하는 경우 자산이 아닌 자본의 차감으로 본다.

답 ③

02 부채의 정의에 대한 설명으로 옳은 것은? 2021. 국가직 7급

① 의무는 항상 다른 당사자(또는 당사자들)에게 이행해야 하며, 다른 당사자(또는 당사자들)는 사람이나 또 다른 기업, 사람들 또는 기업들의 집단, 사회 전반이 될 수 있는데, 의무를 이행할 대상인 당사자(또는 당사자들)의 신원을 반드시 알아야 한다.

② 기업이 실무 관행, 공개한 경영방침, 특정 성명(서)과 상충되는 방식으로 행동할 실제 능력이 없는 경우, 기업의 그러한 실무 관행, 경영방침이나 성명(서)에서 의무가 발생할 수도 있다.

③ 의무에는 기업이 경제적자원을 다른 당사자(또는 당사자들)에게 이전하도록 요구받게 될 잠재력이 있어야 하며, 그러한 잠재력이 존재하기 위해서는, 기업이 경제적자원의 이전을 요구받을 것이 확실하거나 그 가능성이 높아야 한다.

④ 새로운 법률이 제정되는 경우에는 법률제정 그 자체만으로 기업에 현재의무를 부여하기에 충분하다.

해설

① 의무를 이행할 대상인 당사자의 신원을 알 필요는 없다.

③ 경제적자원의 이전가능성이 낮더라도 의무가 부채의 정의를 충족할 수 있다.

④ 법률제정 그 자체만으로는 기업에 현재의무를 부여하기에 충분하지 않다.

답 ②

4 | 인식과 제거

1. 인식 절차

인식은 자산, 부채, 자본, 수익 또는 비용과 같은 재무제표 요소 중 하나의 정의를 충족하는 항목을 재무상태표나 재무성과표에 포함하기 위하여 포착하는 과정이다. 인식은 그러한 재무제표 중 하나에 어떤 항목(단독으로 또는 다른 항목과 통합하여)을 명칭과 화폐금액으로 나타내고, 그 항목을 해당 재무제표의 하나 이상의 합계에 포함시키는 것과 관련된다. 자산, 부채 또는 자본이 재무상태표에 인식되는 금액을 '장부금액'이라고 한다.

거래나 그 밖의 사건에서 발생된 자산이나 부채의 최초 인식에 따라 수익과 관련 비용을 동시에 인식할 수 있다. 예를 들어, 재화의 현금판매에 따라 수익(현금과 같은 자산의 인식으로 발생)과 비용(재화의 판매와 같이 다른 자산의 제거로 발생)을 동시에 인식하게 된다.

2. 인식기준

자산, 부채 또는 자본의 정의를 충족하는 항목만이 재무상태표에 인식된다. 마찬가지로 수익이나 비용의 정의를 충족하는 항목만이 재무성과표에 인식된다. 그러나 그러한 요소 중 하나의 정의를 충족하는 항목이라고 할지라도 항상 인식되는 것은 아니다.

요소의 정의를 충족하는 항목을 인식하지 않는 것은 재무상태표 및 재무성과표를 완전하지 않게 하고 재무제표에서 유용한 정보를 제외할 수 있다. 반면에, 어떤 상황에서는 요소의 정의를 충족하는 일부 항목을 인식하는 것이 오히려 유용한 정보를 제공하지 않을 수 있다. 자산이나 부채를 인식하고 이에 따른 결과로 수익, 비용 또는 자본변동을 인식하는 것이 재무제표이용자들에게 다음과 같이 유용한 정보를 모두 제공하는 경우에만 자산이나 부채를 인식한다.

---

(1) 목적적합한 정보
(2) 충실한 표현

---

3. 제거

제거는 기업의 재무상태표에서 인식된 자산이나 부채의 전부 또는 일부를 삭제하는 것이다. 제거는 일반적으로 해당 항목이 더 이상 자산 또는 부채의 정의를 충족하지 못할 때 발생한다.

자산	일반적으로 기업이 인식한 자산의 전부 또는 일부에 대한 통제를 상실하였을 때 제거
부채	일반적으로 기업이 인식한 부채의 전부 또는 일부에 대한 현재의무를 더 이상 부담하지 않을 때 제거

예제

03 재무보고를 위한 개념체계에 대한 설명으로 옳지 않은 것은? 2021. 지방직 9급 수정

① 경제적자원의 가치가 미래경제적효익을 창출할 현재의 잠재력에서 도출되므로, 경제적자원은 그 권리가 창출할 수 있는 미래경제적효익이며, 그 잠재력을 포함한 현재의 권리가 아니다.

② 자산, 부채 또는 자본의 정의를 충족하는 항목만이 재무상태표에 인식되며 그러한 요소 중 하나의 정의를 충족하는 항목이라고 할지라도 항상 인식되는 것은 아니다.

③ 거래나 그 밖의 사건에서 발생된 자산이나 부채의 최초 인식에 따라 수익과 관련된 비용을 동시에 인식할 수 있다.

④ 경제적효익의 유입가능성이나 유출가능성이 낮더라도 자산이나 부채가 존재할 수 있다.

⑤ 자산은 일반적으로 기업이 인식한 자산의 전부 또는 일부에 대한 통제를 상실하였을 때 제거한다.

> **해설**
>
> 경제적자원의 가치가 미래경제적효익을 창출할 현재의 잠재력에서 도출되지만, 경제적자원은 그 잠재력을 포함한 현재의 권리이며, 그 권리가 창출할 수 있는 **미래경제적효익이 아니다.**
>
> 🔖 ①

04 '재무보고를 위한 개념체계'에서 인식과 제거에 대한 다음 설명 중 옳지 <u>않은</u> 것은? 2023. CPA

① 인식은 자산, 부채, 자본, 수익 또는 비용과 같은 재무제표 요소 중 하나의 정의를 충족하는 항목을 재무상태표나 재무성과표에 포함하기 위하여 포착하는 과정이다.

② 거래나 그 밖의 사건에서 발생된 자산이나 부채의 최초 인식에 따라 수익과 관련 비용을 동시에 인식할 수 있다. 수익과 관련 비용의 동시 인식은 때때로 수익과 관련 원가의 대응을 나타낸다.

③ 재무제표이용자들에게 자산이나 부채 그리고 이에 따른 결과로 발생하는 수익, 비용 또는 자본변동에 대한 목적적합한 정보와 충실한 표현 중 어느 하나를 제공하는 경우 자산이나 부채를 인식한다.

④ 자산은 일반적으로 기업이 인식한 자산의 전부 또는 일부에 대한 통제를 상실하였을 때 제거하고, 부채는 일반적으로 기업이 인식한 부채의 전부 또는 일부에 대한 현재의무를 더 이상 부담하지 않을 때 제거한다.

⑤ 제거에 대한 회계 요구사항은 제거를 초래하는 거래나 그 밖의 사건 후의 잔여 자산과 부채, 그리고 그 거래나 그 밖의 사건으로 인한 기업의 자산과 부채의 변동 두 가지를 모두 충실히 표현하는 것을 목표로 한다.

> **▶ 해설**
>
> 자산이나 부채를 인식하고 이에 따른 결과로 수익, 비용 또는 자본변동을 인식하는 것이 재무제표이용자들에게 목적적합한 정보와 표현충실성과 같이 유용한 정보를 모두 제공하는 경우에만 자산이나 부채를 인식한다. 어느 하나가 아니라 모두 제공해야 한다.
>
> ③

5 측정기준

1. ~원가 vs ~가치

	~원가(취득 시 지급액: 유입가치)	~가치(처분 시 수령액: 유출가치)
과거	역사적 원가 : 과거에 주고 산 금액	
현재	현행원가 : 지금 새로 살 때의 금액	공정가치 : 지금 시장에서 정상적으로 팔 때의 금액
미래		사용가치 : 미래에 쓰다가 파는 금액의 PV

측정기준은 크게 둘로 나뉜다. '~원가'로 끝나는 기준은 취득 시 지급하는 금액을 의미하고, '~가치'로 끝나는 기준은 처분 시 수령하는 금액을 의미한다. 원가와 가치는 취득, 처분의 시점에 따라 다시 나뉘어 총 네 가지 기준이 있다. 사례를 참고하면 네 가지 측정기준을 쉽게 이해할 수 있을 것이다.

사례

김수석은 2015년에 차량을 2,000만원에 구입하였다. 2025년 해당 차량을 중고차 시장에서 1,000만원에 판매할 수 있으며, 구매자는 해당 차량을 1,200만원에 구입할 수 있다. 한편, 김수석이 해당 차량을 직접 사용하다가 처분하여 얻을 수 있는 총 현금흐름의 현재가치는 1,500만원이다.

위 사례에서 각 금액은 다음과 같이 대응된다.
2,000만원: 역사적 원가
1,000만원: 공정가치
1,200만원: 현행원가
1,500만원: 사용가치

2. 역사적 원가 vs 현행가치

재무제표 요소의 측정기준은 크게 역사적 원가와 현행가치로 나뉜다. 현행가치는 다시 공정가치, 사용가치 및 이행가치와 현행원가로 나뉘어, 측정기준은 총 4가지이다.

(1) 역사적 원가

현행가치와 달리 역사적 원가는 자산의 손상이나 손실부담에 따른 부채와 관련되는 변동을 제외하고는 가치의 변동을 반영하지 않는다. 역사적 원가는 과거에 발생한 금액이므로, 가치의 변동을 반영하지 않는다. 역사적 원가가 적용되는 대표적인 사례가 유형자산의 원가모형이다. 원가모형 적용 시 공정가치 변동을 반영하지 않고, 손상징후가 존재할 경우 손상차손만 인식한다.

(2) 현행가치

역사적 원가와는 달리, 자산이나 부채의 현행가치는 자산이나 부채를 발생시킨 거래나 그 밖의 사건의 가격으로부터 부분적으로라도 도출되지 않는다. 현행가치는 과거 정보가 아니므로, 자산이나 부채를 발생'시킨' 과거 거래로부터 도출되지 않는다.

(3) 역사적 원가를 식별할 수 없을 때 현행가치를 간주원가로 사용

시장 조건에 따른 거래가 아닌 사건의 결과로 자산을 취득하거나 창출할 때 또는 부채를 발생시키거나 인수할 때, 원가를 식별할 수 없거나 그 원가가 자산이나 부채에 관한 목적적합한 정보를 제공하지 못할 수 있다. 이러한 경우 그 자산이나 부채의 현행가치가 최초 인식시점의 간주원가로 사용되며 그 간주원가는 역사적 원가로 후속 측정할 때의 시작점으로 사용된다.

3. 역사적 원가

(1) 역사적 원가의 정의

자산의 역사적 원가는 자산의 취득에 발생한 원가의 가치로서, 자산을 취득하기 위하여 지급한 대가와 거래원가를 포함한다. 부채의 역사적 원가는 부채를 발생시키거나 인수하면서 수취한 대가에서 거래원가를 차감한 가치이다.

(2) 역사적 원가 측정의 사례: 상각후원가

역사적 원가 측정기준을 금융자산과 금융부채에 적용하는 한 가지 방법은 상각후원가로 측정하는 것이다. 금융자산과 금융부채의 상각후원가는 최초 인식 시점에 결정된 이자율로 할인한 미래현금흐름 추정치를 반영한다. 금융자산과 금융부채의 상각후원가는 이자의 발생, 금융자산의 손상 및 수취 또는 지급과 같은 후속 변동을 반영하기 위해 시간의 경과에 따라 갱신된다.

 **Why?** 상각후원가가 역사적 원가의 사례인 이유

> 상각후원가는 최초 인식 시점에 결정된 이자율과 추정 미래현금흐름을 바탕으로 계산된 금액이다. 상각후원가는 최초 인식 시 작성한 유효이자율 상각표 상에 정해진 금액으로서, 공정가치 변화를 반영하지 않으므로, 역사적 원가의 사례에 해당한다. 이유는 중요하지 않으니 외우는 것을 추천한다.

4. 현행원가

(1) 현행원가의 정의: 지금 새로 살 때의 금액

자산의 현행원가는 측정일 현재 동등한 자산의 원가로서 측정일에 지급할 대가와 그 날에 발생할 거래원가를 포함한다. 부채의 현행원가는 측정일 현재 동등한 부채에 대해 수취할 수 있는 대가에서 그 날에 발생할 거래원가를 차감한다.

(2) 유입가치 (=역사적 원가)

현행원가는 역사적 원가와 마찬가지로 유입가치이다. 이는 기업이 자산을 취득하거나 부채를 발생시킬 시장에서의 가격을 반영한다. 이런 이유로, 현행원가는 유출가치인 공정가치, 사용가치 또는 이행가치와 다르다.

(3) 측정일의 조건 반영 (↔역사적 원가)

현행원가는 역사적 원가와 달리 측정일의 조건을 반영한다. 역사적 원가는 과거에 구입했을 때의 가격이지만, 현행원가는 지금 구입할 때의 가격이기 때문이다.

5. 공정가치

(1) 공정가치의 정의

공정가치는 측정일에 시장참여자 사이의 정상거래에서 자산을 매도할 때 받거나 부채를 이전할 때 지급하게 될 가격이다.

(2) 시장참여자의 관점 반영: 활성시장에서 직접 결정 or 현금흐름기준 측정기법으로 결정

공정가치는 기업이 접근할 수 있는 시장참여자의 관점을 반영한다. 공정가치는 시장에서 거래될 때의 가격이기 때문에 시장참여자들이 해당 자산을 얼마로 평가하는지에 대한 관점을 반영한다. 일부의 경우, 공정가치는 활성시장에서 관측되는 가격으로 직접 결정될 수 있다. 다른 경우에는 여러 요인을 모두 반영하는 측정기법(예: 현금흐름기준 측정기법)을 사용하여 간접적으로 결정된다.

6. 사용가치 및 이행가치

(1) 사용가치

기업이 자산의 사용과 궁극적인 처분으로 얻을 것으로 기대하는 현금흐름 또는 그 밖의 경제적효익의 현재가치이다.

(2) 이행가치

이행가치는 기업이 부채를 이행할 때 이전해야 하는 현금이나 그 밖의 경제적자원의 현재가치이다.

(3) 거래원가: 현재 거래원가는 포함 X, 미래 거래원가는 포함 O

사용가치와 이행가치는 미래에 발생하는 현금흐름에 기초하기 때문에 자산을 취득하거나 부채를 인수할 때 발생하는 거래원가는 포함하지 않는다.

그러나 사용가치와 이행가치에는 기업이 자산을 궁극적으로 처분하거나 부채를 이행할 때 발생할 것으로 기대되는 거래원가의 현재가치가 포함된다.

> **김수석의 꿀팁!** 거래원가: ~원가에는 반영 O, ~가치에는 반영 X ★중요!
>
> 자산의 역사적 원가와 현행원가는 거래원가를 포함하고, 부채의 역사적 원가와 현행원가는 거래원가를 차감한다. 반면, 공정가치와 사용가치 및 이행가치는 거래원가로 인해 증가하거나 감소하지 않는다.
>
> 이는 재고자산의 순매입액과 순매출액 계산 시 관련비용을 생각하면 쉽게 기억할 수 있을 것이다. 순매입액을 계산할 때에는 매입운임과 같은 관련비용을 포함하지만, 순매출액을 계산할 때에는 매출운임과 같은 관련비용을 반영하지 않는다. 순매입액은 자산을 취득할 때 지급하는 '~원가'의 성격을 띄는 반면, 순매출액은 자산을 처분할 때 수취하는 '~가치'의 성격을 띄기 때문이다.
>
> 예외적으로, 사용가치와 이행가치는 '~가치'임에도 불구하고 미래에 발생할 것으로 기대되는 거래원가의 현재가치가 포함된다. 예외이므로 따로 외워두자.

(4) 기업 특유의 가정 반영 & 현금흐름기준 측정기법으로 결정

사용가치와 이행가치는 시장참여자의 가정을 반영하는 공정가치와 달리 기업 특유의 가정을 반영한다. 실제로 기업이 어떻게 활용하느냐에 따라 가치가 달라지기 때문이다.

사용가치와 이행가치는 시장에서 결정되는 것이 아니므로, 직접 관측될 수 없으며 현금흐름기준 측정기법으로 결정된다. 현금흐름기준 측정기법이란, 미래에 예상되는 현금흐름을 기반으로 가치를 측정하는 기법을 말한다.

예제

05 자산의 인식과 측정에 관한 설명으로 옳지 않은 것은? 2020. CTA

① 자산의 정의를 충족하는 항목만이 재무상태표에 자산으로 인식된다.

② 합리적인 추정의 사용은 재무정보 작성의 필수적인 부분이며 추정치를 명확하고 정확하게 기술하고 설명한다면 정보의 유용성을 훼손하지 않는다.

③ 사용가치는 기업이 자산의 사용과 궁극적인 처분으로 얻을 것으로 기대하는 현금흐름 또는 그 밖의 경제적효익의 현재가치이다.

④ 공정가치는 자산을 취득할 때 발생한 거래원가로 인해 증가하지 않는다.

⑤ 경제적효익의 유입가능성이 낮으면 자산으로 인식해서는 안된다.

● 해설

경제적효익을 창출할 가능성이 낮더라도 권리가 경제적자원의 정의를 충족할 수 있고, 따라서 자산이 될 수 있다.

답 ⑤

06 측정기준에 관한 설명으로 옳지 않은 것은? 2021. CTA

① 자산을 취득하거나 창출할 때의 역사적 원가는 자산의 취득 또는 창출에 발생한 원가의 가치로서, 자산을 취득 또는 창출하기 위하여 지급한 대가와 거래원가를 포함한다.

② 부채가 발생하거나 인수할 때의 역사적 원가는 발생시키거나 인수하면서 수취한 대가에서 거래원가를 차감한 가치이다.

③ 공정가치는 측정일에 시장참여자 사이의 정상거래에서 자산을 매도할 때 받거나 부채를 이전할 때 지급하게 될 가격이다.

④ 사용가치와 이행가치는 자산을 취득하거나 부채를 인수할 때 발생하는 거래원가를 포함한다.

⑤ 자산의 현행원가는 측정일 현재 동등한 자산의 원가로서 측정일에 지급할 대가와 그날에 발생할 거래원가를 포함한다.

● 해설

사용가치와 이행가치는 미래현금흐름에 기초하기 때문에 자산을 취득하거나 부채를 인수할 때 발생하는 거래원가는 포함하지 않는다.

답 ④

07 재무보고를 위한 개념체계에서 측정기준에 대한 설명으로 옳지 않은 것은? 2022. 지방직 9급

① 현행가치와 달리 역사적 원가는 자산의 손상이나 손실부담에 따른 부채와 관련되는 변동을 제외하고는 가치의 변동을 반영하지 않는다.

② 현행가치 측정기준은 공정가치, 자산의 사용가치 및 부채의 이행가치, 현행원가를 포함한다.

③ 공정가치로 자산과 부채를 측정하여 제공하는 정보는 예측가치를 가질 수 있다.

④ 사용가치와 이행가치는 기업이 자산을 궁극적으로 처분하거나 부채를 이행할 때 발생할 것으로 기대되는 거래원가의 현재가치를 포함하지 않는다.

> **해설**
> 사용가치와 이행가치는 기업이 자산을 궁극적으로 처분하거나 부채를 이행할 때 발생할 것으로 기대되는 거래원가의 현재가치가 포함된다.
>
> 📋 ④

6 자본 및 자본유지개념

1. 자본의 개념

	자본의 정의	재무제표이용자들의 관심
재무적 개념	투자된 화폐액 또는 구매력	투하자본의 구매력 유지
실물적 개념	조업능력	조업능력 유지

(1) 자본의 재무적 개념

대부분의 기업은 자본의 재무적 개념에 기초하여 재무제표를 작성한다. 자본을 투자된 화폐액 또는 투자된 구매력으로 보는 재무적 개념 하에서 자본은 기업의 순자산이나 지분과 동의어로 사용된다. 기업은 재무제표이용자들의 정보요구에 기초하여 적절한 자본개념을 선택하여야 한다. 따라서 재무제표이용자들이 주로 명목상의 투하자본이나 투하자본의 구매력 유지에 관심이 있다면 재무적 개념의 자본을 채택하여야 한다.

(2) 자본의 실물적 개념

자본을 조업능력으로 보는 자본의 실물적 개념 하에서는 자본은 1일 생산수량과 같은 기업의 생산능력으로 간주된다. 이용자들의 주된 관심이 기업의 조업능력 유지에 있다면 실물적 개념의 자본을 사용하여야 한다.

2. 자본유지개념

자본유지개념은 기업이 유지하려고 하는 자본을 어떻게 정의하는지와 관련된다. 자본유지개념은 이익이 측정되는 준거기준을 제공함으로써 자본개념과 이익개념 사이의 연결고리를 제공한다. 자본유지개념은 기업의 자본에 대한 투자수익과 투자회수를 구분하기 위한 필수요건이다.
자본유지개념에 따라 이익의 범위가 다르며, 이익으로 보지 않는 부분은 '자본유지조정'으로 분류한다.

		재무자본유지개념		실물자본유지개념
		명목화폐	불변구매력	
영업이익				이익
보유 이익	초과이익	이익	이익	자본유지조정
	물가상승		자본유지조정	

(1) 재무자본유지개념

재무자본유지 개념 하에서 이익은 해당 기간 동안 소유주에게 배분하거나 소유주가 출연한 부분을 제외하고 기말 순자산의 재무적 측정금액(화폐금액)이 기초 순자산의 재무적 측정금액(화폐금액)을 초과하는 경우에만 발생한다. 재무자본유지는 명목화폐단위 또는 불변구매력단위를 이용하여 측정할 수 있다.

① 명목화폐 단위: 모든 이익 포함

자본을 명목화폐단위로 정의한 재무자본유지개념 하에서 이익은 해당 기간 중 명목화폐자본의 증가액을 의미한다. 따라서 기간 중 보유한 자산가격의 증가 부분, 즉 보유이익은 이익에 속한다. 쉽게 말해서, 명목적인 관점에서 봤을 때 돈(화폐)이 늘었다면 전부 다 이익이라는 뜻이다.

② 불변구매력 단위: 물가상승에 따른 이익은 제외

재무자본유지개념이 불변구매력 단위로 정의된다면 이익은 해당 기간 중 투자된 구매력의 증가를 의미하게 된다. 따라서 일반물가수준에 따른 가격상승을 초과하는 자산가격의 증가 부분만이 이익으로 간주되며, 그 이외의 가격증가 부분은 자본의 일부인 자본유지조정으로 처리된다.

(2) 실물자본유지개념: 보유이익은 제외

실물자본유지개념 하에서 이익은 해당 기간 동안 소유주에게 배분하거나 소유주가 출연한 부분을 제외하고 기업의 기말 실물생산능력이나 조업능력이 기초 실물생산능력을 초과하는 경우에만 발생한다.

실물자본유지개념 하에서 이익은 해당 기간 중 실물생산능력의 증가를 의미한다. 기업의 자산과 부채에 영향을 미치는 모든 가격변동은 해당 기업의 실물생산능력에 대한 측정치의 변동으로 간주되어 이익이 아니라 자본의 일부인 자본유지조정으로 처리된다.

예제

01 다음 자료를 이용하여 (주)한국의 자본을 재무자본유지개념(불변구매력단위)과 실물자본 유지개념으로 측정할 때, 20X1년도에 인식할 이익은? (단, 20X1년 중 다른 자본거래는 없다)

2022. 지방직 9급

구분	20X1년 초	20X1년 말
자산 총계	₩100,000	₩300,000
부채 총계	₩50,000	₩150,000
일반물가지수	100	150
재고자산 단위당 구입가격	₩1,000	₩2,000

	재무자본유지개념(불변구매력단위)	실물자본유지개념
①	₩75,000	₩50,000
②	₩75,000	₩100,000
③	₩100,000	₩50,000
④	₩100,000	₩100,000

해설

		명목화폐	불변구매력	실물자본
영업이익		이익: 100,000	이익: 75,000	이익: 50,000
보유이익	초과이익			50,000
	물가상승		25,000	

(1) 총 이익: (300,000 − 150,000) − (100,000 − 50,000) = 100,000

(2) 보유이익: 50,000(기초 자본) × 100%(재고자산 가격 상승률) = 50,000
　① 물가상승분: 50,000(기초 자본) × 50%(일반물가 상승률) = 25,000
　② 초과이익: 보유이익 − 물가상승분 = 50,000 − 25,000 = 25,000

(3) 영업이익: 총 이익 − 보유이익 = 100,000 − 50,000 = 50,000

(4) 재무자본유지개념(불변구매력단위): 총 이익 − 물가상승분 = 100,000 − 25,000 = 75,000

(5) 실물자본유지개념: 총 이익 − 보유이익 = 100,000 − 50,000 = 50,000

답 ①

02 20X1년 초 도소매업으로 영업을 개시한 (주)세무는 현금 ₩1,800을 투자하여 상품 2개를 단위당 ₩600에 구입하고, 구입한 상품을 단위당 ₩800에 판매하여 20X1년 말 현금은 ₩2,200이 되었다. 20X1년 중 물가상승률은 10%이며, 20X1년 기말 상품의 단위당 구입 가격은 ₩700이다. 실물자본유지개념을 적용하여 산출한 20X1년 말에 인식할 이익과 자본유지조정 금액은?

2020. CTA

① 이익 ₩100, 자본유지조정 ₩300

② 이익 ₩180, 자본유지조정 ₩220

③ 이익 ₩220, 자본유지조정 ₩180

④ 이익 ₩300, 자본유지조정 ₩100

⑤ 이익 ₩400, 자본유지조정 ₩0

▶ **해설**

		명목화폐	불변구매력	실물자본
영업이익		이익: 400	이익: 220	이익: 100
보유 이익	초과이익			자본유지조정 : 300
	물가상승		$1,800 \times 10\% = 180$	

총 이익: $2,200 - 1,800 = 400$

보유이익: $1,800 \times (700 - 600)/600 = 300$

🔖 답 ①

(3) 측정기준: 실물자본유지-현행원가 ★중요!

실물자본유지개념	현행원가기준
재무자본유지개념	측정기준 X

자본유지개념에서 가장 중요한 내용이다. 실물자본유지개념을 사용하기 위해서는 현행원가기준에 따라 측정해야 한다. 그러나 재무자본유지개념은 특정한 측정기준의 적용을 요구하지 아니한다.

예제

03 다음 중 재무제표의 작성과 표시를 위한 개념체계에서의 자본과 자본유지개념에 대한 설명으로 옳지 **않은** 것은 어느 것인가?

2011. CPA

① 기업은 재무제표이용자의 정보요구에 기초하여 적절한 자본개념을 선택하여야 하는데, 만약 재무제표의 이용자가 주로 투하자본의 구매력 유지에 관심이 있다면 재무적 개념의 자본을 채택하여야 한다.

② 실물자본유지개념을 사용하기 위해서는 현행원가기준에 따라 측정해야 하는 반면 재무자본유지개념을 사용하기 위해서는 역사적 원가기준에 따라 측정해야 한다.

③ 실물자본유지개념하에서 기업의 자산과 부채에 영향을 미치는 모든 가격변동은 자본의 일부인 자본유지조정으로 처리된다.

④ 자본유지개념은 이익이 측정되는 준거기준을 제공함으로써 자본개념과 이익개념 사이의 연결고리를 제공한다. 자본유지개념은 기업의 자본에 대한 투자수익과 투자회수를 구분하기 위한 필수요건이다.

⑤ 재무자본유지개념이 명목화폐단위로 정의된다면 기간 중 보유한 자산가격의 증가된 부분은 개념적으로 이익에 속한다.

▶ 해설

실물자본유지개념을 사용하기 위해서는 현행원가기준에 따라 측정해야 한다. 그러나 재무자본유지개념은 특정한 측정기준의 적용을 요구하지 아니한다.

답 ②

04 자본 및 자본유지개념에 관한 설명으로 옳지 않은 것은? 2018. CTA

① 자본유지개념은 이익이 측정되는 준거기준을 제공하며, 기업의 자본에 대한 투자수익과 투자회수를 구분하기 위한 필수요건이다.

② 자본을 투자된 화폐액 또는 투자된 구매력으로 보는 재무적 개념 하에서 자본은 기업의 순자산이나 지분과 동의어로 사용된다.

③ 자본을 불변구매력 단위로 정의한 재무자본유지개념 하에서는 일반물가수준에 따른 가격상승을 초과하는 자산가격의 증가 부분만이 이익으로 간주된다.

④ 재무자본유지개념을 사용하기 위해서는 현행원가기준에 따라 측정해야 하며, 실물자본유지개념은 특정한 측정기준의 적용을 요구하지 아니한다.

⑤ 자본을 실물생산능력으로 정의한 실물자본유지개념 하에서 기업의 자산과 부채에 영향을 미치는 모든 가격변동은 해당 기업의 실물생산능력에 대한 측정치의 변동으로 간주되어 이익이 아니라 자본의 일부로 처리된다.

> **해설**
> ④ 실물자본유지개념을 사용하기 위해서는 현행원가기준에 따라 측정해야 하며, 재무자본유지개념은 특정한 측정기준의 적용을 요구하지 아니한다.
>
> ④

Chapter 20. 개념체계 • 899

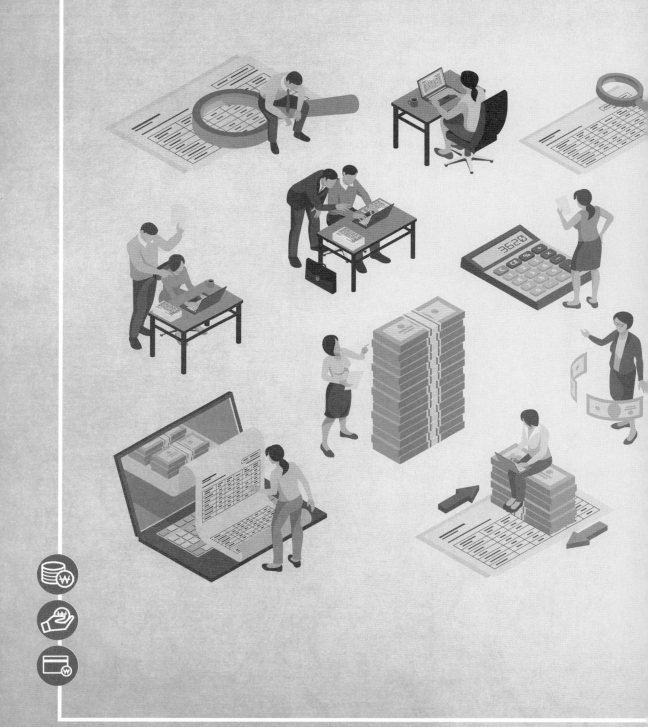

C·H·A·P·T·E·R

21

기타 재무보고

CHAPTER 21

기타 재무보고

본 장은 상대적으로 출제빈도가 낮은 주제들을 모아놓은 장이다. 여유가 없다면 본 장에 있는 내용은 넘어가도 좋다.

1 농림어업

농림어업활동이란, 판매목적 또는 수확물이나 추가적인 생물자산으로의 전환목적으로 생물자산의 생물적 변환과 수확을 관리하는 활동을 의미한다. 농림어업활동은 목축, 조림, 과수재배, 양식과 같은 다양한 활동을 포함한다.

1. 용어의 정의

(1) 생물자산 및 수확물

생물자산은 살아있는 동물이나 식물을 의미한다. 수확물은 생물자산에서 수확한 생산물을 의미한다. 예를 들어, 양과 젖소는 생물자산에 해당하고, 양모 및 우유는 수확물에 해당한다.

(2) 생산용식물

생산용식물은 다음 모두에 해당하는 살아있는 식물을 의미한다. 수확물을 '생산'하기 위한 식물은 생산용식물로 분류하는 반면, 수확물로 '판매'하기 위한 식물은 생산용식물로 분류하지 않는다.

생산용식물 O: 사용	생산용식물 X: 판매
① 수확물을 생산하거나 공급하는 데 사용	① 수확물로 수확하기 위해 재배하는 식물
② 수확물로 판매될 가능성이 희박 (부수적인 폐물로 판매하는 경우는 제외)	② 수확물로도 식물을 수확하고 판매할 가능성이 희박하지 않은 경우
③ 한 회계기간을 초과하여 생산물을 생산할 것으로 예상	③ 한해살이 작물

① 수확물을 생산하거나 공급하는 데 사용

수확물을 생산하거나 공급하는 데 사용되는 식물은 생산용식물이다. 반면, 식물 그 자체를 수확하기 위해 재배하는 식물은 생산용식물이 아니다. 예를 들어 과일을 얻기 위해 재배하는 나무는 생산용식물에 해당하지만, 목재로 사용하기 위해 재배하는 나무는 생산용식물이 아니다.

② 수확물로 판매될 가능성이 희박

식물이 수확물로 판매될 가능성이 희박하다면 생산용식물로 분류한다. 하지만 식물이 수확물로 판매될 가능성이 희박하지 않다면 생산용식물이 아니다. 예를 들어 과일과 목재 모두를 얻기 위해 재배하는 나무는 생산용식물이 아니다.

③ 한 회계기간을 초과하여 생산물을 생산할 것으로 예상

생산용식물은 유형자산으로 분류한다. 기준서는 생산용식물에서 수확물을 생산하는 것이 마치 기계장치에서 제품을 생산하는 것과 같다고 본 것이다. 유형자산은 한 회계기간을 초과하여 사용하는 자산이므로, 한 회계기간을 초과하여 생산물을 생산할 것으로 예상하는 식물만 생산용식물로 분류하고, 한해살이 작물은 생산용식물로 분류하지 않는다.

2. 생물자산 및 수확물의 평가

	평가시점	평가금액	평가손익
생물자산	최초 인식 시, 매 보고기간말	순공정가치 (= 공정가치 − 처분부대원가)	당기손익(PL)
수확물	최초 인식 시 (= 수확 시점)		

(1) 생물자산의 평가

생물자산은 최초 인식시점과 매 보고기간말에 순공정가치(= 공정가치에서 처분부대원가를 뺀 금액)으로 측정하여야 한다. 생물자산을 최초 인식시점에 순공정가치로 인식하여 발생하는 평가손익과 생물자산의 순공정가치의 변동으로 발생하는 평가손익은 당기손익으로 인식한다.

(2) 수확물의 평가

생물자산에서 수확된 수확물은 수확시점에 순공정가치로 측정하여야 한다. 수확물을 최초 인식시점에 순공정가치로 인식하여 발생하는 평가손익은 발생한 기간의 당기손익에 반영한다.

유형자산으로 분류하는 생산용식물과 달리, 수확물은 재고자산으로 분류한다. 수확물은 회사가 사용하는 것이 아니라, 팔 것이기 때문이다. 수확물 취득 시 바로 재고자산으로 계정 대체를 해주면 된다.

(3) 최초 인식시점에 발생하는 손익

① 생물자산 취득 시 발생하는 손실=추정 매각부대원가

생물자산의 순공정가치는 추정 매각부대원가를 차감하기 때문에 생물자산의 최초 인식시점에 손실이 발생할 수 있다. 생물자산은 취득할 때 공정가치를 지급하고 취득하지만, 취득원가인 순공정

가치는 지급액보다 작기 때문에 취득과 동시에 손실이 발생할 수 있다. 예를 들어, 소 1마리(공정가치 ₩100,000, 추정 매각부대원가 ₩10,000)를 공정가치에 취득한 경우 회계처리는 다음과 같다.

(차)	생물자산(소)	90,000	(대)	현금	100,000
	평가손실(PL)	10,000			

② 생물자산, 수확물 취득 시 발생하는 이익=순공정가치

반면, 생물자산의 최초 인식시점에 이익이 발생할 수도 있다. 예를 들어, 위에서 취득한 소가 아기 소를 낳았다고 치자. 이 경우 추가적인 대가를 지급하지 않고도 생물자산을 취득한 것이므로 이익이 발생한다. 소가 태어난 경우 회계처리는 다음과 같다. 생물자산은 최초 인식시점에 순공정가치로 측정하므로 소의 취득원가는 90,000이다.

(차)	생물자산(소)	90,000	(대)	평가이익(PL)	90,000

한편, 수확의 결과로 수확물의 최초 인식시점에도 평가손익이 발생할 수 있다. 예를 들어 소가 우유를 생산한 경우에도 추가적인 대가를 지급하지 않고도 수확물을 취득한 것이므로 이익이 발생한다. 수확물도 생물자산과 마찬가지로 순공정가치로 평가하므로, 평가이익도 순공정가치만큼 인식한다.

3. 공정가치를 신뢰성 있게 측정할 수 없는 경우

(1) 생물자산 최초 인식 시점에 한해 '원가-감누-손누'로 측정

생물자산의 공정가치는 신뢰성 있게 측정할 수 있다고 추정한다. 그러나 생물자산을 최초로 인식하는 공정가치를 신뢰성 있게 측정할 수 없는 경우 생물자산은 '최초 인식 시점에 한해' 원가에서 감가상각누계액과 손상차손누계액을 차감한 금액으로 측정한다. '원가 – 감누 – 손누'로 측정하는 것은 최초 인식 시점에만 가능하다. 생물자산을 이전에 순공정가치로 측정하였다면 처분시점까지 계속하여 순공정가치로 측정해야 한다.

(2) 이후 신뢰성 있는 측정이 가능하면: 순공정가치로 측정

최초 인식 시점에 '원가 – 감누 – 손누'로 측정한 이후 생물자산의 공정가치를 신뢰성 있게 측정할 수 있게 되면 원칙대로 순공정가치로 측정한다.

(3) 수확물: 무조건 순공정가치로 측정

어떠한 경우에도 수확시점의 수확물은 순공정가치로 측정한다. 기준서는 수확시점에는 수확물의 공정가치를 항상 신뢰성 있게 측정할 수 있다고 본다.

4. 정부보조금

정부보조금에 부수되는 조건	당기손익 인식 시점
X	수취할 수 있게 되는 시점
O	조건을 충족하는 시점

순공정가치로 측정하는 생물자산과 관련된 정부보조금에 다른 조건이 없는 경우에는 이를 수취할 수 있게 되는 시점에만 당기손익으로 인식한다. 반면, 정부보조금에 부수되는 조건이 있는 경우에는 그 조건을 충족하는 시점에만 당기손익으로 인식한다.

조건이 없다면 그냥 받을 수 있기 때문에 수취할 수 있는 시점에 수익을 인식하지만, 조건이 있다면 조건을 충족하는 시점에 수익을 인식한다는 뜻이다.

예제

01 생물자산과 수확물의 인식과 측정에 대한 설명으로 옳지 않은 것은?   2022. 지방직 9급

① 생물자산에서 수확된 수확물은 수확시점에 공정가치에서 처분부대원가를 뺀 금액으로 측정하여야 한다.

② 생물자산의 공정가치에서 처분부대원가를 뺀 금액을 산정할 때에 추정 매각부대원가를 차감하기 때문에 생물자산의 최초 인식시점에 손실이 발생할 수 있다.

③ 생물자산을 최초에 원가에서 감가상각누계액과 손상차손누계액을 차감한 금액으로 측정하고, 그 이후 그러한 생물자산의 공정가치를 신뢰성 있게 측정할 수 있더라도 최초 적용한 측정방법을 변경하지 않는다.

④ 공정가치에서 처분부대원가를 뺀 금액으로 측정하는 생물자산과 관련된 정부보조금에 다른 조건이 없는 경우에는 이를 수취할 수 있게 되는 시점에만 당기손익으로 인식한다.

해설

생물자산을 최초로 인식하는 시점에 공정가치를 신뢰성 있게 측정할 수 없다면, 생물자산은 원가에서 감가상각누계액과 손상차손누계액을 차감한 금액으로 측정한다. 이후 그러한 생물자산의 공정가치를 신뢰성 있게 측정할 수 있게 되면 공정가치에서 처분부대원가를 뺀 금액으로 측정한다.

답 ③

02 농림어업 기준서의 내용으로 옳지 않은 것은? 2013. CTA

① 생물자산은 공정가치를 신뢰성 있게 측정할 수 없는 경우를 제외하고는 최초인식시점과 매 보고기간말에 순공정가치로 측정한다.

② 최초로 인식하는 생물자산을 공정가치로 신뢰성 있게 측정할 수 없는 경우에는 원가에서 감가상각누계액과 손상차손누계액을 차감한 금액으로 측정한다.

③ 생물자산을 최초인식시점에 순공정가치로 인식하여 발생하는 평가손익과 생물자산의 순공정가치 변동으로 발생하는 평가손익은 발생한 기간의 당기손익에 반영한다.

④ 수확물을 최초인식시점에 순공정가치로 인식하여 발생하는 평가손익은 발생한 기간의 당기손익에 반영한다.

⑤ 순공정가치로 측정하는 생물자산과 관련된 정부보조금에 부수되는 조건이 있는 경우에는 이를 수취할 수 있게 되는 시점에만 당기손익으로 인식한다.

▶ 해설

정부보조금에 부수되는 조건이 있는 경우에는 그 조건을 충족하는 시점에만 당기손익으로 인식한다.

目 ⑤

03 농림어업 기준서의 내용으로 옳지 않은 것은? 2018. CTA

① 최초의 인식시점에 생물자산의 공정가치를 신뢰성 있게 측정할 수 없다면, 원가에서 감가상각누계액 및 손상차손누계액을 차감한 금액으로 측정한다.

② 생물자산을 이전에 순공정가치로 측정하였다면 처분시점까지 계속하여 당해 생물자산을 순공정가치로 측정한다.

③ 수확물을 최초 인식시점에 순공정가치로 인식하여 발생하는 평가손익은 발생한 기간의 당기손익에 반영한다.

④ 목재로 사용하기 위해 재배하는 나무와 같이 수확물로 수확하기 위해 재배하는 식물은 생산용식물이 아니다.

⑤ 과일과 목재 모두를 얻기 위해 재배하는 나무는 생산용식물이다.

▶ 해설

식물이 수확물로 판매될 가능성이 희박하지 않다면 생산용식물이 아니다. 따라서, 과일과 목재 모두를 얻기 위해 재배하는 나무는 **생산용식물이 아니다.**

目 ⑤

04 (주)대한은 우유 생산을 위하여 20X1년 1월 1일에 어미 젖소 5마리를 마리당 ₩1,500,000에 취득하였으며, 관련 자료는 다음과 같다.

> - 20X1년 10월 말에 처음으로 우유를 생산하였으며, 동 일자에 생산된 우유 전체의 순공정가치는 ₩1,000,000이다.
> - 20X1년 11월 초 전월에 생산된 우유 전체를 유제품 생산업체에 ₩1,200,000에 납품하였다.
> - 20X1년 11월 말에 젖소 새끼 2마리가 태어났다. 이 시점의 새끼 젖소의 순공정가치는 마리당 ₩300,000이다.
> - 20X1년 12월 말 2차로 우유를 생산하였으며, 동 일자에 생산된 우유 전체의 순공정가치는 ₩1,100,000이다. 또한 20X1년 12월 말에도 어미 젖소와 새끼 젖소의 수량 변화는 없으며, 기말 현재 어미 젖소의 순공정가치는 마리당 ₩1,550,000, 새끼 젖소의 순공정가치는 마리당 ₩280,000이다.

위 거래가 (주)대한의 20X1년도 포괄손익계산서상 당기순이익에 미치는 영향은 얼마인가?

2011. CTA

① 증가 ₩250,000   ② 증가 ₩640,000

③ 증가 ₩2,100,000   ④ 증가 ₩2,700,000

⑤ 증가 ₩3,110,000

▶ **해설**

당기순이익: 1,000,000 + 1,200,000 − 1,000,000 + 600,000 + 1,100,000 + 210,000 = 3,110,000 증가

1.1	(차)	생물자산	7,500,000	(대)	현금	7,500,000
10.31	(차)	수확물	1,000,000	(대)	평가이익(PL)	1,000,000
	(차)	재고자산	1,000,000	(대)	수확물	1,000,000
11.1	(차)	현금	1,200,000	(대)	매출	1,200,000
	(차)	매출원가	1,000,000	(대)	재고자산	1,000,000
11.30	(차)	생물자산	600,000	(대)	평가이익(PL)	600,000
12.31	(차)	수확물	1,100,000	(대)	평가이익(PL)	1,100,000
	(차)	재고자산	1,100,000	(대)	수확물	1,100,000
	(차)	생물자산	210,000	(대)	평가이익(PL)	210,000

기말 생물자산평가손익: (1,550,000 − 1,500,000) × 5마리(어미 젖소) + (280,000 − 300,000) × 2마리(새끼 젖소) = 210,000

답 ⑤

05 20X1년 초 (주)세무낙농은 우유 생산을 위하여 젖소 5마리(1마리당 순공정가치 ₩5,000,000)를 1마리당 ₩5,200,000에 취득하고 목장운영을 시작하였다. 20X1년 12월 25일에 처음으로 우유를 생산하였으며, 생산된 우유는 전부 1,000리터(ℓ)이다. 생산 시점 우유의 1리터(ℓ)당 순공정가치는 ₩10,000이다. 20X1년 12월 27일 (주)세무낙농은 생산된 우유 중 500리터(ℓ)를 유가공업체인 (주)대한에 1리터(ℓ)당 ₩9,000에 판매하였다. 20X1년 말 목장의 실제 젖소는 5마리이고, 우유보관창고의 실제 우유는 500리터(ℓ)이다. 20X1년 말 젖소 1마리당 순공정가치는 ₩5,100,000이고 우유 1리터(ℓ)당 순실현가능가치는 ₩11,000이다. 위 거래가 (주)세무낙농의 20X1년도 포괄손익계산서상 당기순이익에 미치는 영향은?

2022. CTA

① ₩9,000,000 증가   ② ₩10,000,000 증가

③ ₩11,000,000 증가   ④ ₩12,000,000 증가

⑤ ₩13,000,000 증가

●▶ 해설

당기순이익에 미치는 영향

: $-1,000,000 + 10,000,000 + 4,500,000 - 5,000,000 + 500,000 = 9,000,000$ 증가

1.1	(차)	생물자산 평가손실(PL)	25,000,000 1,000,000	(대)	현금	26,000,000
12.25	(차)	수확물	10,000,000	(대)	평가이익(PL)	10,000,000
	(차)	재고자산	10,000,000	(대)	수확물	10,000,000
12.27	(차)	현금	4,500,000	(대)	매출	4,500,000
	(차)	매출원가	5,000,000	(대)	재고자산	5,000,000
12.31	(차)	생물자산	500,000	(대)	평가이익(PL)	500,000

수확물은 최초 인식 후 재고자산으로 분류한다. 기말에 저가법을 적용하여 NRV(11,000)가 BP(10,000)보다 크므로 평가손실을 인식하지 않는다.

답 ①

2 매각예정비유동자산

1. 매각예정으로 분류

비유동자산(또는 처분자산집단)의 장부금액이 계속사용이 아닌 매각거래를 통하여 주로 회수될 것이라면 이를 매각예정으로 분류한다. 처분자산집단이란 단일거래를 통해 매각이나 다른 방법으로 함께 처분될 예정인 자산의 집합과 당해 자산에 직접 관련되어 이전될 부채를 말하며, 사업결합에서 취득한 영업권을 포함한다.

매각예정으로 분류하기 위해서는 당해 자산은 현재의 상태에서 통상적이고 관습적인 거래조건만으로 즉시 매각가능하여야 하며 매각될 가능성이 매우 높아야 한다. 매각될 가능성이 매우 높은 조건은 수험 목적상 생략한다.

(1) 보고기간 후에 매각예정 분류 요건 충족 시: 매각예정으로 분류 X

매각예정으로 분류되는 요건이 보고기간 후에 충족된 경우 당해 비유동자산은 보고기간 후 발행되는 당해 재무제표에서 매각예정으로 분류할 수 없다. 그러나 이들 요건이 보고기간 후 공표될 재무제표의 승인 이전에 충족된다면 그 내용을 주석으로 공시한다.

(2) 폐기될 비유동자산: 매각예정으로 분류 X

폐기될 비유동자산(또는 처분자산집단)은 매각예정으로 분류할 수 없다. 왜냐하면 해당 장부금액은 원칙적으로 계속 사용함으로써 회수되기 때문이다. 매각은 파는 것을 의미하지, 버리는 것을 의미하지 않는다. 한편, 일시적으로 사용을 중단한 비유동자산은 폐기될 자산으로 회계처리할 수 없다.

2. 매각예정으로 분류된 비유동자산의 표시

(1) 매각예정비유동자산은 다른 자산과 별도로 표시, 매각예정 자산-부채 상계 X

매각예정으로 분류된 비유동자산은 다른 자산과 별도로 재무상태표에 표시한다. 매각예정으로 분류된 처분자산집단에 포함되는 자산이나 부채는 다른 자산이나 부채와 별도로 재무상태표에 표시한다. 해당 자산과 부채는 상계하여 단일금액으로 표시할 수 없다.

(2) 매각예정비유동자산과 관련된 OCI는 별도 표시

매각예정으로 분류된 비유동자산(또는 처분자산집단)과 관련하여 기타포괄손익으로 인식한 손익누계액은 별도로 표시한다. 예를 들어, 재평가모형을 적용하던 유형자산을 매각예정비유동자산으로 분류하였다고 가정하자. 이때 기존에 재평가모형을 적용하면서 인식했던 재평가잉여금이 있었다면 재무상태표 상 기타포괄손익누계액에서 별도로 표시한다.

3. 매각예정 비유동자산의 측정

(1) 매각예정비유동자산=min[순공정가치, 장부금액]

자산(또는 처분자산집단)을 매각예정으로 최초 분류하기 직전에 해당 자산(또는 처분자산집단 내의 모든 자산과 부채)의 장부금액은 적용가능한 한국채택국제회계기준서에 따라 측정한다. 매각예정으로 분류된 비유동자산(또는 처분자산집단)은 공정가치에서 처분부대원가를 뺀 금액과 장부금액 중 작은 금액으로 측정한다.

문제에서 유형자산을 제시하면 매각예정으로 분류하기 전까지는 감가상각 및 재평가를 수행하다가, 매각예정으로 분류 시 순공정가치(= 공정가치 − 처분부대원가)가 더 작다면 순공정가치로 측정하면 된다.

(2) 1년 이후에 매각 예상 시: 매각부대원가는 현재가치로 측정

1년 이후에 매각될 것으로 예상된다면 매각부대원가는 현재가치로 측정한다. 기간 경과에 따라 발생하는 매각부대원가 현재가치의 증가분은 금융원가로서 당기손익으로 회계처리한다.

(3) 매각예정 분류 시 감가상각 X, 이자비용은 계속 인식 ★중요!

비유동자산이 매각예정으로 분류되거나 매각예정으로 분류된 처분자산집단의 일부이면 그 자산은 감가상각(또는 상각)하지 아니한다. 매각예정으로 분류된 처분자산집단의 부채와 관련된 이자와 기타 비용은 계속해서 인식한다.

감가상각은 자산을 사용하는 동안 취득원가를 비용으로 안분하는 과정이다. 매각예정비유동자산은 사용하는 자산이 아니라 처분하는 자산이기 때문에, 감가상각을 하면 안 된다. 다만, 매각예정으로 분류하더라도 관련 부채에서 이자비용은 계속 발생하므로 이자비용은 계속 인식한다.

(4) 손상차손과 손상차손환입액의 인식

자산(또는 처분자산집단)의 최초 또는 향후 공정가치에서 처분부대원가를 뺀 금액의 하락은 손상차손, 증가는 이익으로 인식한다. 그러나 이익은 과거에 인식하였던 손상차손누계액을 초과할 수 없다.

4. 매각계획의 변경

매각예정으로 분류되던 자산(또는 처분자산집단)이 매각예정 분류 요건을 더 이상 충족할 수 없다면 그 자산(또는 처분자산집단)은 매각예정으로 분류할 수 없다.

(1) 매각예정으로 분류할 수 없는 비유동자산의 측정

더 이상 매각예정으로 분류할 수 없는 비유동자산(또는 처분자산집단)은 다음 중 작은 금액으로 측정한다. 원가모형 손상차손환입 시 한도와 같은 규정이라고 생각하면 된다.

① 당해 자산(또는 처분자산집단)을 매각예정으로 분류하기 전 장부금액에 감가상각, 상각, 또는 재평가 등 매각예정으로 분류하지 않았더라면 인식하였을 조정사항을 반영한 금액
② 매각하지 않거나 분배하지 않기로 결정한 날의 회수가능액

(2) 과거 B/S의 매각예정 분류는 최근의 매각예정 분류를 반영하기 위하여 재분류 X

과거 재무상태표에 매각예정으로 분류된 비유동자산 또는 처분자산집단에 포함된 자산과 부채의 금액은 최근 재무상태표의 분류를 반영하기 위하여 재분류하거나 재작성하지 아니한다. 전기에는 매각예정비유동자산이었지만, 당기에 매각계획을 철회한 경우 비교 표시되는 전기 재무상태표 상에는 그대로 매각예정비유동자산으로 두라는 뜻이다.

예제

01 기업회계기준서 제1105호 '매각예정비유동자산과 중단영업'에 대한 다음 설명 중 옳지 않은 것은?

2021. CPA

① 비유동자산의 장부금액이 계속사용이 아닌 매각거래를 통하여 주로 회수될 것이라면 이를 매각예정으로 분류한다.

② 매각예정비유동자산으로 분류하기 위한 요건이 보고기간 후에 충족된 경우 당해 비유동자산은 보고기간 후 발행되는 당해 재무제표에서 매각예정으로 분류할 수 없다.

③ 매각예정으로 분류된 비유동자산은 공정가치에서 처분부대원가를 뺀 금액과 장부금액 중 작은 금액으로 측정한다.

④ 비유동자산이 매각예정으로 분류되거나 매각예정으로 분류된 처분자산집단의 일부이면 그 자산은 감가상각(또는 상각)하지 아니하며, 매각예정으로 분류된 처분자산집단의 부채와 관련된 이자와 기타 비용 또한 인식하지 아니한다.

⑤ 과거 재무상태표에 매각예정으로 분류된 비유동자산 또는 처분자산집단에 포함된 자산과 부채의 금액은 최근 재무상태표의 분류를 반영하기 위하여 재분류하거나 재작성하지 아니한다.

> **해설**
> 비유동자산이 매각예정으로 분류되거나 매각예정으로 분류된 처분자산집단의 일부이면 그 자산은 감가상각(또는 상각)하지 아니한다. 매각예정으로 분류된 처분자산집단의 부채와 관련된 이자와 기타 비용은 계속해서 인식한다.
>
> 탑 ④

5. 처분자산집단에 대한 손상차손

처분자산집단에 대하여 인식한 손상차손(또는 손상차손환입)은 고급회계에서 배울 현금창출단위의 손상차손과 유사하므로 잘 기억해두자.

STEP 1 손상차손=매각예정으로 분류하기 직전 장부금액-처분자산집단의 순공정가치

자산집단을 매각예정으로 분류함에 따라 손상차손이 발생하는 경우 개별 자산의 순공정가치가 아닌 처분자산집단의 순공정가치를 추정한다. 매각예정으로 분류하기 직전의 장부금액에서 처분자산집단의 순공정가치를 차감하면 손상차손 총액을 구할 수 있다.

STEP 2 영업권 먼저 제거

매각예정처분자산집단에 대한 손상차손은 우선 영업권의 장부금액을 감액한다.

STEP 3 잔여 손상차손을 남은 유형자산의 장부금액에 비례하여 배분

영업권을 제거해도 손상차손이 남는다면 잔여 손상차손을 남은 비유동자산의 장부금액에 비례하여 배분한다. 이때, 매각예정비유동자산은 말 그대로 매각예정인 '비유동자산'이므로, 유동자산은 제외한다. 따라서 유동자산에 해당하는 재고자산에는 손상차손을 배분하면 안 된다. 또한, 비유동자산 중 금융자산, 공정가치모형을 적용하는 투자부동산은 공정가치로 평가하므로 손상차손을 배분하지 않는다. 결과적으로, 비유동자산 중 공정가치로 평가하지 않는 대상이 유형자산밖에 남지 않는다. 따라서 잔여 손상차손을 유형자산의 장부금액에 비례하여 배분하면 된다.

예제

02 (주)세무는 20X1년 12월 말에 다음의 자산집단을 매각방식으로 처분하기로 하였고, 이는 매각예정의 분류기준을 충족한다. 처분자산집단에 속한 자산은 다음과 같이 측정한다.

구분	매각예정으로 분류하기 전 12월 말의 장부가액	매각예정으로 분류하기 직전에 재측정한 장부가액
재고자산	₩1,100	₩1,000
기타포괄손익 − 공정가치 측정 금융자산	1,300	1,000
유형자산 Ⅰ(재평가액으로 표시)	1,200	1,000
유형자산 Ⅱ(원가로 표시)	3,400	3,000
영업권	1,000	3,000
합 계	₩8,000	₩7,000

한편, (주)세무는 매각예정으로 분류하는 시점에서 처분자산집단의 순공정가치를 ₩4,000으로 추정하였다. 20X1년 12월 말 손상차손 배분 후, 재고자산과 유형자산 Ⅱ의 장부금액은?

2024. CTA

	재고자산	유형자산 Ⅱ
①	₩500	₩1,500
②	₩500	₩2,500
③	₩500	₩3,000
④	₩1,000	₩1,500
⑤	₩1,000	₩2,500

▶ 해설

	재고자산	FVOCI	유형자산 I	유형자산 II	영업권	계
손상 전 영업권	1,000	1,000	1,000	3,000	1,000 (1,000)	7,000 (1,000)
영업권 손상 후 손상	1,000 —	1,000 —	1,000 (500)	3,000 (1,500)	—	6,000 (2,000)
손상 후	1,000	1,000	500	1,500		4,000

처분자산집단에 대한 손상차손은 1) 영업권을 먼저 제거한 후, 재고자산과 금융자산을 제외한 2) 유형자산에 잔여 손상차손을 배부하면 된다.

 ④

03 (주)한국은 20X1년 12월 말에 다음의 자산집단을 매각방식으로 처분하기로 하였고, 이는 매각예정의 분류기준을 충족한다. 처분자산집단에 속한 자산은 다음과 같이 측정한다.

구분	매각예정으로 분류하기 전 12월 말의 장부금액	매각예정으로 분류하기 직전에 재측정한 장부금액
영업권	₩100,000	₩100,000
유형자산 Ⅰ (재평가액으로 표시)	1,200,000	1,000,000
유형자산 Ⅱ (원가로 표시)	2,000,000	2,000,000
재고자산	1,100,000	1,050,000
기타포괄손익 − 공정가치측정금융자산	1,300,000	1,250,000
합계	₩5,700,000	₩5,400,000

한편, (주)한국은 매각예정으로 분류하는 시점에서 처분자산집단의 순공정가치를 ₩5,000,000으로 추정하였다. 20X1년 12월 말에 (주)한국이 처분자산집단에 대하여 인식할 총포괄손익(A)과 손상차손 배분 후 유형자산 Ⅰ 의 장부금액(B)은 각각 얼마인가? 2016. CPA

	처분자산집단에 대하여 인식할 총포괄손익(A)	손상차손 배분 후 유형자산 Ⅰ 의 장부금액(B)
①	₩(300,000)	₩800,000
②	₩(400,000)	₩800,000
③	₩(400,000)	₩900,000
④	₩(700,000)	₩800,000
⑤	₩(700,000)	₩900,000

⊙ **해설**

(1) 총포괄손익(A): 5,000,000 − 5,700,000 = (700,000)
　장부금액을 재측정한 뒤, 순공정가치로 평가해야 하므로 12월 말 장부금액에서 순공정가치를 차감하면 된다.

(2) 손상차손: 5,400,000 − 5,000,000 = 400,000

(3) 손상차손 배분 과정

	영업권	유형자산 I	유형자산 II	계
손상 전 영업권 손상	100,000 (100,000)	1,000,000	2,000,000	3,100,000 (100,000)
영업권 손상 후 손상	− 	1,000,000 (100,000)	2,000,000 (200,000)	3,000,000 (300,000)
손상 후	−	900,000	1,800,000	2,700,000

손상차손 배분 후 유형자산 I의 장부금액(B): 900,000
재고자산과 금융자산에 대해서는 손상차손을 배분하지 않는다.

|회계처리|

재평가잉여금 or 재평가손실	200,000	유형자산 I	200,000
재고자산평가손실	50,000	재고자산평가충당금	50,000
금융자산평가손실	50,000	FVOCI 금융자산	50,000
손상차손	400,000	영업권	100,000
		유형자산 I	100,000
		유형자산 II	200,000

매각예정으로 분류하기 전 12월 말의 장부금액과 재측정한 장부금액 사이에 차이가 나는 자산은 유형자산 I, 재고자산, 금융자산이다. 각각 다음과 같이 금액이 변한 것이다.
① 유형자산 I: 재평가모형을 적용하므로 감가상각 후 장부금액을 공정가치로 재평가한 것이다.
② 재고자산: 저가법을 적용하여 장부금액이 감소한 것이다.
③ 금융자산: 공정가치 평가를 한 것이다.

🔲 ⑤

3 중단영업

1. 중단영업

기업의 구분단위는 재무보고 목적뿐만 아니라 영업상으로도 기업의 나머지 부분과 영업 및 현금흐름이 명확히 구별된다. 즉 기업의 구분단위는 계속사용을 목적으로 보유 중인 경우 하나의 현금창출단위 또는 현금창출단위집단이 될 것이다. 중단영업은 이미 처분되었거나 매각예정으로 분류되고 다음 중 하나에 해당하는 기업의 구분단위이다.

> ① 별도의 주요 사업계열이나 영업지역이다.
> ② 별도의 주요 사업계열이나 영업지역을 처분하려는 단일 계획의 일부이다.
> ③ 매각만을 목적으로 취득한 종속기업이다.

2. 공시사항

(1) 포괄손익계산서

다음의 합계를 포괄손익계산서에 단일금액으로 표시한다.

> ① 세후 중단영업손익
> ② 중단영업에 포함된 자산이나 처분자산집단을 공정가치에서 처분부대원가를 뺀 금액으로 측정하거나 처분함에 따른 세후 손익

① 세후 중단영업손익

중단영업에서 발생한 손익은 포괄손익계산서에 세후로 표시한다. 다음 포괄손익계산서 예시를 보자. 계속영업이익은 법인세비용차감전순이익(EBT)에서 법인세비용을 차감하는 형태로 표시한다. 하지만 중단영업과 관련된 법인세비용은 포괄손익계산서에 표시하지 않고, '중단영업손익' 한 줄로 표시한다. 이때 중단영업손익은 세후금액을 의미한다.

매출액	XXX
매출원가	(XXX)
매출총이익	XXX
판매비와 관리비	(XXX)
영업이익	XXX
영업외손익	XXX
법인세비용차감전순이익(EBT)	XXX
법인세비용	(XXX)
계속영업이익	XXX
중단영업손익	XXX
당기순이익(NI)	XXX

(2) 현금흐름

중단영업의 영업활동, 투자활동 및 재무활동으로부터 발생한 순현금흐름은 주석이나 재무제표 본문에 표시한다.

3. 매각예정비유동자산의 평가손익

	매각예정 분류 O	매각예정 분류 X
중단영업 정의 O	중단영업손익	계속영업손익
중단영업 정의 X		

매각예정비유동자산의 평가손익이 중단영업손익에 포함되기 위해서는 매각예정 분류 조건과 중단영업의 정의를 모두 충족해야 한다. 하나라도 충족하지 못한다면 계속영업손익에 포함한다.

(1) 매각예정으로 분류할 수 없는 비유동자산 관련 손익은 계속영업손익에 포함

더 이상 매각예정으로 분류할 수 없는 비유동자산의 장부금액에 반영하는 조정금액은 매각예정 분류 요건을 더 이상 충족하지 않게 된 기간의 계속영업손익에 포함한다.

(2) 매각예정으로 분류하더라도 중단영업의 정의 미충족 시 계속영업손익에 포함

매각예정으로 분류하였으나 중단영업의 정의를 충족하지 않는 비유동자산(또는 처분자산집단)을 재측정하여 인식하는 평가손익은 계속영업손익에 포함한다.

01 매각예정비유동자산과 중단영업에 관한 설명으로 옳지 않은 것은? 2013. CTA

① 처분자산집단에 대하여 인식한 손상차손은 우선 영업권을 감소시키고 나머지 금액은 유동자산에 배분한다.

② 매각예정으로 분류하였으나 중단영업의 정의를 충족하지 않는 비유동자산(또는 처분자산집단)을 재측정하여 인식하는 평가손익은 계속영업손익에 포함한다.

③ 비유동자산이 매각예정으로 분류되거나 매각예정으로 분류된 처분자산집단의 일부이면 그 자산은 감가상각(또는 상각)하지 아니한다.

④ 매각예정으로 분류된 비유동자산(또는 처분자산집단)은 순공정가치와 장부금액 중 작은 금액으로 측정한다.

⑤ 매각예정으로 분류된 비유동자산(또는 처분자산집단)과 관련하여 기타포괄손익으로 인식한 손익누계액은 별도로 표시한다.

해설

처분자산집단에 대하여 인식한 손상차손은 우선 영업권을 감소시키고 나머지 금액은 비유동자산에 배분한다.

답 ①

4 중간재무보고

1. 중간재무보고서

중간기간이란, 한 회계연도보다 짧은 회계기간을 의미한다. 중간재무보고서는 중간기간에 대한 재무보고서로서 기업회계기준서 제1001호 '재무제표 표시'에 따른 전체 재무제표 또는 이 기준서에 따른 요약재무제표를 포함한 보고서를 말한다.

(1) 중간재무보고서의 구성요소

중간재무보고서는 최소한 다음의 구성요소를 포함하여야 한다.

---

① 요약재무상태표
② 요약포괄손익계산서
③ 요약자본변동표
④ 요약현금흐름표
⑤ 선별적 주석

---

(2) 중간재무제표가 제시되어야 하는 기간

중간재무보고서는 다음 기간에 대한 중간재무제표를 포함하여야 한다.

---

① 당해 중간보고기간말과 직전 연차보고기간말을 비교하는 형식으로 작성한 재무상태표
② 당해 중간기간과 당해 회계연도 누적기간을 직전 회계연도의 동일기간과 비교하는 형식으로 작성한 포괄손익계산서
③ 당해 회계연도 누적기간을 직전 회계연도의 동일기간과 비교하는 형식으로 작성한 자본변동표, 현금흐름표

|중간재무제표 예시|

		당기 (X2년)	전기 (X1년)
재무상태표		X2.6.30	X1.12.31
포괄손익계산서	중간기간	X2.4.1~X2.6.30	X1.4.1~X1.6.30
	누적기간	X2.1.1~X2.6.30	X1.1.1~X1.6.30
자본변동표, 현금흐름표		X2.1.1~X2.6.30	X1.1.1~X1.6.30

재무상태표는 잔액을 보여주는 재무제표이므로 시점을 비교한다. 반면, 포괄손익계산서, 자본변동표와 현금흐름표는 변동분을 보여주는 재무제표이므로 기간을 비교한다. 이 중에서 포괄손익계산서는 상대적으로 더 중요한 재무제표이므로 중간기간과 누적기간을 모두 비교하지만, 자본

변동표와 현금흐름표는 누적기간만 비교한다. '중간기간'이 아닌 '누적기간'을 비교한다는 것을 꼭 기억하자.

(3) 중간재무보고서에는 적은 정보만 공시하는 것도 가능

적시성과 재무제표 작성 비용의 관점에서 또한 이미 보고된 정보와의 중복을 방지하기 위하여 중간재무보고서에는 연차재무제표에 비하여 적은 정보를 공시할 수 있다.

2. 중요성: 중간기간에 근거하여 판단 ⭐중요!

중간재무보고서를 작성할 때 중요성의 판단은 해당 중간기간(not 전체기간)의 재무자료에 근거하여 이루어져야 한다. 중요성을 평가하는 과정에서 중간기간의 측정은 연차재무자료의 측정에 비하여 추정에 의존하는 정도가 크다는 점을 고려하여야 한다.

3. 중간재무보고의 인식과 측정

(1) 회계정책: 동일한 회계정책 적용 (예 연결기준)

중간재무제표는 연차재무제표(1년 전체 재무제표)에 적용하는 회계정책과 동일한 회계정책을 적용하여 작성한다. 따라서, 직전 연차재무보고서를 연결기준으로 작성하였다면 중간재무보고서도 연결기준으로 작성해야 한다.

다만 직전 연차보고기간 말 후에 회계정책을 변경하여 그 후의 연차재무제표에 반영하는 경우에는 변경된 회계정책을 적용한다. 예를 들어, X1년 말 후에 회계정책을 변경하여 X2년부터 새로운 회계정책을 적용한다면, X2년 중간재무제표는 새로운 회계정책에 따라 작성한다.

(2) IFRS의 적용: 개별적으로 평가!

연차재무보고서 및 중간재무보고서가 한국채택국제회계기준에 따라 작성되었는지는 개별적으로 (not 통합하여) 평가한다. 중간재무보고를 하지 않았거나 이 기준서를 준수하지 아니한 중간재무보고를 하였더라도 연차재무제표는 한국채택국제회계기준에 따라 작성될 수 있다.

중간재무보고는 연차재무보고와 동일한 회계정책을 적용하여 작성해야 하지만, IFRS의 적용은 개별적으로 평가한다. 기본적으로 중간재무보고의 회계정책은 연차재무보고와 일치시키는 것이 원칙이지만, 중간재무보고가 연차재무보고에 비해 중요도가 떨어지므로 IFRS를 적용하지 않을 수 있도록 허용해준 것이다.

(3) 계절적, 주기적 또는 일시적인 수익

계절적, 주기적 또는 일시적으로 발생하는 수익은 연차보고기간말에 미리 예측하여 인식하거나 이연하는 것이 적절하지 않은 경우 중간보고기간말에도 미리 예측하여 인식하거나 이연하여서는 아니된다.

(4) 연중 고르지 않게 발생하는 원가

연중 고르지 않게 발생하는 원가는 연차보고기간말에 미리 비용으로 예측하여 인식하거나 이연하는 것이 타당한 방법으로 인정되는 경우에 한하여 중간재무보고서에서도 동일하게 처리한다.

(5) 추정치의 사용

연차기준과 중간기준의 측정 모두 합리적인 추정에 근거하지만, 일반적으로 중간기준의 측정은 연차기준의 측정보다 추정을 더 많이 사용한다.

특정 중간기간에 보고된 추정금액이 최종 중간기간에 중요하게 변동하였지만 최종 중간기간에 대하여 별도의 재무보고를 하지 않는 경우, 추정의 변동 내용과 금액을 해당 회계연도의 연차재무제표에 주석으로 공시하여야 한다.

예제

01 중간재무보고에 관련된 K-IFRS의 설명으로 옳지 않은 것은?　　　2014. 서울시 9급

① 적시성과 재무제표 작성 비용의 관점에서 또한 이미 보고된 정보와의 중복을 방지하기 위하여 중간재무보고서에는 연차재무제표에 비하여 적은 정보를 공시할 수 있다.

② 직전 연차재무보고서를 연결기준으로 작성하였다면 중간재무보고서도 연결기준으로 작성해야 한다.

③ 중간재무보고서를 작성할 때 인식, 측정, 분류 및 공시와 관련된 중요성의 판단은 해당 중간기간의 재무자료에 근거하여 이루어져야 한다. 중요성을 평가하는 과정에서 중간기간의 측정은 연차재무자료의 측정에 비하여 추정에 의존하는 정도가 크다는 점을 고려하여야 한다.

④ 연차재무보고서 및 중간재무보고서가 한국채택국제회계기준에 따라 작성되었는지는 통합하여 평가한다.

해설

연차재무보고서 및 중간재무보고서가 한국채택국제회계기준에 따라 작성되었는지는 개별적으로 평가한다.

답 ④

02 다음은 중간재무보고에 대한 설명이다.

A	중간재무제표에 포함되는 포괄손익계산서, 자본변동표 및 현금흐름표는 당해 회계연도 누적기간만을 직전 회계연도의 동일기간과 비교하는 형식으로 작성한다.
B	계절적, 주기적 또는 일시적으로 발생하는 수익은 연차보고기간말에 미리 예측하여 인식하거나 이연하는 것이 적절하지 않은 경우 중간보고기간말에도 미리 예측하여 인식하거나 이연해서는 안 된다.
C	특정 중간기간에 보고된 추정금액이 최종 중간기간에 중요하게 변동하였지만 최종 중간기간에 대하여 별도의 재무보고를 하지 않는 경우, 추정의 변동 성격과 금액을 해당 회계연도의 연차재무제표에 주석으로 공시해야 한다.

위의 기술 중 옳은 것을 모두 고른다면?   2018. CPA

① B   ② C   ③ A, B   ④ B, C   ⑤ A, B, C

> **해설**
>
> A. 포괄손익계산서는 당해 회계연도 누적기간분 아니라, 중간기간도 직전 회계연도의 동일기간과 비교하는 형식으로 작성한다.
>
> 탑 ④

---

03 기업회계기준서 제1034호 '중간재무보고'에 대한 다음 설명 중 옳지 않은 것은? 2022. CPA

① 중간재무보고서는 최소한 요약재무상태표, 요약된 하나 또는 그 이상의 포괄손익계산서, 요약자본변동표, 요약현금흐름표 그리고 선별적 주석을 포함하여야 한다.

② 중간재무보고서에는 직전 연차보고기간 말 후 발생한 재무상태와 경영성과의 변동을 이해하는 데 유의적인 거래나 사건에 대한 설명을 포함한다.

③ 특정 중간기간에 보고된 추정금액이 최종 중간기간에 중요하게 변동하였지만 최종 중간기간에 대하여 별도의 재무보고를 하지 않는 경우에는, 추정의 변동 성격과 금액을 해당 회계연도의 연차재무제표에 주석으로 공시하지 않는다.

④ 중간재무보고서를 작성할 때 인식, 측정, 분류 및 공시와 관련된 중요성의 판단은 해당 중간기간의 재무자료에 근거하여 이루어져야 한다.

⑤ 중간재무제표는 연차재무제표에 적용하는 회계정책과 동일한 회계정책을 적용하여 작성한다. 다만 직전 연차보고기간 말 후에 회계정책을 변경하여 그 후의 연차재무제표에 반영하는 경우에는 변경된 회계정책을 적용한다.

> **해설**
>
> 특정 중간기간에 보고된 추정금액이 최종 중간기간에 중요하게 변동하였지만 최종 중간기간에 대하여 별도의 재무보고를 하지 않는 경우, 추정의 변동 내용과 금액을 해당 회계연도의 연차재무제표에 주석으로 공시하여야 한다.
>
> 탑 ③

5 보고기간 후 사건

1. 보고기간후사건의 유형

보고기간후사건이란 보고기간말과 재무제표 발행승인일 사이에 발생한 유리하거나 불리한 사건을 말한다. 보고기간후사건은 다음 두 가지 유형으로 구분한다.

	수정을 요하는 보고기간후사건	수정을 요하지 않는 보고기간후사건
비고	보고기간말에 존재하였던 상황에 대해 증거를 제공하는 사건	보고기간 후에 발생한 상황을 나타내는 사건
수정	재무제표 인식된 금액 수정 O	재무제표 인식된 금액 수정 X
사례	① 보고기간말에 존재하였던 소송 확정 ② 보고기간말에 이미 자산손상이 발생되었음을 나타내는 정보를 보고기간 후에 입수 　예 매출처 파산, 재고자산 판매: 대손충당금 및 재고자산평가충당금에 대한 정보 제공 ③ 보고기간말 이전에 구입한 자산의 취득원가나 매각한 자산의 대가를 보고기간 후에 결정 ④ 보고기간말에 종업원에게 지급하여야 할 법적 의무나 의제의무가 있는 이익분배나 상여금지급 금액을 보고기간 후에 확정	① 보고기간말과 재무제표 발행승인일 사이에 투자자산의 공정가치 하락 ② 보고기간 후에 지분상품 보유자에 대해 배당 선언

(1) 보고기간말과 재무제표 발행승인일 사이에 투자자산의 공정가치 하락

수정을 요하지 않는 보고기간후사건의 예로는 보고기간말과 재무제표 발행승인일 사이에 투자자산의 공정가치 하락을 들 수 있다. 공정가치의 하락은 일반적으로 보고기간말의 상황과 관련된 것이 아니라 보고기간 후에 발생한 상황이 반영된 것이다. 따라서 그 투자자산에 대해서 재무제표에 인식된 금액을 수정하지 아니한다.

(2) 배당금: 보고기간 후에 배당 선언 시 기말 부채 X

보고기간 후에 지분상품 보유자에 대해 배당을 선언한 경우에는 보고기간말에 어떠한 의무도 존재하지 않으므로 보고기간말에 부채로 인식하지 아니한다.

투자자산의 공정가치 하락, 보고기간 후 배당선언을 제외한 예는 전부 수정을 요하는 보고기간후사건의 예라고 기억하자.

01 재무제표에 인식된 금액을 수정할 필요가 없는 보고기간 후 사건의 예로 옳은 것은? 2019. CTA

① 보고기간말에 존재하였던 현재의무가 보고기간 후에 소송사건의 확정에 의해 확인되는 경우

② 보고기간말에 이미 자산손상이 발생되었음을 나타내는 정보를 보고기간 후에 입수하는 경우나 이미 손상차손을 인식한 자산에 대하여 손상차손금액의 수정이 필요한 정보를 보고기간 후에 입수하는 경우

③ 보고기간말 이전 사건의 결과로서 보고기간말에 종업원에게 지급하여야 할 법적 의무나 의제의무가 있는 이익분배나 상여금지급 금액을 보고기간 후에 확정하는 경우

④ 보고기간말과 재무제표 발행승인일 사이에 투자자산의 공정가치 하락이 중요하여 정보이용자의 의사결정에 영향을 줄 수 있는 경우

⑤ 보고기간말 이전에 구입한 자산의 취득원가나 매각한 자산의 대가를 보고기간 후에 결정하는 경우

해설

④번만 수정을 요하지 않는 보고기간후사건이다.

답 ④

3. 계속기업

경영진이 보고기간 후에, 기업을 청산하거나 경영활동을 중단할 의도를 가지고 있거나, 청산 또는 경영활동의 중단 외에 다른 현실적 대안이 없다고 판단하는 경우에는 계속기업의 기준에 따라 재무제표를 작성해서는 아니 된다.

기준서 제1001호 '재무제표 표시'에 등장하는 문장과 유사한 문장인데, '보고기간 후에도' 경영진이 청산 외에는 대안이 없다고 판단하는 경우에는 계속기업 기준으로 재무제표를 작성하지 말라는 규정이다.

예제

02 보고기간 후 사건에 관한 설명으로 옳은 것은?   2020. CTA

① 보고기간 후에 발생한 상황을 나타내는 사건을 반영하기 위하여, 재무제표에 인식된 금액을 수정한다.

② 보고기간말과 재무제표 발행승인일 사이에 투자자산의 공정가치가 하락한다면, 재무제표에 투자자산으로 인식된 금액을 수정한다.

③ 보고기간 후에 지분상품 보유자에 대해 배당을 선언한 경우, 그 배당금을 보고기간말의 부채로 인식하지 아니한다.

④ 보고기간말에 존재하였던 상황에 대한 정보를 보고기간 후에 추가로 입수한 경우에도 그 정보를 반영하여 공시 내용을 수정하지 않는다.

⑤ 경영진이 보고기간 후에, 기업을 청산하거나 경영활동을 중단할 의도를 가지고 있거나, 청산 또는 경영활동의 중단 외에 다른 현실적 대안이 없다고 판단하는 경우에도 계속기업의 기준에 따라 재무제표를 작성할 수 있다.

● 해설

① 보고기간 후에 발생한 상황을 나타내는 사건은 수정을 요하지 않는 보고기간후사건이다. 수정을 요하지 않는 보고기간후사건을 반영하기 위하여 재무제표에 인식된 금액을 수정하지 아니한다. (X)

② 투자자산의 공정가치 하락은 일반적으로 보고기간말의 상황과 관련된 것이 아니라 보고기간 후에 발생한 상황이 반영된 것이다. 따라서 그 투자자산에 대해서 재무제표에 인식된 금액을 수정하지 아니한다. (X)

④ 보고기간말에 존재하였던 상황에 대한 정보를 보고기간 후에 추가로 입수한 경우에는 그 정보를 반영하여 공시 내용을 수정한다. (X)

⑤ 경영진이 보고기간 후에, 기업을 청산하거나 경영활동을 중단할 의도를 가지고 있거나, 청산 또는 경영활동의 중단 외에 다른 현실적 대안이 없다고 판단하는 경우에는 계속기업의 기준에 따라 재무제표를 작성해서는 아니 된다. (X)

🔲 ③

6 재무비율

1. 재무비율

재무비율은 세무사 1차 시험에는 가끔 출제되고 있지만, 회계사 1차 시험에는 거의 출제되지 않고 있는 주제이다. 하지만 재무비율은 다른 재무관리나 원가관리회계에서도 등장하기 때문에 외우는 것을 추천한다. 각 공식의 도출과정이나 의미를 알 필요는 전혀 없으며, 공식만 외우면 된다.

유동비율	유동자산/유동부채
당좌비율	당좌자산/유동부채 (당좌자산 = 유동자산 − 재고자산)
부채비율	부채/자본
이자보상비율	영업이익/이자비용
매출액순이익률	당기순이익/매출액
총자산이익률	당기순이익/평균 자산
자기자본이익률	당기순이익/평균 자기자본
매출총이익률	매출총이익/매출액
매출원가율	매출원가/매출액
원가 기준 이익률	매출총이익/매출원가
총자산회전율	매출액/평균 자산
매출채권회전율	매출액/평균 매출채권
재고자산회전율	매출원가/평균 재고자산
매입채무회전율	매입액/평균 매입채무
매출채권회수기간	365일 ÷ 매출채권회전율
재고자산처리기간	365일 ÷ 재고자산회전율
정상영업주기	매출채권회수기간 + 재고자산처리기간
PER(주가수익비율)	주가/EPS = 시가총액/NI
배당성향	주당 배당액/EPS
배당수익률	주당 배당액/주가

예제

01 다음 자료를 토대로 계산한 (주)한국의 당기순이익은?

2016. 국가직 9급

• 평균총자산액	₩3,000
• 부채비율 (= 부채/자본)	200%
• 매출액순이익률	20%
• 총자산회전율 (평균총자산 기준)	0.5회

① ₩100   ② ₩200

③ ₩300   ④ ₩400

해설

(1) 총자산회전율 = 매출액/평균총자산 = 0.5회
- 평균총자산이 3,000이므로, 매출액 = 3,000 × 0.5 = 1,500

(2) 매출액순이익률 = NI/매출액 = 20%
'매출액 = 1,500'을 대입하면 NI = 1,500 × 20% = 300

답 ③

02 다음의 20X1년 재무정보를 이용한 매출총이익은? (단, 회전율 계산시 기초와 기말의 평균 값을 이용한다)

2021. 지방직 9급

• 매출채권회전율	10회	• 재고자산회전율 (매출원가 기준)	6회
• 기초매출채권	₩600	• 기초재고자산	₩500
• 기말매출채권	₩400	• 기말재고자산	₩700

① ₩1,000 ② ₩1,400

③ ₩1,900 ④ ₩2,200

▶ **해설**

매출총이익 = 매출액 − 매출원가 = 5,000 − 3,600 = **1,400**

(1) 매출액
　　매출채권회전율: 매출액/평균 매출채권 = 10회
　　평균 매출채권: (600 + 400)/2 = 500
　　매출액: 500 × 10회 = 5,000

(2) 매출원가
　　재고자산회전율: 매출원가/평균 재고자산 = 6회
　　평균 재고자산: (500 + 700)/2 = 600
　　매출원가: 600 × 6회 = 3,600

답 ②

03 해외에 거주하는 A씨는 여유자금을 이용하여 스마트폰 제조를 주업으로 하는 (주)미래에 투자를 하려고 한다. A씨는 투자여부를 판단하는 주요 재무지표로 주가수익비율(PER)을 활용하고 있는데, 20X1년 말 현재 (주)미래의 재고자산(₩1,500,000)과 시가총액(₩5,000,000)을 제외하고는 관련 재무자료를 입수하지 못해 고민하고 있다. 공인회계사인 B씨에게 의뢰한 결과 공시되고 있는 20X1년도 동종업종(스마트폰 제조사) 평균자료를 이용하여 (주)미래의 주가수익비율(PER)을 추정할 수 있다는 답변을 얻었다. 다음의 자료만을 이용하여 B씨가 추정한 (주)미래의 20X1년 말 기준 주가수익비율(PER)은 얼마인가? (단, 1년은 360일로 계산하고, 자산과 부채의 계정은 모두 기말잔액과 연평균잔액이 동일하다고 가정한다. 우선주는 없으며, 당기 중 자본거래는 없는 것으로 가정한다. 또한 소수점 셋째자리에서 반올림하며, 단수차이로 인해 약간의 오차가 있으면 가장 근사치를 선택한다.)

2011. CPA

〈20X1년 스마트폰 제조사 평균자료〉

- 총자산 기준 부채비율 : 60%
- 자기자본순이익률 : 40%
- 재고자산회전기간 : 72일
- 매출총이익률 : 25%
- 총자산회전율 : 1.6

① 0.20　　② 1.95　　③ 2.00
④ 3.33　　⑤ 5.00

해설

재고자산회전율 = 360일/72일 = 5회
매출원가: 재고자산 × 5회 = 7,500,000
매출액: 7,500,000/0.75 = 10,000,000
총자산: 매출액/총자산회전율 = 10,000,000/1.6 = 6,250,000
자본: 6,250,000 × (1 − 60%) = 2,500,000
NI: 자본 × 자기자본순이익률 = 2,500,000 × 40% = 1,000,000

PER = 주가/EPS = 시가총액/NI = 5,000,000/1,000,000 = 5.00

답 ⑤

2. 화재, 도난 등이 발생한 경우 재고자산 손실액

화재, 도난 등이 발생한 상황에서 재고자산 손실액을 묻는 유형은 다음과 같이 풀면 된다. 다음은 다양한 유형 중 한 가지 유형의 문제 풀이법이며, 문제에 따라 풀이 방법이 달라질 수 있다.

STEP 1 매출원가 구하기

① 매출원가 = 매출액 × (1 − 매출총이익률)
② 매출원가 = 매출액/(1 + 원가 기준 이익률)

① 매출총이익률은 매출액 대비 매출총이익이 차지하는 비율이다. 따라서 매출액에 '1 − 매출총이익률'을 곱하면 매출원가를 구할 수 있다.
② 원가 기준 이익률은 매출원가 대비 매출총이익의 비율이다. 따라서 '매출원가 × (1 + 원가 기준 이익률) = 매출액'의 관계가 성립한다. 이를 정리하면 ②번식을 도출할 수 있다.

STEP 2 평균 재고자산=매출원가/재고자산회전율

'재고자산회전율 = 매출원가/평균 재고자산'이므로, 식을 정리하면 위와 같이 평균 재고자산을 구할 수 있다.

STEP 3 기말 재고자산=평균 재고자산×2−기초 재고자산

'평균 재고자산 = (기초 재고자산 + 기말 재고자산)/2'이므로 식을 정리하면 위와 같이 기말 재고자산을 구할 수 있다. 재고자산이 전부 소실되었다면 기말 재고자산이 손실액이 되고, 재고자산의 손실률을 제시한다면 '기말 재고자산 × 손실률'이 손실액이 된다.

04 (주)세무는 20X1년 12월 31일 독립 사업부로 운영되는 A공장에 화재가 발생하여 재고자산 전부와 장부가 소실되었다. 화재로 인한 재고자산 손실을 확인하기 위하여 A공장의 매출처 및 매입처, 그리고 외부감사인으로부터 다음과 같은 자료를 수집하였다.

- 매출: ₩1,000,000
- 기초재고: ₩100,000
- 20X0년 재무비율
  ─ 매출총이익률: 15%
  ─ 재고자산회전율: 680%

(주)세무가 추정한 재고자산 손실 금액은? (단, 매출총이익률과 재고자산회전율은 매년 동일하며, 재고자산회전율은 매출원가와 평균재고자산을 이용한다.)   2020. CTA

① ₩150,000   ② ₩150,500   ③ ₩151,000
④ ₩151,500   ⑤ ₩152,000

⊙ 해설

매출원가: 1,000,000 × (1 − 15%) = 850,000
평균 재고자산: 매출원가/재고자산회전율 = 850,000/680% = 125,000
기말 재고자산: 평균 재고자산 × 2 − 기초 재고자산 = 125,000 × 2 − 100,000 = 150,000

답 ①

05 (주)도매는 20X1년 말 화재로 인해 창고에 보관 중이던 재고자산이 모두 소실되었다. 다음 자료를 이용하여 (주)도매의 화재로 인한 재고자산 손실금액을 추정하면 얼마인가?
(단, (주)도매는 현금매출이 없으며, 재고자산과 관련하여 화재로 인한 손실 외의 손실은 없다. 그리고 1년은 360일로 가정한다.)

2010. CPA

- 20X1년 초 장부상 재고자산의 금액은 ₩4,500이고, 재고실사를 통해 확인한 금액이다.
- 20X1년 (주)도매의 평균매출채권은 ₩12,500이며 매출채권 회수기간은 90일이다.
- 20X1년 (주)도매의 매출총이익률은 20%이다.
- (주)도매는 시장수요에 대비하여 재고자산보유(회전)기간을 36일로 하는 재고보유 정책을 유지하여 왔으며, 20X1년 말 화재가 발생하지 않았다면 해당 정책에 따른 재고를 보유하고 있을 것이다.

① ₩3,000   ② ₩3,500   ③ ₩4,000
④ ₩4,500   ⑤ ₩5,000

▶ **해설**

매출채권 회전율: 360일/90일 = 4회
매출액: 12,500 × 4회 = 50,000
매출원가: 50,000 × (1 − 20%) = 40,000

재고자산 회전율: 360일/36일 = 10회
평균 재고자산: 매출원가/재고자산회전율 = 40,000/10회 = 4,000
기말 재고자산: 평균 재고자산 × 2 − 기초 재고자산 = 4,000 × 2 − 4,500 = 3,500
 ─ 기말에 보관 중이던 재고자산이 모두 소실되었으므로 기말 재고자산이 곧 재고자산 손실액이 된다.

답 ②

Memo

Memo

Memo